投資信託の法務と実務

［第5版］

野村アセットマネジメント株式会社 編著

一般社団法人 金融財政事情研究会

第 5 版はしがき

　『投資信託の法務と実務』の第 4 版刊行から10年あまりが経過した。この間、金融危機による市場の停滞や、制度・実務上のさまざまな紆余曲折はあったものの、国民の安定的な資産形成における投資信託の存在感、ならびに日本の企業・経済の持続的成長を支えるその役割への期待は著しく高まっている。

　投資信託の組成、運用、販売、資産管理に携わる金融機関がインベストメント・チェーンのなかで果たすべき役割・責任がいっそう明確になり、家計の安定的な資産形成実現の施策として打ち出された各種の制度と相まって、わが国の投資信託のすそ野拡大と本格的な成長に向けた土台が整ってきたといえる。

　2008年秋にリーマン・ブラザーズの破綻に端を発した世界的な金融危機が生じ、当時ようやく日本の個人投資家に浸透し始めていたバランス型投資信託でさえ、リスク資産が総崩れとなるなかで本来の資産分散の効果を発揮できず、低迷を余儀なくされた。

　世界の金融監督当局や中央銀行では、このリーマンショックを教訓に、システミックリスクの抑止、金融機関救済のため公的資金使用への批判などを背景に、国際的な規制強化に取り組んできた。その過程で投資信託においても、シャドーバンキング規制に伴う国際的なMMF（MRF）改革などを含めリスク管理の重要性が飛躍的に高まった。

　一方、国内では2012年、金融審議会において投資信託・投資法人法制の見直しに関するワーキング・グループが設置された。国民が資産を有効に活用できる環境整備を図るため、投資信託については、国際的な規制の動向や経済社会情勢の変化に応じた規制の柔軟化、一般投資家を念頭に置いた適切な商品供給の確保等の観点から制度見直しの提言を受けて、突発的・不連続に発現しうる信用リスクや商品の複雑化に伴い複層化したリスクから投資家を保護することを目的に、分散投資規制やデリバティブ規制が導入された。

　また、ワーキング・グループでは、投資信託商品の開発・販売にあって顧

客（投資家）本位の目線のいっそうの重要性、少子高齢化が進むなか、現役世代の老後への備えとして資産形成という視点から、小口での積立投資が可能な投資信託の商品性の重要性が指摘。こうした流れのなか、2014年にNISA（少額投資非課税制度）が導入され、2016年には未成年者向けのジュニアNISAが追加された。さらに家計の安定的な資産形成の実現の施策として少額からの長期・積立・分散投資を支援するために2018年「つみたてNISA」がスタートした。特につみたてNISAについては、その目的に適した一定の投資信託に対象商品が限られている。

　2001年に導入された確定拠出年金制度においても、2017年には個人型確定拠出年金（iDeCo）の加入可能範囲拡大が図られ、国民年金の第3号被保険者や企業年金加入者、公務員等共済加入者が加入可能となった。2019年3月末で企業型の加入者約689万人に、個人型の加入者約121万人が加わり、合計加入者は800万人を超えた。投資信託のすそ野拡大に向けた制度的な土台は整いつつある。

　また、金融庁が2014年に公表した「金融モニタリング基本方針（監督・検査基本方針）」のなかで、「現預金等に偏っていた国民の資産が適切に運用され安定的な資産形成が図られるとともに、結果として経済成長に必要なリスクマネーが供給されることが期待」され、このため、商品開発、販売、運用、資産管理それぞれに携わる金融機関にはその役割・責任（フィデューシャリー・デューティー）を実際に果たすことが求められた。

　そもそも投資信託における、集団投資、分散投資、専門家による運用、運用内容のディスクローズ、フィデューシャリー・デューティーといった基本的な構成要素は現在の投資信託制度の起源といわれる英国で1868年に誕生した「フォーリン＆コロニアル・ガバメント・トラスト」よりなんら変わっておらず、投資信託委託業界は受益者と同じ船に乗ってその利益に資することで投資がいっそう促進され、資産拡大により中長期に発展することができる業界である。

　しかしながら、わが国の個人金融資産に占める投資信託の比率は、2018年末で約3.7％と海外先進諸国におけるそれと比較していまだ低い水準にとど

まっている。

　現在、わが国の投資信託は、資産形成層のための制度整備により市場のすそ野拡大が見込まれ、さらに「人生100年時代」といわれる長寿化の進展のなかで退職世代の金融資産の運用・取崩しニーズにも応えるべく、本格的な成長過程に踏み出している。この流れを遮ることなくフィデューシャリー・デューティーの精神を堅持し、顧客本位の業務運営を追求していくことが望まれる。本書がこうした環境のなかで活動される読者のみなさんのお役にたてば幸いである。

　本書は、顧客本位の業務運営、利益相反管理、スチュワードシップコードをふまえた議決権行使やエンゲージメントの実務、急速に進展してきたリスク管理、トレーディングにおける高度化にも多くの紙面を割いている。また、日本の資産運用業界でもバックオフィス業務を中心に業務のアウトソーシングを行うケースが増えてきているが、これらのいわゆるBPO（ビジネス・プロセス・アウトソーシング）にも触れている。

　本書は、従来からの対象である実務家、投資信託に興味のある投資家、研究者だけではなく、今後の投資信託の発展に寄与されることとなる委託会社の若手社員、販売会社の投資信託取扱い部署の方々も念頭に置き編集した。旧版までと同様、みなさんの手元に置いていただき、いつでも必要な部分のみを参照してもらえることを意識した構成・編集とした。そのためやや重複するとみられる記述もあるが、ご理解をお願いしたい。

　この『投資信託の法務と実務〈第5版〉』は、野村アセットマネジメント株式会社の60周年の記念事業としての位置づけでもあり、野村アセットマネジメント株式会社の渡邊国夫前社長、中川順子社長をはじめ、多くの方々の支援と協力があってはじめて完成した。この場を借りて厚く謝意を表したい。

2019年7月

野村アセットマネジメント株式会社
商品本部副本部長

増田　和昭

〔法令等の表記について〕

　本書(『投資信託の法務と実務』)における法令名等の表記は、次の略称・通称を用いることがある。

法令・政省令の略称・通称	法令・政省令の正式名称
証券投資信託法	証券投資信託及び証券投資法人に関する法律(昭和26年法律第198号)
投信法	投資信託及び投資法人に関する法律(昭和26年法律第198号)
投信法施行令	投資信託及び投資法人に関する法律施行令(平成12年政令第480号)
投信法施行規則	投資信託及び投資法人に関する法律施行規則(平成12年総理府令第129号)
旧信託法	公益信託ニ関スル法律(大正11年法律第62号)
信託法	信託法(平成18年法律第108号)
信託法整備法	信託法の施行に伴う関係法律の整備等に関する法律(平成18年法律第109号)
証取法	証券取引法(昭和23年法律第25号)
金商法	金融商品取引法(昭和23年法律第25号)
金商法施行令	金融商品取引法施行令(昭和40年政令第321号)
金商業等府令	金融商品取引業等に関する内閣府令(平成19年内閣府令第52号)
金販法	金融商品の販売等に関する法律(平成12年法律第101号)
金販法施行令	金融商品の販売等に関する法律施行令(平成12年政令第484号)
投資顧問業法	有価証券に係る投資顧問業の規制等に関する法律(昭和61年法律第74号)
ＤＣ法	確定拠出年金法(平成13年法律第88号)
社債等振替法	社債、株式等の振替に関する法律(平成13年法律第75号)

租特法	租税特別措置法（昭和32年法律第26号）
犯収法	犯罪による収益の移転防止に関する法律（平成19年法律第22号）
個人情報保護法	個人情報の保護に関する法律（平成15年5月30日法律第57号）
特定有証開示府令	特定有価証券の内容等の開示に関する内閣府令（平成5年大蔵省令第22号）
投資法人計算規則	投資法人の計算に関する規則（平成18年内閣府令第47号）
投信財産計算規則	投資信託財産の計算に関する規則（平成12年総理府令第133号）
金融庁告示	銀行法第14条の2の規定に基づき、銀行がその保有する資産等に照らし自己資本の充実の状況が適当であるかどうかを判断するための基準（平成18年金融庁告示第19号）

目　次

第Ⅰ編　わが国の投資信託の法的概念

第1章　「ファンド」とは何か………2

第1節　ファンドの一種としての投資信託………2
第2節　集団投資スキーム………2
第3節　株式会社制度との関係………4
　1　株式会社制度の歴史………4
　2　ファンド制度の発生………6

第2章　「ファンド」になりうる法形態………8

第1節　「信託型」ファンド………9
第2節　「会社型」ファンド………10
第3節　「組合型」ファンド………11

第3章　わが国の投資信託制度………13

第1節　わが国の投資信託制度の目的………13
　1　金融商品取引法の目的………13
　2　投信法の目的………14
第2節　わが国の投資信託制度の経緯・変遷………15
　1　戦前の制度………15
　2　証券投資信託法の制定………16
　3　1960年代………17
　4　40年証券不況とその対策………18
　5　1970・1980年代………19
　6　1990年代………20

7　金融ビッグバン………………………………………………………22
8　2000年投信法改正……………………………………………………25
9　2000年代前半…………………………………………………………26
10　2000年代後半…………………………………………………………28
11　2010年代………………………………………………………………31

第4章　投資信託の機関……………………………………………34

第1節　投資信託の機関に関する法務………………………………………34
第2節　投資信託委託会社の法務……………………………………………41
　1　投資信託委託会社の責務……………………………………………41
　2　投資信託委託会社の法令違反………………………………………48
第3節　投資信託委託会社の組織……………………………………………49
　1　委託会社の組織形態…………………………………………………49
　2　その他の業務…………………………………………………………49
　3　BPO……………………………………………………………………50
第4節　投資信託委託会社のガバナンス……………………………………51
　1　顧客本位の業務運営に向けた態勢整備……………………………51
　2　利益相反の適切な管理………………………………………………52
　3　ガバナンスと内部統制………………………………………………53

第Ⅱ編　投資信託の種類

第1章　投資家の資産運用ニーズによる分類……………………58

第1節　資産運用における投資信託の位置づけ……………………………58
　1　資産運用の意義と目的………………………………………………58
　2　投資家の投資方針……………………………………………………59
　3　投資信託の役割………………………………………………………59
第2節　投資方針に沿った投資信託選択のための分類項目………………61

1	投資目的による分類	62
2	資産クラスによる分類	62
3	資産配分方針による分類	63
4	投資銘柄の組入比率調整方針による分類	64
5	運用目標による分類	65

第2章　投資信託協会の商品分類 67

第3章　特徴的な仕組みの投資信託 71

第1節　MRF（マネー・リザーブ・ファンド） 71
第2節　ETF（上場投資信託） 72
第3節　REIT（不動産投資信託） 73
第4節　ファンド・オブ・ファンズ 74
第5節　そ の 他 75
　1　毎月分配型ファンド 75
　2　ターゲットイヤーファンド 75

第Ⅲ編　投資信託の組成・変更・償還

第1章　投資信託の組成 78

第1節　商品企画の概要 78
第2節　約款の届出と信託契約の締結 81
　1　約款とその記載事項 81
　2　届出及び信託契約締結の手続 84

第2章　投資対象、投資制限に関する法令諸規則 87

第1節　投資対象 87
第2節　投資制限 89

1　法令で規定された投資制限（運用指図の制限）……………………89
　　2　投信協会規則に基づく投資制限……………………………………91

第3章　投資信託のコスト……………………………………………102

第1節　投資信託の費用に関する法令…………………………………102
　　1　費用の開示に関する法令諸規則……………………………………102
　　2　販売手数料・信託報酬等に関する説明の充実……………………103
第2節　投資家が負担する費用……………………………………………104
　　1　投資者が直接的に負担する費用……………………………………104
　　2　投資者が信託財産で間接的に負担する費用………………………105

第4章　約款の変更………………………………………………………107

第1節　約款変更の検討と準備……………………………………………107
第2節　約款変更の手続……………………………………………………109
　　1　「重大な約款変更」に該当しない場合……………………………109
　　2　「重大な約款変更」の場合…………………………………………110
　　3　新法信託における手続………………………………………………112
　　4　旧法信託における手続………………………………………………116

第5章　投資信託の償還…………………………………………………120

第1節　償還の検討と準備…………………………………………………120
第2節　償還の手続…………………………………………………………121
　　1　定時償還の場合………………………………………………………121
　　2　繰上償還の場合………………………………………………………121

第Ⅳ編　投資信託のディスクロージャー

第1章　金商法上のディスクロージャー……………………126

第1節　投資信託に関する開示制度……………………………126
第2節　発行開示………………………………………………127
　1　募集（公募）と私募………………………………………127
　2　募集の発行開示……………………………………………127
　3　記載事項の概要……………………………………………130
　4　目論見書の電子交付の概要………………………………143
第3節　継続開示………………………………………………144
　1　有価証券報告書（金商法24条5項）……………………144
　2　半期報告書（金商法24条の5第3項、特定有証開示府令28条）……147
　3　臨時報告書（金商法24条の5第4項、特定有証開示府令29条2項）……………………………………………………………148
第4節　開示に関するその他事項………………………………150
　1　関東財務局での公衆縦覧（金商法25条、特定有証開示府令31条、32条）…………………………………………………150
　2　EDINETの概要……………………………………………150
　3　財務状況等の提出…………………………………………151
　4　有価証券報告書等の適正性に関する確認書……………152

第2章　投信法上の制度……………………………………153

第1節　運用報告書の作成・交付・届出………………………153
第2節　運用報告書の記載事項………………………………155
第3節　交付運用報告書の記載事項…………………………159
第4節　運用報告書の電磁的方法による交付………………162

第3章 金融機関投資家に対するバーゼル規制開示······167

第1節 バーゼル規制とは(バーゼルⅠ～Ⅲの変遷)······167
 1 バーゼルⅠ······167
 2 バーゼルⅡ······168
 3 バーゼル2.5······168
 4 バーゼルⅢ······169
第2節 日本における金融庁告示に基づく開示······170
第3節 バーゼル規制による投資信託への影響······171
第4節 バーゼル規制の今後······171

第4章 非法定ディスクロージャー······173

第1節 投信協会規則上のディスクロージャー······173
 1 適時開示······173
 2 任意開示······175
第2節 投資家向け販売用資料······175
 1 販売用資料とは······175
 2 作成における基本事項······178

第5章 投資信託ディスクロージャー業務のアウトソーシング······182

第1節 投資信託ディスクロージャー業務のアウトソーシングとは······182
第2節 アウトソーシング計画の立案······183
第3節 アウトソース先の選定、費用対効果の検証······183
第4節 業務計画の策定、契約内容の検討······184
第5節 並行運用による業務検証······184
第6節 アウトソース業務の継続的なモニタリングと業務品質改善に向けた取組み······185

第Ⅴ編　投資信託の運用

第1章　運用の指図 …… 188

第1節　運用の指図に関する法務 …… 188
　1　受託者責任 …… 188
　2　運用の指図にかかわる禁止行為 …… 189
第2節　運用資産の適切な運用及び管理 …… 191

第2章　運用の業務フロー …… 194

第1節　運用における業務プロセス …… 194
第2節　運用のサイクル …… 195

第3章　リサーチ …… 197

第1節　リサーチの法務 …… 197
　1　インサイダー取引規制 …… 197
　2　インサイダー規制の強化 …… 198
　3　法人関係情報 …… 199
第2節　リサーチの実務 …… 203
　1　運用会社のリサーチ …… 203
　2　エコノミストの役割 …… 204
　3　アナリストの役割 …… 205
　4　アナリストとポートフォリオマネージャーとの関係 …… 207

第4章　ポートフォリオ構築 …… 209

第1節　投資戦略の策定 …… 209
第2節　資産選択・銘柄選択 …… 210
第3節　投資比率の決定 …… 211
第4節　事前フロントチェック …… 212

第5章 トレーディング……………………………………………214

第1節 トレーディングに関する法務………………………………214
1 フィデューシャリー・デューティーの徹底………………214
2 禁止行為……………………………………………………214
第2節 最良執行（ベストエグゼキューション）…………………220
1 最良執行とは………………………………………………220
2 ブローカーの選定と評価…………………………………220
3 執行コスト分析……………………………………………222
第3節 トレーディングに関する実務………………………………225
1 株式等（株券・REIT・ETF）の取引…………………225
2 アルゴリズム取引…………………………………………227
3 ダークプール………………………………………………228
4 HFT（高頻度取引）………………………………………229
5 債券取引……………………………………………………231
6 為替取引……………………………………………………232
第4節 トレーディング業務の将来…………………………………234

第6章 運用の外部委託…………………………………………236

第1節 外部委託先の選定……………………………………………236
第2節 定性評価………………………………………………………237
1 定性評価の意義……………………………………………237
2 定性評価の項目（運用編）………………………………238
3 定性評価の項目（オペレーション編）…………………239
第3節 定量評価………………………………………………………240
第4節 外部委託先のモニタリング…………………………………241

第7章 運用のモニタリング……………………………………244

第1節 ガイドラインとは……………………………………………244

第2節　ガイドラインチェック··· 244
　　1　ガイドラインチェックの意義····································· 244
　　2　事前チェック·· 245
　　3　事後チェック·· 245

第8章　責任投資活動·· 248

　第1節　責任投資とは何か··· 248
　　1　「責任投資」の定義·· 248
　　2　責任投資において重要な「企業価値」の定義············· 249
　　3　「株主価値」の定義·· 250
　　4　株式市場のメカニズムと責任投資······························· 251
　　5　「社会的責任投資」から「責任投資」へ······················ 252
　第2節　責任投資の法務··· 254
　　1　日本版スチュワードシップ・コード··························· 254
　　2　国連責任投資原則（国連PRI）···································· 256
　第3節　責任投資の実務··· 257
　　1　方針の策定と公表··· 257
　　2　利益相反の管理·· 258
　　3　投資先企業の状況の把握··· 259
　　4　エンゲージメント（投資先企業との建設的な「目的を持った対話」）··· 260
　　5　議決権行使·· 262
　　6　顧客・受益者への報告··· 263
　　7　スチュワードシップ活動のための実力······················· 264

第Ⅵ編　投資信託のリスク管理

第1章　運用会社のリスク管理……268

第1節　リスク管理態勢……268
　1　リスクの定義……268
　2　運用会社が直面する主なリスク……268
　3　リスク管理とは……270
　4　リスク管理態勢とは……271

第2節　事務リスク管理……273
　1　事務リスクの定義……273
　2　事務リスク管理の考え方……273
　3　リスク管理のフレームワーク……274
　4　内部統制……275
　5　事務リスクの管理手法……277
　6　リスク管理部門の役割……282
　7　運用会社が直面する事務リスクの例……283

第3節　システムリスク管理……283
　1　システムリスクの定義……283
　2　システムリスク管理の対象……285
　3　リスク管理のフレームワーク……285
　4　内部統制……289
　5　障害管理……291
　6　運用会社が直面するシステムリスク……292

第4節　イベントリスク管理……294
　1　イベントリスクの定義……294
　2　危機的事象の分類……295
　3　危機管理態勢……296
　4　イベントリスクの管理手法……299

第2章　運用リスク管理 ……………………………………… 303

第1節　運用リスク管理体制 …………………………………… 303
第2節　市場リスク ……………………………………………… 304
　　1　VaRとは ……………………………………………………… 306
　　2　分散共分散法 ………………………………………………… 307
　　3　ヒストリカル・シミュレーション法 ……………………… 309
　　4　モンテカルロ・シミュレーション法 ……………………… 311
　　5　コンポーネントVaR（Component VaR） ………………… 312
　　6　VaR以外のリスク指標 ……………………………………… 314
　　7　バックテスト ………………………………………………… 316
第3節　信用リスク ……………………………………………… 319
　　1　信用リスクとは ……………………………………………… 319
　　2　信用リスクのモニター ……………………………………… 319
　　3　信用リスクに関する動向 …………………………………… 321
第4節　流動性リスク …………………………………………… 324
　　1　流動性リスクとは …………………………………………… 324
　　2　流動性リスク管理 …………………………………………… 324
第5節　ストレステスト ………………………………………… 326
　　1　ストレステストの種類 ……………………………………… 326
　　2　インパクトの計算方法 ……………………………………… 327
　　3　ストレステストの結果の活用 ……………………………… 328
第6節　適正時価の算定 ………………………………………… 329

第3章　運用状況の考査 ……………………………………… 334

第1節　運用会社における「考査」 …………………………… 334
第2節　運用方針の把握 ………………………………………… 335
　　1　運用方針とは ………………………………………………… 335
　　2　運用方針の項目 ……………………………………………… 336

	3	運用プロセスと運用目標の関係……………………………………	340
	4	投資信託の多様化………………………………………………………	340

第3節　定量的な評価……………………………………………………… 343
  1　投資信託の定量的な評価……………………………………………… 343
  2　考査における定量評価………………………………………………… 344
  3　定量評価のツール……………………………………………………… 347

第4節　定性的な評価……………………………………………………… 359
  1　定性評価の位置づけ…………………………………………………… 359
  2　考査における定性評価………………………………………………… 360
  3　定性評価の項目………………………………………………………… 362

第5節　考査結果のフィードバック……………………………………… 362
  1　運用部門へのフィードバック………………………………………… 362
  2　経営への報告…………………………………………………………… 364
  3　その他部門への情報提供……………………………………………… 365

Appendix…………………………………………………………………… 367

Ⅵ－3－2－1 ……………………………………………………………… 367
Ⅵ－3－2－2 ……………………………………………………………… 368
Ⅵ－3－2－3 ……………………………………………………………… 369
Ⅵ－3－3－1 ……………………………………………………………… 369
Ⅵ－3－3－2 ……………………………………………………………… 370
Ⅵ－3－4 ………………………………………………………………… 371

第Ⅶ編　投資信託の管理

第1章　投資信託の計理………………………………………………… 376

第1節　投資信託の計理業務の概要……………………………………… 376
第2節　投資信託計理の法務……………………………………………… 377

    1　投資信託及び投資法人に関する法律上の規定………………………377
    2　信託財産の計理、組入資産の評価……………………………………382
  第3節　投資信託計理の実務………………………………………………390
    1　投資信託計理業務のアウトライン……………………………………390
    2　主要な計理業務の業務運営フロー……………………………………392
  第4節　計理業務のアウトソーシング……………………………………395

第2章　投資信託振替制度……………………………………………396

  第1節　投資信託振替制度とは……………………………………………396
  第2節　投資信託振替制度への参加者……………………………………396
    1　口座管理機関……………………………………………………………396
    2　加　入　者………………………………………………………………397
    3　機構加入者………………………………………………………………397
    4　販売会社…………………………………………………………………397
    5　発　行　者………………………………………………………………398
    6　受託会社…………………………………………………………………398
    7　資金決済会社……………………………………………………………398
    8　日銀ネット資金決済会社………………………………………………399
  第3節　投資信託振替制度の仕組み………………………………………399
    1　銘柄情報登録……………………………………………………………399
    2　新規記録（設定）・非DVP……………………………………………400
    3　新規記録（設定）・DVP………………………………………………400
    4　抹消（解約）・非DVP…………………………………………………400
    5　抹消（解約）・DVP……………………………………………………401
    6　抹消（償還）・非DVP…………………………………………………401

第3章　ファンド監査……………………………………………………402

  第1節　ファンド監査の法務………………………………………………402
  第2節　ファンド監査の実務………………………………………………403

18　目　　次

第Ⅷ編　投資信託の外部評価

第1章　ファンド評価の意義と発展 ……………………………… 436

第1節　ファンド評価の概要 …………………………………… 436
1　ファンド評価の必要性 ……………………………………… 436
2　外部機関によるファンド評価 ……………………………… 438

第2章　ファンド評価方法 ………………………………………… 440

第1節　定量評価の方法 ………………………………………… 440
1　ベンチマークがない場合の定量評価 ……………………… 440
2　ベンチマークがある場合の定量評価 ……………………… 442
3　競合他社比較（ピア比較）………………………………… 444
第2節　定性評価 ………………………………………………… 445
1　定性評価の意義 …………………………………………… 445
2　定性評価の項目（運用編）………………………………… 446
3　定性評価の項目（オペレーション編）…………………… 449

第Ⅸ編　投資信託の販売

第1章　販売組織及び販売員 ……………………………………… 454

第1節　金商法における規定 …………………………………… 454
1　投信販売行為 ……………………………………………… 454
2　登録金融機関による窓販 ………………………………… 455
3　金融商品仲介業制度 ……………………………………… 456

第2章　販売行為 …………………………………………………… 457

第1節　顧客本位の業務運営に関する原則 …………………… 457

第2節　販売の法務——金商法上の行為規則……………………459
　1　誠実公正義務…………………………………………………459
　2　適合性の原則…………………………………………………461
　3　目論見書・契約締結前の書面………………………………464
　4　契約締結時等の書面…………………………………………468
　5　取引残高報告書の交付………………………………………470
　6　運用報告書……………………………………………………472
　7　主な禁止行為…………………………………………………473
　8　損失補填の禁止・証券事故…………………………………477
　9　プロ・アマによる行為規制…………………………………478
第3節　販売の法務——金販法………………………………………482
　1　金販法の目的…………………………………………………482
　2　2006年改正点…………………………………………………483
　3　損害賠償責任…………………………………………………486
第4節　販売の実務……………………………………………………486
　1　販売形態の変遷と販売業務…………………………………486
　2　目論見書等販売に関連する資料……………………………488
　3　重要事項の説明………………………………………………491
　4　口座開設………………………………………………………508
　5　約　　　定……………………………………………………515
　6　収益分配金の取扱い（追加型投資信託について）………517
　7　解約・買取り・償還…………………………………………518
　8　証券事故の処理………………………………………………521

第3章　セールス・プロモーション活動……………………532

第1節　セールス・プロモーション業務……………………………532
　1　販売会社向け…………………………………………………532
　2　受益者及び潜在的投資家向け………………………………532
　3　宣伝広告、ブランディング…………………………………533

第2節	情報提供、問合せ対応	536
1	開示資料等	536
2	ウェブサイトの運営・管理	536
3	問合せ対応	537
第3節	販売会社・委託会社間の事務	537
1	業務委託契約の締結	538
2	ファンドの約定処理（設定・解約データの連絡）	542
3	ファンドの資金決済（設定・解約代金の決済）	545
4	収益分配金・償還金の支払	546
5	代行手数料の支払	547
6	基準価額の計算・配信	548
7	販売会社間の口座振替（残高移管）	548
8	申込不可日カレンダーの作成・提供	549
9	法定書類（目論見書、運用報告書）の作成・提供と印刷部数ヒアリング	550
10	営業サポート資料の提供（販社セミナーや商品勉強会資料）	553
11	ウェブサイトの運営	553
12	事務効率化のための外部委託（BPO）の活用	554

第Ⅹ編　確定拠出年金

第1章　わが国における確定拠出年金の制度の概略 …………558

第1節	日本の年金制度の全体像	558
1	公的年金	559
2	私的年金	559
第2節	確定拠出年金の導入	560
第3節	確定拠出年金の概要	560
第4節	確定拠出年金の法改正	561

第2章　確定拠出年金にかかわる機関 …… 564

第1節　業務の流れ …… 564
  1　企業型確定拠出年金 …… 564
  2　個人型確定拠出年金 …… 565
第2節　各機関の役割 …… 566
  1　運営管理機関 …… 566
  2　商品提供機関（販売会社） …… 567
  3　資産管理機関（受託会社） …… 568
  4　国民年金基金連合会 …… 568
  5　運用会社（投信委託会社） …… 568

第3章　確定拠出年金の運用商品 …… 570

第1節　確定拠出年金の運用 …… 570
第2節　運用商品の選定 …… 571
第3節　運用商品（投資信託）の変遷 …… 571
第4節　窓販商品（投資信託）との違い …… 572
  1　投資信託の種類 …… 572
  2　ファンドの費用 …… 572
  3　信託期間 …… 573
第5節　加入者の商品選択状況 …… 573

第4章　今後の展望 …… 575

第1節　先行事例としての米国 …… 575
第2節　日本の確定拠出年金における展望 …… 576

第XI編　国際的な金融規制改革の動向

第1章　世界的な金融規制フレームワークの流れと金融危機 ……… 580

第1節　金融危機前の国際的な金融規制の枠組み ……………………… 580
第2節　世界的な金融危機の発生 ………………………………………… 581
第3節　金融危機後のフレームワークの再整備 ………………………… 582

第2章　金融危機後の規制動向 …………………………………………… 584

第1節　マクロ・プルーデンス重視の流れ ……………………………… 584
第2節　資産運用業に対する新たな規制の枠組み ……………………… 585
　1　ヘッジファンド規制の枠組み ……………………………………… 585
　2　店頭デリバティブ取引規制 ………………………………………… 587
　3　MMF改革 …………………………………………………………… 589
　4　資産運用業の構造的脆弱性 ………………………………………… 591

第3章　法域ごとのファンド規制と受託者責任の潮流 ……… 593

第1節　米国のファンド規制 ……………………………………………… 593
　1　ミューチュアルファンド …………………………………………… 593
　2　ファンドガバナンスの潮流 ………………………………………… 594
　3　ERISA法をはじめとする退職年金制度 ………………………… 595
第2節　EUのファンド規制 ……………………………………………… 597
　1　EUにおける規制体系 ……………………………………………… 597
　2　UCITS ……………………………………………………………… 597
　3　第2次金融商品市場指令（MiFID II） …………………………… 599
第3節　アジア・オセアニア ……………………………………………… 601
　1　アジア・オセアニアの投資ファンド ……………………………… 601
　2　アジア地域ファンドパスポート（ARFP） ……………………… 604

目　次　23

第4節　受託者責任強化の流れ……………………………………………606

第XII編　日本の投資信託の発展史

第1章　投資信託の勃興期から「40年証券不況」低迷期まで（1951～1968年）……………………………610

第1節　好調なスタートから償還延長の試練へ（1951～1955年）…………610
　1　商　　品………………………………………………………………610
　2　運用対象証券…………………………………………………………610
　3　運用・販売会社………………………………………………………610
第2節　投資信託ブーム（1955～1962年）……………………………………611
　1　株式投信の急成長……………………………………………………611
　2　投資信託委託会社の独立……………………………………………613
　3　公社債投信の開始……………………………………………………613
第3節　「40年証券不況」下の深刻な低迷（1963～1968年）………………614
　1　不振が続く株式投信…………………………………………………614
　2　「日本共同証券」「日本証券保有組合」の発足……………………614
　3　（昭和）40年証券不況…………………………………………………615
　4　1967年の投信法の一部改定…………………………………………615

第2章　投資信託の躍進期（1969～1989年）……………………617

第1節　商品多様化の進展……………………………………………………617
　1　運用対象面の多様化…………………………………………………617
　2　投資信託スキーム面の多様化………………………………………618
第2節　投資信託を取り巻く変化と発展……………………………………618
　1　外国証券投資の開放…………………………………………………618
　2　スポット型投信の登場………………………………………………619
　3　ファミリー・ファンドの新設………………………………………619

4 「列島改造」ブーム ……………………………………………… 620
 5 石油ショックの影響 ……………………………………………… 620
 6 公社債投資信託の拡大と多様化 ………………………………… 622
 7 飛躍期に入る株式投信と多様化の進展 ………………………… 624

第3章 バブルの崩壊と投信ビッグバン期（1990～2000年） …………………………………………………………… 629

第1節 バブル崩壊で激減した株式投信 ……………………………… 629
 1 株式投信純資産総額は7年連続減少、ピークの約5分の1へ …… 629
 2 償還延長と乗換え手数料割引 …………………………………… 629
 3 オープン型にシフトする国内株式投信 ………………………… 630

第2節 MMFの誕生と公社債投信の多様化 …………………………… 631
 1 MMFの誕生、コア商品に ………………………………………… 631
 2 好調な国内公社債投信 …………………………………………… 631
 3 MRFの誕生 ………………………………………………………… 632
 4 非上場債券の時価評価へ ………………………………………… 632

第3節 投信ビッグバン――進む制度改革 …………………………… 633
 1 1992年の投資信託委託業務への参入促進 ……………………… 633
 2 1994年の投信改革 ………………………………………………… 633
 3 金融ビッグバンと証券取引審議会報告 ………………………… 634
 4 1998年改正投信法 ………………………………………………… 635
 5 2000年改正投信法 ………………………………………………… 636
 6 投資対象資産の拡大 ……………………………………………… 637
 7 受託者責任の明確化 ……………………………………………… 638
 8 契約型投資信託にも受益者ガバナンス規定 …………………… 639

第4節 投資信託委託会社と販売チャネルの拡大 …………………… 639
 1 投資信託委託会社の拡大 ………………………………………… 639
 2 証券会社、銀行の投信販売のオープン化 ……………………… 640
 3 銀行窓販など販売チャネルの多様化 …………………………… 640

第5節 拡大する金融ビークルとしての投資信託の役割……………641
　1　先物・オプション等の非ヘッジ目的での利用………………641
　2　証券総合口座（MRF利用）……………………………………642
　3　私募投信…………………………………………………………642
　4　ファンド・オブ・ファンズ（FOFs）…………………………642
　5　SRIファンド（社会的責任投資ファンド）……………………643

第4章　投資への新たな流れ（2001年以降（21世紀））………644

第1節　大きく変化する公募投資信託の純資産総額………………644
　1　数次の変動を乗り越え市場は緩やかな増加基調へ…………644
　2　海外投資が開花。債券投資が主導し、資産が拡大…………645
　3　保有資産の分散…………………………………………………646
　4　公社債投信、MMFの減少……………………………………646
　5　信用リスクの拡大………………………………………………647
　6　分配頻度の高い投資信託の隆盛………………………………647
第2節　投信ビッグバンにより新たに設定された投資信託・制度が成
　　　長……………………………………………………………………648
　1　不動産投資信託（J-REIT）……………………………………648
　2　私募投信…………………………………………………………650
　3　ファンド・オブ・ファンズ（FOFs）…………………………651
　4　ETF（上場投資信託）…………………………………………651
　5　確定拠出年金制度の発足………………………………………653
第3節　銀行窓販とペイオフ解禁……………………………………655
　1　投信残高増加の牽引役となった銀行窓販……………………655
　2　ペイオフ解禁と超低金利政策の影響…………………………656
第4節　2004年証券取引法改正により投資信託のディスクロージャー
　　　が進展……………………………………………………………657
　1　銀行等による株式等の売買の証券会社への仲介業務を解禁………657
　2　市場監視機能、体制の強化……………………………………657

	3	組合型ファンドへの投資家保護範囲の拡大………………………………	657
	4	証券会社に対し最良執行義務を導入…………………………………	658
	5	ディスクロージャーの合理化…………………………………………	658
第5節		金融庁「投信・投資顧問検査マニュアル」による検査…………	659
第6節		資産形成のための投資を後押しする制度の進展…………………	659
第7節		ファンドラップの興隆………………………………………………	660
第8節		投資信託の振替制度の開始…………………………………………	662
第9節		金商法の施行…………………………………………………………	662
第10節		その後に続いた制度、投信法の改正………………………………	663
	1	2006年改正投信法（施行は2007年）…………………………………	663
	2	2007年金商法、投信法の一部改正……………………………………	663
	3	2009～2012年の制度改正………………………………………………	664
	4	2013～2014年の改正投信法に基づく制度改正………………………	664

事項索引……………………………………………………………………………… 670
執筆者一覧…………………………………………………………………………… 681
第5版おわりに……………………………………………………………………… 684

第Ⅰ編

わが国の投資信託の法的概念

第1章

「ファンド」とは何か

第1節　ファンドの一種としての投資信託

　わが国では一般に投資信託のことを「ファンド」と呼ぶことが多いが、現在、投資信託のほかにも、「ファンド」と呼ばれるものには多くの形態が見受けられ、そのために少なからぬ混乱が生じているように見える。ここでは、それらの形態に共通する概念及び相違点を検討し、「ファンド」とはそもそも何であるかについて考察する。

第2節　集団投資スキーム

　運用の専門家が複数の出資者から出資を募り、その出資金で運用資産に投資を行い、投資のリスクを出資者が負うことの見返りとして、投資によって生じた果実（利益）を出資者に分配する仕組みは、古今東西に存在するが、それらは、現在では一般的に「集団投資スキーム」[1]（Collective Investment Scheme）と総称されており、国際的な金融規制の対象としての概念となっている。

　国際的に「ファンド」という単語自体には、共通する明確な制度的な定義規定は存在しない。「ファンド」という単語は、普通、一般投資家向けの投

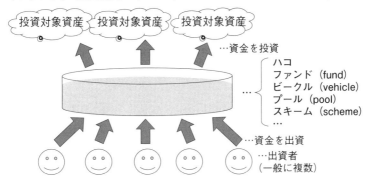

図表Ⅰ-1 集団投資スキーム

資信託を指すほか、少数の投資家向けに限定したヘッジファンドや機関投資家向けに組成された特殊な仕組みの投資案件などにも広く使われている。

　制度的な観点からは、多様な仕組みをもつ「ファンド」であるが、それに共通する要素を取り出してみると、①複数の投資家から出資を募り、その資産をプールする、②プールした資産をもとに利益の獲得を目的とした投資を行う、③投資から得た利益を投資家に還元（分配）する（ただし、損失のリスクも投資家が負う）、という点が挙げられる。

　わが国の法制度上の（すなわち投信法に基づく）「投資信託」もこの意味で「ファンド」の一種であるが、後でみるように、投資信託以外の法形態も「ファンド」の組成に用いられる。

1　「集団投資スキーム」という単語は、証券取引法（以下「証取法」）を金融商品取引法（以下「金商法」）に改正する議論の過程で、従前より法制化されていた投資信託・投資法人「以外の」投資スキームを示す言葉として使用された。したがって、国内での議論においては「集団投資スキーム」という言葉が投資信託・投資法人を含んでいる場合と、除いている場合の両方があることに注意を要する（海外では、「集団投資スキーム」は、一般の投資家に広く出資を募るファンド（すなわちわが国法制での「投資信託」に相当するもの）を含むのが普通である）。

第1章　「ファンド」とは何か　3

第3節　株式会社制度との関係

1　株式会社制度の歴史

　16世紀に世界では大航海時代が始まり、貿易に多大な資本を必要とするようになった。これにより、貿易等の事業を行うには、複数の資本家が集まり、その資本を事業者に託す「資本（出資者）と経営（事業者）の分離」が始まり、資本市場の発達が始まった。なお、「他人に資金を任せ、事業を託す」という性格から、「どのように資金が使われ、どれだけの儲けが発生し、どのように出資者に分配するか、を明確にしなければならない」という課題を解決することが非常に重要になり、複式簿記の制度の発達を促した。

　17世紀に入ると、それまでは「1回限り」を前提に行われていた事業が、反復継続して行われるようになり、「継続企業」（going concern）が前提とされるようになった。これに伴い、出資者が有限責任となり、またその出資持分（出資者として利益分配にあずかることやその他の権利）を他人に譲渡・換金できるようにする必然性が発生し、出資持分を「株式」として有価証券に化体する「株式会社」の制度が発生した。

　株式会社の嚆矢は、1602年に設立されたオランダ東インド会社だといわれるが、それ以来400年以上もの間、株式会社制度は事業を行ううえでの最も普遍的な形態として発展してきた。その歴史のなかで、株式会社制度は、次のようなさまざまな問題・試練に直面してきたが、そのつど、投資家保護を目的とした強力な制度改正が推進され、今日では、世界中で、経済を支え、発展させる不可欠な制度インフラとなっている。

　その間の大きな出来事は次のとおりである。
・18世紀　南海泡沫会社バブル（英国）
　→会計監査制度の始まり
・第一次大戦後のバブル・1929年大恐慌

図表I−2 継続企業の登場

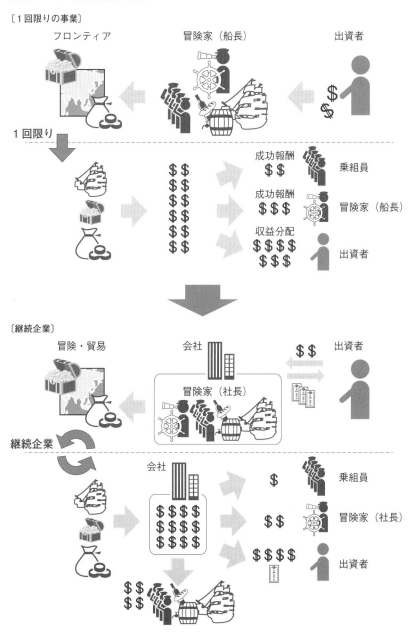

第1章 「ファンド」とは何か 5

→1933年証券法、1934年証券取引所法（SEC（Securities and Exchange Commission証券取引委員会）の設立）、1940年投資会社法、投資顧問法（いずれも米国）
・ITバブル、2001年エンロン破綻、2002年ワールドコム破綻
→2002年サーベンスオクスリー（SOX）法（内部統制の強化）（いずれも米国）
・サブプライムバブル・2008年リーマンショック
→2010年ドッド・フランク法（金融規制の強化）（米国）

2 ファンド制度の発生

このように、事業を行う資本を集約・累積するために発達してきた株式会社制度であるが、投資家となるためには、資金力のある資本家であることが必要となり、また、多数の事業に分散投資するためには、さらに多額の資金を必要とすることも事実である。このため、資金力の少ない者にとっては、事業に出資すること、すなわち資本市場に参加することには、困難が伴った。したがって、より幅広く資本を集めるためには、制度のさらなる発達が必要であった。

そのような状況のもと、小口の出資を募り、資金を集約し、株式等の有価証券への投資を通じて、事業への出資を可能にする「ファンド」の制度が発生したのは、必然といえよう。

世界で最初の「ファンド」が何であるか、については諸説あるが、19世紀に欧州で該当する事例が生まれたとされている。以来、欧米を中心とした各国で、「ファンド」制度は発達を続けてきた。

なお、「株式会社」と「ファンド」を比較すると、投資家から出資を募って投資を行うという点ではまったく同じであり、その投資先が直接的に事業であるか、株式等の有価証券を通じた間接的なものであるか、が相違点であることから、両者の本質は同じ、いわば相似形の制度といえよう。したがって、「ファンド」制度も、経済を支え、発展させるべき不可欠な制度インフラである。

図表Ⅰ-3　株式会社とファンド比較

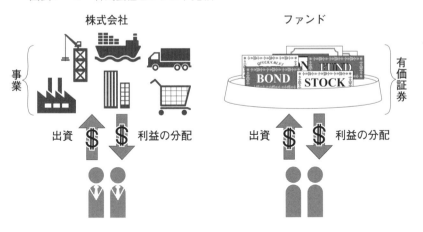

第1章　「ファンド」とは何か　7

第2章

「ファンド」になりうる法形態

　以上みてきたように、「ファンド」すなわち「集団投資スキーム」を組成するには、
・複数の投資家から出資を募り、資産をプールできること
・プールした資産をもとに利益の獲得を目的とした投資ができること
・投資から得た利益を投資家に還元（分配）できること。その際、投資リスクは投資家が負っていること
が主要な要素であることがわかる。

　また、副次的な要素として、プールした資産がその他の目的のための資産（資産運用者自身・資産管理者自身の固有資産や、他のファンドの資産）と紛れる可能性がないように分離されているか、出資者としての地位・権利を他人に譲渡（売却）することが可能かどうか、容易かどうか、も挙げられる。

　上記のような要素を満たす法形態としては、わが国においても、世界的にみても、大別して「信託」「会社」「組合」の3者がある。どの形態が用いられるかは、歴史的な経緯、商慣行、税法上の利点などの観点から選択されている。資産プールの法形態を、「ファンド」と呼ぶほか、一般に「ビークル」（vehicle）、「スキーム」「プール」「ハコ」（「箱」の意）などと呼ぶことが多い。法制度上、3者の形態により出資者の権利に差異が生じうる（国によっても差異が生じる）が、「ファンド」制度を本質的に検討するうえでは、上に挙げた「出資を募る」「投資」「利益の分配」の3要素をどのように満たすかに注目するべきであり、形式的な法形態の差異にはこだわるべきではない。

第1節 「信託型」ファンド

　信託制度の概念は英米法特有であり、英国で主に発達した。その歴史的な経緯から、英国、米国、豪州、シンガポールなど英米法体系の国でよく用いられる形態である（逆に、大陸法体系の国では、信託法概念の基礎となる「所有権」の概念が異なるため、英米法の意味での信託制度は、原則的には存在しない）。

　米国で流通している一般投資家向けファンド（ミューチュアルファンド）は、1940年投資会社法では「投資会社」（investment company）と定義されており、よく「信託型」ではなく、（後述する）「会社型」であると誤解されているが、法律（1940年投資会社法2条(a)項(8)号）ではミューチュアルファンドの設立形態を包括的に規定し、実際には、現在、投資会社の40%がデラウェア州法に基づく信託、37%がマサチューセッツ州法に基づく信託であり[2]、過半は「信託型」である。

　日本は、本来大陸法体系の国であるが、大正時代に英米法をそのまま継受するかたちで法典としての「信託法」（旧信託法）を制定した経緯がある。そして、次節に述べるように、その信託法を適用することで「ファンド」制度を開始したために、現在でも「信託型」のファンドが大多数となっている。

　日本における「信託型ファンド」の形態としては、投信法に基づく投資信託のほか、資産流動化法に基づく特定目的信託、また、信託法の一般規定に基づく一般の信託、その受益権に譲渡性を付与した信託法8章に基づく受益証券発行信託が考えられる。

　「信託型ファンド」に対する課税としては、世界的には、ファンドを原則的に課税主体とみなす国や、ファンドで発生した所得を投資家自身の所得と

2,3　The Investment Company Institute（米国投信協会）「2019 Investment Company Fact Book」266ページ

してみなす国もみられるが、日本の証券投資信託は、ファンド自体には課税せず分配金に対して課税する比較的簡易な方式がとられている。

第2節 「会社型」ファンド

　大陸法体系である、英国以外の欧州の多くの国では、信託の法概念が一般的ではないため、「会社型」ファンドの形態が多く利用されている。一般に、ファンドそのものが株式会社形態で設立され、投資家は「株主」として出資を行う。ただし、その設立根拠となる法律は、一般の株式会社と同一の場合もあれば、特別法が用意されている場合もあり、国によって事情は異なる。

　米国のミューチュアルファンドのうち、16％はメリーランド州法に基づく会社である[3]が、米国では「信託型」か「会社型」かのいずれの形態であっても、1940年投資会社法の適用を受け、同じ規制が課されており、投資家保護等の観点からも、同等性が確保されている。投資家からの観点では、ファンドが「信託型」か「会社型」かについて区別することは、ほとんど意味がなく、法定開示も制度上も区別なく取り扱われている。

　米国のミューチュアルファンドでは「アドバイザリー・ボード」("Advisory board"。1940年投資会社法2条(a)項(1)号）の設置が義務づけられ、法とSEC規則でその権限・義務・責任を定めている。これは「信託型」「会社型」の別を問わない（前者のそれは"board of trustees"、後者のそれは"board of funds"と一般に呼ばれている）。日本では「取締役会」と訳されることが多いが、会社法における取締役会とは別の制度であり、区別する必要がある。米国でこのように事情が複雑になっているのは、連邦制のもとで、法体系が連邦法と州法の二重となっており、ファンドの設立根拠法は州法であるが、規制法は大恐慌を教訓に制定された連邦法である1940年投資会社法である関係で、規制上両者の法の抵触を避けるためだと考えられる。

　多くの国では一般的に、会社は課税主体となるため、会社の形態でファンドを組成した場合、なんらかの措置をとらないと、投資家はファンド段階と

投資家自身の段階との二重課税となってしまう。そのような場合、一定の要件（「導管性要件」と呼ばれる。計算年度の利益の全額を投資家に配当することなどの例が多い）を満たせば、ファンド段階では非課税となる制度をもつ国が多い。

日本における「会社型ファンド」の形態としては、投信法に基づく投資法人のほか、会社法に基づく株式会社、その他持分会社（合名会社、合資会社、合同会社）、資産流動化法に基づく特定目的会社が考えられる。

なお、日本では、投資法人の形態においては、配当可能利益の90%超を投資家（法令上「投資主」と呼ばれる）に配当すること等、一定の要件を満たせば、当該投資法人には法人税が課せられない税制がとられており[4]、それにより二重課税の問題を解消している。株式会社、持分会社にはそのような税制はとられておらず、日本で株式会社がファンドとして利用されることが事実上ほとんどないのは、二重課税の問題が大きいと考えられる。

第3節　「組合型」ファンド

海外では、一般的に「パートナーシップ」と呼ばれている形態である。少人数の投資家を募る場合に多く用いられており、多数の一般投資家向けファンドの形態としては、世界的にみても例は多くない。税制上のメリット（後述）の享受を目的とする場合や、投資対象による法制度の制限で、信託型・会社型のいずれも利用が困難な場合に、組合型の形態をとることが検討される。ファンドによる有価証券投資制度が整備された国では、信託型・会社型のいずれかの形態が制度上想定されていることが通常であるので、有価証券（特に流動性が高く一般に流通しているもの）へ投資するファンドの形態には一般的には多くは用いられない。多くの国で、税制上、ファンド自体は課税主体とはならず、ファンドの損益を持分に応じて投資家自身の損益とみなして

---

[4] 租特法67条の15

図表Ⅰ-4　ファンドの法形態

国内法で集団投資スキームとなりうる法形態の例

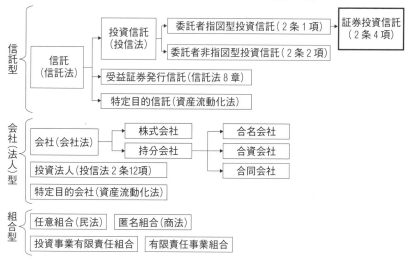

所得課税を行う「パススルー課税」が行われるのが一般的である。

日本における「組合型ファンド」の形態としては、民法上の任意組合、商法上の匿名組合、「投資事業有限責任組合契約に関する法律」に基づく投資事業有限責任組合、「有限責任事業組合契約に関する法律」に基づく有限責任事業組合が考えられる。

第3章

わが国の投資信託制度

第1節 わが国の投資信託制度の目的

1 金融商品取引法の目的

　特に、証券投資信託については、わが国において、有価証券制度がどのような目的で法制度化されているか、を確認する必要がある。

　金商法1条では、法律の目的が規定されているが、ここでは、大目的として、

・国民経済の健全な発展

図表Ⅰ－5　金商法1条

```
                金融商品取引法の「目的」
    (目的)
    第1条  この法律は、
         ┌企業内容等の開示の制度を整備するとともに、 ←── 発行（開示）規制
    手段 │金融商品取引業を行う者に関し必要な事項を定め、←── 業者規制
         └金融商品取引所の適切な運営を確保すること等により ←── 流通規制
    小  ┌有価証券の発行及び金融商品等の取引等を公正にし、
    目  │有価証券の流通を円滑にするほか、
    的  │資本市場の機能の十全な発揮による金融商品等の公正な価格形成等を図り、
        └もって国民経済の健全な発展及び投資者の保護に資することを目的とする。
                 大目的①                大目的②
```

・投資者の保護

の2点を挙げ、小目的として、

・有価証券の発行及び金融商品等の取引等を公正にすること
・有価証券の流通を円滑にすること
・資本市場の機能の十全な発揮による金融商品等の公正な価格形成等を図ること

の3点を挙げており、それらの目的を達成する手段として、

・企業内容等の開示の制度を整備すること（発行（開示）規制）
・金融商品取引業を行う者に関し必要な事項を定めること（業者規制）
・金融商品取引所の適切な運営を確保すること（流通規制）

の3点を定めている。

　これらの規定から、投資家の保護を図ったうえで、有価証券の取引を公正にし、流通・発行を促進させることにより、資本市場を発達させ、国民経済の発展につなげることが法制度上企図されていることがわかる。

2　投信法の目的

　金商法の規定をふまえたうえで、わが国における投信法制の目的を確認する。

　投信法1条では、法律の目的が規定されているが、ここでは、大目的として、

図表Ⅰ-6　投信法1条

```
                「証券投資信託」の意義
投信法（「投資信託及び投資法人に関する法律」）
（目的）
第1条　この法律は、
     ┌ 投資信託又は投資法人を用いて投資者以外の者が投資者の資金を主として有価証
手  │ 券等に対する投資として集合して運用し、その成果を投資者に分配する制度を確
段  │ 立し、これらを用いた資金の運用が適正に行われることを確保するとともに、こ
     └ の制度に基づいて発行される各種の証券の購入者等の保護を図ることにより、投
        資者による有価証券等に対する投資を容易にし、←────小目的
        もって国民経済の健全な発展に資することを目的とする。←────大目的
```

・国民経済の健全な発展に資すること

を挙げ、小目的として、

・投資者による有価証券等に対する投資を容易にすること

を挙げ、その目的を達成する手段として、

・運用者（法律上は「投資者以外の者」）が投資者の資金を主として有価証券等に対する投資として集合して運用し、その成果を投資者に分配する制度（すなわち投資信託・投資法人制度）を確立すること
・投資者（法律上は「この制度に基づいて発行される各種の証券の購入者等」）の保護を図ること

の2点を定めている。

　これらの規定から、投資信託・投資法人制度を整備することによって、投資家の保護を図ったうえで、有価証券への投資を促進させ、国民経済の発展にさらにつなげることが法制度上企図されていることがわかる。

第2節　わが国の投資信託制度の経緯・変遷

　ここで、現在の投資信託制度に至るまでの法制度上の経緯を振り返る。

1　戦前の制度

　わが国での「ファンド」すなわち投資信託類似のスキームの始まりは、戦前にさかのぼると考えられている。投資信託の前身とされているのが、民法上の任意組合として1937年に設立された藤本有価証券投資組合である。これは組合員となる投資家から集めた資金を有価証券に投資、運用して、利益を組合員に分配するというものであった。しかし、これは3年後に解散した。

　わが国での「投資信託」の第1号は、太平洋戦争直前、1941年に野村證券が設定したものである。これは英国のユニット・トラスト制度を模範としたものであったが、投資信託を組成根拠とするための独自の法制化はされず、当時の信託法・信託業法・有価証券引受業法を根拠とした「特定金銭信託」

の一種と位置づけられ、持分たる受益権を分割して不特定多数の投資家に分売する方式がとられた。また、現在のように証券会社と運用会社が分離している制度ではなく、証券会社自身が投資信託の運用・販売を行う形態であった。翌1942年には、証券会社 5 社がこれに続いた。これらの投資信託は、「定時定型」型の単位型投資信託であり、信託期間途中の一部解約・買戻しができず、また受益権の他者への譲渡については民法上の指名債権譲渡の方式によらねばならない不自由があった。また、損失補填条項がついていた。

2 証券投資信託法の制定

戦後、財閥解体等による株式の供給過剰と復興のための企業の再建整備計画による大量増資への対策として、株式を広く国民が保有する証券民主化運動とあわせ、過剰株式の受け皿の一つとして「証券投資信託」の構想が生まれた。1948年に大蔵省が作成した「証券投資会社法」案は、米国の1940年投資会社法を参考にしたものであり、会社型・信託型双方を規定するなど、当時の制度としては進歩的なものであったが、連合軍総司令部からの時期尚早との意見などにより、廃案となった。

その後も議論は続き、1951年に初めて「投信法」（当時の法律名「証券投資信託法」）が施行された。これによる投資信託の法的形態としては、運用会社を委託者とし、信託銀行を受託者として、両者間で信託契約を結ぶという、戦前の形態を写したものが採用された。また、投資信託を組成できる運用会社は、法律上「証券投資信託委託会社」として、大蔵大臣の免許を受けた会社に限定された。なお、制度開始当時は、証券会社が委託会社を兼業していたが、1959年には、各委託会社は証券会社から分離され独立していった。

また、当時は、個々の投資信託の運用の内容を定める信託契約、すなわち「信託約款」は、あらかじめ大蔵省当局の事前承認が必要とされ、それにより投資家の保護と公益の確保が担保される仕組みとなっていた。当時の投資信託の投資対象は国内株式が中心であったが、その銘柄名は、あらかじめ約款に特定して記載しておく必要があった。

この投信法に基づく投資信託は、戦前のものとは異なり、信託期間途中の

一部解約・買戻しが可能となった。また、受益権に有価証券性を付与する無記名式受益証券の発行が法律上規定されたため、受益権の譲渡は証券の受渡しで足りることとされた。さらに、損失補填は行われないこととなった。一方、有価証券投資による運用を目的として不特定多数の投資家のために受益権を分割して取得させる信託契約は、証券投資信託法上の証券投資信託以外は法律で禁止され、投信法の規定を潜脱して有価証券投資を行う信託型ファンドは組成できない[5]こととなった。

課税関係については、信託財産段階では非課税とされ[6]、収益分配に対して「配当所得」として所得税が課せられた[7]。

投資信託制度開始当初は、元本の追加設定が行えない「単位型投資信託」のみ組成されたが、その後1952年には、当初設定後に元本の追加設定が行える「追加型投資信託」が初めて組成された。1956年には、追加型投資信託について、追加設定時の元本と追加信託金との差額を計上する「収益調整金」の勘定が新設され、翌1957年には、税法が改正され、収益調整金からの分配が、税法上の元本の払戻しに相当するものとして非課税となった[8]。

3　1960年代

(1) 評価損益からの分配可能化

従来、組入有価証券の売買益からの収益分配については、実現益からの分配のみが可能で、評価益からの分配は不可能であったが、当時、分配金をかさ上げするために、評価益のある有価証券の売買を過度に行い実現益を捻出する、いわゆる「コロガシ」行為が広く行われ、その悪影響を防ぐことを目的として、1960年に単位型投資信託について、翌1961年に追加型投資信託について、評価益からの分配が可能となった。

5　現行投信法7条
6　旧所得税法（昭和22年法律第27号）4条1項（現行所得税法176条1項）
7　旧所得税法9条1項（現行所得税法24条1項）ただし、1954年から1958年までの間は、税率は収益源泉別（利子・配当・譲渡）を考慮した取扱いであった。
8　旧所得税法6条9号（現行所得税法9条1項11号）

(2) 公社債投資信託

1961年、当時の所得税法の改正により「公社債投資信託」の規定が設けられた[9]。その要件は、「証券投資信託のうち、その信託財産を公債又は社債に対する投資として運用することを目的とするもので、株式（出資を含む。）に対する投資として運用しないもの」とされた。その法改正に伴い、12本を毎月順次募集を行ういわゆる「長期公社債投信」が組成された。

当時は、基準価額を計算する際の、組入債券の評価（帳簿に計上する値段の決め方）は、非上場債券は時価評価をしない理論価格方式であり、取得価額と償還価額との差額（償還差損益）のうち、取得日から償還日までの期間に対応する金額を経過差益として日割り計上するアモチゼーション・アキュムレーションが行われ、結果、債券の時価の変動とは無関係に、一定収益が計上される仕組みであった。また、解約時には手数料がかかるため、投資家にとっては一定期間以上保有しないと高い収益が得られない仕組みがとられることにより、長期の資金が集まることを意図し、それにより、長期で高い最終利回りの債券が組入可能（長期金利が短期金利より高い通常の「順イールド」の場合）であった。したがって、ファンドの解約による組入債券の換金が必要な際に売却損を出さざるをえない状態に至らず、かつ、組入債券のポートフォリオにおいて満期構成のコントロールが適切になされていれば、安定した収益分配が可能な仕組みであった。

4　40年証券不況とその対策

「40年証券不況」により市場が低迷し、投資信託は極度の不振に陥ったが、これに対して1966年、資本市場研究会が報告書「投資信託のあり方」を発表し、投信業界も「投資信託制度の改善に関する要綱」をまとめた。これらを受けた1967年の証券投資信託法改正では、以下のような改革が行われた。

・委託会社の受託者に対する忠実義務を明文で規定[10]

9　旧所得税法7条（現行所得税法2条1項15号）なお公社債投資信託からの分配は「利子所得」とされた（旧所得税法9条1項（現行所得税法23条））

- 信託財産で保有する有価証券に係る議決権は委託会社が行使することを規定[11]（1966年の商法改正による議決権の不統一行使の許容を受けての改正）
- 投資家保護のための「受益証券説明書」「運用報告書」の作成・提供義務を規定
- 「証券投資信託とみなす信託」の規定、いわゆる「ファミリー・ファンド方式」「マザーファンド・ベビーファンド方式」を導入し、有価証券運用を実質的に少数のマザーファンドに集約することにより、運用の効率化を可能とした（実際にファミリー・ファンドが組成されたのは1970年から）。
- 投資信託協会（当時は「証券投資信託協会」）を投信法において規定

5　1970・1980年代

　1970年代には、大きな法改正は行われなかったが、以下のような制度改正が行われた。
- 1970年、外国証券の組入れが解禁された。当初、ニューヨーク、ロンドン、パリ、フランクフルト、アムステルダム、シドニー、チューリヒ、トロントの8証券取引所の上場証券が対象とされた（その後、取引可能取引所は順次拡大した）。なお、1978年には外国為替予約取引による為替ヘッジが可能となった。
- 1972年、約款に投資対象銘柄を特定し記載する制度から、投資対象市場を特定し記載する制度に改正された。

　1980年、満期2～4年の中期国債を中心に投資する「中期国債ファンド」が承認・設定された。毎日決算を行い、毎月分配金を再投資する公社債投資信託である。あらかじめ予想分配率が提示され、投資元本の安全性を考慮した運用・計理が行われ、預貯金類似の商品性を有していた。

　その背景としては、国債大量発行に伴う消化促進策として、公社債流通市場の買い手としての公社債投資信託の大きな役割が期待されたことが挙げられる。当時、預貯金の利率が規制されていたなかで、短期金融市場の金利を

10　現行金商法42条1項（同法の施行の際に相当規定が投信法から移された）
11　現行投信法10条

反映した利回りを投資家に提供した中期国債ファンドは、実際に国債消化と投資信託販売の裾野拡大に大きく寄与した。

1985年には、法人向けの短期公社債投資信託であるFFF（フリー・ファイナンシャル・ファンド）が設定された。

投資信託における投資対象の拡大に関しては、1984年には海外CD、CPの組入れが解禁され、また先物取引の開始に伴い、1985年に国内債券先物取引、1988年に国内株式先物取引が可能となった。

税制面では、1953年以来、原則非課税となっていた有価証券譲渡益に対して、1988年税制改正で、原則課税とされることとなった[12]（施行は、1989年から）。

6　1990年代

1989年、大蔵省証券局長の諮問機関として設置された投資信託研究会が「今後の投資信託の在り方について―投資者の立場に立った改善の方向―」という報告書を公表した。ここでは、次の6点についての指針が示された。

① 商品性の多様化・明確化と運用の安定性の確保
② 投資対象の多様化と受益者利益の観点からの余資運用の制約の見直し
③ 積極的な情報開示
④ 委託会社の独立性の確保
⑤ 外国投信の開示制度の改善、運用成績公開制度の導入などの措置
⑥ 新規参入問題

この報告書を受けて、まず、新規参入問題への対応として大蔵省から「証券投資信託委託業務の免許基準の運用について」が公表され、外資系業者の投資信託委託業務参入が可能となった（外資系委託会社の初参入は翌1990年）。

さらに、1992年、証券取引審議会は「証券市場における適正な競争の促進等について」という報告書において、投資信託委託業務においてもいっそう

---

[12] この改正以来、有価証券関連の具体的な税制は、所得税法ではなく当分の間の特例として租特法で規定されている（現在、同法37条の10～38条ほか）。

の新規参入促進を提言した。これにより、銀行・生損保の子会社の投資信託委託業務への参入が認められ（実際の参入は翌1993年）、あわせて、委託会社による直接販売（直販）が認められた。なお、この時は、直販は証取法上の募集業務ではなく、投資信託の発行者による自己募集の法令上の位置づけとされた（1998年の投信法改正で直販業務は証取法の規定を準用することが明確化され、現在は、金商法上の「第二種金融商品取引業」とされている）。

1992年には、米国のマネー・マーケット・ファンドの商品性を目指して組成された「MMF」（マネー・マネジメント・ファンド）が設定された。中期国債ファンドと同様に、毎日決算を行い、毎月分配金を再投資する公社債投資信託であるが、当時、中期国債ファンドが予想分配率を提示する仕組みだったのに対し、MMFは設定当初より実績分配型とされた。

1993年、MMF・中期国債ファンドのキャッシング（即日換金）が解禁された。これは、翌営業日に信託財産から解約金を払い出すという実務慣行は従来どおりとしながらも、顧客との間では、証券会社が解約額を立て替え、引出日から解約日まで1日分の分配金と同額を立替金の利息として相殺する（顧客からみれば、引出日までの分配金を受け取り、それ以降の分配金は受け取れないことと同じ効果をもつ）ものである。これらの措置により、MMF及び中期国債ファンドが、預貯金と同様に当日の要求払いの換金性をもつこととなり、利便性は向上した。

1993年、勤労者財産形成貯蓄制度（財形制度）の対象として、それまでの預貯金や公社債投資信託等に加え、株式投資信託が認可され、財形専用のファンドが設定された。

1994年には、大蔵省証券局が設置した投資信託研究会が「投資信託の改革に向けて－期待される機能、役割の発揮のために」という報告書を発表し、これを受けて大蔵省は「投資信託改革の概要」を発表し、省令の改正等を行った（施行は翌1995年）。

これにより、
・運用規制の緩和（先物等デリバティブ取引のヘッジ目的以外の運用手段としての活用、私募債・証券化商品への投資解禁など）（「ブル・ベアファンド」等の

組成が可能になった)。
・運用、販売の透明性を向上させるための公正取引ルールの拡充
・ディスクロージャーの充実(受益証券説明書・運用報告書の記載内容の改善)
などが図られた。

また、米国が日米包括経済協議金融サービス交渉の主要テーマの一つとして要求していた投資信託委託業と投資顧問(投資一任)業の併営が解禁され、1995年から米国系運用会社による投資信託委託業への参入が始まった。

1995年、日本で初めて証券取引所に上場する投資信託として、日経300株価指数連動型上場投資信託が設定された。当時の証券投資信託法上の規定では、証券投資信託は金銭信託であることが要件であったために、当初設定・追加設定は現金で行われるが、現金解約はできず、信託財産からの資産引出しは受益証券と組入株式との等価による現物交換のみとされ、一般の投資家は上場株式同様に取引所で売買する商品性である。税法上「特定株式投資信託」と規定され[13]、国内株式と同様の取扱いとなった(日本における最初の上場投資信託(ETF(Exchange Trade Fund))は、2001年に組成された現物設定・現物交換型の日経225ETF、TOPIX・ETFを指すことも多いが、この日経300上場投信は、事実上、日本で最初のETFである)。

7　金融ビッグバン

1997年、「フリー・フェア・グローバル」を原則とした「日本版金融ビッグバン」構想がスタートした。ここでの議論の結果として、証券取引審議会総合部会が「証券市場の総合的改革」を取りまとめ、公表し、これを受けて大蔵省は、「金融・証券関係の規制の撤廃等について」を公表した。

また、この年には、日本版金融ビッグバンに関し、法改正を伴わない制度改正として、以下のような施策が行われた。
・銀行の店舗間借り方式による投資信託会社の直接販売の開始(銀行自身による投資信託の販売は、法改正が必要だったため、翌1998年に解禁された)

13　租特法3条の2、租特法施行令2条

- 未上場・未登録株式の投資信託への組入解禁
- 証券会社の口座での決済機能を備えた「証券総合口座」導入　そのための専用投信として、「マネー・リザーブ・ファンド」(MRF) が設定された。これは、MMF同様に、実績分配型の、毎日決算を行い、毎月分配金を再投資する公社債投資信託であるが、決済の用に供することから、MMFよりもさらに投資元本の安全性に配慮した運用をすることが要件とされた。

翌1998年には、日本版金融ビッグバンの具体策としての法改正である「金融システム改革法」が制定され、投信法の題名は「証券投資信託及び証券投資法人に関する法律（旧投信法）」と改められて、投資信託制度に関して以下のような規制緩和を含む改正が行われた（施行は1999～2000年）。

- 証券投資信託の定義規定を、「『特定の』有価証券に対する投資」をするものから「『主として』有価証券に対する投資」をするものに改正
- 委託会社の要件が「免許」から「認可」に緩和され、設立母体に要件を設ける基準が撤廃され、資本金等の財産的基礎や人的要件を満たすものが参入できることとした。
- 投資信託委託業・投資顧問（一任）業、証券業の相互の兼業の解禁と、それに伴う利益相反行為等の弊害防止規定の制定[14]
- 個別の信託約款の要件が「承認」から「届出」に緩和[15]
- 委託会社が運用の指図を他の運用会社に外部委託することを解禁[16]
- 投資信託の「私募」制度の創設。従来の投資信託の組成は、「不特定多数」の投資家を対象にしたものしか法令上認められていなかったが、私募制度創設により、少人数の投資家を対象にしたもの、または機関投資家のみを対象にしたものの組成が解禁された。[17]
- 投資法人制度（いわゆる「会社型投信」）の創設[18]

14　現行金商法44条
15　現行投信法4条
16　同法2条1項かっこ書き、ほか
17　同法2条9項・10項

- 開示制度の改正（証取法の適用除外の廃止。すなわち、有価証券報告書・有価証券届出書の提出及び目論見書の交付の原則義務化）[19]
- 会計監査制度の導入。証取法による有価証券報告書の提出が義務づけられたことから、公募投資信託は、公認会計士又は監査法人の監査証明を受けることがあわせて義務づけられた。[20]
- 銀行等の登録金融機関による自社での投資信託の窓口販売の解禁[21]
- 基準価額が外貨建てである国内投資信託の組成が可能であることを確認[22]

1998年には、それまで事実上投資信託ごとに決められていた販売手数料について、販売会社が自由に割引を行える自由化が開始された。

1999年、投資信託（長期公社債投信と中期国債ファンドを除く）に組み入れている満期1年超の非上場債券の評価が、取得価額から時価へと移行されることとなった。

1999年、投資信託が他の投資信託受益権を主要投資対象とする「ファンド・オブ・ファンズ」を設定可能にする投資信託協会（以下「投信協会」）規則が整備された。これは、投信による投信の組入れによる多層構造は、投資の内容の不透明さやコストの増大、レバレッジの増幅などの弊害が大きいことから、ピラミッディング（pyramiding）と呼び、国際的に厳しく規制されてきたが、開示を適切に行うこと、相互保有・循環保有は行わないこと、3層以上の多層構造としないこと等を要件として、ファンド・オブ・ファンズの組成が解禁された。これにより、パフォーマンスの高い運用会社のファンドを束ねて1つのファンドにして組成することが可能となった。

2000年、金融監督庁（当時）及び国税庁との協議に基づき、追加型株式投信について税法上の元本の計算方式が、信託財産全体の信託金の平均をその投資信託の元本とする「平均信託金」方式から、受益者ごと（実務上は口座ごと）に、実際の取得価額によって元本を計算する「個別元本」方式に移行

---

18 同法2条12項ほか
19 現行金商法5条5項ほか
20 同法193条の2第1項
21 同法33条の2
22 円建外国投資信託の国内販売の解禁にあわせた措置

した[23]。これに伴い、追加設定時の単価の決定方法の原則が、税引後相当額である「売買基準価額」から税引前の「基準価額」に移行し、追加設定による信託財産の希薄化を防ぐ手立てが行われた（日々決算ファンドを除く追加型公社債投資信託については、2002年に個別元本方式に移行）。

8　2000年投信法改正

1998年、金融監督庁の発足にあわせ、金融制度審議会、証券取引審議会などは金融審議会として一本化され、第一部会では、「日本版金融サービス法」へ向けての議論が開始された。そのなかで、不動産投信を念頭に置いた資産流動型・資産運用型スキームの整備について検討が重ねられた。これを受けて、2000年、「特定目的会社による特定資産の流動化に関する法律等の一部を改正する法律」と同時に「証券取引法及び金融先物取引法の一部を改正する法律」「金融商品の販売等に関する法律」（以下「金販法」）の3法が制定された。

投信法については、題名を「投資信託及び投資法人に関する法律」と改め（「証券」の文字を削除した）、投資信託・投資法人の投資対象資産が、これまで原則として有価証券であったのを、不動産及びその関連資産にまで拡大した[24]。これにより、わが国でも不動産投資法人（J-REIT）の組成が可能となった（初上場は翌2001年）。また、クローズドエンド型（出資の払戻しを行わないことを規約で定めること）の投資法人は、一定の要件のもとに借入れや投資法人債の発行が可能になった。

あわせて、受託者が運用を行う「委託者非指図型投資信託」の制度が創設され、従来の委託会社が運用の指図を行うものは、「委託者指図型投資信託」として整理された[25]。なお、証券投資信託は、委託者指図型投資信託に限られること、すなわち受託者とは異なる委託会社が運用を行うことが要件とさ

23　個別元本方式への移行にあたっては、法令の改正は行われず、個別の投資信託約款の変更によって対応が行われた。
24　現行投信法施行令3条3号〜5号
25　現行投信法2条2項ほか

れた。したがって、委託者非指図型投資信託は、証券投資信託とすることができず、すなわち、主として有価証券に対する投資は行えないこととされた[26]。

また、投信法において、委託会社の受益者に対する受託者責任のさらなる明確化のために、善管注意義務及び任務懈怠による損害賠償責任を明文で規定した[27]。

さらに、受益者による投資信託へのガバナンス強化として、信託約款の変更を行う際、その変更の内容が重大な場合は、変更内容等に関する書面の交付及び公告が必要とされ、受益者の過半数が異議を述べた場合には変更できないとの規定が設けられ、また、当該約款変更が行われるのに際して異議のある受益者は自己の保有する受益証券の買取りを請求することができることとなった。

金販法については、投資信託を含む金融商品の販売時に顧客に対して重要事項の説明義務及び損害賠償責任が法定化され、投資家保護の充実が図られた（施行は翌2001年）。

9　2000年代前半

(1)　制度改正

2001年4月から長期公社債投信と中期国債ファンドについても非上場債券の時価評価を行うこととなり、いずれもその仕組みが予想分配型から実績分配型に変更された。

同年4月6日には、政府が緊急経済対策を発表し、そのなかで「証券市場活性化」の促進策として株価指数に連動する現物拠出設定型の上場投資信託（ETF）の制度整備が盛り込まれた。

これを受けて、税法・投信法の改正等が行われ、日経平均株価（日経225）、TOPIX（東証株価指数）を連動対象としたETFが設定・上場された。

---

[26]　同法48条
[27]　現行金商法42条2項、現行投信法21条

投信法上は、指定された株価指数を連動対象とし、そのために当該指数を構成する株式の構成比率の各銘柄によって当初設定・追加設定されることとされ、金銭信託要件の例外として法定された。解約については、日経300上場投信と同様に、現金解約はできず、信託財産からの資産引出しは受益証券と組入株式との等価による現物交換のみとされ、一般の投資家は上場株式同様に取引所で売買する商品性である。税法上も日経300上場投信と同じく「特定株式投資信託」と規定され、国内株式と同様の取扱いとなった。

当時は、連動対象となる指数については、税法及び金融庁長官告示により限定列挙され、それら以外の指数を連動対象とするETFは組成ができなかった。

さらに同年6月には、確定拠出年金法が制定され、わが国でも、米国の401(k)制度などを参考にした、加入者自身が運用指図を行う確定拠出年金制度（DC制度）が導入され同年10月1日から掛金の運用が始まった。投資信託が運用指図の対象としての中核商品として期待されるが、預貯金・元本保証の保険等も同時に運用指図の対象として規定され、現在でも投資信託がDCの残高の過半を占めるには至っていない。

2003年、金融審議会第一部会報告で、投資信託の募集に係る目論見書の記載内容の簡素化、分割、投資家に対する交付義務の緩和、合理化などが提言された。それを受けて、翌2004年、証取法の改正により投資信託に係る制度の合理化が行われた。

その内容は、

・目論見書に関して記載分量を削減し、投資家にとって利用しやすいものとするため、投資家にあらかじめまたは同時に交付する「交付目論見書」と、投資家からの請求があったときに直ちに交付すればよい「請求目論見書」に分割した[28]。
・交付目論見書の交付については、①当該有価証券と同一の銘柄を所有する投資家、②同居者が既に当該目論見書の交付を受け、または確実に交付を

28　現行金商法15条2項・3項

受けると見込まれる投資家のいずれかであって、かつ、あらかじめ交付を受けないことに同意した投資家は、交付義務の対象外とした。

　2005年、郵政民営化の実施に先立って、郵便局での投資信託販売実施のための「日本郵政公社による証券投資信託の受益証券の募集の取扱い等のための日本郵政公社の業の特例等に関する法律」が施行された。これを受けて日本郵政公社は、登録金融機関として登録され、同年10月から郵便局で投資信託の販売を開始した。

(2) 税制改正

　政府は、「『貯蓄から投資へ』の改革に資する金融・証券税制の軽減・簡素化[29]」を目的として2003年の税制改正で公募株式投資信託の分配金（普通分配金）、解約益・償還益に対する税率を10％（所得税7％、地方税3％）に引き下げた（実施は翌2004年から。軽減税率の実施は、当初は2007年末までの時限措置とされたが、3度の延長などの改正により、2013年まで継続された）。また同時に、税法上の所得金額の計算において公募株式投資信託の解約損・償還損は、上場株式譲渡益との通算がされることとなった（その後の改正で、公募株式投資信託の解約・償還に係る損益は税法上のみなし譲渡所得となり[30]、また公募株式投資信託分配金・上場株式配当金の配当所得と公募株式譲渡損益との相互通算は、2009年から行うこととなった）[31]。

10　2000年代後半

(1)　金融商品取引法の施行

　2004から2005年にかけて、金融審議会において、さまざまな金融商品・投資スキームを一元的に規制することを目指した「(仮称) 投資サービス法案」に関する検討が行われた。この投資サービス法案は、証取法を改正した金商

---

[29]　内閣府経済財政諮問会議『ここまで進んだ小泉改革2003年9月改訂版』
[30]　租特法37条の11第4項（平成25年法律第5号による改正前の同法37条の10第4項）
[31]　同法37条の12の2

法(金融商品取引法)として施行され、あわせて旧信託法を全面的に改めた現行の信託法の施行、投信法の改正も行われた。

2007年9月30日には、証券取引法及び旧信託法が改正されて、金商法及び信託法が施行され、あわせて投信法も改正された。

金商法の施行においては、さまざまな金融商品・投資スキームを規制の対象とすることを目的として有価証券概念の拡大が行われた。これにより、従来型の有価証券を「第一項有価証券」として整理するとともに、投資信託・投資法人などを除く種々の集団投資スキームが「第二項有価証券」として、金商法上の有価証券となった[32](投資信託受益証券、投資法人投資証券は、従来どおりの扱いとして「第一項有価証券」である[33])。なお、証券投資信託は、第二項有価証券に投資することも可能となったが、引き続き純資産総額の過半を第一項有価証券(第一項有価証券に係るデリバティブ取引を含む)に投資することが要件とされた[34]。

その他の投信関係では、委託会社の法律上の位置づけが、証券会社と同じ範疇である「金融商品取引業者」とされ、業法的な行為規制が投信法から金商法に移管された。これにより、投信法は、基本的に「金融商品」として投信の商品性を規律する性格となった。あわせて、金融商品取引業者は登録制となったため、委託会社の要件が「認可」から「登録」に改められた[35]。また、信託法の施行にあわせ、複数の投資信託を1つの投資信託にする「併合」の手続が投信法に明文で規定された[36]。

また、公募投信についてリスク額が純資産額を超える場合におけるデリバティブ取引の禁止、運用権限の委託先による全部再委託、再委託先による再々委託の禁止、などが規定された。さらに、運用報告書交付義務について、ETFとMRFは適用除外となり[37]、MMFは交付頻度が6カ月ごとから年

---

32 金商法2条2項1号〜6号
33 同法2条1項10号・11号
34 投信法施行令5条、6条
35 金商法28条4項、29条
36 投信法16条2号
37 投信法施行規則25条1号・2号

1回に緩和された。

(2) 受益証券の発行にかわる受益権振替制度

2002年に現在の「社債、株式等の振替に関する法律（略称「社債等振替法」。当時の名称は「短期社債等の振替に関する法律」）が施行され、市中で流通している有価証券については、ペーパーレス化や決済期間の短縮等を図るため振替制度が創設され、順次導入されていったが、投資信託については、2007年（ETFについては、2008年）から、振替制度の対象となった。これにより、投資家が投資する投資信託の受益証券は、公募・私募ともに事実上ほぼ完全に不発行となり、受益者による受益権の特質は、証券保管振替機構の口座及びそれにぶら下がるかたちの販売会社の口座におけるコンピュータ記録に基づくこととなった。

(3) ETF関連

2008年、税法・投信法関係法令の改正により、ETFの連動対象指数について個別指定による限定列挙が撤廃され、あわせて株価指数以外の有価証券価格指数をETFの連動対象指数とできることとなった。これにより、REIT指数に連動するETFの組成が可能となった[38]。

同2008年、金商法・投信法の改正により、投資信託の対象資産として貴金属や農産物などの「商品」（商品取引所法（現・商品先物取引法）に規定する商品。いわゆる「コモディティ」）、商品投資等取引に係る権利（商品先物など）が追加された[39]。

2009年には、税法の改正により、金銭信託である（すなわち、金銭で当初設定・追加設定し、一部解約・償還も金銭で行う）ETFの組成が可能となった[40]。これにより、先物を主要取引対象とするETFや、さらには外国有価証券を主要投資対象としたETF（これは、受渡しが国内営業時間では困難である

38　投信法施行令12条1号・2号
39　金商法2条24項3号の2、投信法施行令3条9号・10号
40　租特法9条の4の2

ことから現物設定・現物交換が困難であるため）が組成できるようになった。

(4) その他

　2010年の法令改正において、目論見書を投資者にとってより利用しやすく、わかりやすいものとする観点から、交付目論見書の記載内容を投資情報としてきわめて重要であると考えられるものに限定する「目論見書簡素化」等の改正が行われた。

11　2010年代

(1) 投信法見直しワーキング・グループ

　2012年には、金融審議会に「投資信託・投資法人法制の見直しに関するワーキング・グループ」が設置され、集中的に議論が行われた。その結果、2013年には投信法の一部改正が公布され、2014年に政令・内閣府令の改正が公布施行された。その改正及びそれに伴う監督指針・ガイドライン等の改正により、以下のような制度変更が行われた。

・みなし有価証券報告書制度に係る整備法改正により、いわゆる「証券情報」のみを記載した書面（募集事項等記載書面）を有価証券報告書とあわせて提出した場合に、これらを有価証券届出書とみなす制度を導入した（投信の銘柄ごとに有価証券届出書に委託会社に係る有価証券報告書記載事項を記載する必要があったが、他銘柄でも同じ事項を重複記載していたため、重複部分を記載しなくともよいこととした）。これに伴い、当該制度の対象となる有価証券として「投資信託受益証券」等を定めるなど、所要の規定を整備
・投資信託約款変更等に係る受益者書面決議手続の見直し（要件の緩和等）
・投資信託の併合手続の緩和
・金銭信託要件の緩和（適格機関投資家私募投資信託について、現物設定・現物交換を容認[41]）

41　投信法施行令12条4号

- MRFについて、運用上その元本に生じた損失を委託会社が補填することを容認[42]
- 運用報告書の2段階化（従来の運用報告書を「全体版」として電磁的方法（インターネットへの掲載等）により提供する（ただし、受益者の請求があった場合は書面により交付する）こととするとともに、運用報告書に記載すべき事項のうち重要なものを記載した書面（「交付運用報告書」）を作成し、受益者に交付することが規定された[43]）。
- デリバティブ取引に起因するリスク量規制の導入[44]
- 信用リスク規制（いわゆる「分散投資規制」）の導入[45]（既に発行された投資信託については5年間の適用猶予）
- 投資家ごとにトータルリターンを定期的に通知する制度の導入

(2) インフラファンド

2014年、法令の改正等が行われ、投資信託・投資法人の主要投資対象としてインフラ資産（再生可能エネルギー発電設備（電気事業者による再生可能エネルギー電気の調達に関する特別措置法に基づく太陽光発電、風力発電、地熱発電、水力発電、またはバイオマス発電に係る設備）、公共施設等運営権（民間資金等の活用による公共施設等の整備等の促進に関する法律（PFI法）に基づく公共施設等運営権））が追加され[46]、「インフラファンド」の組成が可能となった。

(3) 少額投資非課税制度（NISA）

2014年、「貯蓄から投資」「貯蓄から資産形成」を促進するために、税法改正によって、時限立法として、一定額までの投資による所得を非課税とするNISA（少額投資非課税制度）が導入された[47]。なお、2004年から実施されて

---

42 金商法42条の2第6号、金商業等府令129条の2
43 投信法14条1項〜4項
44 金商業等府令130条1項8号
45 同8号の2
46 投信法施行令3条11号・12号
47 租特法37条の14ほか

いた軽減税率が廃止された以降、2016年にジュニアNISA（未成年者少額投資非課税制度）、2018年にはつみたてNISA（非課税口座の累積投資勘定の制度）が順次導入されている。

NISA、ジュニアNISAについては、その投資対象は、株式、投資法人、株式投資信託となっているが、つみたてNISAについては、株式投資信託であり、かつ税法上の一定の要件を満たすものに限られている。

(4) 金融所得課税一体化

有価証券に関する所得を含む金融所得課税の一体化については、これまでも配当所得と上場株式・公募株式投資信託の譲渡損益の通算など順次実施されてきたが、2013年の税制改正では、公募公社債投資信託や国債・地方債・公募公社債が「上場株式等」に新たに含まれることとなり、上場株式等の範囲内での損益通算が行われることとなった[48]。

(5) マイナス金利政策

2016年1月29日、日本銀行はマイナス金利政策の採用を発表した（実施は2月16日より）。これを受けて、短期債や短期の市場金利で運用する中期国債ファンド、MMFの運用がきわめて困難になり、各ファンドが繰上償還された。また、MRFについては、「証券取引における決済機能に鑑み」、2015年における平均残高までの額は、日本銀行が金利ゼロで当座預金を受け入れる措置がとられた。これにより、以降、MRFの利回りがゼロとなる状態が継続している。また、2017年に法令改正がされ、MRFの元本に生じた損失を販売会社が補填することも容認されることとなった[49]。

---

[48] 同法37条の11
[49] 金商法39条4項、金商業等府令119条の2

第4章

投資信託の機関

第1節　投資信託の機関に関する法務

(1) 委託者指図型投資信託の運営機構

　委託者指図型投資信託は、投信法ならびに信託約款により委託者、受託者、受益者の3者からなっている。委託者は金融商品取引業者であり、受託者は信託会社または信託業務を営む金融機関である（投信法3条）。この両者の間で、あらかじめ金融商品取引業者が監督当局に届け出た信託約款に基づいて信託契約を締結する（投信法4条、同法施行規則6条）。投資信託が契約型といわれる理由である。

　この信託契約に基づいて、販売会社（第一種金融商品取引業者または登録金融機関）が投資家の募集の取扱いを行い、発生した受益権は均等に分割され、この受益権を取得した投資家が受益者となる（2007年1月より、社債等の振替に関する法律により、一部を除く大部分の投資信託受益証券がこの規定の適用を受け、「受益権」は、それを表示していた受益証券から、振替機関の振替口座簿への記帳へと移行している）。

　わが国の投資信託の主流をなす委託者指図型投資信託の仕組み、及び業務の流れを図示すると図表Ⅰ-7のようになる。

図表Ⅰ-7　委託者指図型投資信託の仕組み

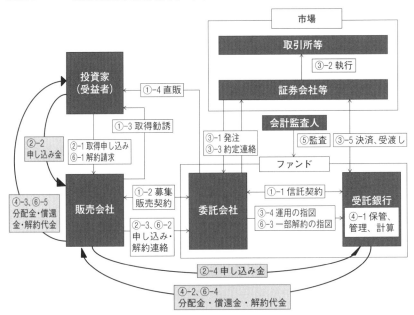

(出所)　野村アセットマネジメント

(2) 運営機関の役割

各運営機関の役割は、以下のとおりである。

① 投資信託受益権の取得勧誘

委託会社（委託者）と受託銀行（受託者）の間で信託契約を締結する（図表Ⅰ-7の①-1）。一方、委託会社は販売会社と契約を締結し（同①-2）、この契約に基づき販売会社が投資家に対して投資信託受益権の取得勧誘（有価証券の募集・私募）を行う（同①-3）。

(注)　委託会社が投資家に対し直接取得勧誘を行う場合もある。これが「直販」である（同①-4）。

② 信託財産（ファンド）の設定

販売会社から取得勧誘を受けた投資家は、受益権取得の申し込みを行い（同②-1）、申し込み金（設定代金）を販売会社へ払い込む（同②-2）。販

売会社は申し込みを委託会社に取り次ぐ（同②-3）とともに、投資家から受領した申し込み金を受託銀行へ払い込む（同②-4）。受託銀行は、委託会社の指図に基づき「信託財産」（ファンド）を設定する。

③ 信託財産の運用（運用の指図）

委託会社は信託約款等に定められた運用方針に基づき有価証券等への投資を行う。委託会社は売買案件を作成し、証券会社等に発注を行う（同③-1）。証券会社等は発注に基づき売買を執行し（同③-2）、委託会社へ約定の連絡を行う（同③-3）。委託会社は受託銀行に約定の内容につき運用の指図を行い（同③-4）、受託銀行は指図に基づき決済、受渡しを行う（同③-5）。

④ 信託財産の保管、管理、計算

受託銀行は、信託財産の保管、管理、計算を行い（同④-1）、委託会社の指図に基づき期中の分配金、満期時の償還金を、販売会社を通じて受益者へ支払う（同④-2、3）。

⑤ 監　　査

ファンドの会計については、独立の公認会計士または監査法人による監査が行われ、公募の投資信託においては有価証券報告書に監査報告書が添付される。

⑥ 信託契約の一部解約

販売会社は、受益者から償還日前に解約の請求（同⑥-1）があった場合は、委託会社に取り次ぐ（同⑥-2）。委託会社は、受託銀行への指図により信託契約を一部解約し（同⑥-3）、受託銀行は、解約代金を、販売会社を通じて受益者へ支払う（同⑥-4、5）。

(3) 委 託 者

委託者は「金融商品取引業者（投資運用業者に限り、信託会社を除く）」（投信法2条11項）と規定されている。投資信託の運営における委託者の業務は、次のようなものがある。

① 信託財産の運用の指図

② 信託約款の作成と監督当局への届出
③ 信託契約の締結
④ 受益証券の発行
⑤ 収益分配金・償還金の支払
⑥ 目論見書の作成
⑦ 運用報告書の作成と交付
⑧ 信託財産の組入有価証券の議決権等の指図行使
⑨ 信託財産に関する帳簿書類、報告書等の作成
⑩ 基準価額の計算等

　これらのうち、最も重要な業務は①信託財産の運用の指図、つまりファンドの運用である。運用の指図については第Ⅳ編で詳述する。

(4) 受託者

　受託者は「信託会社又は信託業務を営む金融機関」（投信法3条）と規定されている。信託銀行ないしは信託業務を営む普通銀行が受託会社となりうるものであることから、受託銀行と呼ばれることが多い。
　投資信託の運営における受託者の業務は、次のようなものがある。
① 信託契約の締結
② 信託財産の保管、管理
③ 信託財産の計算（基準価額の計算を含む）
④ 外国証券を保管、管理する外国の保管銀行への指示及び連絡

　これらのうち、最も重要な業務は信託財産の保管、管理、計算である。受託者は単に信託財産たる有価証券等を保管するだけでなく、信託財産の名義人となる。しかし、受託者は信託財産を自己の財産とは区別して管理しなければならない（分別管理）。また、売買は自己の名（名義）で行うが、委託者指図型投資信託の場合、これらはすべて委託者の指図において行うものである。

(5) 販売会社

　販売会社は、委託者と契約して投資信託受益権（受益証券）の募集の取扱い、解約・買取請求の取扱い及び収益分配金や償還金の支払等の業務を行う。

　金商法のもとにおいて、投資信託受益権（受益証券）の販売行為は「金融商品取引業」（同法2条8項）のうち「第一種金融商品取引業」（同法28条1項）に当たり、主に証券会社によって行われている。また、投資信託委託会社が自己募集により投資信託受益権（受益証券）を直接販売する「直販」も、金商法のもとにおいては「第二種金融商品取引業」（同法28条2項）として認められており、販売行為については第一種金融商品取引業と同様に金商法上の行為規制の対象となっている。

　上記に加えて銀行など金融機関も登録金融機関として投資信託受益権（受益証券）の販売行為を行うことができる。登録金融機関とは、金商法33条1項により、有価証券関連業または投資運用業を禁止されている銀行、協同組織金融機関、同法施行令1条の9で規定する金融機関が、金商法33条の2に基づき内閣総理大臣の登録を受けることで、登録金融機関として、有価証券の募集または私募を業として行うことができる金融機関のことである。

　具体的には以下の金融機関が、登録金融機関として指定されている。下記②～⑦は協同組織金融機関であり（協同組織金融機関の優先出資に関する法律2条1項）、⑧～⑩は金商法施行令1条の9で規定する金融機関である。

① 銀行
② 農林中央金庫
③ 信用協同組合及び信用協同組合連合会
④ 信用金庫及び信用金庫連合会
⑤ 労働金庫及び労働金庫連合会
⑥ 農業協同組合及び農業協同組合連合会
⑦ 漁業協同組合及び漁業協同組合連合会、水産加工業協同組合及び水産加工業協同組合連合会

⑧　商工組合中央金庫
⑨　保険会社
⑩　無尽会社
⑪　証券金融会社
⑫　主としてコール資金の貸付けまたはその貸借の媒介を業として行うもののうち金融庁長官の指定するもの

　なお、これらに加えて、金融機関以外の者でも、金融商品仲介業者として内閣総理大臣登録を受けることで（金商法66条）、第一種金融商品取引業者及び登録金融機関の委託を受けて投資信託の売買の媒介や募集を行うことができる。例えば、ゆうちょ銀行からの委託により投資信託の取扱いを行う郵便局などは金融商品仲介業者である。

　投資信託の運営における販売会社の業務は、次のようなものがある。
① 　投資信託受益権（受益証券）の募集及び販売の取扱い
② 　追加設定の申し込み事務
③ 　受益者に対する収益分配金再投資事務
④ 　信託の一部解約事務（委託会社への取次）、買取請求の受付、及び解約代金・買取代金、償還金、収益分配金（再投資を含む）の支払
⑤ 　目論見書の交付
⑥ 　運用報告書の交付
⑦ 　取引報告書、残高照合書、計算書、取引明細書等の交付
⑧ 　「社債、株式等の振替に関する法律」及び振替機関の業務規程に定める「口座管理機関」としての業務
⑨ 　受益証券の振替機関への移行申請手続

(6)　受益者及び受益権（受益証券）

　委託者指図型投資信託においては、投資信託委託会社が委託者となり、受託銀行が受託者となる。この両者の間で信託約款に基づいて信託契約を締結する。その信託の受益権を均等に分割し、申し込み口数に応じてこの受益権を取得した投資者が受益者となる。なお、受益権を表示する証券のことを受

益証券という（投信法2条7項）。

　受益者の有する権利（受益権）は、投信法に定められている権利として、信託財産の元本の償還金及び運用収益の分配受領権（同法6条3項）及び投資信託委託会社に対する信託財産の帳簿閲覧権（同法15条2項）がある。また、同法4条2項に基づく投資信託約款において定められる権利として、信託約款に規定する信託契約の一部解約請求権（同法4条2項9号）がある。さらに投資信託委託会社による重大な約款変更等及び投資信託の繰上償還に伴う受益権は、信託法（平成18年法律第108号）（以下「信託法」という）の改正に伴い、旧法信託、新法信託で権利の内容が次のように異なっている（詳細は第Ⅲ編第4章を参照）。

投資信託委託会社による重大な約款変更等に伴う受益権

旧法信託	異議申し立てを行う権利（旧投信法30条2項）
	重大な約款変更等が成立した場合、異議申し立てを行った反対受益者による受益証券の買取請求権（旧投信法30条の2）
新法信託	その変更に係る書面による決議に際し、保有する受益権の口数に応じた議決権（投信法17条6項）
	書面決議の結果、重大な約款変更等が成立した場合、当該書面決議において反対した受益者による、受益証券の買取請求権（投信法18条） ※ただし、受益者が一部解約請求権を行使することにより当該受益権の公正な価格が当該受益者に償還されることとなる場合には買取請求権は適用されない（投信法18条2項、同法施行令40条の2）。

投資信託の繰上償還に伴う受益権（繰上償還手続の詳細は第Ⅲ編第5章第2節第2項を参照）

旧法信託	異議申し立てを行う権利（旧投信法32条3項、30条2項） ※ただし、真にやむを得ない事情があるとき、及び一定の条件を満たした場合には投資信託契約の解約を行う旨があらかじめ定められている場合であって、当該一定の条件を満たして行われる解約である場合には、当該権利は発生しない（旧投信法32条3項、同法施行規則51条）。 繰上償還が成立した場合、異議申し立てを行った反対受益者による受益証券の買取請求権（旧投信法32条3項、30条の2）

新法信託	繰上償還に係る書面による決議に際し、保有する受益権の口数に応じた議決権（投信法20条、17条6項） ※ただし、真にやむを得ない事情があるとき、及び一定の条件を満たした場合には投資信託契約の解約を行う旨があらかじめ定められている場合であって、当該一定の条件を満たして行われる解約である場合には、書面決議は行われない（投信法20条2項、同法施行規則43条）。
	書面決議の結果、繰上償還が成立した場合、当該書面決議において反対した受益者による、受益証券の買取請求権（投信法20条、18条） ※ただし、受益者が一部解約請求権を行使することにより当該受益権の公正な価格が当該受益者に償還されることとなる場合には買取請求権は適用されない（投信法20条、18条2項、同法施行令40条の2）。

　なお、買取請求とは受益者が販売会社に対し受益証券の買取りを請求する方法であり、解約請求とは受益者が販売会社を通じて投資信託委託会社へ信託契約解約の実行を請求する方法である。

第2節　投資信託委託会社の法務

1　投資信託委託会社の責務

(1)　受託者責任

　受託者責任とは、他人からの信認を受けて裁量権を行使する者が当然に果たすべき責任と義務をいう。これは、英米法におけるフィデューシャリー・デューティーに相当するものである。もともとは信託契約における受託者が受益者に対して負う義務を指す概念であったが、英米法においては信託の受託者以外にも、弁護士、医師、会計士など、その専門的能力と裁量権をもって他者からの信認を得て一定範囲の任務を遂行すべき者（フィデューシャリー）が果たすべき責任という幅広い概念である。投資家にかわって投資運

用を行う投資信託委託会社は、このフィデューシャリーに含まれる。

受託者責任には、①忠実義務、②善管注意義務、③自己執行義務、④分別管理義務という4つの中心的な義務があるといわれている。

金商法では、受託者責任に係る中心的義務として、すべての金融商品取引業者等に適用される基本的な義務として誠実公正義務（同法36条）、投資助言業務及び投資運用業について忠実義務及び善管注意義務（同法41条、42条）、投資運用業について自己執行義務（同法42条の3）、分別管理義務（同法42条の4）が定められている。

(2) 忠実義務と善管注意義務

金商法において、忠実義務は以下のように規定されている。

> 金融商品取引業者等は、権利者のため忠実に投資運用業を行わなければならない。（42条1項）

忠実義務とは、顧客の利益と自己または第三者の利益が抵触するような状態に自らを置くことによって意思決定が拘束されたり、さらに顧客の利益と抵触するような契約を締結したりしてはならない義務とされる。投資信託に当てはめれば、投資信託委託会社は運用にあたりもっぱら受益者の利益を図るためだけに行動すべきであり、自己または第三者の利益を図ってはならないという趣旨である。言い換えれば、利益相反防止義務ということができる。

また、善管注意義務は金商法で以下のように規定されている。

> 金融商品取引業者等は、権利者に対し、善良な管理者の注意をもって投資運用業を行わなければならない。（42条2項）

善管注意義務とは、伝統的な理解では、善良な管理者としての注意を尽くす義務であり、行為者の職業や社会的地位に応じて通常期待される程度の注意を尽くすべき義務とされる。

投資信託委託会社の善管注意義務は、信託財産の運用その他の業務を専門家として社会一般から要求される程度の注意をもって業務を遂行することである。これは、米国で資産運用者の受託者責任に関するルールとなっているプルーデント・インベスター・ルールに相当するものと考えられよう。プルーデント・インベスター・ルールとは、受託者は業務の遂行にあたって、自己と同じ程度の能力、知識をもったプルーデント・インベスターが用いるであろうと同程度の注意を払わねばならないというルールである。

(3) 利益相反防止義務

　金商法では、誠実公正義務、忠実義務、善管注意義務のようなプリンシプル・ベースの規制（原理原則や制度趣旨に沿って考慮すべき規制）に加え、ルール・ベースの規制（形式的な解釈に基づいて考慮すべき規制）が具体的に規定されている。金商法に定める投資運用業に関する利益相反行為の禁止規定は、利益相反に係るルール・ベースの規制であり、受託者責任（特に忠実義務）を基礎として利益相反のおそれが高いと類型的に認められる行為を以下のように具体的に列挙している（金商法42条の２）。

① 自己又はその取締役若しくは執行役との間における取引を行うことを内容とした運用を行うこと
② 運用財産相互間において取引を行うことを内容とした運用を行うこと
③ 特定の金融商品、金融指標又はオプションに関し、取引に基づく価格、指標、数値又は対価の額の変動を利用して自己又は権利者以外の第三者の利益を図る目的をもって、正当な根拠を有しない取引を行うことを内容とした運用（いわゆるスカルピング行為）を行うこと
④ 通常の取引の条件と異なる条件で、かつ、当該条件での取引が権利者の利益を害することとなる条件での取引を行うことを内容とした運用（いわゆるアームズ・レングス・ルールに反する取引）を行うこと
⑤ 運用として行う取引に関する情報を利用して、自己の計算において有価証券の売買その他の取引等を行うこと
⑥ 運用財産の運用として行った取引により生じた権利者の損失の全部若し

くは一部を補てんし、又は運用財産の運用として行った取引により生じた権利者の利益に追加するため、当該権利者又は第三者に対し、財産上の利益を提供し、又は第三者に提供させること（事故による損失又は別に定める投資信託（MRF）の元本に生じた損失の全部又は一部を補てんする場合を除く）

⑦　①～⑥に掲げるもののほか、投資者の保護に欠け、若しくは取引の公正を害し、又は金融商品取引業の信用を失墜させるものとして内閣府令で定める行為

（注）〔金商業等府令〕128条～130条

なお、投資信託委託会社の行為準則に関する具体的内容は、第Ⅳ編において詳述する。

(4) 自己執行義務と運用の外部委託

自己執行義務とは、受託者は他者から引き受けた任務を自ら実行すべきでありさらに別の者に任せてはならない、というルールである。投資信託が受益者からの信頼を基礎とする制度である以上、投資信託の運用は投資信託委託会社がその信頼に応えて自らがその職責を果たすべき、というものである。ただし、一定の条件のもとで、運用の全部または一部を第三者に委託することが認められている（金商法42条の3、投信法12条）。

運用の外部委託先としては、他の金融商品取引業者、外国の投資運用業者や当該ファンドの受託者以外の信託会社等（有価証券以外の投資運用指図に限る）が認められている（投信法施行令2条、金商法施行令16条の12）。

運用の外部委託の典型的なケースは、海外の有価証券を主要投資対象としたファンドの運用を、専門性の活用、時差の克服、より効率的な運用等を目的として海外の運用会社に外部委託するような場合である。外部委託先に対しては、運用にあたって守るべきガイドラインを明確にするとともに、当該ガイドラインに従った運用がなされているか、パフォーマンスはどうか、など自社が運用するファンドと同様のモニタリング体制が不可欠である。投資信託委託会社は、すべての運用財産に係る運用権限の全部の再委託、及び運

用権限の全部・一部の再々委託が禁止されている一方、運用権限の一部の再委託は可能であるが、再委託先がさらに外部委託することのないよう、外部委託先との契約書に規定するなどの措置を講ずることが求められている（金商業等府令130条1項10号）。

運用権限を外部委託した場合、外部委託先も受益者に対して忠実義務及び善管注意義務を負い、また、(3)の禁止行為の規定も適用される（金商法42条の3第3項）。

(5) 分別管理義務

分別管理義務とは、運用財産と、自己の資産や他の運用財産とを分別して管理しなければならないという義務であり、投資運用業における分別管理義務は、金商法42条の4に規定されている。投資信託に係る分別管理義務は上記のほか、投信法53条、信託法34条、信託業法28条3項にも規定されている。投資信託の資産は、受託銀行において分別して管理されている限りにおいて、受託銀行が破産しても受益者の資産は守られることとなる（倒産隔離）。

(6) 損害賠償責任

金商法においては、運用財産の運用として行った取引により生じた権利者の損失の全部もしくは一部を補填し、または運用財産の運用として行った取引により生じた権利者の利益に追加するため、当該権利者または第三者に対し、財産上の利益を提供し、または第三者に提供させることが禁止されているが、「事故」の場合には例外的に損失補填等を認めている。投資運用業者における損失補填等が認められる「事故」とは、投資運用業に関する過失、電子情報処理組織の異常による事務処理ミス、任務懈怠または法令もしくは契約違反のいずれかにより、権利者が損失を被った場合と規定されている（金商業等府令118条2号）。

さらに「金融商品取引業者等向けの総合的な監督指針」においては、「権利者への忠実義務」に関連して、忠実義務違反に該当する場合として以下の

ように触れられている。

> 運用財産の運用において事務ミス等の自己の過失により権利者に損害を与え、その損害について権利者に損害賠償を行わない場合、忠実義務違反に該当する可能性があることに留意する。これは、事務ミス等が業務委託先で発生した場合であっても、権利者に対して責任がある投資信託委託会社等がその損害について権利者に損害賠償を行わないときは同様である。(Ⅵ-2-3-3(3))

投信法では、忠実義務、善管注意義務を怠ったことによって受益者に損害が生じた場合、投資信託委託会社は損害賠償を行わなければならない旨、以下のとおり規定されている。

> 投資信託委託会社（当該投資信託委託会社からその運用の指図に係る権限の全部又は一部の委託を受けた者を含む。）がその任務を怠ったことにより運用の指図を行う投資信託財産の受益者に損害を生じさせたときは、その投資信託委託会社は、当該受益者に対して連帯して損害を賠償する責任を負う。(21条)

上記の損害賠償義務は、上記(4)に述べた「外部委託」を行った場合の当該外部委託先にも適用されることが明確にされている。

(7) 顧客本位の業務運営に関する原則

受託者責任をめぐる近年の監督当局の動きとして、2017年3月30日、金融庁が公表した「顧客本位の業務運営に関する原則」がある。これは、金融審議会に設置された市場ワーキング・グループにおける審議をふまえた報告書に基づき公表された7つの原則で、金融機関等のフィデューシャリー・デューティーの原則を謳ったものとされる。

冒頭の「本原則の採用するアプローチ」において、ルールベース・アプローチではなく、プリンシプルベース・アプローチを採用していることが明記されている。さらに、この原則を採択する場合には、

・顧客本位の業務運営を実現するための明確な方針を策定・公表すべきこと
・当該方針に基づいて業務運営を行うべきこと
・当該方針に係る取組状況を定期的に公表すべきこと
・当該方針を定期的に見直すべきこと

を求めている。一方で、自らの状況等に照らして実施することが適切でないと考える原則があれば、実施しない理由等を十分に説明すべきことも書かれている。

　７つの原則は以下のとおりである。

原則１．顧客本位の業務運営に関する方針の策定・公表等
原則２．顧客の最善の利益の追求
原則３．利益相反の適切な管理
原則４．手数料等の明確化
原則５．重要な情報のわかりやすい提供
原則６．顧客にふさわしいサービスの提供
原則７．従業員に対する適切な動機づけの枠組み等

　このうち、原則３の「利益相反の適切な管理」は最近金融庁が特に重視しているテーマの一つであることがうかがえる。例えば、金融庁は毎事務年度の金融行政方針を公表しているが、「平成28事務年度金融行政方針」（2016年10月21日）には、「運用機関における顧客本位の活動を確保するため、系列親会社等との関係から生じ得る利益相反の管理やガバナンスを強化」することが掲げられている。

　原則３は、具体的には以下のような内容となっている。

> 金融事業者は、取引における顧客との利益相反の可能性について正確に把握し、利益相反の可能性がある場合には、当該利益相反を適切に管理すべきである。金融事業者は、そのための具体的な対応方針をあらかじめ策定すべきである。
> 　（注）　金融事業者は、利益相反の可能性を判断するに当たって、例えば、以下の事情が取引又は業務に及ぼす影響についても考慮すべきである。
> 　　・販売会社が、金融商品の顧客への販売・推奨等に伴って、当該商品の提供会

社から、委託手数料等の支払を受ける場合
・販売会社が、同一グループに属する別の会社から提供を受けた商品を販売・推奨等する場合
・同一主体又はグループ内に法人営業部門と運用部門を有しており、当該運用部門が、資産の運用先に法人営業部門が取引関係等を有する企業を選ぶ場合

2 投資信託委託会社の法令違反

(1) 法令違反に対する処分

　上記の忠実義務・善管注意義務に限らず、金商法に違反した場合、登録の取消し、業務の全部または一部の停止、業務改善命令、罰則（懲役と罰金）等が金商法に規定されている。受益者の信認に背く行為に対しては、法令に基づく厳重な処分が科せられるとともに、その公表により会社の名誉に大きなダメージが与えられることになる。

　行政処分を受けた委託会社は、抜本的な態勢の改善が求められ、それを業務改善計画として提出することが要求される。

(2) 忠実義務違反とされた事例

・2006年10月23日行政処分
　投資信託委託会社A社は、自社で設定し、その運用をB社に外部委託している投資信託において、B社が物価連動型米国債を買い付けた際に、信託銀行において当該債券を投信協会が規定する方法で計理処理できないことが判明したことから、当該債券の買付けをキャンセルするようB社に指示した。B社が当該債券の反対売買を行った結果、売却損が生じたところ、A社は、自社において補填すべきであった当該損失をあえて投資信託における損失として計上し、その結果、投資信託の受益者に相応の損失を被らせた。A社によるこのような行為は、忠実義務に違反すると認められる。

第3節　投資信託委託会社の組織

1　委託会社の組織形態

　投資信託委託会社は、従来、資本系列によって、①国内証券系、②国内銀行・保険系、③国内独立系、④外資系に分けられてきた。しかし、金融危機後の業種の垣根を越えた統合等により、近年ではこの区分けは薄れてきている。

　会社ごとの資本系列の別や規模の大小はあるものの、投資信託委託会社は、ほぼ共通して、以下のような組織から構成されている。
・投資信託運用部門……信託財産の運用企画・運用指図
・トレーディング部門……ファンド・マネージャーによる売買に係る運用指図の執行
・調査部門……株式・公社債等の調査・分析
・投資信託管理部門……ファンドの計理、受益証券の管理、ディスクロージャー資料作成管理、商品企画、ファンド審査等
・販売部門……証券会社や銀行等の登録金融機関といった販売会社に対する販売促進、カスタマー・サービス、直接販売
・本社機能……人事、企画、財務、総務、法務、コンプライアンス、システム管理等

　委託会社によっては、運用、トレーディング、調査を一本化させた組織形態を採用するケースもあるし、あるいは本社機能を担う部門においてファンド審査、ファンド計理を行うケースもある。

2　その他の業務

　委託会社のなかには、投資信託委託業務とともに投資顧問業務を行っている会社が多くある。これは、前者が投資家の集合投資であり、後者が特定の

投資家を顧客とするものであるという違いはあるが、ともに一任運用を基本とするために、業務やスキルの共通性が高いためである。

　また、投資顧問業務は、2007年9月の金商法施行以前は旧投資顧問業法に基づいて認められていたものであるが、委託会社も所定の登録を行うことにより兼営することが認められており、実際には多くの委託会社が投資顧問業務を行っていた。金商法施行後は、いずれの業務も投資運用業として位置づけられている。

　投資顧問業務を行う委託会社では、そのための運用、管理、マーケティング部門を設けることになる。それらは、投資信託委託業務を行う部門と並列に設けられるケースもあるが、重複を避けるために、1つの部門で投資信託と投資顧問の両方の業務を行うことも増えている。もっとも、顧客特性が大きく異なるマーケティング部門や管理部門は、依然としてそれぞれ別の組織や部署として運営されていることが一般的となっている。

　投資顧問業務以外では、いくつかの委託会社が、外国投資信託の勧誘などを目的として第一種金融商品取引業の登録を行っている。また、投資信託の直接募集等（いわゆる直販）を行う委託会社が増えてきており、これらは第二種金融商品取引業の登録が必要となる。なお、直販において顧客資産の保護預りを行う行為は、第一種金融商品取引業に該当する点に留意が必要である。

3　BPO

　近年、委託会社において、業務の効率化を目的として、ファンドの計理などの画一的な業務について、専門の外部委託先に委託するBPO（Business Process Outsourcingの略）と呼ばれる動きが出てきている。BPOを行うにあたっては、まず社内において外部委託する業務の範囲を明確化したうえで、外部委託先との間で実施可能性を検討する必要がある。そのうえで、報酬など契約に盛り込むべき諸条件を詰めていくわけであるが、外部委託した業務についても、委託会社がその責任を免れるものではないため、契約において外部委託先の業務の実施状況を適切に監督するに足りる権限を確保すべきで

あろう。

　また、委託会社と外部委託先とでは対象業務について想定するオペレーション・フローが異なることから、BPOの開始にあたってはそのような差異を埋めるために、事前のギャップ分析を行うことも重要となる。そのうえで、双方で確認したフローについては、書面化するなどの工夫が求められる。

第4節　投資信託委託会社のガバナンス

1　顧客本位の業務運営に向けた態勢整備

　少子高齢化が加速するわが国において、国民の安定的な資産形成は喫緊の課題である。現状では1,700兆円を超える家計金融資産が蓄積されているものの、その半分以上が現預金となっており、株式や投資信託をはじめとする投資に回される割合は諸外国と比べても低い水準にとどまっている。このような状況を打開し、国民の投資への関心をより深めるためには、魅力的な投資信託などの商品を提供することはもちろんながら、委託会社が信頼される存在となることが不可欠である。そのためには、顧客の利益を第一に考えて業務運営を行うことが重要であり、経営をはじめとする健全なガバナンス態勢を整備することが求められる。

　経営のガバナンスについて、委託会社は、金商法において、取締役会及び監査役、監査等委員会または指名委員会等を置く株式会社であることが要件となっており、これらの機関の設置は必須である。とはいえ、この要件だけをみても、監査役設置会社、監査等委員会設置会社、指名委員会等設置会社の3つのタイプを選択することが認められており、これに加えて独自の機関を設けることも妨げられないことから、柔軟な機関設計が可能である。

　この点、近年特筆すべき点として、これまでコーポレート・ガバナンス・コードや取引所ルールに基づいて、主に上場会社において選任することが求

められていた独立社外取締役を、そのほとんどが非上場である委託会社においても選任するケースが増えている。これは、非上場であるがゆえに外部から見えにくくなっている委託会社の経営の透明化を図るとともに、外部、とりわけ投資家の視点を経営に反映することが目的であると推察される。また、委託会社によっては、取締役としてではなく、独立の立場にある者を外部アドバイザーとして選任し、経営や業務執行に助言を行ってもらうような動きも出てきており、委託会社それぞれが最善と考える態勢を整えている。

2　利益相反の適切な管理

委託会社は、金商法において、投資信託の受益権者などの顧客のために忠実に業務を行うという忠実義務を負っている。忠実義務を果たすためには、顧客以外の者の利益を顧客の利益に優先させるような利益相反のおそれのある行為等は、原則として行ってはならず、そのために適切な管理態勢を整備することが委託会社には求められる。

利益相反のおそれのある行為等を適切に管理するためには、対象となる者、対象となる行為等を整理したうえで、それぞれにあった管理態勢を整備することが肝要である。そのような取引等のなかには、運用財産相互間の取引など、法令において明確に禁止されているものがあり、これらを厳格に遵守すべきことは論を俟たない。そのうえで、それ以外の顧客に関する取引等についても、少なからず利益相反の可能性があることは否定できないが、だからといって一律に禁止することは必ずしも現実的とはいえないであろう。例えば、委託会社の関係会社に証券会社がある場合に、当該証券会社が債券トレーディングにおいて最も有利なスプレッドを提示しているにもかかわらず、当利益相反のおそれがあるために他の証券会社と取引を行うというのでは、かえって顧客の利益を損なう結果となりかねない。このような場合には、取引先の選定にあたっての客観的なガイドラインを設け、恣意的に関係会社に有利なトレーディングが行われることを排除するなどの管理方法が考えられる（なお、投資一任業務においては、顧客との間で関係会社を発注先に使用することが制限されることがあり、その場合には契約を優先する必要がある）。

どのような方法を用いれば顧客利益が不合理に損なわれる事態を回避できるかという観点が、利益相反管理においては重要となる。

次に、管理態勢の整備であるが、内部統制を強化するためには、なんらかのかたちで文書化することが望ましい。具体的には、利益相反管理方針といった方針を作成し、関連する社内規程を整えるということになる。いずれにせよ、委託会社の業務の多くは潜在的に顧客との利益相反のおそれがあることを念頭に置いて業務設計を行うことが求められる。

3 ガバナンスと内部統制

経営者が顧客や株主等の多様なステークホルダーからの要請に応えながら健全な経営を行うことを目的に、企業を取り巻くさまざまなリスクを管理し、経営活動に携わる人々の行動を制御するために、社内に整備し有効に運用すべきものが「内部統制」である。

たとえ、経営者がステークホルダーの要請に応える経営に努めていたとしても、社内の役職員が経営者の意向に沿わずに勝手に行動する状態では、重大な誤りが生じる、あるいは会社に多額の損失をもたらすリスクが高まってしまう。企業の健全かつ継続的発展を実現するためには、社内の役職員を適切に管理・監督する内部統制の整備が必要不可欠である。

内部統制は、重大な誤りや過ちの予防及び業務目標の達成を目的として構築するものであるが、構築するだけでは機能しない。このため、プロセスとして有効に機能しているかどうか確認・点検するモニタリングの実施が必要になる。内部統制による予防ができない場合も、モニタリングにより発見・是正がされるような仕組みを整備することにより、内部統制が有効に機能することになる。このように内部統制の実効性を高めるためのモニタリングは3分類され、実施主体によりそれぞれ、「第1の防衛線」「第2の防衛線」「第3の防衛線」と呼ばれている（図表Ⅰ-8）。

○第1の防衛線……全社的内部統制は、社内の組織ごとに、その責任者及び上位者等が日常業務において、部下の業務の進捗状況、業務目標の達成状況、リスク・コントロールの有効性、重大な怠慢、誤謬、違反、不正等の

図表Ⅰ－8　内部統制における「3つの防衛線」

第1の防衛線	第2の防衛線	第3の防衛線
業務運営部門 （リスクを所有して管理する部門）	リスク・マネジメント部門 コンプライアンス部門 （リスクを管理する部門）	内部監査部門 （独立的アシュアランスを提供する部門）

（出所）　野村アセットマネジメント作成

　異常な事態が発生していないかどうかを点検し、疑問があれば問いかけ、問題があれば解決に導き、異常な事態があれば是正する等の管理・監督活動、すなわち日常的モニタリングを実施することによって担保される。
○第2の防衛線……日常的モニタリングは、点検者の不注意、油断、手抜き等によって機能しなくなるリスクがあるため、全社的内部統制という自浄機能は、リスク・マネジメント部門、コンプライアンス部門といった管理部門による二重点検と牽制によって重層的に担保される。
○第3の防衛線……管理部門によるモニタリングについても、被管理部門との業務上の関係、不注意、油断、手抜き等によって有効に機能しなくなるリスクがあるため、3つ目の自浄機能として内部監査部門による独立的評価がある。内部監査部門は、業務執行から独立した立場から内部統制のプロセスの有効性を検証・評価し、必要に応じてその改善を促すことにより、会社の経営の目標の達成及び事業目的の実現を支援する。
　投資信託委託会社においても、業務運営部門である運用部門、営業部門、商品開発部門といった業務執行部門が、第1の防衛線として、自らの日常の業務に組み込むかたちで内部統制のモニタリングを行い、管理部門であるリスク・マネジメント部門やコンプライアンス部門が、第2の防衛線として第1線のモニタリングに係るモニタリングや指導を行い、独立的評価を行う内部監査部門が第3の防衛線として、第1線・第2線が実施する内部統制（モニタリングを含む）の有効性について評価する、一連の態勢を整備する必要がある。しかし、3つの防衛線は組織上の役割分担をふまえたものであり、肝要なことは役職員一人ひとりが、内部統制を担いリスク管理を行う主体として、考え、行動していくことである。

【参考文献】
- 神田秀樹著「いわゆる受託者責任について:金融サービス法への構想」『フィナンシャル・レビュー　March-2001』98頁以下、財務省財務総合政策研究所
- 横山淳著「顧客本位の業務運営に関する原則の公表」
- 長島・大野・常松法律事務所編『アドバンス　金融商品取引法[第2版]』商事法務、2014年
- 松尾直彦著『金融商品取引法[第4版]』商事法務、2016年

第 II 編

投資信託の種類

第1章

投資家の資産運用ニーズによる分類

本章では、投資家(個人・企業・機関等)の資産運用における投資信託の位置づけと、投資家が投資信託を選択する際に考慮すべき分類項目について述べる。

第1節 資産運用における投資信託の位置づけ

1 資産運用の意義と目的

人々の社会的活動は、食糧確保に関する生産性を高めることで発展してきた。狩猟技術、農業技術、調理法、印刷技術、輸送技術、医療技術、エネルギー開発、通信技術、金融システム、経済システム、情報テクノロジーなど、さまざまな分野における進化により、食糧確保に要する時間が短縮され、人口と食糧獲得以外の活動時間の増加を可能にしてきた。そして各分野の取組みをグローバルに分業することで、さらに大きな発展を遂げ、生命科学や人工知能や宇宙開発を可能にしてきたといえる。

資産運用業もその分業の一つである。より質の高い運用サービスを投資家(個人・企業・機関等)に提供することによって、より幅広い資産運用ニーズに応えるとともに、それぞれの投資家がより専門分野や得意分野に時間投入することが可能となり、それが社会の発展に貢献する。

2　投資家の投資方針

すべての投資家は、結果として投資方針を決定し、日々資産運用を行っている。

明確に意図しているかどうかは別として、資産運用の目的、運用収益目標、投資環境、投資する資産クラス、基本となる投資比率などの投資方針を決めている。

投資家における資産運用の目的は、資産の成長、購買力の確保そして社会貢献の実現などがある。資産運用の目的が同じでも、投資家ごとに、信念や理念、制約条件、現在ならびに将来のキャッシュフロー、そしてリスクへの考え方などが異なることから、投資方針とそれに伴う資産運用ニーズは、千差万別である。

個人であれば、ベース通貨（居住する国）、資金量、年齢、家族構成、職業、健康状況、人生設計などでニーズやリスク許容度が異なる。

機関であれば、設立目的、資本、負債状況、規制等により、運用目標や投資対象が違う。

元本の安定性と流動性の確保を最重視し預貯金100％という投資方針もあれば、流動性確保への必要性が低く、不動産70％、自社株式10％、保険商品10％、貴金属9％、預貯金1％という投資方針もあるだろう。

現実的には、個人の場合、投資方針や投資比率を明確に認識していることはまれであり、現状の資産状況がどうなっているか数字で把握していない人も多いといえる。

3　投資信託の役割

投資家が、投資方針をすべて自ら実行するかわりに、方針の一部を投資信託の購入により実現することが可能である。

まずは、ある投資家が、投資方針を決定し、投資信託を利用しないで、グローバルな先進国と新興国の株式と債券に分散投資を行うケースの行動を考えてみる。

- 自分のライフプランをベースに投資方針を決定し、新たにグローバルな先進国と新興国の株式と債券への投資比率と投資金額を決定する。
- インターネットの利用やセミナーなどに参加することで、投資する各国の経済ファンダメンタルズ、政情、金融市場の状況を把握する。
- 証券会社やネット証券に問い合わせて、日本から投資可能な各国の株式と債券の銘柄を選ぶ。
- 選んだ銘柄の発行体（国や企業）の業績、財政状況、株価、債券価格の価値を、発行体企業や国のウェブサイトや証券会社に問い合わせて調べる。
- 調査した銘柄を比較し、実際に投資する株式銘柄と債券銘柄を選択する。
- 国や為替の分散を考慮し、投資する株数や金額を決定する。
- 海外株式や外国債券を取り扱っている証券会社に口座を開設し、為替とともに発注する。
- 投資完了後は、投資国の経済環境の変化や投資先企業のニュースをチェックする。
- 受領した配当や利息の再投資や権利行使を行う。
- 自分のライフイベントと取り巻く環境等の変化にあわせ、投資方針を変更し、投資比率と投資金額を見直す。

　もう一例、法人が為替ヘッジ付外国債券に投資するケースも考えてみる。
- 投資方針として、金利の低い日本国債への投資から、為替ヘッジした先進国の国債への投資に切り替えることを決定する。
- 投資対象国の償還年限の異なる投資対象銘柄をリストアップするとともに、為替ヘッジ後の利回りを計算する。
- 各国のGDP成長、財政状況、インフレ状況を調査し、為替ヘッジ後利回りを考慮し、国別の投資比率を決定する。
- 証券会社を通じて、日本国債を売却し、投資する国の外貨を買ってそれぞれの国の外国債券を購入するとともに、同時に為替予約取引（1カ月）を実施する。
- 外国債券の購入にあたっては、複数の償還年限に分散する。

・投資完了後は、投資国の経済環境の変化や為替ヘッジコストの水準をチェックし、必要に応じて投資比率を調整する。
・毎月為替予約の期日が到来するたびに、資金管理と為替予約取引を実施するとともに、利払いや償還にあわせて再投資やヘッジ額調整を行う。

　これら一連の投資活動を個人で実行することは、資産運用会社でグローバルアセットアロケーションに従事している人であったとしても、投資対象・時差・インフラ・就業時間等の制約を含めてきわめてハードルが高い。
　組織でも金融機関以外では、調査面、オペレーション面、会計処理面で、運営体制の整備が必要である。
　投資信託の受益者となることで、この投資活動をより洗練されたレベルで実現することが可能になる。投資家は、投資方針実現のためにかける能力と時間を節約でき、それを社会にとってより重要な貢献のために使うことが可能になる。

第2節　投資方針に沿った投資信託選択のための分類項目

　投資家にとって、自らの投資方針に沿った投資信託を選択することが重要である。したがって、投資信託を組成する運用委託会社は、投資信託の投資方針を明示し、投資家に対して「自らの投資方針に合致しているかどうかを判断できる情報」を提供することが最も重要な事項の一つである。
　投資家が投資方針に合致した投資信託を選択するために確認すべきポイントを、分類項目として以下に述べる。
　それぞれの分類項目について、交付目論見書の「ファンドの目的・特色」「投資リスク」「運用実績」「手続・手数料等」の記載内容を総合的に判断し理解することが、投資家の投資方針に沿った投資信託の選択につながるといえる。

1　投資目的による分類

　投資信託の投資目的は、「積極的なキャピタルゲインの追求」から「安定した収益の確保」まで幅広い。ファンドの目的としての記載だけではなく、目指す利回り、投資リスク、運用実績における基準価額の推移などを含めて、自らの投資方針に合致しているかを確認する。

　また、投資家として投資信託に安定したキャッシュフローを期待する場合、投資信託の投資目的として、例えば隔月の安定した分配が期待できるような内容となっているかどうかを確認する。

　加えて、長期的な投資効果を目指すのか定期的な分配を享受したいのかといった投資方針に分配方針があっているのかについても確認が必要である。

　投資家が投資信託を通じた社会貢献を目的とする場合には、例えば投資信託の投資目的として、SRI（Socially Responsible Investment）、ESG（Environment、Social、Governance）投資、CSV（Creating Shared Value）投資等を通じた社会への貢献が目指されていることを確認する。

2　資産クラスによる分類

　実質的な投資対象となる資産クラスによる分類である。

　投資家にとっては、自国ならびに自国以外の先進国や新興国の株式・債券・債権・不動産、商品（コモディティ）、通貨、預貯金・短期資金、保険商品、現金などに加えて、森林、美術品、骨董品、自動車、ワインや宝飾品も投資対象である。

　一方、日本の投資信託の投資対象は、有価証券、不動産、その他特定資産と定義されており、この定義に含まれる資産クラスに投資する場合、投信信託はその選択肢となる。投資信託を通じて投資可能な資産クラスは、日本株から他資産へ、国内からグローバルへ、単一資産から複数資産へ、先進国から新興国へと時代が進むなかで拡大している。

　"資産クラス"の定義は投資家によりさまざまである。株式を「グローバル株式」として一つの資産クラスとしてとらえる場合もあれば、地域別、セ

クター別、投資スタイル別（例えば、バリュー/グロース/中小型等）といった複数の資産クラスとしてとらえる場合もある。したがって、投資信託を選択する際は、資産クラスの分類を明確にしたうえで、その分類に沿って検討する必要がある。

3 資産配分方針による分類

資産クラスの投資比率（資産配分）の調整に対する方針を理解し、投資信託を選択する必要があり、決められた資産配分を維持するのか、市場環境や定められた方針に伴い調整するかどうかを確認する。

例えば日本株といった単一の資産クラスに投資する投資信託でも、市場環境によって短期金融資産の比率を引き上げる（例えば30％程度まで）運用方針の投資信託もあれば、短期金融資産の比率は原則として低く限定する（例えば原則２％以内）運用方針の投資信託もある。また、グローバル債券、グローバル株式、グローバルREITといった複数の資産クラスに投資する投資信託において、基本配分（例えば、グローバル債券＋短期金融商品70％、グローバル株式20％、グローバルREIT10％）を原則維持する投資信託や、その比率を運用者の投資環境判断により、基本配分からある一定の幅以内（例えば±10％）で変化させていく投資信託などがある。前者は資産配分に対するパッシブな運用であり、後者はアクティブな運用である。

リーマンショック後の金融危機を経て、資産配分の自由度が大きい投資信託も増加している。これは、各資産クラスのリスク水準や資産クラス間の相関が大きく変化する局面を経験したことにより、機動的な資産配分の変更やリスク管理手法によって、ダウンサイドリスクを抑制することへのニーズが高まったことによる。資産配分の変更度合いが大きい投資信託の場合、投資家は、「その調整の考え方が自身の投資方針に沿っているのか」「その調整手法は期待できるか」、そして「調整手法に対するコスト（信託報酬）負担は妥当か」、という点を理解し検討する必要がある。

また、ターゲット・デート・ファンド（ターゲットイヤーファンド、ライフサイクルファンドともいう）といった、目標期日に向けてリスク資産の比率が

次第に減少していくように運用する投資信託も登場している。

4 投資銘柄の組入比率調整方針による分類

　投資信託の選択を通じて、投資する資産クラスならびに資産配分を決定したとしても、実際のポートフォリオ構築は、個別の株式、債券、REIT等の銘柄選択と保有比率をそれぞれ決定し売買を実施することで達成される。この組入銘柄の選択基準ならびに比率調整に対する哲学・方針・考え方が次に検討すべき分類となる。

(1) パッシブ運用とアクティブ運用

　資産クラスの選択では、一般的に資産クラスを代表するベンチマークを選択する。このベンチマークへの連動を目指して組入銘柄の比率をベンチマークに近づけるパッシブ運用と、保有銘柄数を絞るなど意図して組入比率を調整し、ベンチマークを上回るリターン（ベンチマークリターン＋a）を目指すアクティブ運用に大きく分類される。

　ただし、先進国の株式運用以外（総合型債券運用、新興国株式運用等）のパッシブ運用では、流動性や売買コストの観点から組入銘柄の比率をベンチマークに近づけることがむずかしいため、銘柄を絞る手法を工夫することでベンチマークへの連動を目指す。

(2) アクティブ運用における商品性による分類

　明示的にベンチマークを提示しないアクティブ運用の投資信託や、ベンチマークは提示されているものの商品性（相対的に配当の高い株式に投資、中小型株銘柄を中心に銘柄選択等）によるバイアスが大きい投資信託が多数設定されていることから、各投資信託の投資方針や運用スタイルをよく理解したうえで分類し、検討することが必要となる。

　その分類において、従来a（アルファ）と称していたリターンのうち、ファクターとして切り分けられるリターンが存在するとの考え方も浸透してきている。

また、定性的な判断を加えないルールベースの運用手法を用いることで、時価総額ベースではないウェイトで投資するスマートベータと称される運用も広がっている。具体的には、企業の財務指標を用いて投資比率を決定する投資手法や、過去の市場データの活用によりボラティリティが低い銘柄の投資比率を高くする投資手法などが挙げられる。商品性や投資テーマが謳われている投資信託にもスマートベータが内包されていると考えることもできるかもしれない。

　一方、ファクター投資やルールベースの投資手法が指数として提供されると、その指数に連動する投資信託は、その指数のパッシブ運用として分類可能であるとともに、その資産クラスのベンチマークに対するアクティブ運用とも分類できよう。

　通常、運用サービスへのコストは、それぞれの運用手法に必要な投資活動やその運用に対する期待リターンの違いが反映され、同じ資産クラスであれば、一般的にパッシブ運用＜スマートベータ運用＜アクティブ運用の順で高くなる。

　投資信託を選択するにあたり、組入銘柄の選択基準ならびに比率調整に対する哲学・方針・考え方を理解し分類したうえで、運用サービスに見合うコストかどうかを含め検討することが必要となる。

5　運用目標による分類

　上記の観点から検討した投資信託に関して、その運用方針が示す運用目標が検討すべき分類項目となる。投資家が期待する運用目標は、ベンチマークへの追随度、ベンチマークを上回るリターン、投資収益率（例えば5％や円Libor＋4％）の3つに分類される。

　パッシブ運用では、ベンチマークへの追随度を高くすることが運用目標であり、基本的に常にトラッキング・エラーが最小になるようコントロールすることを目指す。運用にかかわるコストが大きなトラッキング・エラーの要因となることから、コスト低減策を工夫することが重要である。

　アクティブ運用では、中長期でベンチマークを上回るリターン（ベンチ

マークリターン＋a）の獲得を目指す相対収益型の投資信託と、ある一定の投資収益率を目標とする絶対収益型の投資信託に大別される。

相対収益型に分類できる投資信託では、明示的に目標とするa水準（超過収益率）を掲げない投資信託も多い。背景としては、投資信託の場合、基準価額により収益率が計測されるため、ベンチマークと比較する場合、信託報酬を含めたコスト、配当金の扱い、評価タイミングの違い等を調整する必要があることが挙げられる。

一方、運用会社や運用チームにおけるa水準の計測では、コスト控除前のデータで各種調整を実施してベンチマークと比較している。運用会社や運用チームが中長期で目標とするa水準は、資産クラスや運用スタイル等により異なる。一般論として、債券運用であれば0.5～1.5％程度の目標a水準が主流であり、株式運用では2.0～4.0％程度が多い。

絶対収益型に分類できる投資信託では、短期金利を代表する指標である円LIBOR＋○％程度、収益率○％程度、収益率○～△％程度といった運用目標がリスク水準とともに提示されることが多い。その水準は、資産クラスや運用手法により多様であり、デリバティブを活用する投資信託もある。

これらのアクティブ運用の投資信託を検討する際には、商品性、投資するファクター、運用スキル等による期待a水準や絶対収益水準と運用サービスに係るコストを考慮する必要がある。

また、投資信託の運用目標とその投資信託が内包するリスクは裏表の関係である。投資信託を検討する際に、過去の基準価額の推移において、どのような市場環境でどのような基準価額の変動が起こったのかということを把握することは、そのリスクを認識するうえで、重要な情報となる。

第2章

投資信託協会の商品分類

投資信託協会（以下「投信協会」）では、日本の公募証券投資信託について、「商品分類に関する指針」で、追加設定の可否、投資対象地域・資産などに基づき、図表Ⅱのように商品分類を定めている。

図表Ⅱ　投信協会による商品分類方法

1　単位型投信・追加型投信の区分
　(1)　単位型投信……当初、募集された資金が一つの単位として信託され、その後の追加設定は一切行われないファンドをいう。
　(2)　追加型投信……一度設定されたファンドであってもその後追加設定が行われ従来の信託財産とともに運用されるファンドをいう。
2　投資対象地域による区分
　(1)　国内……目論見書又は投資信託約款において、組入資産による主たる投資収益が実質的に国内の資産を源泉とする旨の記載があるものをいう。
　(2)　海外……目論見書又は投資信託約款において、組入資産による主たる投資収益が実質的に海外の資産を源泉とする旨の記載があるものをいう。
　(3)　内外……目論見書又は投資信託約款において、国内及び海外の資産による投資収益を実質的に源泉とする旨の記載があるものをいう。
3　投資対象資産による区分
　(1)　株式……目論見書又は投資信託約款において、組入資産による主たる投資収益が実質的に株式を源泉とする旨の記載があるものをいう。
　(2)　債券……目論見書又は投資信託約款において、組入資産による主たる投資収益が実質的に債券を源泉とする旨の記載があるものをいう。
　(3)　不動産投信（リート）……目論見書又は投資信託約款において、組入資産による主たる投資収益が実質的に不動産投資信託の受益証券及び不動産

投資法人の投資証券を源泉とする旨の記載があるものをいう。

(4) その他資産……目論見書又は投資信託約款において、組入資産による主たる投資収益が実質的に上記(1)から(3)に掲げる資産以外の資産を源泉とする旨の記載があるものをいう。なお、その他資産と併記して具体的な収益の源泉となる資産の名称記載も可とする。

(5) 資産複合……目論見書又は投資信託約款において、上記(1)から(4)に掲げる資産のうち複数の資産による投資収益を実質的に源泉とする旨の記載があるものをいう。

4 独立した区分

(1) MMF（マネー・マネージメント・ファンド）……「MMF等の運営に関する規則」に定めるMMFをいう。

(2) MRF（マネー・リザーブ・ファンド）……「MMF等の運営に関する規則」に定めるMRFをいう。

(3) ETF……投資信託及び投資法人に関する法律施行令（平成12年政令480号）第12条第1号及び第2号に規定する証券投資信託並びに租税特別措置法（昭和32年法律第26号）第9条の4の2に規定する上場証券投資信託をいう。

5 補足分類

(1) インデックス型……目論見書又は投資信託約款において、各種指数に連動する運用成果を目指す旨の記載があるものをいう。

(2) 特殊型……目論見書又は投資信託約款において、投資者に対して注意を喚起することが必要と思われる特殊な仕組みあるいは運用手法の記載があるものをいう。なお、属性区分で特殊型の小分類において「条件付運用型」に該当する場合には当該小分類を括弧書きで付記するものとし、それ以外の小分類に該当する場合には当該小分類を括弧書きで付記できるものとする。

商品分類表

単位型・追加型	投資対象地域	投資対象資産（収益の源泉）	独立区分	補足分類
単位型	国　　内	株　　式 債　　券	MMF	インデックス型
	海　　外	不動産投信	MRF	
追加型	内　　外	その他資産 （　　　） 資産複合	ETF	特　殊　型

属性区分表

投資対象資産	決算頻度	投資対象地域	投資形態	為替ヘッジ	対象インデックス	特殊型
株式 　一般 　大型株 　中小型株 債券 　一般 　公債 　社債 　その他債券 　クレジット属性 　（　　） 不動産投信 その他資産 （　　） 資産複合 （　　） 　資産配分固定型 　資産配分変更型	年1回 年2回 年4回 年6回 （隔月） 年12回 （毎月） 日々 その他 （　　）	グローバル 日本 北米 欧州 アジア オセアニア 中南米 アフリカ 中近東 （中東） エマージング	ファミリーファンド ファンド・オブ・ファンズ	あり （　　） なし	日経225 TOPIX その他 （　　）	ブル・ベア型 条件付運用型 ロング・ショート型／絶対収益追求型 その他 （　　）

〈商品分類及び属性区分を目論見書に記載する際の留意事項〉

1．該当する商品分類及び属性区分を網掛けにより表示する。また、網掛け表示した分類又は属性区分については、その定義を「商品分類に関する指針（理事会決議）」に基づき投資者が容易に理解できるよう記載する。

2．商品分類表の「独立区分」「補足分類」欄及び属性区分表の「投資形態」「対象インデックス」「特殊型」欄は、該当する属性区分がある場合のみ表示することとし、該当しない場合は省略する。また、「為替ヘッジ」欄は、外貨建資産に投資する場合のみ表示する。

3．「投資対象資産（収益の源泉）」欄の「その他資産」の（　）には、「商品」「金銭信託受益権」等の種類を内書する。また、属性区分表の「資産複合」の（　）欄には、例えば「株式・債券」等、組入れ資産を内書し、目論見書等の本文において「資産配分固定型」・「資産配分変更型」について併記しない場合には、属性区分表から削除できるものとする。

4．「投資対象資産」欄の「クレジット属性」の（　）には、「高格付債」「低格付債」等と記載する。また、「その他資産」の（　）には、「金銭信託受益権」「貸付信託受益権」等と内書する。

5．属性区分表における「投資対象資産」欄において、ファミリーファンド又はファンド・オブ・ファンズについては「その他資産（投資信託証券）」と記載するものとする。なお、投資信託証券の先の実質投資対象資産についても併記可能とし、記載する場合には、例えば「その他資産（投資信託証券（株式））」等、組入れ資産を記載するものとする。
6．「決算頻度」欄の「その他」の（　）には、該当する決算頻度を内書する。
7．属性区分に記載している「為替ヘッジ」欄は、対円での為替リスクに対するヘッジの有無を記載する。
8．「為替ヘッジ」欄の「為替ヘッジあり」の（　）には、対円での為替ヘッジについて、「フルヘッジ」「部分ヘッジ」「適時ヘッジ」等と内書する。
9．「対象インデックス」欄の「その他」の（　）には、対象とするインデックスの名称を記載する。
10．「特殊型」欄の「ロング・ショート型/絶対収益追求型」については、ロング・ショート型又は絶対収益追求型の該当するどちらかの属性区分のみ記載する。また、「その他型」の（　）には、仕組みや運用手法等の性質を示す適切な名称を記載する。
11．上記の3．～10．の（　）については、（　）での記載に代えて、目論見書本文における参照先を記載することもできる。

（出所）投資信託協会資料より野村アセットマネジメント作成

第3章

特徴的な仕組みの投資信託

第1節　MRF（マネー・リザーブ・ファンド）

　MRFとは、証券総合サービス（証券総合口座）用ファンドとして1997年9月に開発された追加型公社債投資信託である。仕組みに特色のあるファンドであるので、以下に詳説する。

(1) 短期公社債を中心に投資

　内外の公社債及びコマーシャルペーパー（CP）を運用対象とし、信用度が高く（国債、政府保証付債券、適格有価証券、適格金融商品など）、平均残存期間の短いもの（ポートフォリオの平均残存期間90日以内）等に限定している。下記の毎日分配などの商品性格上、公社債については比較的残存期間の短いものを中心に組み入れて安定性に留意した運用が行われている。

(2) 毎日決算・毎日分配

　毎日決算を行って、利益を収益分配金として計上している。収益分配金の支払は、顧客と販売会社との累積投資契約に基づき、毎月最終営業日に1カ月分をまとめ、源泉税控除後、自動的に再投資される（顧客のMRF保有口数が増加する）仕組みになっている。

(3) 出し入れ自由

　投資家は毎営業日に取得あるいは換金の申し込みができる。取得については、販売取扱会社が、申し込み日の締切時間以前に申し込み金の入金を確認できた場合には当日が取得日となり、締切時間を過ぎてからの入金分については翌営業日が取得日となる。

　一方、換金（解約）については、通常、申し込み日の翌営業日に解約代金の支払が行われる。なお、販売取扱会社が証券会社の場合は、申し込み日当日に解約代金相当額を顧客に立替払いするキャッシングサービス（即日引出し）を行うケースもある。

　収益分配金は取得日の計上分から受け取れ、解約の場合は、解約代金支払日の前日までの計上分を受け取る。

(4) 無手数料

　取得時、解約時とも手数料はない。短期解約しても信託財産留保金は控除されない。

第2節　ETF（上場投資信託）

　株式や債券の指数などへの連動を目指すインデックス・ファンドのなかで、取引所に上場され、通常の株式と同様に立会場において決定される値段で取引できるファンドがETF（Exchange Traded Fund）である。

　一般的なインデックス・ファンドが、市場の終値等で算出された基準価額により追加設定・解約ができるオープン・エンド型であるのに対し、ETFは、取引所に上場され、株式と同様に売買されるクローズド・エンド型に近い。ただ、クローズド・エンド型が追加設定・解約を行わないのに対して、ETFは、一定の単位での現物株式のポートフォリオによる追加設定や、対象インデックス構成銘柄の現物株式のポートフォリオとの交換による解約が

随時可能となっている。こうした仕組みにより、現物株式との裁定が可能となるため、ファンドの基準価額及び取引所での売買価格、連動対象となる指数の間での乖離は小さくなり、連動性が高まりやすくなる。

1990年にトロント証券取引所で開発された、世界初のETFである「TIPS35」を端緒に、現在では世界各国の市場でさまざまなETFが上場されており、日本では、1995年に「日経300株価指数連動型上場投資信託」が全国の取引所に上場された。2001年に入り、政府の緊急経済対策で「証券市場活性化」の促進策としてETFが急浮上し、米国と同様に現物（株式）拠出型のETFが導入された。その後、外国株式や債券など投資資産の種類拡大と、レバレッジ型・インバース型といった特徴的な運用を行う商品が拡大するなど、商品の多様化が進んだ。2014年には、金融緩和政策の一環で、日本銀行による買取り対象に指定されたことなどから、日本株ETFの残高は急速に拡大した。

第3節　REIT（不動産投資信託）

建物等の不動産や、不動産証券化商品に投資して、そこで得られる賃貸収入や売却益等の収益を投資家に分配するファンドが、リート（REIT：Real Estate Investment Trust）である。リートの市場規模が世界で最も大きい国は米国であり、2018年末現在9,803億ドル（全米不動産投資信託協会ベース）となっている。

日本では、2000年12月施行の投信法の改正で投資対象に不動産などが加わり、2001年9月にリートが東京証券取引所に上場した。一般的に、日本のリートは「J-REIT」と呼ばれている。

J-REITは、法人格をもつファンド（投資法人）が資金を集めて、実際の不動産に関する運用は宅地建物取引業法の認可を受けている資産運用会社に委託する方式〔会社型〕を採用している。

〔会社型〕は、その株式（日本では投資証券）を証券取引所に上場すること

により換金性、流動性を高め、投資家の便宜を図るようにインフラ整備が行われたものである。

日本銀行が2013年4月に「量的・質的金融緩和」において、J-REITの買入れ拡大を決定以降、積極的に買入れを進めている。2018年末現在では61本が上場されており、合計の時価総額は12兆9,702億円となっている。

第4節　ファンド・オブ・ファンズ

ファンド・オブ・ファンズとは「他のファンドを組み入れるファンド」である。複数のファンドを組み入れるので、「ファンド・オブ・ファンズ」と呼ぶ。

ファンド・オブ・ファンズを組成するねらい、あるいはメリットとしては次のような点が挙げられる。

① 専門家の運用力を活用する。例えば、専門能力をもったヘッジファンド・マネージャーを幅広く世界に求めて、彼らが運用するファンドを組み入れたり、特定地域の株式に強いマネージャーを組み合わせたり、ベンチャーキャピタル・マネージャーの運用するファンドに投資するといったケース。

② 運用する人あるいは会社（ファンド・マネージャー）の分散を図る。

③ 銘柄選択は各ファンドが行い、ファンド・オブ・ファンズのマネージャーはファンドの選定やファンド全体の資産配分を行うことでリサーチや運用の効率性を高める。

④ 小規模ファンドが、既に存在する他の大規模ファンドに投資し、規模のメリットをとる。

日本では、2001年に規制が緩和されて普及が進み、当初は複数のマネージャーを組み入れるもののみであったが、その後は外国籍投信を国内籍投信に組み入れるにあたってファンド・オブ・ファンズという仕組みが利用されるケースも増えている。

第5節　その他

1　毎月分配型ファンド

　決算（分配）頻度が毎月であるファンドのことをいう。1998年、銀行等の金融機関での投資信託販売が開始されて以降、超低金利が続くなかで、預貯金からリスク資産へ資金を移す個人投資家を中心に人気となった。複利効果や運用の自由度の面からは非合理的な投資との指摘がある一方で、投資家の定期的なインカム収入に対するニーズをとらえて、ファンド数、資産残高ともに急速に増加し、2000年代以降、公募投信の残高上位に毎月分配型ファンドが名前を連ねる状況が続いた。

　毎月分配型の嚆矢は、1997年11月に設定されたハイイールド債券を主要投資対象とする投信であるが、初期の頃は、安定的に分配原資が確保でき、相対的にリスクの低い、主要国のソブリン債を投資対象とするものが中心であった。その後、より高水準の分配原資を求めて、ハイイールド債券やリート、高配当株式等を投資対象とするファンドが多くなった。2016年頃より、相場の下落や分配原資の枯渇などを受けて、分配金を引き下げる毎月分配型ファンドが相次ぎ、資金が流出する傾向が顕著となっているものの、マイナス金利となった日本においては、定期的なインカム収入に対するニーズが存在しているようである。

2　ターゲットイヤーファンド

　ターゲットとなる年（例えば、2020年、2030年、2040年など）に向けて、時間の経過とともに、ファンド内での資産配分を、リスク資産に積極的に投資するポートフォリオから安定的なものに変更していくファンドのことをいう。

　投資家が資金を引き出す時期は、退職時またはそれ以降であるため、若い

間に積み立てた資金の運用期間は長く、年を経るにつれ積立金の運用期間は短くなる。このような投資家のライフサイクルにあわせて、資産配分を、若い間（残存運用期間が長い時期）は株式中心の積極型とし、退職が近づく（残存運用期間が短くなる）につれ債券の比重を高めて安定的なポートフォリオに変更していくという考え方に基づいて生まれたものである。投資家は、ターゲットとする年が自分の退職時期に近いファンドを購入し、投資家にとっては年々下がるリスク許容度にあわせてリスク資産を自動的にファンド内で調整することができるメリットがある。

ターゲットイヤーファンドは、勤労者の退職後に備える積立資金の運用手段として、米国の大手投信会社を中心に開発され、その後、確定拠出型年金のデフォルトファンドに指定されるなかで、残高が急速に拡大した。日本でも2001年にDC（確定拠出年金）がスタートして以降、2017年のDC法の改正により、60歳未満の現役世代のすべての人が加入対象となるなど、国民が自助努力により老後資金を形成するための環境整備が進んでいる。

第Ⅲ編

投資信託の組成・変更・償還

第1章

投資信託の組成

　第1節では、投資信託を設定するまでの一連の実務手続について説明する。投資信託の設定準備段階から当初設定日を迎えるまでにたどる大まかな流れと手続、また当初設定日以降、適切な商品性を維持するための保守（メンテナンス）の概要について説明する。第2節では、投資信託の設定に際して、当局への届出が必要とされる信託約款について、法令に基づき、作成にあたって必要となる記載事項と、届出及び信託契約締結手続を説明する。

第1節　商品企画の概要

　商品企画の具体的な流れ、典型的な例は、図表Ⅲ－1のとおりである。
　すなわち、①投資家ニーズや金融市場等の状況等に照らして商品アイデアを醸成し、②制度面・コンプライアンス面のチェック等を経て具体的商品案をつくりあげ、③必要書類の作成・当局への届出などの必要手続を踏む、というのが一般的なプロセスである。この間、社内各部門や販売会社との意見交換・調整が重ねられることはいうまでもない。
　以下、各プロセスについて概説する。

① **開発・商品化に向けての準備段階**
　販売会社等を通じて投資家ニーズを探る。同時に、業界・金融市場の動向を調査し、大まかな投資対象の選定や運用方針の策定を行い、提供可能な商

品アイデアを策定する。バックテストにより過去のパフォーマンスを検証し、投資対象国の法制度や税制リスク等の洗い出しを行う等、投資家に提供可能な商品案か検討を行う。最終的には、投資家ニーズと商品案をすり合わせ、商品提案や商品設定に向けた準備を進めていく。

② **商品案の具体化**

制度・コンプライアンス面のチェック等を経て具体的商品案をつくりあげる。当初設定予定日や信託約款届出予定日の策定等、実現可能なスケジュールの調整を社内外の関係部署と行う。同時に、商品性の骨格を確定させ、オペレーション面での対応について詳細をすり合わせていくことになる。

③ **商 品 化**

設定に向けて、信託約款、有価証券届出書、また目論見書や販売用資料等のドキュメンテーションを、あらかじめ定められた期限までに行う。その後、信託約款や有価証券届出書を当局に届け出る。並行して、実際に運用を開始するにあたり、保管銀行口座の開設や社内システム等の設定が行われる。

④ **商品のメンテナンス**

当初設定日以降、投資家ニーズや法制度、市況動向が大きく変化する可能性がある。法令制度への適合など、適切な商品性を保つために、状況をチェックし必要に応じて変更を行っていかなければならない。場合によっては、信託約款の変更を行う。約款変更については、適切に受益者に周知しなければならない。第4章で、ファンドの約款変更について具体的な手続を説明している。

図表Ⅲ-1　商品開発の実際（例）

◆開発・商品化に向けての準備段階
○素案検討段階
　・顧客ニーズの調査
　・情報収集とアイデアの構築
　・投資対象及び運用素材の検討
　・投資テーマの検討・調査・選別

・運用手法の検討
○商品化準備段階
　　・運用モデル・システムの開発及びバックテスト
　　・投資対象の各種スクリーニング及びバックテスト
　　・開発及びバックテストのためのデータベースの収集・整備等
◆商品案の具体化
○商品化具現段階
　　・ファンド・マネージャーの検討・選任
　　・ファンドストラクチャー及びコンセプトの検討・構築
　　・制度・コンプライアンス対応
　　・社内で実務面の確認及び対応（運用・計理・トレーディングなど）
　　・販売会社への打診
　　・当局への照会
○販売会社へのプレゼンテーション
○ファンドストラクチャーの確定
　　・スキーム、運用内容等の確定
　　・届出、募集日程の確定：スケジュールの策定
　　・受託銀行の決定、信託報酬配分の決定等
◆商　品　化
○ドキュメンテーション
　　・信託約款・有価証券届出書の作成開始
　　・信託約款・有価証券届出書のドラフトの最終チェック
　　　（コンプライアンス・チェック、社内及び弁護士等）
　　・目論見書・販売用資料等の作成
○実運用に向けたセットアップ
　　・口座開設手続
　　・社内システムの登録や準備
○届　　　出
　　・受託銀行の承諾書
　　・信託約款の届出：金融庁
　　・有価証券届出書の提出：関東財務局
○営業活動開始（仮目論見書、販売用資料）
○訂正事項発生時は、訂正届出書の提出
○目論見書の印刷・配付
○効力発生及び募集開始
◆商品のメンテナンス
○顧客ニーズの再調査
○法令等の改正動向の確認、対応検討

○商品性変更に向けた調整
○約款変更手続

第2節 約款の届出と信託契約の締結

1 約款とその記載事項

　信託約款の記載事項ならびに記載事項の細目は、投信法4条、同法施行規則7条及び8条に以下のように規定されている。新法信託について記載しているが、多少表記が異なっていても同じ内容を示しているものを除き、旧法信託に適用のない事項などについて脚注で補足している。

　信託約款の内容については、投信法4条、同法施行規則7条及び8条に基づき、運用の基本方針、約款本文、約款付表で構成されている。

（投資信託約款の記載事項）
【投信法4条関係】
一　委託者及び受託者の商号又は名称
二　受益者に関する事項
三　委託者及び受託者としての業務に関する事項
四　信託の元本の額に関する事項
五　受益証券に関する事項
六　信託の元本及び収益の管理及び運用に関する事項（投資の対象とする資産の種類を含む。）
七　投資信託財産の評価の方法、基準及び基準日に関する事項
八　信託の元本の償還及び収益の分配に関する事項
九　信託契約期間、その延長及び信託契約期間中の解約に関する事項
十　信託の計算期間に関する事項
十一　受託者及び委託者の受ける信託報酬その他の手数料の計算方法並びにその支払の方法及び時期に関する事項
十二　公募、適格機関投資家私募特定投資家私募又は一般投資家私募の別

十三　受託者が信託に必要な資金の借入れをする場合においては、その借入金の限度額に関する事項

十四　委託者が運用の指図に係る権限を委託する場合においては、当該委託者がその運用の指図に係る権限を委託する者の商号又は名称（略）及び所在の場所

十五　前号の場合における委託に係る費用

十六　投資信託約款の変更に関する事項

十七　委託者における（注1）公告の方法

十八　前各号に掲げるもののほか、内閣府令で定める事項

（投資信託約款の記載事項）
【投信法施行規則7条】

一　委託者の分割による事業の全部若しくは一部の承継又は事業の全部若しくは一部の譲渡に関する事項

二　受託者の辞任及び解任（注2）並びに新たな受託者の選任に関する事項

三　元本の追加信託をすることができる委託者指図型投資信託における信託の元本の追加に関する事項

四　投資信託契約（法第3条に規定する投資信託契約をいう。以下この章において同じ。）の一部解約に関する事項

五　委託者が運用の指図に係る権限を委託（当該委託に係る権限の一部を更に委託するものを含む。次条第8号及び第13条第1号において同じ。）する場合におけるその委託の内容

六　委託者から運用の指図に係る権限の委託を受けた者が当該権限の一部を更に委託する場合においては、当該者がその運用の指図に係る権限の一部を更に委託する者の商号又は名称（略）及び所在の場所

七　委託者指図型投資信託の併合（法第16条第2号に規定する委託者指図型投資信託の併合をいう。以下同じ。）に関する事項（注3）

八　受益者代理人があるときは、投資信託契約において、法第17条第6項（法第20条第1項において準用する場合を含む。）の規定による議決権及び法第18条第1項（法第20条第1項において準用する場合を含む。）の規定による受益権買取請求権を行使する権限を当該受益者代理人の権限としていない旨（注4）

九　法第18条第1項（法第20条第1項において準用する場合を含む。）の規定

による受益権の買取請求に関する事項（注5）

（投資信託約款の記載事項の細目）
【投信法施行規則8条】
一 法第4条第2項第5号に掲げる事項　次に掲げる事項
　イ　受益証券の記名式又は無記名式への変更及び名義書換手続に関する事項
　ロ　記名式受益証券の譲渡の対抗要件に関する事項
　ハ　受益証券の再発行及びその費用に関する事項
二 法第4条第2項第6号に掲げる事項　次に掲げる事項
　イ　資産運用の基本方針
　ロ　投資の対象とする資産の種類
　ハ　投資の対象とする資産の保有割合又は保有制限を設ける場合には、その内容（投資の対象とする資産が権利である場合又はその権利の取得に係る取引の種類及び範囲並びに取得制限を設ける場合には、それぞれの内容）
　ニ　投資信託財産で取得した資産を貸し付ける場合には、その内容
　ホ　証券投資信託である場合には、その旨
三 法第4条第2項第7号に掲げる事項　運用の指図を行う資産の種類に応じ、それぞれの評価の方法、基準及び基準日に関する事項
四 法第4条第2項第8号に掲げる事項　次に掲げる事項
　イ　収益分配可能額の算出方法に関する事項
　ロ　収益分配金、償還金及び一部解約金の支払時期、支払方法及び支払場所に関する事項
五 法第4条第2項第9号に掲げる事項　次に掲げる事項
　イ　信託契約の延長事由の説明に関する事項（注6）
　ロ　信託契約の解約事由の説明に関する事項
　ハ　委託者の登録取消しその他の場合における取扱いの説明に関する事項
六 法第4条第2項第10号に掲げる事項　計算期間及び計算期間の特例に関する事項
七 法第4条第2項第13号に掲げる事項　借入れの目的、借入限度額及び借入金の使途に関する事項並びに借入先を適格機関投資家に限る場合には、その旨
八 法第4条第2項第15号に掲げる事項　委託の報酬の額、支払時期及び支

払方法に関する事項（注7）
九　法第4条第2項第17号に掲げる事項　次のイ又はロに掲げる公告の方法の区分に応じ、当該イ又はロに定める事項
　　イ　時事に関する事項を掲載する日刊新聞紙に掲載する方法　公告を行う日刊新聞紙名
　　ロ　電子公告（法第25条第1項第2号に規定する電子公告をいう。）　登記アドレス（電子公告規則（平成18年法務省令第14号）第2条第13号に規定する登記アドレスをいう。第79条第9号ロにおいて同じ。）
（注1）　旧法信託においても公告の方法は記載事項であるが、投資信託の公告と投信委託会社の公告の方法は必ずしも一致する必要はない。
（注2）　旧法信託では解任に関する事項は記載事項ではなかったが、旧信託法にも解任の規定は存在しているため、実務上、旧法信託でも記載している。
（注3）　併合は、新法信託のみ可能であるため、旧法信託の記載事項にはない。
（注4）　受益者代理人制度は、新法信託のみ可能であるため、旧法信託の記載事項にはない。
（注5）　買取請求は、旧法信託において異議申立てを行った受益者が対象となり得る。
（注6）　金商法施行に伴うものであり、旧法信託も対象となる。
（注7）　運用権限の再委託するものを含む。

2　届出及び信託契約締結の手続

　投信法は「委託者指図型投資信託契約は、一の金融商品取引業者を委託者とし、一の信託会社等（信託会社又は信託業務を営む金融機関（金融機関の信託業務の兼営等に関する法律（昭和18年法律第43号）第1条第1項の認可を受けた金融機関をいう。以下同じ。））を受託者とするものでなければ、これを締結してはならない。」と規定（同法3条）し、さらに同法4条で「金融商品取引業者は、投資信託契約を締結しようとするときは、あらかじめ、当該投資信託契約に係る投資信託約款の内容を内閣総理大臣に届け出なければならない。」と規定している。したがって、ファンド組成にあたっては、まず信託

約款を作成し、これを当局に届け出る必要があり、当局への届出においては、投信法施行規則6条1項に掲げる事項を記載した書面に信託約款の案及び受託会社の承諾書を添付し、当局に届け出る必要がある。

【投信法施行規則6条1項】
一　当該投資信託約款（法第4条第1項に規定する投資信託約款をいう。以下この章において同じ。）に係る委託者指図型投資信託の名称
二　単位型（元本の追加信託をすることができないものをいう。）又は追加型（元本の追加信託をすることができるものをいう。）の別
三　証券投資信託にあっては、公社債投資信託（第13条第2号イに規定する公社債投資信託をいう。以下この号において同じ。）又は株式投資信託（公社債投資信託以外の証券投資信託をいう。）の別
四　投資の対象とする資産の種類に関する事項として次に掲げる事項
　　イ　投資の対象とする特定資産（法第2条第1項に規定する特定資産をいう。以下同じ。）の種類
　　ロ　投資の対象とする特定資産以外の資産の種類
五　投資信託財産（法第3条第2号に規定する投資信託財産をいう。以下この章において同じ。）の運用方針
六　設定予定額又は当初設定予定額
七　設定日
八　信託契約期間
九　公募、適格機関投資家私募、特定投資家私募又は一般投資家私募の別
十　募集（金融商品取引法第2条第3項に規定する有価証券の募集をいう。以下この章及び次章において同じ。）又は私募（同項に規定する有価証券の私募をいう。以下同じ。）の期間
十一　募集の取扱い（金融商品取引法第2条第8項第9号に規定する有価証券の募集の取扱いをいう。以下同じ。）又は私募の取扱い（同号に規定する有価証券の私募の取扱いをいう。以下同じ。）を行う金融商品取引業者等（同法第34条に規定する金融商品取引業者等をいう。以下同じ。）の商号、名称又は氏名
十二　自ら募集又は私募を行うときは、その旨
十三　その他当該投資信託約款に係る委託者指図型投資信託の特徴と認めら

| れる事項 |

　ファンドの当初設定日に、委託会社は受託会社と信託契約を締結するが、信託契約の締結においては、信託約款を元にした「投資信託契約書」と「信託報酬の配分に関する契約」のそれぞれに委託会社と受託会社の署名と捺印を行い、契約を締結する。

第2章

投資対象、投資制限に関する法令諸規則

　投資信託の組成に関する法務は、投資信託契約の締結に関連する法令手続であり、極言すれば投信法4条が規定する投資信託契約の締結（投資法人においては設立の登記（同法74条））ということになるが、組成にあたっては、法令諸規則に照らして適法に、投資信託契約を締結し、管理、運用していかなければならず、締結後のことまでを考慮に入れなければならない。

　本章では、組成の実務をふまえて、商品性の核となる運用内容をかたちづくる際に押さえておくべき投資対象、投資制限に関する法令諸規則について説明する。

第1節　投資対象

　投資信託の運用にあたり、投信法の定める投資対象は、2条1項で有価証券、不動産その他の資産で投資を容易にすることが必要であるものとして「特定資産」と定義され、具体的には、同法施行令3条に規定された以下のものになる。

① 　有価証券
② 　デリバティブ取引に係る権利……ここでいうデリバティブ取引とは、金商法2条20項で規定される市場デリバティブ取引、店頭デリバティブ取引または外国市場デリバティブ取引をいう。

③ 不動産
④ 不動産の賃借権
⑤ 地上権
⑥ 約束手形
⑦ 金銭債権
⑧ 匿名組合出資持分
⑨ 商品
⑩ 商品投資等取引に係る権利
⑪ 再生可能エネルギー発電設備
⑫ 公共施設等運営権

　上記の特定資産は、2000年以前の有価証券を対象としたものから、2000年の投信法改正により有価証券以外の金銭債権や不動産などが加わり、2008年に商品（コモディティ）などが加わり、2014年にはインフラ資産（「再生可能エネルギー発電設備」及び「公共施設等運営権」）が加わることにより、拡大してきた。

　また、同法2条1項では、投資信託について、信託財産を「主として」特定資産に対する投資として運用することを目的とする信託としている。この「主として」の解釈については、同法施行令6条において、「証券投資信託」の定義について投資信託財産の総額の2分の1を超える額を有価証券に対する投資として運用することを目的とするものとしていること、また投資信託協会（以下、本章において「投信協会」という）における各規則[1]より、投資信託財産の2分の1を超える額を特定資産に投資することとされる。

　次節に進む前に、投資対象が広がり多様化するなかで、投資対象資産の流動性と価格の公正性に関する商品組成上の留意点に簡単に触れておきたい。

　投資信託は、一部の例外（上場投資信託（ETF）や私募投資信託の一部）を除いて金銭信託（金銭によって設定、解約を行う信託）でなければならないた

---

[1] 不動産投資信託及び不動産投資法人に関する規則3条における「不動産投信等」の定義、インフラ投資信託及びインフラ投資法人に関する規則3条における「インフラ投資信託」の定義。

め（投信法8条、52条）、特に不動産やインフラ資産など一般的に流動性が低い資産を投資対象とする場合には、解約や償還にあたって円滑に金銭による支払に応じられるかといった、組入資産の流動性の管理が重要になる。この点に関連して、投信協会の規則で定める投資制限において、投資対象の流動性に関わる規定が設けられている。

　また、特定資産のうち、未上場株式、一部の店頭デリバティブ取引、不動産、インフラ資産などといった客観的な価格評価が困難な資産への投資については、その取得、譲渡等を行った場合には、その前後に外部の独立した者に価格等の調査を行わせなければならない（投信法11条、同法施行令16条の2、同法施行規則22条、及び投信法54条、201条とその関連法令）。流動性が低く、客観的な価格評価が困難な資産に投資する場合には、特に、取引相手と投資信託側（受益者）の間の利益相反、加えて、設定・解約を申し込む投資家・受益者とその他の残存受益者の利益の公平性に配慮する必要が生じる。この規定は、流動性が低い資産に投資する場合に信託財産の適正な管理を担保するうえで重要な規定であり、投信協会の規則においても関連する投資制限が設けられている。

第2節　投資制限

　投資制限に関しては、金商業等府令、投信法令及び投信協会の規則で投資対象に係る制限が規定されている。

　特に近年の投資制限に関する改正においては、公募投資信託の運用における信用リスクの集中回避（分散）を規定した、いわゆる分散投資規制が2014年12月（2019年11月末まで経過措置が適用される）から施行されていることが特筆される。

1　法令で規定された投資制限（運用指図の制限）

　法令で定められた投資制限は、株式、デリバティブ取引、信用リスクにつ

いてである。なお、運用報告書の交付義務の緩和要件として、MMF、MRFといった特定の商品を念頭に置いた投資制限の定めがあることを申し添えておく[2]。

(1) 投信法における投資制限

株式については、投信法上、委託会社が運用するすべての信託財産において、同一の法人の発行する株式の過半（50%超）を取得することはできないとされている（投信法9条、同法施行規則20条）。

投資法人においても同様の規定がある（投信法194条1項、同法施行規則221条）。ただし、国外の特定資産について国外の法令等の制限により不動産の取得又は、譲渡等の取引を行うことができない一定の場合は適用されない（投信法194条2項）。

(2) 金商法における投資制限

投資信託におけるデリバティブ取引、信用リスクに関する投資制限については、金商法の投資運用業における禁止行為として規定されている。

① デリバティブ取引に関する投資制限

デリバティブ取引については、金商法42条の2第7号を受けて、金商業等府令130条1項8号で以下のように禁止行為として規定されている。

○投資運用業に関する禁止行為……運用財産に関し、金利、通貨の価格、金融商品市場における相場その他の指標に係る変動その他の理由により発生しうる危険に対応する額としてあらかじめ金融商品取引業者等が定めた合理的な方法により算出した額が当該運用財産の純資産額を超えることとなる場合において、デリバティブ取引（新株予約権証券またはオプションを表示する証券もしくは証書に係る取引及び選択権付債券売買を含む）を行い、又

---

[2] MMF等を想定した運用報告書の作成期日に関する投信法令として投資信託財産の計算に関する規則59条があり、投資制限に関わる規定が存在する。また、MRF等を想定した運用報告書の交付免除の投信法令として投信法施行規則25条があり、投資制限に関わる規定が存在する。

は継続することを内容とした運用を行うこと

これを受けて、投信協会の定める規則で詳細が規定されている（後述）。

② 信用リスクに関する投資制限

信用リスクについては、金商法42条の2第7号を受けて、金商業等府令130条1項8の2号に禁止行為として規定されている。

○投資運用業に関する禁止行為……運用財産に関し、信用リスク（保有する有価証券その他の資産について取引の相手方の債務不履行その他の理由により発生しうる危険をいう）を適正に管理する方法としてあらかじめ金融商品取引業者等が定めた合理的な方法に反することとなる取引を行うことを内容とした運用を行うこと

これを受けて、投信協会の定める規則で詳細が規定されている（後述）。また、信用リスクの分散に関する規定であることから、投信業界において"分散投資規制"などと呼ばれている。

なお、このデリバティブ取引、信用リスクに関する禁止行為の規定は、公募の投資信託のみに適用され、投資法人や私募の投資信託（公募の投資信託から投資される親投資信託等の私募の投資信託を除く）の場合には適用されない（金商業等府令130条2項）。

2　投信協会規則に基づく投資制限

法令上の投資制限は株式、デリバティブ取引、信用リスクの3つであるが、投信協会の規則においては、これらを含めて、投資制限を詳細に規定している。また、投信協会規則における投資制限は、投資対象が拡大するなかで改正されており、①主たる投資対象が何か、②公募か私募か、加えて、③投資信託か投資法人か、といった視点でとらえると理解しやすい。

上記①の主たる投資対象については、大きく、有価証券を主たる投資対象とする証券投資信託及び証券投資法人、不動産等を主たる投資対象とする不動産投信等（不動産投資信託及び不動産投資法人）、インフラ資産等を主たる投資対象とするインフラ投信等（インフラ投資信託及びインフラ投資法人）、上記以外の投資信託等（証券投資信託等以外の投資信託及び投資法人という）の

4つ[3]に分類される。

　以下では、4つの分類に沿って、まず、証券投資信託及び証券投資法人について、商品組成における主な投資制限について説明する。公募の証券投資信託の場合を説明したうえで、私募について公募との違いに触れた後に、公募及び私募の証券投資法人について要点を述べる。次に、共通部分の多い不動産投信等とインフラ投信等の投資制限について説明し、最後に、証券投資信託等以外の投資信託及び投資法人として、その他の投信等の投資制限について触れることとする。

　なお、有価証券を主たる投資対象とする証券投資信託のうち、MMF、MRFといった商品についての投信協会規則[4]が設けられているが、大枠をとらえることを主眼とし、本章では割愛する。

(1) 証券投資信託及び証券投資法人の投資制限

　証券投資信託及び証券投資法人の投資制限については、以下の投信協会の諸規則において規定されている。

・投資信託等の運用に関する規則（以下「投信協会運用規則」または「規則」という）
・投資信託等の運用に関する規則に関する細則（以下「細則」という）
・投資信託等の運用に関する委員会決議

a　公募証券投資信託

　有価証券を中心に個別の資産、取引についての投資制限（①～④）と、投資信託財産全体にかかる投資制限（⑤⑥）がある。

①　株式への投資制限（規則11条、細則2条）

　金融商品取引所または外国金融商品市場に上場されている株式、ならびに

---

[3] 投信協会運用規則3条、25条において証券投資信託及び証券投資法人の定義、同協会「不動産投資信託及び不動産投資法人に関する規則」3条の定義において不動産投信等、同協会「インフラ投資信託及びインフラ投資法人に関する規則」3条の定義においてインフラ投信等、投信協会運用規則27条、30条において証券投資信託等以外の投資信託及び投資法人について言及がある。

[4] 「MMF等の運営に関する規則」「MMF等の運営に関する規則に関する細則」「MMF等の運営に関する委員会決議」。

外国の店頭売買金融商品市場に登録等がなされている株式に加えて、未上場株式や未登録株式については、金商法に基づき有価証券報告書を提出している会社で、総合意見が適正である旨の監査報告書が添付されている会社の発行する株式もしくは公認会計士又は監査法人により会社法に基づく監査が行われ、総合意見が適正又は適法である旨の監査報告書が添付されている財務諸表等が入手できる会社の発行する株式（金商法又は会社法に準ずる監査の場合は当監査報告書に加えて、今後も継続的に開示が見込める会社の発行するもの）であることが要件となっている。

② 投資信託への投資制限（規則12条、12条の2、22条、23条、細則3条、3条の2、8条）

投資対象となる投資信託は、国内外の投資信託及び投資法人が対象となるが、外国投資信託については同細則で定めるものとされている（規則12条1項、細則3条）。

外国投資信託の要件（細則3条）

> 開示を含めて外国投資信託に関する法令、制度が整備されている国、地域の法令に基づき設立されてものであり、監督官庁等が存在していること、設定解約等の資金の授受が可能であることを前提として、次に掲げる要件を満たすもの（上場投資信託を除く）
> ・投資信託の純資産総額が1億円以上であること
> ・運用会社又は管理会社の自己資本又は純資産総額が5,000万円以上であること
> ・銀行又は信託会社に資産の保管に係る業務を委託しているものであること
> ・空売りした有価証券の時価総額が純資産総額を超えるものでないこと
> ・資金の借入れが純資産総額の10％までに制限されていること（合併等により、一時的に10％を超える場合を除く）
> ・一発行会社（投資法人を含む）の発行する株式（投資法人が発行する投資証券を含む）について、発行済総数の50％を超えて投資するものでないこと。また、信託契約型投資信託の場合は、その運用会社又は管理会社が運用の指図を行っているすべての投資信託に組み入れられた株式の合計額が、発行済総数の50％を超えて投資するものでないこと

- 流動性に欠ける資産に投資する場合については、価格の透明性を確保する方法が取られているものであること（ただし、投資方針として、流動性に欠ける資産の組入れを15％以下としていることが明らかなものについてはこの限りでない）
- 自ら発行した株式又は受益証券を取得するものでないこと
- 運用会社又は管理会社が、自己又は受益者以外の第三者の利益を図る目的で行う取引等、受益者の保護に欠け、若しくは投資信託財産の適正を害する取引を禁止している外国投資信託であること
- 投資家による買付、売却の方法が明確にされているものであること
- 財務諸表について独立した監査人の監査を受けているものであること
- デリバティブ取引の制限（後述）に準じた管理がなされていること（ただし、日々の基準価額が取得できる場合は任意の適用となる）
- 信用リスクに関する投資制限（後述）に準じた管理がなされていること

　また、ファンド・オブ・ファンズ（投資信託及び外国投資信託の受益証券ならびに投資法人及び外国投資法人の投資証券への投資を目的とする投資信託（自ら運用の指図を行う親投資信託のみを主要投資対象とするものを除く））[5]の形態をとらない場合、投資信託の組入比率は、原則として純資産総額の5％以内とされる（規則12条2項）。なお、その5％の計算において、委託会社が自ら運用する親投資信託、金融商品市場又は外国市場に上場等されているもの、株式等から転換されたものについては、その対象から除外することができる（規則12条の2、細則3条の2）。

　さらに、同一委託会社による同一投資信託の組入れは、対象投資信託の委託会社の同意がない限り、その純資産総額の50％までに制限されている（規則12条3項）。また、投資信託間の相互保有や循環保有、ファンド・オブ・ファンズ（上場投資信託（金銭設定・金銭解約のものを除く）、親投資信託の場合を除く）の組入れはできない（規則12条4項）。

　一方で、投資信託を純資産総額の5％以上組み入れることが可能なファンド・オブ・ファンズの形態をとる場合は、異なる制限が課される。公募の

---

[5] 規則2条3項。

ファンド・オブ・ファンズについては、基本的に複数の投資信託を投資対象とする必要がある[6]。組入対象が国内投資信託の場合は投信協会運用規則等における公募投資信託の要件を満たす投資信託でなければならない。組入対象が外国投資信託の場合は既述の細則3条の要件を満たすものでなければならない。また、不動産投信、インフラ投信については、上場されており、時価評価が可能であり、決算時点の運用状況が開示され入手可能であることが要件とされ、その他の上場投信も同様である（規則22条1項～3項）。なお、組み入れる投資信託はその選定条件及びリストに掲げられた投資信託の範囲に限定される。ただし、不動産投信、インフラ投信、上場投信については選定条件に投資方針を具体的に明示して、適時、顧客に周知する場合、リストへの掲載は不要である。

ファンド・オブ・ファンズの形態をとる場合の投資信託等以外の資産の組入れは、CPやコール・ローンなどの短期有価証券等の組入れ、一部の先物取引やヘッジを目的とした為替予約取引等に限定される（規則22条1項）。また、ファンド・オブ・ファンズの形態ではない場合と同様に、同一委託会社による同一投資信託の組入れは、対象投資信託の委託会社の同意がない限り、その純資産総額の50％未満に制限され、また、投資信託同士の相互保有や循環保有、ファンド・オブ・ファンズ（上場投資信託（金銭設定・金銭解約のものを除く）、親投資信託の場合を除く）の組入れはできない（細則8条）。

③ 証券化商品への投資制限（規則13条）

流動性を考慮し、時価の取得が可能なものに限定される。

④ その他資産、取引に関する投資制限（規則15条、16条、細則4条、5条、6条）

信用取引、株式の借入れ（売付けを目的としたものに限定）、債券の借入れ、債券の空売、有価証券や金銭の貸付け、外国為替取引（外国為替予約取引を含む）、現先取引や資金の借入れといった、その他の有価証券等の取引に関する制限については規則15条に規定されている。なかでも、外国為替予約取

---

[6] ただし外国資産で持出制限のある資産への投資を目的とする投資信託証券である場合には複数の投資信託に投資する必要はない（規則23条）。

引は信託財産の実質純資産総額の範囲内とされ、ヘッジ目的の場合は、外貨建資産の取得代金や金銭の支払に加えて、外貨建資産の組入可能額を上限とした買予約、外貨建資産に対する売予約と限定的な利用に制限される（細則5条、6条）。資金の借入れは、解約代金の支払、分配金支払における資金繰りの不一致や、事故処理に伴う資金手当等と規定されており、限定的である（細則4条）。

これらの個別資産、個別取引に関する投資制限のほか、次のとおり、リスクの観点から、資産横断的に適用される投資制限がある。

⑤ **デリバティブ取引の制限（規則17条、18条、細則6条の2）**

デリバティブ取引については、投資信託財産に関し、金利、通貨の価格、金融商品市場における相場その他の指標に係る変動その他の理由により発生しうる危険に対応する額としてあらかじめ委託会社が定めた合理的な方法により算出した額が当該投資信託財産の純資産総額を超えることとなる場合において、デリバティブ取引等を行い、または継続することを内容とした運用を行ってはならない（規則17条）。

また、その合理的な方法については、細則において、①簡便法、②標準的方式、③VaR（バリュー・アット・リスク）方式の3つが提示されている（細則6条の2）。

デリバティブ取引等をヘッジ目的以外で利用する投資信託は、約款に投資態度を明記する必要がある（規則18条）。

⑥ **信用リスクに関する投資制限（規則17条の2、17条の3）**

公募投資信託に適用される分散投資規制については、以下一部抜粋のとおり、規則17条の2「信用リスク集中回避のための投資制限」において細かく規定されている。

> 信用リスクを適正に管理する方法としてあらかじめ金融商品取引業者等が定めた合理的な方法は、一の者に係るエクスポージャーの投資信託財産の純資産総額に対する比率が次に掲げる区分ごとにそれぞれ10%、合計で20%を超えることのないように運用すること、及び価格、金利、通貨若しくは投資信

> 託財産の純資産総額の変動等により当該比率を超えることとなった場合に、超えることとなった日から1ヵ月以内に当該比率以内となるよう調整を行い、通常の対応で1ヵ月以内に調整を行うことが困難な場合には、その事跡を明確にした上で、できる限り速やかに当該比率以内に調整を行う方法とする。ただし、証券投資信託の設定当初、解約及び償還への対応並びに投資環境等の運用上やむを得ない事情があるときは、この限りでない。
> (1) 株式及び投資信託証券の保有…「株式等エクスポージャー」
> (2) 有価証券（前号に定めるものを除く。）、金銭債権（次号に該当するものを除く。）及び匿名組合出資持分の保有…「債券等エクスポージャー」
> (3) 為替予約取引その他の第15条各号に定める取引及びデリバティブ取引により生じる債権…「デリバティブ等エクスポージャー」

なお、例外として、MMF、MRFといった「MMF等の運営に関する規則」に定められた規定を遵守する商品、一定の要件を満たすインデックス・ファンドが保有する指標構成銘柄については、上記適用を免除される（規則17条の3第1号、第2号）。

また、上記規定に沿わない場合には、特化型運用として、以下の措置を講じなければならない。

投資対象に支配的な銘柄が存在し、または存在することとなる可能性が高い場合は、「10％」「20％」をともに「35％」と読み替えて同条を適用するとともに、交付目論見書の表紙に特化型運用を行う旨を目立つように表示する。交付目論見書の「ファンドの目的・特色」の欄に支配的な銘柄が存在する旨（存在することとなる可能性が高い旨を含む）及びその影響を記載しなければならない（規則17条の3第3号）。

さらに、規則17条の2に定める方法で計算した一の者に対するエクスポージャーの投資信託財産の純資産に対する比率が同条1項に定める比率（特化型運用の場合の35％）を超えることとなる場合には、当該一の者の名称をファンドの名称に一般投資家が容易に理解できるよう明確に付し、かつ前段落の措置を講じなければならない（規則17条の3第4号）。

b 私募証券投資信託

私募の証券投資信託は、証券投資信託としての制約が課されるものの、数

量的制限を含めて投資制限はほとんどなく、より柔軟な商品組成が可能である。

投資信託への投資制限について、対象投資信託が外国投資信託の場合の要件は免除され、公募証券投資信託が組み入れ可能な投資信託（ただし、不動産投信等、インフラ投信等については、時価評価が可能で、決算時点等における運用状況等が入手可能なものに限る）については、5％以内の組入上限の適用もない（規則21条2号）。

ファンド・オブ・ファンズの形態をとる場合については、上記の私募証券投資信託の投資制限に準ずることとなっており、複数の投資信託に投資する必要はない。また組入投資信託について公募のファンド・オブ・ファンズにおける公募投資信託の要件は免除され、外国投資信託の場合の要件（細則3条）を満たす必要がない（規則24条）。

資金の借入れについては、公募の場合と同様に制限を受ける（規則21条3号）。

c　公募証券投資法人

公募の証券投資法人については、公募証券投資信託の投資制限が一部免除される。具体的には、金商業等府令130条を受けたデリバティブ規制（規則17条）や分散投資規制（規則17条の2、17条の3）の適用はない。

また、ファンド・オブ・ファンズといった形態を想定しておらず、公募証券投資信託にみられる投資制限（規則11条、12条、13条、15条、16条、18条、19条）について、投資主総会で別段の決議を行った場合に限り、適用しないことできる（規則25条）。

d　私募証券投資法人

私募の証券投資法人について、前掲bの私募証券投資信託と同様の投資制限が適用されるが、投資主総会で別段の決議を行った場合に限り、投資信託への投資に関する制限や資金の借入れに関する制限を適用しないこととできる（規則26条）。

(2) 不動産投信等、インフラ投信等の投資制限

　不動産投信等（不動産投資信託及び不動産投資法人）の投資制限については、以下の投信協会の規則に規定されている[7]。
・不動産投資信託及び不動産投資法人に関する規則（以下「不動産投信等規則」という）

　インフラ投信等（インフラ投資信託及びインフラ投資法人）の投資制限については、以下の投信協会の規則に規定されている[8]。
・インフラ投資信託及びインフラ投資法人に関する規則（以下「インフラ投信等規則」という）

　不動産投信等規則及びインフラ投信等規則において、組入資産の運用に関する規定は少なく、不動産及びインフラ資産が流動性の低い資産であることから、利益相反、受益者の公平性の確保の観点から組入資産の評価と計上、資金の受入れ、投資元本（出資）の払戻し及び分配金の支払といった運営に関する規定が多く含まれており、規則名称に運用という言葉はみられない。また、組入資産の流動性、組入資産の価格の公正性をふまえて、クローズド・エンド型（償還まで解約請求を受け付けないもの）とオープン・エンド型（一定の条件のもと解約請求を償還前に受け付けるもの）に分けて規定を設けている。

　投資制限に関する基本的な考え方は、不動産投信等とインフラ投信等で同じである。不動産投信等においては不動産等、インフラ投信等においてはインフラ資産等への投資が過半となるように、有価証券の組入れは、原則として資産総額の50％未満（親投資信託と親投資法人を除く）に制限されている（不動産投信等規則17条、インフラ投信等規則16条）。不動産投信等における不動産等の組入れにおいて、国外の不動産もしくは実質的な投資対象である不動産が国外に所在している場合、また、インフラ投信等におけるインフラ資産等の組入れにおいて、国外のインフラ資産等もしくは実質的な投資対象で

---

[7] 不動産投資信託及び不動産投資法人に関する規則3条。
[8] インフラ投資信託及びインフラ投資法人に関する規則1条。

あるインフラ資産等が国外に所在している場合には、これらの資産の取扱いに関する法制度、登記制度、これらの取引契約に関する法制、外国為替制度、裁判等の紛争処理制度が整備されていることが要件となっている（不動産投信等規則24条の2、インフラ投信等規則24条）。

投資信託、投資法人の組入れについては、一の運用会社が、同一の投資信託または投資法人に投資する場合、その投資信託、投資法人が発行する受益証券又は投資証券の発行済総数の50％未満に制限される。また、運用会社が自ら運用を行っている投資信託（親投資信託等を除く）及び投資法人、循環保有や相互保有している投資信託及び投資法人の組入れは禁じられている（不動産投信等規則17条、インフラ投信等規則16条）。

不動産投信等において、不動産等以外の資産を保有する場合の運用方法は、投信協会運用規則及びインフラ投信等規則に従うこととなり、またインフラ投信等において、インフラ資産等以外の資産を保有する場合の運用方法は、投信協会運用規則及び不動産投信等規則に従うこととなる（不動産投信等規則16条、インフラ投信等規則15条）。

資金の借入れについては、証券投資信託及び証券投資法人とは異なり、必要に応じて資産の健全性に留意して行うものとされ、借入れがある場合は運用報告書等に記載することとされている（不動産投信等規則18条、インフラ投信等規則17条）。

(3) 証券投資信託等以外の投資信託及び投資法人の投資制限

証券投資信託等以外の投資信託及び投資法人の投資制限については、投信協会運用規則に規定されている。

同規則27条において、有価証券、不動産等及びインフラ資産等以外の資産を主たる投資対象とする投資信託を、「証券投資信託等以外の投資信託」と定め、信託財産の2分の1を超える額をみなし有価証券（金商法2条2項1号〜7号の金融商品）及び有価証券、不動産等、インフラ資産等を除く特定資産に投資することと規定している。また、投資法人及び私募の証券投資信託以外の投資信託も同様に適用を受ける（規則30条）。

公募の証券投資信託等以外の投資信託についても、デリバティブ取引の制限、分散投資規制が準用されることになる（規則28条）。

　また、有価証券、不動産等、インフラ資産等への投資は、それぞれ投信協会運用規則15条（前掲2．(1)④その他資産、取引に関する投資制限（規則15条）を参照）、不動産投信等規則、インフラ投信等規則に従うこととされ、かつ、当該15条に規定する取引のうち、有価証券に関連する取引は、信託財産の総額の2分の1未満の額の範囲内に制限される（規則29条）。なお、投資法人においては、投資主総会で別段の決議を行った場合に限り、投信協会運用規則15条を適用しないこととできる（規則30条）。

第3章

投資信託のコスト

本章では主として証券投資信託について投資家が負担するコスト（費用）を概説する。

第1節 投資信託の費用に関する法令

1 費用の開示に関する法令諸規則

証券投資信託の受益者が負担する費用は、受益者に交付される各種書面に記載が義務づけられており、確認することができる。

例えば交付運用報告書には、投資信託財産の計算に関する規則（以下「計算規則」という）58条の2の規定に従い、信託報酬等の費用明細が表示されており、一定期間投資を行った場合の費用と、実質的な負担額を確認することが可能である。投信協会規則（投資信託及び投資法人に係る運用報告書等に関する委員会決議）にその様式が提示されており、具体的な項目は、以下のとおりである。

① 信託報酬
② 販売手数料
③ 売買委託手数料
④ 有価証券取引税

⑤ その他費用

　ほかにも、投信法4条2項おいては、信託約款に信託報酬及びその他手数料等を記載しなければならないとされている。また、有価証券届出書の費用に関する記載内容は、特定有価証券の内容等の開示に関する内閣府令（以下、特定有証開示府令という）10条1項1号に内国投資信託受益証券、同項2号に外国投資信託受益証券についての様式がそれぞれ定められており、申込手数料、換金（解約）手数料、信託報酬等、その他手数料等についての開示が求められている。

　さらに、投信協会が定める交付目論見書の作成に関する規則に関する細則6条では、交付目論見書における「費用・税金」についての表示方法が定められており、手数料の金額又は料率及び当該手数料を対価とする役務の内容等を明記する必要があるとされている。

2　販売手数料・信託報酬等に関する説明の充実

　販売手数料・信託報酬等といった費用に関する説明の充実は、2012年12月7日付の「投資信託・投資法人法制の見直しに関するワーキング・グループ最終報告」の提言をふまえたものである。同報告書には、一般投資家を念頭に置いた適切な商品供給の確保の対応案として、「投資家のコスト意識を醸成し競争の促進を期待する観点から、当該説明の充実を図ることが適当である」としている。これを受けて、有価証券届出書、目論見書における費用の記載は、2014年12月1日施行の特定有証開示府令等の改正及びこれを受けた投信協会規則の改正により、さらに充実された。

　運用報告書の記載事項として、「計算期間中における投資信託委託会社及び受託会社に対する報酬等並びに当該投資信託財産に関して受益者が負担するその他の費用並びにこれらを対価とする役務の内容」が追加された（計算規則58条1項4号）。

　目論見書等に記載する（投資信託の）「申込手数料」「換金（解約）手数料」、（主要な）「信託報酬等」、（主要な）「その他の手数料等」について、「金額」「料率」などに加え、「当該手数料を対価とする役務の内容」についても記載

することが義務づけられた（特定有証開示府令第25号様式（記載上の注意)(6)、第25号の２様式（記載上の注意)(6)など）。同様の記載は、有価証券届出書、有価証券報告書等でも求められている（同第４号様式（記載上の注意)(22)～(25)、第４号の２様式（記載上の注意)(27)～(30)、第７号様式（記載上の注意)(1)ｇ、第７号の２様式（記載上の注意)(1)ｊなど）。これを受けて、投信協会の交付目論見書の作成に関する規則に関する細則６条において、「役務の内容」に関して、「記載上の留意事項」が設けられている。

　また、2014年６月27日に金融庁が公表した「平成25年金融商品取引法等改正（１年半以内施行）等に係る政令・内閣府令案等に対するパブリックコメントの結果等について」のなかで、その他の費用・手数料における主要なものについて、「その金額や料率に照らして投資者にとって主要と考えられるものが該当するものと考えられ」また「販売価格に織り込まれているか否かを問わず、記載を要する」との見解が示されている。

　また、投信協会諸規則（投資信託及び投資法人に係る運用報告書等に関する規則など）に基づき、2019年９月30日から、上記費用に含まれない運用・管理にかかった費用（ファンド・オブ・ファンズにおける投資先ファンドの費用など）も含む総経費率が、交付運用報告書に掲載されることになる。

第２節　投資家が負担する費用

　投資家が負担する費用について、直接的に負担するものと間接的に負担するものに大別することができる。本節では、交付目論見書の記載様式に沿って各項目について解説する。

１　投資者が直接的に負担する費用

(1)　申込（購入時）手数料・換金（解約）手数料

　投資信託を募集・販売する証券会社等の金融機関が投資家から受け取る手

数料である。

　購入時手数料は、商品及び関連する投資環境の説明及び情報提供等、ならびに購入に関する事務コストの対価として、購入時に受け取る。手数料は販売会社が独自に料率を定めており、目論見書では料率の上限が記載されている。したがって、同じ投資信託であっても販売会社によって料率が異なる場合もある。

　手数料の徴収方式は投資信託によって異なり、①買付申込時に徴収する投資信託、②換金時に徴収する投資信託がある。このうち、①の方式が圧倒的に多く、②は公社債投信の一部などにおいて採用されている。

　手数料の料率は投資信託によって異なり、株式投信の場合で1.0～3.0％程度である。公社債投信の場合はこれより低いことが多く、確定拠出年金向けのものなど無手数料としているものも存在する。

(2)　信託財産留保額

　信託財産留保額は、解約に伴って組入資産を売却する際のコスト（売買委託手数料等）を解約者の負担とする（残存受益者の負担としない）ために、解約代金から差し引く額である。この信託財産留保額は解約請求取扱会社等の収入になるのではなく、信託財産に繰り入れられるものであり、いわば受益者間の公平を保つために取り入れられている制度である。なお、投資信託によっては買付申込時点で信託財産留保額を買付申込者が負担する仕組みとなっている場合がある。

2　投資者が信託財産で間接的に負担する費用

(1)　信託報酬

　信託設定後、委託会社、受託会社、販売会社がそれぞれのサービスの対価として受け取る報酬が信託報酬である。委託会社と販売会社の報酬が委託者報酬として計上され、受託会社の報酬が受託者報酬として計上される。販売会社の報酬は委託会社から支払われるかたちをとる。信託報酬は、投資信託

の純資産に対し、例えば年率1.0%のように定率で決められることが多く、日割計算により毎日計上される。投資信託の1口当り純資産価値を表す基準価額は、この信託報酬控除後の純資産に基づいて計算される。

　信託報酬の料率は、投資信託の商品性や委託会社、受託会社、販売会社が提供するサービスによって異なる。例えば、多くの場合インデックス・ファンドにおける信託報酬は低く設定されている。アクティブ・ファンドの場合には、信託報酬の一部がベンチマークに対する超過収益に応じて決まるパフォーマンス連動型のものも存在する。

　また、株式投信の場合で1.0～2.0%程度、公社債投信の場合はこれより低いことが一般的で、近年はその水準が低下傾向にある。運用を外部に委託している場合、委託者報酬のなかから外部運用委託先への報酬がまかなわれる。

(2)　その他の費用・手数料

　ポートフォリオの運用に係る費用として、組入有価証券の売買の際に発生する売買委託手数料、外国証券を組み入れた場合の保管費用、投資信託が借入れを行った場合の支払利息などが挙げられる。組入銘柄が多い、また、銘柄入替えが頻繁に発生する投資信託は取引コストがかさむのが一般的である。ほかに、有価証券売買益や配当収入に対する税金等の投資信託に関する租税は、原則として投資信託が負担している。

　その他、信託事務の処理に要する諸費用や会計監査費用などがある。なお、委託会社によっては、目論見書、運用報告書等の作成費用などを委託会社の負担としないで、投資信託の負担としている場合がある。

第4章

約款の変更

第1節 約款変更の検討と準備

　投資信託が設定された後であっても、さまざまな要因で約款を変更する必要性が生じる。

　主な要因として、法令等の改正に伴う変更等のやむをえない変更のほか、運用内容を変更する場合、例えば商品性改善を企図して現在の投資対象に新たな資産を追加したいといったときや、投資家ニーズをふまえたマーケティング目的で、例えば信託報酬率を引き下げる、信託期間を延長するといった場合に約款を変更することもある。

　約款の変更内容によっては、受益者が関与することなく約款の変更が行われると、受益者の利益が守られない場合が考えられる。例えば、投資対象資産の大幅な変更や、信託報酬率を引き上げるといった変更の場合で、受益者は変更内容をふまえたうえで投資信託を引き続き保有するか解約するかを選択できるようにする必要がある。そのため、投信法は、約款の重大な変更については受益者に対して必要な手続をとることを投信委託会社に求めている。

　なお、投信法上の制度については、信託法の適用関係により信託約款の記載内容や約款変更の手続が異なる部分があるため、次節の約款変更の手続に進む前に、適用を受ける信託法について述べる。

金商法と同じ2007年9月30日に、新たに信託法（平成18年法律第108号）（以下「信託法」という）が施行となった。この改正は約85年ぶりの大改正であったため、信託法の施行に伴う関係法律の整備等に関する法律（以下「信託法整備法」という）2条の規定により、契約型の信託で、施行日である2007年9月30日前にその効力が生じたものは、信託財産に属する財産についての対抗要件に関する事項を除き、なお従前の例によるとされ、旧信託法（大正11年法律第62号）等の適用を受ける。

　信託法の施行により投信法も改正されたが、施行日前に締結された契約型の投資信託（以下「旧法信託」という）は、この信託法改正に伴う改正部分（信託法整備法25条部分）について信託法施行前の投信法（以下「旧投信法」という）の適用を受ける。

　また、信託法整備法26条において、旧法信託については、旧投信法30条及び30条の2（重大な約款変更と異議申立をした受益者の買取請求の手続）の規定に従い、適用される法律を旧信託法から信託法に変更する旨の投資信託約款の変更を行うことにより、新法信託とすることが可能となっている。

　すなわち、以下のようにいうことができる。

○新法信託
　・信託法（平成18年法律第108号）施行後の2007年9月30日以降に設定した投資信託
　・信託法施行前に設定した投資信託で、信託法施行前の旧投信法が定める「重大な約款変更」手続により、適用法を旧信託法（大正11年法律第62号）から信託法にする約款変更を行った投資信託

○旧法信託
　・信託法施行前に設定した投資信託で、適用法を旧信託法（大正11年法律第62号）から信託法にする約款変更を行っていない投資信託

　第2節の記載においては、今後新設される投資信託はすべて新法信託となるため、原則として新法信託の場合について記載するが、既存の多数の旧法信託に係る実務も数多く存在するため、旧法信託の約款変更の手続を第2節の最後に述べることとする。

第2節　約款変更の手続

1　「重大な約款変更」に該当しない場合

　約款変更が後述の「重大な約款変更」に該当しない場合は、「重大な約款変更」で必要とする書面による決議（旧法信託の場合は異議申立）は不要である。必要な手続としては、受託銀行の同意を得て、あらかじめ、その旨及びその内容を当局に届け出なければならない。

　新法信託における、届出書の記載事項及び添付書類は以下のとおりである。

○記載事項（投信法施行規則27条1項）
　一　当該約款に係る委託者指図型投資信託の名称
　二　約款変更の内容及び理由
　三　約款変更がその効力を生ずる日
　四　約款変更の中止に関する条件を定めるときは、その条件
○添付書類（投信法施行規則27条2項）
　一　投資信託約款の変更の案
　二　受託会社の同意書

　なお、旧法信託においても、届出内容は基本的に同様で、届出書の記載事項及び添付書類は以下である。

○記載事項（旧投信法施行規則別表第2（第19条関係））
　一　当該約款に係る投資信託の名称
　二　変更の内容
　三　変更予定年月日
　四　変更の理由
　五　受益者が異議を述べることができる期間
　六　異議を述べる方法
　七　買取請求の手続に関する事項
○添付書類（旧投信法施行規則別表第2（第19条関係））
　一　当該投資信託約款に係る新旧対照表

二　受託会社の同意書

2　「重大な約款変更」の場合

　約款変更が「商品としての基本的な性格を変更させる」ものは、「その変更の内容が重大なもの」に該当するとされる（以下、そのような約款変更を「重大な約款変更」という）。

　どのような約款変更が「重大な約款変更」に該当するかについて、2014年6月27日に金融庁より公表された「投資信託に関するQ&A」では、以下は商品としての基本的な性格を変更させるものではないとされている。

・受益者の利益に資する投資信託約款の変更
・事務的事項に係る投資信託約款の変更であって受益者の利益には中立的なもの
・法令改正に伴い、法令適合性を維持するために行わざるをえない投資信託約款の変更

　実際の事例として、以下のものが挙げられている。ただし、これは金融庁の「投資信託に関するQ&A」にあるように例示であり、これ以外にも上記の3種の類型に該当する変更は考えられる。なお、これは新法信託のみの扱いではあるが、旧法信託における「重大な約款変更」への該当有無を判断する際にも参考となると考えられる。

○受益者の利益に資する投資信託約款の変更
　① 解約申入後、償還金受渡日までの期間を短縮する場合
　② 信託期間終了までの間、解約が制限されていない投資信託に係る信託期間を延長する場合
　③ 受益者の負担する信託報酬率・費用等を引き下げる場合
　④ 追加信託申込単位を小口化する場合、追加信託可能日を増加する場合、および海外市場の休業日等による追加設定申込み不可日を削減する場合

⑤ 一部解約申込単位を小口化する場合、一部解約可能日を増加する場合、および海外市場の休業日等による一部解約申込み不可日を削減する場合
⑥ 信託財産留保額を減額または廃止する場合（償還金を捻出するために組入資産を換金する際のコストが低く抑えられているような事情があり、当該減額または廃止によっても、残存受益者に実質的に不利益とならないことが合理的に推察される場合に限る。）

○事務的事項に係る投資信託約款の変更であって受益者の利益には中立的なもの
① 委託者または受託者について、合併等による組織再編成に伴い商号を変更する場合および本店移転に伴い所在地を変更する場合
② 計算期間の長さを変更することなく、決算日を変更する場合
③ 受託者および委託者の間の信託報酬の配分率を変動させる場合（受益者の負担する信託報酬率に変更がない場合に限る。）
④ 委託者の運用権限の委託先について、運用権限を委託する範囲を削減する場合、合併等による組織再編成に伴い商号を変更する場合および本店移転に伴い所在地を変更する場合、ならびにこれらの場合において、運用権限の委託に係る費用を増減させるとき（当該費用が委託者の受領する信託報酬から支払われる場合に限る。）
⑤ 委託者の運用権限の委託先を変更する場合（従前の運用委託先の運用担当部門が他社に事業譲渡された場合において、当該事業譲渡を受けた社に委託先を変更するときのような、当該変更の前後で、委託先に実質的な相違がなく、かつ、運用方針が実質的に変更されず、受益者の負担する信託報酬額が当該変更前の金額を上回らないときに限る。）
⑥ ある投資信託について、その組入資産を、当該投資信託と同一の運用方針の他の投資信託へ移管し、いわゆるファミリーファンド化をする場合（当該移管費用を委託者が負担し、信託報酬総額が増加することとならない等、運用方針以外の事項について、受益者に不利益となるような実質的な変更が生じない場合に限る。）

○法令改正に伴い、法令適合性を維持するために行わざるを得ない投資信託約款の変更
① 消費税率の引上げに伴い、投資信託約款中の信託報酬に係る記載事項を変更する場合
② 法令改正に伴い、投資信託約款中で使用されている法令名、条文番号

> および用語を当該法令改正に必要な範囲で変更する場合（実質的な意味内容の変更を伴わない場合に限る。）
> ③　金融商品取引業等に関する内閣府令（平成19年内閣府令第52号）第130条第1項第8号の2の施行に伴い、同号に規定する信用リスクを適正に管理する方法を新たに投資信託約款に定める場合

3　新法信託における手続

　約款変更が「重大な約款の変更」に該当する場合、主として以下の手続が必要となる。

・書面による決議（以下「書面決議」という）（投信法17条1項）
・当局への届出（投信法16条1号）
・反対受益者の受益権買取請求（投信法18条1項）

(1)　書面決議

　委託会社は、約款変更をしようとする場合、重大な変更に該当するときは、知れている受益者に通知を発し、書面決議を行わなければならない（投信法17条）。この手続を図示すると、図表Ⅲ－2のようになる。

　新法信託においては、そのほとんどが当初より振替制度を利用している振替投資信託であるため、社債、株式等の振替に関する法律121条で準用する同法67条の規定により無記名式・記名式によらず受益証券は発行されないため、受益者は振替口座簿上ですべて知れていることとなる。これを前提にその手続を記載する。

　具体的には、書面決議は、書面決議の日を定め、その2週間前までに法令で定められた各種の書面を発しなければならない（公募投資信託については、新たな受益者となる投資家に対して、投資信託が約款変更する予定であるということを交付目論見書に追加記載することが一般的である）。なお、無記名式受益証券が発行されている場合のみ、受益者が特定できないため、3週間前までに公告を行うことが必要とされている。その他の場合の公告は任意である。公告の方法としては、委託会社のホームページによる電子公告や時事を掲載

図表Ⅲ－2　重大な約款変更の手続の概要（書面決議）

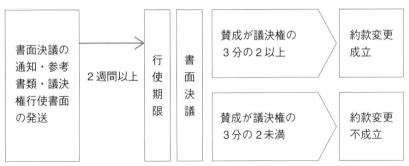

(注1)　無記名式受益証券が発行されている場合は、3週間前までに公告も必要。
(注2)　約款変更が成立した場合、当該約款変更に反対した受益者は、その信託契約期間中に受益権について投資信託の元本の全部または一部の償還を請求したときに委託会社が投資信託契約の一部の解約をすることにより当該請求に応じることとする委託者指図型投資信託に該当しない投資信託については、受益権の買取請求をすることができる。
(注3)　信託約款によって、知れている受益者が議決権を行使しないときは、当該知れている受益者は書面決議について賛成するものとみなす旨の定めをすることができる。
(注4)　これらの一連の手続は、すべての受益者が同意の意思表示をしたときには、適用しない。

する日刊新聞紙による。公告の方法は、信託約款で定めている（投信法4条2項17号）。

　書面決議に際して、受益者はその有する口数に応じて議決権を有するが、委託会社が保有する受益権及び受託銀行が当該信託の信託財産において保有する受益権、例えば反対受益者の買取請求などで受託銀行が信託財産をもって受益権を買い取った場合のその受益権には議決権はない。

　また、信託約款で議決権を行使しない場合は賛成したものとみなす規定を設けることができる。書面決議は、議決権を行使できる受益者の議決権の3分の2以上の多数をもって行われる（投信法17条）。なお、決議された結果は、議決権を有しなかった受益者を含め、すべての受益者に適用される。加えて、委託会社は、書面決議を実施した際に書面決議の議事録を作成しなければならない（投信法17条9項、同法施行規則39条）。

　なお、新法信託においては、併合（受託銀行を同一とする二以上の投資信託

第4章　約款の変更　113

の信託財産を一の新たな信託財産とすること）が可能であり、この手続も上記「重大な約款変更」と原則同様であるが、受益者の利益に及ぼす影響が軽微なものについての書面決議は不要とされている（投信法17条1項、同法施行規則29条の2）。

各書面の内容は以下のとおりである。

○書面決議の通知
① 書面による決議の日
② 変更等の内容及び理由
③ 議決権行使の期限（通知発送より2週間以上後の日）
④ 不統一行使に関する事項

○書面決議参考書類
① 約款の変更案
② 変更または受益権の価値への影響の内容及び相当性
③ 変更が効力を生ずる日
④ 変更の中止の条件
⑤ 変更する理由
⑥ 受益者の不利益となる事実
⑦ 参考となる事項
※繰上償還や併合の場合、直近の財務諸表等の参考書類も必要。

○議決権行使書面
① 賛否欄（棄権を含む）
② 不統一行使に関する事項
③ 賛否欄に記載がない場合の取扱い
④ 議決権行使の期限
⑤ 受益者の氏名・名称、行使できる議決権の数または割合

なお、「重大な約款変更」を提案し、すべての受益者の書面による同意の意思表示を得る手続をとることで、書面決議にかえることができる（投信法17条10項）。この場合、書面または電磁的記録によることが必要とされている。すべての受益者の同意が必要であることから、約款変更に反対する受益者が存在する場合は、その受益者の保有口数が少数であったとしても、当該

約款変更をすることはできない。また、全受益者の同意の意思表示を得ることができなかった場合に書面決議を行うことも考えられる。

(2) 当局への届出

書面決議を行い、約款変更が決定した場合、受託銀行の同意を得て、当該同意書を添付して、あらかじめ、その旨及びその内容を当局に届け出なければならない。届出書の記載事項及び添付書類は既に記載したとおりだが、書面決議を行う場合は、以下を追加記載及び追加添付する必要がある。

○追加記載事項（投信法施行規則27条1項）
・書面による決議の日
・受益者が電磁的方法によって議決権を行使することができることとするときは、その旨
・議決権行使の期限（通知発送より2週間以上後の日）
・不統一行使に関する事項
・賛否欄に記載がない場合の取扱い
・電磁的方法により通知を発する場合はその事項
・買取請求に関する事項（適用しない場合はその旨）
○追加添付書類（投信法施行規則27条2項）
・公告（任意も含む）をする場合にあっては、当該公告の内容を記載した書面
・書面決議参考書類

なお、書面決議が否決された場合は約款変更を行うことができないため、届出は不要である。

(3) 反対受益者の受益権の買取請求

重大な約款変更が成立する場合は、当該約款変更に反対した受益者のみ、書面決議の日から20日以内に、自己の有する受益権を公正な価格で当該受益権に係る投資信託財産をもって買い取ることを請求することができる（投信法18条）。反対受益者の受益権の買取請求は、信託法の規定を準用する。通

常の一部解約は委託会社に対して請求するが、買取請求は受託銀行に対して行うこととなる。

ただし、2014年12月1日施行の投信法改正により、「その信託契約期間中に受益者が受益権について投資信託の元本の全部又は一部の償還を請求したときは委託会社が投資信託契約の一部の解約をすることにより当該請求に応じることとする委託者指図型投資信託（受益者の保護に欠けるおそれがないものとして内閣府令で定めるものに限る。）」については、反対受益者の買取請求を適用しないこととされた。

内閣府令では、「受益者が受益権について投資信託の元本の全部又は一部の償還を請求したときは、委託会社が投資信託契約の一部の解約をすることにより当該請求に応じ、当該受益権の公正な価格が当該受益者に償還されることとなる委託者指図型投資信託」（投信法施行規則40条の2）とされている。これは、基準価額が毎営業日算出され、当該価額で随時償還（一部解約）が可能な投資信託については、反対受益者が受益権を買取請求することができる権利は不要と考えられるためである。

これに該当しない、一部解約を請求する場合の受益権の口数に制限が設けられている投資信託や限定した期間のみの償還（一部解約）を受け付ける投資信託は、反対受益者の受益権の買取請求の期間を設けることが必要である。具体的には、上場投資信託（ETF）については、受益権の全部または一部についての交換または解約を請求することが可能なのは大口の投資家に限られ、一般の投資家は、市場（取引所）における売買による換金のみとなるため、反対受益者の受益権の買取請求手続を要する。

4　旧法信託における手続

旧法信託における「重大な約款変更」とは、商品としての同一性を失わせるものをいう（旧投信法30条、旧投信法施行規則46条）。

ただし、旧法信託においては、「運用に関する事項」の変更のうち、投資対象資産の種類、運用方針、運用方法の変更については、「商品としての同一性を失わせるもの」との要件はなく、常に同一性を失わせるものとみなさ

れている。

　旧法信託で、約款変更が「重大な約款の変更」に該当する場合、主として以下の手続が必要となる。

・異議申立に関する公告及び書面の交付（旧投信法30条）
・当局への届出（旧投信法29条1号）
・異議申立をした受益者の受益権買取請求（旧投信法30条の2）

(1)　異議申立に関する公告及び書面の交付

　「重大な約款変更」に該当するときは、その内容を「異議ある受益者は、期間（1カ月以上）内に異議を述べるべき」旨を付記して公告（内容の詳細は下記参照）し、かつ、その内容を記載した書面を「知られたる受益者」に交付しなければならない（旧投信法30条）（公募投資信託については、新たな受益者となる投資家に対して、投資信託が約款変更する予定であるということを交付目論見書に追加記載することが一般的である）。この手続を図示すると、図表Ⅲ－3のようになる。

　公告の方法としては、委託会社のホームページによる電子公告や時事を掲載する日刊新聞紙による。公告の方法は、約款で定める（旧投信法25条17号）。

○約款変更公告の法定記載事項（旧投信法施行規則47条）
　・投資信託の名称（1号）
　・変更理由（2号）
　・変更内容（3号）
　・変更の予定年月日（4号）
　・異議ある者は異議を述べるべき旨（5号）
　・異議を述べることができる期間（6号）
　・異議を述べる方法（7号）
　・当該期間中に異議を述べた受益者の受益権口数が公告日に存する受益権の総口数の2分の1を超えないときは、変更の予定年月日をもって当該投資信託約款の変更を行う旨（8号）
　・買取請求権の内容及び買取請求の手続に関する事項（9号）

第4章　約款の変更　117

なお、異議申立手続の結果、約款変更しないこととしたときは、遅滞なく、以下を記載した書面を公告し、知られたる受益者に交付しなければならない。
○約款を変更しない旨の公告の法定記載事項（旧投信法施行規則48条）
・投資信託の名称（1号）
・当初予定していた変更の内容及び予定年月日（2号）
・変更しない事項（3号）
・変更しない理由（4号）
・変更に異議を述べた者の受益権の口数及び総数に対する割合（5号）

図表Ⅲ-3　重大な約款変更の手続の概要（異議申立）

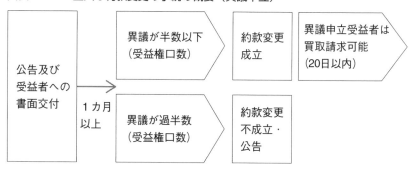

なお、期間内に異議を述べた受益者の受益権口数が総口数の2分の1を超えず、約款変更する場合は、公告は不要である。

(2) 異議申立をした受益者の買取請求

当該約款変更に異議申立をした受益者のみ、約款変更の日から20日以内に、受託銀行に対し自己の有する受益権を公正な価格で当該受益権に係る投資信託財産をもって買い取ることを請求することができる（旧投信法30条の2）。異議申立をした受益者の受益権の買取請求は、会社法の規定を準用する。実務上は約款変更届出の日から20日以内として、買取請求期間を設けている。

なお、新法信託と異なり、旧法信託における「重大な約款変更」は異議申立があった場合は、すべて買取請求手続が必要となる。

(3) 当局への届出

　異議申立に関する公告及び書面の交付を行い、期間内に異議を述べた受益者の受益権口数が総口数の2分の1を超えず、約款変更が決定した場合、受託銀行の同意を得たうえで当該同意書を添付し、あらかじめ、その旨及びその内容を当局に届け出なければならない。

　届出書の記載事項及び添付書類は新法信託の記載参照だが、異議申立手続を行う場合は、以下を追加で添付する必要がある。

○追加添付書類（旧投信法施行規則別表第2（第19条関係））

　・直近の運用状況を記載した書面
　・公告の内容を記載した書面

　なお、期間内に異議を述べた受益者の受益権口数が総口数の2分の1を超えた場合は約款変更を行うことができないため、届出は不要である。

　ただし、約款変更をしない場合は、変更しない旨及びその理由を公告し、且つ、その内容を記載した書面を「知られたる受益者」に交付しなければならない（旧投信法30条5項）。

第5章

投資信託の償還

第1節　償還の検討と準備

　投資信託には、信託期限の定めのあるもの（有期限）と定めのないもの（無期限）がある。特に、単位型投資信託は基本的に有期限であり、信託期間の終了とともに償還される。また、追加型投資信託は無期限のものと有期限のものがあり、有期限のものは信託期間の終了とともに償還される。このように信託期間の終了とともに償還されることを一般に定時償還という。

　一方で、単位型、追加型ともファンドの残存口数が一定水準を下回った場合に信託を終了することを信託約款で定めている場合等は、信託期間の途中で償還することができる。このように信託期間の途中で償還することを一般に繰上償還という。信託期間の途中での償還を検討する、すなわち繰上償還を進めることの検討にあたっては次のようなケースに該当する場合が考えられる。

　まずは、運用方針に沿った運用が困難となる場合である。例えば、一部解約によってファンドの残高が運用可能最低水準を下回るケースや、投資対象市場の縮小や投資対象とする資産の流動性が低くなるケースが考えられる。

　その他の理由としては、コスト負担がファンドの期待リターンに比して高くなった場合である。さまざまな要因で、ファンドの運用を維持するためのコストが上昇し、運用方針に従った運用ができず受益者の利益のためになら

ないというケースが考えられる。

　このような繰上償還については、委託会社の運用部門と営業部門を含めた関係部署で協議して検討を進めることとなる。検討の結果、繰上償還を進める方向となった場合には、具体的な計画の策定に着手する。スケジュールの作成にあたっては、投信法に規定されている手続で定められている日数はもちろんのこと、考慮すべき事項として、保有資産の流動性の観点からそのファンドの資金化に要する日数、各種費用清算に要する日数等について確認する必要がある。加えて、ファンドを資金化するにあたり、保有銘柄に関する各種権利等もあわせて確認する必要がある。

　繰上償還の手続を進めるにあたっては、受益者への周知のためにファンドの繰上償還を検討している旨の書面の作成、また公募ファンドの繰上償還の場合は、新たな受益者となる投資家に対して、ファンドが繰上償還する予定であるということを記載した目論見書を新たに作成することが一般的である。

　以下では、定時償還の場合と繰上償還の場合に分けて、償還の手続をみていくことにする。

第2節　償還の手続

1　定時償還の場合

　定時償還は、信託約款に定めている信託期間の終了とともに償還されるため、手続は不要である。なお、個々のファンドの状況等を考慮し、信託期間を更新する約款変更を行う場合があり、その場合は新たな信託期間の終了まで運用が継続されることとなる。

2　繰上償還の場合

　2007年9月30日より前に設定されたファンド（旧法信託）が繰上償還を進

める場合は、異議申立手続が必要となる。また、2007年9月30日以降に新規設定されたファンド（新法信託）が繰上償還を進める場合は、書面決議手続が必要となる。

異議申立手続及び書面決議手続については、重大な約款変更手続と同じ手続となるため、前章を参照していただきたい。

なお、異議申立手続の結果、繰上償還が決定した場合、繰上償還に反対した受益者は自己の保有する受益権について受託銀行に対して買取りを請求することが可能である。この買取請求手続についても旧法信託の重大な約款変更手続における買取請求手続と同じ手続となる。

ただし、次のようなケースについては、異議申立手続及び書面決議手続を経ずに繰上償還が可能となる（旧投信法施行規則51条、投信法施行規則43条）。

1つ目は、信託約款に定めた条件を満たした場合は強制的に償還するという強制償還条項が規定されている場合である。例えば、「信託契約の一部を解約することにより受益権の口数が20億口を下回った場合には、受託者と合意のうえ、この信託契約を解約し、信託を終了させます」や、「基準価額が運用の基本方針に定める一定水準以上となり安定運用に切り替えた場合には、受託者と合意のうえ、この信託契約を解約し、信託を終了させます」のように償還条件をあらかじめ信託約款で定めている場合は、上記手続を経ずに規定どおりに償還となる。また、ファンド・オブ・ファンズが投資するすべての投資信託証券の償還が確定した場合の当該ファンド・オブ・ファンズ、マザーファンドに投資するすべてのベビーファンドが償還となる場合の当該マザーファンド、インデックス・ファンドが連動対象とする指数が廃止となった場合の当該インデックス・ファンドについても、それぞれの信託約款に償還することを定めていることから、手続を経ずに強制的に償還となる。

2つ目は真にやむをえない事情が生じている場合で異議申立手続及び書面決議手続を行うことが困難な場合である。例えば、ファンドの全受益権口数について一部解約の申し込みがあった場合等がこれに該当すると考えられ、ファンドはこの一部解約申し込みを受け付けず、すみやかに償還を進めるこ

とになるため手続は不要となる。

　これらに加え、新法信託においては、委託会社が提案する繰上償還について、ファンドのすべての受益者から繰上償還に対する同意の意思表示を得た場合は書面決議手続が不要となる（投信法20条、17条10項）。

　異議申立手続及び書面決議手続を経て繰上償還が確定した場合ならびにこれら手続を経ずに繰上償還が確定した場合のいずれにおいても、償還日に償還決算を行うことになるが、償還価額は、信託終了時の純資産総額を受益権口数で除した金額で、支払は投信協会の定めによって原則として償還日から起算して5営業日目までに開始される。例えば、信託約款上は「信託終了日後1ヵ月以内の委託会社の指定する日」とされているが、投信協会「正会員の業務運営等に関する規則」により、投資信託に係る償還金の顧客への支払を、「原則としてファンドの決算日（決算日が休日の場合は当該決算日の翌営業日）から起算して5営業日までに開始するものとする」に従って償還金の支払が行われている。また、支払開始日から10年間支払の請求がない場合は時効となる。

第5章　投資信託の償還

第Ⅳ編

投資信託の
ディスクロージャー

第1章

金商法上のディスクロージャー

第1節 投資信託に関する開示制度

　投資信託(「投資信託及び投資法人に関する法律」(以下「投信法」という) 2条4項にいう「証券投資信託」をいう) のディスクロージャーは、1998年以前は、投信法により規律されていたが、大規模な金融制度改革により、証券取引法(現在の「金融商品取引法」。以下「金商法」という) 上の開示制度の適用を受けるようになった。
　ここでは、投資信託に関する現行の金商法及び投信法上の開示制度の内容を明らかにする。
　ディスクロージャーは一般投資家の投資判断の前提資料を提供するための制度であるが、金商法上では、主に新たに発行される受益証券をこれから取得しようとする投資家向けの開示である、有価証券発行時の開示(以下「発行開示」という)として、有価証券届出書と目論見書が、主に受益証券を取得済みの投資家向け(上場投資信託(ETF)など既発行の受益証券を取引所で売買しようとする投資家向けも含む)の発行後の開示(以下「継続開示」という)として、有価証券報告書、半期報告書、臨時報告書が用意されている。別の観点からの同様の趣旨の制度として、投信法上では、信託約款と運用報告書が用意されている。
　投資信託は、金商法2条1項10号により、その受益証券が金商法上の有価

証券とされており、かつ、同法3条により適用除外[1]されていないので、同法第2章「企業内容等の開示」の諸規定の適用を受ける。

第2節　発行開示

1　募集（公募）と私募

投資信託の受益証券（以下「受益証券」という）を新たに発行して投資家に買付けを勧誘する場合、その勧誘行為が「募集」または「私募」のいずれに該当するかにより、金商法上、異なった規制に服する。

「募集」とは、50名以上の者を相手方として行う勧誘行為で（金商法2条3項1号、同法施行令1条の5）、いわゆるプロ私募、少人数私募のいずれにも該当しない場合である（金商法2条3項2号）。

2　募集の発行開示

新たに発行される投資信託の販売行為に、その取得の申し込みの勧誘が含まれ、勧誘対象者が適格機関投資家に限られず、その人数が適格機関投資家除外の特例を考慮しても50名以上となる場合には、その受益証券の発行者である投資信託の委託会社（以下本章において「投信委託会社」という）[2]は、発行総額が1億円未満（ただし、「特定有価証券[3]の内容等の開示に関する内閣府令」（以下「特定有証開示府令」という）2条で定める場合を除く）の場合を除

---

[1] 金商法2条1項1号（国債証券）、2号（地方債証券）、3号（特別の法律により法人の発行する債券）、6号（特別の法律により設立された法人の発行する出資証券）、12号（貸付信託の受益証券）に掲げる有価証券、2条2項の規定により有価証券とみなされる同項各号に掲げる権利（有価証券投資事業権利等は除く）、政府が元本の償還及び利息の支払について保証している社債券、上記以外の有価証券で政令で定めるものは適用除外されている（金商法3条、同法施行令2条の8～2条の11）。
[2] 委託者指図型投資信託の受益証券は委託者が発行することとされており（投信法2条7項）、証券投資信託は委託者指図型投資信託である（同条4項）。
[3] 金商法5条1項、同法施行令2条の13第2号により、投資信託及び外国投資信託の受益証券は特定有価証券とされている。

き、内閣総理大臣（金商法194条の7第1項で、金融庁長官[4]に、さらには、投資信託に関する金商法上の開示手続受理等については関東財務局長[5]に委任されている）に有価証券届出書を提出しなければならない（同法4条1項柱書及び5条）。後述のように、有価証券届出書は公衆縦覧される（間接開示）。

また、有価証券届出書の記載に基づき、目論見書が作成され、投資家に直接交付される（直接開示）。

(1) 有価証券届出書[6]（金商法5条1項）

届出書の記載事項（特定有証開示府令10条1項1号）は、国内投資信託は4号様式に従う[7]。その届出事項は、記載事項に重要な変更があった場合（同令13条）には随時訂正されなければならない[8]（金商法7条、特定有価証券の内容等の開示に関する留意事項（以下「特定有証開示留意事項」という）7－1）。また、有価証券届出書には、約款を添付する必要がある（特定有証開示府令12条）。

(2) 有価証券届出書の効力発生時期（金商法8条1項）

有価証券届出書は、受理日から起算して15日を経過した日に効力を生じる。効力発生日前でも、有価証券届出書を提出していれば、募集行為（勧誘をする行為）は行えるが、効力発生日以降でなければ募集により受益証券を取得させてはならない（金商法4条、15条）。

なお、次のすべての要件を満たす場合には、原則として届出書提出日の翌日に効力を生じる（特定有証開示留意事項8－1）。

---

4 金商法施行令37条の3に列挙する場合を除くが、開示手続関係は除外事由に含まれていない。
5 金商法194条の7第6項、同法施行令39条及び特定有証開示府令33条。
6 上場投資信託の場合は、有価証券届出書の写しを取引所に提出する（金商法6条）。なお、EDINET（金融商品取引法に基づく有価証券報告書等の開示書類等に関する電子開示システム）を用いて提出した場合は、取引所にもシステム上有価証券届出書が発せられたとみなし、取引所に到達したものと推定する（金商法27条の30の6）。
7 記載事項の詳細は「3　記載事項の概要」（130ページ以下）参照。
8 有価証券届出書が訂正された場合、当該訂正届出書の記載事項を記載した目論見書が作成され、交付目論見書と同様に取り扱われる（金商法13条2項3号、15条4項）。

① 届出書提出日前1年の応当日に、当該投資信託証券の募集に関する有価証券届出書を既に提出しており、当該提出日まで継続して募集を行っていること
② 当該提出日までに、当該投資信託証券に関する有価証券報告書を提出していること
③ 応当日から提出日までの1年間、適正に継続開示義務を履行していること

(3) 目論見書[9]（金商法13条）

投信委託会社は受益証券の発行者として、その募集に係る受益証券の目論見書を作成しなければならない。

目論見書には主として次の2種類がある。

a 交付目論見書（金商法13条2項1号イ）

交付目論見書には、有価証券届出書の記載事項のうち、投資者の投資判断にきわめて重要な影響を及ぼすものとして内閣府令で定めるもの（特定有証開示府令15条1号・2号）を記載し、第25号様式ないし第25号の2様式に従う。そのほか、特記事項（同令15条の2第1項）として、①届出をした日、発効の有無を確認する方法、②届出が行われ、発効している旨、③請求目論見書は投資家の請求により交付するので、請求の事実を投資家において記録すべき旨、及び、④外貨建ての商品については、為替変動の影響を受ける旨を記載する。仮目論見書等の届出の効力発生前の資料には、上記①③④のほか、届出日と届出が未発効である旨、及び当該資料の記載内容が訂正される場合がある旨を記載する。

b 請求目論見書（金商法13条2項2号イ）

請求目論見書には、有価証券届出書の記載事項のうち、投資者の投資判断に重要な影響を及ぼすものとして内閣府令で定めるもの（特定有証開示府令

---

[9] 投資信託に関する有価証券届出書及び目論見書の有効期間については、法令上の定めはないが、投信協会の2008年3月21日制定の「正会員の業務運営等に関する規則」において、16カ月以内とされている。

16条1号・2号）を記載し、第4号様式ないし第4号の2様式（同様式第3部の第2及び第3を除く）に従う。そのほか、特記事項（同令16条の2第1項）として、①届出をした日、発効の有無を確認する方法、②届出が行われ、発効している旨、及び、③外貨建ての商品については、為替変動の影響を受ける旨を記載する。仮目論見書等の届出の効力発生前の資料には、上記①③のほか、届出日と届出が未発効である旨、及び当該資料の記載内容が訂正される場合がある旨を記載する。

なお、各種の販売用資料は、目論見書以外の文書等として金商法13条5項の適用を受け、その使用に際しては、虚偽の表示または誤解を生じさせる表示が禁止されている。

また、目論見書の記載内容は、目論見書を交付することにより、受益証券の取得以前に直接開示される[10]。

3　記載事項の概要

上記各種法定書面の記載内容の概要は、次のとおりである。

(1)　国内投資信託の有価証券届出書の記載内容

記載内容は、2018年12月末現在、図表Ⅳ－1のとおりである（第4号様式）。

図表Ⅳ－1　特定有証開示府令10条1項1号

第4号様式
【表紙】
【提出書類】
【提出先】
【提出日】

---

[10] 交付目論見書は、交付請求をしていない適格機関投資家、同一銘柄の所有者、同居者が当該目論見書の交付を確実に受けると見込まれる者を除き、被勧誘者の当該受益証券取得以前に、販売会社等により交付されなければならない（金商法15条2項）。請求目論見書は、被勧誘者の請求に応じて交付される（同条3項）。

【発行者名】
【代表者の役職氏名】(2)
【本店の所在の場所】
【事務連絡者氏名】
【電話番号】
【届出の対象とした募集（売出）内国投資信託受益証券に係るファンドの名称】
【届出の対象とした募集（売出）内国投資信託受益証券の金額】(3)
【縦覧に供する場所】

第一部　【証券情報】
　(1)　【ファンドの名称】
　(2)　【内国投資信託受益証券の形態等】(4)
　(3)　【発行（売出）価額の総額】(5)
　(4)　【発行（売出）価格】(6)
　(5)　【申込手数料】(7)
　(6)　【申込単位】(8)
　(7)　【申込期間】
　(8)　【申込取扱場所】(9)
　(9)　【払込期日】
　(10)　【払込取扱場所】(10)
　(11)　【振替機関に関する事項】
　(12)　【その他】(11)
第二部　【ファンド情報】
　第1　【ファンドの状況】
　　1　【ファンドの性格】
　　　(1)　【ファンドの目的及び基本的性格】(12)
　　　(2)　【ファンドの沿革】(13)
　　　(3)　【ファンドの仕組み】(14)
　　2　【投資方針】
　　　(1)　【投資方針】(15)
　　　(2)　【投資対象】(16)
　　　(3)　【運用体制】(17)
　　　(4)　【分配方針】(18)
　　　(5)　【投資制限】(19)
　　3　【投資リスク】(20)
　　4　【手数料等及び税金】(21)
　　　(1)　【申込手数料】(22)
　　　(2)　【換金（解約）手数料】(23)

　　　　(3)【信託報酬等】(24)
　　　　(4)【その他の手数料等】(25)
　　　　(5)【課税上の取扱い】(26)
　　5【運用状況】
　　　　(1)【投資状況】(27)
　　　　(2)【投資資産】
　　　　　①【投資有価証券の主要銘柄】(28)
　　　　　②【投資不動産物件】(29)
　　　　　③【その他投資資産の主要なもの】(30)
　　　　(3)【運用実績】(31)
　　　　　①【純資産の推移】(32)
　　　　　②【分配の推移】(33)
　　　　　③【収益率の推移】(34)
　　　　(4)【設定及び解約の実績】(35)
　第2【管理及び運営】
　　1【申込（販売）手続等】(36)
　　2【換金（解約）手続等】(37)
　　3【資産管理等の概要】
　　　　(1)【資産の評価】(38)
　　　　(2)【保管】(39)
　　　　(3)【信託期間】(40)
　　　　(4)【計算期間】(41)
　　　　(5)【その他】(42)
　　4【受益者の権利等】(43)
　第3【ファンドの経理状況】(44)
　　1【財務諸表】
　　　　(1)【貸借対照表】(45)
　　　　(2)【損益及び剰余金計算書】(46)
　　　　(3)【注記表】(47)
　　　　(4)【附属明細表】(48)
　　2【ファンドの現況】(49)
　　　　【純資産額計算書】
　第4【内国投資信託受益証券事務の概要】(50)
第三部【委託会社等の情報】
　第1【委託会社等の概況】
　　1【委託会社等の概況】(51)
　　2【事業の内容及び営業の概況】(52)
　　3【委託会社等の経理状況】(53)

(1)　【貸借対照表】⑸⑷
　　　(2)　【損益計算書】⑸⑸
　　　(3)　【株主資本等変動計算書】⑸⑹
　　4　【利害関係人との取引制限】⑸⑺
　　5　【その他】⑸⑻
　第2　【その他の関係法人の概況】
　　1　【名称、資本金の額及び事業の内容】⑸⑼
　　2　【関係業務の概要】⑹⓪
　　3　【資本関係】⑹⑴
　第3　【その他】⑹⑵

(2)　目論見書の記載内容

　交付目論見書の内容は、有価証券届出書中の特定有証開示府令第25号様式に、請求目論見書は同令第4号様式（第3部の第2及び第3を除く）及び約款にそれぞれ基づくが、記載方法には、届出書に比して投資家へのわかりやすさの観点からの工夫が求められている（図表Ⅳ－2投信協会「交付目論見書の作成に関する規則」を参照）。

図表Ⅳ－2　投信協会「交付目論見書の作成に関する規則」

平成22年3月18日制定
平成23年11月17日改正
平成24年12月20日改正
平成25年2月21日改正
平成26年6月12日改正
平成26年7月17日改正

（目　的）
第1条　この規則は、投資信託の目論見書（金融商品取引法（昭和23年法律第25号、以下「金商法」という。）第15条第2項に規定する目論見書（以下「交付目論見書」という。））の記載項目及び記載内容等を定め、開示情報の適正化を図り、もって投資者の理解を助け、その保護に資することを目的とする。

（交付目論見書の表紙等の記載事項）

第2条　交付目論見書の表紙等（表紙から第3条の記載事項の前まで）には、次に掲げる事項を記載するものとする。ただし、(1)〜(7)（(4)の③、④、⑤及び⑦を除く。）については、表紙に記載するものとする。
(1)　交付目論見書である旨
「投資信託説明書（交付目論見書）」と記載するものとする。
なお、金商法第15条第3項に規定する目論見書（以下「請求目論見書」という。）には、交付目論見書と明確に区別し、「投資信託説明書（請求目論見書）」と記載するものとする。
(2)　金商法上の目論見書である旨
「金融商品取引法第13条の規定に基づく目論見書である。」旨を記載するものとする。
(3)　ファンドの名称及び商品分類
有価証券届出書（以下「届出書」という。）に記載されたファンドの名称とファンドにおいて該当する商品分類（「商品分類に関する指針」における商品分類をいう。以下同じ。）を記載するものとする。
(4)　委託会社等の情報
委託会社等の直近の情報として、以下の事項を記載する。この場合、当該委託会社情報は「ファンドの名称」の記載の後に記載しなければならないことに留意するものとする。
①　委託会社名
②　金融商品取引業者登録番号
③　設立年月日
④　資本金
⑤　当該委託会社が運用する投資信託財産の合計純資産総額
⑥　「ファンドの運用の指図を行う者である。」旨を記載するものとする。
⑦　上記の他、委託会社情報として記載することが望ましい事項と判断する事項がある場合は、当該事項を併せて記載する。この場合、当該事項は届出書に記載されている範囲であることが前提であることに留意すること。
(5)　受託会社に関する情報
受託会社名及び「ファンドの財産の保管及び管理を行う者である。」旨を記載するものとする。
(6)　詳細情報の入手方法
詳細な情報の入手方法として、以下の事項を記載するものとする。
①　委託会社のホームページアドレス、電話番号及び受付時間等
②　請求目論見書の入手方法及び投資信託約款（以下「約款」という。）が請求目論見書に掲載されている旨
(7)　使用開始日
交付目論見書の使用を開始する日を記載するものとする。

(8) 届出の効力に関する事項
　金商法第4条第1項又は第2項の規定による届出の効力に関する事項について、次に掲げるいずれかの内容を記載するものとする。
① 届出をした日及び当該届出の効力の発生の有無を確認する方法
② 届出をした日、届出が効力を生じている旨及び効力発生日
(9) 商品分類及び属性区分表
　「商品分類及び属性区分表」を記載するものとする。この場合、表紙等にはファンドが該当する商品分類及び属性区分の表を細則に定める様式により記載するものとする。詳細な内容については請求目論見書に記載するものとする。また、商品分類や属性区分の内容が一般社団法人投資信託協会のホームページで閲覧できる旨を注記するものとする。
(10) その他の記載事項
① 商品内容に関して重大な変更を行う場合には、投資信託及び投資法人に関する法律（昭和26年法律第198号、以下「投信法」という。）に基づき事前に受益者の意向を確認する旨
② 投資信託の財産は受託会社において信託法に基づき分別管理されている旨
③ 請求目論見書は投資者の請求により販売会社から交付される旨及び当該請求を行った場合にはその旨の記録をしておくべきである旨
④ 「ご購入に際しては、本書の内容を十分にお読みください。」との趣旨を示す記載
＊細則第2条

(本文中の記載事項及び記載順)
第3条 交付目論見書の本文には、次に掲げる事項について、当該各号に定める内容を記載するものとする。また、交付目論見書には、次に掲げる各号の順序に従って記載するものとする。
(1) ファンドの目的・特色
① ファンドの目的
　約款の「運用の基本方針」に記載された「基本方針」や「投資態度」等に基づき、ファンドの目的とする事項を記載するものとする。
② ファンドの特色
　約款の「運用の基本方針」に記載された「基本方針」や「投資態度」等を踏まえ、ファンドの商品性にかんがみ、投資者がファンドの特色を容易に理解できるよう投資の着目点を分かりやすく説明する。また、例えば、「ファンドの仕組み」、「運用手法」、「運用プロセス」、「投資制限」、「分配方針」等のファンドの特色となる事項を記載するものとする。この場合、以下の事項に留意するものとする。
　イ　ファンドの特色の記載に当たっては、文章による説明のほか、必要に応

じて図表等を付加して説明することができるものとする。特に、ファンドの仕組みの説明に当たっては、当該ファンドが収益の源泉とする主な投資対象、投資方法（当該ファンドが直接投資するのか、ファミリーファンド方式等により間接的に投資するのか）の内容を投資者が容易に理解できるよう図表等により説明することが望ましい。
  ロ　運用の権限を委託する場合は、運用の委託先の名称及び委託の内容等を記載するものとする。
  ハ　信託期間中に運用目標や運用方針を変更することを想定しているファンドは、当初設定時及び変更後の内容について記載するものとする。
  ニ　通貨選択型投資信託等については、全体像がイメージできるように、ファンドの仕組みと収益源を理解できるイメージ図を明示するとともに、収益源のリスク・リターンを要素別にイメージ図を用いて説明する。なお、イメージ図等の記載に当たっては、細則に定める記載方法を参考として、各ファンドの仕組みに合わせて工夫して記載するものとする。
  ホ　「分配方針」の記載に当たっては、将来の分配金が保証されているものではない旨を細則に定める記載方法を参考として工夫して記載するものとする。
 (2)　投資リスク
① 基準価額の変動要因
　投資リスクの記載に当たっては、ファンドに与える影響度に応じた掲載順序にすることや文字の大きさや太さに強弱をつける等工夫するものとする。また、投資リスクの項の冒頭において、ファンドの運用による損益はすべて投資者に帰属する旨、投資信託が元本保証のない金融商品である旨、及び投資信託が預貯金と異なる旨の記載をするものとする。
② その他の留意点
　その他の留意点として、次に掲げる事項を記載するものとする。
  イ　クーリング・オフの適用がない旨
  ロ　その他、特筆すべき事項
③ リスクの管理体制
　ファンド及び委託会社の管理体制について、簡潔に記載するものとする。
④ 代表的な資産クラスとの騰落率の比較
　参考情報として、当該ファンドと代表的な資産クラスとの騰落率を比較したグラフについて、次に掲げる方法により、細則に定める記載方法を参考として工夫して記載するものとする。
  イ　当該ファンドの年間騰落率（当該各月末の分配金再投資基準価額（税引前の分配金が分配時に再投資されたものとみなして計算した基準価額をいう。④及び⑤において同じ。）から当該各月末の１年前の分配金再投資基準価額を控除した額を当該各月末の１年前の分配金再投資基準価額で除し

て得た数に100を乗じて得た数をいう。以下「ファンドの年間騰落率」といい、④及び⑤において同じ。）及び代表的な資産クラスの指数（有価証券その他の投資資産に係る６種類程度の指標で、客観的かつ公正な基準に基づき算出される指標であって、継続的に公表されるものをいう。以下④において同じ。）の年間騰落率（当該各月末の指標の値から当該各月末の１年前の指標の値を控除したものを当該各月末の１年前の指標の値で除して得た数に100を乗じて得た数をいう。以下④において同じ。）については、１ヶ月ずつ計測期間をずらした60個のデータの平均値、最大値、最小値を棒グラフにより記載するものとする。

ロ　ファンドの年間騰落率のデータが60個ないファンドのうちベンチマーク（特定の指標の変動率に当該ファンドに係る基準価額の変動率を一致させることを目標とする場合（その旨が当該ファンドに係る約款に定められ、又は有価証券届出書において記載されている場合に限る。）における、当該指標をいう。以下④及び⑤において同じ。）のあるファンドは、ファンドの年間騰落率がない期間のデータについてファンドの年間騰落率のデータの代わりにベンチマークの年間騰落率のデータを用いて平均値、最大値、最小値を算出する。ただし、当該ベンチマークの年間騰落率のデータを用いることで投資者に誤解を生じさせる懸念がある場合はこの限りでない。

ハ　ファンドの年間騰落率のデータの代わりにベンチマークの年間騰落率のデータを用いて平均値、最大値、最小値を算出した場合には、その旨を記載した上で、投資者に誤解を生じさせることとならないようにするために必要な事項を記載するものとする。また、ベンチマークの年間騰落率のデータを用いることで投資者に誤解を生じさせる懸念があるためにベンチマークの年間騰落率を用いなかった場合には、その旨及びその理由を記載するものとする。（以下⑤において同じ）

ニ　ファンドの年間騰落率（ベンチマークの年間騰落率を用いた場合を含む。以下ニにおいて同じ。）のデータが60個ないファンドにおいて、当該ファンドの年間騰落率と代表的な資産クラスの指数の年間騰落率を同じ図に表示することで投資者に誤解を生じさせる懸念がある場合は、これらの図を明確に区別する等工夫するものとする。

ホ　「分配金再投資基準価額」が当該ファンドの実際の基準価額と異なる場合には、「税引前の分配金を再投資したものとみなして計算した年間騰落率が記載されており、実際の基準価額に基づいて計算した年間騰落率とは異なる場合がある」旨の注記を記載するものとする。（以下⑤において同じ。）

⑤　ファンドの年間騰落率及び分配金再投資基準価額の推移
参考情報として、当該ファンドの年間騰落率及び分配金再投資基準価額の推

移について、次に掲げる方法により、細則に定める記載方法を参考として工夫して記載するものとする。なお、記載に当たっては、上記「④代表的な資産クラスとの騰落率の比較」の横に並べて記載することを原則とするものとする。

　　イ　ファンドの年間騰落率及び分配金再投資基準価額の推移の記載に当たり、ファンドの年間騰落率については、１ヶ月ずつのファンドの年間騰落率のデータ60個を棒グラフにより表示し、また、分配金再投資基準価額については、折れ線グラフにより表示するものとする。

　　ロ　ファンドの年間騰落率のデータが60個ないファンドのうちベンチマークのあるファンドは、ファンドの年間騰落率のデータがない期間について当該ベンチマークの年間騰落率のデータを記載する。ただし、当該ベンチマークの年間騰落率のデータを用いることで投資者に誤解を生じさせる懸念がある場合はこの限りでない。

　　ハ　ベンチマークの年間騰落率を用いる場合には、ファンドの年間騰落率とベンチマークの年間騰落率が明確に区別できるよう別グラフにすることや色分けすること等により記載するものとする。

　　ニ　記載した「分配金再投資基準価額」が実際の基準価額と異なる場合には、「税引前の分配金を再投資したものとみなして計算した基準価額が記載されており、実際の基準価額と異なる場合がある」旨の注記を記載するものとする。

(3) **運用実績**

　ファンドの運用状況について、以下の事項を記載するものとする。当該事項は、届出書の「運用状況」「運用実績」の末尾等に、参考情報である旨を明記してこれらの情報を記載するものとする。なお、ａ）の①基準価額（分配金を再投資して指数化したもの等を含む。以下同じ。）・純資産の推移、④年間収益率の推移及びｂ）の①７日間平均年換算利回り・純資産の推移については、直近10年間の運用状況を記載することを原則とし、運用期間が10年未満のファンドは当該運用期間までの運用状況を記載するものとする。また、当該運用実績の内容は「投資リスク」の内容と見開きページに掲載することが望ましい。

ａ）　日々決算ファンド以外のファンドの記載事項

　①　基準価額・純資産の推移

　　基準価額・純資産の推移について、次に掲げる方法により記載するものとする。

　　イ　基準価額の推移を折れ線グラフにより記載するものとする。

　　ロ　当該折れ線グラフに純資産の推移の棒グラフ若しくは面グラフを併記するものとする。

　②　分配の推移

　　分配の推移について、次に掲げる方法により記載するものとする。

　　イ　決算期毎の分配の推移を細則で定める方法により記載するものとす

る。
　　ロ　分配金のデータが税引前の数字である旨の注記をするものとする。
③　主要な資産の状況
　主要な資産の状況について、次に掲げる方法により記載するものとする。
　イ　ファンドの特色及びリスクの特性を考慮して、運用に及ぼす影響の大きいものおおむね10銘柄について記載するものとする。この場合、ファミリーファンド方式等により運用するファンドは実質的な投資先により記載することができるものとする。
　ロ　ポートフォリオの状況を投資者が容易に理解できるように、ファンドの特色に応じて、業種別比率（組入上位業種）、資産別投資比率等の状況を図表等により記載することが望ましい。
④　年間収益率の推移
　年間収益率の推移について、原則、暦年毎に次に掲げる方法により記載するものとする。
　イ　ファンドの騰落率の推移を棒グラフにより記載するものとする。
　ロ　新規に設定するファンドのうちベンチマークのあるファンドは、原則として当該ベンチマークの10年間の騰落率の推移を棒グラフにより記載するものとする。ただし、当該ベンチマークの騰落率を記載することで投資者に誤解を生じさせる懸念がある場合はこの限りでない（以下ハにおいて同じ。）。
　ハ　運用期間が10年未満のファンドのうちベンチマークのあるファンドは、直近10年間のうちのファンドの設定前年までの期間について当該ベンチマークの騰落率の推移を記載する、又は、過去10年間のベンチマークの騰落率の棒グラフを併記するかいずれかの方法によるものとする。この場合、ファンドの騰落率とベンチマークの騰落率が明確に区別できるよう別表にすることや色分けすること等により記載するものとする。
　ニ　ベンチマークのない場合は、「ない」旨を、また、ベンチマークを記載することで投資者に誤解を生じさせる懸念がある場合はその旨を記載するものとする。
⑤　①及び④の記載に当たっては、「決算時の分配金を非課税で再投資したものとして計算しております。」等の計算根拠を注記等により記載するものとする。
b）　日々決算ファンドの記載事項
①　7日間平均年換算利回り・純資産の推移
　7日間平均年換算利回り・純資産の推移について、次に掲げる方法により記載するものとする。
　イ　7日間平均年換算利回りの推移を折れ線グラフにより記載するものとする。

ロ　当該折れ線グラフに純資産の推移の棒グラフ若しくは面グラフを併記するものとする。
　　　ハ　7日間平均年換算利回りのデータが税引き前である旨の注記をするものとする。
　　②　主要な資産の状況
　　　主要な資産の状況について、次に掲げる方法により記載するものとする。
　　　イ　ファンドの特色及びリスクの特性を考慮して、運用に及ぼす影響の大きいものおおむね10銘柄について記載するものとする。
　　　ロ　ポートフォリオの状況を投資者が容易に理解できるように、ファンドの特色に応じて、資産別投資比率等の状況を図表等により記載することが望ましい。
　ｃ）　運用実績の記載に関する注記事項
　　　運用実績の注記事項として、次に掲げる事項を記載するものとする。
　　　イ　ファンドの運用実績はあくまで過去の実績であり、将来の運用成果を約束するものではない旨
　　　ロ　ベンチマークを記載する場合は、当該ベンチマークの情報はあくまで参考情報として記載していること、及びファンドの運用実績ではない旨
　　　ハ　委託会社ホームページ等で運用状況が開示されている場合（又は開示することを予定している場合）はその旨
　(4)　手続・手数料等
　　　手続・手数料等について、細則に定める様式により記載するものとする。
２　前項第１号②のニに規定する通貨選択型投資信託等は、通貨選択型投資信託（投資者が選択できる複数の通貨コースにより構成され、組入資産による収益の他、当該コースの通貨による複数の収益（為替取引によるプレミアム（金利差相当分の収益）及び為替差益）を追求する投資信託をいう。）及び単一の通貨コースで通貨選択型投資信託と同様の収益を追求する投資信託とする。
＊細則第３条、第３条の２、第５条、第６条

（追加的情報）
第４条　前条により記載した事項の他、ファンドの特色やリスク等として投資者に開示すべき情報のあるファンドは、「追加的記載事項」と明記して当該情報の内容等を届出書の記載に従い記載するものとする。この場合、以下の各号に掲げる事項に留意するものとする。
(1)　ファンド・オブ・ファンズは、投資先のファンド、又は投資予定のファンドの一覧や当該ファンドの概要（主な投資対象や投資地域等）の内容を交付目論見書に記載しなければならないこと。
(2)　仕組債への投資又はその他特殊な仕組みを用いることにより、目標とする

運用成果（基準価額、償還価額、収益分配金等）や信託終了日等が、明示的な指標等の値により定められる一定の条件によって決定されるファンドは、仕組債又はその他特殊な仕組みの内容、及び目標とする運用成果の内容を交付目論見書に記載しなければならないこと。
⑶　特定の市場に左右されにくい収益の追求を目指すファンドやロング・ショート戦略により収益の追求を目指すファンドは、運用目標や運用方法の内容を交付目論見書に記載しなければならないこと。
⑷　派生商品取引を積極的に利用するファンドの場合は、当該派生商品取引による運用方法の内容、目標とする運用成果及びリスクの内容を交付目論見書に記載しなければならないこと。
⑸　仕組債等の価額の公表や換金時期が特定日に限定されている資産を主な投資対象とする場合、当該状況によりファンドの基準価額計算や換金に影響がある旨の内容を交付目論見書に記載しなければならないこと。
⑹　毎月分配型投資信託及び隔月分配型投資信託（決算頻度が毎月及び隔月のもの）は、次に掲げる内容を細則に定める記載方法により、交付目論見書に記載しなければならない。
　①　分配金は投資信託の純資産から支払われる旨
　②　分配金が収益を超えて支払われる場合がある旨
　③　分配金の一部又は全部が元本の一部払戻しに相当する場合がある旨
2　前項各号に掲げる事項については、「追加的記載事項」に代えて「ファンドの目的・特色」や「投資リスク」として記載することを妨げない。
＊細則第4条

（複数のファンドを対象とする交付目論見書の特例）
第5条　複数のファンドを対象とする交付目論見書の記載に当たって、第2条から第4条の規定の趣旨を踏まえ、法令の定める範囲内で投資者に誤解を与えない範囲に限り、投資者に各々のファンドの違いを明確に理解させるよう工夫して記載することができるものとする。

（信用リスクの分散規制対象ファンドの交付目論見書の特例）
第5条の2　投資信託等の運用に関する規則第17条の3第1項第3号及び第4号に該当するファンドにあっては、細則に定める記載方法を参考として工夫して記載するものとする。
＊細則第6条の2

（約款の交付要件）
第6条　請求目論見書に約款の全文を記載する場合、約款の主な内容が記載された交付目論見書を投資者に交付することにより投信法第5条の規定要件は

満たされる。また、交付目論見書への約款の主な内容の記載は、当該約款の記載事項に基づき、簡潔、かつ、分かり易く記載することができる。

（交付目論見書の規格等）
第7条　交付目論見書を印刷物として提供する場合の規格は、Ａ４判とする。
2　使用する文字は、投資者の読みやすさに配慮した大きさの文字とし、契約締結前交付書面の要件として規定されている投資リスクの事項の記載に当たっては、日本工業規格Z8305に規定する10ポイント以上の大きさの文字とする。ただし、第3条第1項第2号①のまた書きに定める「投資リスク」の冒頭において記載するファンドの運用による損益はすべて投資者に帰属する旨、投資信託が元本保証のない金融商品である旨、及び投資信託が預貯金と異なる旨の記載については、「投資リスク」の冒頭以外の事項に記載する文字より大きな文字で記載するか、これが困難な場合には、赤字や下線など目立つように工夫して記載するものとする。
3　分量については、投資者が容易に理解することができるよう適切な分量とする。
4　前各項に掲げる事項の他、交付目論見書の作成に当たって注意すべき文章表現等は細則で定めるとおりとする。
＊細則第7条

（細則）
第8条　この規則の施行に関し必要な事項は、細則で定める。

（その他）
第9条　投資信託に係る交付目論見書に関し、この規則に定めのない事項については、理事会の決議をもって定めることができるものとする。

（所管委員会への委任）
第10条　理事会は、この規則に関する細則の改正について、自主規制委員会に委任することができるものとする。
2　自主規制委員会は、委任された事項に関し決定（理事会が必要と認めるものに限る。）を行った場合は、速やかに理事会にその内容を報告するものとする。

附　則
この改正は、平成26年12月1日から実施する。

4　目論見書の電子交付の概要

　目論見書の交付は、内閣府令で定める場合[11]に、次のような電磁的方法で行うことができる（金商法27条の30の9第1項、特定有証開示府令32条の2第2項）。

① 　目論見書提供者等（(i)提供者自身、または、(ii)提供者との契約により自己の電子計算機内に格納したファイルを目論見書被提供者や提供者の利用に供する者）が使用する電子計算機と被提供者等（(i)被提供者、または、(ii)被提供者との契約によりもっぱら当該被提供者の用に供せられるファイル（以下「被提供者ファイル」という）を自己の電子計算機内に格納する者）が使用する電子計算機とを接続する通信回線を通じて、法定書面の記載事項（以下「記載事項」という）を送信し、被提供者等が使用する電子計算機内の被提供者ファイルに記録する方法

② 　目論見書提供者等が使用する電子計算機内のファイル中の記載事項を、通信回線を通じて被提供者に閲覧させ、被提供者等が使用する電子計算機内の被提供者ファイルに当該記載事項を記録する方法

③ 　提供者等が使用する電子計算機内の被提供者ファイル中の記載事項を、通信回線を通じて被提供者に閲覧させる方法

④ 　提供者等が使用する電子計算機内のファイルで、同時に複数の被提供者に閲覧させるためのファイル中の記載事項を、電気通信回線を通じて被提供者に閲覧させる方法

⑤ 　記載事項を記録した磁気ディスク、CD-ROM等の記憶媒体を交付する方法

11　目論見書提供者が、あらかじめ電磁的方法の種類及びファイルへの記録方式を示したうえで、被提供者の電磁的方法、電話等による同意を得ている場合。ただし、当該同意はいつでも撤回できる。また、本文中の①及び②の方法による場合には、当該同意も撤回も電子ファイルへの記録により行われる（特定有証開示府令32条の2）。

第3節 継続開示

1 有価証券報告書[12]（金商法24条5項）

　投信委託会社は、その発行する受益証券について、①証券取引所への上場、または、②募集が行われた場合には、特定期間（信託計算期間）ごとに、有価証券報告書を、当該特定期間（信託計算期間）経過後3カ月以内に、関東財務局長に提出しなければならない[13]。計算期間が6カ月に満たない場合（四半期ごと、隔月、毎月決算ファンドや日々決算ファンド）は、特定期間を6カ月とする（特定有証開示府令23条1項ただし書）。

　国内投資信託の有価証券報告書の記載内容は、2018年12月末現在、図表Ⅳ－3のとおりである（第7号様式）。

12　例えば、MRFの場合は、信託計算期間は1日であるので特定有証開示府令23条により特定期間は6カ月となり、金商法24条1項を準用する同条5項により、6カ月ごとに有価証券報告書を提出しなければならない。また、同法24条の5第1項を準用する同条3項により、特定期間が1年でないので半期報告書を作成する必要はない。また、上場投信の場合は、有価証券報告書及び半期報告書提出日からおおむね2週間程度以内を目途に、当該報告書の適正性に関する確認書を取引所に提出する必要がある。
13　金商法施行令39条1項1号。

図表Ⅳ－3　特定有証開示府令22条1項1号

第7号様式
【表紙】
【提出書類】
【提出先】
【提出日】
【計算期間】
【ファンド名】
【発行者名】
【代表者の役職氏名】
【本店の所在の場所】
【事務連絡者氏名】
【連絡場所】
【電話番号】
【縦覧に供する場所】

第一部　【ファンド情報】
　第1　【ファンドの状況】
　　1　【ファンドの性格】
　　　(1)　【ファンドの目的及び基本的性格】
　　　(2)　【ファンドの沿革】
　　　(3)　【ファンドの仕組み】(2)
　　2　【投資方針】
　　　(1)　【投資方針】
　　　(2)　【投資対象】
　　　(3)　【運用体制】
　　　(4)　【分配方針】
　　　(5)　【投資制限】
　　3　【投資リスク】(3)
　　4　【手数料等及び税金】
　　　(1)　【申込手数料】
　　　(2)　【換金（解約）手数料】
　　　(3)　【信託報酬等】
　　　(4)　【その他の手数料等】
　　　(5)　【課税上の取扱い】
　　5　【運用状況】
　　　(1)　【投資状況】(4)

第1章　金商法上のディスクロージャー　145

(2)【投資資産】
　　　①【投資有価証券の主要銘柄】
　　　②【投資不動産物件】
　　　③【その他投資資産の主要なもの】
　　(3)【運用実績】
　　　①【純資産の推移】(5)
　　　②【分配の推移】(6)
　　　③【収益率の推移】(7)
　　(4)【設定及び解約の実績】(8)
　第2【管理及び運営】
　　1【申込（販売）手続等】
　　2【換金（解約）手続等】
　　3【資産管理等の概要】
　　(1)【資産の評価】
　　(2)【保管】
　　(3)【信託期間】
　　(4)【計算期間】
　　(5)【その他】
　　4【受益者の権利等】
　第3【ファンドの経理状況】
　　1【財務諸表】
　　(1)【貸借対照表】
　　(2)【損益及び剰余金計算書】
　　(3)【注記表】
　　(4)【附属明細表】
　　2【ファンドの現況】(9)
　　【純資産額計算書】
　第4【内国投資信託受益証券事務の概要】
第二部【委託会社等の情報】
　第1【委託会社等の概況】
　　1【委託会社等の概況】(10)
　　2【事業の内容及び営業の概況】
　　3【委託会社等の経理状況】
　　(1)【貸借対照表】
　　(2)【損益計算書】
　　(3)【株式資本等変動計算書】
　　4【利害関係人との取引制限】
　　5【その他】(11)

第2　【その他の関係法人の概況】
　　　1　【名称、資本金の額及び事業の内容】
　　　2　【関係業務の概要】
　　　3　【資本関係】
　　第3　【参考情報】⑿

2　半期報告書（金商法24条の5第3項、特定有証開示府令28条）

　有価証券報告書を提出しなければならない投信委託会社は、信託計算期間が1年である場合は、信託計算期間開始後6カ月以内の事業内容等の府令で定める内容を、当該期間経過後3カ月以内に、半期報告書として提出しなければならない。なお、最初の半期報告書の提出期限（通常当初設定日より9カ月）内に最初の決算が到来する場合には、半期報告書を提出しないことができる（特定有証開示留意事項24の5－1）。

　国内投資信託の半期報告書の記載内容は、2018年12月末現在、図表Ⅳ－4のとおりである（第10号様式）。

図表Ⅳ－4　特定有証開示府令28条1項1号

第10号様式
【表紙】
【提出書類】
【提出先】
【提出日】
【計算期間】
【ファンド名】
【発行者名】
【代表者の役職氏名】
【本店の所在の場所】
【事務連絡者氏名】
【連絡場所】
【電話番号】
【縦覧に供する場所】

1　【ファンドの運用状況】(2)
　　　(1)　【投資状況】
　　　(2)　【運用実績】
　　　　①　【純資産の推移】(3)
　　　　②　【分配の推移】(4)
　　　　③　【収益率の推移】(5)
　　2　【設定及び解約の実績】(6)
　　3　【ファンドの経理状況】(7)
　　　(1)　【中間貸借対照表】(8)
　　　(2)　【中間損益及び剰余金計算書】(9)
　　　(3)　【中間注記表】(10)
　　4　【委託会社等の概況】
　　　(1)　【資本金の額】(11)
　　　(2)　【事業の内容及び営業の状況】(12)
　　　(3)　【その他】(13)
　　5　【委託会社等の経理状況】(14)
　　　(1)　【貸借対照表】(15)
　　　(2)　【損益計算書】(16)
　　　(3)　【株主資本等変動計算書】(17)

3　臨時報告書（金商法24条の5第4項、特定有証開示府令29条2項）

　有価証券報告書を提出する投信委託会社は、特定有証開示府令29条2項の規定に該当する場合に、その内容を臨時報告書として、遅滞なく、提出しなければならない。

　該当する規定の概要は次のとおりである。

1号	当該発行者の発行する特定有価証券と同一の種類の特定有価証券の募集または売出しを本邦以外の地域において行う場合
2号	ファンド等の主要な関係法人の異動が当該発行者における業務執行を決定する機関により決定された場合または主要な関係法人の異動があった場合
3号	ファンドの運用に関する基本方針、運用体制等について重要な変更があった場合

4号	信託の計算期間が6カ月に満たない場合において、信託の計算期間（3カ月に満たない場合は3カ月とすることができる）が満了した場合
5号	ファンド等に係る重要な災害が発生し、それがやんだ場合で、被害が当該ファンド等の運用実績に著しい影響を及ぼすと認められる場合
6号	当該発行者もしくはファンド等の主要な関係法人に対し訴訟が提起され、損害賠償請求金額が純資産額の一定割合以上に相当する額である場合、または訴訟が解決し、損害賠償支払金額が当該ファンド等の純資産額の一定割合以上に相当する額である場合
7号	当該発行者（投資法人に限る）の資産の額が、純資産額の一定割合以上増加することが見込まれる吸収合併もしくは、営業収益が一定割合以上増加することが見込まれる吸収合併、または当該発行者が消滅することとなる吸収合併に係る契約の締結が役員会により承認された場合
8号	新設合併に係る契約の締結が、当該発行者の役員会により承認された場合
9号	ファンドの併合について、当該発行者が届出を行った場合
10号	当該発行者、ファンド等の主要な関係法人または特定有価証券に係る信託に関して、再生手続開始の申し立て、更生手続開始の申し立て、破産手続開始の申し立てまたはこれらに準ずる事実があった場合
11号	当該発行者に債務を負っている者及び債務の保証を受けている者について、破産手続開始の申し立て等の事実があり、ファンド等の純資産額の一定割合以上に相当する額の売掛金、貸付金、賃料その他の債権につき取立不能または取立遅延のおそれが生じた場合
12号	ファンド等の財政状態、経営成績及びキャッシュフローの状況に著しい影響を与える事象（重要な後発事象に相当する事象であって、当該事象の損益に与える影響額が一定割合以上に相当する額になる事象）が発生した場合
13号	当該発行者、ファンド等の主要な関係法人または特定有価証券に係る信託に対し、登録の取消しまたは業務の停止の処分その他これらに準ずる行政庁による法令に基づく処分があった場合
14号	当該発行者の解散もしくは特定有価証券に係る信託の終了または解散等の決議に関する議案を提案することが、業務執行等決定機関により決定された場合

第4節　開示に関するその他事項

1　関東財務局での公衆縦覧（金商法25条、特定有証開示府令31条、32条）

　投資信託に関する次の各書類は、その受理日から所定の期間、関東財務局で公衆縦覧に供される。
① 　有価証券届出書・その添付書類及びその訂正届出書　5年
② 　有価証券報告書・その添付書類及びその訂正報告書　5年
③ 　半期報告書及びその訂正報告書　3年
④ 　臨時報告書及びその訂正報告書　1年

　なお、これらの写しは、提出者の本店及び主要な支店または事務所の所在地に備え置き、提出日から上記の各期間を経過する日までの間、その営業時間中、公衆の縦覧に供しなければならない。

2　EDINETの概要[14]

　EDINET（エディネット）とは、「Electronic Disclosure for Investors' NETwork」の略で、「金融商品取引法に基づく有価証券報告書等の開示書類に関する電子開示システム」のことを示す。

　従来、紙媒体で提出されていた有価証券報告書、有価証券届出書等の開示書類について、その提出から公衆縦覧等に至るまでの一連の手続を電子化することにより、提出者の事務負担の軽減、開示書類に含まれる各種情報へのアクセスの公平・迅速化を図り、証券市場の効率性を高めることを目的として開発されたシステムである。

　EDINETでは、有価証券報告書等の提出者は、インターネットを使用し

14　主として法令及び金融庁刊行の「EDINET概要書」を参照した。

て財務局等に提出し、開示情報はインターネットを通して広く一般に提供される。また、財務局等の閲覧室に設置されている縦覧用パソコンで開示書類の縦覧ができる（金商法27条の30の7、同法施行令14条の12）。

(1) EDINETの対象書類

EDINETの対象書類は以下のとおり。
① 金商法第2章に規定する「企業内容等の開示に係る開示書類等」
② 同法第2章の2に規定する「公開買付けに関する開示に係る開示書類等」
③ 同法第2章の3に規定する「株券等の大量保有の状況に関する開示に係る開示書類等」

(2) XBRL形式による提出

XBRL（eXtensible Business Reporting Language）とは、財務情報の作成・流通・利用を容易にするための国際的に標準化されたコンピュータ言語であり、これにより、投資家が財務諸表に対する高度な加工や分析を直接行うことが可能となった。

3　財務状況等の提出

一般社団法人投資信託協会（以下「投信協会」という）[15]の正会員は、定款施行規則等に定める事由に該当することとなったときは、遅滞なく、その事由の内容その他必要な事項をこの法人に報告しなければならない（投信協会定款12条）。

上記により、正会員は自社の財務状況等を表す財務諸表、中間財務諸表について、公認会計士または監査法人より監査証明を取得したときには「正会員の財務状況等に関する届出書」を提出しなければならない（定款の施行に

---

[15] 投信協会は、投資者の保護を図るとともに、投資信託及び投資法人の健全な発展に資することを目的として設立された、主に投資信託委託会社等を会員とする金商法上の自主規制機関である。

関する規則10条1項17号)。また、設定・運用している投資信託の純資産額の合計額に30％以上の変動があった場合も同様に報告が必要となる（同項18号)。

　なお、正会員は上記規定により報告を行った場合には、該当書面について、すみやかに自社ホームページへ掲載（5年間継続して公表）しなければならない（投信協会のホームページに自社ホームページへの直接のリンク先を登録している)。

4　有価証券報告書等の適正性に関する確認書

　上場投資信託（ETF）に係る管理会社は、有価証券報告書または半期報告書を内閣総理大臣等に提出した場合には、代表者がその提出時点において当該有価証券報告書または半期報告書に不実の記載がないと認識している旨及びその理由を記載した代表者の署名付きの書面を遅滞なく取引所に提出しなければならない。この場合において、上場投資信託（ETF）に係る管理会社は、当該書面を取引所が公衆の縦覧に供することに同意するものとする（有価証券上場規程1109条、同規程施行規則1111条)。

第 2 章

投信法上の制度

第 1 節　運用報告書の作成・交付・届出

　投信法上の継続開示の制度には、運用報告書（投信法14条、「投資信託財産の計算に関する規則」（以下「計算規則」という）58条、59条）の作成、受益者への交付と金融庁への届出がある。

　なお、投信法に運用報告書の作成・交付等の規定があるため、金商法42条の7の運用報告書の交付の規定は適用外である。

　投信委託会社は、下記①～③を除き、その運用の指図を行う投資信託財産について、当該投資信託財産の計算期間の末日（以下「作成期日」という）ごとに、運用報告書を作成し、当該投資信託財産に係る知れている受益者に対して交付しなければならない。

① 受益証券の取得の申し込みの勧誘が適格機関投資家私募の方法により行われたものであって、投資信託約款において運用報告書を交付しない旨を定めている場合

② 受益者の同居者が確実に当該運用報告書の交付を受けると見込まれる場合で、かつ、当該受益者が当該運用報告書の交付を受けないことについてその作成期日までに同意している場合（当該作成期日までに当該受益者から当該運用報告書の交付の請求があった場合を除く）

③ 運用報告書を受益者に交付しなくても受益者の保護に欠けるおそれのな

いものとして、投信法施行規則25条で定める次の場合
（ⅰ）受益証券が金融商品取引所に上場されている場合（上場投資信託（ETF）の場合）
（ⅱ）日々決算型の公社債投資信託で、かつ、投資信託約款において同規則同条2号イ～ホに掲げる事項のすべてを定めているものである場合（MRFが該当する）

　法令改正に伴い、2014年12月以降に作成期日を迎えた運用報告書は、運用報告書（全体版）と交付運用報告書に分冊して作成している。投信委託会社は、原則として計算期間の末日ごとに運用報告書（全体版）及び交付運用報告書を作成する。ただし、計算期間が半年未満の場合は、半年ごとに作成する（MRFは作成が免除されている）。そして、作成のつど、販売会社を通じて知れている受益者に対して交付される。

　投信委託会社は、前述の運用報告書（全体版）の交付に代えて、投資信託約款において、運用報告書（全体版）に記載すべき事項を電磁的方法により提供する旨を定めている場合には、当該事項を電磁的方法により提供することで、運用報告書（全体版）を交付したとみなされる。ただし、受益者から運用報告書（全体版）の交付の請求があった場合には、これを交付しなければならない。

　また、投信委託会社は、運用報告書（全体版）に記載すべき事項のうち重要なものとして内閣府令で定めるものを記載した書面である交付運用報告書を作成し、投資信託財産に係る知れている受益者に交付しなければならない。交付運用報告書では、基準価額の推移等の運用経過、費用明細、投資環境、分配金の状況や今後の運用方針等を、図表を用い、簡潔にわかりやすく説明している。金融商品取引業者は、この交付運用報告書の交付に代えて、政令で定めるところにより、当該知れている受益者の承諾を得て、当該交付運用報告書に記載すべき事項を、電子情報処理組織を使用する方法その他の情報通信の技術を利用する方法であって内閣府令で定めるものにより提供することができる。この場合において、金融商品取引業者は、当該交付運用報告書を交付したものとみなされる。

投資信託委託会社は、運用報告書（全体版）及び交付運用報告書を作成したときは、遅滞なく、これを金融庁長官に届け出なければいけない。

第2節　運用報告書の記載事項

運用報告書（全体版）の記載事項（計算規則58条）の概要は、次のとおりである。
1　当該投資信託の仕組み（当該投資信託財産の運用方針を含む）
2　当該投資信託財産の計算期間中における資産の運用の経過
3　運用状況の推移
4　当該投資信託財産の計算期間中における投信委託会社及び受託会社に対する報酬等ならびに当該投資信託財産に関して受益者が負担するその他の費用ならびにこれらを対価とする役務の内容
5　株式は、銘柄ごとに、当該投資信託財産の計算期間の直前の計算期間の末日（以下「前期末」という）、及び当該投資信託財産の計算期間の末日（以下「当期末」という）現在における株式数、当期末現在における時価総額、当該投資信託財産の計算期間中における株式の売買総数及び売買総額
6　公社債は、種類・銘柄ごとに、当期末現在における時価総額、当該投資信託財産の計算期間中における売買総額
7　投資信託の受益証券、親投資信託の受益証券、投資法人の投資証券は、銘柄ごとに、次の事項
　イ　前期末及び当期末現在の単位数または口数
　ロ　当期末現在の時価総額
　ハ　当該投資信託財産の計算期間中の投資信託の設定・解約の総単位数・総額
　ニ　当該投資信託財産の計算期間中の親投資信託の設定・解約の総単位数・総額
　ホ　投資法人の投資口の売買総数・総額

8 当期末現在に有価証券の貸付けを行っている場合は、種類ごとに、総株数または券面総額

9 デリバティブ取引につき、種類ごとに、当期末現在における取引契約残高または取引残高及び当該投資信託財産の計算期間中における取引契約金額または取引金額

10 不動産、不動産の賃借権または地上権ごとに、次の事項
　イ　当該不動産の所在等、当該不動産の特定に必要な事項
　ロ　物件ごとに、当期末現在の公正と認められる価格
　ハ　当該不動産に関して賃貸借契約を締結した相手方（以下「テナント」という）がある場合には、物件ごとに、当期末現在の稼働率、テナント総数、当該投資信託財産の計算期間中における全賃料収入（やむをえない事情により表示できない場合はその旨）
　ニ　当該投資信託財産の計算期間中の売買総額

11 有価証券に該当しない約束手形は、当期末現在の債権額、当該投資信託財産の計算期間中の売買総額

12 有価証券、デリバティブ取引に係る権利、約束手形及び商品投資等取引に該当しない、金銭債権は、種類ごとに、当期末現在における債権の総額及び当該投資信託財産の計算期間中における債権の種類ごとの売買総額

13 有価証券に該当しない、上記5～12の種類の資産への投資を主目的とする匿名組合出資持分につき、種類ごとに、当期末現在における運用対象資産の主な内容

14 農産物など商品先物取引法2条1項に規定する商品につき、種類ごとに、前期末及び当期末現在における数量並びに当期末現在における時価総額並びに当該投資信託財産の計算期間中における商品の売買総額

15 商品投資等取引につき、種類ごとに、当期末現在における取引契約残高又は取引残高及び当該投資信託財産の計算期間中における取引契約金額又は取引金額

16 再生可能エネルギー発電設備ごとに、次の事項
　イ　当該再生可能エネルギー発電設備の名称、当該再生可能エネルギー発

電設備の用に供する土地の所在及び地番、当該再生可能エネルギー発電設備の設備の区分等その他当該再生可能エネルギー発電設備を特定するために必要な事項
  - ロ 再生可能エネルギー発電設備ごとに、当期末現在における価格
  - ハ 再生可能エネルギー発電設備の状況
  - ニ 認定事業者又は供給者に関する事項
  - ホ 当該再生可能エネルギー発電設備が認定発電設備に該当する場合には、電気事業者による再生可能エネルギー電気の調達に関する特別措置法9条3項各号に定める基準への適合に関する事項
  - ヘ 当該再生可能エネルギー発電設備に関して賃貸借契約を締結した相手方がある場合には、当該投資信託財産の計算期間中における賃料収入、契約満了日、契約更改の方法、保証金その他賃貸借契約に関して特記すべき事項
  - ト 当該投資信託財産の計算期間中における売買総額
17 公共施設等運営権ごとに、次の事項
  - イ 当該公共施設等運営権に係る公共施設等の名称、立地、運営等の内容及び公共施設等の管理者等の名称並びに当該公共施設等運営権の存続期間その他当該公共施設等運営権を特定するために必要な事項
  - ロ 公共施設等運営権ごとに、当期末現在における価格
  - ハ 当該公共施設等運営権に係る公共施設等の状況
  - ニ 公共施設等の運営等に係る委託契約の相手方に関する事項
18 特定資産（前述の資産（投信法施行令3条））以外の資産は、種類ごとに、当期末現在における当該資産の主な内容
19 当期末現在におけるデリバティブ取引を除く特定資産または18の特定資産以外の資産の各総額の投資信託財産総額に対する比率（有価証券は、株式、新株予約権証券、公社債、委託者指図型投資信託の受益証券、親投資信託の受益証券または投資法人の投資証券もしくは新投資口予約権証券のそれぞれの総額の投資信託財産総額に対する比率）
20 投信法11条1項の特定資産の鑑定評価または同条2項の指定資産の調査

が行われた場合には、当該鑑定評価または調査を行った者の氏名または名称ならびに当該鑑定評価または調査の結果及び方法の概要
21　当期末現在の資産、負債、元本、受益証券の基準価額の状況、当該投資信託財産の計算期間中の損益の状態
22　当該投資信託財産の計算期間中の利害関係人等との取引の状況及び当該利害関係人等に支払われた売買委託手数料の総額
23　投信委託会社が第一種または第二種金融商品取引業を行っている場合は、当該投資信託財産の計算期間中における当該投信委託会社との間の取引の状況及び当該投信委託会社に支払われた売買委託手数料の総額
24・25　投信委託会社が宅地建物取引業や不動産特定共同事業を営んでいる場合、当該投信委託会社との間の取引の状況及び（宅地建物取引業の場合）当該投信委託会社に支払われた手数料の総額
26　当該投資信託財産に係る信託契約期間が終了した場合、投資信託財産運用総括表
27　その他当該投資信託財産の計算期間中における投資信託財産の運用状況を明らかにするために必要な事項
28　受益者が問合せを行うことができる部署及び電話番号
29　投信委託会社が商品先物取引法2条22項に規定する商品先物取引業を行っている場合にあっては、当該投資信託財産の計算期間中における当該投信委託会社との間の取引の状況及び当該投信委託会社に支払われた売買委託手数料の総額

さらに、親投資信託を組み入れている場合、その親投資信託に関する直前の計算期間に係る上記1〜21の事項についてもあわせて記載する（計算規則58条2項）。なお、投信委託会社は、投資信託財産の計算期間の終了後及び投資信託契約期間の終了後、遅滞なく、当該投資信託財産の運用報告書（全体版）を作成しなければならない。

第3節　交付運用報告書の記載事項

　交付運用報告書の記載事項（計算規則58条の2）の概要は、次のとおりである。
1　当該投資信託財産の運用方針
2　当該投資信託財産の計算期間中における資産の運用の経過
3　運用状況の推移
4　当該投資信託財産の計算期間中における投信委託会社及び受託会社に対する報酬等ならびに当該投資信託財産に関して受益者が負担するその他の費用ならびにこれらを対価とする役務の内容
5　株式のうち主要なものにつき、銘柄ごとに、当期末現在における時価総額の投資信託財産の純資産額に対する比率
6　公社債のうち主要なものにつき、銘柄ごとに、当期末現在における時価総額の投資信託財産の純資産額に対する比率
7　投資信託の受益証券（親投資信託の受益証券を除く）、親投資信託の受益証券及び投資法人の投資証券のうち主要なものにつき、銘柄ごとに、当期末現在における時価総額の投資信託財産の純資産額に対する比率
8　デリバティブ取引のうち主要なものにつき、種類ごとに、当期末現在における評価額の投資信託財産の純資産額に対する比率
9　不動産、不動産の賃借権又は地上権ごとに、次に掲げる事項
　イ　当該不動産の所在、地番その他当該不動産を特定するために必要な事項
　ロ　物件ごとに、当期末現在における価格
　ハ　当該不動産に関してテナントがある場合には、物件ごとに、当期末現在における稼働率及びテナントの総数ならびに当該投資信託財産の計算期間中における全賃料収入（当該全賃料収入について、やむをえない事情により表示できない場合には、その旨）

ニ　当該投資信託財産の計算期間中における売買総額
10　有価証券に該当しない約束手形のうち主要なものにつき、当期末現在における債権額の投資信託財産の純資産額に対する比率
11　有価証券、デリバティブ取引に係る権利、約束手形及び商品投資等取引に該当しない金銭債権のうち主要なものにつき、種類ごとに、当期末現在における債権の総額の投資信託財産の純資産額に対する比率
12　有価証券に該当しない上記5〜11の種類の資産への投資を主目的とする匿名組合出資持分のうち主要なものにつき、種類ごとに、当期末現在における総額の投資信託財産の純資産額に対する比率
13　農産物など商品先物取引法2条1項に規定する商品につき、種類ごとに、当期末現在における時価総額の投資信託財産の純資産総額に対する比率
14　商品投資等取引のうち主要なものにつき、種類ごとに、当期末現在における評価額の投資信託財産の純資産総額に対する比率
15　再生可能エネルギー発電設備ごとに、次の事項
　　イ　当該再生可能エネルギー発電設備の名称、当該再生可能エネルギー発電設備の用に供する土地の所在及び地番、当該再生可能エネルギー発電設備の設備の区分等その他当該再生可能エネルギー発電設備を特定するために必要な事項
　　ロ　再生可能エネルギー発電設備ごとに、当期末現在における価格
　　ハ　再生可能エネルギー発電設備の状況
　　ニ　認定事業者又は供給者に関する事項
　　ホ　当該再生可能エネルギー発電設備が認定発電設備に該当する場合には、電気事業者による再生可能エネルギー電気の調達に関する特別措置法9条3項各号に定める基準への適合に関する事項
　　ヘ　当該再生可能エネルギー発電設備に関して賃貸借契約を締結した相手方がある場合には、当該投資信託財産の計算期間中における賃料収入、契約満了日、契約更改の方法、保証金その他賃貸借契約に関して特記すべき事項

ト　当該投資信託財産の計算期間中における売買総額
16　公共施設等運営権ごとに、次の事項
　イ　当該公共施設等運営権に係る公共施設等の名称、立地、運営等の内容及び公共施設等の管理者等の名称並びに当該公共施設等運営権の存続期間その他当該公共施設等運営権を特定するために必要な事項
　ロ　公共施設等運営権ごとに、当期末現在における価格
　ハ　当該公共施設等運営権に係る公共施設等の状況
　ニ　公共施設等の運営等に係る委託契約の相手方に関する事項
17　特定資産（前述の資産（投信法施行令3条））以外の資産のうち主要なものにつき、種類ごとに、当期末現在における時価総額の投資信託財産の純資産額に対する比率
18　投信法11条1項の特定資産の鑑定評価が行われた場合には、当該鑑定評価を行った者の氏名または名称ならびに当該鑑定評価の結果及び方法の概要
19　当期末現在における当該投資信託財産の純資産及び受益証券の基準価額の状況
20・21　投信委託会社が宅地建物取引業や不動産特定共同事業を営んでいる場合、当該投信委託会社との間の取引の状況及び（宅地建物取引業の場合）当該投信委託会社に支払われた手数料の総額
22　その他当該投資信託財産の計算期間中における投資信託財産の運用状況を明らかにするために必要な事項のうち重要なもの
23　受益者が問合せを行うことができる部署及び電話番号
24　投資信託約款において運用報告書（全体版）に記載すべき事項を投信法14条2項に規定する電磁的方法により提供する旨を定めている投資信託にあっては、その旨及び運用報告書（全体版）に記載すべき事項を閲覧するために必要な情報
25　運用報告書（全体版）は受益者の請求により交付される旨及び受益者が当該請求をするために必要な情報
　さらに、親投資信託を組み入れている場合、その親投資信託のうち主要な

ものにつき、上記2〜18の事項についてもあわせて記載（計算規則58条の2 2項）する。なお、投信委託会社は、投資信託財産の計算期間の終了後及び投資信託契約期間の終了後、遅滞なく、当該投資信託財産の交付運用報告書を作成しなければならない。

第4節　運用報告書の電磁的方法による交付

運用報告書の交付は、次のように電磁的方法で行うことができる（投信法14条2項・5項、5条2項）。

(1) 運用報告書（全体版）の電磁的方法による交付

投資信託委託会社は、運用報告書（全体版）の交付に代えて、投資信託約款において運用報告書（全体版）に記載すべき事項を電磁的方法（電子情報処理組織（注1）を使用する方法その他の情報通信の技術を利用する方法であって内閣府令（注2）で定めるものをいう。以下同じ）により提供する旨を定めている場合には、当該事項を電磁的方法により提供することができる。この場合において、当該投資信託委託会社は、運用報告書（全体版）を交付したものとみなす。

(注1)　「電子情報処理組織」とは、提供者等の使用に係る電子計算機と、顧客ファイルを備えた提供先等又は提供者等の使用に係る電子計算機とを電気通信回線で接続した電子情報処理組織をいう。

(注2)
1　電子情報処理組織を使用する方法その他の情報通信の技術を利用する方法であって内閣府令で定めるものは、次に掲げるものである。
　一　電子情報処理組織を使用する方法のうちイからニまでのもの
　　イ　提供者等（提供者（運用報告書（全体版）に記載すべき事項（以下「記載事項」という。）を提供しようとする者をいう。以下同じ。）又は提供者との契約によりファイルを自己の管理する電子計算機に備え置き、これを提供先（記載事項を提供する相手方をいう。以下同じ。）若しくは提供者の用に供する者をいう。以下同じ。）の使用に係る電子計算機と提供先等（提供先及び提供先との契約により顧客ファイル（専ら当該提供先の用に供せ

られるファイルをいう。以下同じ。）を自己の管理する電子計算機に備え置
　　　く者をいう。以下同じ。）の使用に係る電子計算機とを接続する電気通信回
　　　線を通じて記載事項を送信し、提供先等の使用に係る電子計算機に備えら
　　　れた顧客ファイルに記録する方法
　　ロ　提供者等の使用に係る電子計算機に備えられたファイルに記録された記
　　　載事項を電気通信回線を通じて提供先の閲覧に供し、提供先等の使用に係
　　　る電子計算機に備えられた当該提供先の顧客ファイルに当該記載事項を記
　　　録する方法
　　ハ　提供者等の使用に係る電子計算機に備えられた顧客ファイルに記録され
　　　た記載事項を電気通信回線を通じて提供先の閲覧に供する方法
　　ニ　閲覧ファイル（提供者等の使用に係る電子計算機に備えられたファイル
　　　であって、同時に複数の提供先の閲覧に供するため記載事項を記録させる
　　　ファイルをいう。次の二において同じ。）に記録された記載事項を電気通信
　　　回線を通じて提供先の閲覧に供する方法
　二　磁気ディスク、シー・ディー・ロムその他これらに準ずる方法により一定
　　の事項を確実に記録しておくことができる物をもって調製するファイルに記
　　載事項を記録したものを交付する方法
2　1に掲げる各方法は、次に掲げる基準に適合するものでなければならない。
　一　提供先が閲覧ファイル又は顧客ファイルへの記録を出力することにより書
　　面を作成できるものであること。
　二　1の一のイ、ハ又はニに掲げる方法（提供先の使用に係る電子計算機に備
　　えられた顧客ファイルに記載事項を記録する方法を除く。）にあっては、記載
　　事項を顧客ファイル又は閲覧ファイルに記録する旨又は記録した旨を提供先
　　に対し通知するものであること。ただし、提供先が当該記載事項を閲覧して
　　いたことを確認したときはこの限りでない。
　三　1の一のハ又はニに掲げる方法にあっては、次のいずれかに該当すること。
　　イ　記載事項を提供先の閲覧に供した日以後5年間（当該期間が終了する日
　　　までの間に当該記載事項に係る苦情の申出があったときは、当該期間が終
　　　了する日又は当該苦情が解決した日のいずれか遅い日までの間）、次に掲げ
　　　る事項を消去し、又は改変することができないものであること。ただし、
　　　閲覧に供している記載事項を書面により交付する場合、1の一のイ若しく
　　　はロ若しくは二に掲げる方法により提供する場合又は提供先による当該記
　　　載事項に係る消去の指図がある場合は、当該記載事項を消去することがで
　　　きる。
　　　⑴　1の一のハに掲げる方法については、顧客ファイルに記録された記載
　　　　事項
　　　⑵　1の一のニに掲げる方法については、閲覧ファイルに記録された記載
　　　　事項

ロ　記載事項を提供先の閲覧に供した日以後５年間（当該期間が終了する日までの間に当該記載事項に係る苦情の申出があったときは、当該期間が終了する日又は当該苦情が解決した日のいずれか遅い日までの間）、提供先から当該記載事項の交付の請求があった場合に、書面又は１の一のイ若しくはニに掲げる方法により当該記載事項を直ちに交付するものであること。
　四　１の一のニに掲げる方法にあっては、次に掲げる基準に適合するものであること。
　　イ　提供先が閲覧ファイルを閲覧するために必要な情報が当該提供先に対し書面により通知され、又は顧客ファイルに記録されるものであること。
　　ロ　２の三のイに掲げる基準に該当する場合にあっては、２の三のイに規定する期間を経過するまでの間において、提供先が閲覧ファイルを閲覧するために使用する電子計算機と当該閲覧ファイルとを電気通信回線を通じて接続可能な状態を維持させること。ただし、閲覧の提供を受けた提供先が接続可能な状態を維持させることについて不要である旨通知した場合は、この限りでない。
　　ただし、投資信託委託会社は、受益者から運用報告書（全体版）の交付の請求があった場合には、これを交付しなければならない（投信法14条３項）。

(2)　交付運用報告書の電磁的方法による交付

　金融商品取引業者は、交付運用報告書の交付に代えて、政令（注３）で定めるところにより、当該知れている受益者の承諾を得て、当該交付運用報告書に記載すべき事項を電子情報処理組織を使用する方法その他の情報通信の技術を利用する方法であって内閣府令（注４）で定めるものにより提供することができる。この場合において、当該金融商品取引業者は、当該交付運用報告書を交付したものとみなす。
（注３）　交付運用報告書に記載すべき事項を電磁的方法により提供しようとする者（以下「提供者」という。）は、あらかじめ、当該交付運用報告書に記載すべき事項を提供する相手方に対し、その用いる電磁的方法の種類及び内容（電子情報処理組織のうち提供者が使用するもの。ファイルへの記録の方式）を示し、書面又は電磁的方法による承諾を得なければならない。
　　　前述の承諾を得た提供者は、当該相手方から書面又は電磁的方法により電磁的方法による提供を受けない旨の申出があったときは、当該相手方に対し、交付運用報告書に記載すべき事項の提供を電磁的方法によってしてはならない。ただし、当該相手方が再び前述の承諾をした場合は、この限

りでない。
(注4)
1　内閣府令で定めるものは、次に掲げるものとする。
　一　電子情報処理組織を使用する方法のうちイからニまでに掲げるもの
　　イ　提供者等（提供者（交付運用報告書に記載すべき事項を提供しようとする者をいう。以下同じ。）又は提供者との契約によりファイルを自己の管理する電子計算機に備え置き、これを交付運用報告書に記載すべき事項を提供する相手方（以下「提供先」という。）若しくは提供者の用に供する者をいう。以下同じ。）の使用に係る電子計算機と提供先等（提供先及び提供先との契約により顧客ファイル（専ら当該提供先の用に供せられるファイルをいう。以下同じ。）を自己の管理する電子計算機に備え置く者をいう。以下同じ。）の使用に係る電子計算機とを接続する電気通信回線を通じて交付運用報告書に記載すべき事項（以下「記載事項」という。）を送信し、提供先等の使用に係る電子計算機に備えられた顧客ファイルに記録する方法（電磁的方法（電子情報処理組織のうち提供者が使用するもの。ファイルへの記録の方式。）による提供を受ける旨の承諾又は受けない旨の申出をする場合にあっては、交付運用報告書に記載すべき事項の提供を行う提供者等の使用に係る電子計算機に備えられたファイルにその旨を記録する方法）
　　ロ　提供者等の使用に係る電子計算機に備えられたファイルに記録された記載事項を電気通信回線を通じて提供先の閲覧に供し、提供先等の使用に係る電子計算機に備えられた当該提供先の顧客ファイルに当該記載事項を記録する方法（電磁的方法（電子情報処理組織のうち提供者が使用するもの。ファイルへの記録の方式。）による提供を受ける旨の承諾又は受けない旨の申出をする場合にあっては、提供者等の使用に係る電子計算機に備えられたファイルにその旨を記録する方法）
　　ハ　提供者等の使用に係る電子計算機に備えられた顧客ファイルに記録された記載事項を電気通信回線を通じて提供先の閲覧に供する方法
　　ニ　閲覧ファイル（提供者等の使用に係る電子計算機に備えられたファイルであって、同時に複数の提供先の閲覧に供するため記載事項を記録させるファイルをいう。次の二において同じ。）に記録された記載事項を電気通信回線を通じて提供先の閲覧に供する方法
　二　磁気ディスク、シー・ディー・ロムその他これらに準ずる方法により一定の事項を確実に記録しておくことができる物をもって調製するファイルに記載事項を記録したものを交付する方法
2　1に掲げる各方法は、次に掲げる基準に適合するものでなければならない。
　一　提供先が閲覧ファイル又は顧客ファイルへの記録を出力することにより書面を作成できるものであること。
　二　1の一のイ、ハ又はニに掲げる方法（提供先の使用に係る電子計算機に備

えられた顧客ファイルに記載事項を記録する方法を除く。）にあっては、記載事項を顧客ファイル又は閲覧ファイルに記録する旨又は記録した旨を提供先に対し通知するものであること。ただし、提供先が当該記載事項を閲覧していたことを確認したときはこの限りでない。

三　1の一のハ又はニに掲げる方法にあっては、次のいずれかに該当すること。
　イ　記載事項を提供先の閲覧に供した日以後5年間（当該期間が終了する日までの間に当該記載事項に係る苦情の申出があったときは、当該期間が終了する日又は当該苦情が解決した日のいずれか遅い日までの間）、次に掲げる事項を消去し、又は改変することができないものであること。ただし、閲覧に供している記載事項を書面により交付する場合、提供先の承諾（提供者は、あらかじめ、当該記載事項を提供する相手方に対し、その用いる電磁的方法の種類及び内容（電子情報処理組織のうち提供者が使用するもの。ファイルへの記録の方式）を示し、書面又は電磁的方法による承諾を得る際の承諾をいう。）を得て1の一のイ若しくはロ若しくはニに掲げる方法により提供する場合又は提供先による当該記載事項に係る消去の指図がある場合は、当該記載事項を消去することができる。
　　⑴　1の一のハに掲げる方法については、顧客ファイルに記録された記載事項
　　⑵　1の一のニに掲げる方法については、閲覧ファイルに記録された記載事項
　ロ　金融商品取引業者が受益者の承諾を得て電磁的方法で記載事項を提供する場合にあっては、当該記載事項を提供先の閲覧に供した日以後5年間（当該期間が終了する日までの間に当該記載事項に係る苦情の申出があったときは、当該期間が終了する日又は当該苦情が解決した日のいずれか遅い日までの間）、提供先から当該記載事項の交付の請求があった場合に、書面又は1の一のイ若しくはニに掲げる方法により当該記載事項を直ちに交付するものであること。

四　1の一のニに掲げる方法にあっては、次に掲げる基準に適合するものであること。
　イ　提供先が閲覧ファイルを閲覧するために必要な情報を顧客ファイルに記録するものであること。
　ロ　2の三のイに掲げる基準に該当する場合にあっては、2の三のイに規定する期間を経過するまでの間において、イの規定により提供先が閲覧ファイルを閲覧するために必要な情報を記録した顧客ファイルと当該閲覧ファイルとを電気通信回線を通じて接続可能な状態を維持させること。ただし、閲覧の提供を受けた提供先が接続可能な状態を維持させることについて不要である旨通知した場合は、この限りでない。

第3章

金融機関投資家に対するバーゼル規制開示

第1節 バーゼル規制とは（バーゼルⅠ～Ⅲの変遷）

　バーゼル規制とは、国際業務を行う銀行の自己資本比率に関する国際統一基準のことで、バーゼル合意、BIS規制という場合もある。

　当初G10諸国を対象としていたが、2019年3月末現在は日本を含む28の国・地域と3のオブザーバー国が対象である。

　日本においては、バーゼル銀行監督委員会によるガイドライン（指針）の公表を受け、金融庁による告示「銀行法第14条の2の規定に基づき、銀行がその保有する資産等に照らし自己資本の充実の状況が適当であるかどうかを判断するための基準」に基づき、開示等を行う必要がある。

1　バーゼルⅠ

　国際間における金融システムの安定化や、銀行間競争の不平等を是正すること等を目的としており、1988年7月にバーゼル銀行監督委員会により「自己資本の測定と基準に関する国際的統一化」としてバーゼル規制、通称「バーゼルⅠ」が公表された。

　当初G10諸国を対象に、自己資本比率の算出方法（融資などの信用リスクのみを対象とする）や最低基準（8％以上）等が定められ、1992年12月末から本格的に適用が開始された。日本では、1993年3月末から国際的に活動する銀

行（国際統一基準行）のみが適用対象となった。

具体的な規制内容は、自己資本比率（銀行の自己資本を分子、リスクの大きさを分母とする比率）の水準を、海外拠点をもたない銀行（国内基準行）には4％以上であることを求めたのに対し、国際統一基準行には8％以上であることを求めた。

当時日本の金融機関は、海外市場で積極的に融資を行っていたが、自己資本比率は低かったため、バーゼル規制導入により、自己資本の充実と融資内容の見直しが必要となった。

2　バーゼルⅡ

バーゼルⅠ適用開始後、規制緩和や金融商品の多様化に伴い、銀行が抱えるリスク計測（自己資本比率を算出する際の分母）をより精緻なものにする必要が生じた。そのため、1998年からバーゼルⅠの抜本的な見直しが開始され、2004年6月に「自己資本の測定と基準に関する国際的統一化：改訂された枠組み」として新BIS規制「バーゼルⅡ」が公表された。

バーゼルⅡでは、国際統一基準行に対する達成すべき自己資本比率の最低水準が8％以上であることはバーゼルⅠと変わらないものの、①最低所要自己資本比率規制（リスク計測の精緻化）（第1の柱）、②銀行自身による経営上必要な自己資本額の検討と当局によるその妥当性の検証（第2の柱）、③情報開示の充実を通じた市場規律の実効性向上（第3の柱）、の3つの柱が策定され、2006年12月末から適用が開始された。なお、日本においては2007年3月末から（先進的なリスクの計測手法を採用する一部の銀行は翌2008年3月末から）適用開始となった。

3　バーゼル2.5

2007年、米国に端を発したサブプライムローン問題の欧州金融機関への波及が鮮明になったパリバショック等に対する金融危機への当面の対処として、バーゼル銀行監督委員会は2008年4月にバーゼルⅡによる自己資本比率規制の強化を図った。その結果、①バーゼル規制の枠組みの強化、②流動性

リスクの管理や監督に係るグローバルな健全性基準の強化、③銀行のリスク管理実務及び当局による監督強化のための取組み、④情報開示の改善等を通じた市場規律の強化、の4点を「銀行システムの強靭性強化のための対策」として打ち出し、「バーゼル2.5」として実施することを公表した。

日本においても2011年12月末から適用開始となり、①証券化商品の取扱強化、②トレーディング勘定の取扱強化、が図られ、あわせてよりいっそうの情報開示が求められた。

4　バーゼルⅢ

サブプライムローン問題、パリバショック、リーマンショック（2008年9月）後の世界的な金融危機を背景に、2010年12月に従来の規制内容を再検討した「より強靭な銀行および銀行システムのための世界的な規制の枠組み」「流動性リスク計測、基準、モニタリングのための国際的枠組み」、いわゆる「バーゼルⅢ」が策定された（最終合意は2017年）。

バーゼルⅢでは、①自己資本の質の向上と最低水準の引上げ、②リスク補捉の強化、③資本バッファー（資本保全バッファー及びカウンターシクリカル資本バッファー）の導入、④流動性規制の導入、⑤レバレッジ比率の導入、と多岐にわたる見直しが行われた。

具体的には、国際統一基準行に対して自己資本を「狭義の中核的自己資本（普通株式等Tier1）」「中核的自己資本（普通株式等Tier1＋その他Tier1）」「総資本（普通株式等Tier1＋その他Tier1＋Tier2）」の3分類とし、それぞれの比率を2013年から段階的に引き上げた。4.5％、6％、8％の最低基準を満たすと同時に、2016年以降は金融危機時における損失の吸収に使用できる資本保全バッファーの導入（3つの資本に対して最終的に2.5％上乗せ）及びカウンターシクリカル資本バッファーの導入が盛り込まれ、カウンターパーティー・リスクの資本賦課計測方法の見直しとしてCVA（信用評価調整）の計測及びCCP（適格中央清算機関）のリスク補捉強化が開始された。これらの規制は日本において2013年3月末から段階的に適用開始となった（最終的には2027年初から完全実施予定）。

一方、これまでバーゼル規制の直接的な適用対象ではなかった国内基準行については、国際統一基準行のバーゼルⅡ、2.5からバーゼルⅢへの大幅改訂にあわせて、国内基準行においても自己資本比率規制の見直しを行うこととし、国際統一基準行で適用されたバーゼルⅢに準じた新たな新国内基準の策定が進められた。

　新国内基準は、自己資本の定義を質の高い資本等からのみ構成されるコア資本（普通株式＋内部留保など）とし、自己資本比率4％以上である最低水準は維持し、国際統一基準を参考に自己資本の質の向上を図る一方、わが国の実情をふまえて、原則10年間の経過措置を導入、2014年3月末から段階的に適用が開始された。

第2節　日本における金融庁告示に基づく開示

　バーゼル規制は前述したとおり、「3本の柱」から構成されている。

　最低所要自己資本比率を規制する「第1の柱」、銀行自身による自己資本額の検討と当局による検証を定めた「第2の柱」、情報開示による市場規律の実効性向上を求めた「第3の柱」である。

　このうち「第3の柱」において、自己資本の構成、自己資本比率とその内訳、各リスクのリスク量と計算方法、リスク管理体制などの開示が求められている。①自己資本の構成に関する開示事項、②定性的な開示事項、③定量的な開示事項、④貸借対照表の科目と①の項目の関係、⑤四半期の開示事項、⑥自己資本調達手段に関する契約内容の概要、と詳細が規定されており、これに基づき、国際統一基準行及び国内基準行は、事業年度ごとに①～④（④は国際統一基準行のみ）、半期ごとに①③④（④は国際統一基準行のみ）、四半期ごとに①④⑤⑥（④⑥は国際統一基準行のみ）の開示をしなければならない。

　なお、この第3の柱に関する見直しが2015年1月以降バーゼル銀行監督委員会により行われ、これまでに最終規則文書が数度公表されている（2018年

12月「第3フェーズ」文書公表）。これにより日本においても開示要件が今後改正される予定である。

第3節　バーゼル規制による投資信託への影響

　これまでのバーゼル銀行監督委員会によるガイドライン（指針）公表により、バーゼル規制の3つの柱のうち、第1の柱である最低所要自己資本比率規制（リスク計測の精緻化）では、信用リスク・アセットに対するリスク・ウェイトの強化が図られてきた。

　日本でも金融庁による同様の強化が図られた結果、バーゼルⅡ規制適用時に金融機関等が発行したその他Tier1やTier2に該当する金融商品は、適格旧非累積的永久優先株や適格旧資本調達手段とみなし、一定期間リスク・ウェイトに対する軽減措置が認められた。一方、金融機関等の資本（その他Tier1に属する優先出資証券やコンティンジェント・キャピタル、Tier2に属する劣後債や劣後ローン）の持合（ダブル・ギアリング）は一律250％に、また証券化商品や再証券化商品についても資本控除から1250％の資本賦課となった。

　金融機関が保有する投資信託に対して、間接保有として同様の規制が適用されるため、投資信託に対するルック・スルーのニーズは高まり、より厳格な信用リスク・アセット管理が求められている。

第4節　バーゼル規制の今後

　バーゼル銀行監督委員会は、金融危機への対処などにあわせた改訂を行ってきたように、現在適用されているバーゼルⅢについても見直しを行っている。

　日本国内では既に、2018年3月末から「カレント・エクスポージャー方式（CEM）の廃止とSA-CCR（Standardized Approach for Counterparty Credit

Risk）の導入」（2019年 3 月末時点、経過措置中）と「銀行勘定の金利リスク（IRRBB＝Interest Rate Risk in the Banking Book）」（国内基準行には2019年 3 月末から）が適用され、さらに2019年 3 月末から「銀行のファンド向けエクイティ出資の資本賦課見直し（ルックスルーの厳密化）」と「内部総損失吸収力規制（TLAC＝Total Loss-Absorbing Capacity）」が適用されている。

　また、「信用リスクの標準的手法の見直し」（2017年12月合意、2020年適用予定）、「トレーディング勘定の抜本的改訂」などの改訂も予定されている。

　これらバーゼル規制の見直しについては、日本国内においても金融庁告示により規制が強化されることとなるが、金融機関が規制を遵守し、自己資本比率を正確に計測するためには、保有する投資信託の信用リスク・アセット額の算出も重要となる。そのため、資産運用会社は、資産運用業及び投資信託に係る規制だけでなく、投資信託を保有する金融機関の銀行法等に基づく規制等についても同時に注視していく必要がある。

第4章

非法定ディスクロージャー

第1節 投信協会規則上のディスクロージャー

　投信協会の「投資信託及び投資法人に係る運用報告書等に関する規則」（第5章　適時開示）では、投資信託委託会社は、その運用の指図を行う投資信託について、当該投資信託委託会社のウェブサイトその他の方法により適時開示することが定められている。適時開示は、月次ベースで開示するが、当分の間、四半期ベースによることができる。

　ただし、私募の投資信託、上場投資信託及びクローズド期間中の単位型投資信託その他の「投資信託及び投資法人に係る運用報告書等に関する規則に関する細則」で定める投資信託については、投資信託委託会社の判断により開示を行うものとしている。

1　適時開示

株式投資信託及び公社債投資信託については、以下の内容を開示する。

図表Ⅳ－5　株式投資信託及び公社債投資信託の開示内容

	事項	内容	株式投資信託	公社債投資信託
①	投資信託の概要	設定日、償還日、決算日、基準日の基準価額及び純資産総額等	○	○
②	基準価額推移等のグラフ	過去3年以上表示。目論見書にベンチマークを明記している投資信託についてはベンチマークと比較して表示	○	－
③	投資信託の期間別騰落率	基準日の基準価額を基準とし1年間及び3年間の期間の騰落率を表示。目論見書にベンチマークを明記している投資信託についてはベンチマークを併記	○	－
④	費用に関する開示	②の開示にあたっては、当該投資信託の信託報酬率または当該信託報酬率が変動する場合における基準日の直近の信託報酬率ならびに当該基準価額が信託報酬控除後のものである旨を注記	○	○
⑤	分配金の実績	過去3期以上の期間について表示	○	○
		日々決算型公社債投信は、過去3カ月以上の期間について、直近7日間の年換算利回りまたは分配金の実績を表示	－	○
⑥	資産の組入れ状況	投資信託の商品性格に応じて、資産構成、組入上位銘柄及び業種別比率等により当該投資信託のポートフォリオの状況を表示	○	○
⑦	債券を主要投資対象とする投資信託で委託会社がその商品性格上適切と判断する投資信託について	組入債券の平均残存期間またはデュレーション等によりポートフォリオの状況を表示	○	○

（開示を要する場合は、○）

2　任意開示

細則で定める以下の任意開示投資信託については、投資信託委託会社の判断により開示を行う。

図表Ⅳ-6　任意開示投資信託

①	私募の投資信託
②	上場投資信託
③	クローズド期間中の単位型投資信託
④	財形型投資信託
⑤	ミリオン型投資信託
⑥	マネープール型投資信託
⑦	年金型投資信託
⑧	純資産総額が1億円未満または受益者数が50名未満の投資信託
⑨	投資信託約款等で、組入銘柄の入替えを原則として行わない旨を謳っている投資信託
⑩	その他①～⑨の投資信託に類する投資信託

第2節　投資家向け販売用資料

1　販売用資料とは

(1) 「販売用資料」の対象

一般に「販売用資料」とは、"投資信託の販売に係る投資勧誘資料として、販売会社が投資家に対して、主に商品説明を行うために用いる資料"のことである。

したがって、投資信託委託会社の法定作成物である目論見書や運用報告書も、広い意味においては販売用資料の一つである。しかし、実務上は、目論

見書や運用報告書とは別に、投資信託委託会社は投資信託に関する情報を掲載した資料を作成することが多く、その作成物を販売用資料と呼んでいる。

そして、これらの資料はいずれも、後述する「広告等」に該当する。すなわち、金商法の定める広告等の規制の対象となる（金商法37条１項）。

(2) 販売用資料の法的な位置づけ

このように、販売用資料は、金商法で定める広告等の規制の対象に該当する。しかし、金商法の条文上には、この「販売用資料」なる言葉は見当たらない。

そこで、「販売用資料」の条文上の根拠（法的な位置づけ）が問題となる。これに関しては、同法13条５項にある「目論見書以外の文書、図画、音声その他の資料」に該当すると考えられる。すなわち、販売用資料は、いわば名実ともに、金商法の定める広告等の規制の対象となる。

(3) 広告等とは

広告等の規制の対象となる「広告」とは何か。金融庁はパブリックコメントにおいて、「一般的に広告とは、随時又は継続してある事項を広く（宣伝の意味を含めて）一般に知らせること」と回答している。すなわち、日常生活で使う広告とほぼ同じ意味であり、広い意味でとらえている。

また、金商法では、広告とその他類似する行為（広告類似行為）をあわせて「広告等」と呼んでいる。いずれも多数の者に対して行う情報の提供行為を指す。

「広告等」に該当する行為は多く、具体的には以下のとおりである。

［広告等の例］

　　テレビCM、ラジオCM、ポスターを貼る方法、新聞に掲載する方法、雑誌に掲載する方法、インターネット・ホームページに掲載する方法、郵便、信書便、ファクシミリ装置を用いて送信する方法、電子メール送信、ビラまたはパンフレットを配布する方法など

以上は、主に販売会社が行う業務に関する事柄であるが、一方、投資信託

委託会社が行う業務に関しても、以下のような指摘がなされている。

> 投資信託委託会社が自ら取り扱っている運用商品の説明を行うような場合においても、たとえ勧誘目的ではないと明示しているとしても、基本的には、当該投資信託委託会社が行う「金融商品取引業の内容」について、広告等を行っているものと考えられる。（金融庁パブリックコメントより）

このように、広告等に該当するか否かの判断、すなわち「広告等の該当性」は、販売会社のみならず、投資信託委託会社にとっても、重要な意味をもつ。「広告等」に該当するということは、広告等の規制の対象となるからである。

(4) 各種販売用資料の紹介

目論見書以外の販売用資料については、その形態や掲載内容によって、「販売用パンフレット」「ファンドレポート」「投資環境レポート」等名称が異なっており、具体的には以下のような目的、方法で作成されている。

○販売用パンフレット……投資信託の投資勧誘をするにあたり、主に定期的に作成されている資料。当該投資信託をこれから購入する顧客向けの資料であるため、販売用資料のなかでもより詳細にわかりやすく説明されている。

○ファンドレポート……特定の投資信託の分配金変更時や、投資信託の運用に影響があると考えられるマーケットの変動等のイベントが発生した際等に作成される資料。既に当該投資信託を保有している顧客向けに作成され、緊急性が高いものが多く、テーマを絞った内容になるケースが多い。

○投資環境レポート……マーケットの状況について作成される資料。定期的に作成されるものもあれば、マーケット変動時に臨時で作成されるものもある。

○投資啓発資料……特定の投資信託について作成されたものではなく、投資信託全般に係る事項について説明をしている資料。例えば、セカンドライフにおけるマネープランや、分配金の仕組み等多様な分野についてわかり

やすく説明されたもの等があり、投資信託の販売の前段階で使用されるケースが多い。

（注）　上記記載の資料名、掲載内容、使われ方等は、いずれも一例である。
　　　　いずれの資料においても金商法等の法律やその他のガイドラインにのっとって作成することが義務づけられている。

2　作成における基本事項

　前述のとおり、投資信託の販売において社内外に広く情報を提供する資料を作成する際には、投資者保護に欠けることがないようさまざまな点に注意・配慮しながら慎重に作成していく必要がある。関係する法令諸規則にのっとった内容であり、かつ、正確な内容であることはもちろんであるが、読み手が理解しやすく、また読み手に誤解を与えないよう明瞭な表現をすることが重要である。一方で、読み手によって異なる解釈が可能になるようなあいまいな表現や、恣意的・過度に主観的な表現などは避けるべきである。
　具体的な表示事項及びそれらの表示方法等については以下のとおりである。

(1)　表示事項

　金融商品取引業の内容について広告等をするときは、次の表示をしなければならない（金商法37条1項、同法施行令16条、金商業等府令76条）。ただし、当該表示事項は2019年6月末現在の法令などに基づく。

① 　金融商品取引業者等の商号、名称または氏名
② 　金融商品取引業者等である旨、登録番号
③ 　顧客が支払うべき手数料、報酬、費用（いかなる名称によるかを問わない）の合計額またはその計算方法
④ 　委託証拠金その他の保証金がある場合、その額または計算方法
⑤ 　デリバティブ取引等の額が、保証金等の額を上回る可能性がある場合、その旨、当該デリバティブ取引等の額の当該保証金等の額に対する比率
⑥ 　金利、通貨の価格、金融商品市場における相場その他の指標に係る変動

を直接の原因として損失が生ずることとなるおそれがある場合、当該指標、当該指標に係る変動により損失が生ずるおそれがある旨及びその理由（図表Ⅳ－7参照）
⑦　元本超過損が生ずるおそれがある場合、元本超過損が生ずるおそれを生じさせる直接の原因となる指標、当該指標の変動により元本超過損が生ずるおそれがある旨及びその理由
⑧　店頭デリバティブ取引について、金融商品取引業者等が表示する金融商品の売付価格と買付価格とに差がある場合、その旨
⑨　当該金融商品取引契約に関する重要な事項について顧客の不利益となる事実
⑩　当該金融商品取引業者等が金融商品取引業協会（当該金融商品取引業の内容に係る業務を行う者を主要な協会員又は会員とするものに限る。）に加入している場合にあっては、その旨及び当該金融商品取引業協会の名称

図表Ⅳ－7　⑥の記載例

> ファンドは株式等を投資対象としますので、組入株式の価格の下落や、組入株式の発行会社の倒産や財務状況の悪化等の影響により、基準価額が下落することがあります。また外貨建て資産に投資しますので、為替の変動により基準価額が下落することがあります。
> したがって、投資家の皆様の投資元金は保証されているものではなく、基準価額の下落により、損失が生じることがあります。なお、投資信託は預貯金とは異なります。

　また、上記に加えて、投信協会「広告等に関するガイドライン」では、
・当該投資信託の名称
・目論見書の入手方法・入手場所
・作成主体及び「取得の申込みに当たっては、目論見書をお渡ししますので必ず内容をご確認の上、ご自身でご判断ください」旨の文言
等を記載しなければならないと定めている。

(2) 表示の方法

　金融商品取引業の内容について広告等をするときは、次のように表示しなければならない（金商業等府令73条）。
・表示すべき事項については、明瞭かつ正確に表示する。
・上記(1)⑥の文字・数字を、それ以外の事項の文字・数字のうち最も大きなものと著しく異ならない大きさで表示する等、目立つように配慮する。

(3) 誇大広告の禁止

　金商法では、「利益保証」「契約解除」「損失負担」等、以下のような事項について「著しく事実に相違する表示」「著しく人を誤認させるような表示」をすることを「誇大広告」として禁止している（金商法37条2項）。
① 金融商品取引行為を行うことによる利益の見込み
② 金融商品取引契約の解除に関する事項
③ 金融商品取引契約に係る損失の全部または一部の負担または利益の保証に関する事項
④ 金融商品取引契約に係る損害賠償額の予定（違約金を含む）に関する事項
⑤ 金融商品取引契約に係る取引市場または取引市場に類似する市場で外国に所在するものに関する事項
⑥ 金融商品取引業者等の資力または信用に関する事項
⑦ 金融商品取引契約に関して顧客が支払うべき手数料等の額またはその計算方法、支払の方法及び時期ならびに支払先に関する事項

　また、金融庁の「金融商品取引業者等向けの総合的な監督指針」では、「金融商品取引業者が行う広告等の表示は、投資者への投資勧誘の導入部分に当たり、明瞭かつ正確な表示による情報提供が、適正な投資勧誘の履行を確保する観点から最も重要である」とし、その徹底のため、主に以下のような留意点を掲げている（同指針Ⅲ－2－3－3）。
① 顧客が支払うべき手数料、報酬、その他の対価または費用が無料または

実際のものよりも著しく低額であるかのように誤解されるような表示をしていないか。
② 当該広告等に表示される他の事項に係る文字と比較して、使用する文字の大きさ、形状及び色彩において、不当に目立ちにくい表示を行っていないか。特に、金利や相場等の指標の変動を直接の原因として損失が生ずることとなるおそれのある場合の当該指標、損失が生ずるおそれがある旨・その理由、及び元本超過損が生ずるおそれがある場合の、その直接の原因、元本超過損が生ずるおそれがある旨・その理由は、広告上の文字または数字のなかで最も大きなものと著しく異ならない大きさで表示しているか。
③ 取引の長所に係る表示のみを強調し、短所に係る表示が目立ちにくい表示を行っていないか。
④ 有価証券等の価格、数値、対価の額の動向を断定的に表現したり、確実に利益を得られるように誤解させて、投資意欲を不当に刺激するような表示をしていないか。
⑤ 利回りの保証もしくは損失の全部もしくは一部の負担を行う旨の表示またはこれを行っていると誤解させるような表示をしていないか。

第5章

投資信託ディスクロージャー業務のアウトソーシング

第1節　投資信託ディスクロージャー業務のアウトソーシングとは

　投資信託委託会社によるアウトソーシングについては、1990年頃からの受益証券管理業務の外部委託が始まりとされているが、その対象範囲は大きく広がってきている。投資信託のディスクロージャー業務も例外ではなく、これは投資信託委託会社が自ら業として行う各種ドキュメント作成等の業務プロセスの一部を外部委託するものであるが、例えば、運用報告書の作成業務、公募・私募ファンドの月次ディスクロの作成業務、目論見書の作成業務、外部評価機関等に対するアンケートの作成業務、バーゼル規制関連資料の作成業務等がその対象とされている。

　これら投資信託ディスクロージャー業務の主たるアウトソーシングの目的としては、アウトソーシングによる業務標準化及びコスト削減、ファンド数増加等に伴う業務量拡大への対応力の強化、業務効率化によるドキュメントの付加価値向上の追求、システム開発費及びメンテナンス費用の削減ならびにその変動費化等が挙げられよう。

　加えて、副次的な効果として、要件定義やシステム設計の過程において、業務プロセスの明確化や属人化された業務ノウハウ及びシステム操作スキル等の見える化が可能となること、また、資料作成業務の効率性について定量化されること等が期待されよう。

なお、アウトソースされた業務については投資信託委託会社がその責務をまっとうすることとなるのはいうまでもなく、その鍵を握る外部委託業務の継続的なモニタリングや業務品質改善に向けた取組みについては後述する。

第2節　アウトソーシング計画の立案

投資信託ディスクロージャー業務のアウトソーシングを行うにあたっては、対象となる業務及び対象となる業務のうちどのプロセスを業務委託するかの検討が行われる。なかでも、定量データ作成業務等をアウトソースする際には、アウトソース先が既に独自のシステム、開発リソースをもっている場合も多く、自社でシステム更改を行うよりもアウトソースしたほうが、システム開発、メンテナンスコストの削減効果が得られやすいと期待される。

なお、アウトソースを実施した後に、その業務を再び自社内に取り込み、復元させるのは、業務システムの切替えを伴う場合はなおさらだが、困難であることにも留意が必要であろう。

第3節　アウトソース先の選定、費用対効果の検証

アウトソース先の選定に際しては、イニシャルコスト及びランニングコストの適切な見積りと費用対効果の十分な検証に加え、アウトソース先の業務遂行能力、業務運営体制、内部統制及び業務継続計画（BCP）等を、デューデリジェンスを通じて評価することになる。また、アウトソースしない業務（残置業務）とアウトソース先との親和性についても適切な評価が求められよう。

なお、デューデリジェンスにおける主な確認事項は以下のとおり。
・経営体制及び業務運営体制（スタッフのスキル及び経験年数、人員回転率）
・人材育成やキャリアパス、人事ローテーション

・内部統制（独立性、機密保持、利益相反管理）の管理状況
・業務量及び業務コストの推移
・業務改善計画及びその遂行状況
・課題管理の達成状況、品質管理（KPI、エラー発生状況、再発防止策の効果等）
・業務マニュアルの整備状況、重要文書管理等

第4節 業務計画の策定、契約内容の検討

　要件定義を行うにあたっては、アウトソース対象業務の業務要件及びシステム要件を検討することとなるが、アウトソース先において要件定義に伴う作業及び費用が発生することになるため、期間、費用、要件定義の内容、工数等を明記した技術支援契約を締結して作業を進めるのが一般的である。
　アウトソース先が業務内容のヒアリングを行いながら要件定義書の作成を行うこととなるが、アウトソース実施後に企図した業務効率化等の効果が確実に得られるよう、委託元での十分な検証が不可欠となる。
　また、要件定義完了後に締結される業務委託に関する契約としては、事務委任基本契約、秘密保持契約、サービスレベル合意書（SLA）、システム覚書、事務取扱要領等が挙げられる。

第5節 並行運用による業務検証

　本番移行前に数カ月程度、事務取扱要領で想定した業務フロー、本番システム環境に基づき、並行運用（UAT）期間を設定するのが通例である。これは、アウトソーシングに伴う業務の切替えを切れ目なく行うため、本番移行を想定し、システムの動作環境、業務ピーク時の要員確保、通信回線確保等について十分なテストを行おうとするものである。

なお、UATの結果が想定した水準に達しない場合等は、業務開始時期の延期も含めて、業務の円滑な移行に向けた慎重な検討が求められよう。

第6節 アウトソース業務の継続的なモニタリングと業務品質改善に向けた取組み

本番移行後は、品質管理リストや課題管理表等による日々のモニタリングに加え、定期的なデューデリジェンスによる業務評価、業務コスト等のレビューが行われる。これらPDCAサイクルに基づくアウトソース業務の継続的な評価にあたっては、品質管理指標（KPI）の設定・計測も有効であろう。

また、アウトソース業務の持続的な品質の維持・向上のため、週次・月次での定例報告会や課題改善プロジェクト等において、実務レベルに加え、マネジメントレベルでも協議を行うなどアウトソース先に積極的に働きかけることが投資信託委託会社には求められよう。

第Ⅴ編

投資信託の運用

第1章

運用の指図

第1節 運用の指図に関する法務

　運用の指図に関して法的な規定は、主として①忠実義務及び善管注意義務、②運用指図上の禁止行為、③運用の外部委託、④投資信託財産で保有する株式の議決権行使の4点を骨子としている。本章では①と②の2点について概観する（③については第6章、④については第8章に記述）。

1　受託者責任

　投資信託の運用に関する法規制は、金商法において、まず投資運用業を営む際の行動規範というべき「忠実義務」及び「善管注意義務」規定に始まる。これは単に運用に関してだけではなく、運用会社の業務全般にかかわる基本精神ともいうべき規定で、運用会社の「受託者責任」の主要な構成要件である。

　金商法42条で、「権利者に対する義務」ということで、忠実義務及び善管注意義務を次のように規定している。

- 忠実義務……金融商品取引業者等は、権利者のため忠実に投資運用業を行わなければならない。
- 善管注意義務……金融商品取引業者等は、権利者に対し、善良な管理者の注意をもって投資運用業を行わなければならない。

この忠実義務及び善管注意義務の類型化等の観点より、金商法において禁止行為が規定されている。

2　運用の指図にかかわる禁止行為

金商法42条の2において、投資運用業に関して7つの禁止行為を規定している。

金商法42条の2（禁止行為）
　金融取引業者等は、その行う投資運用業に関して、次に掲げる行為をしてはならない。
① 利益相反取引……自己又はその取締役若しくは執行役との間における取引を行うことを内容とした運用を行うこと（金商業等府令128条に定めるものを除く）
② 運用財産相互間取引……運用財産相互間において取引を行うことを内容とした運用を行うこと（金商業等府令129条1項に適用除外が定められている）
③ スカルピング……特定の金融商品、金融指標又はオプションに関し、取引に基づく価格、指標、数値又は対価の額の変動を利用して自己又は権利者以外の第三者の利益を図る目的をもって、正当な根拠を有しない取引を行うことを内容とした運用を行うこと
④ アームズ・レングス・ルール……通常の取引の条件と異なる条件で、かつ、当該条件での取引が権利者の利害を害することとなる条件での取引を行うことを内容とした運用を行うこと
⑤ 運用情報を利用した自己取引……運用として行う取引に関する情報を利用して、自己の計算において有価証券の売買その他の取引等を行うこと
⑥ 損失補填……運用財産の運用として行った取引により生じた権利者の損失の全部若しくは一部を補填し、又は運用財産の運用として行った取引により生じた権利者の利益に追加するため、当該権利者又は第三者に対し、財産上の利益を提供し、又は第三者に提供させること（事故による損失又はいわゆるMRFの元本に生じた損失の全部又は一部を補填する場合を除く。事故の定義については、金商法39条3項に、また事故とみなされる行為については、金商業等府令118条2号にあるが、その損失が事故に起因するものかの判断は金融業者等において適正になされるべきものとされる）

> ⑦ 投資運用業に関する禁止行為……①～⑥に掲げるもののほか、投資者の保護に欠け、若しくは取引の公正を害し、又は金融商品取引業の信用を失墜させるものとして内閣府令で定める行為

　上記⑦に関して、金商業等府令（130条1項1号～11号）に投資運用業に関する禁止行為が挙がっている。

> ① 自己の監査役、役員に類する役職にある者又は使用人との間における取引を行うことを内容とした運用を行うこと
> ② 自己又は第三者の利益を図るため、権利者の利益を害することとなる取引を行うことを内容とした運用を行うこと
> ③ 第三者の利益を図るため、その行う投資運用業に関して運用の方針、運用財産の額又は市場の状況に照らして不必要な取引を行うことを内容とした運用を行うこと
> ④ 他人から不当な取引の制限その他の拘束を受けて運用財産の運用を行うこと
> ⑤ 有価証券の売買その他の取引等について、不当に取引高を増加させ、又は作為的な値付けをすることを目的とした取引を行うことを内容とした運用を行うこと
> ⑥ 第三者の代理人となって当該第三者との間における取引を行うことを内容とした運用を行うこと
> ⑦ 運用財産の運用に関し、取引の申込みを行った後に運用財産を特定すること
> ⑧ 運用財産に関し、金利、通貨の価格、金融商品市場における相場その他の指標に係る変動その他の理由により発生し得る危険に対応する額としてあらかじめ金融商品取引業者等が定めた合理的な方法により算出した額が当該運用財産の純資産額を超えることとなる場合において、デリバティブ取引を行い、又は継続することを内容とした運用を行うこと
> ⑧の2　運用財産に関し、信用リスクを適正に管理する手法としてあらかじめ金融商品取引業者等が定めた合理的な手法に反することとなる取引を行うことを内容とした運用を行うこと
> ⑨ 次に掲げる者が有価証券の引受け等を行っている場合において、当該者に対する当該有価証券の取得又は買付けの申込みの額が当該者が予定していた額に達しないと見込まれる状況のもとで、当該者の要請を受けて、当

該有価証券を取得し、又は買い付けることを内容とした運用を行うこと
- (イ) 当該金融商品取引業者の関係外国法人等
- (ロ) 直近２事業年度において金商法２条８項１号〜３号、８号及び９号に掲げる行為を行った運用財産に係る有価証券の合計額が当該２事業年度において発行された運用財産に係る有価証券の額の100分の50を超える金融取引業者
- ⑩ 金商法42条の３第１項の規定により権利者のため運用を行う権限の全部又は一部の委託を行う場合において、当該委託を受けた者が当該委託に係る権限の再委託をしないことを確保するための措置を講ずることなく、当該委託を行うこと
- ⑪ 金商法42条の５ただし書の規定により取引の決済のため顧客からその計算に属する金銭又は有価証券を自己の名義の口座に預託を受ける場合において、当該取引の決済以外の目的で当該口座を利用し、又は当該金銭若しくは有価証券を当該取引の決済のため必要な期間を超えて当該口座に滞留させること

第２節　運用資産の適切な運用及び管理

　投資一任業者が運用財産の運用及びその管理を適切に行っているかどうかについて、金融庁の「金融商品取引業者等向けの総合的な監督指針」（2019年４月）のⅥ－２－２－１において、業務執行態勢を以下のような点に留意して検証すると示されている。

(1) 運用財産の運用・管理
  ① 運用方針を決定する社内組織に関する事項（具体的な意思決定プロセスを含む。）が、適切に規定されているか。
  ② 運用部門における運用財産（金商法第35条第１項第15号に規定する運用財産をいう。以下同じ。）の運用方法が、具体的に定められているか。
  ③ 運用財産相互間又は運用財産と自己若しくは第三者の資産相互間における有価証券等の取引に関する管理態勢整備が適切に行われているか。
  ④ 金商法第42条の３の規定により権利者（金商法第42条第１項に規定す

る権利者をいう。以下同じ。)のための運用を行う権限の全部又は一部を他の者に委託する場合(当該他の者が委託された権限の一部を再委託する場合を含む。)に、委託先の選定基準や事務連絡方法が適切に定められているか。また、委託先の業務遂行能力や、契約条項の遵守状況について継続的に確認できる態勢が整備されているか。さらに、委託先の業務遂行能力に問題がある場合における対応策(業務の改善の指導、再委任の解消等)を明確に定めているか。

⑤ 発注先や業務委託先等の選定に関し、当該者に係る取引執行能力、法令等遵守状況、信用リスク及び取引コスト等に関する事項が、勘案すべき事項として適切に定められているか。

⑥ 投資判断に係るプロセスの適切性を含め、運用財産が投資一任契約及び運用ガイドライン等に則り、適切に運用されているか(運用状況の記録を保存しているかを含む。)どうかについて、運用部門から独立した部門により定期的な検証が行われる体制が整備されているか。

⑦ 運用財産の管理について権利者(特定投資家を除く。以下⑦〜⑨までにおいて同じ。)が信託会社等への信託をする場合において、対象有価証券(金商業等府令第130条第3項に規定する対象有価証券をいう。以下⑦〜⑨までにおいて同じ。)に投資する際、信託会社等が対象有価証券の真正な価額を知るために必要な措置として、(i)当該信託会社等が対象有価証券の価額について、当該価額の算出を行う者から直接に通知を受けることを確保するための措置、または、(ii)当該信託会社等が当該対象有価証券の価額について、当該価額の算出を行う者に対し直接に確認することができることを確保するための措置が講じられるよう適切な態勢整備が行われているか。また、投資一任業者が、当該対象有価証券への投資後においても、かかる措置が確保されているかを定期的に確認しているか。

⑧ 運用財産の管理について権利者が信託会社等への信託をする場合において、対象有価証券に投資する際、当該対象有価証券に係る権利を有する者から出資又は拠出を受けた資産に係るファンド監査(金商業等府令第130条第4項に規定するファンド監査をいう。以下同じ。)が行われるよう適切な態勢整備が行われているか。また、投資一任業者が、当該対象有価証券への投資後においても、当該ファンド監査が行われているかを定期的に確認しているか。さらに、投資一任業者がファンド監査に係る外部監査人の選任に関与する場合にあっては、その監査の独立性・実

> 効性の確保に努めているか。
> ⑨ 運用財産の管理について権利者が信託会社等への信託をする場合において、対象有価証券に投資する際、信託会社等がファンド監査の真正な監査報告書等の提供を受けるために必要な措置が講じられるよう適切な態勢整備が行われているか。また、投資一任業者が、当該対象有価証券への投資後においても、かかる措置が確保されているかを定期的に確認しているか。

運用会社では、投資信託の運用における受託者責任を果たすために、運用財産の運用及び管理の適切な業務フローを構築することが重要である。第2章では、運用の業務フローについて、フロント業務(含むフロント・ミドル業務)中心に概観する。

第2章

運用の業務フロー

第1節 運用における業務プロセス

　運用業務では、運用方針に沿った運用目標を達成するために、「投資判断の決定プロセス」と「投資判断の実行プロセス」を日々実施する。

　前者の「投資判断の決定プロセス」は、リサーチ（第3章に記述）とポートフォリオ構築（第4章に記述）に大別できる。後者の「投資判断の実行プロセス」は、トレーディング（第5章に記述）として最良執行を担う。これらの業務フローを実行する体制は、運用会社や運用チームによって、調査・運用・トレーディング機能を組織的に分ける場合もあれば、ファンド・マネージャーがリサーチ活動や売買執行業務を兼ねる場合もある。資産クラス・運用手法・取引手法が多様化するなか、ファンド・マネージャーとトレーダーを分業することにより各プロセスを確実に効率的に実行できる一方、両者間の発注方針や市場の流動性などの情報共有が課題となる。運用パフォーマンスを上げるためには、情報共有を促進するシステムを整備するなど、コミュニケーションを十分にとれる体制を整備することが重要である。

第2節　運用のサイクル

　運用のフロント業務において、PDCA（Plan-Do-Check-Action）のサイクルは、「ポートフォリオの特性値チェックのサイクル」と「運用パフォーマンスチェックのサイクル」に大別できる。

　「ポートフォリオの特性値チェックのサイクル」は、日次である。運用担当者（含む運用チームならびにトレーディング）は、各投資信託で定められた投資方針と投資ガイドラインならびに運用プロセス（Plan）に沿って、資金増減、市場動向、投資戦略変更等に伴う売買案件を作成し執行する（Do）。毎朝、売買案件執行前、売買執行後の各時点において、投資ガイドラインの遵守状況ならびにリスクの取得状況を確認（Check）し、必要に応じた対応を検討し実行（Action）する。

　一方、「運用パフォーマンスチェックのサイクル」は、日次だけではなく、月次ならびに長期のサイクルで実施される。長期サイクルは、運用スタイル等によりさまざまだが、1～3年が主流である。運用方針に沿って運用目標を達成するための運用プロセスを構築（Plan）し、その運用プロセスを実行する（Do）。長期的な運用パフォーマンスを目指す運用方針の投資信託が多いことから、運用実績と要因分析結果を日次、月次で確認することに加え、3年程度の期間の運用実績と要因分析結果を確認（Check）することが必要である。この確認には、運用プロセスに沿った効果測定（例えば、株式の場合では、投資ユニバースの選択効果、組入可能銘柄（エリジブルリスト）選定効果、ポートフォリオ組入銘柄選定効果、組入比率効果等をそれぞれ計測すること）も含まれる。これらの確認結果を受けて、改善案の策定とその検討（Action）を行う。

　これらの運用のサイクルは、株式のアクティブ運用だけのものではなく、パッシブ運用やヘッジファンドを含め、すべての投資信託に共通する。それぞれの投資信託のPlanにおける運用目標、投資範囲、運用プロセスの違いに

より、Checkにおける要因分析や、効果測定において必要なアプローチや手法が異なるだけである。

　これらのサイクルは、運用担当者レベルのみに任せるだけではなく、運用担当部署レベルでも実施することに加え、運用部門から独立した部門により定期的な検証が行われる体制を整備することが、受託者責任を果たすうえで重要である。

第3章

リサーチ

第1節 リサーチの法務

1 インサイダー取引規制

(1) 背　景

　日本のインサイダー取引規制は、1987年に発覚したタテホ化学工業のインサイダー取引事件がきっかけとなり、1988年の証券取引法（以下「証取法」）改正で法制化された。この事件は、タテホ化学工業が債券先物取引による巨額損失を発表する前に同社役員や取引金融機関が同社株式を売却し、損失を回避したというものである。改正前の証取法では不正取引行為の禁止や不当利益の返還請求が規定されていたが、インサイダー取引を取り締まるには十分ではなかった。

(2) 内　容

　このような背景のもと、1988年の証取法改正において、インサイダー取引を禁止する個別規定として190条の2（会社関係者の禁止行為）、190条の3（公開買付者等関係者の禁止行為）が制定された。この条文は、現金商法166条、167条に引き継がれている。

改正により、会社関係者の禁止行為として、上場会社等に係る業務等に関する重要事実を知った者は、当該業務等に関する重要事実の公表がされた後でなければ、当該上場会社等の特定有価証券等に係る売買等をしてはならないとの規定が盛り込まれた。

また、株式公開買付けについても規定されており、上場会社等の公開買付けもしくはこれに準ずる行為の実施に関する事実等を立場上知った者は、当該事実等の公表がなされた後でなければ、当該上場会社等の有価証券等の買付け等をしてはならない、同様に公開買付者等関係者等であって、上場会社等の公開買付け等の中止に関する事実等を立場上知った者は、当該事実等の公表がなされた後でなければ、当該上場会社等の有価証券等の売付け等をしてはならないと規定された。

2　インサイダー規制の強化

(1)　増資インサイダー事件

リーマンショック後の2009～2010年にかけて、大手企業の公募増資等による資本増強が相次いだが、一部の企業で増資発表前に株価が下落するなど不自然な動きがみられた。いくつかの事案について証券取引等監視委員会等の調査が行われ、2012年に公募増資インサイダー取引事案が金融監督当局から相次いで摘発された。また、違反行為者である信託銀行や運用会社に対して課徴金勧告が行われたが、「他人の計算」の場合は報酬額に対して課徴金が課せられることになっていたため、ファンドで得た利益に対してきわめて小さい金額（数万円等）の事例もあり、不正を防止する観点からは課徴金が低過ぎるのではないかとの指摘がなされた。また、インサイダー情報を提供した証券会社は課徴金の対象とされなかったことも問題視された。

(2)　規制強化の内容

一連の増資インサイダー事件を受けて、2012年7月より金融審議会「インサイダー取引規制に関するワーキング・グループ」において、規制の見直し

に向けた検討が行われ、①インサイダー情報の伝達・取引推奨行為に対する規制、②「他人の計算」による違反行為に対する課徴金、③金融・企業実務をふまえた規制、の見直しなどを内容とする最終報告が同年12月に行われた。それを受けて、2013年4月に金商法の改正案が国会で審議され、6月に公布された。資産運用業者の「他人の計算」による違反行為に対する課徴金については、これまでの運用報酬額の1カ月分に運用財産に占める対象銘柄の割合（最大額）を掛けたものから、運用報酬額の3カ月分へ大幅に引き上げられた。また、これまで規定されていなかった証券会社等の違反については、取引を行った者からの仲介手数料の3カ月分（増資に係る売りさばき業務違反の場合は、プラス引受手数料の2分の1）の課徴金が刑事罰に加えて科されることが規定された。

3　法人関係情報

(1)　規制の沿革

　法人関係情報は、証券会社の行為規制等に関する内閣府令（昭和40年11月5日大蔵省令第60号）において、証券取引法に定められた禁止行為の一つである法人関係情報を提供して勧誘する行為、法人関係情報に基づき自己の計算において行う行為の内容として定義されていた。すなわち、法人関係情報は、証券会社が管理すべきものとされていたと解釈できる。2003年には国内系証券で法人関係情報の管理の状況が法人関係情報に係る不公正な取引の防止上十分でないと認められる状況について、さらに2004年にも同様の事案で法人関係情報の不十分な管理により、証券会社に対して処分が行われている。

　法人関係情報の定義は、金商業等府令（金融商品取引業等に関する内閣府令（平成19年8月6日内閣府令第52号））1条4項14号に以下のように規定されている（参照条文、一部省略）。

> 法人関係情報……法第163条第1項に規定する上場会社等の運営、業務又は財産に関する公表されていない重要な情報であって顧客の投資判断に影響を及ぼすと認められるもの並びに法第27条の2第1項に規定する公開買付け（略）、これに準ずる株券等（同項に規定する株券等をいう。）の買集め及び法27条22の2第1項に規定する公開買付け（略）の実施又は中止の決定（略）に係る公表されていない情報をいう。

インサイダー取引規制においては、重要事実として対象となる情報が明確に定義されているが、法人関係情報は内容が具体的に示されておらず、重要事実以外の情報を含む広い概念であると解釈できる。

(2) 金商法以降の変化

重要な変化点となるのは、2006年の金商法の成立（証券取引法改正）である。金融商品取引業等に関する内閣府令（前述）が新たに制定され、これまで主に証券会社を規制対象としていた府令がすべての金融商品取引業者を対象とすることになった。投信・投資顧問業者などにとっては、2012年の公募増資インサイダー事件がこの事実を認識するきっかけとなった。これらの事件を契機として、2012年8月に公表された金融庁の金融商品取引業者等向け監督指針には、法人関係情報の管理が徹底されているかを検証すると明記された。

これらの動きを受けて、投資顧問業協会、投信協会は規定の改訂を行っている。投資顧問業協会は、2013年2月「内部者取引の未然防止についてのガイドライン」を一部改正し、管理すべき対象を法人関係情報とし、会員が社内規定に定めることとした。投信協会は、同様に2013年6月に正会員の業務運営に関する委員会決議を行い、法人関係情報の管理について定められた。

法人関係情報は、金商法で定める重要事実より範囲が広く、具体的な例示や軽微基準もないことから、管理の困難さが予想された。法人関係情報の定義のあいまいさが、後日問題となる事案を発生させ、規制は強化されることとなった。

(3) 外資系証券の処分事例

　証券会社においても法人関係情報の管理態勢の整備が行われており、2010年には日本証券業協会は「協会員における法人関係情報の管理態勢の整備に関する規則」を制定していたが、公募増資インサイダー事件以降、規制の細則ともいえる「『協会員における法人関係情報の管理態勢の整備に関する規則』に関する考え方」を2013年4月に制定し、会員各社に自主規制を促した。

　このような取組みが行われてきたにもかかわらず、一部の証券会社では法人関係情報の管理に不備が認められ、2015～2016年にかけて外資系証券の2社が相次いで行政処分の対象となった。その内容は、当該証券会社のアナリストが、上場会社に対する取材において、公表前の四半期の業績や半期の連結業績予想に関する法人関係情報を取得し、十分に管理が行われないまま営業担当者及び顧客に対して電話や電子メール等によって法人関係情報を伝達し、顧客に対して法人関係情報を公表される前に株式の売買の勧誘を行っていたというものであった。本事案では、未公表の決算期の業績に関する情報の取得とアナリストレポートによらない伝達行為が問題として意識され、日本証券業協会の自主規制規則の改善等に関するワーキング・グループで取材方法や情報伝達のあり方に対する検討が行われた。

　2016年9月には「協会員のアナリストによる発行体への取材等及び情報伝達行為に関するガイドライン」が制定され、アナリストの取材や情報伝達行為が制約を受けることとなった。本ガイドラインは、証券会社のアナリストが守るべきものであるが、その内容は取材してもよい内容とそうでないものを具体的に例示しながら示しており、運用会社のアナリスト等が取材する際のあり方にも大きな影響を及ぼした。

　日本においては、情報の受け手である証券会社、運用会社には規制が行われているが、情報の出し手である企業側には規制がなく、課題として浮かび上がってきた。

　欧米ではフェア・ディスクロージャー・ルールとして、公表前の内部情報

を第三者に提供する場合に他の投資家にも提供されることを確保するルールが定められている。米国では2000年に制定されたSEC規則レギュレーションFDによってフェア・ディスクロージャー・ルールが定められており、アナリストや機関投資家など一部の投資家に対してのみ未公表の情報を開示する選択的開示を行ってはならない。また、EUにおいても2003年の市場阻害行為指令に基づき、各国が法令や規則により同様な規制を行っている。

日本においても同様な規制が必要との認識の高まりを背景に、金融審議会の市場ワーキング・グループ「フェア・ディスクロージャー・ルール・タスクフォース」において検討が行われ、2016年12月に報告が行われた。これを受けて、金商法が改正され、2018年4月に施行された。

【日本版フェア・ディスクロージャー・ルールの概要】（金融庁資料より）
○上場会社等が公表前の重要な情報を投資家、証券会社等に提供した場合、
・意図的な伝達の場合は、同時に
・意図的でない伝達の場合は、すみやかに、
　当該情報をウェブサイト等で公表。
○情報受領者が上場会社等に対して守秘義務及び投資判断に利用しない義務を負う場合、当該情報の公表は不要
○情報伝達者は、企業のIR部門（情報を伝達する職務を行うとされている者）
○情報受領者は、証券アナリスト等の取引関係者（報道機関や取引先は対象外）
・企業戦略に係る対話、工場見学での説明等は対象外

本ルールで対象となる、重要情報の定義は、金商法27条の36第1項に「当該上場会社等の運営、業務又は財産に関する公表されていない重要な情報であって、投資者の投資判断に重要な影響を及ぼすもの」と定められており、「重要な」という文言が入っていることから法人関係情報の定義よりはやや狭い範囲であると解釈できる。また、情報伝達者や情報受領者を一定の範囲内とし、適用対象者を限定している。

第2節　リサーチの実務

1　運用会社のリサーチ

　運用会社におけるリサーチの目的は、運用パフォーマンスに貢献することである。リサーチ活動としては、市場や企業に関する情報取集、定量分析、定性分析、経済・市場・産業・企業動向の予測、考察などが行われる。どのようなリサーチを行うかは、投資哲学・運用方針・運用手法などによる。

　アクティブ運用を行う運用会社では、グローバルな経済動向や個別企業の動向などについて、それぞれの投資哲学に沿った調査体制を構築しリサーチ活動を行っている。このリサーチ活動をポートフォリオマネージャー（運用担当者）が自ら行うケースもあるが、リサーチ専任プロフェッショナルが携わることも多い。そのなかにはエコノミスト、エクイティアナリスト、クレジットアナリスト、クオンツアナリスト等があり、エコノミストは経済予測、金利・為替分析など、エクイティアナリストは産業・企業の調査、経営分析など、クレジットアナリストは信用力（企業の債務返済能力）分析などを行い、クオンツアナリストは過去の市場分析などから将来のリターンが期待できる運用手法を研究する。専任プロフェッショナルの配置により、幅広い資産クラスや個別銘柄へのリサーチ活動が可能となる。

　一般にリサーチ活動を分類すると、マクロ（経済）リサーチ、ミクロ（産業・企業）リサーチに分けられる。この2つのリサーチにマーケット（市場）分析を加えて投資判断を行う場合や、徹底的なボトムアップ運用を標榜しミクロリサーチに特化する場合、トップダウン戦略を付加価値の源泉としマクロリサーチやマーケット分析を徹底して行う場合もある。ミクロリサーチでは、産業の予測に加えて、各企業の業界におけるポジショニング・戦略を分析し、将来の業績を予想する。近年、財務データの分析・予測に加えて持続可能性（サステナビリティ）など非財務情報も重要な要素となってきている。

リサーチの実務においては、マクロリサーチからのアプローチや各企業とのミーティングやヒアリングを重ねて行う定性判断、クオンツで行う定量判断を組み合わせたボトムアップアプローチなど、複数のリサーチの組合せで行われる。

パッシブ運用を行う運用会社も、さまざまなリサーチを行う。

パッシブ運用において、連動した運用成果を目指す対象指数は、各国の株価指数、グローバルな債券インデックスなど、多種多様な時価総額加重型のものが提供されている。さらに、従来の時価総額指数に加えて、非時価総額加重の投資戦略（スマートベータ投資）が浸透しており、次々とスマートベータ・インデックスが開発されている。

パッシブ運用におけるリサーチで重点が置かれるのは、これらの各指数のルールと投資する市場の取引慣行である。各指数の銘柄採用基準や銘柄変更タイミング等を把握するとともに、税制、資本規制や祝日等への対応方法等を認識することが重要である。また、実際の投資においては、各銘柄の流動性やクレジットイベントが大きく影響するため、注意を払う必要がある。

また、アクティブ運用かパッシブ運用かを問わず、スチュワードシップ・コードならびにコーポレート・ガバナンス・コードのもと、建設的な対話、議決権行使、ESG（環境、社会、ガバナンス）にかかわるリサーチ活動も行われており、その重要性は年々高まっている。

2　エコノミストの役割

マクロ経済リサーチを専門とするエコノミストは、世界各国の景気動向や金融・財政政策など経済ファンダメンタルズを調査し、投資判断に資する分析や予測を提供する役割を担う。リサーチ活動としては、各種経済統計の分析、中央銀行など公的機関への取材、証券会社や調査機関の民間エコノミストとの意見交換などが行われる。

マクロ経済リサーチは投資対象とする資産や地域・領域、投資アプローチなどにかかわらず広く投資判断に活用される側面が強い。エコノミストによる調査・分析は、社内レポートとして広く運用者に配信されるほか、エコノ

ミストの投資委員会への参加や日常的な運用チームとの議論を通じて投資判断につながっていく。そのため、世界経済を広くカバーする観点とともに、特定の国（米国、日本など）や地域・領域（欧州、アジア、新興国など）を専門的に担当するエコノミストを配置するなど、リサーチを活用する各運用チームとの関係性を考慮してリサーチ体制を構築することが重要となる。

3　アナリストの役割

(1)　エクイティアナリスト

　運用会社におけるエクイティアナリストの役割は、社内のポートフォリオマネージャー（運用担当者）とともに顧客のための付加価値の創出に貢献することである。

　一般的なアナリストの仕事のイメージは、企業取材などの情報収集と分析、レポート発信などであるが、運用会社のアナリストは、ポートフォリオマネージャーのポートフォリオに実際に推奨銘柄が組み入れられるなどして運用パフォーマンスに貢献することが求められる。例えば、「業績見通しが悪いにもかかわらず株価が割高な企業の株式を売却し、業績見通しが良く割安な企業の株式の投資比率を増やす」といった投資推奨を行う。その際、独自の業績見通しをもつことや市場関係者のコンセンサスと比較した判断も必要となる。

　そのためにエクイティアナリストは、財務諸表の分析をはじめ、企業関係者や産業の専門家に対する取材活動などを通じて、企業の中長期ファンダメンタルズを深く理解することが重要となる。また、それらに基づき、ポートフォリオマネージャーに投資判断のための材料を提供すること、自らの判断に基づく投資アイデアを提供すること、証券会社など社外から提供された投資アイデアを検証することなどの役割が期待されている。

　さらに、昨今、スチュワードシップ・コードならびにコーポレート・ガバナンス・コードのもと、企業との建設的な対話が注目されている。議決権行使やESG調査を行う責任投資担当者とも連携しながら、企業価値向上のた

めに企業に働きかけていくこともエクイティアナリストの役割として期待されている。

(2) クレジットアナリスト

社債発行企業の信用力（クレジットリスク）に関する調査・分析を専門とするクレジットアナリストは、社債等の銘柄選択に資する個別企業の分析や信用力評価を提供する役割を担う。株式アナリストと同様に財務諸表の分析や企業訪問などを通じてリサーチ活動を行うが、分析や評価の観点は大きく異なる面がある。株式投資における企業の評価では収益性や成長性などが重視されるのに対し、社債投資における企業の評価では債務返済能力が重視される。

社債投資の投資判断には、信用力の評価、社債価格の評価（バリュエーション）、組入判断（保有ウェイトの決定）といった段階があるが、運用者とクレジットアナリストの役割分担は運用スタイルなどによって異なる。クレジットアナリストが、信用力の評価を中心に担う場合から、保有ウェイトの推奨まで行う場合まである。しかし、運用者とクレジットアナリストの関係は総じて密接で、クレジットリサーチ機能を独立した部署としているか否かにかかわらず、社債投資を行う運用チームと一体的に運営している運用会社が多く、専任のクレジットアナリストを置かず運用者がアナリストを兼ねている例もある。

(3) クオンツアナリスト

クオンツとは、Quantitative（数量的、定量的）から派生した言葉で、クオンツアナリストは、高度な数学を駆使する金融工学のスペシャリストである。株価等の市場データや企業業績の推移などの情報をもとに、統計的・科学的な考え方を用いて、株式や債券などの投資対象を分析し、将来を予測する運用モデルを構築する。

現在、資産運用のさまざまなプロセスでクオンツ分析が用いられており、クオンツ運用にとどまらず、アクティブ運用を支える基盤としても活用され

ている。さらに、フィンテックやAI技術の進展により、その活躍分野が拡大している。

4　アナリストとポートフォリオマネージャーとの関係

　アナリストとポートフォリオマネージャーの関係は、運用会社によって異なる。

　1つの投資哲学・投資戦略で運用する運用部の部付きアナリストとしてリサーチを担当する場合もあるが、異なる投資戦略やスタイルの異なる運用チームが並列している運用会社では、独立した調査体制が選択される場合もある。運用チームが主体となってポートフォリオを構築する場合もあれば、アナリストがモデルポートフォリオや推奨リストを提示し、その範囲内でポートフォリオマネージャーが銘柄選択を行うようなかたちもある。

　単一の運用スタイルなのか複数の運用スタイルに対応するかによっても異なる。例えば類型の一つとして、1人のエクイティアナリストがカバーしている銘柄のなかから、より高い比率を保有すべきと推奨する企業を「オーバーウェイト」、ベンチマークである東証株価指数における構成比が大きいが保有すべきではないあるいは保有比率を低くすべき企業を「アンダーウェイト」、といった投資判断を示し、ポートフォリオマネージャーが、ポートフォリオ全体のリスク・リターンを考慮しポートフォリオ構築を行うような形式が考えられる。

　ポートフォリオを構成する銘柄を選定する投資委員会のような形式を用いて、アナリストが委員会に対して提案するという方法もある。また、ボトムアップアプローチで運用するタイプのポートフォリオマネージャーであれば、自らの投資アイデアをアナリストとディスカッションすることでその妥当性を判断するという投資プロセスの場合もある。

　運用会社のアナリストは、ポートフォリオマネージャーといわば同じ船に乗っており、正確な業績見通しや投資アイデアの提供に加えて、投資判断の材料提供など幅広いニーズに応える高いレベルのコミュニケーションが求められる。特に、独立した調査体制におけるポートフォリオマネージャーとア

ナリストの情報共有は重要であり、朝会や運用チームとのミーティングによって投資オピニオンの共有が行われる。さらに、アナリストレポートを共有できるツールを用いること等により、社内の多くのポートフォリオマネージャーに対して同時にオピニオンを伝えることを工夫している場合もある。

第4章

ポートフォリオ構築

投資哲学や運用方針を実現するために、「投資判断の決定プロセス」として、リサーチに基づき投資戦略を策定し、投資する資産・銘柄を選択したうえで、各資産・銘柄の投資比率を決定する。本章では、このプロセスを順に説明しているが、それぞれが相互に影響しており、実際のポートフォリオ構築においては、ポートフォリオ全体のリスク／リターンを考慮し判断している。

第1節 投資戦略の策定

「投資判断の決定プロセス」として、リサーチに基づき、投資戦略を策定する。投資戦略は、一般的にトップダウン戦略とボトムアップ戦略に分けられる。

トップダウン戦略では、例えばマルチアセット運用においては、グローバルな投資テーマを定めたり、相対的に魅力のある資産クラスや投資地域を決定したりすることで、重点的に投資すべき投資対象や取得すべきリスクを明確にする。債券運用では、グローバルな金利動向をふまえたデュレーション戦略の方針、相対的に金利水準への魅力が高い国や地域、投資の魅力度が高いセクター、などを判断する。株式運用では、より割安な業種やより業績向上が期待される業種を選択したり、リスク配分を高くすべきファクターを決

定したりする。

　ボトムアップの投資戦略では、例えば株式運用の場合、財務データや流動性指標により組入対象銘柄を絞ったり、投資ユニバースの銘柄ごとに魅力度を表すレーティングを付与したりすることで、ポートフォリオへの組入対象銘柄を絞り込む。債券運用では投資可能発行体リストを作成したり、投資不可銘柄を選別したりすることに加え、業種や格付ごとに相対価値の高い銘柄リストを策定する。

　ここで掲げた投資戦略として決定する方法は一例であり、それぞれの運用会社、運用チーム、投資信託の運用スタイルによって、それぞれのアプローチがある。また、時代の変化や金融技術の発展のなかで、投資哲学や運用方針を達成するためのプロセスは、常に見直され変化する。運用会社にとって、運用における一貫性を保ちながら、どのように運用成果向上のためにプロセスを改善していくかは、常に重要な課題である。

　上記のようなトップダウンやボトムアップの投資戦略について、それぞれ独立して策定し各ポートフォリオを決定する時点でその組合せや配分を決める場合と、各投資戦略間の相関や全体のリスクを考慮し戦略の配分を含めた投資戦略を策定する場合がある。同じ投資哲学や運用方針のもとで、投資制約が大きく異なる投資信託を運用する場合は前者に、投資制約も含め商品性を共有して運用している場合は後者となる。

　さらに、このようなトップダウンとボトムアップの投資戦略を明確に策定する運用会社や運用チームがある一方、トップダウン的な投資戦略を策定せず、個別銘柄の選別に特化する運用会社や運用チームもある。

第2節　資産選択・銘柄選択

　「投資判断の決定プロセス」として、策定された投資戦略を具体的なポートフォリオにするためのステップとして、投資する資産と組入銘柄を決定する。

例えば、主として日本の株式に投資する投資信託でも、組入資産が日本株式100%とは限らない。分配や解約に備えて一部を短期資金に資産配分する一方、株式市場への連動性を維持するためにTOPIX先物でロングポジションを保有する場合がある。つまり、投資する資産として、日本株と短期資金とTOPIX先物ロングを選択し、その比率を決定する。そのうえで、策定したトップダウン戦略やボトムアップ戦略に沿って投資する銘柄を選定する。

　グローバル債券に投資する投資信託では、投資するカテゴリーを決め、その投資カテゴリーにおいて組み入れる銘柄を選択する。ここでいうカテゴリーは、ある国のあるセクターのある年限のことである。例えば、「米国のA格事業債の年限7～11年」や「フランスの国債の年限1～3年」といったカテゴリーに属する投資可能発行体リストから、流動性やバリュエーションを考慮して銘柄を選択する。

　日本株のパッシブ運用では、ベンチマーク構成銘柄のすべてを組み入れることが多いが、クレジットリスクの台頭から市場の流動性に大きな懸念が生じた銘柄を除外するという判断をすることがある。

　実際に投資する資産と組入銘柄を決定する際には、それぞれの投資信託の投資制限、資産規模、設定解約の傾向等を考慮したうえで行う。

第3節　投資比率の決定

　「投資判断の決定プロセス」の次のステップにおいて、選択した資産ならびに個別銘柄の投資比率を決定する。最適化モデル等を用いて、第2節の資産選択ならびに銘柄選択と同時に投資比率を決定する場合も多い。

　株式の場合では、「ベンチマークの投資比率に近づける」「ベンチマークの投資比率に対するオーバーウェイト幅を決める」「ベンチマークの投資比率に関係なく等金額に投資する」「ファンダメンタル指標を利用して投資比率を決める」「個別銘柄の投資比率上限だけを決めて、リスクモデルで算出する」など、それぞれの運用プロセスに沿った手法でポートフォリオを決定す

る。

　債券の場合では、債券種別ごとに投資比率上限を定め、イールドカーブ戦略やセクター配分戦略を適切に反映するよう最適化し、ポートフォリオを決定する。

　このプロセスにおいて、策定した投資戦略に沿ったポートフォリオのリスクを確認するとともに、そのポートフォリオに変更する場合のコストを検討する。適切なリスク量か、意図したリスクの種類か、リスク分散されているか、流動性に問題ないか、など、個別銘柄のリスクを含めて確認することになる。

　策定したポートフォリオに課題があると判断した場合には、第1節の「投資戦略の策定」や第2節の「資産選択・銘柄選択」のステップに戻る。戦略の見直しや投資銘柄の再検討を行い、さらに必要に応じて、新たな切り口でリサーチを実施したうえで、再度ポートフォリオを決定する。新規に投資信託を設定する場合を除いて、既にポートフォリオが存在しているため、設定解約、市場の変化、投資戦略の変更等に伴うポートフォリオの変更について、売買等に係るコストを考慮したうえで反映させることになる。

第4節　事前フロントチェック

　決定に沿ってポートフォリオを組み替えるために、売買案件を作成する。この作成した売買案件を市場で執行する前に、運用者が実施するステップが、事前フロントチェックである。

　ここでの事前フロントチェックは、主としてオペレーショナルリスク（事務リスク）を意味している。このチェックにより、例えば、売りと買いの間違いや買付数量の間違い等を防いだり、受渡日の違いによるキャッシュショートを回避したりする。また、組換え後のポートフォリオが、投資ガイドラインに抵触しないか、適切なリスク水準に収まっているかについても確認する。最終的に、売買シミュレーション後のポートフォリオにおける各種

リスク指標を計測し、意図したリスクを反映したポートフォリオになっていることを確認する。

投資信託は、さまざまな投資家のニーズに応えるために、投資対象の国・地域や資産クラスが拡大し、取り扱う通貨やデリバティブも増えている。一方で、投資対象国や市場ごとに取引ルールや商慣習が多数存在している。決済までの日数が異なったり、最小売買単位が違っていたり、休日等取引できない日があったりするため、さまざまなことを確認する必要がある。

また、ファクター投資の浸透やリスク管理の高度化等から、投資比率や投資対象の管理に加えて、ファクターエクスポージャー（感応度）やVaR、流動性指標など、チェックすべき項目が多様化してきている。

取り扱う資産クラスや通貨やデリバティブが増加するなか、適切にポートフォリオ構築を遂行するためには、システム対応や人材育成を強化することの重要性が高まっている。

この事前フロントチェックの後、「投資判断の実行プロセス」としてトレーディングを行う。

第5章

トレーディング

第1節 トレーディングに関する法務

1 フィデューシャリー・デューティーの徹底

 顧客資産の運用に係る者は誠実かつ公正に業務を遂行することにより、各々が負っているフィデューシャリー・デューティーを果たさなければならない。金商法下の投資信託業務における投資運用業者のトレーディング業務の執行においては、その行為規範は金商法42条1項及び2項に規定されている「忠実義務」「善管注意義務」の遵守にとどまらず、潜在的な利益相反が生じることを未然に防止するものでなければならない。

2 禁止行為

 金商法42条の2第1号〜第7号には、「禁止行為」が規定されているが、日常のトレーディング業務にどのようなかたちでかかわってくるのであろうか。具体的に、いくつか例を取り上げてみたい。

(1) 運用財産相互間取引について

 金商法42条の2第2号の運用財産相互間取引、いわゆる対当売買に係る規定では、顧客（受益者）の公平な取扱いを害するおそれのある利益（あるい

は損)の付替え等を原則的に禁止している。

同じ運用機関において、同一有価証券の取引について、ファンド間でのクロス取引を成立させることは、同一有価証券の投資裁量において正反対の投資判断を下したということであり、一方のファンドの受益者には利益を、他方の受益者には不利益をもたらすおそれがあるという利益相反に当たると、外形的に判断される可能性がある。

ただし、運用財産相互間取引の禁止の適用除外となるものが金商業等府令129条に定められている(1項においてはその概要を、2項及び3項には、対象となる取引とそれらが売買される公正な価額について定めている)。

金商業等府令129条1項(概要)
① 次のイ、ロのすべてを満たす取引を行うことを内容とした運用を行うこと
 イ　次のいずれかに該当するものであること
  (1)　運用財産の運用を終了させるために行うものである場合
  (2)　投資信託または外国投資信託の受益証券に係る解約金の支払に応ずるために行うものである場合
  (3)　法令または契約上の投資制限を超えることを回避するために行うものである場合
  (4)　双方の運用財産について、運用の方針、運用の額及び市場の状況に照らして当該取引を行うことが必要かつ合理的と認められる場合
 ロ　公正な価額により行うものである場合
② 次のイ、ロのすべてを満たす取引を行うことを内容とした運用を行うこと
 イ　個別の取引ごとに双方の運用財産のすべての権利者に当該取引の内容及び当該取引を行おうとする理由の説明を行い、当該すべての権利者の同意を得たものであること
 ロ　次のいずれかに該当するものであること
  (1)　取引所金融商品市場または店頭売買有価証券市場における有価証券の売買
  (2)　市場デリバティブ取引または外国市場デリバティブ取引
  (3)　前日の公表されている最終の価格に基づき算出した価額またはこれ

に準ずるものとして合理的な方法により算出した価額により行う取引
③④　省略
⑤　その他投資者の保護に欠け、もしくは取引の公正を害し、または金融商品取引業の信用を失墜させるおそれがないと認められるものとして所管金融庁長官等の承認を受けた取引を行うことを内容とした運用を行うこと

　この運用財産相互間取引については、従来においては「意図性」の有無で適用除外が規定されていたものが、「必要かつ合理的と認められる場合」に変わった。この「必要かつ合理的と認められる場合」について、金融庁監督指針（金融商品取引業者等向けの総合的な監督指針）が一部改正（2014年12月1日から適用）され、Ⅵ－2－3－1にある「(2)　取引の執行」の③運用財産相互間における取引で、以下のように記載されている。

　　　投資信託委託会社等が運用財産相互間取引を行う場合に、顧客間における公平性の確保及び顧客に対する最良執行義務又は忠実義務上の要請が満たされている場合をいうところ、運用財産相互間取引を行う両ファンドそれぞれにおける当該「売り」又は「買い」の投資判断に必要性・合理性があり、かつ、当該投資判断に基づく最良執行のために運用財産相互間取引が行われる（又は最良執行のために行った取引が結果的に運用財産相互間で対当する）場合は、これに該当する。
　　　投資判断の必要性・合理性の有無の判断に当たっては、各ファンドの投資方針・投資計画（投資信託委託会社等がリスク管理等の観点から社内で設定している投資制限を含む）、ファンドの解約・設定に伴う資金の流出入（各ファンドのポートフォリオ維持のために売買を行う必要性等を含む）等の事情が考慮される。
　　　他方、最良執行の観点からは、取引の価額に加えて、取引コストやマーケットインパクト軽減等の事情が考慮される。
　　　こうした観点からすれば、以下のような取引についても、ファンド間の公平性・公正な価格形成が図られており、「必要かつ合理的と認められる場合」に該当すると考えられる（ただし、これらは例示に過ぎず、当該例示に限られるものではない。）。
　　　イ　異なるファンドマネージャーの投資判断に基づく売りと買いの注文についてトレーダーが執行する取引（当該銘柄に係る流動性等を勘案して価

形成に影響を与えるおそれが無く、かつ、同一トレーダーによる取引の場合は、当該トレーダーに執行についての裁量が与えられていないもの。）
ロ　寄付前に、売りと買いの注文の双方を成行注文で発注する取引（当該銘柄に係る流動性等を勘案して、価格形成に影響を与えるおそれの無いもの。）
ハ　ザラ場における売りと買いの注文について、その発注時刻に相当程度の間隔がある取引（当該銘柄の流動性等を勘案して、価格形成に影響を与えるおそれの無いもの）
ニ　契約又は信託約款等の規定に基づきシステム的に運用するインデックスファンドに係る取引等（括弧内はロ．と同じ）
ホ　個別の取引に係る発注のタイミング及び価格等が、投資信託委託会社等以外の第三者に委ねられることとなる、VWAP取引や計らい取引等（括弧内はロ．と同じ）
ヘ　銘柄数が少ないため、同一銘柄の注文を避けることが困難な先物取引等（括弧内はロ．と同じ）

　この改正におけるキーワードは、「最良執行のために行われるもの」であるということである。もちろん個別事例ごとに「実態に即して実質的に判断されるべき」ではあるが、画一的な解決策がないなかにおいて、投資信託委託会社が、フィデューシャリー・デューティーを果たすうえで、顧客本位の業務運営、すなわち、最終的な資金提供者・受益者の利益を第一に考えた業務を行うべきとのプリンシプルが根底にある。
　そのために投資信託委託会社は、最良執行方針を確立させるだけでなく、システム面での整備及び管理部門等が適切に検証できる体制を構築する必要がある。

(2) 親法人等子法人等との取引

　いわゆる利害関係人との取引であるが、改正前の投信法や同法施行規則及び廃止された投資顧問業法ならびに同法施行規則においては、主として「利害関係人」が用いられていたが、金商法では、証券取引法で使われていた「親法人等・子法人等」が使用されている。この「親法人等・子法人等」の

定義及び意味・内容については、金商業等府令32条～34条や、金商法施行令15条の16第3項～第5項などを参照されたい。

親法人等子法人等との取引に関しては、金商法44条の3第1項にその禁止行為が挙がっている。

> **親法人等又は子法人等が関与する行為の制限（金商法44条の3第1項）**
> 　金融商品取引業者又はその役員若しくは使用人は、次に掲げる行為をしてはならない。ただし、公益又は投資者保護のため支障を生ずることがないと認められるものとして内閣総理大臣の承認を受けたときは、この限りでない。
> ① 　通常の取引の条件と異なる条件であって取引の公正を害するおそれのある条件で、当該金融商品取引業者の親法人等又は子法人等と有価証券の売買その他の取引又は店頭デリバティブ取引を行うこと
> ② 　当該金融商品取引業者との間で2条8項各号に掲げる行為に関する契約を締結することを条件としてその親法人等又は子法人等がその顧客に対して信用を供与していることを知りながら、当該顧客との間で当該契約を締結すること
> ③ 　当該金融商品取引業者の親法人等又は子法人等の利益を図るため、その行う投資助言業務に関して取引の方針、取引の額若しくは市場の状況に照らして不必要な取引を行うことを内容とした助言を行い、又はその行う投資運用業に関して運用の方針、運用の財産の額若しくは市場の状況に照らして不必要な取引を行うことを内容とした運用を行うこと
> ④ 　①～③に掲げるもののほか、当該金融商品取引業者の親法人等又は子法人等が関与する行為であって投資者の保護に欠け、若しくは取引の公正を害し、又は金融商品取引業の信用を失墜させるおそれのあるものとして内閣府令で定める行為

上記④に関しては、金商業等府令153条1項1号～15号に各禁止行為が挙がっている。トレーディング業務に係わる、主な禁止行為を拾ってみる。

> **金商業等府令153条（概要）**
> ・1号……通常の取引の条件と著しく異なる条件で、当該金融商品取引業者の親法人等または子法人等と資産の売買その他の取引を行うこと

- 6号……有価証券（国債証券、地方債証券ならびに政府が元本の償還及び利息の支払について保証している社債券その他の債券を除く）の引受人となった日から6月を経過する日までの間において、当該金融商品取引業者の親法人等または子法人等に当該有価証券を売却すること（ブックビルディング方式により発行される場合を除く）（弊害防止措置）
- 12号……当該金融商品取引業者の親法人等または子法人等が有価証券の引受けに係る主幹事会社である場合において、当該有価証券の募集または売出しの条件に影響を及ぼすために、その行う投資助言業務または投資運用業に関して実勢を反映しない作為的な相場を形成することを目的とした助言や取引を行うこと（作為的相場形成）

　ほかに、「親法人等子法人等」である引受人のための引受しこり玉（募残）の取得禁止（13号）や発行者等に関する非公開情報の授受の制限（7号）等が盛られているが、15号に、「何らの名義によってするかを問わず、法44条の3第1項の規定による禁止を免れること」と結んでいる。

　親法人等・子法人等という関係においては、ここに取り上げた例示に限られるものではない。関係会社等との取引においては、より厳格な法令の遵守が求められるのはいうまでもないが、最終的な受益者に対し透明性を向上させ、説明責任を全うするという点においては、その他の金融機関との取引も同様である。

　禁止行為自体は、投資家保護、公正な取引及び金融取引業の信用維持を阻害する行為という着眼点から規定されているが、フィデューシャリー・デューティーという観点からは、その禁止行為にとどまらず、ファンド運営の独立性を担保する体制を構築し、さまざまな利益相反を回避していかねばならない。

　次節以降は、トレーディング業務を行うための根幹である、「最良執行」について、触れていきたい。

第2節　最良執行（ベストエグゼキューション）

1　最良執行とは

　2017年6月に発表された「金融商品取引業者等向けの総合的な監督指針」Ⅵ－2－3－1(2)における取引の執行に関して、「投資信託委託会社等は、取引の執行に当たり、取引価格、その他執行コストを総合的に勘案して、最も権利者の利益に資する取引形態を選択することが求められている」と明記されている。

　最良という言葉は、主観に基づく判断が入り込む余地があり、それゆえに「最良執行」も各投資信託委託会社個社における設備投資、人員構成、及び、取引相手の状況等に影響を受けるものである。また、不測の市場変動も想定されるため、取引時点における最善の選択が、最高の結果とならない可能性もある。つまり、投資信託委託会社にとっての「最良執行」とは、最も権利者の利益に資するとの意識を強くもって行動することが求められる規範にほかならない。

　野村アセットマネジメントにおける「最良執行」は、「顧客並びに受益者の為に、売買を可能な限り優位な条件で執行すること」と定めている。これは、手数料などの明示的なコストだけでなく、マーケット・インパクト等の見えないコストをも最小化すると同時に、運用スタイルとの整合性、時間、取引数量などの要素も勘案し、運用プロセスとしての総合的な「執行コストの最小化」を図ることを目的としている。すなわち、単純に結果だけでなく、実現するまでのプロセスをより重視し、①執行スケジュールの策定、②執行方法と発注先の選択、③事後における執行コストの分析の積重ねこそが、最終的にベストプラクティスを導き出すものであると考えている。

2　ブローカーの選定と評価

　投資信託委託会社においては、取引ブローカーの選定や評価を行うための組織体を有していることは必須である。その目的は、取引ブローカーの選定までのプロセスの透明性、合理性の確保をもって運用パフォーマンスの向上に資することである。加えて、近年のハードウェアの進化による金融技術の発展と、取引に絡んだ各種規制緩和や制度変更が、執行方法の複雑化と取引ブローカーの執行能力の差別化をもたらしており、それら急速な環境変化を適切にとらえる必要がある。

　それぞれの資産とその取引慣行により、重きを置く要素は異なっているものの、トレーディング業務において、取引ブローカーに求める要素は以下に集約されると考えられる。

① 執行体制及び執行能力
② 流動性提供能力
③ 価格競争能力
④ 事務処理能力及び証券決済能力
⑤ 手数料
⑥ 制度対応能力

　①に関しては、ロータッチトレーディング（証券会社のトレーダーが運用会社の注文に関与しない取引形態）が主流の現在においては、電子取引ネットワーク（ECN）への取組みの状況、SOR（Smart Order Routing）及びアルゴリズム取引のストラテジーの質といったことが基準となろう。②について、株式では、個社がもつダークプールの質と量に大きく依存しており、さまざまな属性の主体を取り込んでいるかが鍵となり、これらは多額の資本が必要とされる装置産業としての役割が大きい。

　③は、取引所を通さずに相対で行う、プリンシパル取引における価格提示能力を指している。

　一方で、④⑥に関しては、2008年のリーマンショック以降、決済リスクに対する意識の高まりから、従前以上にSTP（Straight Through Processing）化

とCCP（Central Counterparty＝中央清算機関）を利用した決済の促進が図られており、フロント・バックの両サイドにおいて行う戦略的なシステム投資能力が明暗を分ける可能性がある。

また、取引ブローカーの評価という点に関して、従来は執行能力とリサーチサービスを一定の比率で加重した評価方法を採用していたが、個社間の執行能力の差別化が拡大していく場合、その評価方法自体を区分していかなければ、最良執行との矛盾を抱える可能性がある。

既に、海外における事例として、EUのMiFIDⅡ（The Markets in Financial Instruments DirectiveⅡ：第2次金融商品市場指令）は、現行の手数料に内包される、取引執行に係る執行手数料とリサーチサービスの明確な分離を求めており、今後は、各々の機能性に基づいた取引ブローカーの選定と評価へとシフトしていくものと思われる。

3　執行コスト分析

現在、運用会社で推計される執行コスト分析は、インプリメンテーション・ショートフォール法（以下「IS法」という）といわれる考え方が主流である。これは、2000年12月にRobert AlmgrenとNeil Chrissによって発表されたレポート『Optimal Execution of Portfolio Transactions』を起源としており、実際に売買執行が行われて得られた実現ポートフォリオの価値（実績コストベース）から、取引の意思決定の瞬間にまったくコストを伴わずに約定できたと想定した場合の仮想ポートフォリオ価値を差し引いた「差」をImplicit Cost（潜在コスト）としてとらえる方法である。この実績執行コストとは、換言すれば、売買委託手数料、税金はもちろん、マーケット・インパクト、タイミング・コスト、さらには機会コストなどあらゆる要因が含まれるトータル・コストを意味している。

執行コスト分析は、現在は、どの情報ベンダーを利用しても、比較的安価な価格で分析を行うツールが装備されており、運用プロセスにおける必須条件として位置づけられている。得てして、事後分析に使われると思われがちであるが、事前分析と事後分析を行うことで、はじめて意味をなすものであ

るといえよう。

　事前分析は、執行戦略を策定するために利用するが、売買にはポートフォリオのリバランスに限らず、設定・解約等の資金要因等、さまざまな目的があり、その目的に応じた当該案件の執行戦略をつくる必要性がある。さらに、運用スタイルや、運用資産規模がもたらす市場出来高に対する関与率により、同じ銘柄といえども、複数の執行スケジュールが存在する。ポートフォリオ構築にあたっては、推定リターン、推定リスクを組み合わせることで最適なポートフォリオウェイトが決定され、そのウェイトを実現するために、どのような執行スケジュールと執行方法を練るべきか、ということを導き出すのが事前分析のもつ意味である。

　しかしながら、事前分析の時点においては、実際の執行時における株価変動はコストとして含まれておらず、また、当日中にポートフォリオが構築できるとも限らない。実務においては、事前分析とは、推計コストと株価変動を勘案したうえで、実際にどの程度の実績コストまでを許容できるか、言い換えれば、実績コストを支払ってでも、享受すべき推計リターンであるかを判断することにある。

　一方で事後分析は、事前分析に基づき、投資アイデアを実際のポートフォリオに転換する過程で発生した実績執行コストを、「銘柄・数量の選択」「売買タイミングの選択」「執行方法の選択」のいずれかの要因に分解しその検証を行うことを目的としている。すなわち、どの要因に帰せられるのかを分析し、トータル・コストを最小化させるために、トレーダーが選択した執行方法及びタイミング・コストが適切であったのか、さらに改善させるには、どうすべきかを検証し続けることが重要となる。

　図表Ⅴ-1にコストの計測方法の図を示したが、見えざるコストとしてのマーケット・インパクト及びタイミング・コスト（発注遅延などに起因する価格変動に基づく発生費用）、そして機会費用（実際には約定に至らなかったことにより発生するコスト）などの変動コストが、7～8割前後と高いウェイトを占めると推測されている。運用会社にとって、この見えにくいコストをどう計測し・把握し、受託者責任を果たすうえでの最良執行義務を履行してい

図表Ⅴ-1　執行コスト計測手法の現状

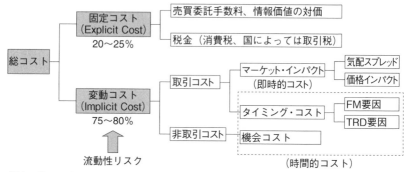

（注）　総コストがコンセンサスを形成。ただし、IS法をコアに細部の定義については依然議論中。
（出所）　野村證券金融経済研究所

くのか。執行コスト計測技術の進歩やアルゴリズム取引といった執行手法の進展を含めて、運用会社のこの面での早急な対応が求められている。

　運用パフォーマンスとは、各資産へのアロケーション効果と資産ごとの銘柄選択効果と取引効果の相乗効果によってつくりあげられるものであり、執行方法とブローカーの選択は、たとえてみれば、デッサンされたキャンバスにどの色を使い絵画を完成させるかということのようなものである。

　バイサイドトレーダーは、最良執行のプロセスを行うにあたり、まず、ファンドの商品性や規模を理解していること、市場において活用されている各種指数を熟知していること、個別銘柄の特性を体得していることが大前提であり、そのうえで、売買される案件が、既存のポートフォリオにとってどの程度の影響を与えるものかを把握する必要がある。また、実際の執行の際は、他の取引参加者の売買が反映され、必ずしも推計されたモデルどおりに価格形成されるとは限らず、その場合には、ボラティリティを抑えるための必要なリスクをとることで、執行コストの最小化に努めなければいけない。これらが、すべて適切に実行されることで、はじめてポートフォリオというアートが完成するのである。

第3節　トレーディングに関する実務

1　株式等（株券・REIT・ETF）の取引

　一口に株式等の取引の実務といっても、それが日本の金融商品取引所に上場する金融商品の取引であるのか、海外の金融商品市場における金融商品の取引であるのかによって、着眼点は大きく異なる。前者は当然のことながら、日本人にとって最もなじみが深く、かつ、世界的にもインフラが整備された市場における取引であり、取引価格に対して主眼が置かれるのに対し、後者は、各国のレギュレーション、タイムゾーン、祝祭日を考慮した決済サイクル、決済方法等、さまざまな制約を受けることとなり、取引価格のみならず、証券が受渡し・決済されるまでの多岐にわたるプロセスそのものに主眼が置かれることとなる。本節においては、前者のうち、東京証券取引所における株式等の取引について触れていくこととする。

　上場されている株式等には複数の執行方法がある。時間優先、価格優先の原則をもとにオークション方式で売買が成立する立会内取引が最も一般的な執行方法であるが、そのほかにも取引所を介した立会外取引や、取引所を介さずに売買する取引所外取引がある。

　立会外取引は、1998年より開始された取引手法であるが、売り手と買い手が価格と数量を当事者間で合意のうえで執行される取引、もしくは取引所が取り決めた価格（終値など）で執行される取引であり、ダークプールにおける約定、大口取引、バスケット取引等に利用されている。立会内取引、立会外取引を含めると、株式等の売買の90％以上が東京証券取引所において執行されている。

　取引所外取引は日本証券業協会の定める自主規制規則である「上場株券等の取引所金融商品市場外での売買等に関する規則」にのっとって売買される取引であり、PTS（Proprietary Trading System）といわれる私設取引システ

ムでの執行、約定報告のほか、取引所を介さずに相対で成立する取引の総称である。

立会内取引、立会外取引、PTSにおける共通点は、日本証券クリアリング機構（JSCC）というCCPを通じて決済が行われるという点にある。投資家、証券会社の双方は、CCPであるJSCCにおいて決済することで、決済リスクの低減を図っている。

実際の執行における実務上の要請としては、a drag on investment performance（パフォーマンスの毀損要因）とならないこと、すなわち前述したトータル・コストをどこまで最適化あるいは極小化できるかということに尽きる。トレーダーは通常、ある注文を前にしたとき、執行コストと流動性の確保を鑑みて執行戦略を決める。主として、欧米で発展してきたトレーディングにかかわるテクノロジーや取引手法、代替執行市場などはいずれも、この問いに答えるべく編み出されてきたものであり、複数の取引所や代替市場において取引が可能であり、そこにおける市場間競争が、取引を活発化させてきた経緯がある。これに対して、ほぼ単一市場により構成されている日本の株式市場は、Fragmentation（市場の分断化）が起きないという側面を持ち合わせているため、欧米のような自由度がない。執行戦略とは、どちらかというとバスケット取引における証券会社の価格競争力、各社のもつダークプールにおける流動性供給能力、及びアルゴリズム取引におけるストラテジーの質といった証券会社間の競争へと結びつき、かつ、それら自体が取引所の制度変更に依存するという特徴を有している。

2016年5月より審議・検討された金融審議会「市場ワーキング・グループ」では、「我が国においても、市場間競争により期待されるイノベーションの喚起や利用者のニーズに合った取引手法の提供促進といった効果が一定程度認められ、市場間競争の意義は今日においても失われていないと考えられる。他方、取引所取引と取引所外取引が全体として我が国の市場を構成していることを踏まえれば、取引所とPTSが適切に連携することにより、市場全体として、公正性や透明性を確保することが重要である」と報告されているように、今後は、単に日本国内での市場間競争としてとらえるのではな

く、本来の目的である成長戦略の歯車の一つとして、アジア諸国・地域を意識しながら、国際的により競争力を持ち続けるための施策を、官民あわせて策定していかなければならない。

2　アルゴリズム取引

　アルゴリズムとは、コンピュータシステムがストラテジー（ロジック）に基づき、株価や出来高に応じて自動執行する執行形態である。執行戦略に応じて、証券会社が提供する複数のストラテジーやカスタム・ストラテジーを選択し、パラメーターを設定する。トレーダーは、自分の注文をプログラムが執行するのをリアルタイムでモニタリングし、マーケットの動きにあわせてアルゴリズムの注文条件やストラテジーを訂正あるいは取り消す。アルゴリズム取引は、当初は米国の機関投資家を中心に広まり、日本の機関投資家にも普及している。現在は、図表Ⅴ-2の分類にあるようにさまざまなストラテジーがある。

　アルゴリズム取引のメリットとして、①低コスト、②マーケット・インパクトの軽減、③執行の効率化などが挙げられる一方、デメリットとして、①大口のブロック・トレードに不向き、②ドラスティックなマーケットの変化に対応が困難、③流動性の細分化を助長する（反対の見方もある）、といった点が指摘されている。コンピュータの処理速度が飛躍的に向上したことで投

図表Ⅴ-2　各種アルゴリズムモデルの一例
ストラテジー　発注手法

VWAP	過去の平均的な日中出来高分布に応じた割合で分割執行する。
TWAP	均等に分割して等間隔で執行する。
IS	取引コストが最小になるような最適な速度で分割執行する。
POV	日中の市場出来高に対する関与率が常に一定となるよう執行する。
Iceberg	指値に分割した小口株数を自動で補充し続ける。
Pegging	最良気配値に分割した小口株数を自動で追随し続ける。
Stealth	反対サイドに指値が提示された瞬間にすべて約定する。

資家の執行パフォーマンスへの要求もますます高まり、そのニーズに応えるため、証券会社はアルゴリズムにかかわるさまざまなサービスを拡充し、事前・事後の執行分析機能をもたせるなどの改良を進め、AIを搭載したものも提供している。また、運用会社においても、自社のオーダーマネジメントシステムとアルゴリズムサーバーをリンクさせ、運用会社自身による執行のコントロールが可能になるなど進展をみせている。

3　ダークプール

近年の金融ITの著しい発展を背景に株式取引の電子化が進む一方、市場における注文の小口化、細分化が起き、市場での大口注文の執行がむずかしくなった。このため近年、ダークプールと呼ばれる取引・市場がグローバルにおいてプレゼンスを高め、注目を集めてきた。ダークプールとは、証券会社内で対当する注文を、自社内で自動的にマッチングさせるものである。一般的には注文情報（気配）が公表されていない取引市場であるものの、原則として取引所において提示される最良気配のなかで取引されるため、執行コスト削減の観点から機関投資家に利用されることが多い。

一般的な特徴こそ各国で相違はないものの、その形態は国ごとに定義が異なるのが現状である。例えば米国においては市場の一つとしてダークプールは存在している一方で、日本では証券会社が提供するサービスの一つとして存在している。

米国におけるダークプールの発展の歴史は、取引市場数の増加や市場構造の複雑化が背景にある。ダークプールのシェアが拡大した要因として、市場間競争の激化によるメイカー・テイカー・モデルの導入が挙げられる。通常、取引所の収益構造は市場利用者からの取引関連収益（売買成立時にそれぞれのブローカーが取引所に支払う場口銭）が中心である。しかし、メイカー・テイカー・モデルとは、板上に指値注文をさらす（流動性を供給する）注文である「メイカー」には約定時に報酬を支払い、板上の指値注文をとる（流動性を消費する）注文である「テイカー」には約定時に手数料を課すモデルである。各取引所は自市場への流動性確保を目的に、こぞってメイカー・

テイカー・モデルを導入する結果へと至った。ブローカーは取引所に支払う場口銭をできる限り削減するインセンティブをもつため、取引所のように約定前の注文情報（気配）が表示される市場を敬遠するようになり、顧客注文を手数料が相対的に低いダークプールに回送することが多くなり、結果としてダークプールはシェアが拡大することとなった。

　一方、日本におけるダークプールのシェアは米国のそれと比較するとまだ低い水準にある。これは、ダークプールが設立された当初における、機関投資家の発注業務、ポストトレード業務に起因するものが大きかったと考えられる。日本において株式の平均単価取引が開始されたのは2003年であり、EMS（Execution Management System）も現在のようにコモディティ化されていなかったこと、また、ダークプールにおける約定は、当初は取引所外取引として報告されていたことなどが要因として挙げられよう。加えて、証券会社の多くも、ダークプールはアルゴリズム取引を利用する際のSORのオプション的要素と考えていたため、ダークプールのみを戦略的に活用する主体が少なかったことも、現在のシェアにとどまっている要因といえよう。ただ、その有効性は認知されていることから、今後は各証券会社が、いかに質の高いダークプールを顧客に提供できるかが重要となり、いずれ淘汰や提携といった事象が起きていくことが想定される。

4　HFT（高頻度取引）

　HFTとはHigh Frequency Tradingの略であり、ミリ秒、マイクロ秒といった非常に短い時間で高頻度の発注・取消しをする主体（もしくは手法）である。2014年に米国のノンフィクション作家、マイケル・ルイス氏が発表した『FLASH BOYS』によって、その存在が広く知られることとなった。

　HFTは注文の作成、発注、取消しといった一連のプロセスをアルゴリズムプログラムによって自動で行い、人の手をいっさい介在しないで取引を完結する。また、高頻度にミリ秒、もしくはそれ以下の発注を実現するために、コロケーションといわれる取引所の売買システムサーバーと隣接した場所にサーバーを置くなどし、通信システムで生じる遅延の最小化を図ってい

るのが特徴である。

　多くのHFTはマーケットメイカー（ある銘柄の売り注文と買い注文を同時にポストし、投資家の取引の相手方となる存在）として証券会社を経由し、金融商品取引所、PTSやダークプールなどに注文を発注している。しかし、必ずしもマーケットメイクのみに従事しているわけではなく、独自のプログラムにより複数の取引戦略を展開し、ポジションを柔軟にとることでトレーディング益を獲得しているのが実態である（注：2018年4月に公表された高速取引行為者向けの総合的な監督指針においては、取引戦略の概要としてマーケットメイク戦略のほかに、「アービトラージ戦略」「ディレクショナル戦略」「その他の戦略」が定義されている）。

　日本におけるHFTの取引シェアは高く、市場出来高のおおむね40％程度を占めているといわれている。前述したように、非常に高頻度に、加えて多彩な銘柄に対して発注していることが推測される。言い換えれば、現在の株式市場でHFTは非常に大きな流動性の提供者であるといえよう。一方、それだけ大きな取引シェアを占める主体であるため、株式市場に与える影響も同様に非常に大きいものだと考えられる。例えば、市場の急変時にHFTによるマーケットメイク機能がいっせいに止まることにより市場のボラティリティが大きく上昇する可能性や、2010年に米国で起きたフラッシュクラッシュ（ダウ工業株30種平均が数分間で約9％下落した事象）にみるアルゴリズムの暴走などが挙げられる。

　HFTは市場におけるその存在感の高まりから各国当局により監督指針の整備が進められている。日本においては2018年から金融庁により高速取引行為者登録制度が導入され、無登録の投資家による高速取引行為が禁止とされた。『FLASH BOYS』以降、HFTはその不透明さや高速取引というアンフェアな形態から健全な市場を阻害するとの指摘も多数あったが、多様な投資家の参加があってこそ厚みのある市場が形成されるのもまた事実であり、今後当局の働きかけにより透明性向上が促進され、より健全な取引市場が発展していくことを期待する。

5　債券取引

　債券取引における最大の特徴は、相対取引により行われるということである。そのため同じ銘柄の債券を同じタイミングで取引しようとしても、取引するブローカーごとの在庫の状況等から、提示される価格が異なる。バイサイドトレーダーは、前述の最良執行を念頭に置いたうえで、約定価格に加えて債券の受渡し・決済までのプロセスを考慮に入れ、取引するブローカーを選定しなければならない。また、約定価格の妥当性を確保するためにも、取引の際には、複数のブローカーに対して同時に引合いを行い、価格優先・時間優先の原則に基づくのが基本的な取引方法である（当然のことだが、取引時のマーケットの状況や、取引する銘柄のフェアバリューを勘案し、提示された価格が妥当な水準であることを確認することは必須であり、場合によっては、再度価格交渉をすることや、約定をしない判断を下すこともある）。このとき、銘柄によっては、引合い先を増やすことにより、少しでも有利な約定価格を追求することと、意図しない時間リスクをとることや、取引情報が拡散するリスクのトレードオフを意識する必要がある。

　債券市場は、株式市場や外国為替市場と比較して、電子化がまだまだ未成熟な市場である。この背景として、債券は同一の発行体であっても償還年月日、クーポン、債券種別が多種多様であり、株式や為替取引における通貨ペアと比べ銘柄数が多く、すべての銘柄を電子取引で対応できないことが要因の一つとして挙げられよう。近年、先進国の国債のように、多くのブローカーが取り扱う銘柄は、電子取引の比率が高まっているものの、社債やエマージング国の債券などの流通量が少ない債券では、いまだに電話やチャット機能を活用したほうが適切な場合が多い。

　債券取引の電子化の発展は、1990年代にブローカー間の電子取引ネットワークが出現したことで加速した。それと並行して、ブローカーとバイサイドの間にも、SDP（Single Dealer Platform）やMDP（Multi Dealer Platform）が発足し、債券の電子取引が活発に行われるようになった。MDPの例としては、TradewebやBondVision、T-SOX等を挙げることができる。電子取

引の普及により、従来から取引が活発であった米国債などの銘柄では、マーケットメイカーが介在することで、より流動性が高まるとともに、取引の効率性も向上し、結果として、ブローカー、バイサイドの両者において、取引コストの低下が実現されたと考えることができる。一方で、短期売買を中心とするマーケットメイカーの存在が大きくなるにつれ、株式同様に注文が小口化する傾向が強くなり、市場がドラスティックに変化するような状況においては、市場の流動性提供能力の低下が懸念されている。

　債券取引の電子化の流れは、今後よりいっそう加速していくと想定される。電子化への対応は、従来専門性が高い分野とみなされていた債券取引のコモディティ化を促進し、市場全体として取引コストの低下や、業務コストの削減を可能にするであろう。同時に、業者間競争はいまより激化し、従来から存在していた比較的長期間ポジションを抱えながら、顧客との取引で利鞘を稼ぐディーラーの一部は淘汰されていくことになるかもしれない。また、前述したように、市場の急激な価格変動に電子取引が機能しない場合における対応も想定しなければならないが、最良執行を実現するための手段として、運用会社が債券取引において、電子取引を積極的に活用する価値は十分にあると考えられる。

6　為替取引

　外国為替市場は、大きく分けて、銀行間の取引が行われるインターバンク市場と、対顧客取引が行われる市場の2つから成り立っている。また、オセアニア→アジア→欧州→米国と24時間休むことなく、さまざまな市場参加者が取引を行っており、主要国の通貨であれば、基本的に24時間取引することが可能である。BIS（Bank for International Settlement）によると、2016年度の市場別の為替取引金額シェアは、ロンドンが36.9％で世界1位になっており、続いてニューヨークが19.5％で2位、シンガポール、香港、日本の順番で取引量が多い。通貨ごとにみて最も取引量が多いものは、米ドルであり、次いでユーロ、日本円、英ポンド、豪ドルの順番になっている。

　為替取引は、株式や債券のような有価証券取引とは異なり、資金取引とし

て位置づけられる。そのため、インターバンク市場であろうと、対顧客市場であろうと、取引には与信という信用供与が必要となる。バイサイドトレーダーはそれをふまえたうえで、通貨ペアの特性や、その時々のマーケットの状況、金額の多寡などを考慮し、取引の執行方法を決定する。為替取引も債券取引と同様に、相対取引により取引されるため、約定レートについては、通貨ペアごとに、市場の水準や状況をもとに、トレーダーの経験から判断される妥当と考えられる価格水準において約定する。この時、トレーダーは時間リスク、スプレッド・コスト、マーケット・インパクト等を総合的に考慮しなければならない。

　資産運用会社における為替取引は、外貨の送金や回金に伴うスポット取引と、外国資産の為替ヘッジに伴うスワップ取引に大別することができる。外国為替のスポットレートは需給によって変動し、スポット取引のうち経済取引の裏付けのある実需取引は1割程度で、残りは裏付けのない投機取引であると推定されている。スワップ取引におけるスワップレートは、取引される通貨ペアの金利差と需給によって決まり、例えば近年では米ドルと日本円の金利差の拡大によるヘッジコストの増加が、外国資産運用において対応すべき課題となっている。

　為替取引を約定する手段としては、債券取引同様に電話やチャット機能を活用した取引と、電子プラットフォームを用いた電子取引がある。電子取引では、取引に必要な条件を電子的に送信すると、自動的に取引先ごとの約定可能なレートが提示されて、最良のレートの約定先と約定するかどうかを判断することができる。また、さまざまなアルゴリズム取引を活用して約定をすることも可能である。通貨オプションのような、通常の為替スポット取引と比べて複雑性の高い取引は、ボイス取引が主流となっているが、単純な為替スポット取引では、既に電子取引が主流となっている。取引の電子化により、従来に比べ多くの取引先から同時に、プライスの提示を受けることが可能となり、一部の取引においては、取引コストの低下が実現されている。

　アルゴリズム取引の種類としては、TWAP（時間分散）や、その時の市場の流動性などから、マーケット・インパクトと時間リスクを考慮して執行を

するもの、スプレッド・コストを抑えることを意図するもの等が存在する。為替のアルゴリズム取引を活用するメリットとしては、①低コスト、②マーケット・インパクトの低減、③業務効率の向上を挙げることができる。一方で、デメリットとして、①株式と比べて取引の透明性が低い、②マーケットの急落、急騰への対応が困難、といった点を挙げることができよう。また、原則として、各ブローカー固有のプラットフォームのなかで取引が行われることから、各ブローカーにおける通貨ペアの流動性を正しく把握しておく必要がある。

第4節　トレーディング業務の将来

　2008年に起きた、サブプライムローンの崩壊に絡んだリーマン・ブラザースの破綻は、まさに金融ITの高度化がもたらしたシステマティックリスクであり、これを機に各国のレギュレーターを中心に、金融システムの安定化を実現・維持するために、さまざまな金融規制や監督体制のあり方が議論されている。

　2016年2月に金融庁が発表した報告書「国際金融規制改革の最近の動向について」によれば、G20のコミットメントのもとFSB（金融安定理事会）を事務方の頂点とし、IOSCO（証券監督者国際機構）、BCBS（バーゼル銀行監督委員会）、IAIS（保険監督者国際機構）が各主体の統制を図っている。本資料においては、バーゼル規制、シャドーバンキング規制、店頭デリバティブ規制改革について触れているが、それ以外にも、各国株式市場においては決済リスク低減を目的とした決済サイクルの短縮化や、外国為替取引におけるCLS決済の導入など資産運用会社の業務に影響を与えうる新たな規制や制度変更が今後も予定されている。トレーディング業務は、こうしたグローバルな金融規制の枠組みのなかで行われていくものであるが、一方で、実施される規制自体が各国・地域によってばらつきがあり、業務の複雑化を招いていることも事実である。安定した業務運営を行うためにも、各種規制の同質化と、

それに付随するオペレーションの効率化が実現されることに期待したい。

　取引する金融商品の複雑化は、今後も続いていくと想定され、資産運用会社に求められる専門性は今後も高まっていくものと考えられる。また、トレーダーに求められる能力も、変化していくだけでなく、HFTやヘッジファンドにみられるようにセルサイド、バイサイドという線引きそのものが、さらにあやふやなものとなるであろう。加えて、情報処理技術の進化はイノベーションを加速させ、特に暗号資産（仮想通貨）ビットコインの基盤技術として活用されたブロックチェーンの応用は、将来的に、ポストトレーディング業務におけるリードタイムの削減と決済リスクの低減をもたらし、より効率化が進むものと考えられる。

　本来、投資運用業は、運用者がつくりだす付加価値を収益の源泉とし、設備投資などの投資コストを必要最小限に抑えるべきであるが、実際には、金融商品の高度化とともに、人件費を含めたオペレーションコストは増加傾向にある。発注、照合、計上、決済指図を中心としたトレーディング業務は、オペレーションコスト削減の観点から、いっそうのモジュール化とアウトソーシングが進むものと思われ、最終的には、発注、照合業務に特化し、かつ、時差や規制に対応するためにも、複数の海外拠点を活用した、グローバルな発注体制を構築することこそが、最良執行体制の実現につながるものと考える。

第6章

運用の外部委託

第1節 外部委託先の選定

　投資家のニーズはさまざまであり、先進国の株式ファンドからエマージング株式、REIT（不動産投資信託）などのニッチな領域まで運用会社は多様な運用商品の提供が求められている。そこで、自社（インハウス）運用のファンド以外に、外部の運用会社が運用する運用商品を提供するという選択肢がある。これが運用の外部委託であり、自社が行っていない資産クラスの運用を外部に委託することが多い。また、自社運用では既に運用実績があるにもかかわらず、運用実績（トラックレコード）が短い、もしくは十分な品質の運用サービスを提供できないと判断する場合、運用の外部委託を検討することもある。または、資産クラスとしては自社で実績があるものの、顧客や販売会社のニーズによって、自社では対応できない一定のカスタマイズが必要になる場合、外部の運用会社に委託する場合もある。

　自社運用の場合、ファンド・マネージャーやアナリストを複数採用・育成し、各種の情報ベンダーやシステムが必要になるなど、莫大な費用がかかる。加えて、運用を開始してから3年以上の運用実績を蓄積しなければ、評価機関の調査対象とはならないため、運用体制を整備したからといって、直ちにビジネス拡大につながるわけではない。そのため、外部委託運用は、運用体制の整備に伴うコスト及び時間の節約というメリットがある。

自社運用と比べてコストの節約になるとはいえ、外部委託先の選定作業は、後述のとおり、定性評価においてはアンケートの収集、解読、インタビューの実施、スコアリング、定量評価においてはデータ収集、処理、分析など、膨大な作業及び一定のスキルをもつ人材が必要となる。そこで、自社内のリソースでは、十分な選定作業が行えないと考える場合、外部の評価機関の意見を活用するケースがある。これには、中立かつ客観的な意見を取り込むというメリットもある。ただし、顧客に対して直接的に受託者責任を負っているものは当該運用会社であるため、外部の評価はあくまでセカンド・オピニオンとしての位置づけにとどまると考えるべきであろう。

第2節　定性評価

1　定性評価の意義

　ファンドの選定においては、定量評価だけでは数値化できない判断要素が多い。定量評価は過去のデータに基づくため、将来にわたって過去の運用パフォーマンスを継続できるかどうかという問題に十分対処できる分析手法とはいえない。例えば、運用パフォーマンスは、ファンド・マネージャーの能力とは別に、外部環境など運・不運（偶然）に左右される側面があるため、定量評価のみに依存すると、能力と偶然との判別が困難になってしまう。定量評価を通じて、過去に良好な運用成績を有するファンドを選定しても、実際は数カ月前に運用担当者が変更になっており、運用プロセスも修正が加えられていることもある。

　このように定量評価にはさまざまな限界があり、外部委託先の選定という観点からは、定性評価を主軸としつつ、定量評価のメリットを生かしていくということになる。定性評価においては、運用会社、運用体制、運用プロセス、ディスクロージャーを含めたクライアント・サービスなどの多くの要素を、アンケートに対する回答、電話会議や現地実査でのインタビューにおけ

る双方向の議論などを通じて、多角的に判断することになる。

2　定性評価の項目（運用編）

定性評価における評価項目のなかで特に重視すべき点は以下のとおりである。

(1)　運用会社の経営基盤

ファンドの設定から長期間の信託期間にわたってファンドの運用を外部委託することになるため、外部委託先の運用会社が長期間、一定の品質の運用サービスを提供できるかどうかは、何よりも重要な課題である。経営基盤が安定しなければ、優秀な人材の採用が困難となるばかりか、流出につながり、研究・開発に十分な資金を割くことができず、顧客サービスも疎かになってしまう可能性があるからである。現在の財務データの分析に加えて、将来の経営基盤という観点から、経営陣の経営方針なども評価の対象となる。

(2)　アセットクラス

株式、債券、マルチアセット、オルタナティブなどすべてのアセットクラスにおいて優れたパフォーマンスを有している運用会社は少数派である。例えば、保険会社や銀行の運用部門から独立した運用会社は債券運用に強みをもち、富裕層ビジネスからスタートした運用会社はアセット・アロケーションや株式運用に強みをもつ傾向がある。特定のアセットクラスに強みをもつ運用会社は、当該分野において人的資源（優秀なファンド・マネージャー、アナリスト、マーケティング・スタッフなど）、物的資源（ボーナス・プール、システム、開発予算など）を優先的に配分している。したがって、運用会社の設立の経緯や歴史、特徴を調べて選定することも重要である。

(3)　運用体制、運用プロセス

ファンド・マネージャーの運用経験年数、在籍年数はもちろんのこと、ファンド・マネージャーの交代履歴も重要なポイントになってくる。運用プ

ロセスは長年の運用実績とともに改善されている可能性が高く、長期における運用プロセスの有効性を検証するために、現在のファンド・マネージャーがどの程度の期間、当該ファンドの運用を担当しているのかも重要である。

(4) 過去の投資行動、パフォーマンスの寄与度分解

　過去のパフォーマンス分析は主に定量評価の領域である。定性評価に際しては、過去の投資行動とパフォーマンスの寄与度分解を照らし合わせ、仮説を構築し、インタビューにおける質疑応答を通じて、仮説を一つひとつ検証していく。例えば、債券運用においてトップダウン判断に強みをもつファンド・マネージャーを評価する際、デュレーションよりも銘柄選択のパフォーマンス寄与が大きい場合、複数の仮説が想定できる。例えば、当該期間においてあえて個別銘柄のリスクを大きくとっていた、特定の保有銘柄が大きく値上がりしたなどである。インタビューにおいて、このような仮説に対して、ファンド・マネージャーが合理的な説明ができない場合、運用スタイルもしくは運用メンバーに変更があった、ポートフォリオ構築もしくはリスク管理に問題があったなどを想定し、さらに質問を加え、新たな仮説を検証していくことになる。

3　定性評価の項目（オペレーション編）

　オペレーション上の定性評価として挙げられるのは、売買執行に関するシステムや体制、コンプライアンス体制、リスク管理、価格評価の方針とプロセス、利益相反や法令違反の有無などである。運用面のデューデリジェンスがインベストメント・デューデリジェンス（IDD）と呼ばれるのに対して、オペレーション面の評価はオペレーショナル・デューデリジェンス（ODD）と呼ばれる。オペレーション面の評価は、運用とは別のスキル（ファンド組成、ドキュメンテーション、法務など）が必要であるため、法務、商品組成、レポート作成など、さまざまな関連部門の協力を得て実施されることが多い。ただし、IDDとODDは密接不可分の関係にあるため、厳密に分離して考えることはできない。例えば、価格評価や法令違反などで否定的な風評が

広がると、解約による資金流出、運用チームの士気低下やメンバーの退職、ひいては運用パフォーマンスの悪化につながることもあるからである。

第3節 定量評価

　定量評価とは、ファンドの過去の運用実績などのデータを分析・評価する統計的手法である。定量評価は、データがあれば場所や時間に制限されなく分析を行うことができる点、数値で示される分析結果は客観性が高く他のファンドと比較しやすい点、計算ツールやソフトウェアさえあれば運用経験などの蓄積がなくても初歩的な分析は可能である点などがメリットである。一方、データの取得が困難な場合や、ファンドのユニバースを特定しにくい場合などには、定量評価のみでは十分な分析、評価が困難である。加えて、定量評価はあくまでも過去のデータに基づき計算されたものであり、将来の運用パフォーマンスを保証できない。そのため、運用プロセスの継続性や運用パフォーマンスの再現性などに関して、定性評価を行う必要がある。

　定量評価の手順としては、まずファンドの属性、分類を見極め、比較対象とする母集団（ユニバース）を特定する。また、ベンチマーク（BM）のないファンドであれば、運用実績を絶対リターンで比べる一方、BMのあるファンドは超過リターンでファンドのパフォーマンスを評価する。超過リターンを測定する際に重要なポイントはBMの選択である。運用会社や運用担当者がBMを指定することが多いが、BMとして用いる適切なインデックスが存在しない場合、複数のインデックスを組み合わせてカスタムBMをつくりあげることもある。

　株式ファンドの定量分析を行う場合には、スタイル分析が活用されている。大型－小型、バリュー（割安）－グロース（成長）という2つの軸によって、4つのスタイルに分類する手法である。さらに、中小型やコア型、GARP（Growth At Reasonable Price）などより細かい分類を用いることもある。例えば、バリュー・スタイルのファンドは、グロース株が優位の相場で

アンダーパフォームする傾向にあるが、バリュー相場においてもアンダーパフォームするのであれば、本来の真価を発揮していないとの評価になる。また、マルチファクター分析も有用である。マルチファクター分析は、ボラティリティ、時価総額、順・逆張り、スタイル、マクロ、クオリティなど、複数のファクター用いることで、ポートフォリオのリスクを推計するものであり、さまざまな切り口から母集団内のファンドを比較することが可能となる。

第4節　外部委託先のモニタリング

　モニタリングとは、ファンドの選定後に品質を定期的に確認する作業である。選定時において、綿密な調査・分析を経て優秀な運用会社・商品を採用しても、内外の環境変化を経て、当初期待していた運用能力を発揮できない場合がある。例えば、運用会社の経営悪化、主要な運用担当者の退社、運用手法と市場環境との乖離など、理由はさまざまである。そのため、外部委託先を選定した後でも、継続的なモニタリングは運用の品質管理において重要である。

　選定時の評価と異なる主な点としては、①定量評価の一環として、選定時はコンポジットや代表口座のパフォーマンスを分析するが、モニタリングにおいては新規に設定されたファンドのパフォーマンスとの整合性や分析が重視される点、②ファンドの設定後は、オペレーションや顧客向けサービスが開始されており、より実務に即した総合的な再検証が必要になる点、③選定時には3年や5年など中長期の期間で分析を行うが、モニタリングに関しては過去1年や四半期ごとなど足元の状況を注視する点などがある。

　モニタリングの頻度に関しては、月次や四半期ベースでのパフォーマンス・レビューに加えて、年次ベースで採用時とほぼ同内容のアンケートを回収し、採用当時の評価を再検証することになる。パフォーマンス・レビューに際しては、パフォーマンスの大幅な振れ、リスク値の急激な変化、ドロー

ダウンなどをチェックする。その際、要因分解をあわせてチェックし、収益源泉のうち、どの部分に変動が生じているのか把握する。超過収益を分析する際には、BMとして指定されている指数以外にも、債券の場合は社債のみの指数や国債のみの指数など、株式の場合はスタイル指数などと比較すると、パフォーマンスの変化が特定の市場の要因に起因するものかどうか分析することが可能である。超過収益の分析に加えて、カテゴリー内の競合他社との比較分析も重要である。超過収益が十分であったとしても、競争力のあるパフォーマンスをもたない限り、ビジネスの拡大が見込めない、つまり運用体制の維持、改善に必要な収益の確保が困難になってしまうからである。年次ベースの定期レビューに関しては、アンケートに対する回答の内容では十分納得できない場合、必要に応じて電話会議や現地実査による検証を行う。セカンド・オピニオンとして、他の外部評価機関の意見も参考にするケースもある。

　これらの定点観測としてのモニタリング業務に加えて、日々の運用業務の一環としてモニタリングを行うことも受託者責任の観点から重要である。海外の規制動向、業界動向、金融機関の合併・買収などのニュースを日々チェックし、これらが外部委託先のファンドにどのような影響を及ぼすのか想像力を働かせ、必要に応じて外部委託先に問合せを行う。

　運用会社の評価においては、1つの情報にさまざまな意味を含んでいることが多い。例えば、特定の資産クラスに対する投資家ニーズが強い場合、一般的には当該分野に関してのニーズも強まるとみられ、プラスととらえがちである。しかし、他社が資産拡大のために運用者の引抜きを企図するほか、マーケティング協力のためにファンド・マネージャーの運用に割ける時間が減少しパフォーマンスが悪化する懸念が生じる。さらには運用に専念したいファンド・マネージャーが他社に移籍するなど、付随的なイベントが発生することもある。

　モニタリングにおいても、定性評価、定量評価という観点は同様である。外部委託先の財務関連指標、AUM（運用資産）、運用担当者の増減、パフォーマンスなどの時系列データの分析を行い、その背景に起きている事象

の仮説を立て、インタビューなどを通じてその仮説を定性面で検証し、運用会社及び担当ファンドを再評価する。加えて、既にファンド組成後であるため、運用部門以外に、法務、リスク管理、営業など社内の関連部門の意見を評価に反映させる必要がある。

第7章

運用のモニタリング

第1節 ガイドラインとは

　委託会社は、投資信託の運用の指図を行うにあたり、運用の計画を定め、その運用計画に沿って運用の指図が実行されている事跡を残し、その検証を事後的に行える体制を整備することが求められている（投信協会、投資信託等の運用に関する規則6条）。運用計画には、関連法令、投信協会規則、投資信託約款、目論見書、販売用資料に記載の投資方針、投資制限等が記載され、さらに、その投資信託の商品性、リスク管理の観点から必要な投資制限等が記載される。

　一般的に、この運用計画に定められた各種制限をガイドラインと呼ぶ。

第2節 ガイドラインチェック

1　ガイドラインチェックの意義

　ガイドライン遵守状況のモニタリング（以下「ガイドラインチェック」という）においては、システムを使用するのが一般的である。ガイドラインチェックは、ガイドラインにのっとり、適切に運用されたかを検証するため

に、執行の事前と事後に行われる。運用の指図を執行するにあたり、その執行の結果がガイドライン違反となることを未然に防止する意味において執行前の段階で行うのが事前チェック、執行された売買が結果としてガイドライン違反とならなかったか、投資行動と直接結びつかない日々の時価変動により発生しうるいわゆるパッシブブリーチが起きていないかを把握するために行われるのが事後チェックである。

2　事前チェック

ガイドラインの事前チェックは、発注システム（以下「OMS（Order Management System)」という）を利用して実施するのが一般的である。主にコンプライアンス部門など運用部門以外の担当部門が、執行時点でのポートフォリオ時価に対して事前チェックがかかるように、OMS上のガイドラインチェック機能を設定する。その設定により、運用者がOMSで作成した売買案件をトレーダーへ送信する際に、ガイドラインを逸脱する売買案件に対しては、システム上警告メッセージが発せられるようにし、運用者がその売買案件を検証する機会を設ける。警告メッセージを受け取った運用者は、必要に応じて上席者やコンプライアンス部門とも連携のうえ、売買案件を進めることにつき正当な理由があると判断された場合には、その判断理由をシステム上に事跡として残したうえ、売買を執行することができる。

3　事後チェック

ガイドラインの事後チェックは、コンプライアンス部門によって、保有残高システムを利用して日次で実施するのが一般的である。投資信託は保有する信託財産について日次で時価評価を行うものであるため、時価変動に伴って資産別組入比率等が投資制限を超過し、ガイドラインを逸脱するなどの事象が起こりうる（このような事象を「パッシブブリーチ」という）。そういった事象を把握するためにも、日次のモニタリングを行うことが重要である。また、時価とは常に変動するものであるから、前述の事前チェック時にガイドラインを逸脱していなかった売買案件も、執行後に再計算すると、結果的に

逸脱することがありうる。そういった事象を確認するためにも、日次事後チェックが有効である。

　コンプライアンス部門は、システム上検知されたガイドライン逸脱のメッセージを受け取ると、その事象や原因を分析する。ガイドライン逸脱の原因は、主に、時価変動に伴うパッシブブリーチ、事務ミスなどの過誤に伴ういわゆるアクティブブリーチに分類される。

　コンプライアンス部門による分析の結果、パッシブブリーチに分類された場合には、投信協会規則、またはそれをもとに定められた社内規則に従った是正がなされているかを確認する。

○組入比率の制限を超えた場合の調整等

投資信託等の運用に関する規則19条
　委託会社は、投資信託財産に次に掲げる事象等が生じた場合には、当該各号に定める期間内に所定の限度内となるよう調整するものとする。
(1) 株式の値上り又は解約によって株式組入限度を超える事態が発生した場合　発生の日を含め6営業日以内
(2) 外国証券の値上り等によってその組入限度及び外国為替の予約の範囲を超える事態が発生した場合　発生の日を含め1ヵ月以内

○信用リスク集中回避のための投資制限に関しては、以下のとおり。

投資信託等の運用に関する規則17条の2
　価格、金利、通貨若しくは投資信託財産の純資産総額の変動等により当該比率を超えることとなった場合に、超えることとなった日から1ヵ月以内に当該比率以内となるよう調整を行い、通常の対応で1ヵ月以内に調整を行うことが困難な場合には、その事跡を明確にした上で、できる限り速やかに当該比率以内に調整を行う方法とする。

　コンプライアンス部門による分析の結果、アクティブブリーチに分類された場合には、可能な限りすみやかに是正取引による原状回復を行い、原状回復に伴って発生した費用については委託会社が負担する。また、コンプライ

アンス部門と運用者間で再発防止策を検討する。また、ガイドライン違反の内容によっては社内での処理にとどまらない場合もあり、特に法令や投資信託約款に抵触する場合には、金融庁や投信協会へガイドライン違反の届出が必要となる。

第8章

責任投資活動

第1節 責任投資とは何か

1 「責任投資」の定義

「責任投資」は比較的新しい概念であり、その定義はさまざまで、いまだに定まったものは確立されていない。ここでは、機関投資家による以下の2つの活動を伴う投資を、責任ある機関投資家の投資行動、すなわち「責任投資」と定義する。

第一は、投資先企業に企業価値の向上と持続的成長を促すことにより、受益者の中長期的な投資リターンの拡大を図る活動である。企業に働きかける方法としては、エンゲージメント（目的をもった「建設的な対話」）や株主総会における議決権の行使が主なものである。日本の株式市場のリターンが長期的に低迷しており、その根底には上場企業の価値創造力・資本収益性の低さがあるとの認識のもと、受益者から託された株主としての権利を適切に行使することが、責任ある機関投資家には求められる。

第二は、上場企業によるESG課題への対応状況を投資判断プロセスに取り入れ、投資先企業にESG課題への適切な取組みを促していく活動である。なお「ESG」は、Environment（環境）、Social（社会）及び（Corporate）Governance（企業統治）の総称で、企業が社会的責任や持続性の観点から取

り組むべき重要な事項を表す。2000年代半ばにかけての世界経済の過熱とその後の金融危機は、企業が短期的な成果を過度に追求し、機関投資家もその動きを容認したことが、要因の一つとして指摘されている。この反省のもと、投資先企業に適切な行動を促していくことが、責任ある機関投資家には求められる。

投資先企業が、ESG課題に適切に対応し、企業価値の向上と持続的成長を実現することは、国民の資産形成を進めるとともに日本経済の成長と社会の健全な発展につながっていくため、責任投資の進展が期待されている。

2　責任投資において重要な「企業価値」の定義

日本版スチュワードシップ・コード及びコーポレート・ガバナンス・コード（第2節を参照）において中核的な概念とされていることもあり、「企業価値の向上と持続的成長」を経営の目標とする上場企業が増えている。しかし、「企業価値」の定義が不明確であったり、機関投資家が定義するものと異なっていたりするために、議論がかみ合わないことも多い。

責任投資において、機関投資家が投資先企業と最初に確認すべきこと、そして最も重要なことは、企業価値の定義を明確にしたうえで、その向上という基本的な目標を共有することである。明確に定義された目標を共有できてはじめて、その目標をいかに達成していくのかということについて、企業と投資家が協働していくことができる。

企業を取り巻くステークホルダー（利害関係者）は多様であり、各ステークホルダーが企業に期待することも異なる。このため、ステークホルダーによって企業価値の定義は異なり、皆に共通する普遍的な定義を定めることはむずかしい。しかし、機関投資家にとっての企業価値の定義は、「キャッシュフローの割引現在価値」とすることが一般的である。上場企業としては、ステークホルダーに応じて企業価値の定義を使い分ける場合もあろうが、企業経営に不可欠な資本の提供者である機関投資家に対する際には、この定義を受け入れて共有することが求められる。「キャッシュフローの割引現在価値」という定義は、一見すると、会計的な表現であり、多面的な存在

である企業の価値を表していないように見えるかもしれない。しかし、その本質はまったく異なる。長期的に企業活動を持続しキャッシュフローを生み出していくためには、ESG課題への適切な対応をはじめとして、多様なステークホルダーとの適切な関係を築くことが求められる。また、企業が提供する商品やサービスが顧客に評価され、効率的に提供されなければならないし、従業員がそのもてる力を存分に発揮できるように職場環境を整備し、技術力、商品力を磨くことも必要となろう。長期的な投資活動にも適切に取り組まなければならない。つまり、長期的に優良な企業であり続けなければ、キャッシュフローの割引現在価値を高めることができないのであり、目指す姿は多くの企業が目標としている姿と同じであると考えられる。

ここでもう1つ重要な概念として、「割引現在価値」がある。割引現在価値を高めるためには、投資による収益が、その投資額に求められる必要収益額（資本コスト）を上回らなければならない。例えば、買収によって企業規模が拡大し収益の絶対額が増加しても、その買収金額に見合った以上に収益が増えなければ、企業価値は向上しない。資本コストは、他の投資機会の収益性を表すとともに、将来価値のための投資と現在における価値の費消との選択の基準を表す。資本コストを上回る収益が見込めない場合には、資本を投資家に還元し、有望な投資案件をもつ他の企業への再投資や、投資家の現在の生活水準の向上に使われるようにしなければならない。そうしなければ、社会的な資本を非効率に使うこと（相対的な無駄遣い）になってしまう。

機関投資家と投資先企業との協働により企業価値の向上を実現することは、受益者の投資リターンの拡大につながるものであるが、それらの活動を通じて、社会全体の効率性が高まり価値の総量が増大する。機関投資家も、投資先企業も、資本市場のこの基本的なメカニズムについて再確認することが、責任投資の第一歩となる。

3 「株主価値」の定義

株主が得る収益は、企業が生み出した収益を他のすべてのステークホルダーに適切に配分した残余としてもたらされる。顧客には、企業が生み出し

た価値ある製品・サービスを、適切な価格で販売する。仕入れ先には対価を支払い、従業員に対しては賃金の支払とともに退職金や年金の費用を負担する。負債の提供者には金融費用を支払い、政府等に必要な税金を納付する。このように、すべてのステークホルダーに、生み出した収益を適切に配分した残余が、株主に帰属する収益となる。株主に帰属する収益から株主に還元されるキャッシュフロー（配当）の割引現在価値が、「株主価値」である。別の計算式で表すと、企業価値から負債価値を差し引いたものが、株主価値となる。

　株主価値の最大化というと、他のステークホルダーに配分する収益を削るのかと批判されることが多い。しかし、他のステークホルダーに配分する収益をいたずらに減らすことは、将来のキャッシュフローに悪影響を与え、企業価値、ひいては株主価値の減少をもたらす。株主価値の最大化の本来の趣旨は、企業価値を高めることによって、残余として得られる株主価値の増大を目指すことである。逆に、残余である株主価値が増大しているということは、企業価値が向上しているととらえる考え方である。株式市場は、直接的には株主価値を評価するシステムであるが、間接的に企業価値を評価しているのである。

4　株式市場のメカニズムと責任投資

　株式市場では、経営力が高く、経営資源を有効に活用し効率的に株主価値を生み出すことができる企業の株価が高くなる。効率的により多くの価値を生み出すことが期待され、より多くの資源を獲得できるように高株価による大きな資金調達能力が与えられる。一方、経営力が低く株主価値の創出力が弱い企業の株価は低くなる。株価が低位にあることによって、株価の高い企業に買収され、優れた経営を移植されることで、十分に活用できていなかった経営資源が有効に活用されるようになる。あるいは、買収の脅威にさらされることで、企業経営の規律が高まり、経営改善への取組みが強められる。このような株式市場のメカニズムによって、上場企業の企業価値の向上が促される。

しかし、日本の株式市場では、このようなメカニズムが適切に働いてこなかったため、1990年代以降20年以上にわたり上場企業の価値創造力が十分な水準になかったとの反省がなされている。また、株式市場のメカニズムが機能するためには、アクティブ運用の存在が不可欠であるが、近年、パッシブ運用の比率が高まり、アクティブ運用の比率が低下傾向にあると指摘されている。このため、上場企業の企業価値の向上と持続的成長のために、責任投資への期待が高まっている。

ただし、責任投資に過度に依存することは健全ではない。市場のアクティブ／パッシブ比率は、顧客による商品の選好の結果として決まってくるため、投資信託委託会社などが直接的に影響を与えるものではない。株式市場のメカニズムが十分に機能していないのであれば、その原因を究明して対策を講じ、機能が健全に発揮されるように取り組むべきである。例えば、持合株式の解消や買収防衛策の撤廃、企業価値や市場メカニズムに対する理解を投資家と企業の双方で深めていくことなどが、課題として考えられる。

上場企業の企業価値の向上を持続的に実現するためには、株式市場が本来の機能を発揮したうえで、責任投資が適切に行われることが、健全な取組方であると考える。

5　「社会的責任投資」から「責任投資」へ

「社会的責任投資（SRI：Socially Responsible Investment）」は、一般的に、「企業の社会的責任（CSR：Corporate Social Responsibility）」を考慮して行う投資と定義される。さらに、投資を通じて社会に影響を与えることを目的とするという考え方もある。

社会的責任投資の発端は、1920年代に米国のキリスト教の教会により行われた、煙草、酒、賭博など、その教義に反する事業を行う企業を除外した投資（忌避投資）にあったとされる。その後、アパルトヘイト政策（人種隔離政策）をとる南アフリカに展開する企業を除外する投資や、環境や男女間の平等、人権を考慮する投資など、そのアプローチは多様化してきている。

しかし、社会的責任投資は、投資リターンを純粋に追い求めている投資で

はないとの見方もあり、市場の主流（メインストリーム）に加わってきたとは言いがたい状況が続いてきた。

代表的なものとしては、米国の従業員退職所得保障法（エリサ法（ERISA：Employee Retirement Income Security Act））は受益者の利益を最重要視しており、同法を管轄する労働省による解釈通達で、社会的責任投資を積極的に評価してこなかったとの指摘がある。

すなわち1994年に出された解釈通達では、「受益者の利益以外の利益を考慮する投資も受託者責任に反しない」と述べられており、社会的責任投資を年金資産に組み込むことが肯定されたものの、「リスク・リターンが通常の投資と同等であれば」という条件が付されており、社会的責任投資を採用することの実質的な困難さを表しているとも受け取られた。また、2008年の解釈通達では、「受託者責任を負う者が受益者の利益以外の利益を考慮することが可能な機会は非常に限られる」とされており、そのような投資を組み入れる場合には、「事前に詳細な検討を行い、証跡を残すこと」が求められた。この解釈通達は社会的責任投資に対して消極的な方針と受け止められ、その普及を遅らせたという指摘がある。

社会的責任投資の歴史を大きく変えたと評価されるものとして、2006年に定められた「国連責任投資原則（国連PRI：The United Nations-backed Principles for Responsible Investment Initiative）」がある。同原則では、投資分析と意思決定のプロセスにESG課題を組み込むことなどを求めているが、説明のなかで「受託者責任に反しない範囲」で実行することを明記している。同原則の目指すところは、望ましい未来の実現と受益者のために長期的視点に立ち最大限の利益を追求することの同時達成である。この考え方は、現在、幅広く受け入れられてきており、「社会的責任投資」と「責任投資」をつなぐものとなっている。

また、2015年の米国労働省による解釈通達では、「ESG課題は投資の経済的価値と直接的に関係する可能性があり、その場合、ESG課題は検討すべき適切な要素である」とされており、投資プロセスにおけるESG課題の位置づけを大きく変えたものとみられている。

第2節 責任投資の法務

　責任投資全般を直接規制する法令はない。強いていえば、金商法における忠実義務、善管注意義務がこれに当たると考えられる。

　投資信託委託会社にとって、実質的に責任投資を包括的に規定するものとしては、「日本版スチュワードシップ・コード（「責任ある機関投資家」の諸原則）」と「国連責任投資原則」の2つが挙げられる。なお、両原則とも、強制的に遵守を求めるハードローではなく、趣旨に賛同するものが自主的に実施することを期待するソフトローである。日本版スチュワードシップ・コードは主に責任投資における「投資先企業の企業価値の向上と持続的成長を促すこと」について、国連責任投資原則は主に「ESG課題への取り組み」について、有用と考えられる諸原則を定めている。

1　日本版スチュワードシップ・コード

(1)　策定の経緯と背景

　2013年1月、「日本経済再生本部」において、「内閣府特命担当大臣（金融）は、関係大臣と連携し、企業の持続的な成長を促す観点から、幅広い範囲の機関投資家が適切に受託者責任を果たすための原則のあり方について検討すること」との指示がなされた。これを受け、2013年6月には、「日本再興戦略」において、「機関投資家が、対話を通じて企業の中長期的な成長を促すなど、受託者責任を果たすための原則（日本版スチュワードシップ・コード）」について取りまとめることが閣議決定された。

　以上の経緯により、金融庁が本コードを2014年2月26日付で策定した（2017年5月29日付で改訂）。本コードは、責任ある機関投資家に求められるスチュワードシップ活動に関して、①方針の策定と公表、②利益相反の管理、③投資先企業の状況の把握、④エンゲージメント（投資先企業との建設

的な「目的を持った対話」)、⑤議決権行使、⑥顧客・受益者への報告、⑦スチュワードシップ活動のための実力に係る7つの原則を取りまとめたものである。また、「「スチュワードシップ責任」とは、機関投資家が、投資先企業やその事業環境等に関する深い理解に基づく建設的な「目的を持った対話」(エンゲージメント)などを通じて、当該企業の企業価値の向上や持続的成長を促すことにより、「顧客・受益者」(最終受益者を含む。以下同じ。)の中長期的な投資リターンの拡大を図る責任を意味する」と定めている。

一方、東京証券取引所は2015年6月1日付で有価証券上場規程の別添として「コーポレート・ガバナンス・コード」を定めた。同コードは、金融庁の有識者検討会の策定した原案を受けたもので、上場企業の実効的なコーポレートガバナンスの実現に資する主要な原則を取りまとめたものである。本コードとコーポレート・ガバナンス・コードは、企業価値の向上と持続的成長の実現を目指す原則として、車の両輪に位置づけられている。

(2) プリンシプル・ベース・アプローチ

本コードは、機関投資家がとるべき行動について詳細に規定する「ルールベース・アプローチ」(細則主義)ではなく、各自の置かれた状況に応じて、自らのスチュワードシップ責任をその実質において適切に果たすことができるよう、「プリンシプル・ベース・アプローチ」(原則主義)を採用している。それだけに、本コードに賛同する機関投資家には、原則の形式的な文言・記載ではなく、その趣旨・精神に照らして適切に活動することが求められる。

(3) コンプライ・オア・エクスプレイン

本コードは、「コンプライ・オア・エクスプレイン」(原則を実施するか、実施しない理由を説明せよ)の手法も採用している。本コードに賛同する機関投資家であっても、受益者の理解が十分に得られるように理由を説明することを条件として、実施することが適切でないと考える原則を実施しないことも想定されている。一方、原則を実施しつつ具体的な取組みについて積極的

第8章 責任投資活動

に説明すること（コンプライ・アンド・エクスプレイン）も、有益であるとされている。

(4) 受入表明

本コードを受け入れる機関投資家は、以下を行うこととされている（詳細は、金融庁のウェブサイト「スチュワードシップ・コード（改訂版）の確定について」などを参照）。

〇以下を自らのウェブサイトで公表すること
　・「コードを受け入れる旨」（受入表明）
　・「コードの各原則（指針を含む）に基づく公表項目」
　　① スチュワードシップ責任を果たすための方針などコードの各原則（指針を含む）において公表が求められている具体的項目
　　② 実施しない原則（指針を含む）がある場合には、その理由の説明
〇当該公表項目について、毎年、見直し・更新を行うこと（更新を行った場合には、その旨も公表すること）
〇当該公表を行ったウェブサイトのアドレス（URL）を金融庁に通知すること

2 国連責任投資原則（国連PRI）

国連責任投資原則とは、2006年に当時のコフィー・アナン国連事務総長が提唱した6つの原則である（図表Ⅴ-3）。原則では、ESG課題を投資の意思決定に取り込むことが提唱されている。機関投資家がこの原則を適用することで、より広範な社会の目的を達成できるであろうというものである。

同原則の特長は、説明のなかで「受託者責任に反しない範囲」で実行することを明記している点である。このため、従来の社会的責任投資に比べ、幅広い機関投資家の支持を集めている。

図表Ⅴ－3　国連責任投資原則

> 1　私たちは投資分析と意思決定のプロセスにESG課題を組み込みます。
> 2　私たちは活動的な所有者となり、所有方針と所有慣習にESG問題を組入れます。
> 3　私たちは、投資対象の企業に対してESG課題についての適切な開示を求めます。
> 4　私たちは、資産運用業界において本原則が受け入れられ、実行に移されるよう働きかけを行います。
> 5　私たちは、本原則を実行する際の効果を高めるために、協働します。
> 6　私たちは、本原則の実行に関する活動状況や進捗状況に関して報告します。

（出所）　国連責任投資原則のウェブサイト

　国連責任投資原則に賛同する機関投資家は、CEO（最高経営責任者）がサインした書面を提出するとともに、年会費を支払うことが求められている。機関投資家は6原則への賛同を表明するものの、実際の活動については自主的なものに任されている。ただし、ESG課題への取組みについては、詳細な年次報告書の提出が義務づけられており、その活動内容に対しては評価が付されてフィードバックされる。

第3節　責任投資の実務

　本コードと国連責任投資原則の内容は、責任投資の実務の指針にもなっている。以下、両原則の内容をふまえ、本コードの原則に沿うかたちで責任投資の実務について説明する。

1　方針の策定と公表

　本コードの原則1では、「機関投資家は、スチュワードシップ責任を果たすための明確な方針を策定し、これを公表すべきである」とされている。
　スチュワードシップ責任をどのように考え、その考えにのっとって当該責

任をどのように果たしていくのか、また、顧客・受益者から投資先企業へと向かう投資資金の流れ（インベストメント・チェーン）のなかでの自らの置かれた位置をふまえ、どのような役割を果たすのかについての明確な方針を策定し、これを公表することが求められている。

責任投資を進めていくうえでは、投資先企業の企業価値の向上と持続的成長に加えて、ESG課題にどのように取り組んでいくかも包含した「責任投資の方針」を策定し、公表することが求められる。これは、対外的な説明責任を果たすためだけではなく、自社における意思統一のためにも必要と考えられる。

2　利益相反の管理

原則2では、「機関投資家は、スチュワードシップ責任を果たす上で管理すべき利益相反について、明確な方針を策定し、これを公表すべきである」とされている。

あらかじめ想定しうる利益相反の主な類型について、どのように実効的に管理するのかに係る明確な方針、特に、議決権行使や対話に重要な影響を及ぼす利益相反が生じうる局面を具体的に特定し、それぞれの利益相反を回避し、その影響を実効的に排除するなど、顧客・受益者の利益を確保するための措置について具体的な方針を策定し、公表することが求められている。また、顧客・受益者の利益の確保や利益相反防止のため、例えば、独立した取締役会や、議決権行使の意思決定や監督のための第三者委員会などのガバナンス体制を整備すべきであるとされている。

責任投資の体制としては、①方針・基準の策定や実施状況のモニタリング・管理などを通じて責任投資を統括して推進する組織（責任投資委員会など）、②エンゲージメントや議決権行使など責任投資を実施する組織（運用・調査部門など）、③責任投資における利益相反を監督する組織（第三者委員会など）を設置することが考えられる。なお、第三者委員会は、独立した社外役員が中心的なメンバーとなるなど、高い独立性を確保することが求められている。

多くの株主総会への対応が必要な議決権行使の実務の観点からは、①議決権行使基準に基づき判断の結果が明らかな議案と定性判断が必要で恣意性が懸念される議案とを区分し、さらに、②関係会社等との関連の有無などにより利益相反が生じうる局面を特定することが考えられる。基準に基づき判断結果が明らかな議案については、運用・調査部門などが判断を担当し、責任投資委員会や第三者委員会に報告する。定性判断が必要な議案については、責任投資委員会で議論して判断を決定する。そして、利益相反が生じうる議案については、責任投資委員会で判断し第三者委員会の監督を受けることなどが考えられる。

3　投資先企業の状況の把握

　原則3では、「機関投資家は、投資先企業の持続的成長に向けてスチュワードシップ責任を適切に果たすため、当該企業の状況を的確に把握すべきである」とされている。

　なお、情報収集の際には、通常のリサーチ活動と同様、インサイダー取引規制や法人関係情報の取扱いなどについて、適切な対応が必要となる（第3章第1節を参照）。

　把握する内容や調査体制は、運用プロセスに基づいて定められることが自然であろう。加えて、責任投資においては、中長期的な視点から企業価値の評価を行えるように、短期的な財務情報に偏ることなく、経営哲学や経営戦略、ESG課題への取組みに代表される非財務情報を把握することの重要性が高くなると考えられる。

　具体的なESG課題の代表例としては、以下のものが挙げられる。環境の課題では、温室効果ガス排出量の削減、エネルギー使用の効率化、水資源の利用状況の把握、化学物質の排出管理など。社会的課題では、人権、男女の平等、サプライチェーンにおける児童労働問題、安全な労働環境の確保、ワークライフバランス、製品の安全性など。ガバナンスの課題では、贈収賄など不正の防止、監督と執行の分離、取締役の指名プロセス、取締役会の構成とダイバーシティ（多様性）、役員報酬制度、会計報告の適正性、情報開

示への取組みなどである。

　ESG課題への取組みは、リスク管理としての評価やコスト要因としてみられることも多いが、社会的な課題の解決に取り組む企業を、事業機会の拡大（オポチュニティ）として評価することも重要である。

　企業評価の際には、属する産業や企業に与える影響の大きさの観点から重要なESG課題を特定することが必要である。世界的な関心のあり方や政策動向などのマクロからのアプローチとともに、企業自身がどのような問題意識でどのようなESG課題に関心をもっているかを聞くことは、ESG課題の重要性（マテリアリティ）を評価するうえで有効と考える。

　ESGに関する情報源としては、統合報告書、コーポレートガバナンス報告書、ESG情報のベンダーに加え、NGO（非政府組織）などがある。

4　エンゲージメント（投資先企業との建設的な「目的を持った対話」）

　原則4では、「機関投資家は、投資先企業との建設的な「目的を持った対話」を通じて、投資先企業と認識の共有を図るとともに、問題の改善に努めるべきである」とされている。また、「目的を持った対話」とは、「中長期的視点から投資先企業の企業価値及び資本効率を高め、その持続的成長を促すことを目的とした対話」を指すとされている。

　エンゲージメントにおいて、企業価値の定義を明確にしたうえで、その向上という基本的な目標を投資先企業と共有することの重要性は、既に述べたとおりである（第1節の2）。さらに、経営判断の成果はすぐには表れないため、経営者と同じ中長期的視点をもつことが大切であり、継続的な取組みが求められる。また、相互理解に基づいて経営者が適切な行動を継続的に行うことが必須となるため、敵対的・強圧的な姿勢ではなく、友好的かつ建設的な姿勢で臨むことが基本となる。

　具体的な進め方としては、すべての投資先企業にエンゲージメントを行うことは一般的ではないため、運用における重要性（投資ウェイトや発行済株式数に対する投資株式数の比率）、経営実績、ESG課題への取組状況、対象企業

に対する議決権行使実績などをもとにして、対象企業を特定し、テーマを設定することから始める。テーマとしては、例えば、①事業戦略、②財務戦略、③環境・社会的課題への取組み、④コーポレートガバナンス、⑤情報開示・対話、⑥不祥事への対応などのように分類すると、進捗管理がしやすくなる。

投資先企業においてESG課題に対する取組みで改善すべきテーマがみられた場合は、適切な対応を促していく。日本企業の場合、ESG課題に積極的に取り組んでいるものの、情報開示が十分でないために、取組状況が十分に評価されないことも多い。情報開示を促すことは、投資先企業が実力に見合った評価を得られるようになるだけでなく、取組自体を積極化させる効果も期待されるため、重要なテーマと考えられる。

エンゲージメントを実行し、その進捗のステージについて、①課題の伝達、②認識の共有、③対応策の策定、④対応策の実施、⑤終了などのマイルストーンを設定して管理し、継続的に取り組んでいく。なお、エンゲージメントを実施する主体として責任投資の専任担当者を置くことも考えられるが、その場合は、エクイティアナリストと協力して行っていく必要がある。

改訂版のスチュワードシップ・コードでは、他の機関投資家と協働して対話を行うこと（集団的エンゲージメント）が有益な場合もありうるとされており、この点についても基本的な方針を定めることが求められている。

エンゲージメントに係る法務において重要なものとしては、①大量保有報告制度における「重要提案行為」と「投資先企業との対話」との関係、②大量保有報告制度における「共同保有者」・公開買付制度における「特別関係者」と「他の投資家との協調行動」との関係、③インサイダー取引規制等における「未公表の重要事実の取扱い」と「投資先企業との対話」との関係の3点が挙げられる。これらの点に係る解釈については明確化が図られているため、金融庁より公表された「日本版スチュワードシップ・コードの策定を踏まえた法的論点に係る考え方の整理」を参照されたい。

5　議決権行使

　原則5では、「機関投資家は、議決権の行使と行使結果の公表について明確な方針を持つとともに、議決権行使の方針については、単に形式的な判断基準にとどまるのではなく、投資先企業の持続的成長に資するものとなるよう工夫すべきである」とされている。

　投信法10条では、「投資信託財産として有する有価証券に係る議決権並びに会社法の規定に基づく株主の権利の行使については、投資信託委託会社がその指図を行うものとする」旨が規定されている。これを受けて、投資信託協会は、「正会員の業務運営等に関する規則」の2条で、投資信託委託会社等会員は議決権の指図行使の基本的考え方及び意思決定に係る権限等に関する規定を定めることなど、議決権行使について規定している。また、「議決権の指図行使に係る規定を作成するに当たっての留意事項」では、意思決定プロセス、スクリーニング基準、根拠データの保存、議決権行使結果の開示などについて定められている。「投資信託等の運用に関する規則」の15条の2では、有価証券の貸付けを行う際に、議決権の指図行使との関係を十分に考慮した規定を定めることが求められている。

　以上の議決権行使に係る法務と、本コードの原則5の指針をふまえ、また、3月決算企業による6月の株主総会シーズンにおいて多数の議案判断を行う必要性を考慮すると、議決権行使の実務における重要な点として、以下が挙げられる。

① 　議決権行使についての明確な方針を策定し、公表する。さらに、議案分類ごとに具体的な判断の基準（議決権行使基準）を作成する。この場合、単に形式的な基準とするのではなく、投資先企業の企業価値の向上と持続的成長を促すものであること、エンゲージメントとの役割分担を考え、議案判断の基準をどの程度の厳しさのものとするかを定めることは、明確な方針を策定するうえで有用と考える。また、方針や基準では、利益相反管理に係る事項も規定する必要がある。さらに、投資先企業の議決権に係る権利確定日をまたぐ貸株取引を行うことを想定している場合には、こうし

た貸株取引についての方針を記載することも求められている。
② 議決権行使に係る意思決定プロセス及び体制を整備し、その内容について具体的に開示する。この場合、議決権行使のための専門の体制を整える必要は必ずしもなく、責任投資の体制において、責任投資活動の一環として議決権行使を担うことも考えられる。また、多数の議案判断が必要とされること、根拠データの保存と議決権行使結果の開示が求められることから、システム対応は必要と思われる。
③ 本コードでは、議決権行使助言会社のサービスを利用する場合であっても、助言に機械的に依拠するのではなく、投資先企業の状況や当該企業との対話の内容等をふまえ、自らの責任と判断のもとで議決権を行使すべきであるとされている。また、サービスを利用している場合には、議決権行使結果の公表にあわせ、その旨及び当該サービスをどのように活用したのかについても公表すべきとされている。
④ 議決権行使結果について、本コードと投信協会はともに、主な種類ごとに整理・集計して公表することを求めている。さらに、本コードにおいては、個別の投資先企業及び議案ごとの行使結果、ならびに賛否の理由についても、対外的に公表することが求められている。
⑤ 6月の総会シーズンに向けては、事前に、定量基準表を作成し、不祥事企業の有責者を特定するなど、シーズン中の作業の負荷を軽減させる工夫が必要である。
⑥ なお、本コードに基づく公表項目については、コンプライ・オア・エクスプレインの手法が適用されるため、すべての項目の公表が求められているわけではない。ただし、公表しない場合には、その理由について、受益者の理解が十分に得られるようなわかりやすい説明が求められている。

6 顧客・受益者への報告

原則6では、「機関投資家は、議決権の行使も含め、スチュワードシップ責任をどのように果たしているのかについて、原則として、顧客・受益者に対して定期的に報告を行うべきである」とされている。

責任投資の方針や体制、利益相反管理、議決権行使については、具体的に定められている公表項目をふまえて、わかりやすい情報開示を行うことが期待される。

エンゲージメントについては、方針と体制、企業とのコンタクト件数などの開示が一般的に行われている。また、エンゲージメントのテーマに沿って具体的な事例を紹介する（企業名は匿名とするのが現実的）などして、受益者の理解を得られるように工夫することも望まれる。

7　スチュワードシップ活動のための実力

原則7では、「機関投資家は、投資先企業の持続的成長に資するよう、投資先企業やその事業環境等に関する深い理解に基づき、当該企業との対話やスチュワードシップ活動に伴う判断を適切に行うための実力を備えるべきである」とされている。また、指針7－4.では、「運用機関は、持続的な自らのガバナンス体制・利益相反管理や、自らのスチュワードシップ活動等の改善に向けて、本コードの各原則（指針を含む）の実施状況を定期的に自己評価し、結果を公表すべきである」とされている。

自己評価の実施に際しては、責任投資の方針に基づき実施した活動に関し、責任投資に係るメンバーに対してアンケートやインタビューを行って振り返り、議論する。本コードの各原則に沿って達成状況や課題を整理して開示する。課題については、改善策を策定して実行していく。翌年は、改善策の進捗もふまえて自己評価を行う。このようなPDCAサイクルを確立し、自己評価に積極的に取り組むことで、責任投資の実力が継続的に向上していくと考えられる。なお、「PDCAサイクル」とは、Plan（計画）、Do（実行）、Check（評価）、Act（改善）を繰り返すことで、業務を改善していく手法である。

【参考文献】
- NRI金融ITフォーカス　2005年5月号　運用プロセスに即した執行コスト分析のすすめ　田中隆博
- パフォーマンス向上のためのベスト・エグゼキューション　野村證券金融経済研究所投資技術研究部主任研究員　川原淳次
- 大墳剛士（2014）「米国市場の複雑性とHFTを巡る議論」JPXワーキング・ペーパー特別レポート　2014年7月10日
- 大墳剛士（2017）「日本におけるダーク・プールの実態分析」JPXワーキング・ペーパー2017年9月19日
- BIS Electronic trading infixed income markets　21 Jan 2016　日本銀行仮訳より
- BIS The anatomy of the global FX market through the lens of the 2013 Triennial Survey
- 日銀レビュー　外国為替市場におけるヘッジファンド　2015年1月14日　金融市場局　大河理沙

第VI編

投資信託のリスク管理

第1章

運用会社のリスク管理

第1節　リスク管理態勢

1　リスクの定義

　リスクという概念のとらえ方には2種類ある。1つは、組織の目標・目的の達成に好ましくないマイナスの影響を与える事象が発生する不確実性と定義され、事象が発生しないように管理する対象である。もう1つは、マイナスの影響のみならずプラスの影響も考慮に入れた不確実性と定義され、リスクは損失の原因となるだけでなく利益の源泉でもあり、利益をあげるために管理する対象である。前者の定義には事務リスク、システムリスク、イベントリスク等のオペレーショナルリスク[1]が該当し、後者の定義には市場リスク、信用リスク、流動性リスクから構成される運用リスクが該当する。

2　運用会社が直面する主なリスク

　受託者責任を負う運用会社にとって、投資信託の受益者の最善の利益を追求し損ね、期待や信頼を裏切ってしまうことがリスクである。

---

[1]　オペレーショナルリスクは、運用リスク以外のリスクと定義されており、非常に広範囲の概念である。本章第2節第1項に記載するバーゼル銀行監督委員会における定義を参照のこと。

受益者が資産の運用を委託するうえで期待することは、まず第一に目標とする運用成果を得ることであり、そのために運用会社が投資信託の運用リスクを管理する必要があることはいうまでもない。

　そして、受益者の投資判断や投資行動に悪影響を与える事象が発生しないように業務を運営する必要がある。基準価額の算出を誤ることや基準価額が時限までに算出できずに受益者が申し込んだ設定・解約を実行できないこと等が、最も避けるべきリスク事象である。これらの事象は、その原因によって、事務リスクまたはシステムリスクに分類される。プロセスの不備やヒューマンエラー等に起因する場合は事務リスクであり、システム障害に起因する場合はシステムリスクである。運用会社に限ったことではないが、事務作業を代替するシステムの利用度合いは高まり続けており、管理すべき比重は事務リスクからシステムリスクに移ってきている。ただし、情報システムによる統制（IT統制）を導入しても、事務作業が残存する限りヒューマンエラーの発生可能性がゼロになることはなく、PDCAサイクルを通じて作業マニュアルの記載をより精緻に更新する等、統制の強化が図られるべきである。

　さらに、受益者にとっての投資機会を損なうべきではないという観点から、いかなる場合であっても業務を継続しなければならない。一時的に中断したとしても迅速に再開できなければならない。業務の継続に悪影響を与える因子をイベントといい、業務の継続に重大な支障をきたすイベントリスクを管理する必要がある。

　その他、新しく投資信託を組成する際においては、業務プロセス（事務リスク）やシステムインフラ（システムリスク）の観点からだけでなく、提供する商品が受益者の要望に応え、投資目的に適合した運用実績をあげることを期待できるか、法令諸規則等に抵触していないか等、レピュテーションリスクやコンプライアンスリスクの観点も含めた総合的な考察が必要である。

　本項の最後に、運用会社が管理すべき主なリスクを例示する。市場リスク、信用リスク、流動性リスクは運用リスクに分類され、その他のリスクはオペレーショナルリスクに分類される。

① 市場リスク：市場のリスクファクター（金利、為替、有価証券の価格等）の変動により、保有する金融資産および負債（オフバランスを含む）の価値が変動し顧客資産が損失を被るリスクをいい、当該価値の変動に起因するベンチマークとの相対的な乖離度合いや商品性との乖離度合いを含む。
② 信用リスク：債務者またはカウンターパーティーが、債務不履行、破産または法的手続等の結果として、あらかじめ合意した条件どおりに契約上の義務を履行できないことにより、顧客資産が損失を被るリスクをいう。
③ 流動性リスク：信用力の低下もしくは市場環境の悪化により必要な資金の確保が困難になる、もしくは通常より著しく高い金利での資金調達を余儀なくされること、または資産の処分にあたり市場流動性の低下等により売却が困難もしくは不利な条件での換金によって顧客資産が損失を被るリスクをいう。
④ 事務リスク：内部プロセス、役員および社員の活動が不適切であること、または機能しないことにより、顧客資産が損失を被るリスクをいう。
⑤ システムリスク：システムのダウンまたは誤作動等、システムの不備等に伴い損失を被るリスクやシステムが不正に使用されることにより顧客資産が損失を被るリスクをいう。
⑥ イベントリスク：自然災害もしくはシステムダウン等によって、業務の継続に重大な支障が生じることにより損失を被るリスク、または所有する財産に重大な損失を被るリスクをいう。
⑦ コンプライアンスリスク：遵守すべき法令や規制等の違反により損失を被るリスクをいう。
⑧ レピュテーションリスク（評判リスク）：各種リスクの顕在化に起因する評判の悪化により損失を被るリスクをいう。

3　リスク管理とは

運用リスクとオペレーショナルリスクはその性質の違いから管理手法が異なる。運用リスクに対しては、目標とするリターンを獲得するために保有するリスク量をコントロールすることである。オペレーショナルリスクに対し

ては、発生可能性の観点からは好ましくない事象が発生しないように、影響度の観点からはリスク事象が発生したとしても影響を小さくするように、内部統制を適切に整備・運用することである。

具体的な管理手法については、本章第2節以降と第2章に記載する。

4　リスク管理態勢とは

態勢は、ある事態や状況に対処するための構えという意味であり、下記のように体制を含む概念である。ちなみに、体制は、一定の基本原理や方針によって組織されている集団・社会・国家の様式という意味であり、リスク管理態勢においては、その組織構造について述べられるときに使用される。

リスク管理態勢が意味する範囲について、合意された見解が存在するわけではないが、本書では実務上有用と思われる範囲を示すことにする。

(1)　リスク管理体制

リスク管理を担う組織体制の典型的な例は以下のとおりである。
・取締役会
・リスク管理委員会
・リスク管理部門
・業務部門
・内部監査部門

オペレーショナルリスク管理については、3つのディフェンスライン（The Three Lines of Defense）という考え方がグローバルスタンダードとして認識されている。業務部門を第1線、リスク管理部門を第2線、内部監査部門を第3線として3つのレイヤー（層）でリスクを管理していくという考え方である。

リスクに直面し、効果的な対策を考案し実施できるのは業務部門であるため、最前線にいる業務部門がリスク管理の役割を担うことによって、リスク管理の有効性が高まる。リスク管理部門は、リスク管理のフレームワークが有効に機能するように業務部門を支援する役割を果たし、内部監査部門は、

独立した立場から監査という手法を通じてリスク管理と内部統制の有効性について合理的な保証を提供する。

(2) リスク管理に係る規則（ルール）体系

リスク管理に係る規則体系の典型的な例は以下のとおりである。
・リスク管理方針
・リスク管理規程
・リスク管理基準
・リスク管理に係るマニュアル・手順書

(3) リスク管理のフレームワーク

リスク管理のフレームワークは以下の4つのプロセスで構成される。詳細は本章第2節において記載する。
・リスクの識別
・リスクの評価
・リスクへの対応
・モニタリング

(4) 内部統制

内部統制については、オペレーショナルリスク管理における態勢の一要素としてとらえることができるため、本章第2節以降で詳述する。グローバルスタンダードとして広く受け入れられてきたトレッドウェイ委員会支援組織委員会（COSO）の内部統制フレームワークをもとに、リスクマネジメントの視点が取り入れられ、COSO ERM（Enterprise Risk Management）フレームワークが公表されるに至ったことに鑑みても、リスク管理に内部統制を活用していこうという潮流がうかがえる。

リスク管理は一度、態勢を構築したからといって終わりではない。PDCAサイクルのなかで継続的に管理の質を高めていかなければならない。

本章第2節以降は、オペレーショナルリスク管理のなかでも特に重要な事務リスク管理、システムリスク管理、イベントリスク管理について詳細に説明する。これらのリスク管理はそれぞれ独立に発展し確立されてきたが、本書の特徴として、オペレーショナルリスク管理に共通するフレームワークと内部統制を通して、密接に関連するこれらのリスクの管理体系をとらえ、同時にそれぞれのリスク管理の違いを浮彫りにすることを試みる。

第2節　事務リスク管理

1　事務リスクの定義

バーゼル銀行監督委員会は、オペレーショナルリスクを「内部プロセス、人、システムが不適切であることもしくは機能しないこと、または外生的事象に起因する損失に係るリスク」と定義している。

オペレーショナルリスクは、運用リスク以外のすべてのリスクを含む広い概念であるため、この定義から事務リスクに関する内容を抽出してまとめると事務リスクの定義は以下のようになる。

事務リスクとは、「内部プロセス、従業者の活動が不適切であることもしくは機能しないこと、または外生的な事象により損失を被るリスク」である。人為的過誤により損失が発生するリスクが、典型的な事務リスクである。

2　事務リスク管理の考え方

他のオペレーショナルリスクにも当てはまるが、費用対効果の観点から、管理すべき対象や管理の度合いを決定する。いうまでもないが、管理はコストであり、管理に投入できるリソース（経営資源）には限りがある。すべての事務リスクを管理することは現実的ではなく、費用対効果の観点から管理すべき事務リスクを特定しなければならない。

また管理するリスクがリスク許容度に収まるように管理の度合いを決めていくが、その際にも費用対効果の視点が不可欠である。リスク許容度を超えていたとしても、費用対効果の観点からリスクを受容するという選択が合理的である場合もある。

3 リスク管理のフレームワーク

既述のとおり、リスク管理のフレームワークは以下の4つのプロセスで構成される。本節では各プロセスを詳細にみていく。

(1) リスクの識別
(2) リスクの評価
(3) リスクへの対応
(4) モニタリング

(1) リスクの識別

リスクの識別とは、業務に内在するリスクを認識することである。重要なリスクの捕捉もれがないように留意する必要がある。重要性の判断は影響の種類と度合いの観点から行う。

(2) リスクの評価

リスクの評価とは、識別したリスクを影響度と発生可能性の観点からルールに従って評価することである。リスクの識別とリスクの評価のプロセスにおいて重要な役割を果たすのがRCSA（Risk and Control Self-Assessment：リスクとコントロールの自己評価）[2]である。リスクをより正確に把握できるのは、実際に業務を実施している業務部門（第1線）であり、業務部門がリスクを識別し評価する。

---

2 本章第2節第5項を参照のこと。

(3) リスクへの対応

　リスクへの対応とは、リスクを評価した結果、閾値であるリスク許容度[3]を上回ったリスクに対して適切な対応を選択することである。経営方針に従ってリスク許容度をあらかじめ決めておく必要がある。リスクへの対応は、受容・低減・回避・移転の4つである。受容とはリスクを現状のまま受け入れることであり、低減とは内部統制を強化してリスクを低減させることであり、回避とは業務を中止する等によりリスクを避けることであり、移転とは保険契約等によりリスクを他者に移すことである。

　リスクが高いからといってその業務をすぐに中止することは現実的ではなく、また高いリスクを引き受けてくれる相手（保険会社等）がすぐに見つかるという保証もない。したがって、リスク許容度を超えたリスクに対しては、受容または低減の対応をとることが多い。

　受容という選択の根拠は、既に十分な内部統制を整備・運用しており、これ以上コストをかけても統制が強化されることは期待できず、費用対効果の観点から、受容することが合理的であるという判断である。一方、低減という選択の根拠は、内部統制の整備状況・運用状況には改善の余地があり、費用対効果の観点からも統制の強化を図ることが合理的であるという判断である。

(4) モニタリング

　モニタリングとは、リスク管理態勢の状況や内部統制の運用状況を継続的に監視することである。

4　内部統制

　1992年9月、トレッドウェイ委員会支援組織委員会は、COSOレポートと呼ばれる"Internal Control-Integrated Framework"において内部統制のフ

3　リスクアピタイトともいう。

レームワークを示した。COSOの内部統制フレームワークは、現在においてもグローバルスタンダードとして広く受け入れられており、本節においてもCOSOの同フレームワークに基づき記載した。

(1) 定　義

内部統制とは、以下の目的の達成に関する合理的保証を提供することを意図した、事業体の取締役会、経営者およびその他の構成員によって遂行される1つのプロセスである。
・業務の有効性・効率性
・財務報告の信頼性
・関連する法規の遵守（コンプライアンス）

(2) 構成要素

内部統制は以下の5つの要素から構成される。
・統制環境
・リスクの評価
・統制活動
・情報と伝達
・監視活動

各構成要素の詳細については紙面の都合上割愛するが、ここでは事務リスク管理の目的である過誤を未然に防止するうえで実務上重要である統制環境と統制活動について説明する。

統制環境とは、組織の気風を決定し、組織内のすべての者の統制に対する意識に影響を与えるとともに、他の構成要素の基礎をなし、他の構成要素に影響を及ぼす基盤である。具体的には、内部統制の整備・運用に対する経営者の取組姿勢（Tone at the top）であるといえる。

統制活動とは、経営者の指示や命令が適切に実行されることを確保するために定められる方針や手続である。具体的には、規則体系の整備、職務の分掌や相互牽制等である。

(3) 内部統制の分類

内部統制はさまざまな観点から分類されうるが、リスク管理、特にRCSAにおいて有用な分類は、機能別と処理方法別である。

① 機能別の分類

・予防的統制：リスク事象の発生を未然に防止する統制
・発見的統制：発生したリスク事象を適時に発見する統制

予防的統制は、リスク事象の発生を未然に防止する統制であるため、リスクの発生可能性を低減させる役割が期待されている。発見的統制は、発生したリスク事象を適時に発見する統制であるため、早期に発見して被害を抑え、リスクの影響度を低減させる役割が期待されている。

② 処理方法別の分類

・マニュアル統制：人による統制
・IT統制：プログラムにより自動化された統制

マニュアル統制は、必然的にヒューマンエラーが発生する可能性がある。ヒューマンエラー回避のため、システム化を推し進めてきたことにより、マニュアル統制からIT統制へ、事務リスク管理からシステムリスク管理へと比重が移ってきた。

5　事務リスクの管理手法

事務リスクの管理手法は、主に以下の4つである。
(1)　RCSA（リスクとコントロールの自己評価）の実施
(2)　発生したリスク事象に関する情報の収集
(3)　シナリオ分析
(4)　KRI（Key Risk Indicator）によるモニタリング

(1) RCSA（リスクとコントロールの自己評価）の実施

RCSAとは、業務を実施する者が自らリスクと関連する統制を評価することであり、事務リスク管理において最も重要な役割を果たす。

① 目　　的

　RCSAを実施する目的は大きく3つある。1つ目は、リスクを識別するプロセスにおいて、管理すべき重要なリスクをもれなく特定することである。2つ目は、リスクを評価するプロセスにおいて、できる限り正確にリスクを評価することである。3つ目は、RCSAの実施を通じて、業務部門においてリスクと内部統制に関するオーナーシップ意識が醸成され、業務部門が自律的なリスク管理を実践できるようになることである。業務を実施する者が業務上のリスクと内部統制を最も正確に把握しうる立場にあることから、これらの目的を達成することが期待される。

　RCSAの結果、残存リスク（後述）の評価がリスク許容度を上回った場合には、リスクへの対応が必要となる。

　RCSAも一度実施したから終わりではなく、PDCAサイクルのなかで、過誤が発生するたびに発生可能性について見直しを実施する等を通じて、評価の精度を高めていくことが重要である。

② 概　　要

　RCSAは、以下のプロセスから構成され、評価の対象とするリスクを識別した後、内部統制が存在しないと仮定して固有リスクを評価する。固有リスクの評価に、内部統制の整備状況・運用状況を考慮して、残存リスクを評価する。

・評価の対象とするリスクの識別
・固有リスク[4]の評価
・内部統制の整備状況[5]の評価
・内部統制の運用状況[6]の評価
・残存リスク[7]の評価

4　固有リスクとは、内部統制が存在しないと仮定した場合のリスクである。
5　内部統制の整備状況とは、内部統制が設計され、業務に組み込まれているかについての状況である。
6　内部統制の運用状況とは、内部統制が設計どおりに運用されているかについての状況である。
7　残存リスクとは、内部統制の有効性を考慮した後に残るリスクである。

③ リスクの評価方法

リスクは、影響度と発生可能性の2つの観点から評価する。影響度や発生可能性の度合いを何段階に区分するかについては実態に応じて各社が決定するが、それぞれ3段階[8]（高・中・低）または5段階に区分することが多い。

影響の種類についても決まりがあるわけではないが、受託者責任を負って業務を運営する運用会社の場合、顧客への影響、コンプライアンス、損失額、評判への影響等の観点から影響度の評価を行うことが望ましい。

④ 実務上の留意点

RCSAは、リスク管理のフレームワークの出発点[9]であり、RCSAにおける評価が実態を反映していないとリスク管理を適切に実施することができない。リスクの低い業務に対してリソースを注いで管理を強化してしまったり、逆にリスクの高い業務に対してリソースを割かずに管理を緩めてしまったりする。したがって、RCSAの重要性を強調し過ぎることはないが、目的を達成するようにRCSAを実施することはむずかしい。RCSAを実施する際に直面するであろう、典型的な問題とその解決方法の例を以下に示す。

［ルールの理解］

RCSAは一定のルールに従って実施される。業務部門の担当者が評価するにあたり、固有リスクや残存リスク、内部統制等、正確な理解が必要な概念が存在する。ルールや概念の不十分な理解に基づく実態を反映しない評価では、リスク管理を適切に実施することはできない。リスク管理部門による業務部門への積極的な働きかけや支援が必要である。

［固有リスクの評価］

固有リスクとは、内部統制が存在しないと仮定した場合のリスクであるが、通常は既になんらかの内部統制が業務プロセスに組み込まれているため、内部統制が存在しない状況を想像したうえで固有リスクを評価することになる。評価が想像に依存するため、業務部門の担当者は評価に確信をもち

---

8 影響度と発生可能性をそれぞれ3段階に区分した場合は、各段階の組合せによって、リスクのレベルは1〜9となる。
9 RCSAはリスクの識別とリスクの評価に当たる。

にくく、評価は担当者の主観に左右されやすい。

　では、固有リスクの評価の正確性を確保するためにはどうしたらよいのであろうか。

　正攻法としては、リスク管理部門をファシリテーターとしてワークショップを開催し、業務部門からの参加者が、評価の対象としているリスクに係る業務の実施頻度・難易度・複雑性[10]等について議論を重ね、固有リスクの評価を決める方法である。

　一方、内部統制が整備・運用されているという実態を反映している残存リスクの評価から逆算して、固有リスクの評価を求めるという方法もある。残存リスクの影響度も発生可能性も、過去に過誤が発生したという事実に基づいて評価することができる。できる限りもれなく統制活動を列挙したうえで、残存リスクの評価から、統制活動による影響度と発生可能性の低減効果を取り除いて、固有リスクを評価する。

［内部統制の評価］

　内部統制を評価する際には、そのすべての構成要素における整備状況と運用状況を評価するべきである。しかし、RCSAにおいて残存リスクの評価を得るために、内部統制を自己評価する場合には、すべての構成要素を業務部門の担当者が評価するというのは実際的ではない。内部統制の構成要素の1つである統制活動に焦点を当てて評価することが実際的である。

　また内部統制を自己評価する際には明確な基準がなければ、主観的で実態を反映しない甘い評価に陥りがちであるが、広く受け入れられている規範的な基準が存在しているわけではない。そのため、各社で有用な基準を設定しなければならない。

　内部統制を評価する際の基準の例として、統制活動が、予防的統制（発生可能性を低減させる役割を担う）として有効であるか、発見的統制（影響度を低減させる役割を担う）として有効であるかという判断基準がある。有効性の度合いは、マニュアル統制・IT統制によって判断する。情報システムを

10　複雑性の一例として、業務におけるプロセスの多寡が挙げられる。

活用するIT統制のほうがリスクの低減に対してより効果的である。このような観点から、内部統制の有効性を評価することもできる。

(2) 発生したリスク事象に関する情報の収集

発生したリスク事象に関する情報を収集する目的は3つある。

まず、実際に発生したリスク事象の原因を詳細に分析することによって、再発防止策を講じて内部統制を強化することである。次に、原因を分析するだけでなく、適切に分類することによって、過誤の傾向、さらにはリスク管理態勢における脆弱性を浮かび上がらせ、適切な対策を講じて同種のリスク事象を未然に防止することである。原因の分類方法については、医療過誤や航空機事故の原因分類において既に定評のあるm-shell法が参考になる。最後に、リスク事象が発生したという事実をもって、残存リスクの影響度と発生可能性を見直し、内部統制の有効性を再考する契機とすることである。

自明ではあるが、発生したリスク事象そのものがリスク管理にとって重要なヒントとなることを肝に銘じておくべきであろう。

(3) シナリオ分析

シナリオ分析とは、RCSAではとらえきれない[11]、発生可能性は非常に低いが発生した場合の影響が甚大であるリスク事象[12]の発生を想定しその影響を分析することである。実施した分析に基づき事前に対策を講じる。大震災等危機的事象の発生により業務の継続に重大な支障をきたすリスクを管理するイベントリスク管理においてよく利用される手法であるが、事務リスク管理においても有用である。

(4) KRI（Key Risk Indicator）によるモニタリング

リスク管理の本質はリスク事象の発生を未然に防止することにあり、予兆

---

11 RCSAにおいて通常用いられる3段階または5段階の区分では、上方限界や下方限界の近辺に位置する影響度や発生可能性を正確にとらえることができない。
12 テールリスクと呼ばれる。

的な管理が求められる。予兆的な管理に資するべく設定する数量的な指標がKRIであり、KRIをモニタリングし、KRIの変化によりリスクを察知しようとする。

各社の実態（例えば、運用している投資信託の本数）によって効果的なKRIは異なるため、すべての運用会社に有効なKRIを例示することはむずかしいが、KRIの設定における考え方の一例を示す。

事務リスク管理においては、分子を作業（数量）、分母をリソース（数量）として比率を求めKRIを算出する。例えば、分子を作成する運用報告書の数、分母を作成に携わる人員数とする。1人当りの運用報告書の数が増えていけば、作業負荷が増してヒューマンエラーも発生しやすくなる。人員数を増やす、または一部の運用報告書の作成を外部に委託する等の対策を未然に講じることができる。ただしシステムの導入等により状況が変わった場合はKRIの有効性も変化するため、注意が必要である。

エラーやニアミスの数そのものをKRIとして設定している場合もあるが、その場合は何が原因でKRIに変化が生じているのかわからず対策を講じにくい。

KRIはリスクの原因を定量的に把握する指標であるといえ、対策を未然に講じるという管理目的に即したものでなければならない。

6　リスク管理部門の役割

RCSAにおいてリスク管理部門が果たすべき最も重要な役割は、業務部門による自己評価の結果がルールに基づいているかを確認することである。そのため、RCSAのレビューとフィードバックを実施する。

レビューとは、自己評価の結果がルールに基づいているかについて検証していくプロセスである。フィードバックとは、評価の結果がルールに基づいていない場合や評価の結果に疑義がある場合等に、業務部門とコミュニケーションを図るプロセスである。

レビューを実施する際に、評価対象期間においてリスク事象が発生した場合には残存リスクの発生可能性の見直しの必要性を確認し、必要に応じて

フィードバックを行う。繰り返しになるが、リスク事象が発生したという事実はリスク管理上きわめて重要な情報である。

加えて業務部門とリスク管理部門のコミュニケーションの大切さを強調しておきたい。業務部門から信頼され協力を得て、リスク管理はより効果的となる。

7　運用会社が直面する事務リスクの例

最後に、運用会社が業務運営上直面し管理すべき主な事務リスクの例を以下に示す。なお、基準価額の算出やディスクロージャー資料等の作成を中心に業務の外部委託が増加しており、事務リスクの管理状況を把握しづらくなってきているため、外部委託先管理の重要性が高まっている。

・有価証券等の取引に係る注文内容を誤るリスク
・発注を誤る、遺漏するリスク
・受託銀行への指図を誤る、遺漏するリスク
・投資ガイドラインに違反するリスク
・資金管理を誤るリスク
・信託報酬の算定を誤るリスク
・基準価額の算出を誤るリスク
・ディスクロージャー資料等に誤謬や遺漏等が発生するリスク
・機密情報、顧客情報、個人情報等が漏えいするリスク

第3節　システムリスク管理

1　システムリスクの定義

「金融商品取引業者等向けの総合的な監督指針」(金融庁)によると、システムリスクとは、「コンピュータシステムのダウン又は誤動作等、システムの不備等に伴い顧客や金融商品取引業者が損失を被るリスクやコンピュータ

が不正に使用されることにより顧客や金融商品取引業者が損失を被るリスク」と定義されている。

「システム管理基準[13]」(経済産業省)においては、組織体が情報システムにまつわるリスクに対するコントロール[14]を適切に整備・運用する目的を、以下のように表明している。

・情報システムが、組織体の経営方針及び戦略目標の実現に貢献するため
・情報システムが、組織体の目的を実現するように安全、有効かつ効率的に機能するため
・情報システムが、内部又は外部に報告する情報の信頼性を保つように機能するため
・情報システムが、関連法令、契約又は内部規程等に準拠するようにするため

これらの目的に基づくと、システムリスクとは、情報システムの戦略性・安全性・有効性・効率性・信頼性・準拠性を維持し損ね、顧客や業務の運営に悪影響を及ぼすリスクであるといえよう。

図表Ⅵ-1

戦略性	情報システムが組織体の経営方針及び戦略目標の実現に貢献する度合い
安全性	情報システムが自然災害、不正アクセス及び破壊行為等から保護される度合い
有効性	情報システムが組織体の目標達成に貢献する度合い
効率性	情報システムに係る、資源の活用及び費用対効果の度合い
信頼性	情報システムの品質並びに障害の発生、影響範囲及び回復の度合い
準拠性	情報システムが法令諸規則等を遵守して利用される度合い

(出所) 野村アセットマネジメント作成

---

13 情報システムにまつわるリスクを低減するためのコントロールを適切に整備・運用するための実践規範であると位置づけられている。
14 システムリスク管理においては、統制ではなく、コントロールという用語が用いられることが多いが同義と考えてさしつかえない。

2　システムリスク管理の対象

システムリスク管理の対象は上記の観点から多岐にわたるが、受託者責任の観点からは、顧客に直接的な影響を及ぼす、安全性と信頼性を維持することが重要である。安全性は機密性[15]・完全性[16]・可用性[17]を含む概念であり、信頼性は完全性と可用性を含む概念である。紙面の都合から、安全性に関する管理の詳細については、情報セキュリティマネジメントシステム（ISMS）の要求事項を定めた規格であるJIS Q 27001（ISO/IEC 27001）等を参照していただき、本書では主に信頼性に焦点を当てる。

システムリスク管理を業務プロセスや管理対象に基づいて分類すると以下のようになる。

・システムの企画・開発・運用・保守プロセスにおけるリスク管理
・障害管理
・情報セキュリティ管理
・外部委託先管理

このうち、信頼性の維持・向上を目的とする、システムの運用プロセスにおけるリスク管理と障害管理を中心に記述する。

3　リスク管理のフレームワーク

システムリスク管理においては、リスクの特定[18]、リスクの分析[19]及びリスクの評価[20]をリスクアセスメントと称しているが、本質的な違いはないため、本書では、事務リスク管理と同じフレームワークを適用してシステムリスク管理をとらえてみる。

---

[15] 機密性とは、利用を許可された者のみが情報システムを利用できることである。
[16] 完全性とは、情報システムが完全な状態であり、データが正確に入力・処理・出力され、その結果が正しい状態で保存されることである。
[17] 可用性とは、必要な時に情報システムが利用可能な状態であることである。
[18] リスクの識別に該当する。
[19] リスクの評価に該当する。
[20] 分析されたリスクをリスク許容度と比較するプロセスである。

(1) リスクの識別

　本書で扱うシステムリスクは安全性・信頼性を脅かすリスクであり、機密性・完全性・可用性が損なわれるリスクである。リスクが、全体的なシステム基盤（ITインフラ）に潜む場合と業務処理を行うシステム（以下「業務処理システム」という）に潜む場合がある。本書では、適宜、両者を区別するが、両者を含む場合には「情報システム」という用語を用いる。リスクは脅威が脆弱性を突いて発生することから、前者におけるリスクを管理する場合は全体的なシステム基盤に対する脅威と関連する脆弱性を認識する必要がある。そのためのチェックリストとして「金融機関等コンピュータシステムの安全対策基準・解説書（以下「安全対策基準」という）」（公益財団法人金融情報システムセンター、以下「FISC」という）や「システム管理基準」（経済産業省）を利用できる。後者におけるリスクを管理する場合については、以下に詳述する。

① 利用している業務処理システムを洗い出す。

　このプロセスでの留意点は、重要な業務プロセスに利用されている場合もあるため、必要に応じて、表計算ソフト等に組み込まれているプログラム言語を用いてユーザーが作成したEUC（エンドユーザーコンピューティング）も洗い出しの対象とすることである。

② 業務処理システムの資産価値（＝重要度）を把握する。

　資産価値とは、業務処理システムの重要度を反映するものであり、機密性・完全性・可用性の観点から評点する。

　機密性は、業務処理システムが保有する情報の性質に応じて区分することが一般的であるが、区分の定義は各社の実態にあわせて決める。区分の一例として、個人情報、顧客情報、機密情報、公開情報等に基づき評点する方法を挙げる。

> 例）機密性のレベルを3つに区分する例
> 3点　個人情報、顧客情報、発注を予定している取引に係る機密情報が含まれる。
> 2点　取引履歴やポートフォリオに係る機密情報が含まれる。
> 1点　上記以外の情報（機密性の低い情報や公開情報等）が含まれる。

　完全性は、業務処理システムにより計算・出力された結果が影響を与える度合いに応じて区分することが一般的であるが、区分の定義は各社の実態にあわせて決める。区分の一例として、顧客への影響を重視し、コンプライアンスや評判への影響も考慮しながら、影響の大きさに基づき評点する方法を挙げる。

> 例）完全性のレベルを3つに区分する例
> 3点　基準価額の算出、設定・解約、顧客への開示資料等に影響を及ぼす。
> 2点　自社の経営判断や財務報告等に影響を及ぼす。
> 1点　上記以外に影響を及ぼす。

　可用性は、業務処理システムの利用に係る緊急性に応じて区分することが一般的であるが、区分の定義は各社の実態にあわせて決める。区分の一例として、障害の目標復旧時間（RTO）[21]に基づき評点する方法を挙げる。

> 例）可用性のレベルを3つに区分する例
> 3点　目標復旧時間（RTO）が2時間以内である。
> 2点　目標復旧時間（RTO）が6時間以内である。
> 1点　目標復旧時間（RTO）が6時間超である。

③　評点した資産価値に基づいて、管理対象とすべき業務処理システムを特定する。

　3つの評点の合計によって判断するだけでなく、いずれかの性質において評点が高い業務処理システムは管理の対象とすべきである。合計点が高くな

---

[21] Required Time Objectiveの頭文字である。

くても、機密性・完全性・可用性のいずれか1つが高く、実際にはリスクが大きい場合も多い。

④ 管理対象とした業務処理システムにおいて、リスクを識別する。

機密性の観点からは情報が漏えいするリスク、完全性の観点からは計算結果に誤謬が発生するリスク、可用性の観点からは適時に利用できないリスクである。

(2) リスクの評価

資産価値・脅威・脆弱性の組合せによって、リスクが評価される。資産価値を影響度、脅威と脆弱性の組合せを発生可能性としてとらえると事務リスクと同じ観点からシステムリスクも評価できることがわかる。

システムリスクの評価＝資産価値(＝影響度)×脅威・脆弱性(＝発生可能性)

資産価値の算定については既述しているため、ここでは脅威と脆弱性について記述する。

脅威とは、資産価値（機密性・完全性・可用性）を損なわせる因子である。管理対象とした業務処理システムに対して具体的な脅威を想定し、資産価値に与える悪影響をもれなく考慮する必要がある。

脅威への対策を考えるために、脅威を分類して把握することが有用である。大きく人為的な脅威と環境的な脅威に分類され、人為的な脅威はさらに意図的か偶発的かによって細分される。意図的な人為的脅威の例として、不正アクセス、なりすまし、データの改ざん、ウイルスへの感染が挙げられる。偶発的な人為的脅威はいわゆるヒューマンエラーであり、不注意による操作ミス等である。一方、環境的脅威は地震や台風等の自然災害[22]である。

---

22 自然災害により停電となる可能性がある。

図表Ⅵ-2　脅威の分類の例

人為的な脅威		環境的な脅威
意図的	偶発的	
・不正アクセス ・なりすまし ・データの改ざん ・ウイルスへの感染	・不注意による操作ミス	・地震 ・風水害 ・落雷

（出所）　野村アセットマネジメント作成

　脆弱性とは、脅威によって影響を受ける業務処理システムに内在する弱さである。

　脆弱性への対策が統制活動にあたり、対策を講じる前に評価したリスクが固有リスクであり、講じた後に評価したリスクが残存リスクである。

(3) リスクへの対応

　残存リスクの評価が、リスク許容度を超えている場合に、リスクへの対応（保有[23]・低減・回避・移転）を考慮する。

(4) モニタリング

　システムリスク管理についても同様に、PDCAサイクルを通じ、ビジネス環境の変化に対応して、評価を見直し、必要に応じて対策を講じ、管理の有効性を高めていく。

4　内部統制

　事務リスク管理の場合と同様、紙面の都合上、ここではシステムリスク管理の目的である脆弱性を克服するうえで実務上重要である統制活動に限定して記述する。システムリスクに関する統制は、全般統制（ゼネラルコントロール）と業務処理統制（アプリケーションコントロール）に分類される。

　全般統制とは、業務処理統制が有効に機能する環境を保証するための統制

---

[23] システムリスク管理では、保有という用語が用いられているが、受容と同義である。

活動であり、システム基盤と業務処理システムにおけるデータ処理以外の部分に対する統制である。その目的は、戦略性・安全性・有効性・効率性・信頼性・準拠性を維持することである。「安全対策基準」(FISC)や「システム管理基準」(経済産業省)において列挙されているコントロール目標の各項目をチェックし、その達成度を確認し、必要に応じて対策を講じる。

業務処理統制とは、業務処理システムにおいて、データの処理（入力・処理・出力）が正しく実行されるための統制活動であり、データの完全性（インテグリティ）[24]を確保するための手段である。データの完全性とは、データが、以下の4つの性質を有することである。

・正当性……データが正当な承認を受けていること
・網羅性……データにもれがなく、重複がないこと
・正確性……データが正確なこと
・整合性……ファイル間またはデータベース間においてデータの整合性がとれていること

管理対象とした業務処理システムにおけるデータ処理のプロセスごとに、上記の性質が確保されることを保証するコントロールが存在しているかを確認し、必要に応じてコントロールを強化する。正当性を確保するためのコントロールとしてアクセスコントロール[25]が、網羅性・正確性を確保するためのコントロールとしてエディットバリデーションチェック[26]が、網羅性・正確性・整合性を確保するためのコントロールとしてマッチング[27]やコントロールトータルチェック[28]が挙げられる。

24　「データの完全性（インテグリティ）」に対して、「システムの完全性（インテグリティ）」という概念があり、全般統制を通じて確保を図る。
25　アクセスコントロールとは、パスワード等を用いて、正当に許可された者のみが業務処理システムおよびそのデータを使用できるようにする統制である。
26　エディットバリデーションチェックとは、入力したデータがその項目におけるデータの要件を満たしているかどうかを確認する機能である。
27　マッチングとは、入力したデータがマスタデータなどのあらかじめ登録されたデータと合致しているかを確かめる機能である。
28　コントロールトータルチェックとは、入力された数値の合計を出力された数値の合計と照合する機能である。

5　障害管理

　本書では、システム障害を、危機に該当し業務の継続に重大な支障を与える甚大なシステム障害[29]と、それ以外の障害に便宜上分類する。前者に対しては、信頼性を維持するため、情報システムの冗長化等を通じて可用性を高め、障害が発生した場合であっても稼働し続けることを管理上の目的としている。後者に対しては、再発防止策を講じて内部統制を強化したり、障害の原因を類型化し脆弱性を把握し、対策を講じて同種の障害を未然に防ぐことを管理上の目的としている。

　本項では後者の管理について詳述し、本章第4節において甚大なシステム障害に対する対策に触れる。

(1)　目　　的

　障害管理の目的は、大きく3つある。

　まず、障害を引き起こした原因（脅威・脆弱性）を追究し詳細に分析することを通じて効果的な再発防止策を講じることである。その際は脅威と脆弱性の把握にもれがないように留意しなければならない。

　次に、障害の原因を分類し、障害の傾向を把握し、同種の障害の未然防止に役立てることである。原因の分類については、経済産業省が公表している分類を参照しながら各社の実態にあわせて決める。傾向を分析することによって、自社の脆弱性が浮彫りになり、リソースを注いで強化すべきポイントが明確になるであろう。

　最後に、残存リスク（影響度・発生可能性）と内部統制の評価を見直すことである。事務リスク管理の場合と同様に、障害が実際に発生したという事実はリスクや統制に対する自己認識を新たにする機会を提供する。残存リスクに対する認識は楽観的過ぎなかったか、脆弱性に対する内部統制は有効であったのか等省みることを通じて、残存リスクを適切に認識・評価すること

---

[29]　本章第4節を参照のこと。

がリスク管理の要である。

対象とするリスクは異なるが、事務リスク管理の場合と類似している[30]ことを確認されたい。

(2) 障害の区分

リスク評価の見直しや管理を強化すべきリスクの特定等に資するべく、発生した障害を区分して把握することも有用である。障害の内容を分析し、影響度の観点を軸に障害を区分していく。区分の定義については、各社の実態にあわせることが原則だが、受託者責任の観点から顧客への影響を重視し、以下のような区分が妥当であると考えられる。

- 障害区分S：顧客への影響が広範囲にわたる障害
- 障害区分A：顧客への影響が限定的である障害
- 障害区分B：業務の運営に重大な影響を及ぼす障害のうち、代替手段による対応が可能であると認められないもの
- 障害区分C：業務の運営に重大な影響を及ぼす障害のうち、代替手段による対応が可能であると認められるもの、または業務の運営に軽微な影響を及ぼす障害のうち、代替手段による対応が可能であると認められないもの
- 障害区分D：業務の運営に軽微な影響を及ぼす障害のうち、代替手段による対応が可能であると認められるもの
- 障害区分E：運用に直接関与していないシステムに起因する障害

6　運用会社が直面するシステムリスク

本節の最後に、業務プロセスごとに運用会社が直面するシステムリスクの例を挙げる。

---

[30] 本章第2節5(2)を参照のこと。

(1) フロントオフィス業務

① 売買案件の作成プロセスにおいて想定されるリスク
・取引を予定している情報が漏えいするリスク（機密性）
・売買案件が正確に作成できないリスク（完全性）
・システムが利用できず、適時に売買案件を作成できないリスク（可用性）
② 発注前のコンプライアンスチェックプロセスにおいて想定されるリスク
・投資ガイドラインに抵触する売買案件を発見できずに発注してしまうリスク（完全性）
③ 発注プロセスにおいて想定されるリスク
・システムが利用できず、適時に発注を行うことができないリスク（可用性）

(2) ミドルオフィス業務

① パフォーマンス評価プロセスにおいて想定されるリスク
・運用実績の計測結果に誤りが生じるリスク（完全性）
② 運用リスク管理プロセスにおいて想定されるリスク
・リスク指標の計算結果に誤りが生じるリスク（完全性）
・システムが利用できず、適時に法令諸規則等で求められる計算ができないリスク（可用性）

(3) バックオフィス業務

① 約定結果の照合プロセスにおいて想定されるリスク
・システムが利用できず、適時に約定結果の照合を行うことができず、後続の処理に遅延が生じるリスク（可用性）
② 組入有価証券等の時価評価プロセスにおいて想定されるリスク
・不適切な時価を採用してしまうリスク（完全性）
③ 基準価額の算出プロセスにおいて想定されるリスク
・基準価額の算出を誤るリスク（完全性）

・システムが利用できず、法令諸規則等で求められる時限までに基準価額を算出できないリスク（可用性）

④　ディスクロージャー資料の作成プロセスにおいて想定されるリスク

・運用報告書等に誤謬が生じるリスク（完全性）

(4) 販売会社との連絡

①　販売会社への基準価額・分配金の配信プロセスにおいて想定されるリスク

・システムが利用できず、法令諸規則等で求められる時限までに基準価額や分配金を配信できないリスク（可用性）

②　販売会社からの設定・解約に係る連絡の受信プロセスにおいて想定されるリスク

・システムが利用できず、適時に設定・解約に係る連絡を受信できず受託者責任を果たせないリスク（可用性）

第4節　イベントリスク管理

1　イベントリスクの定義

　本章第1節において、イベントリスクとは、自然災害もしくはシステムダウン等によって、業務の継続に重大な支障が生じることにより損失を被るリスク、または所有する財産に重大な損失を被るリスクであると例示したが、本節では、受託者責任を負う運用会社が注力して管理すべき前者のリスクに限定して記述する。

　イベントとは、業務の継続に重大な支障をもたらす事象であり、本書では「事業継続ガイドライン」（内閣府）に倣い、危機的事象と称する。危機的事象に該当するものは多岐にわたるが、代表的な例は、地震や台風等の自然災害、火災、甚大なシステム障害、テロリズムに基づく暴力行為等である。危

機的事象の発生により業務の継続に重大な支障が生じている状況が危機である。

危機的事象に共通する要素はその発生に関する予測が非常にむずかしいという点である。そのため、危機的事象が発生しても、業務が継続できるように、内部統制を構築し（業務継続計画[31]（Business Continuity Plan））、適切に運用すること（業務継続マネジメント（Business Continuity Management））が危機管理の主眼となる。

危機的事象の発生がリソースの損失をもたらし、業務の継続に支障をきたすため、リソースの損失に備えた代替手段を整備することが、業務継続計画の中核となる。

業務継続計画を作成する際には、危機的事象の特性を把握しリソースの損失への影響を分析することと、優先すべき業務を継続するにあたり必要なリソースを特定することの両面からのアプローチが必要である。

2　危機的事象の分類

業務の継続に影響を及ぼすリソースを従業者・システム・業務の実施場所ととらえ[32]、危機的事象の発生によるリソースの損失という観点から、危機的事象を分類すると図表Ⅵ-3のようにまとめられる。

図表Ⅵ-3

危機的事象の種類	従業者	システム	実施場所
自然災害（地震・台風等）	×	×	×
火災	×	×	×
甚大なシステム障害(注1)	-	×	-
テロリズム	×	×	×

---

[31] 危機的事象が発生した場合の被害を最小限に抑えるという観点からはコンティンジェンシープランが策定され、業務を継続するという観点からは業務継続計画が策定される。計画の内容には重複する部分も多いが、本書では業務継続計画に焦点を当てて説明する。
[32] 本節では、リソースという語をこの3つに限定して用いる。

| 首都直下地震(注2) | ×× | ×× | ×× |
| 感染症（新型インフルエンザ(注3)等）の蔓延 | ×× | － | － |

　危機的事象の発生により影響を受ける可能性がある場合を、影響度に応じて「××」または「×」で、影響を受けない場合を「－」で表現している。
（注1）　サイバー攻撃によるシステムの機密性・完全性・可用性の損失を含む。
（注2）　首都とその周辺地域の直下で発生する地震の影響で、電気・通信・交通が停止し、すべてのリソースが大きく損なわれる可能性があると推測されている。
（注3）　ほとんどの人が新型インフルエンザに対する免疫をもっていないため、感染が急速に蔓延し、大量の従業員が長期にわたり不足する事態に陥ると予測されている。
（出所）　野村アセットマネジメント作成

3　危機管理態勢

　危機に対処するために整備しておくべき態勢は以下のとおりである。

(1)　危機管理体制

　他のオペレーショナルリスクの管理体制と異なる点は、危機の発生に際し適切な対応を指揮・命令するため、臨時に危機対策本部が設置されることである。

・危機対策本部[33]（危機発生時に設置）
・取締役会
・危機管理委員会
・リスク管理部門
・業務部門（各部署における危機管理責任者と危機管理担当者）
・内部監査部門[34]

(2)　危機管理に係る規則体系

　危機管理に係る規則体系の典型的な例は以下のとおりであるが、危機管理においては、マニュアル・手順書に位置づけられる業務継続計画や防災取扱

---

[33] 危機対策本部の本部長には、経営トップが就任することが多い。
[34] 危機管理態勢の有効性に対して、独立した立場から合理的な保証を与える役割を果たす。

マニュアル等がきわめて重要であり、これらの内容の見直しや周知を定期的に実施していくことが必要である。

・危機管理方針
・危機管理規程
・危機管理基準
・危機管理に係るマニュアル・手順書
　例）　業務継続計画[35]
　　　　防災取扱マニュアル

(3) リスク管理のフレームワーク

システムリスク管理と同様に、オペレーショナルリスク管理に共通するフレームワークを適用してイベントリスク管理をとらえてみる。

① リスクの識別

本書で扱うイベントリスクは業務の継続に重大な支障が生じるリスクとしたが、リスクを識別するためには、業務が中断した場合の影響が大きい業務プロセスを特定する必要がある[36]。影響は、顧客、コンプライアンス、評判等へ及ぶが、運用会社は受託者責任を負っている以上、顧客への影響を重視すべきであり、その観点から優先的に継続すべき業務プロセスは、以下のように特定できる。

・売買案件の作成
・発注
・基準価額の算出
・設定・解約

② リスクの評価

発生する危機的事象の種類や規模を予測することは非常にむずかしいため、業務の継続に重大な支障が生じるリスクに関する固有リスクの影響度は保守的に最大に評価しておくことが現実的である。業務継続マネジメントを

---

[35] 首都直下地震と新型インフルエンザ等に対応する業務継続計画を含む。
[36] 本節第4項(2)②で詳述するビジネスインパクト分析（BIA）を通じて特定する。

通じて、影響度を低減し、残存リスクの評価がリスク許容度に収まるように管理する。

③ リスクへの対応

リスクの識別プロセスにおいて、イベントリスク管理の対象として特定した業務プロセスは、業務を中断した場合の影響が大きいため、そのリスク許容度は低い。業務継続マネジメントのPDCAサイクルのなかで、改善の余地がある限り、危機に対する対策を講じ、残存リスクの低減を図る。

④ モニタリング

業務継続マネジメントのPDCAサイクルにおけるC（Check）にあたり、業務継続計画が適切に運用されているかを定期的にチェックする。また既存の業務継続計画を定期的に見直し、ビジネス環境の変化に応じて更新する必要がある。特に、新たに開始した重要な業務がある場合は、必ず当該業務が業務継続計画に含まれるように更新すべきである。

(4) 内部統制

事務リスク管理やシステムリスク管理の場合と同様に、紙面の都合上、ここでは危機に直面しても業務を継続するために実務上重要である統制環境・統制活動・情報と伝達に限定して説明する。

① 統制環境
・業務を継続させる仕組みを適切に整備・運用しようとする経営者の意志

② 統制活動
・危機管理に係る規則体系
・教育・訓練
　例）　安否確認訓練
　　　　バックアップセンターへの切替訓練
　　　　代替オフィスでの業務実施訓練

③ 情報と伝達
・発生した危機的事象とリソースの損失に関する情報が迅速にかつ適切に伝達・報告されるかが、被害を最小限に抑え業務を継続するうえで非常に重

要である。適切なレポーティングラインの確定とその周知徹底が必要である。

4　イベントリスクの管理手法

イベントリスクの管理手法は、各種の危機に対処できる業務継続計画の策定とその定期的な見直しや効果的な教育・訓練を通じた適切な運用である。

(1)　業務継続マネジメント（Business Continuity Management）

危機発生時においても業務を継続させるまたは業務が中断しても迅速に復旧させるための内部統制であり、PDCAサイクルを通じて継続的な改善を図る。中核となるのは、統制活動に含まれる業務継続計画（Business Continuity Plan）の策定である。策定した業務継続計画が有効に機能するように管理する。

(2)　業務継続計画（Business Continuity Plan）の策定

下記のプロセスを通じて、危機的事象の発生によって限られたリソースを用いて、どの業務を優先的に継続させるかまたは迅速に再開させるかを決定し、そのために必要な人的・技術的・環境的対策を整備する。

① **危機的事象の発生によるリソースの損失に関する分析**

危機的事象の種類ごとに影響を及ぼすリソースやその度合いは異なる[37]ため、その特性に応じた影響度分析を行う。

影響度分析をふまえて対策を講じる際には、影響の範囲と度合いに応じていくつかに分類することが実務上有用である。危機的事象の種類にかかわらず、リソースの損失度合いという観点から業務の継続に有効な対策を講じることができるからである。

［影響の範囲と度合いに応じた分類の例］

・局地的被災

---

[37] 新型インフルエンザ等は従業者に甚大な影響を及ぼすが、大規模な地震は従業者・システム・業務の実施場所のすべてに影響を及ぼす可能性がある。

地震、風水害、火災等が局所的に発生した場合、想定するリソースの損失度合いに応じて対策を講じる。多くの場合、代替手段を適切に整備していれば業務の継続は可能である。

・広域的被災

大規模な地震、風水害、火災等が発生し、その影響が広範囲にわたる場合も同様に、想定するリソースの損失度合いに応じて対策を講じるが、留意すべき局地的被災との違いを2点述べる。まず、影響が広範囲にわたっているため、交通が麻痺する可能性が高く、多くの従業者がオフィスにたどり着けず、人的リソースを業務に利用できないことを想定しておく必要がある。次に、被災地域にあれば代替オフィスやバックアップセンターも利用できなくなる可能性がある。そのため、遠隔地にも代替オフィスやバックアップセンターを設置しておくことが望ましいが、費用対効果を考慮したうえで各社が判断することになる。

・首都直下地震による被災

電気・通信・交通の停止により、すべてのリソースへの膨大な悪影響が想定されるという特性がある。

・新型インフルエンザ等の蔓延

従業者へ甚大な悪影響をもたらすとともに感染の推移に伴って対応を変えていく必要があるという特性がある。

② ビジネスインパクト分析（Business Impact Analysis、以下「BIA」という）

ビジネスインパクト分析とは、危機的事象の発生により、業務を中断した場合に被る影響を分析することである。

a 業務継続に係る優先度の高い業務プロセスの特定

既述したリスクの識別とリスクの評価に当たる。危機的事象が発生した場合には、リソースの損失により業務を運営するうえで必要となるリソースが不足することが多いため、影響度の観点から、優先して継続させる業務プロセスをあらかじめ特定しておく。既述のとおり、運用会社の場合、顧客への影響を重視し、コンプライアンスや評判への影響等も考慮に入れながら検討していく。

b　ボトルネックの特定

　業務を継続するにあたり障害となるボトルネックを特定する。多くの場合、リソースの不足がボトルネックとなるため、特定した優先度の高い業務プロセスを実施するにあたり必要なリソース（必要な人員数や知識・スキル、利用するシステムの名称、業務を実施する場所等）を詳細に把握する。

［ボトルネックの例］

・台風が発生し、交通機関が運行を中止したため、必要な数の従業者が業務を実施する場所にたどり着くことができなかった場合は、要員がボトルネックになる。

・甚大なシステム障害により、システムの完全性や可用性が損なわれた場合は、システムがボトルネックになる。

・地震が発生し、業務を実施する場所が被災した場合は、業務を実施する場所がボトルネックになる。

c　目標復旧時間（RTO）の設定

　業務が中断した場合、時間の経過とともに影響が拡大していくため、深刻な事態に陥る前に業務を再開する必要があり、そのために目標復旧時間を設定する。設定した目標復旧時間に基づき、利用するシステムに対して要求する可用性のレベルが確定する。

③　業務を継続するための手段の決定

　特定したボトルネックを解消するための手段、すなわちリソースの損失に備えた代替手段を確定する。各リソースごとに代替手段の典型的な例を示す。

［従業者に対する代替手段（人的対策）の例］

・代替要員の確保

・代替要員の育成（ローテーションを通じた人材育成）

［システムに対する代替手段（技術的対策）の例］

・バックアップセンターの設置

・サーバーの正副構成

・ネットワークの二重化

・データのバックアップ
［業務の実施場所に対する代替手段（環境的対策）の例］
・代替オフィスの設置
・リモートアクセスによる業務継続

　これまで、オペレーショナルリスクに分類される3つのリスクの管理態勢について詳述してきたが、第1章の結びとして、管理態勢が有効に機能するために最も重要なことについて触れたい。それはリスク管理に対する従業者各人の意識や取組姿勢である。リスク管理の責務はすべての従業者にあるという意識をもち、リスク管理に真摯に取り組むことが、受益者の大切な資産の運用を任されている運用会社が受託者責任を果たすうえで必要である。

第 2 章

運用リスク管理

第1節　運用リスク管理体制

　本章で取り上げる運用リスクとは、運用資産に係るリスクを指すこととし、運用会社の自社資産に関するリスク（例：財務リスク[38]）は対象外とする。運用リスクは、ファンド受益者との契約にのっとった資産運用を全うするため、言い換えればフィデューシャリー・デューティー（＝受託者責任）を全うするために、とらなければいけないリスクであり、必要なリスクである。ただし、過度なリスク取得は厳に慎まなければならない。当てはまる諺としては、運用リスクは「虎穴に入らずんば虎子を得ず」の「虎穴に入ること」に当たるが、一方で「過ぎたるは猶及ばざるが如し」という性質のものでもある。

　また、運用リスクはファンド受益者との契約ごと、すなわち個別のファンドごとに異なるものであるから、運用会社はファンドごとにファンドにとっての適正なリスク水準もしくは上限をそれぞれ算出し、その遵守状況をモニタリングする体制を確立しなければならない。このモニタリング体制こそが運用リスク管理体制といえよう。

　運用リスク管理体制を確立するにあたり、客観的にリスク測定を行うとい

---

[38] 運用会社が金融資産を保有している場合の考え方は同様である。

う観点、あるいは運用部門に対して健全な牽制機能を発揮するという観点から、その責任を運用部門から独立した組織が担うことは重要である。証券取引等監視委員会が公表している「金融商品取引業者等検査マニュアル」においても、(運用部門と独立した) 運用リスク管理部門において、運用財産の運用に係るすべてのリスクを十分に把握することを運用会社に求めており、また具体的なリスクとして、市場リスク、信用リスク、流動性リスクに言及している。

運用リスク管理プロセスの一例として、運用リスク管理に係るリスクの定義やその定義に基づく数値計測などの実務的な業務を前述の独立部門が担当し、運用リスクに関する委員会を設置し、リスク計測結果が独立部門から報告されるとともに、運用リスク管理に関連する重要な決定事項について当該委員会に諮り決定するという仕組みが考えられる。これにより、リスクの定義、計測（定量化）及び対応の決定といったプロセスが会社組織として明確になる。

さらに、運用リスク管理プロセスの予備的な対応として、実際の運用開始の前、すなわち新しい投資信託商品を検討する際に、運用リスク管理の観点からチェックを行う。必要に応じてリスク低減策を講じれば、運用開始後の運用リスク管理がより適切なものになる。

運用リスクを細分化すると、主として市場リスク、信用リスク、流動性リスクが挙げられる。さらに、運用リスク管理に関連するものとして、組入資産の時価を算定する必要に迫られたときの対応を定めておくことも大切であろう。以下の節で、市場リスク、信用リスク、流動性リスク、適正時価の算定についてそれぞれ説明する。また、運用リスク計測の検証手法として、ストレステストにも言及する。

第2節 市場リスク

市場リスクとは、金融市場の価格変動でファンドのリターンがどの程度影

響を受けるのかを、数値で表現したものである。ここで金融市場とは株価インデックスや個別株式、さまざまな債券、為替、コモディティ、オプション取引やスワップ取引等の各種デリバティブなど、金融商品が取引されている市場の総称である。この金融市場の価格変動に対する影響度合いを表す数値が大きいと、ファンドの市場リスクが大きいといえる。反対にこの数値が小さい場合は市場リスクが小さいと考えられる。数値化することで客観性が得られ、ファンド間でのリスクの大小などの比較も可能となる。これを絶対リターンのリスク、あるいは単に絶対リスクという。また、株価インデックスや債券インデックス等をベンチマークにし、これらとの相対的なリターンを計測することもある[39]。これを相対リターンのリスク、あるいは単に相対リスクという。

そしてこれらの数値に一定の閾値を設定してファンドのリスクを管理することを、市場リスク管理という。以下では絶対リターンのリスク管理を念頭に置いて説明するが、相対リターンのリスク管理も同様な概念でとらえることができる。

ファンドの市場リスクの計測には大きく2つの方法がある。

1つは標準的手法といわれるもので、株式や為替など各アセットクラスにあらかじめリスク量を定めておいて、当該アセットクラスのファンドに占める割合とそれらの数字を乗じて合計値を計算するというものである。例えば、日本円ベースで損益を把握するファンドを考えてみる。また当該ファンドがTOPIXに60％、米ドルキャッシュに40％投資しているとする。TOPIXのリスクを年率10％、米ドル円の為替のリスクを同8％とすると、このファンドのリスクは年率で、

$$10\% \times 60\% + 8\% \times 40\% = 9.2\%$$

と計算される。

この方法の場合、計算が比較的簡単である一方で、各アセットクラスのリ

---

[39] このほか、ベンチマークに対するトラッキング・エラーなどリスクの概念はいくつかある。

スク量は不変であるため、アセットクラスの割合だけにポートフォリオのリスクが依存し、仮に各アセットのポートフォリオ全体に占める割合が一定の場合には、金融市場がどれだけ大きく変動し、アセットクラス自体の変動性が著しく増していたとしても、標準的手法で計算したリスクは変わらない。また異なるアセットクラス間の相関も考慮されない。したがって、簡便である一方で、実際の市場リスクを正確に把握するような計算方法とは言いがたい。

これに対し、市場の変動性を適宜リスク計算に考慮する方法があり、代表的なものにVaR（Value at Risk、以下「VaR」という）や期待ショートフォール（Expected Shortfallあるいは条件付VaR（Conditional VaR）、以下「ES」という）と呼ばれるものがある。

なお、2014年12月に強化された投資信託の運用規制に関連し、ヘッジ目的以外でデリバティブ取引を行う公募投信に対して、標準的手法あるいは内部管理方式（VaR方式）で計測したリスク量が、投資信託財産の純資産総額の80％以内となるように管理することが求められている[40]。

本節ではVaRに焦点を当てて市場リスクについて解説する。

1　VaRとは

VaRは、ポートフォリオ等の保有資産の潜在的な損失リスクを計測するもので、1990年代から金融機関のリスク管理に広く採用されるようになった重要な概念である。VaRは、一定の保有期間において、一定の確率（信頼水準）で期待される最大の損失額を計算するもので、数学的にはファンド等のポートフォリオの損益のパーセント点（quantile）に相当する。一般的には保有期間10日間、信頼水準99％で計測されることが多い[41]。

VaRの計測には、まずポートフォリオの価値にインパクトを与えるリスク要因、例えば株価や為替レート、グリッドポイント[42]上の金利、ボラティリティなどを特定することが必要である。このリスク要因をリスクファクター

---

[40] 投信協会「投資信託等の運用に関する規則」17条2項。
[41] ただし、対象アセットや戦略等により保有期間や信頼水準は適宜調整される。

という。このリスクファクターの変動の具体的な計算の方法により、VaRの推定方法には、分散共分散法、ヒストリカル・シミュレーション法、及びモンテカルロ・シミュレーション法があり、それぞれに特徴がある。以下各方法を概説する。

2 分散共分散法

各リスクファクターが多変量対数正規分布に従うことを仮定するモデルが代表的であり、解析的にリスク量を計測するモデルを分散共分散法といい、パラメトリック法の一つである。ここではこの手法による市場リスク分析について説明する。

ある時点 t のポートフォリオ価値 $V(t)$ が n 個のリスクファクターの感応度をもつものとし、第 i 番目のリスクファクターを $F_i(t)$、これを第 i 成分にもつベクトルをFとしたとき、その $t-1$ から時点 t の Δt 時間における価値変化は、1次のテーラー展開で次式のように近似できる。

$$\Delta V(\mathrm{F}) \approx \sum_{i=1}^{n} \frac{\partial V(t-1)}{\partial F_i(t-1)} \Delta F_i = \sum_{i=1}^{n} \delta_i(t-1) r_i(t) \tag{1}$$

ただし、

$$\delta_i(t) = \frac{\partial V(t)}{\partial F_i(t)} F_i(t) \tag{2}$$

$$r_i(t) = \frac{\Delta F_i(t)}{F_i(t-1)} \approx \ln\left(\frac{F_i(t)}{F_i(t-1)}\right) \tag{3}$$

(2)式はリスクファクター i に対するデルタ相当額といい、これを第 i 行に成分としてもつベクトルを δ とする。なお(3)式においては、日次変化率など比較的に短時間の変化を想定した変形を行っている。

---

42 6カ月や1年、5年など金利のセンシティビティ分析等を行ううえで代表となる年限のこと。

整理すると、

$$\Delta V(\mathrm{F}) \approx \boldsymbol{\delta}^T \mathbf{r} \tag{4}$$

と計算される。

ここで各リスクファクターのリターンが正規分布に従うものと仮定する。いわゆるログノーマルな確率微分方程式は、

$$\frac{dF_i(t)}{F_i(t)} = \mu_i dt + \sigma_i(t) dW_i(t) \tag{5}$$

と書ける。ただし$W_i(t)$はウィーナー過程である。

ここで$\sigma_i(t) = \sigma_i$と仮定し、(3)式及び伊藤のレンマから、時点tからΔt時間の当該リスクファクターのリターンは、

$$r_i(t+\Delta t) = \left(\mu_i - \frac{1}{2}\sigma_i^2\right)\Delta t + \sigma_i\sqrt{\Delta t}\varepsilon_i \quad、\quad \varepsilon_i \sim N(0,1) \tag{6}$$

で表される。ここでVaRはリターンの変動率に主眼を置いており、またリターンのトレンド項の影響はその予測精度が低いことや、ボラティリティの影響に比較し相対的に小さいことから、トレンド項を0と仮定する[43]。

したがって、Σをn個のリスクファクターの日次リターン$r_i(t)$ $(i=1,..,n)$の共分散行列とすると、パラメトリック法に基づくポートフォリオの1日の損益確率分布は、

$$\Delta V(\mathrm{F}) \sim N(0, \boldsymbol{\delta}^T \Sigma \boldsymbol{\delta}) \tag{7}$$

で表され、正規分布に従うことがわかる。ただし、上記で説明したようにリターンのトレンド項を0としていることから、ポートフォリオのリターンの期待値も0が得られる。以上から、保有期間s日の$(1-a)$％のVaR[44]は、

---

[43] $\mu_i = \frac{1}{2}\sigma_i^2$と仮定していることと同義。なお、デリバティブプロダクトの評価の場合は、リスクフリーレートのニューメレールで基準化した確率過程がマルチンゲールとなり、リスク中立測度を用いることが一般的である。

$$VaR(\delta) = z_a\sqrt{s}\sqrt{\delta^T \Sigma \delta} \tag{8}$$

となる[45]。ただし、z_aは標準正規分布の$(1-a)$％に相当する。

　分散共分散法のような解析的にリスク量を計算する方法の場合、計算時間の点で優位性があるが、一方で1次近似したデルタ相当額でファクター感応度を計算しているので、オプションなど非線形的なペイオフを含むポートフォリオのVaRは精度が落ちる可能性がある点に留意が必要である。

　なお、分散共分散法の場合、各リスクファクターのリターンの寄与率に重みを付すことができる。これは各リスクファクターのボラティリティをいかに推定するかという問題といえる。一般的には重みをつけない場合を基本とするが、リターンの2乗の指数加重移動平均（EWMA：Exponentially Weighted Moving Average）をボラティリティの推定値として利用しようというもので、直近のデータにより重いウェイトがかけられることで、ボラティリティの変化やトレンドをよりとらえやすくなるモデルであると考えられる[46]。その際に用いられる係数を減衰係数といい、0.97や0.94が用いられることが多い。

3　ヒストリカル・シミュレーション法

　ヒストリカル・シミュレーション法は、前項で説明した分散共分散法あるいはこの後説明するモンテカルロ・シミュレーション法と異なり、リスクファクターのリターン分布を仮定せずに、過去の実績のリターンをそのまま用いる点が特徴で、ノンパラメトリック法と呼ばれている。ファンドのVaRを計測する場合は、ファンドに係る各リスクファクターのヒストリカルデータを用い、ファンドの実績リターン分布を求めるものである。リスクファクターのリターン分布の実際は正規分布と異なり、裾野が厚いいわゆるファッ

44　ここでは正で定義している。以下同じ。
45　ルート t 倍法と呼ばれることもある。
46　ほかにボラティリティを時系列解析で予測するGARCHモデルを応用することも可能であり、このEWMAモデルに比較的近い結果を得ることが多い。

図表Ⅵ-5　米ドル／円の日次リターン（2016年5月〜2017年5月）

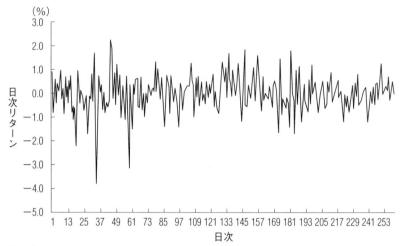

（出所）　野村アセットマネジメント作成

トテイルの形状を有していることが知られている。

　以下は2016年5月から2017年5月までの1年間の米ドル／円の日次リターンの分布（図表Ⅵ-5）、及びその正規確率プロット図[47]（図表Ⅵ-6）である。これからもわかるように、正規性の仮定は必ずしも実際の市場に適合したものではない。

　ヒストリカル・シミュレーションの場合には経験分布を用いるのでファットテイルも考慮することができる。一方で、データ数が少ない場合には十分にリターン分布を計測できない問題点もある。その場合は、ファンドのVaRに関してパラメトリック法による結果と大きく異なることもあるため、注意が必要である。また分散共分散法で減衰係数を利用し、リスクファクターのリターンに重みをつけたVaRの推定法を紹介したが、ヒストリカル・シミュレーション法の場合は基本的には過去データに重みを与えていないので、重

---

[47] 正規確率プロットとは、標本データが正規分布から派生しているかどうかを評価するもの。対象となるデータの標本分位数と正規分布の分位数を2次元にプロットしたもので、正規分布に従っている場合は直線に並び、直線から外れるほど正規性から乖離する。

図表Ⅵ-6　米ドル／円の日次リターンの正規確率プロット

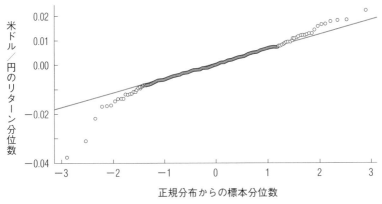

（注）　横軸が正規分布からの標本分位数、縦軸が米ドル／円のリターンの分位数を表す。
（出所）　フリーソフト「R」で野村アセットマネジメント作成

みをつける場合には工夫が必要となる。

4　モンテカルロ・シミュレーション法

　モンテカルロ・シミュレーション法はパラメトリック法の一つであり、リスクファクターのリターン変動モデルを仮定する。ヒストリカル・シミュレーション法は実際のリスクファクターの過去実績リターンを直接的に用いたが、モンテカルロ・シミュレーション法は、各リスクファクターのボラティリティや相関係数を決定したうえで、乱数を発生させて各リスクファクターのリターン分布を求める。実務的には多変量対数正規分布を仮定することが多い。

　分散共分散法では非線形なペイオフをもつオプションなどのリスク精度に難点があったが、そのようなプロダクトに対してはモンテカルロ・シミュレーション法がより適しているものと考えられる。ただし、分布の収束性を求めるためには、ある程度のシミュレーション回数が必要になり、計算機資源や時間的制約を受ける可能性がある。なお、線形なリスクプロファイルを有するポートフォリオの場合、十分なシミュレーション回数のもとでのモンテカルロ・シミュレーション法のVaRは、分散共分散法のVaRにほぼ近い値

となる。

5　コンポーネントVaR（Component VaR）

VaRの概念で実務上有用な概念にコンポーネントVaRがある[48]。コンポーネントVaRとは、VaRを構成する各リスクファクター別にVaRを分解したもので、ファンドのリスクがどのリスクファクターからどの程度発生しているのかを数値化したものである。リスクファクター間の相関を考慮したもので、コンポーネントVaRの合計はVaRに一致する[49]。

VaRは(8)式で示したようにデルタ相当額を変数とする関数ととらえることができる。実質的にリスクファクターに対するポートフォリオのセンシティビティと同義であることは述べた。その場合に、kを定数とすると

$$VaR(k\delta) = z_\alpha \sqrt{s}\sqrt{(k\delta)^T \Sigma (k\delta)} = kVaR(\delta) \tag{9}$$

から、VaRの1次斉次性（同次性）がいえる。

n元($n>0$)のオイラーの斉次関数定理は、$f(x_1, x_2, \cdots x_n)$をm次斉次関数（同次関数）とすると、

$$f(tx_1, ..., tx_n) = t^m f(x_1, ..., x_n) \tag{10}$$

が成り立つ。ここで、$x_1' = tx_1$、…、$x_n' = tx_n$と置くと、

$$f(x_1', ..., x_n') = f(tx_1, ..., tx_n) = t^m f(x_1, ..., x_n) \tag{11}$$

であるから、

$$\frac{df}{dt} = \sum_{i=1}^{n} \frac{\partial f}{\partial x_i'} \frac{\partial x_i'}{\partial t} = \sum_{i=1}^{n} x_i \frac{\partial f}{\partial x_i'} = mt^{m-1} f(x_1, ..., x_n) \tag{12}$$

ここで$t=1$、$m=1$とすると、

---

[48] インクリメンタルVaR（Incremental VaR）と呼ぶこともある。
[49] 全体のリスクを軽減するリスクファクターに関する場合、そのコンポーネントVaRの符号が負となることもある。

$$\sum_{i=1}^{n} x_i \frac{\partial f}{\partial x_i} = f(x_1, ..., x_n) \tag{13}$$

この式で$x_1 \equiv \delta_1$、$\cdots x_n \equiv \delta_n$と置き、関数$f$を$VaR$に置き換えると、

$$VaR(\delta_1, ..., \delta_n | \Sigma) \equiv \sum_{i=1}^{n} \delta_i \frac{\partial VaR}{\partial \delta_i} \tag{14}$$

が得られる。分散共分散法の場合は(8)式及び(14)式から、

$$\begin{aligned} VaR(\boldsymbol{\delta}|\Sigma) &= \sum_{i=1}^{n} \delta_i \frac{\partial VaR}{\partial \delta_i} \\ &= \sum_{i=1}^{n} \delta_i \frac{z_a \sqrt{s}}{\sqrt{\boldsymbol{\delta}^T \Sigma \boldsymbol{\delta}}} \sum_{j=1}^{n} \delta_j \Sigma_{ij} \\ &= \frac{z_a \sqrt{s}}{\sqrt{\boldsymbol{\delta}^T \Sigma \boldsymbol{\delta}}} \sum_{i=1}^{n} \delta_i \sum_{j=1}^{n} \delta_j \Sigma_{ij} \end{aligned} \tag{15}$$

が得られる。したがって、第iリスクファクターのコンポーネントVaRは、

$$\begin{aligned} C\text{-}VaR_i &= \delta_i \frac{\partial VaR}{\partial \delta_i} \\ &= \delta_i \frac{z_a \sqrt{s}}{\sqrt{\boldsymbol{\delta}^T \Sigma \boldsymbol{\delta}}} \sum_{j=1}^{n} \delta_j \Sigma_{ij} \end{aligned} \tag{16}$$

で計算される。

これを利用することで、VaRをリスクファクターごとに分解することができ、ポートフォリオのリスクがどのリスクファクターに由来しているのかがわかり、実務上有益な情報になる[50]。

---

[50] なおESも1次斉次性（同次性）を満たし、同様の方法で分解が可能である。

6　VaR以外のリスク指標

VaRのほかに利用されるリスク指標にES（期待ショートフォール）がある。これはある確率分布Fのもと、特定の信頼水準aを超える損失の期待値として以下のように計算される。

$$ESa(F) = \frac{1}{1-a}\int_a^1 q_\beta(F)d\beta \tag{17}$$

ここで、q_βはパーセンタイル点βを表している。

Artzner *et al.*（1997, 1999）は、リスク指標が満たすべき性質として以下の4つを挙げ、この4つの性質を満たすリスク指標をコヒレント・リスク指標（coherent measures of risk）と呼んだ。

① 単調性（monotonicity）……$X1 \geq X2$ならば$\rho(X1) \leq \rho(X2)$
② 遷移不変性（translation invariance）……$\rho(X+c) = \rho(X) - c$　for すべての定数関数c
③ 正値同次性（homogeneity）……$\rho(\lambda X) = \lambda\rho(X)$　for $\lambda > 0$
④ 劣加法性（sub-additivity）……$\rho(X1+X2) \leq \rho(X1) + \rho(X2)$

ここで、$X1$、$X2$は確率変数、$\rho(X)$はリスク指標を表している。

VaRは④を完全には満たしていないが、ESはすべてをクリアしている[51]。このことから、2010年代に入り、バーゼル銀行監督委員会もESのリスク指標としてのよさを指摘している。

一方で、顕在化可能性（elicitability）という、バックテスト[52]と関連性があるといわれる指標も注目されるようになってきた[53]。

この性質に関しては、VaRが満たす一方でESは満たさない。以上のリスク指標に関する性質について、VaRとESの対比で整理すると、図表Ⅵ-7

---

[51] John Hull, 01 Mar 2007, VAR versus expected shortfall, Risk.netなどを参照。
[52] 次項で解説する。
[53] T.Gneiting. Making and evaluating point forecasts. Journal of the American Statistical Assoc., 106: 746-762, 2011.などを参照。

図表Ⅵ-7　VaRとESのリスク指標としての比較

性質	VaR	ES
単調性（monotonicity）	◯	◯
遷移不変性（translation invariance）	◯	◯
正値同次性（homogeneity）	◯	◯
劣加法性（sub-additivity）	×	◯
顕在化可能性（elicitability）	◯	×

（出所）　野村アセットマネジメント作成

のようになる。

　ここで、顕在化可能性について簡単に整理する。

　統計的汎関数$T(F)$が分布族$\mathfrak{F}$に対して顕在化可能（elicitable）であるとは、ある評点関数S（scoring function）が存在して、すべての$F\in\mathfrak{F}$に対して$T(F)$が$x \mapsto E^F[S(x, Y)]$を最小化するただ一つの値であることである。ここで、$x\in R$、Yは確率変数である。一般的に評点関数（scoring function）とは、

$$\hat{S} = \frac{1}{n}\sum_{i=1}^{n} S(x_i, Y_i) \qquad ただし、x = Y でのみ S(x, Y) = 0 \tag{18}$$

という一般形式をもつ。この$\hat{S}$でモデルの予測精度を測るというもの、と理解できる。つまり、この評点関数Sが定義できることがすなわち顕在化可能であることであり、この性質のことを顕在化可能性、elicitabilityという。定式化すると、

$$S : R^2 \to R \quad 、\quad T(F) = \arg\min_{x\in R} \int S(x, y)\,dF(y) \tag{19}$$

が成立することである。

　VaRの場合については、評点関数Sは、

$$S_a(x, y) = \begin{cases} (1-a)(x-y) &, x \geq y \\ a(y-x) &, x < y \end{cases} \quad (20)$$

であることが知られており、この場合の$T(F)$の最適解は、

$$T^*(F) = F^{-1}(a) \equiv q_a(F) \quad (21)$$

と得られ、つまりパーセント点（quantile）になる[54]。

一方でESの場合には、(19)式を満たす評点関数Sが存在しないということと理解できる。

このようにVaR及びESについては、その性質に一長一短があり、運用資産のプロダクト特性や目的に応じて使用することが大切である。例えばVaRの劣加法性の欠如が顕在化するリスクが無視できないと考える場合は、ESを用いる等である。

7　バックテスト

過去のファンドの実績リターンが、VaRモデルによって予測した確率分布と比較して妥当なものであったかを検証することを、バックテストという。VaR方式によりリスク計測を行う場合は、一定期間ごとに（例えば1年）バックテストを実施し、適用モデルの検証を行う必要がある。

前項で説明した顕在化可能性の性質から、ESよりもVaRに関するバックテストが一般的といわれている。ここで一般的とは、リターン分布が不明であり前提を置かない場合という意味である。その場合、一定回数程度のサンプルデータによる裾分布の推定は困難であり、結果としてその分布の期待値をとるESは不安定で、バックテストに不向きであることがわかる。一方でVaRはバックテストと親和性があるということができるだろう[55]。しかしな

---

[54] $S_\tau(x, y) = |1(x \geq y) - \tau|(x-y)^2$
$\qquad = \tau(y-x)_+^2 + (1-\tau)(y-x)_-^2$
　を評点関数とする場合にはExpectileが最適解となる。これをリスク指標とするものをEVaRといい、顕在化可能性を満たす。

がら、実務者を中心にESに関するバックテストの実施例もみられる[56]。

ここでは代表的なバックテスト手法である二項検定について、リスク指標にVaRを選択した場合を前提に説明する。

VaRは一定の保有期間で一定の有意水準で生じる最大損失額を示すリスク指標なので、過去のVaRの水準を超過する回数は、モデルが正しいという前提に立てば、二項分布に従う。

バックテストの試行回数をN回とすると、二項分布からN回のうちm回超過する確率Pは、有意水準点p%ileとするとき、

$$P(m) = {}_N C_m p^m (1-p)^{N-m} \tag{22}$$

となり、M回までの累積確率は、

$$AP(M) = \sum_{m=0}^{M} P(m) = \sum_{m=0}^{M} {}_N C_m p^m (1-p)^{N-m} \tag{23}$$

で計算される。

参考までに1年間を250営業日とし、保有期間を1営業日、有意水準99%の場合の(22)、(23)式の計算結果は図表Ⅵ-8のとおりである。

この計算結果をもとにモデルの妥当性を判断するわけであるが、参考までにバーゼル銀行監督委員会のスリーゾーン法を紹介する。99%の有意水準の場合の判断例であるが、4回までは問題ないとするもので、図表Ⅵ-8では累積確率が約89%に相当する。超過回数がこれより多いと何かしら問題があると判断されるが、9回超過までは決定的な間違いではないものとしている。なお5回以上9回までが出現する確率は、同表より約11%弱である。さらに10回以上の超過回数は、その出現確率は0.03%程度であるので、この場合はモデルに問題があると判断される。

---

55 VaR以外のリスク指標について、バックテスト可能性（backtestability）の性質を満たす条件を課すのは困難である。

56 Carlo Acerbi and Balazs Szekely, Dec 2014, BACKTESTING EXPECTED SHORTFALL, MSCIを参照。

図表Ⅵ-8　99%ileの二項検定による確率分布

超過回数	確率	累積確率
0	8.1%	8.1%
1	20.5%	28.6%
2	25.7%	54.3%
3	21.5%	75.8%
4	13.4%	89.2%
5	6.7%	95.9%
6	2.7%	98.6%
7	1.0%	99.6%
8	0.3%	99.9%
9	0.1%	100.0%
10	0.0%	100.0%
11	0.0%	100.0%
12	0.0%	100.0%
13	0.0%	100.0%
14	0.0%	100.0%
15	0.0%	100.0%

（出所）　野村アセットマネジメント作成

図表Ⅵ-9　バーゼル銀行監督委員会のスリーゾーン法（1年：250営業日）

超過回数	判断
0〜4	問題ない。
5〜9	問題含みであるが、決定的ではない。
10〜	問題がある。

（出所）　野村アセットマネジメント作成

　ファンドの市場リスクにおいても利用可能な検定手法と考えられるが、超過回数が5回を超えた場合にモデルに問題があると早急に結論づけるのでな

く、なんらかの特殊要因があるかどうかを調査・検証し、その場合は超過回数から除くなどの丁寧な検討を実施することが重要である。

第3節　信用リスク

1　信用リスクとは

ファンドに係るリスクの一つに信用リスクがある。これには、個別の株式や債券に投資する場合の発行体リスクや、店頭デリバティブを取引する際のカウンターパーティー・リスクなどがある。また、特定の企業の信用リスクのほかに、類型としてカントリーリスクや業種のセクターリスクといった分類方法がある。

個別の信用リスクとしては、発行体の信用状況をしっかりと見極めないで、例えば株価が割安であるからとか、債券の利回りが非常に高いといった理由だけで投資対象とすることで、当該企業の業績が著しく悪化あるいは倒産したりして、思わぬ損失が発生することが挙げられる（信用状況をしっかりと調査しても突発的な倒産がありうる）。またデリバティブの取引条件がよいからといった理由だけで特定のカウンターパーティーとの取引に集中した場合、当該カウンターパーティーがデフォルトとなると、多額の債権が回収できなくなるおそれが発生する。

したがって取引にあたっては、格付や財務状況を調査し、かつある程度分散して取引することが大切である。

信用リスク管理は運用サイドとは別に信用リスクをモニターすることで、ファンドのパフォーマンスへの損失の影響度を極小化することを目的とする。

2　信用リスクのモニター

では信用リスクをどう定量化しモニターすればいいだろうか。

まず格付によるモニターがよく行われる。格付は外部格付と運用会社が付与する内部格付とがあるが、一般的にはMoody'sやStandard & Poors、Fitch Ratings、R&IやJCRなどの信用格付会社が付与する格付を用いることが多い。ただし格付は即時性に欠けるという点やデフォルト確率などの個別性までを表現できないといった難点がある。

　また、CDS（クレジット・デフォルト・スワップ）スプレッドをモニターする方法がある。CDSは、年限や回収率などの標準化により、相対的なクレジットを把握しやすいように設計されており、各企業や国のクレジットの変化に反応して日々変動している。このスプレッドから倒産確率を推定するという手法があるが、取引されている銘柄が限定されており、汎用性という点で課題がある。

　このほかに株価を利用したマートンモデルで倒産確率を推定するという方法もある。このマートンモデルは、株式価値を、アンダーライング（原資産）が企業の資産価値で、行使価格が満期時点の負債価値とするヨーロピアン・コールオプションと考えることができるとしたモデルである。株価はCDSと同様に日々変動し、CDSよりも多くの銘柄で取得できるという利点がある。ただし、モデル自体が単純で実際に適用しがたい。また、株価はCDSよりクレジット以外のマクロ的な要素にも影響され純粋な株式価値の把握がむずかしい点、アンダーライングである企業の資産価値を適宜把握することが困難な点、及びそのボラティリティを観測することが困難である点等、株価を利用した手法にも課題がある。

　さらに、信用リスクの定量化には、市場リスクで用いたVaRを適用することもあり、信用VaRといわれる。市場リスクに用いるVaRとの主な違いは、保有期間が市場リスクの1日や10日に比べ年単位と長くなること、確率分布において損失側の裾が厚くなる傾向があることが挙げられる[57]。また観測期間を十分長くとることも求められるが、倒産データの収集は特に日本の場合十分でない。これを補完するために信用格付会社の外部データを用いること

---

[57] したがって、ストレステストの併用など、ファットテイルを捕捉することが重要となる。

も可能であるが、過去のデータを参照することで推定精度が劣化するという問題が別途生じる。

以上、いくつかの方法があるが、市場リスクに比べて定量化という点で課題が多い管理項目ということができる。その他の信用リスク管理の例をいくつか紹介する。

・信用リスクをなんらかの方法により定量化し、債券などの実際投資している額に加え、OTCデリバティブでカウンターパーティーの信用額を国別、業種別、企業別に集計する。なお、OTCデリバティブで担保取引を行っている場合はこれを考慮した額とする。カテゴリーごとに信用リスク額の枠を設定し、これに達していないかを定期的にモニターする。
・ハイイールド債など相対的に信用リスクの高い資産を中心に投資するファンドの場合は、例えばハイイールド債のインデックスをベンチマークにした格付分布と比較し、特定の業種や企業の信用リスクにウェイトがかかっているかどうかをモニターする。
・仕組債など発行体とは別の信用リスクに特に注意し、格付上問題がないか組成時に確認する。

3　信用リスクに関する動向

最後に信用リスクに関連する最近の動向をいくつか述べたい。

1つ目は、市場リスクの管理でも述べたが、2014年12月の投資信託の運用規制強化[58]の一環として、信用リスクの分散についても投資信託協会の運用規則が改正された。そこでは、公募投信に関する信用リスクの適正な管理の方法として、特定先の信用リスクに係るエクスポージャーの投資信託財産の純資産総額に対する比率が、株式等エクスポージャー、債券等エクスポージャー及びデリバティブ等エクスポージャーといった区分ごとにそれぞれ10％、合計で20％を超えないように運用することとある。これを満たすファンドを分散型と呼ぶことがある[59]。また、ファンドに組入比率で10％を超え

58　金融商品取引業等に関する内閣府令130条1項8号の2で信用リスクについて規定している。

る銘柄が存在する場合は、当該銘柄のエクスポージャーを35％以内とする特化型といわれる運用形態を選択することができる[60]。ただしこの場合は、特定銘柄への集中について、投資家への開示が義務づけられている。

　2つ目は、OTCデリバティブ取引に関連する信用リスク削減の取組みであり、集中清算機関（CCP）の利用の促進及び証拠金規制の導入である。運用会社にとっては証拠金規制への対応の影響が大きいと考えられる。2008年のいわゆるリーマンショック以降、OTCデリバティブにおける信用リスクの極小化を目的に、グローバルに証拠金規制が導入されてきている[61]。日本では2016年9月1日から、金融庁により変動証拠金及び当初証拠金の適用が段階的に開始され、変動証拠金に関しては、2017年3月1日からOTCデリバティブの想定元本合計が420兆円以下の取引主体にも適用となった。特徴はその担保資産の流動性や担保計算及び授受の頻度で、3,000億円以上の取引主体では金融商品取引業等に関する内閣府令が適用となり、現金担保を基本とし、日次での計算・担保授受が義務づけられた。ただし、想定元本が3,000億円に満たない投信などのファンドにおいては金融商品取引業等に関する内閣府令の適用外となり、金融庁の監督指針が適用されている。監督指針では取引規模やリスク特性を勘案した十分な頻度での担保授受が求められており、ファンドにおいても、流動性のある担保資産である現金を基本とした日次あるいは日次に準じた頻度で、担保授受を行う体制づくりが必要となった。なお信用リスク削減の枠組みとして、海外を中心に、相対取引から集中清算機関（CCP）を利用した決済への移行も進んできている。

　最後に、OTCデリバティブ取引におけるプライシングに信用調整等が考慮されてきている。リーマンショック後において、従来のLIBORを基準とするディスカウント方法から、担保取引の標準化に伴いOIS（Overnight Index Swap）レートを用いたディスカウント方法が主流となってきている[62]。

59　投信協会運用規則17条の2第1項に適合するケース。
60　投信協会運用規則17条の3第1項3号の規定（信用リスク集中回避のための投資制限の例外）を適用するケース。
61　米国はドッドフランク法、EUは欧州市場インフラ規制（EMIR）で規定されている。

リーマンショック後から、LIBORとOISのスプレッドの拡大、テナー・ベーシス・スプレッド[63]やクロスカレンシー・ベーシス・スプレッド[64]の拡大といった現象が生じたが、その結果、それまでLIBORベースで作成されたイールドカーブは、さまざまな取引形態に適合するようなマルチカーブ[65]で作成されるようになり、デリバティブ取引の際に考慮が必要である。また、OTCデリバティブのプライシングにおいては、CVA（Credit Valuation Adjustment）[66]、DVA（Debt Valuation Adjustment）[67]等で代表される、カウンターパーティーの信用力あるいは自社の信用力に応じた価格調整項を伴ったプライシングが採用されてきており[68]、投資信託においても対応が求められる可能性がある[69]。

---

[62] 欧州の集中清算機関のLCH（London Clearing House）は、2010年6月からUSDなどの金利スワップの決済におけるディスカウントを、LIBORベースからOISベースに変更した。

[63] 例えば同じ通貨の3カ月LIBORと6カ月LIBORなど、期間の異なる短期金利を交換するスワップに生じる価格調整項のこと。リーマンショック前はベーシス・スプレッドはほぼ0であった。

[64] 通貨の異なるLIBORを交換するスワップ（例えば3カ月円LIBORと3カ月米ドルLIBORの交換）に生じる価格調整項のこと。

[65] LIBORを基準に求められていたイールドカーブに対し、担保通貨のOISをもとに各種ベーシス・スプレッドを考慮して計算したイールドカーブのこと。

[66] CVAはCredit Value Adjustmentと説明されることもある。デリバティブの正のエクスポージャーに係る、カウンターパーティーのデフォルト・コストの現在価値に関する負の評価調整のことである。

[67] DVAはデリバティブの負のエクスポージャーに係る、自己のデフォルト・ベネフィットの現在価値に関する正の評価調整のこと。

[68] CVAやDVAは、国際財務報告基準（IFRS）において、公正価値に含めることとなっている。また、近年この評価調整項に関しては、XVAという総称が用いられてきており、CVA、DVAのほかにも、ファンディング調整項であるFVA（Funding Valuation Adjustment）や資本評価調整項のKVA（Capital Valuation Adjustment）、さらに当初証拠金のファンディングコスト調整のMVA（Margin Valuation Adjustment）等が導入され、これらをふまえたデリバティブのプライシングが検討されてきている。

[69] デリバティブ価値上昇と同時にカウンターパーティーのクレジット悪化が伴う、いわゆるWrong Wayリスクの顕在化には注意が必要である。なお証拠金規制の導入はCVAインパクトを抑制する効果が認められる。

第4節 流動性リスク

1 流動性リスクとは

ファンドの流動性リスクとはどういうものだろうか。

主要なリスクとして流動性ミスマッチというものがある。これは即時解約可能な投資家側に対し、例えば相対取引である債券の売却先を探す必要のあるファンド側で、資金の運用と設定・解約に期間の差が生じることをいう。特に流動性が相対的に低い資産をもつファンドに現れやすい現象で、このようなファンドで大量の解約が生じた場合、資金化のため流動性の高い資産から順に売却され、相対的に流動性の低い資産の割合が高くなってしまう可能性があり、投資家の流動性リスクに伴うコストがファンドの解約タイミングに依存してしまうことになる。さらにストレス期など極端に市場の流動性が低下した際に解約が殺到した場合、解約に応じられない事態も生じうる。過去には、2015年12月に米国資産運用会社のサード・アベニュー・マネジメントがハイイールド債の解約に応じなかった例や、2016年6月に英国の国民投票でブレグジットが決まった際に複数の不動産ファンドが解約を停止した例がある。

この現象を避けるには、常にファンドで流動性を確保するための流動性リスク管理が必要であり、重要である。

2 流動性リスク管理

では、流動性リスク管理とは具体的にどのようなものであるだろうか。

まずポートフォリオの各資産の流動化（キャッシュ化）に必要な期間の把握が必要である。例えば、キャッシュ化に要する時間（例えば第3営業日までに売却できる等）を資産ごとに計測し、これを積み上げることにより当該ポートフォリオでキャッシュ化できる時間が計測される。またこの結果をも

とに、相対的に流動性が高い資産の割合の下限（例えばある条件下で第3営業日までに換金できる割合を20％以上にする）や相対的に流動性が低い資産の上限を設定する（例えばある条件下で第20営業日までに換金できる資産の割合を15％までにする）ことも有用である。この場合によく用いられる方法が、過去一定期間の平均売買量の一定割合、例えば30％を1日の売却可能量とし、保有量から売却日数を計算するものである。資産が株式の場合は有効であるが、相対取引である債券を含むファンドの場合は、必要なデータがそろわない場合がほとんどであるので、前提を置くなどの工夫が必要になる。また売却コストの計算には単純なアスク-ビッドだけでなく、マーケットインパクトモデルを用いて推計するような方法をとることも考えられる。特にデリバティブなどを含むファンドの場合はその流動性リスク計測の難易度は高い。

次に当該ポートフォリオの解約の傾向を把握することである。過去の設定解約の動向、投資家の投資スタイルなどから、ファンドのキャッシュフロー予測を実施し、これに見合う流動性の確保を行うことである。

以上が基本的な流動性リスク管理の具体例となる。

流動性リスクに関する議論は、最近グローバルに盛んになってきており、2015年9月には米国証券取引委員会（SEC）から「投信及びETFの流動性リスク管理の規制案」も提案され、2016年10月に最終化された。これによると2018年12月1日より米国ではMMFを除く登録オープン・エンド・ファンドに流動性リスク管理プログラムが導入され、ファンドにおける流動性リスクの評価や開示強化を義務化し、またスウィング・プライシング[70]の導入を任意で認めた。

最後に図表Ⅵ-10でSECの流動性区分を紹介する。

なお、流動性リスク管理プログラムにおいては、図表Ⅵ-10の非流動性資産（Illiquid Investment）はポートフォリオの15％以下とすることが決められ

---

70 スウィング・プライシングとは、解約者の基準価額を調整することで、その他の投資家と解約者との間で公平に解約に係るコストを配分する手法のことである。ただし、投資家の執行額の差による不公平の存在など実際に導入する場合の困難さが指摘されている。

図表Ⅵ-10　SECの流動性区分

分　類　名	定　　義
高流動性資産 (Highly Liquid Investment)	現金及び現在の市況下において、3営業日以内に著しい時価の変動を伴わずに、現金化できる妥当性が予見できる資産
適度な流動性資産 (Moderately Liquid Investment)	現在の市況下において、3営業日以上7日以内に著しい時価の変動を伴わずに、現金化できる妥当性が予見できる資産
比較的低い流動性資産 (Less Liquid Investment)	現在の市況下において、7日以内に著しい時価の変動を伴わずに、売却または処分できる妥当性が予見できる資産 ただし、当該売却または処分が7日以内に決済される妥当性が予見できること
非流動性資産 (Illiquid Investment)	現在の市況下において、7日以内に著しい時価の変動を伴わずに、売却または処分できる妥当性が予見できない資産

（出所）　野村アセットマネジメント作成

ている。

第5節　ストレステスト

　VaRによるリスク計測では、ファットテイル性を十分考慮できないことがあることは既に述べた。これはVaRのモデル上、正規分布を仮定することや信頼区間を決めて最大損失を計測するためで、このVaRで捕捉できない損失額を予測する方法がストレステストである。

1　ストレステストの種類

　ストレステストにはいくつかの種類がある。
　一般的に行われることが多いのが、過去に実際に起こったイベント発生時のマーケット変化をもとに、ファンドやポートフォリオのインパクトを計測

するもので、ヒストリカル・ストレステストと呼ばれることがある。例えば、1987年10月のブラックマンデー、1998年9月のLTCM破綻時、2008年9月のリーマンショック時、2016年6月のブレグジットなどである。ただし同じイベントに対してのリスクファクターのインパクト計測にはいくつか方法があり、例えばイベント発生から一定期間後の各リスクファクターの変動率をとらえる方法や、当該期間の各リスクファクターの最大ドローダウン（最大変動率）をとらえる方法などがある。

また、十年に一度という非常にまれな損失事象の予測に必要な観測データが得られない場合、データの外挿によって推計する極値理論（EVT）を利用することもできる。

ほかには、リスクファクターごとに特定のインパクトを与える、センシティビティ・ストレステストがある。例えば、株価インデックス（TOPIXやS&P 500など）を一律10％下落させる、為替レートを一律円安や円高方向に10％変化させる、イールドカーブを1％パラレルシフトさせる、格付を極端に悪化させてクレジットによるインパクトを計測する、流動性が著しく悪化した場合の流動性リスクの変化を確認する、などである。

あるいは、大きなイベント（例えばブレグジットや米国大統領選挙など）を控えている場合に、当該イベントの影響をふまえて、マクロエコノミックモデル等から複数の想定されるシナリオを設定し、ファンドやポートフォリオに与えるインパクトを計測するものがあり、将来の予測をすることから「フォワード・ルッキング・ストレステスト」と呼ばれる。

また、あらかじめ損失額を設定しておき、これが起こりうるシナリオを逆算的に求めるリバース・ストレステストという方法もある。ただし、対象とするリスクファクターを決定したり、ある程度の制約条件を設けたりすることが必要であり、実際にリバース・ストレステストを実施するには工夫が必要である。

2　インパクトの計算方法

ストレステストにおいて、前項でそのインパクト数値の与え方を説明した

が、それらを用いてどのようにポートフォリオの価値の変化を計測するのだろうか[71]。市場リスクを例にとり説明する。

最もシンプルなのは、計測対象のファンドやポートフォリオに含まれるリスクファクターに対し、前項で与えた変化率をそのまま適用し、ファンドやポートフォリオのインパクトを計測するというものである。この方法は計算が簡便であり、特定のリスクファクターに対するインパクトのみに焦点を当てたい場合に適している。一方でリスクファクター間の相関を考慮していないため、実際のインパクトとは異なる結果となる場合も多い。

VaRモデルで多変量正規分布を仮定している場合は、特定のリスクファクターにインパクトを与えたうえで、その特定のリスクファクターを条件とする、条件付期待値を計算することによって、他のリスクファクターの変動予測を行うという手法が考えられる。この場合に1つの鍵となるのがリスクファクター間の相関係数である。通常は過去一定期間、例えば直近の1年間の相関行列を計測し利用することが多い。ただし、過去のイベント発生時にはリスクファクター間の相関が高まる場合も多いことから、そのようなイベント発生時の相関を明示的に取り込むことも考えられる。あるいは、裾における依存関係が強い相関構造を表現可能なコピュラモデル[72]を用いることも可能である。

3　ストレステストの結果の活用

本節の冒頭でも述べたが、ストレステストは、ポートフォリオのリターンに仮定した、確率分布（例えば正規分布）では想定できない大きな損失額の発生可能性を示してくれる。

例えば、ヒストリカル・ストレステストでは過去のイベントと同様のインパクトが生じた場合の、各ポートフォリオの毀損額をあらかじめ想定することができる。

またマーケットが危機的な状況に陥った場合は、しばしばリスクファク

71　ただし、リバース・ストレステストを除く。
72　クレイトンコピュラなどを利用することが可能である。

ター間の相関係数が極端な動きを示すことがある。例えば各相関係数が＋１に近づいたり[73]、あるいはあるリスクファクター間がまったくの逆相関になったりする。これをあらかじめシナリオ分析で実施し、ポートフォリオの予期しない脆弱性を浮彫りにすることができる。

これらを各ファンドやポートフォリオに対して行うだけでなく、検討段階の新商品に対してストレステストを実施し、大きなマーケット変動に対しても適切なリスクプロファイルを有する商品組成に活用することができる。

また、運用会社の全運用資産（AUM）に対して実施することで、マーケット変動の運用資産額へのインパクトやそれに伴う信託報酬収入のインパクトなどを把握することが可能となり、市場の環境変化に対応し継続してサービスを提供できる態勢構築のための判断材料として活用できると考える。

第６節　適正時価の算定

投資信託の組入資産の評価の方法は、投信協会「投資信託財産の評価及び計理等に関する規則」（以下、「投信協会「投信計理規則」」という）に定められている。ここでは、投信協会「投信計理規則」において、評価が個別の運用会社の判断に委ねられている場合の対応について記述する。なお、投信協会「投信計理規則」の詳細については、別章（Ⅶ－１－２－２　信託財産の経理、組入資産の評価）に記載しているので、そちらを参照していただきたい。

まず、投資信託の組入資産の評価は、投信協会「投信計理規則」により、時価によることが原則となっている。ここで時価とは「取引所若しくは店頭市場において売り手と買い手による自発的な取引又は取引の意思によって、公正に形成されたと認められる価格」と定義されている。また、組入資産の評価にあたっては、継続性を原則とすることとされている。つまり、時価が

---

[73] Contagion現象と呼ばれることもある。

特定のソースから安定的に入手できる場合は、そのソースからの時価を継続的に使用することが原則となる。

　一方で、取引慣行や取引状況により、時価の取得が困難な場合もある。例えば、海外のある取引所に上場している株式の評価としては、原則としてその取引所で計算時に知りうる直近日（以下「当該日」という）の終値を時価として採用することになっているが、その取引所において売買停止措置がとられている銘柄については、当該日には売買が行われていないため、当該日の終値が存在しない。その場合は売買停止措置がとられる以前、すなわち、取引所で売買が行われ終値がついた日までさかのぼり、その日の終値を時価として採用する（当該日の直近の日の最終相場での評価）。しかし、これだけでは、例えば売買停止期間が3カ月に及んだ場合、その3カ月間については売買停止措置の直前の日に記録した終値を継続的に採用することとなり、結果的にこの売買停止銘柄の評価額は3カ月間変化しないことになる。この間、その売買停止銘柄について破綻の報道があった場合でも、売買停止直前についた終値を評価額として採用し続けることは適当だろうか。あるいは、突発的なイベントによって、その取引所に上場している他の銘柄の多くが暴落した場合、売買停止中の銘柄の評価額だけが不変であることに違和感はないだろうか。

　そのような事態に備え、投信協会「投信計理規則」では、当該日の直近の日の最終相場によることが適当ではないと投資信託委託会社が判断した場合には、投資信託委託会社は忠実義務に基づき当該投資信託委託会社が合理的事由をもって認める評価額により評価することができると定めている。

　では、合理的事由をもって認める評価額とは、どのように定めればよいのだろうか。

　評価額の決定方法として、1949年に企業会計制度対策調査会が公表した企業会計原則の援用が思い浮かぶかもしれない。企業会計原則では、企業の健全性を保つ観点からの「保守主義の原則」があり、財務諸表上の投資有価証券のうち、時価が入手できないものについては、売却不能の扱いとし、評価額をゼロに切り下げることができる。仮に後日ゼロ評価が妥当でないことが

判明し評価額を修正した場合、そのゼロで評価している期間は本来より低い価格での評価、すなわち保守的な評価を行っていたことになるが、これは企業の健全性を測る観点からは問題ない、というものである。

　しかし、投資信託の組入資産の評価においては、この「保守主義の原則」を単純には当てはめられない。投資信託では日々基準価額を算出し、その基準価額に基づいて投資信託の設定・解約（もしくは売買）が行われる。仮にある組入資産について「保守主義の原則」を適用し、評価額をゼロとした結果、基準価額が低く算出されたとすると、その基準価額で解約（売却）した受益者には不利に、設定（購入）した受益者には有利に働くことになり、忠実義務を果たしているとはいえなくなる可能性がある。投資信託委託会社の判断で評価額を変更する場合は、それがすべての受益者に対して合理的事由をもって認める評価額といえるかどうかを常に意識しなければならない。

　それでは、どのような評価方法があるだろうか。前提は、時価、すなわち、実際の取引をベースに入手した価格を評価額とすることが適当ではない状況であることから、時価と違った視点、例えばその証券の本来もっている価値、すなわち本源的価値に基づいた評価を行うことが検討に値しよう。例えば、先ほど例として挙げた、売買停止銘柄について破綻の報道があったケースでは、破綻により当株式の本源的価値は著しく毀損しており、その価値はゼロかゼロにきわめて近い値（残余財産分配権を反映したもの）になると推測される。そのような銘柄について、その評価額をゼロとすることは、合理的事由をもって認める評価額という概念からみて妥当であろう。

　さらに別の視点による評価の事例として、これまで黒字決算とされていた会社で、売買停止中に粉飾決算が判明し、大幅な赤字決算への修正が発表されたとしよう。この場合、赤字決算とはいえ破綻したわけではないので、本源的価値の観点からは評価額をゼロとすることは行き過ぎとなろう。一方、売買停止中に判明したこのネガティブイベントを勘案すると、売買再開直後には当銘柄の株価は大きく下落することが想定される。ただし、その下落幅を事前に正確に予測することは不可能である。そのような場合、将来実現される（0％から100％の範囲に収まる）下落幅の大まかな反映策として、現在

の時価（売買停止時点の終値）の50％減額した価格を評価額とする方策が考えられる。これは50％減額した価格が絶対的に正しいということではなく、あくまで減額前の時価より50％減額した価格がその時点の当銘柄の評価として相対的にふさわしいとの判断を反映したものである。

　このように、まれではあるが、時価が安定的に取得可能な資産に投資することが原則の投資信託の組入資産の評価において、投資信託委託会社の判断により評価額を決定するケースがある。その際に留意しなければいけないのは、その評価額は忠実義務に基づき合理的事由をもって認める評価額でなければならない、という点である。いうまでもないが、この評価額の決定によって投資信託のパフォーマンスを恣意的に操作するようなことはあってはならない。投資信託委託会社として忠実義務を果たしていないような誤解を招かないためにも、評価額の決定にあたる社内プロセスは、事前に確立していなければならない。その際、投資信託委託会社が決定する評価額についての社内の最終決定権は、運用者から独立した部門もしくは部署横断的な委員会組織がもつべきであろう。例えば、運用部門、トレーディング部門、リスク管理部門、コンプライアンス部門、信託財産計理部門の長からなる時価評価を検討する委員会組織を設置し、合議の結果、リスク管理部門の長である委員長が最終決定を行うケースが考えられる。この構成であれば、議論の過程で一定のマーケット情報等を反映でき、かつ最終的な判断は忠実義務を果たすかたちでなされており問題ないといえよう。

　また、決定プロセスの確立に加え、継続性の原則から、評価額の決定に関する最終的な判断自体に一貫性をもたせることも必要である。そのため、いくつかの典型的な事例については、その対応を社内の承認プロセスを経て決定した書面にてあらかじめ定め、個別案件の審議もしくは決定に際してはその書面を参照して行うこととし、日頃からその書面内容を社内規程もしくはそれに類する体裁で社内に周知しておくべきであろう。

　さらに、以上のような投資信託委託会社内の評価額決定プロセスやその実施状況について、定期的に第三者による検証を行うことも有益と思われる。検証者としては、例えば社内では内部監査担当部門、社外では監査担当の監

査法人が該当するだろう。検証者に評価額決定プロセスや実際の適用状況を報告・相談し、事前の定めどおりの運営が行われているか、改善すべき点がないか等の確認を受けることで、評価額決定プロセスの妥当性が高まるだろう。

第3章

運用状況の考査

第1節 運用会社における「考査」

　近年では多様な商品性をもつ投資信託が設定され幅広い顧客層に対して提供されているが、同時に「平成28事務年度金融行政方針」において「顧客本位の活動を確保するためのガバナンス強化、運用力の向上等、顧客のニーズや利益に適う商品の提供等」が運用会社に求められるなど、フィデューシャリー・デューティーの確立と定着が課題となっている。運用会社各社は高い自浄能力をもってプロダクトの長期的な運用品質の維持管理に努めることが求められているといえよう。本章では、運用会社の管理部門においてリスク管理と同様に重要な運用プロダクトの品質管理実務について述べるが、そのキーワードとなるのが「考査」である。

　運用プロダクトの品質管理において重要な点は「牽制」であり、運用部門から独立した組織によりたえず運用状況がモニタリング、分析・評価されることが重要である。一方で、「協力」も同様に重要である。評価に終始することなく炙り出した課題を運用部門や経営にフィードバックしPDCAサイクルを完成させることが長期的な運用力の向上に寄与する。本書ではこの一連の流れを「考査」とする。

　「考査」という言葉は日本銀行においても用いられ、「経営実態の把握や各種のリスク管理体制の点検を、詳細かつ網羅的に行って」「その結果を基に、

必要に応じ、当該取引先に対してリスク管理体制の改善などを促して」いくことと定義されている。運用会社における考査も同様に、運用実態を詳細かつ網羅的に把握したうえで、「運用目標の達成」と「達成手段の適切性」について分析・評価し、その結果と課題を経営と運用の双方に報告し改善を促すことであり、さらにはそこから打たれる改善策やその後を見届けることも考査の一環である。したがって「考査」の流れを単純化すると、①運用方針の把握、②定量的な評価、③定性的な評価、④考査結果のフィードバックである。以下では、その流れに沿って実務を解説していく。

第2節 運用方針の把握

1 運用方針とは

運用方針の把握について論じる前に「運用方針」という言葉を定義しておきたい。投信協会の定める諸規則により、交付目論見書では投資家がファンドの特色を容易に理解できるよう投資の着目点をわかりやすく説明することが定められている。実際、運用会社各社の主要な公募投信について交付目論見書をみてみると、「投資方針」という項目で①投資基本方針、②投資態度、③投資対象資産、④運用体制、⑤分配方針、⑥投資制限、などがまとめて記述され、当該ファンドの運用プロセス、すなわち「だれが、いつ、何の資産で、どのような投資行動をとるのか」が投資家から想像できるようになっていることが確認できる。一方で、年金基金など適格機関投資家向け投資一任契約の世界では当然となっている具体的な運用目標については交付目論見書や営業用資料などその他の資料に掲載されることはまれである。

しかし、運用目標は手段としての運用プロセスの実行の結果が満たすべき目標であることから両者は不可分と考え、以下では満たすべき運用目標とそのための運用プロセスをあわせて運用方針とする。

2　運用方針の項目

　前節で説明したように、ファンドの運用状況を考査するうえで重要な観点は「運用目標の達成」と「達成手段の適切性」である。したがって「どのような運用プロセスでどのような目標を達成するか」という運用方針を正確に把握することは、その後の考査の方針を定めるにあたって羅針盤と航路を正しく読むことと同義となる。

　ここでいう運用目標は、ポートフォリオの収益率に関して定めることが多いものの、多様な形態がある。次のように整理できよう。

［絶対水準目標］
・収益率（時間加重収益率、内部収益率）
・リスク調整後収益率（シャープ・レシオ、トレイナー・レシオ）
［相対水準目標］
・市場指数に対する超過収益率（ジェンセンのアルファ）
・リスク調整後超過収益率（インフォメーション・レシオ）
・マネージャーユニバース統計値（ユニバース平均に対する超過収益率）
・標準ポートフォリオ（モデルポートフォリオに対する超過収益率）
・マネージャーユニバース順位（ファンドレーティング）
　　　　　　　　　　　（注）　カッコ内は具体例
　　　　　　　　　　　（出所）　野村アセットマネジメント作成

　これら収益率に関連した目標は、時に収益率以外の表現となって説明されることがある。例えばパッシブファンドの目標として指数からの乖離を示すトラッキング・エラーの最小化を掲げることやルールに基づくプロセスの実行を強調するクオンツファンドなどである。しかしトラッキング・エラーは日々最小化した超過収益率を代替する統計値であり、ルールベースのプロセスはそれによる望ましい収益を結果として生み出すための手段である。目標の本質を的確にとらえることが重要である。

　一方で運用プロセスについては、おおむね次のとおり整理できよう。

> ・運用体制
> ・投資対象資産（資産クラス、セクター、業種）
> ・投資スタイル
> ・基本特性値（PER、ROE、デュレーション、グリークス[*]）
> ・投資ホライズン（売買回転率）
> ・取得リスク水準（推定トラッキング・エラー、ベータ値）
> ・制約条件（レバレッジ比率、組入比率、利回り、ベータ感応度）
> [*]オプション価格の感応度
>
> 　　　　　　　　　　　（注）　カッコ内は具体例
> 　　　　　　　　　　　（出所）　野村アセットマネジメント作成

　運用体制とは投資判断を行う主体の構成を示すが、チーム運用が広まった現在では、必ずしもポートフォリオマネージャー個人とは限らない。また、複数の意思決定主体で構成されることも珍しくはない。例として図表Ⅵ-11のようにそれぞれのサブプロセスごとに投資判断が実施され、それらすべてをまとめて運用体制を構成しているケースが挙げられよう。ただし、委員会などの場合実際には委員長やCIO（チーフ・インベストメント・オフィサー）など最終判断者が存在していることが通常であり、クオンツモデルをサブプロセスとして利用する場合はモデルの開発者や承認者といった責任者が存在していると思われる。ここではだれがどの決定に対して責任をもっているのかを明確にしておくことが重要である。

　投資対象資産とは主要な投資対象となる資産クラスであるが、上述のサブプロセスレベルでは実際にはさらに狭いセクターやスクリーニング後の銘柄ユニバース等に絞られることが多い。

　一般的には投資スタイルはポートフォリオの基本的な特性や投資ホライズンで表される。特性は図表Ⅵ-12で示すような投資対象資産の値動きをよく説明できるようなファクタで表現されることが多く、ポートフォリオのパフォーマンスに大きな影響を与える。また、投資ホライズンは各投資判断による結果が実現するまでの平均的な想定期間もしくはその裏返しの関係である投資判断の頻度を指す。アクティブファンドでは「中長期」とするケース

図表Ⅵ-11 運用方針の例

運用プロセス

運用体制　　　：A～Zのサブプロセス(最終責任はCIO)
投資対象資産　：グローバル債券総合型
投資スタイル　：アクティブ判断と最適化モデルのプロセスによる日次のポートフォリオ構築
取得リスク水準：推定T.E.で2～6%(年率)
制約条件　　　：資金流出入に備え5%はコール運用

── サブプロセスA ──
運用体制　　　：マクロ委員会(委員長はCIO)
投資対象資産　：グローバル国債
投資スタイル　：金利と通貨の半年後見通しを判断
取得リスク水準：推定T.E.で2～3%(年率)
制約条件　　　：マイナス金利銘柄には投資不可

── サブプロセスB ──
運用体制　　　：社債担当ポートフォリオマネージャー
投資対象資産　：社内アナリスト評価BUYの社債
投資スタイル　：委員会判断を考慮し判断
取得リスク水準：推定T.E.で4～7%(年率)
制約条件　　　：デフォルト銘柄は投資不可

── サブプロセスZ ──
運用体制　　　：最適化モデル(責任者はクオンツヘッド)
投資対象資産　：グローバル債券総合型のセクター
投資スタイル　：リスク許容度を考慮し月次で最適化
取得リスク水準：推定T.E.で1～2%(年率)
制約条件　　　：アクティブセクターウェイト上限は5%

運用目標

相対水準目標
債券総合型指数＋2%の超過収益率(年率)

── サブプロセスA ──
相対水準目標
債券総合型指数のグローバル国債セクター指数＋1%の超過収益率(年率)

── サブプロセスB ──
相対水準目標
ファクタ調整後の社内アナリスト評価BUY銘柄の平均収益率＋2.5%の超過収益率(年率)

── サブプロセスZ ──
相対水準目標
債券総合型指数対比のセクター配分効果で＋0.5%の超過収益率(年率)

(出所)　野村アセットマネジメント作成

図表Ⅵ-12　特性値の例

一般債券	デュレーション、残存期間、利回り、BPV……
クレジット	スプレッドデュレーション、DTS、セクター……
株式	ベータ、PER、ROE、業種……
オプション	デルタ、ガンマ、ベガ、シータ……

（出所）　野村アセットマネジメント作成

が多いが、その期間は千差万別である。事後的には売買回転率やブレスと呼ばれる投資判断回数と整合的になると考えられるため、売買コストやインフォメーション・レシオ（I.R.）と関係が深く（Appendix：Ⅵ-3-2-2）、これもパフォーマンスへの影響は無視できない。

　取得リスク水準は運用目標を達成するために許容するリスク水準であり、目標と関係が深く、ポートフォリオマネージャーがコントロール可能な種類のリスクで表現する必要がある。東証株価指数＋3％の超過収益率を目標とするファンドが、ポートフォリオの収益率のボラティリティや事後的に計測する実績トラッキング・エラーで取得リスク水準を想定したところで、意味がないことがわかるだろう。ただし、補助的な情報として、投資スタイルでみてきたような特性値、もしくは特性値由来のファクタでポートフォリオのリスクをコントロールすることは多く、その場合運用プロセスを把握するうえで有用である。

　制約条件について把握すべき事項は交付目論見書や約款等で示すような組入比率やレバレッジ比率といったハードリミットだけではない。実際には利回りや特定ファクタへのエクスポージャー、流動性、キャッシュ比率など運用する投資信託の商品特性を維持するために必要な制約があり、運用プロセスから発生する制約といえる。これらはパフォーマンスに影響を与える一方で、ポートフォリオマネージャーがコントロールできるものではなく影響の内容や程度について考慮が必要である。

3　運用プロセスと運用目標の関係

　本源的には運用目標と運用プロセスは相互に密接に関係していると考えられる。収益目標がリスクテイクする投資対象やリスク水準を決定するともいえるし、投資対象やスタイルから目標が想定されるともいえる。換言すれば、運用目標と運用プロセスの間に不整合がみられる場合は問題を抱えている可能性があると判断できよう。過度に高い目標やあいまいなプロセスなどはパフォーマンスの再現性が低くなる要因となりうる。

　また、前述のとおり投資信託の場合、運用プロセスに関する多くの項目が交付目論見書などを通して顧客である投資家に提示される一方で、運用目標は「安定した収益の確保」といった表現にとどまるケースが多く、投資家は運用プロセスから成果を想像することになる。本来目標とプロセスは不可分である点を前提とすると、運用会社は投資家に対して運用目標と運用プロセスを丁寧に発信するとともに、その発信内容に沿って継続的に考査することが、フィデューシャリー・デューティーを果たすことにつながっていく。

4　投資信託の多様化

　現在の投資信託は機関投資家から個人まで幅広い投資家を顧客層とし、それぞれのニーズに対応して多岐にわたる商品ラインナップが展開されている。特に世界的に低金利状態が続いた近年では残された利回りを求め投資信託の投資対象資産は拡大し、呼応して投資スキームの複雑化がみられる。投資信託運用の業界内外でフィデューシャリー・デューティーについて再考されるなか、複雑化するファンドの運用方針を正確に把握し適切に運用状況を考査することはいっそう重要になっている一方、むずかしさも増している。新聞紙面では市場指数をベンチマークとしてファンドの収益率を並べて比較しているが、その手法が有効でない投資信託も多い。事実わが国のオープン・エンド型投資信託で交付目論見書にベンチマークを明記しているファンドは全体のおよそ25％程度[74]にとどまる。そこで、以下では近年の投資信託の多様性について一般的な運用方針を整理しながら確認していく。

2008年に起きた金融危機をきっかけに低金利政策が国内外で実施されるなか、日本の公募投信市場では高い分配金を払い出すファンドに注目が集まり、金利が高く分配金の原資となるインカムゲインを確保しやすいハイイールド債やグローバルREITといった資産クラス、また、それらの商品に高金利通貨など追加的な為替エクスポージャーを選んで組み合わせられる通貨選択型が人気となった。これらのファンドは運用目標のベースになりうる指数が存在しており、通貨コースごとの為替換算さえ適切に行えば運用状況を把握することができる。ただし、考慮すべき点としては、外国籍投信を経由するスキームが多く急激な資金流出入時にはリスク資産の実質的な組入比率がやや低くなりやすい点や、銘柄選択時に資産流動性や資産利回りなど分配金にも配慮する点は運用プロセス由来のソフトな制約となる。また、オフショアで取引できない一部の規制通貨にはNDF（ノン・デリバラブル・フォワード）と呼ばれるデリバティブ契約が用いられるため、実勢直物レートとの評価差異もプロセス由来の制約としてみる必要がある。これらの影響を検討する場合は、同じ運用チームの制約の少ないファンドと比較することが有効となる。

　高分配型、通貨選択型がブームとなる一方で、それまで多くの資金を集めたFoFs（ファンド・オブ・ファンズ）型ファンドにおいて資金流出が続いた。その背景として、その特徴であるファンド分散や資産配分によるリスク分散も虚しく、金融危機時の同時多発的な資産価格の下落による不調が挙げられる。本来、FoFs型ファンドでは短期的な収益よりも長期的に高いリスクリターン効率の実現を運用目標とするケースが多いのが特徴であり、個々の組入ファンドの投資行動に加えて、ファンドや資産、スタイル配分の選択など独立したサブプロセスをリターン源泉とするなど、多層構造的な運用体制によりブレスを高めることを目指すことが一般的である。最適化などの定量モデルが組み込まれることもある。仮にインフォメーション・レシオをFoFs型ファンドの目標とする場合、その加法性を利用すればサブプロセスごとの

74　MorningStar社のデータをもとに野村アセットマネジメントにて集計。

目標インフォメーション・レシオ（I.R.）ならびにその達成状況への分解も可能である（Appendix：Ⅵ-3-2-2）。

　2012年頃からは、投資対象とする資産が拡大し、高配当株やMLP（マスター・リミテッド・パートナーシップ）、オプションなどのデリバティブを組み合わせて投資する商品が人気となった。その後、運用会社各社が高分配志向の商品組成を抑え始めた2015年頃からはやや流れが変わり、テーマ型の株式投資ファンドが選好されるようになった。東証株価指数やNOMURA-BPI総合指数のような資産クラスを代表するような、市場指数がほとんど存在していない新領域か、投資テーマの独自性により一般資産の値動きとは異なることを商品性として掲げることが多く、絶対リターン型運用ではないものの、一般的な市場指数をベースに相対水準目標を据えることが困難である点がこれらの特徴である。仮に運用目標や、運用プロセスがあいまいに設定された場合、投資対象資産や投資スタイルが途中で運用部門によって変更される可能性が残りうる。こうした状況を避けるために、商品組成時に当該投資信託の運用目標ならびにそのためのプロセスについて定量的に捕捉できるようにしておく必要がある。

　また、近年ではネット証券などを中心に販売される低コストのパッシブファンドへの流れも強まっており、これまでの伝統的資産の指数だけではなく、ハイイールド債、高配当株といったパッシブファンドの投資家には縁遠かった資産クラスへ低コストでアクセスできる商品が展開され、さらにはバランス型やトレンドフォローといったストラテジー付加型など、組合せによる複雑化もみられる。一般的にパッシブファンドでは指数への連動性を特徴としており、日々の超過収益率の絶対値や代理指標としてトラッキング・エラーを一定範囲内に収めることを目標とする。しかもその手段としては「完全法」や「層化抽出法」といったよく知られた手法が存在するため、パッシブファンドに関する運用方針は把握しやすいことが多い。ただし、トラッキング・エラーがとりうる範囲が対象資産のボラティリティに左右されやすく（Appendix：Ⅵ-3-2-3）、また連動性をある程度犠牲にした新たな投資手法で成り立っているケースでは、それらがパッシブファンドとしての運用

目標に対する制約条件となるため留意が必要である。

2012年末から始まったアベノミクス相場をきっかけに対象指数の日々の値動きに一定率を乗じた動きに連動させるブル・ベア型の商品に注目が集まった。その後、より高いレバレッジ比率や新たな資産領域へと拡大している。いうまでもなく運用目標はターゲットとなる指数の乗数倍となるが、日々翌日の資金流出入まで考慮して固定されたレバレッジ比率に調整するものがほとんどであり、そのホライズンは1日となる。言い換えれば、期間累積を行った指数とファンドの比較には留意が必要である。

これまで公募投信についての流れをみてきたが、私募投信の世界でも2014年頃からは地方銀行などの金融法人による投資が盛んになっている。これらの投資家は低金利下において、限りある経営資源のなかで投資対象の多様化を推進しており、その多くは上場投資信託（ETF）を通じた投資を行う一方で、一定範囲の年限の債券をラダー型に保有するファンドにも投資しており、さらにはデリバティブを組み合わせて利回りやアノマリーを取り入れられるようカスタマイズした商品へ拡大している。先に述べたテーマ型などと同様に一般的な市場指数をベースに相対水準目標を据えることは適切ではないが、ルールベースの運用プロセスとなることが多いため、運用プロセスに沿ったモデルポートフォリオとの比較は有効であろう。

第3節　定量的な評価

1　投資信託の定量的な評価

投資信託評価の歴史を繙くと、Jensen（1967）は米国の公募投資信託115本の10年間のパフォーマンスデータから算出した「ジェンセンのアルファ」という統計値のStudent's-T（スチューデントのT分布）を評価に用いた。そして、完全にランダムに構築されたポートフォリオの期待値がゼロとなることを背景に、ファンド費用等を控除しなかった場合でも多くのファンドは統

計的に予測能力が見出せないという評価を下している。この分析はCAPM（資本資産価格モデル）と呼ばれる理論的枠組みに従っているが、その生みの親で有名なSharpe（1966）も、その実証研究のなかで投資信託を多面的に順位づけしている。

彼らの研究から既に半世紀が経過した今日では、さまざまなタイプの投資信託が販売され、そのパフォーマンスは多様な尺度で表されるようになっている。しかし、投資信託を評価するのに絶対的な尺度が存在するのであれば、当然多様な尺度は存在する必要はないし、さらには多様な投資信託が生まれることもなかったであろう。したがって投資信託の定量的な評価には、適切な方法を選択することになるが、その際の判断基準は評価の目的とファンドの運用方針によるところであろう。評価の目的とは、いうまでもなく「考査」である。以下では考査のための定量評価について述べる。

2　考査における定量評価

考査とは「運用目標の達成」と「達成手段の適切性」について分析や評価を通じて点検することであると説明してきたが、であるならば、考査における定量評価の対象は、「運用成果が運用目標を達成しているか」と「運用プロセスが目論見どおりに目標達成に貢献しているか」という点である。前者は評価のために適切に設定された定量目標との比較により、後者は運用プロセスに沿った要因分解とその検証によって実施される。

定量的な評価を可能にする目標とはどのようなものであろうか。筆者は以下3点が基本原則と考えている。

① 具体性のある数値による絶対基準、または相対基準
② 収益、または収益から派生した尺度
③ 運用プロセスと整合的かつ包括的な設定

さらに③については主な観点として以下が挙げられる。

・コントロール可能な対象・尺度
・投資対象資産や投資スタイルの考慮
・投資ホライズンに対して十分に長い評価期間

図表Ⅵ-13 運用成果の分解例

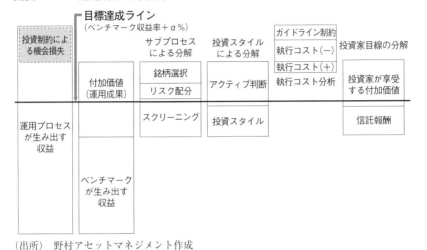

(出所) 野村アセットマネジメント作成

・リスク許容度と整合的な目標水準
・運用プロセス全体に対する目標

　運用結果を運用プロセスごとの要因に分解していくことができれば、手段の適切性の検証は可能である。しかし、運用プロセスが多面的な意味をもち、また時には複数のサブプロセスを構造的に連ねるケースがあることを思い出してほしい。要因分解の手法は検証対象によって異なることは自明である。図表Ⅵ-13に一例を挙げよう。

　このように、事前に適切に定めた運用目標と運用結果を比較し、また、結果に対して運用プロセスに沿った要因分解を行うことで定量的な考査が実施できるが、1点留意すべきことがある。偶然性の排除である。そもそも考査において結果のみならず運用プロセスが重視されるのは、一貫したプロセスから生み出される結果は再現性をもつとの考え方に基づいている。しかし、現実の考査において偶然性を排除するのはきわめてむずかしい。表裏ともに出る確率が同様に確からしいコインを12回投げて8回以上表が出る確率を考えてみよう。確率pの事象がN回中x回実現する確率は二項分布${}_N C_x p^x (1-p)^{N-x}$に従うことから先ほどの確率は19.4%となる。運用の世界に置き換え

ると、凡庸なポートフォリオマネージャーがたまたま12カ月で大きく勝ち越すことは十分起こりうるということだ。しかし、二項分布はNを増やしていけば正規分布に近づくという性質があり、これを中心極限の定理と呼ぶが、先ほどの例でも36回中24回以上となると3.3%となり、60回中40回ではわずか0.7%にまで下がる。もとより、投資信託が二項分布に従うと説くつもりはないが、観測期間はできる限り長くする必要がある。観測期間を長くとることは、さまざまな市場サイクルを取り込むことができるという長所がある半面、先の金融危機のようなきわめて異常な市場状態や運用プロセスの変化などを含めることになりやすいため扱いがむずかしい。しかし、仮に月次のパフォーマンスデータをもとに定量的な評価を行う場合であれば3年以上の期間で評価することを推奨する。

　最後に、考査においてパフォーマンスを定量的に評価する意義を考えたい。複数のファンドやポジションを一括して分析できたり、関連する学術成果が実務利用しやすかったり、投資家目線にあわせやすいなどが挙げられそうであるが、一方でその評価結果の正確さについてはどうか。そもそもパフォーマンスを計測する目的としては、①顧客への報告、②マーケティング、③パフォーマンス・フィーの計算、④運用者評価、⑤運用プロセスの評価・改善、⑥経営情報、が挙げられる。①〜③、または場合によっては④では、残したトラックレコードこそが重要であり、そこから偶然性を排除する必要はないだろう。一方、考査においては想定していた目標を過去の実績が充足していたかという点にとどまらず、今後も安定して充足し続けられるのかという点について確認していくべきである。定量評価といえば、物事に白黒をつけることができる、または統計的な処理を施して本来の正しい結果を抽出できるような印象があるかもしれないが、残念ながら考査においては絶対的なツールとなりえない。パフォーマンスの観測数を十分に集めるのがむずかしい投資信託では評価尺度の標準誤差は大きくなり、決して「統計的」ではないためである。しかしそのことを十分に理解していれば、上記のメリットとあわせて気づきのきっかけとするには非常に強力な手法である。

3　定量評価のツール

(1) パフォーマンス計測編

　一般にポートフォリオの収益率にはさまざまな定義があるが、定量評価で利用するには運用プロセスにてコントロールできない要素を排除したものを利用する必要がある。コントロールできない主たる要素は設定・解約や収益分配、信託報酬である。一般にみられる基準価額はキャッシュフローの発生タイミングを考慮した時間加重収益率（TWRR、日次厳密法）に属するものであるが（Appendix：Ⅵ-3-3-1）、収益分配や信託報酬を控除した後のものであるため、それぞれ戻す必要がある。これらを戻した後に算出された収益率はトータルリターンと呼ばれ、収益分配（税引き前）のみを戻したものをネットリターン、さらに信託報酬まで戻したものはグロスリターンと呼ばれている。

　通常、評価実務においては月次や四半期ごとに集計されたグロスリターンをもとに、必要な期間に再集計・換算していくことが想定されるが、その際には幾何的にリンクさせていくべきである。

　なお、国際的なパフォーマンス提示基準であるGIPS（グローバル投資パフォーマンス基準）でも幾何的にリンクさせた時間加重収益率によるトータルリターンの算出が求められている。次式ではこれらの定義に式を与えている。基準価額は四捨五入されて算出されるため、$NAV_{i-1}/Units_{i-1}$で算出している。なお月次、年率のグロスリターンを$R_P^{Gross,Monthly}$、$R_P^{Gross,Annualized}$としているが、以降ではR_P^M、R_P^{An}として表記する（δは月内日数を表すDaycount fraction）。

$$R_P^{Gross,Monthly} = \prod_{d=1}^{\delta} \frac{(NAV_d + Distribution_d + Fee_d)/Units_d}{NAV_{d-1}/Units_{d-1}} - 1$$

$$R_P^{Gross, Annualized} = \left[\prod_{m=1}^{N}(1+R_{P,m}^{Gross,Monthly})\right]^{\frac{12}{N}} - 1$$

ファンドのパフォーマンスの比較対象として、ベンチマークや参考指数、または社内向けに管理用指数が設定されることがあり、東証株価指数などの市場指数が一般的である。ここではいずれもベンチマークとしてひとくくりで議論する。比較用途であるベンチマークは、ファンドの運用プロセスに沿ったものである必要があり、それゆえに細かな留意点が存在する。ここでは主要な2つの問題を紹介する。

1つ目は、「評価時価差異」と呼ばれ、投資信託とベンチマークの構成銘柄の評価時価が異なることでパフォーマンスの比較に影響する現象である。パッシブファンドでは少なくない影響を与えるが、それ以外のファンドにおいても特に外貨建て資産では計理ルール上評価タイミングが1日異なるため、公表される指数値をそのままベンチマークとして比較すると大きな差異になるケースがある。ベンチマークの構成銘柄すべてを投資信託の採用時価で再評価することは困難な作業であるが、可能であれば通貨別のサブインデックスを調整し再構成するような工夫はしておきたい。

2つ目は株式指数などでみられる構成銘柄の配当落ちによって発生する「配当差異」である。近年では多くの主要指数で配当を考慮したトータルリターン指標が公表されるようになったため問題は解消されつつあるが、配当課税をどのように考慮するかという点は工夫が必要であろう。

(2) 評価尺度編

均衡状態において「市場ポートフォリオ」が最も効率的と説くCAPMの誕生によって、定量評価の枠組みは大きく変わった。同時にCAPMではすべての資産の収益率は市場ポートフォリオに由来するシステマティックリスク部分とそれ以外のレジデュアル部分の2方向のベクトルに分解できるとし、無リスク利子率r_fと市場ポートフォリオへの感応度β_P、及び市場の期待収益率μ_Mから任意のポートフォリオの期待収益率を(1)式で与えた。

先に説明した「ジェンセンのアルファ」はCAPMをもとにした(2)式を指し、ポートフォリオの実現収益率と期待収益率との差で与えられ、自然体において$E[a^{Jensen}]=0$である。

$$E[r_P] = \mu_P^{CAPM} = r_f + \beta_P(\mu_M - r_f) \tag{1}$$

$$a^{Jensen} = r_P - \mu_P^{CAPM} \tag{2}$$

しかし現実には市場ポートフォリオの観察は容易ではない。Jensen (1967) も、シャープが考案し対角モデルとして知られるマーケットモデルの枠組みで分析している。マーケットモデルでは市場ポートフォリオ(M)を市場指数(I)に置き換え、計算を簡単にする仮定を置くなどいくぶん実務的である。そしてジェンセンのアルファは$Z_P(t) \equiv r_P(t) - r_f$、$Z_I(t) \equiv r_I(t) - r_f$とおいた時系列データより以下の回帰式(3)を解くことで求められる。実務上は$r_P(t)$、$r_I(t)$をR_P^M、R_B^Mとすればよいが、できれば3年以上のトラック・レコードを用いたい。

$$Z_P(t) = a_P + \beta_P Z_I(t) + u_P(t) \tag{3}$$

時系列データの平均値を$\bar{Z}_P$、$\bar{Z}_I$と表現すれば、結果的に以下の(4)、(5)式で求めることができる。

$$\widehat{\beta_P} = \frac{\sum_{t=1}^{T}(Z_P(t) - \bar{Z}_P)(Z_I(t) - \bar{Z}_I)}{\sum_{t=1}^{T}(Z_I(t) - \bar{Z}_I)^2} \tag{4}$$

$$\widehat{a_P} = \bar{Z}_P - \widehat{\beta_P} \bar{Z}_I \tag{5}$$

CAPMでは無リスク利子率を超えた収益率 f は超過収益率と呼ばれ、リスクに対する報酬(リスクプレミアム)として位置づけられる。Sharpe (1966) は(6)式で定義されるようなリスクで超過収益率を基準化した尺度を評価に用いており、ゆえにその指標はシャープ・レシオ(S.R.)と呼ばれている。なお、$var[X]$はXの分散とする。

$$\text{S.R.} = \frac{f}{\sigma_P} \tag{6}$$

ただし、$f = \mu_P - r_f$, $\sigma_P = \sqrt{var[r_P]}$

$$\text{S.R.}' = \frac{R_P^{An} - r_f}{S_P^{An}} \quad \text{または、} \quad \text{S.R.}'' = \frac{R_P^{An}}{S_P^{An}} \tag{6'}$$

ただし、$S_P^{An} = \sqrt{var[R_P^M] \times 12}$

(6´)式は実務上の利用を想定しているが、長年の低金利環境を背景に無リスク利子率が省略されることがある。リスクによる基準化によって多少の投資スタイルの差異を無視して投資信託同士を比較することができる長所があり投信評価会社などでも広く使われているが、リスクプレミアムである超過収益率はそもそもマイナスとなることが想定されておらず、実際にマイナスとなった場合には評価尺度として不適切である。

一方で、実務上「超過収益率」といえば一般的にはベンチマークに対して超過した収益率を指す。表し方は直観的でわかりやすい算術式(7)と、複数期間にまたがったりベース通貨が異なってりしても計測上公平性が保てる幾何式(8)の二通りがあるが、考査においては後者を利用すべきであろう（Appendix：Ⅵ－3－3－2）。

$$\theta_P^{Arit} = R_P^{An} - R_B^{An} \tag{7}$$

$$\theta_P^{Geom} = \frac{1 + R_P^{An}}{1 + R_B^{An}} - 1 \tag{8}$$

$$= \frac{\theta_P^{Arit}}{1 + R_B^{An}} \tag{9}$$

いずれも位置づけとして先述のマーケットモデルの定数項 a に似ていることから「アルファ」と呼ばれることもあるが、逆にその呼び方が一般化した

こともあり、本節ではマーケットモデルの a を「レジデュアル・リターン」として表記している。

また超過収益率の絶対値はベンチマークからの乖離ととらえてトラッキング・エラー（$T.E.$）とも呼ばれ、超過収益率の標準偏差はトラッキング・エラー・ボラティリティ（TEV）と呼ばれる。実務上 TEV のほうを指してトラッキング・エラーと呼ぶことも多く、本書でもそれに倣っている。概念としては a^{Jensen} の標準偏差であるレジデュアル・リスク ω_P に対応している。実務的には、前者は(7)、(8)式に対応して"月次アルファ"の標準偏差(10)式を用い、後者はマーケットモデルをもとに(3)式より(11)式で算出される。いずれも通常は年率換算して用いられる。

$$T.E._P = \varphi_P = \sqrt{var[R_P^M - R_B^M]} \tag{10}$$

または、

$$T.E._P = \varphi_P = \sqrt{\left(var\left[\frac{1+R_P^M}{1+R_B^M} - 1\right]\right)} \tag{10'}$$

$$\omega_P = \sqrt{var[u_P]} \tag{11}$$

$S.R.$ が変動リスク当りのプレミアムとすれば、レジデュアル・リスク当りのレジデュアル・リターンである(12)式のインフォメーション・レシオ（$I.R.$）の考え方は自然であろう。ポートフォリオの $S.R.$ と個別銘柄について議論した Treynor and Black（1973）の Appraisal Ratio としても知られている。

$$I.R._P^{appraisal} = \frac{a_P}{\omega_P} \tag{12}$$

実務的には(7)式または(8)式の超過収益率を $T.E.$ で除した(13)式を $I.R.$ とすることが多い。(12)、(13)式ともに、通常は年率換算されて用いられる。

$$I.R._P = \frac{\theta_P}{\varphi_P} \tag{13}$$

$I.R._P^{\text{appraisal}}$は非常に多くの学術的な成果がある一方で、$\beta_P = 1$でない限り両者は同一ではないため実務的な$I.R._P$に基づく分析や評価にはさまざまな学術的な裏付けがないことは考慮すべきである。

一方で(12)式の$I.R._P^{\text{appraisal}}$にはおもしろい特徴があり、(5)式で求めたジェンセンのアルファのStudent's-Tを観測年数の2乗根で除したものに数学的に近似できることから、$I.R._P^{\text{appraisal}}$という指標がレジデュアル・リターンの有意性と関係が深いことがわかる。したがって、純粋なアクティブファンドの評価での利用は海外を中心に一般的であるが、その性質上エンハンストインデックスファンドからマーケットニュートラルファンドまでを同様に評価するのは無理があるといえよう。

ここまでCAPM、またはマーケットモデルをベースとする評価尺度の発展の歴史と実務での転用をみてきたが、Ross（1976）らにより展開された、もう1つ重要な期待収益率のモデルであるAPT（裁定価格理論）についても触れたい。APTでは投資家の効用関数や市場ポートフォリオといったCAPMの不自然な部分は取り払われ、かわりに無裁定条件下で(14)式の近似を成り立たせる1つ以上のファクタb_kが存在すると主張する。

$$\mu_P^{APT} - r_f \approx \sum_{k=1}^{K} \lambda_k b_{P,k} \tag{14}$$

市場要因では説明できないアノマリーと呼ばれる事象が古くから確認されており、マルチファクタモデルはこうした現象の説明には好都合である。Fama and French（1993）やCarhart（1997）は市場リスク以外に複数のリスクファクタを追加した。(15)、(16)式にモデル式を示す。

$$\mu_P^{FF3F} - r_f \approx \beta_{P,EVW}^{FF3F}\lambda_{EVW} + \beta_{P,SMB}^{FF3F}\lambda_{SMB} + \beta_{P,HML}^{FF3F}\lambda_{HML} \tag{15}$$

$$\mu_P^{C4F} - r_f \approx \beta_{P,EVW}^{C4F}\lambda_{EVW} + \beta_{P,SMB}^{C4F}\lambda_{SMB} + \beta_{P,HML}^{C4F}\lambda_{HML}$$

$$+ \beta_{P,PR1Y}^{C4F}\lambda_{PR1Y}$$

(16)

　追加されたSMBやHMLは投資信託でもなじみのある小型株や成長株への感応度であり、現在では各種のリスクモデルが収益率または超過収益率についてさまざまなファクタによる説明を試みている。

　スタイルファンドや一部のテーマ型ファンドではこうした特定のファクタへのローディングを一定以上に保つことを暗黙的な投資スタイルとしたうえで、残されたレジデュアル・リスクで有効なレジデュアル・リターンを獲得することが求められる。逆に全天候型のアクティブファンドでは数千銘柄からの銘柄選択によりレジデュアル・リターンをねらうだけでなく、数十程度のファクタの見通しをもとにスタイル選択もできるようになった。

(3) 要因分解編

　運用プロセスの有効性を検証するために、以下では収益率などの分解手法を紹介するとともに、運用プロセスとの関係を提示したい。しかし、まず大前提としてアクティブ判断のようにプロセス上コントロールできる部分こそが主たる評価対象であるため、ガイドライン制約のようなコントロールできない部分から切り離しておく必要がある。図表Ⅵ-14は基準価額収益率をもとにした要因分解項目の一例であるが、コントロール可能な部分はB.3、B.4、C、E.1～E.3、E.5.1であり、これらが想定される水準であったか、有効に機能していたか、と吟味していくのだ。

　最もシンプルな要因分解は、各サブプロセスで作成される銘柄ユニバースによる仮想ポートフォリオを比較する手法であろう。これは、①ベンチマーク構成銘柄→②投資ユニバース作成→③投資対象銘柄選定→④ウェイト配分のようにサブプロセスが直列構造になっている場合に有効である。

図表Ⅵ-14 要因分解項目の一例

(A)基準価額要因
（A.1） 基準価額丸め要因 （A.2） 資金移動要因
(B)外債ポートフォリオ要因
（B.1） 評価為替差異要因 （B.2） 評価時価差異要因 （B.3） 銘柄選択効果要因 （B.4） 通貨配分効果要因
(C)外債資産組入比率要因
(D)経過利息差異要因
（D.1） 計上タイミング差異要因 （D.2） 当日計上差異要因
(E)その他収益・コスト要因
（E.1） キャッシュ利息要因 （E.2） 債券売買効果要因 （E.3） 為替売買効果要因 （E.4） その他収益要因 （E.5） その他費用要因 　　（E.5.1） 内部CF_out 　　（E.5.2） 外部CF_out

（出所） 野村アセットマネジメント作成

$$\theta_P^{Arit} = R_P - R_B = R_{(4)} - R_{(1)}$$

$$= (R_{(2)} - R_{(1)}) + (R_{(3)} - R_{(2)}) + (R_{(4)} - R_{(3)}) \tag{17}$$

$$= Comp_{(2)} + Comp_{(3)} + Comp_{(4)}$$

$$\theta_P^{Geom} + 1 = \frac{1 + R_P}{1 + R_B} = \frac{1 + R_{(4)}}{1 + R_{(1)}} \tag{18}$$

$$= \frac{1+R_{(2)}}{1+R_{(1)}} \times \frac{1+R_{(3)}}{1+R_{(2)}} \times \frac{1+R_{(4)}}{1+R_{(3)}}$$

$$= (Comp_{(2)}+1) \times (Comp_{(3)}+1) \times (Comp_{(4)}+1)$$

仮想ポートフォリオのウェイト付手法が鍵となり、等ウェイトや時価総額ウェイトなどが一般的であるが、いずれもアクティブウェイトでみたときにひずみが発生するため、問題となる場合は等アクティブウェイトとなるよう配慮することを提案する。なお、この手法に限らず要因分解では、分解後の集計をトップレベルの数値に一致させたいケースがあるため、必ずしも(18)式のような幾何式のみが推奨されるわけではない。

要因分解として有名なのはBrinson *et. al.* (1985) の(19)式BHBモデルやBrinson and Fachler (1985) の(20)式BFモデルであろう。ともにポートフォリオとベンチマークの構成情報を手がかりにアロケーションとセレクションに分解する。ポートフォリオならびにベンチマーク構成銘柄を任意のN個のセグメントに分けられるとして、以下の定義により分解される。

$$\theta_P^{Arit} = R_P - R_B$$

$$= \sum_{i=1}^{N}(W_{P,i}-W_{B,i}) \times R_{B,i} + \sum_{i=1}^{N} W_{B,i} \times (R_{P,i}-R_{B,i})$$
$$+ \sum_{i=1}^{N}(W_{P,i}-W_{B,i}) \times (R_{P,i}-R_{B,i})$$

$$= Comp_{Timing}^{BHB} + Comp_{SecuritySelection}^{BHB} + Comp_{Other}^{BHB}$$

(19)

$$\theta_P^{Arit} = R_P - R_B$$

$$= \sum_{i=1}^{N}(W_{P,i}-W_{B,i}) \times (R_{B,i}-R_B) + \sum_{i=1}^{N} W_{B,i} \times (R_{P,i}-R_{B,i})$$
$$+ \sum_{i=1}^{N}(W_{P,i}-W_{B,i}) \times (R_{P,i}-R_{B,i})$$

(20)

$$= Comp^{BF}_{MarketSelection} + Comp^{BF}_{SecuritySelection} + Comp^{BF}_{CrossProduct}$$

いうまでもなくセクター配分と銘柄選択のプロセスで構成されているような運用プロセスの場合は有効である。両者の差異は$Comp^{BHB}_{Timing}$や$Comp^{BF}_{MarketSelection}$といった、いわゆるアロケーション効果について表れ、相対的によいセグメントをオーバーウェイトするプロセスであれば後者のほうが適切である。これらの手法は汎用性が高く、個別銘柄に対して任意のラベリングを行うことで、仮説に基づいた分析が可能である。

マーケットモデルやマルチファクタモデルでは、事後的に期待部分とそれ以外に分解することができ、それ自体が評価尺度でもあった。さらに(14)式で明らかなようにマルチファクタモデルでは各ファクタへ運用成果が分解できるため、ファクタへのローディングをコントロールするようなプロセスにおいてはその有効性が検証可能である。

一般的に債券運用はリスクモデルベースの運用が主流であり、加えて多くのリスクモデルではパフォーマンスを取得リスクごとに分解する機能を有しているため、自然と運用プロセスに沿った要因分解が入手可能となることが多い。そのなかでも一般的なのは、通貨・国・金利・クレジット・キャリー／ロールダウンなどの共通ファクタと発行体固有リスクに分解する方法であろう。期間構造をもつ金利は伝統的に水準、傾斜、曲率に分解することが多く、主成分モデルとの相性がよいが、Nelson and Siegel (1987) は固定ファクタを導入して安定化を図っている。社債などのクレジット資産では業種や格付といった属性情報からくるシステマティックファクタが用いられる。

収益率だけでなくインフォメーション・レシオについてもスキル$I.C.$と判断回数BRに分解可能である。

$$I.R.^{appraisal}_P = \frac{a_P}{\omega_P} = I.C. \times \sqrt{BR} \tag{21}$$

実務的には銘柄数やファクタの数と売買回転率からBRを推定し、$I.C.$を

逆算するような手法がとられる。予測される$I.R.$について(21)式を提示したGrinold and Kahn (1989) は事後的な運用分析への利用も可能としているが、Clarke et. al. (2001) では(22)式のとおりさらに運用制約による伝達係数$T.C.$を導入している。

$$I.R._P^{\text{appraisal}} = \frac{a_P}{\omega_P} = I.C. \times T.C. \times \sqrt{BR} \tag{22}$$

個々の$I.C.$が独立であるならば各プロセスの$I.R.$の2乗和は全体の2乗和と一致する。

$$(I.R._P^{\text{appraisal}})^2 = I.C._P^2 \times BR_P$$
$$= I.C._{P\_A}^2 \times BR_{P\_A} + I.C._{P\_B}^2 \times BR_{P\_B} \tag{23}$$

独立でない場合は$I.C.$同士の相関係数を用いた$1/(1-\gamma_{P\_A,P\_B})$で減じていくこととなる。

(4) その他の統計値編

直接的な定量的な評価のための統計値ではないが、運用プロセスの変化等を掴むうえで、取引行動やリスクエクスポージャーの変化は重要な手がかりになる。ここでは3点ほど紹介したい。

売買回転率（$T.O.$）という指標があり、一定期間中に発生したポートフォリオのNAVに対する取引金額を指し、NAVと同額を取引している場合はのべ1回転しているということで100%となる。通常はある程度安定的な推移となるが、特段事情がないにもかかわらず急激な変化があった場合は、投資スタイルの変化が示唆される。計測定義にはいくつかバリエーションがあり目的にあわせて微調整が求められる。(24)式では売り取引と買い取引のうち小さいほうを取引金額としNAVの平残で除す方法を例示している。

$$T.O._P = \frac{\sum_{t=1}^{T} \min(\sum_{i=1}^{N} Transaction_{i,t}^{BUY}, \sum_{i=1}^{N} Transaction_{i,t}^{SELL})}{\sum_{t=1}^{T} NAV_t / T} \tag{24}$$

　推定リスクやそのとり方なども運用プロセスの変更があった可能性を示唆する。したがってリスクモデルを利用する運用であれば、結果に加えてエクスポージャーのとり方も重要である。推定リスクの計算方法もさまざまなバリエーションがあるものの、正規分布に従うファクタリターンを仮定したパラメトリック手法が比較的一般的であろう。(25)式はx_P^{active}がポートフォリオとベンチマークのエクスポージャーの構成比差$x_P - x_B$として与えられたときの推定トラッキング・エラー（$T.E.$）の定義式である。

$$T.E.^{ex-ante} = \sqrt{\sum_{i=1}^{n}\sum_{j=1}^{n} x_{P,i}^{active} x_{P,j}^{active} \sigma_i \sigma_j \rho_{i,j}} \tag{25}$$

投資行動により決定されるx_P^{active}と、σやρといった市場要因の両方の影響を受けることがわかる。また、$x_{P,i}^{active}$の絶対値を集計した統計値はアクティブシェアと呼ばれ(26)式で計測されるが、よりシンプルでありながら一定の気づきを与えてくれる。

$$ActiveShare = \frac{\sum_{i=1}^{n} |x_{P,i}^{active}|}{2} \tag{26}$$

　通常の投資信託のポートフォリオでは、コールや金銭信託といったキャッシュと似たリスク特性の資産を一定比率組み入れられている。特に高分配型では分配頻度が高いことに加え、外国籍投資信託などを利用することが多く、日々の設定解約にあわせて通常よりもキャッシュ同等物の組入比率が高いことがある。トービンの分離定理で示されるようにキャッシュ比率$W_{P,CASH}$はリスク、リターンともに$1 - W_{P,CASH}$倍に希薄化する。そこで、考査において定量評価を行う際に本質を損ねないためにキャッシュ同等物を除いたポートフォリオで分析することがある。一方でキャッシュ同等物の比率は機会損失につながりかねないことから、そのコントロール可否はたえず議

論すべきであり、キャッシュ比率の適正さを適宜モニターしていくべきである。

第4節　定性的な評価

1　定性評価の位置づけ

　ここまで投資信託の定量評価についてみてきたが、非常に強力である一方で万能ではない点も強調してきた。Hereil *et. al.*（2010）は投信評価会社による定量レーティングの有効期間が非常に短く、しかも投資スタイルにもよる点を指摘している。S&P Dow Jones Indices（2013）は米国の投資信託を調査し、パフォーマンス上位グループに属していたファンドのうち、ほとんどがその後失速し下位グループに転落するという結果を発表している。同様の結果はVanguard社による英国の投資信託の調査でもみられ、過去のパフォーマンスをもとに将来の投資成果を占うことは一筋縄でいくものではないといえよう。こうした定量評価の限界に対して、本節で扱う定性的な評価は定量評価とは異なる視点に立ち補完的な役割を果たす。

　評価尺度の観点から定量的な評価と定性的な評価を比較したい。Stevens（1959）は尺度を、①"公募""私募"といった同一かどうかの判断基準「名義尺度」、②"良い""悪い"といった順序の判断基準「順序尺度」、③"1月1日""1月2日"といった間隔のみ差異の表現として意味をもつ判断基準「間隔尺度」、④"1万円""5％"といった倍数により差異を表現可能な判断基準「比尺度」の4つに分類している。後ろに挙げたものほど測定が厳密であり、許容される計算・演算の種類が多い。定量評価では主として価格や収益率、またさらに計算処理を施した比尺度をもとに評価し、ゆえに「目標を10％上回った」、「ライバル投信の2倍よかった」といった評価を下すことが可能である。一方、定性評価ではあらゆる尺度、あるいはデータ化されていない情報も組み合わせて評価するため、カテゴリーごとの段階評価を行い、

間隔尺度または比尺度として1〜5などのダミー変数に置き換えたうえでその加重平均を最終評価とするのが一般的である。

このため定性的な評価においてはありとあらゆる情報を取り入れたうえで評価項目を幅広く設定することができる。また、必ずしもトラックレコードなどの過去情報を必要とせず最新の情報だけで評価しうる。一方で、本来は順序尺度にすぎない「責任者のリーダーシップ」等を疑似的に間隔尺度、比尺度として扱うため、評価者による裁量や評価者の意図と段階評価のミスマッチが評価結果に影響する可能性がある。また、定性評価の結果とその後のパフォーマンスの関係について実証した研究は少なく、今後の運用成果を占うには心もとない。したがって定性評価においても収益率などの定量評価でも用いた基準を評価カテゴリーの1つとして再度取り入れて評価することは一般的である。

このように幅広い項目を評価することができるのは定性的な評価の長所であり短所でもあるが、投資信託を含むファンドを評価するにあたって「4つのP」「5つのP」というカテゴリーを中心に行うのが一般的である。「5つのP」とは、①投資哲学（Philosophy）、②人材の資質（People）、③投資プロセス（Process）、④リスク管理（Portfolio）、⑤パフォーマンス（Performance）であり、これらから導き出される総合得点が高いほど将来によいパフォーマンスを生み出す蓋然性が高いとみるのだ。

2　考査における定性評価

定性評価の柔軟性とそれゆえの欠点をみてきたが、考査で定性評価を活用することで、①定量的な評価の補完に加えて、②定量評価への活用、③客観的視点の提供という3つの効果が挙げられると考える。

定量評価が安定的な結果にならない要因としてはトラックレコードの短さが挙げられた。設定後間もないファンドに限らず月次データで定量評価する場合は最低3年の継続した運用が必要であった。さらに、この間メイン・マネージャーの退職やクオンツモデルの変更などが発生すると同一トラックレコードとしての評価が不適切な結果になる可能性もある。この場合、定量的

に評価できないうえに、ゼロ回答となることで将来の成果が見通せないというネガティブな状況をニュートラルとして評価してしまう。定性評価では精度不足懸念のある定量評価結果をオーバーライドすることもできるし、適切に定量評価できないこと自体をネガティブにとらえて評価することもできる。定性評価においては、このような非数値情報や過去のパフォーマンスには含まれていない情報を評価し、定量的な評価を補完することができることは考査においても同様である。

　考査において前述の「5つのP」について評価していくと想定しよう。実務においては、一般に公開される情報に加え、ポートフォリオマネージャーや関係者にヒアリングし上記項目に関する情報を集めていくことで、運用プロセスに関して深いレベルの理解を得ることになる。運用プロセス、言い換えるとプロダクトが収益を生み出す仕組みについての理解の深さは、その収益の定量分析の質を向上させる。運用プロセスに沿った要因分解を可能とするだけでなく、背後に隠れた影響を明確にするきっかけにもなりうるためだ。例えばポートフォリオマネージャーの過去の経験や兼任する職務がポートフォリオ構築に一定のバイアスがかかる可能性やバリュースタイルを特徴とするポートフォリオがバリュートラップに陥っている可能性などは容易に想像できるが、定性評価においてポートフォリオマネージャーの経歴や運用スタイルについて知識を得ている場合は仮説を立てて分析できよう。また、リスク分散を投資哲学とするファンドの高パフォーマンスが特定の銘柄の急騰によるものであるなどがヒアリングを通じて判明することも多く、偶然性の排除にもつながる。

　前述のとおり定性評価では評価者の恣意性や裁量が結果に影響しやすいため、評価を行う際には評価の定義を明確にしたうえで当該ファンドの過去の評価や他ファンドのクロスセクショナルな評価結果と比較しながら、評価の再現性を高めるように努める。それでもいわゆる認知バイアスとしてよく知られる各種の現象により評価者の判断が引きずられる可能性があるため、定性評価を行う際には、その点を意識しながら実施する必要がある。各種の認知バイアスが報告されているもののうち定性評価に影響しうる有名なものと

して、①印象の強い一部の情報に影響される「アンカリング」、②知りたい情報に偏って収集する「確証バイアス」、③極端な事象を否定する「正常性バイアス」、④一部の観点に縛られる「フレーミング効果」、⑤他者の評価に引きずられる「バンドワゴン効果」、などが挙げられる。逆説的ではあるが、できうる限り恣意性や裁量を排除した評価結果は一定の客観性を獲得し、運用部門や経営において新鮮なものとなる可能性がある。これは社内でPDCAを回すうえで固定観念を脱し重要な気づきのきっかけにもなりうる。

3　定性評価の項目

多くの投信評価会社では、上述の「5つのP」をベースにしながらも独自に拡張し優位性を計っているようだ。結果的に定性評価項目及び各項目の総合得点に対する比重はさまざまとなっている。さらに実際はさまざまな分野でエッジを利かせ他ファンドとの差別化を図ることが運用戦略上、そして商品戦略上重視されることから固定的な評価項目だけでファンドの特徴をすべて評価に考慮することはむずかしいといえる。特にヘッジファンドやPEファンドでは、伝統的な投資スタイルとは異なったリスクを収益源とすることが多く、評価においても異なった視点が必要である。最後に図表Ⅵ-15で定性評価に用いられるカテゴリーや項目について掲載しているが、一例にすぎない点は十分留意してほしい。

第5節　考査結果のフィードバック

1　運用部門へのフィードバック

これまで述べてきた一連の考査活動により得た運用目標の達成状況ならびに運用プロセスの適正性に関する評価は各関係者へのフィードバックをもって完結する。ただし第1節で述べたとおり、運用主体である運用部門に対して評価結果を通知し、場合によっては改善勧告により「牽制」することと同

図表Ⅵ-15 定性評価項目の一例

大項目	中項目	評価対象
運用体制	量的充実度	関係者の人数など量的な充実度
運用体制	質的充実度	関係者の経験やスキルなど質的な充実度
運用体制	安定性	関係者の定着率
リスク管理	運用リスク管理	組織的なリスク管理体制、運用レビュー体制
投資哲学	整合性	投資哲学と運用プロセスや運用実態の整合性
投資プロセス	継続性	運用プロセスの一貫性
投資プロセス	合理性	運用プロセスの経済合理性
パフォーマンス	有効性	運用成果（定量評価）
ヘッジファンド向け	ポジション集中	銘柄当り保有比率の合理性
ヘッジファンド向け	流動性	流動性の確保状況
ヘッジファンド向け	レバレッジ	レバレッジ比率の合理性

（出所）　野村アセットマネジメント作成

様に、考査の過程で検知された運用上の課題を共有し、またその課題については解消されるまで引き続きフォローし改善をサポートしていく「協力」も大切である。一般論として課題を指摘するだけでなく対策を含めた提言に至るほうが好ましいが、実態としては2つの理由でむずかしく、運用部門により、または運用部門と協働して対策を検討することになるかもしれない。

　その理由の1つ目は、考査の過程を経ることで対象プロダクトについて深いレベルでの理解が得られるとはいえ、日々プロダクトと対峙している運用部門よりも深い理解に至ることはまれであるためだ。また2つ目の理由として、理解に不足があることを前提としたときに、管理部門という性質ゆえに出された対策提案自体が半ば強制力を帯びて運用制約となる可能性があることが挙げられる。したがって、運用状況の評価や課題の検知、改善勧告は「牽制」と「協力」の一部であり、運用部門により自ら打ち立てられた対策

について履行状況やそれによる目標達成状況及び運用プロセスへの影響を引き続き監視していくことも、運用部門に対する「牽制」と「協力」となる。しかしいずれにしても考査の目的の最終的なベクトルは、商品性の維持やパフォーマンス向上を通した顧客本位という点で運用部門と同方向であるということは意識しておきたい。

2　経営への報告

考査活動を通して得たパフォーマンスに関する各種の統計値や評価結果はそれ自体が経営に資する情報であり、また運用部門から独立した組織による評価は運用会社における企業統治のうえでも重要である。加えて、評価に際して浮かび上がった各種の運用上の課題についても、特に問題が運用部門内で解決できず経営判断を要するものがあることをふまえると経営への報告も重要な役割となる。運用部門内で解決しがたい例としては、組織編成や投資などの経営に係る課題や複数部門にまたがる課題などが挙げられるが、課題解決をしないことが運用部門における部分的な均衡解となるケースも同様に挙げられよう。後者は、「プリンシパル・エージェント問題」として知られており、経営（プリンシパル）と運用現場（エージェント）の間の情報の非対称性に起因している。運用部門において課題への対策が立案され、たとえパフォーマンスの改善や純資産の増加により、結果的に運用部門にとって利する場合でも、そのための対応に多大な手間がかかる場合は解決を放棄することが当事者としての最適解となる。なお、図表Ⅵ-16ではIをインセンティブ、Lを対応にかかる追加的な労働とした簡単なモデルを示しており、この

図表Ⅵ-16　「プリンシパル・エージェント問題」のモデル

課題への対応	結果（確率）	会社全体の利得	運用部門の利得
対応する	解決（50%）	$+100-I$ ($I<100$)	$+I-L$
	未解決（50%）	0	$-L$
対応しない	未解決（100%）	0	0

（出所）野村アセットマネジメント作成

場合かける労働負担がインセンティブの半分以上になれば「対応しない」が運用部門にとっての最適となる。一般にこの問題の解決策としては、プリンシパルによるモニタリングの強化が挙げられ、考査結果の報告はそうした位置づけとも考えられるだろう。同様に、インセンティブの再設計も解決策としては一般的であり、考査結果の報告を受けて情報の非対称性が改善され、必要な労働を社内で分担したり、対応しないことに負のインセンティブを導入したりするような経営判断につながる場合もあろう。

3　その他部門への情報提供

考査において運用プロセスの適切性を点検し、不適切な事項があれば運用部門に改善を勧告する一方で、問題解決が運用部門内にとどまらないケースでは経営への報告が契機となる。

一方、投資信託運用においては、原因や対策方法が特定できない課題や極端な流動性の低下など外部要因を原因とする課題により、これまでの運用プロセス及び運用目標を掲げることがむずかしくなることも想定される。このような運用会社自身ではプロダクトのクオリティ・コントロールができず商品性を損ないかねないようなケースでは、機敏にプロダクトを期中償還することや商品性の改善を図ることを検討すべきである。しかし、投資家の代理人たる運用部門のインセンティブが自らの運用資産額に結びついているケースでは、自らギブアップしがたい可能性がある。この場合において、運用部門に自助努力を求めることで結果的に施策が裏目に出る可能性がある点に加え、最悪のケースとしてガイドライン違反や過度なリスクテイクなどを招きかねない（Appendix：Ⅵ-3-4）。したがって、運用部門から独立した組織がこうした状況を明らかにしたうえで、経営をはじめとする関連部門に情報共有し償還に向けた議論をスタートしていくことが重要になる。

本章で述べてきたように、運用状況についての客観的で多面的な評価・分析を伴う考査の枠組みは、顧客本位の考え方に通じる。

考査による評価結果や洗い出された課題への取組みは、運用部門や経営だけではなく、商品開発部門や営業部門など社内各部門にて有効活用されるこ

とにより、運用会社におけるいっそうの顧客本位の業務運営へとつながるものである。

Appendix

Ⅵ-3-2-1

　アクティブ・リスク調整後の予測アクティブ・リターン$I.R.$についてGrinold and Kahn (1999) は、スキル$I.C.$及び独立した判断回数BRを用いて$I.R. \approx I.C. \times \sqrt{BR}$の関係を示しつつ、カジノでたとえている。

　勝率60％で掛け金が2倍になるカジノに、1度の勝負で1万円を賭ける場合と100円ずつに分けて100回挑む場合の期待値は等しくなるがその分散は大きく異なる。

○1回の勝負で1万円を賭ける場合

$$E[r_{1\,time,10K}] = 60\% \times 20000 + 40\% \times 0 = 12000$$

$$\sqrt{var[r_{1\,time,10K}]} = \sqrt{60\% \times (20000-12000)^2 + 40\% \times (0-12000)^2}$$

$$= 9797.959$$

$$I.R._{1\,time,10K} = 12000 \div 9797.959 \approx 1.22$$

○100円ずつに分けて100回挑む場合

$$E[R_{100\ times, 0.1K}] = \sum_{t=1}^{100} E[R_{t, 0.1K}] = (60\% \times 200 + 40\% \times 0) \times 100 = 12000$$

$$\sqrt{var[R_{100\ times, 0.1K}]} = \sqrt{\sum_{t=1}^{100} var[R_{t, 0.1K}]}$$

$$= 10 \times \sqrt{60\% \times (200-120)^2 + 40\% \times (0-120)^2}$$

$$= 979.7959$$

$$I.R._{100\ times, 0.1K} = 12000 \div 979.7959 \approx 12.2$$

この時、$I.C.$及び$\sqrt{BR}$は次のとおり。

$$I.C. = 60\% \times 2 = 1.2、\sqrt{BR_{1\ time, 10K}} = \sqrt{1} = 1、\sqrt{BR_{100\ times, 0.1K}} = \sqrt{100} = 10$$

$I.R. \approx I.C. \times \sqrt{BR}$が確認されるとともに、$BR$の上昇が$I.R.$の上昇に寄与することがわかる。

$$I.R._{1\ time, 10K} = 1.2 \times 1 = 1.2 \approx 1.22、I.R._{100\ time, 0.1K} = 1.2 \times 10 = 12 \approx 12.2$$

Ⅵ−3−2−2

Grinold and Kahn（1999）は、$I.R. \approx I.C. \times \sqrt{BR}$をもとに、複数の投資グループにおいて、$I.C.$が互いに独立で$BR$は一定であるなどの条件下で$I.R.^2$の加法性が成り立つ点を基本法則として提示した。

Ⅵ-3-2-3

ポートフォリオ P のベンチマーク B に対するアクティブなファクタエクスポージャー量はベクトル x_P^{active} で与えられ、それぞれのエクスポージャー量 x_P、x_B の差で表される。

$$x_P^{active} = x_P - x_B$$

この x_P^{active} により、ポートフォリオの超過収益率 θ_P^{active} がアクティブ・ベータ β_P^{active}、及びレジデュアル・リターン a_P、期待値ゼロの誤差項 u_P で表現されるベンチマーク相対の世界を想定すると、共分散行列 V を用いて以下のように表される超過収益率の分散 φ_P^2 は β_P^{active} と σ_B によって表現することも可能である。

$$\varphi_P^2 = x_P^{active\,T} \times V \times x_P^{active}$$

$$\varphi_P^2 = \beta_P^{active\,2} \times \sigma_B^2 + \omega_P^2$$

ここで、ω_P はレジデュアル・リスクであり、$var[u_P] \equiv \omega_P^2$ である。仮に ω_P を完全に打ち消せたとしても、日々の設定解約、指数の構成銘柄入替えや資本移動に最低売買単位などが関係し、完全法を取り入れていても β_P^{active} を常にゼロとすることは現実的ではない。

Ⅵ-3-3-1

基準価額リターンが時間加重型であることは以下の式で説明できる。

$$TWRR_{Port} = \frac{V_2}{V_1 + C_1} - 1$$

$$= \frac{UnitPrice_2 \times Units_2}{UnitPrice_1 \times Units_1 + UnitPrice_1 \times Units_1'} - 1$$

$$= \frac{UnitPrice_2}{UnitPrice_1} - 1$$

C_iは i 番目のキャッシュフロー、V_iはC_i発生直前の時価総額、口数$Units_1'$の設定解約はファンドからみて$UnitPrice_1$で行われ、通常は設定解約でのみ口数が増減するため$Units_2 = Units_1 + Units_1'$となる。わかりやすくするため１口及び口数単位ともに１円と定義している。

Ⅵ－3－3－2

考査においては、以下の点で超過収益率計算には算術式よりも幾何式のほうが適切であると考える。

・ファンドとベンチマークの収益率が大きく乖離する場合、２期間の収益率$(r_{X,1}, r_{X,2})$において、ファンドが(100%, 10%)、ベンチマークが(10%, 10%)であるとき、超過収益率は算術式で99.0%、幾何式で81.8%となる。この差を１期ずつみていくと算術式において、１期目で90%となり、２期目はポートフォリオもベンチマークも同じ10%ずつ収益をあげているにもかかわらず、さらに９％もの差が開く。幾何式では１期目で81.8%の超過収益率となり、２期目で差は開かない。これは、算術式が１期目の収益率差が２期目の結果によりさらに増減するためである。

・複数のベース通貨で同一の運用手法のプロダクトを比較する場合、ある期の円ベースのファンドと円ベースベンチマークの収益率(r_P, r_B)が(30%, 10%)であり、ドル円収益率が30%であるならば、同じファンドを

米ドルベースでみた場合、(0%, -15.4%)となるが、このとき算術式では円ベースでは20.0%、米ドルベースでは15.4%となる。算術式では同じ運用成果を同じ為替レートで換算したにもかかわらず差が生まれる一方で幾何式ではともに18.2%となり差異は生まれない。これは、算術式が円ベースにおける収益率差が為替レートによりさらに増減するためである。

Ⅵ-3-4

以下は暴走が成功する確率をφとした簡単なゲーム・ツリーを例示している。少しでも望みがあれば運用部門にとっては運用継続することが最適であり、さらに成功確率が3分の1以上であれば暴走へと至りうる。無論、成功確率80%未満ならば暴走を許容できない投資家との間にプリンシパル・エージェント問題が生じている。

図表Ⅵ-17　投資家と運用部門のゲーム・ツリー

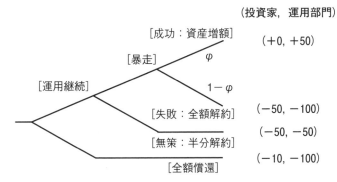

【参考文献】
- 『The Three Lines of Defense in Effective Risk Management and Control』The Institutes of Internal Auditors, Inc.
- 町田祥弘著『内部統制の知識』日本経済新聞社
- 企業会計審議会「財務報告に係る内部統制の評価及び監査の基準」
- 企業会計審議会「財務報告に係る内部統制の評価及び監査の実施基準」

- 経済産業省「システム管理基準」
- 金融情報システムセンター「金融機関等のシステムリスク管理入門」
- 金融情報システムセンター「金融機関等コンピュータシステムの安全対策基準・解説書 第8番」
- 内閣府「事業継続ガイドライン（2013年8月改定）」
- 経済産業省「事業継続計画策定ガイドライン」
- 内閣府中央防災会議「首都直下地震の被害想定と対策について（2013年12月）」
- 新型インフルエンザ等に関する関係省庁対策会議「新型インフルエンザ等対策ガイドライン（2016年3月25日）」
- 野村アセットマネジメント株式会社編著『投資信託の法務と実務［第4版］』、2008年
- 証券取引等監視委員会「金融商品取引業者等検査マニュアル」
- 投資信託協会「定款・諸規則集 ［上巻］［下巻］」
- 木島正明著『ファイナンス工学入門 第Ⅰ部』日科技連、1994年
- 山井・吉羽「期待ショートフォールによるポートフォリオのリスク計測 ―具体的な計算―」『日本銀行IMESディスカッションペーパー』2001-J-16
- 山井・吉羽「リスク指標の性質に関する理論的整理 ―VaRと期待ショートフォールの比較分析―」『金融研究』日本銀行金融研究所、2001.12
- 安達「金融危機後のOTCデリバティブ価値評価～公正価値測定にかかる諸問題を中心に～」『日本銀行IMESディスカッションペーパー』2015-J-13
- 東京リスクマネージャー懇談会編『金融リスクマネジメントバイブル』金融財政事情研究会、2011年
- 岡田「SECによる投信及びETF流動性リスク管理規程規則の最終化」野村資本市場研究所、No.16-35
- Carlo Acerbi and Balazs Szekely, Back-testing expected shortfall, Risk.net, Dec 2014
- Claudio Albanese, Simone Caenazzo, Stephane Crepey, Capital and funding, risk.net, May 2016
- Frances Ivens, Japan's changing CVA stance, risk.net May 2017
- Jean-Fredric Jouanin, Gael Riboulet and Thierry Roncalli, Financial Applications of Copula Functions, Risk measures for the 21st century by WILEY FINANCE, 2004
- Johanna F. Ziegel, Tobias Fissler, Tilmann Gneithing, Expected shortfall is jointly elicitable with value-at-risk: implications for backtesting, risk.net, January 2016
- John Hull, VAR versus expected shortfall, Risk.net, 01 Mar 2007
- Jon Danielsson & Bjørn Jorgensen & Casper Vries & Xiaoguang Yang, Optimal portfolio allocation under the probabilistic VaR constraint and incentives for fi-

- nancial innovation, Anals of Finance, Vol4: pp. 345-367, 2008
- Nazneen Sherif, End of the back-test quest?, Risk.net, Dec 2014
- Philippe Artzner, Freddy Delbaen, Jean-Marc Eber, David Heath, Coherent Measures of Risk, Mathematical Finance, Vol 9, No. 3, pp. 203-228. July 1999
- Pykhtin, Michael, Dan Rosen, "Pricing Counterparty Risk at the Trade Level and CVA Allocations," Federal Reserve Board, Finance and Economics Discussion No. 2010-10, 2010
- SECURITIES AND EXCHANGE COMMISSION, Release # 33-10233 "Investment Company Liquidity Risk Management Programs" (SECURITIES AND EXCHANGE COMMISSION 17 CFR Parts 210, 270, 274 Release Nos. 33-10233; IC- 32315; File No. S7-16-15 RIN 3235-AL61 Investment Company Liquidity Risk Management Programs)
- Taylor Harrison, Swayed by swing pricing?, risk.net, January 2016
- T. Gneiting., Making and evaluating point forecasts., Journal of the American Statistical Assoc., 106: 746-762, 2011
- 投資信託協会「35　交付目論見書の作成に関する規則」『定款・諸規則集［平成29年6月発行］』702-711頁
- 甲斐良隆編「資産運用とリスクマネジメント」エコノミスト社15頁
- 甲斐良隆編「資産運用とリスクマネジメント」エコノミスト社115頁
- モーニングスターより作成
- 野村総合研究所編「日本の投資家動向」『日本の資産運用ビジネス2013-2014』6～7頁
- Grinold, Richard, and Ronald Kahn, 1995, "Active Portfolio Management", (邦訳：明治生命特別勘定運用部＋日興證券アセットマネジメント本部訳『アクティブ・ポートフォリオ・マネジメント』137～139頁、東洋経済新報社、1999年
- 宮本佐知子著「個人金融資産動向：2016年第4四半期」『野村資本市場クォータリー 2017 Spring』7頁、野村資本市場研究所
- 野村総合研究所編「日本の投資家動向」『日本の資産運用ビジネス2016-2017』15頁
- 野村総合研究所編「日本の投資家動向」『日本の資産運用ビジネス2016-2017』4頁、11頁
- Michael C. Jensen, 1967, "The Performance of Mutual Funds in the Period 1945-1964", Journal of Finance, Vol. 23, No. 2 pp. 389-416
- William F. Sharpe, 1966, "Mutual Fund Performance", Journal of Business, Vol39, No1, Part2, pp. 119-138
- 小林孝雄、芹田敏夫著『新・証券投資論Ⅰ　理論篇』63～128頁、日本経済新聞出版社

- 「ファンドの評価分析について」『視点 2011年12月号』4～9頁、三菱UFJ信託銀行
- Rischard Roll, 1992, "A Mean/Variance Analysis of Tracking Error", Journal of Portfolio Management, 18, pp. 13-22
- Jack L. Treynor and Fischer Black, 1973, "How to Use Security Analysis to Improve Portfolio Selection", Journal of Business, 46, pp. 66-86
- 竹原均「トレイナー・ブラック・モデル再考：インフォメーション・レシオによる評価の問題点」『証券アナリストジャーナル 2011年5月号』48～54頁
- Stephen A. Ross, 1976, "The arbitrage theory of Capital asset pricing", Journal of Economic Theory 13, pp. 341-360ROSS
- Eugene F. Fama and Kenneth R. French, 1993, "Common risk factor in the returns on stocks and bonds", Journal of Finance 33, pp. 3-53
- Mark M. Carhart, 1997, "On persistence in mutual fund performance", Journal of Finance, 52, pp. 57-82
- Gary P. Brinson, L.Randolph Hood, and Gilbert L. Beebower, 1985, "Determinants of portfolio performance", Financial Analysts Journal, 51, pp. 133-138
- Gary P. Brinson and Nimrod Fachler, "Measuring non-U.S. equity portfolio performance", Journal of Portfolio Management, Spring 1985, pp. 73-76
- Charles R. Nelson and Andrew F. Siegel, 1987, "Parsimonious modeling of yield curves", Journal of Business, 60, pp. 473-489
- Grinold, Richard, and Ronald Kahn, 1995, "Active Portfolio Management"（邦訳「明治生命特別勘定運用部＋日興證券アセット」）
- Roger Clarke, Harindra de Silva and Steven Thorley, 2002, "Portfolio Constraints and the fundamental law of active management", Financial Analysts Journal, 58, pp. 48-66
- Pierre Hereil, Philippe Mitaine, Nicolas Moussavi and Thierry Roncalli, 2010, "Mutual Fund Ratings and Performance Persistence", Research Paper, Lyxor Asset Management, Paris
- S&P Indicies, "Does Past Performance Matter? Persistence scorecard", 2013
- Vanguard, "The case for index fund investing for UK investors", 2015, Adviser brief
- 中井検裕著、東京大学教養学部統計学教室編『基礎統計I 統計学入門』27～28頁、東京大学出版社
- 伊藤敬介、荻島誠治、諏訪部貴嗣著『新・証券投資論II 実務篇』390～393頁、日本経済新聞出版社

第VII編

投資信託の管理

第1章

投資信託の計理

第1節 投資信託の計理業務の概要

　投資信託の計理は、証券投資信託の基準価額を正確に算定し、受益者の公平を図ることを第一義的な目的としており、統一された処理ルールに従って行われている。日々行われる投資信託の計理と一般の事業会社で行われる企業会計とは、期末に財産の状況を把握する貸借対照表及び期間損益を把握する損益計算書、その他の計算書類を作成する点では共通しているが、以下の点で異なっている。

　第一に、投資信託が日々設定・解約を受け付ける金融商品であることから、毎日時価評価（マーク・トゥ・マーケット）を行うこと、第二に、取引及び評価額について信託銀行など受託者と照合を行い、委託会社に専門部署を設けて二重チェック体制をとっているケースが多いことが挙げられる。二重チェック体制をとっている最大の理由は、間違った基準価額で設定・解約を受け付けると、受益者間の不公平が生じるためである。

　計理業務の概要を業務パターン別に列挙すると、以下のとおりとなる。

① ファンドに関して、国内外の取引や、評価時価、権利配当などの情報を集約して、日々、純資産総額及び基準価額の算出を行い、限られた時間内に、正確に関係者に発表するという業務を行う。すなわち、投資活動の結果を純資産総額、基準価額として日々算出し、新聞社等のマスコミ、販売

会社、投信協会等に対し、すみやかに発表するという責務を負っている。
② ファンドの決算・償還の業務を行い、販売会社に対し、分配金、償還金の連絡を行う。
③ 信託財産に関する、法定帳簿の作成及び保管を行う。
④ ファンドの設定に伴う受益権の新規記録申請、一部解約に伴う受益権の抹消予定申請を証券保管振替機構に行うとともに受益権残高の確認を行い、各販売会社、受託銀行との間で、受益権に係る業務を円滑に処理できるよう、日々業務管理を行う。
⑤ ファンド監査における監査資料の提出、財務諸表等の法定帳票の作成及び提出を行う。
⑥ ファンド計理業務は、運用部門をはじめ、トレーディング部門、商品開発部門など、多くの関連部門と緊密に連絡・調整しながら業務展開を行う。とりわけ、運用部門、トレーディング部門とは密接な連携が必要である。

第2節　投資信託計理の法務

1　投資信託及び投資法人に関する法律上の規定

投資信託及び投資法人に関する法律(以下「投信法」という)は、投資信託財産等に関する帳簿類や、特定資産の価格等の調査、委託者指図型投資信託約款の記載事項などについて定めている。

(1) 投資信託財産等に関する帳簿書類

投信法15条1項では、投資信託委託会社は、内閣府令で定めるところにより、投資信託財産に関する帳簿書類を作成し、これを保存しなければならないことを定めている。投信法施行規則26条1項によると、投資信託委託会社が作成すべき信託財産に関する帳簿書類は、図表Ⅶ-1のとおりとなってい

図表Ⅶ-1　投資信託財産に関する帳簿書類（投信法施行規則26条1項より一部抜粋）

① 信託勘定元帳
② 分配収益明細簿
③ 投資信託財産明細簿
④ 不動産の収益状況明細表
⑤ 繰延資産の償却状況表
⑥ 受益権原簿
⑦ 受益証券基準価額帳
⑧ 投資信託財産運用指図書
⑨ 一部解約価額帳（投資信託約款において、基準価額以外の価額をもって一部解約に応じることとしている委託者指図型投資信託の場合に限る）
⑩ 特定資産の価格等の調査結果等に関する書類

る。

(2) 受益者による帳簿書類の閲覧及び帳簿書類の作成方法

　図表Ⅶ-1に示した法定帳簿書類について、受益者はこれらの閲覧を請求することができる。すなわち、投信法15条2項では「委託者指図型投資信託の受益者は、投資信託委託会社に対し、その営業時間内に、当該受益者に係る投資信託財産に関する帳簿書類の閲覧又は謄写を請求することができる」と規定している。

　また、これら帳簿書類の作成については、同法施行規則26条2項によって、同施行規則別表第一により作成し、当該投資信託財産の計算期間の終了後または信託契約期間の終了後10年間これを保存することが義務づけられている。別表第一のうち、投資信託の計理を理解するうえでポイントとなるところのみ示せば、次の図表Ⅶ-2のとおりである。

図表Ⅶ-2 法定帳簿書類の作成方法（施行規則別表第一）

帳簿書類の種類	記載事項	記載要領等	備考
信託勘定元帳、分配収益明細簿	投資信託財産に係る投資信託の名称、計上年月日、勘定科目、借方、貸方、残高	借方欄、貸方欄には、勘定科目ごとの変動状況を記載すること。	信託勘定元帳及び分配収益明細簿の科目について日々の変動及び残高を記載した日計表を作成する場合は、当該日計表のつづりをもって信託勘定元帳及び分配収益明細簿とすることができる。
分配収益明細等	（略）	（略）	（略）
投資信託財産明細簿	投資信託財産に係る投資信託の名称、計上年月日、勘定科目、借方、貸方、残高、単価、数量	信託勘定元帳に計上された有価証券、不動産その他の資産及び未収入金、未収配当金等の主要な勘定科目については、明細を記載すること。	明細簿は、複数の帳簿を設けて記載事項をそれぞれ分別して記載することができる。
不動産の収益状況明細表	（略）	（略）	（略）
繰延資産の償却の状況表	（略）	（略）	（略）
受益権原簿	法6条7項において準用する信託法186条各号に掲げる事項	法6条7項において準用する信託法197条1項に規定する場合に該当する場合は、16条に定めるところにより受益権原簿を作成しなければならない。	投資信託委託会社が、各受益権に係る法4条1項に規定する投資信託約款を金融商品取引業等に関する内閣府令157条1項17号イに掲げる帳

第1章 投資信託の計理 379

			簿書類として保存している場合にあっては、14条1項に規定する事項及び同条2項5号に掲げる事項は受益権原簿に記載されているものとみなす。
受益証券基準価額帳	投資信託財産に係る投資信託の名称、基準価額計算日、貸借対照表純資産総額、有価証券評価損益、先物取引等評価損益、不動産評価損益、その他資産評価損益、外国投資勘定評価損益、為替評価損益、投資信託財産純資産総額、残存受益権口数、受益証券基準価額、解約価額、買取価格	受益証券の基準価額は、計算日現在における当該信託勘定元帳の資産総額から負債総額を控除した額に、次の評価損益を加減した金額を同日の残存受益権口数をもって除して得た金額とする。 (1) 国内有価証券評価損益及び国内先物取引等評価損益 (2) 国内不動産評価損益 (3) その他資産評価損益 (4) 外国投資勘定評価損益及び為替評価損益	上記記載事項が日計表に併記されている場合は、当該日計表のつづりをもって受益証券基準価額帳に代えることができる。
投資信託財産運用指図書	投資信託財産に係る投資信託の名称、指図年月日、指図（指図に係る権限の全部又は一部の委託を受けた者の指図を含む。）の内容、受託者及び委託者の名称	指図の内容には、次に掲げる資産ごとにそれぞれ次に定める事項を記載すること。 (1) 指定資産　売買の別等（法246条1項1号に掲げる事項をいう。）、銘柄（取引の対象となる金融商品、金融指標その他これらに相当す	投資信託財産の運用指図のほか、法10条に規定する株主権行使の指図及び新株予約権の行使の指図についても必要事項を記載した指図書を作成すること

380　第Ⅶ編　投資信託の管理

		るものを含む。)、数量(数量がない場合にあっては、件数または数量に準ずるもの。)、約定価格(金融商品取引業等に関する内閣府令158条1項11号に掲げる事項をいう。)、取引の種類、発注先金融商品取引業者名等 (2) 不動産、不動産の賃借権及び地上権売買の別、当該不動産の所在、地番その他当該不動産を特定するために必要な事項、数量・面積、売買価格、取引の相手方 (3) (1)及び(2)以外の特定資産及び特定資産以外の資産　売買の別、当該資産の種類及び内容、数量、売買価格、取引の相手方 指図書は委託者ごとに別紙とすること。なお、指図書の控えを保存すること。	(これらの指図書については、受託者ごとに別紙とする方法に代えて、銘柄ごとに別紙とする方法によることができる。)。
一部解約価額帳(投資信託約款において、基準価額以外の価額をもって一部解約に応じることとしている投資信託の場合に限る。)。	一部解約価額計算日、貸借対照表純資産額、残存受益権口数、一部解約価額計算式、一部解約価額	一部解約価額は、投資信託財産の保有する資産の内容に照らし公正な価額とする。	一部解約価額の確定に関する書類を保存すること。

第1章　投資信託の計理　381

特定資産の価格等の調査結果等に関する書類	特定資産の種類及び内容、特定資産の取得、譲渡又は貸付の別及び当該取引年月日、法11条1項の鑑定評価又は同条2項の調査の委託先・委託契約年月日、鑑定評価又は調査の年月日又は期間、鑑定評価又は調査の結果の報告年月日及び概要	調査の委託先について、令18条各号に掲げる区分を記載すること。調査の結果の概要には、当該特定資産の調査価格のほか、22条3項各号に掲げる特定資産の区分ごとに同項各号に定める事項について記載すること。	鑑定評価書又は調査の結果の報告書を保存すること。

2　信託財産の計理、組入資産の評価

(1)　組入資産の時価評価に関する法務

　投信法11条2項において、特定資産の価格等の調査について定められている。すなわち、「投資信託委託会社は、運用の指図を行う投資信託財産について特定資産（金融商品取引法2条16項に規定する金融商品取引所に上場されている有価証券その他の内閣府令で定める資産（以下「指定資産」という。）を除く。）の取得又は譲渡その他の内閣府令で定める行為が行われたときは、当該投資信託委託会社、その利害関係人等及び受託会社以外の者であって政令で定めるものに当該特定資産の価格その他内閣府令で定める事項の調査を行わせなければならない」のである。

　ところで、金商法2条16項に規定する金融商品取引所に上場されている有価証券その他の内閣府令で定める資産は「指定資産」といわれるが、これらは投信法11条に定める調査の対象外とされる。「指定資産」は日々価格情報が明らかであり、あらためて投信法で定めるまでもない。

　投信法から信託財産のマーク・トゥ・マーケットの規定を読み取るとすれ

ば、それは投信法4条2項の委託者指図型投資信託約款の記載事項であろう。投資信託約款における記載事項として同条2項7号では「投資信託財産の評価の方法、基準及び基準日に関する事項」を掲げている。

(2) 投信協会の自主規制による信託財産の評価

投信協会は、「投資信託財産の評価及び計理等に関する規則」において、信託財産の組入資産の評価及び計理処理ならびに基準価額の算出等について定めている。このうち、組入資産の評価に関する自主ルールの主な部分を抜粋したものが、図表Ⅶ－3である。

図表Ⅶ－3 組入資産の評価（投信協会諸規則の抜粋）

第1章 通 則

（委託会社の忠実義務及び善管注意義務）
第2条 投資信託委託会社（以下「委託会社」という。）は、信託財産の組入資産（以下「組入資産」という。）の評価に当たっては、受益者のために忠実かつ善良な管理者の注意をもって当該業務を行うものとする。

（組入資産の評価の原則）
第3条 組入資産の評価に当たっては、次に掲げる事項を遵守するものとする。
(1) 組入資産の評価は、原則として時価により行うこと。
(2) 組入資産の評価に当たっては、継続性を原則とすること。

（委託会社の社内体制の整備）
第4条 組入資産の評価に当たっては、委託会社は社内体制を整備して評価の信頼性の確保に努めるものとする。

（評価方法等の開示）
第5条 組入資産の評価方法及び評価額は、開示を原則とする。

第2章 株式の評価

（国内取引所の上場株式の評価）
第6条 国内の金融商品取引所（金融商品取引法（以下「金商法」という。）第2条第16項に規定する金融商品取引所をいい、以下「取引所」という。）に上場されている株式は、原則として当該取引所における計算日の最終相場で評価するものとする。
2 二以上の取引所に上場されている株式は、次の各号に定めるところにより

評価する。
(1) 東京証券取引所を含む二以上の取引所に上場されている株式（新たに東京証券取引所に上場されたもので従前から東京証券取引所以外の取引所に上場されていた株式であって、東京証券取引所の上場日以降自主規制委員会において評価取引所（当該取引所の最終相場等により評価することとされている当該取引所をいう。以下同じ。）の変更が行われていない株式を除く。）は、東京証券取引所における計算日の最終相場で評価するものとする。

　　ただし、自主規制委員会において値付けが行われた日数（以下「値付日数」という。）及び取引量を勘案して、その最終相場等で評価することが適当と認めた東京証券取引所以外の他の取引所が定められている場合には、当該他の取引所における計算日の最終相場等で評価するものとする。
(2) 東京証券取引所を除く二以上の取引所に上場されている株式（新たに取引所に上場されたもので従前から当該取引所以外の他の取引所に上場されていたものであって、当該取引所の上場日以降自主規制委員会において評価取引所の変更が行われていない株式を除く。）は、自主規制委員会が値付日数及び取引量を勘案して第7条の規定に基づき定める評価取引所における計算日の最終相場等で評価するものとする。
3　新規に取引所に上場された株式のうち、東京証券取引所を含む二以上の取引所に新規に上場された株式は東京証券取引所における計算日の最終相場で評価し、東京証券取引所を除く二以上の取引所に新規に上場された株式は新規上場に当たって届出のあった主たる取引所における計算日の最終相場等で評価するものとする。

　　ただし、当該株式の株主の地域構成等を勘案して、自主規制委員会が他の取引所を当該株式の評価取引所と定めた場合には、当該他の取引所における計算日の最終相場等で評価するものとする。
4　前2項の規定にかかわらず、自主規制委員会の招集が困難である等やむをえない事情がある場合には、自主規制委員会委員長は他の委員等と協議の上、評価取引所を決定することができるものとする。なお、この場合において、本会はその決定内容を速やかに自主規制委員会委員へ報告するとともに、委託会社に通知するものとする。

（評価取引所の変更）
第7条　自主規制委員会は、国内株式について、上場する取引所が追加された場合又は委託会社会員会社から当該株式の値付日数及び取引量からみて評価取引所を変更することが適当である旨の申し出があった場合には、速やかに当該株式に係る値付日数及び取引量等の調査を行い、評価取引所を定めるものとする。

　　なお、当該株式の評価取引所が変更された場合には、本会は委託会社に新

たに決定された評価取引所（以下「新評価取引所」という。）を通知するものとする。
2 　上場株式において当該発行会社から評価取引所に対し上場廃止申請が提出された場合の新評価取引所は次によるものとし、本会は当該新評価取引所を委託会社に通知するものとする。
　(1)　評価取引所以外で単一の取引所に上場されている場合には、当該取引所
　(2)　評価取引所以外で東京証券取引所を含む二以上の取引所に上場されている場合には、東京証券取引所
　(3)　評価取引所以外で東京証券取引所を除く二以上の取引所に上場されている場合には、新規上場に当たって届出のあった主たる取引所
3 　前2項の規定に基づき評価取引所が変更された場合には、新評価取引所における計算日の最終相場等で評価するものとする。
4 　第1項の規定にかかわらず、自主規制委員会の招集が困難である等やむをえない事情がある場合には、自主規制委員会委員長は他の委員等と協議の上、評価取引所を決定することができるものとする。なお、この場合において、本会はその決定内容を速やかに自主規制委員会委員へ報告するものとする。

（計算日に最終相場がない場合の株式の評価）
第8条 　計算日において取引所の最終相場がない場合の国内の株式は、当該取引所における計算日の直近の日の最終相場で評価するものとする。
2 　取引所における計算日の気配相場が直近の日の最終相場に比べ1割以上下落した場合には、前項の規定にかかわらず当該取引所の気配相場（買気配及び売気配の両方で表示された場合は、買気配とする。以下同じ。）で評価するものとする。
　　なお、気配相場で評価することとなった日の翌日以降、継続して気配相場のみの場合には、計算日における気配相場で評価し、最終相場及び気配相場のいずれもない場合には、計算日の直近の日の気配相場で評価するものとする。
3 　取引所における計算日の気配相場が、ストップ安若しくはストップ高となった場合又は著しく変動した気配値が表示される場合等の事由により、直近の日の最終相場で評価することが適当でない場合には、前2項の規定にかかわらず当該気配相場で評価することができるものとする。この場合における当該気配相場による評価の決定は、過去の同様の事例を参考として従前の例により行うものとする。
　　なお、前項なお書きの規定は、当該気配相場で評価することとなった日の翌日以降の取扱いについて準用する。
4 　新規公開株の売買初日において最終相場がない場合には、当該取引所の気配相場で評価するものとする。ただし、当該気配が売気配であって公募価格

より高い場合は当該売気配は採用しないものとする。
　なお、第２項なお書きの規定は、当該気配相場で評価することとなった日の翌日以降の取扱いについて準用する。
　また、当該気配相場を採用する場合には、本会は委託会社会員に通知するものとする。

(権利落相場等の場合の株式の評価)
第9条　第６条第１項の規定は、新株引受権がなくなったときの旧株式及び新株式（以下「新旧株式」という。）の評価、配当請求権がなくなったとき若しくは子会社株式引受権がなくなったときの株式（以下「権利落等株式」という。）の評価、株式の併合後の株券を対象として売買を開始するときの株式（以下「併合後売買開始日の株式」という。）の評価、会社合併の効力が発生したときの合併新株式の評価について準用する。
2　計算日において新旧株式、権利落等株式、併合後売買開始日の株式、合併新株式の最終相場がない場合には、取引所における計算日のそれぞれの気配相場で評価するものとする。
　なお、取引所において当該株式の気配相場がない場合には、当該株式に係る最終相場又は気配相場ができるまでの間、細則に定める計算方法により算出される価額（以下「理論価格」という。）で評価するものとする。
3　前項の規定に基づき当該株式の気配相場で評価することとなった日の翌日以降の当該株式の評価は、次に掲げる場合について当該各号に定める価額により評価するものとする。
(1)　継続して気配相場のみの場合　計算日の気配相場
(2)　最終相場及び気配相場がない場合　直近の気配相場
4　第２項なお書の規定に基づき理論価格で評価することとなった日の翌日以降の当該株式について気配相場ができた場合には、当該気配相場で評価することとし、前項の規定は当該気配相場で評価することとなった日の翌日以降の当該株式の評価について準用する。

(同一発行会社の旧株式及び新株式がともに権利落相場等となった場合の評価)
第10条　同一発行会社の旧株式及び新株式がともに権利落相場等（新株引受権がなくなった相場又は配当請求権がなくなった相場をいう。）となった場合の当該旧株式又は新株式の評価は、計算日おいて旧株式又は新株式のいずれか一方の最終相場及び気配相場がない場合には、他方の株式の最終相場又は気配相場で評価するものとする。

(発行日取引を行っている新株式の評価の特例)
第11条　発行日取引を行っている新株式について、次に掲げる場合には、第９条の規定にかかわらず当該各号に定める価額により評価するものとする。
(1)　当該新株式の最終相場及び気配相場がなく、かつ旧株式の最終相場が新株式の直近の評価値（計算日の直近の営業日における当該新株式の評価額

をいう。以下この条において同じ。）より１割以上下落している場合　計算日における旧株式の最終相場
　⑵　当該新株式の最終相場がなく気配相場のみで、かつ旧株式の最終相場が、新株式を第８条各項の規定に基づき評価した価額より１割以上下落している場合　計算日における旧株式の最終相場
２　前項の規定に基づき旧株式の最終相場で評価することとなった日の翌営業日以降の当該新株式の評価は、次に掲げる場合について当該各号に定める価額により評価するものとする。
　⑴　当該新株式の最終相場がある場合　当該最終相場
　⑵　当該新株式の気配相場のみの場合　当該気配相場。ただし、計算日における旧株式の最終相場が当該新株式の気配相場より１割以上下落している場合は、計算日における旧株式の最終相場
　⑶　当該新株式の最終相場及び気配相場がない場合　直近の日の評価値。ただし、計算日における旧株式の最終相場が当該評価値より１割以上下落している場合は、計算日における旧株式の最終相場

第12条　（削除）

（上場予定株式の評価）
第13条　上場予定株式は、計算日の気配相場で評価し、計算日の気配相場がない場合には、計算日の直近の気配相場で評価するものとする。
　　ただし、気配相場の発表が行われないものは、取得価額で評価するものとする。

（未上場株式の評価）
第14条　未上場株式（上場予定株式を除く。）は、第一種金融商品取引業者（金商法第28条第１項に規定する第一種金融商品取引業を行なう者をいう。以下同じ。）等から提示される気配相場で評価し、計算日に気配相場が提示されない場合には、計算日の直近の日に提示された気配相場で評価するものとする。
２　気配相場が発表されなくなった日から起算して１ヵ月を経過しても気配相場の発表が行なわれていない場合には、気配相場が発表されるまでの間は、直近の気配相場又は直近に発表された決算期の純資産価額に基づき算出した１株当たりの価額のいずれか低い価額で評価するものとする。

（外国株式の評価）
第15条　外国株式であって本邦以外の外国金融商品市場（金商法第２条第８項第３号ロに規定するものをいう。以下「海外取引所」という。）に上場されている株式は、原則として海外取引所における計算時に知りうる直近の日の最終相場で評価するものとする。
２　複数の国で上場されている外国株式は、原則として取得した通貨表示で株式を上場している取引所における計算時に知りうる直近の日の最終相場（国

内取引所において取得した外国株式は、国内取引所における計算日の最終相場とする。）で評価するものとする。

ただし、外国株式を当該外国株式が上場されていない国で取得した場合には、当該外国株式が上場されている国の海外取引所における計算時に知りうる直近の日の最終相場で評価するものとする。

3　前２項の規定にかかわらず、計算日に最終相場がない場合には、当該日の直近の日の最終相場で評価するものとする。

ただし、取引停止や気配値のみ切下げる等の状態が一定期間経過した結果、時価がなくなった場合又は直近の日の最終相場によることが適当ではないと委託会社が判断した場合には、委託会社は忠実義務に基づき当該委託会社が合理的事由をもって認める評価額又は受託者と協議のうえ両者が合理的な事由をもって認める評価額により評価することができるものとする。

なお、国内取引所において取得した外国株式（原則として同株式が本国等日本以外の主たる取引所に上場されているものに限る。）について、国内取引所における計算日の最終相場がない場合には、国内取引所が発表する計算日の基準値段で評価するものとする。

4　外国株式であって海外の店頭市場に登録されている株式は、当該海外店頭市場における計算時に知りうる直近の日の最終相場又は最終買気配相場で評価するものとする。

5　未上場株式及び未登録株式であって、次に掲げる外国株式については、当該各号に定める価額で評価するものとする。

(1)　上場予定株式及び登録予定株式（目論見書等で確認されるものに限る。）　計算時に知りうる直近の日の気配相場。ただし、気配相場の発表が行われないものは、当該株式の取得価額

(2)　株主又は社債権者として割当てられる未上場株式及び新株引受権並びに株式買受権　計算時に知りうる直近の日の気配相場。ただし、気配相場の発表が行われないものは、当該株式の取得価額

(3)　前２号以外の未上場株式及び未登録株式　金融商品取引業者等から提示される気配相場。ただし、計算日に気配相場が提示されないものは、金融商品取引業者等から提示された直近の気配相場

（以下省略）

第４章　公社債等の評価

（公社債の評価）
第21条　国債証券、地方債証券その他の細則で定める有価証券等（以下「公社債等」という。）は、次の各号に掲げるいずれかの価額で評価するものとする。

(1)　日本証券業協会が発表する売買参考統計値（平均値）

(2)　金融商品取引業者、銀行等の提示する価額（売気配相場を除く。）
　　(3)　価格情報会社の提供する価額
2　委託会社が、第2条の規定に定める忠実義務に従って評価額の入手に十分な努力を行ったにもかかわらず当該公社債等の評価額を入手できなかった場合、又は入手した評価額が時価と認定できない事由を認めた場合は、委託会社は忠実義務に基づき当該委託会社が合理的事由をもって時価と認める評価額又は受託者と協議のうえ両者が合理的な事由をもって時価と認める評価額により評価するものとする。

（償却原価法による評価）
第22条　買付約定日から1年以内に償還又は満期を迎える公社債等（償還日又は満期日の前年応当日が到来したものを含み、細則第3条第7号に規定するコマーシャル・ペーパーを除く。）について、価格変動性が限定的で、細則で定める償却原価法による評価が合理的であり、かつ受益者の利益を害しないと委託会社が判断した場合は、当該公社債券等を当該細則で定める方法により計算された額を加算又は減算した額で評価できるものとする。
　　ただし、時価と評価額に乖離が生じ、適正な基準価額の計算上必要と判断した場合には、速やかに時価に評価換えを行うものとする。
（以下省略）

第6章　外貨建資産の評価

（外貨建資産の評価レート）
第32条　基準価額表示通貨に外貨建資産（基準価額表示通貨以外の通貨表示の有価証券（利金及び償還金が異なる通貨によって表示され支払われる複数通貨建公社債であって、利金又は償還金のいずれかが基準価額表示通貨以外の通貨によって表示され支払われるものを含む。以下「外貨建証券」という。）及び基準価額表示通貨以外の通貨表示の預金その他の資産をいう。以下同じ。）を換算する場合に使用する為替相場は、計算日における対顧客相場（対顧客直物電信売買相場をいう。）の仲値（売相場と買相場の平均値をいう。以下同じ。）をもとに細則で定める計算方法により算出されるレート（以下「クロスレート」という。）で評価するものとする。
2　対顧客相場が発表されていない場合又は対顧客相場による取引が停止した場合その他やむを得ない事由が生じた場合には、その都度自主規制委員会において評価に用いるクロスレートを決定するものとする。
3　前項の規定にかかわらず、自主規制委員会の招集が困難である等やむをえない事情がある場合には、自主規制委員会委員長は他の委員等と協議の上、当該クロスレートを決定することができるものとする。なお、この場合において、本会はその決定内容を速やかに自主規制委員会委員へ報告するとともに、委託会社に通知するものとする。

(外国為替予約取引等の評価)
第33条 計算日に対顧客先物相場(順月確定日(計算日より起算した各月の確定日をいう。)渡しの対顧客先物相場をいう。以下同じ。)の仲値が発表されている外貨の予約売買に係る買為替及び売為替(以下「予約為替」という。)は、次に掲げる場合について当該各号に掲げる計算方法により算出されるレートで評価するものとする。
(1) 計算日において予約為替の受渡日(以下「当該日」という。)の対顧客先物相場の仲値が発表されている場合は、細則で定める計算方法により算出されるクロスレートで評価するものとする。
(2) 計算日において当該日の対顧客先物相場の仲値が発表されていない場合は、次に定めるレートにより評価するものとする。
　イ 計算日に当該日を超える対顧客先物相場が発表されている場合は、発表されている対顧客先物相場のうち当該日に最も近い前後の日の対顧客先物相場をもとに細則で定める計算方法により算出される値を評価レートとする
　ロ 計算日に当該日を超える対顧客先物相場が発表されていない場合は、当該日に最も近い日に発表されている対顧客先物相場の仲値を評価レートとする
(3) 対顧客先物相場による取引が停止された場合における改訂対顧客先物相場の仲値の採用については、その都度自主規制委員会において決定するものとする。
(4) 前号の規定にかかわらず、自主規制委員会の招集が困難である等やむをえない事情がある場合には、自主規制委員会委員長は他の委員等と協議の上、当該仲値を決定することができるものとする。なお、この場合において、本会はその決定内容を速やかに自主規制委員会委員へ報告するとともに、委託会社に通知するものとする。
2 計算日に対顧客先物相場の仲値が発表されていない外貨の予約為替は、計算日の対顧客相場の仲値で評価するものとする。

第3節 投資信託計理の実務

1 投資信託計理業務のアウトライン

図表Ⅶ-4は主たる計理業務について、社内外の関係者との業務フローを

図表Ⅶ-4 ファンド計理業務のアウトライン──関連部門との業務フロー例

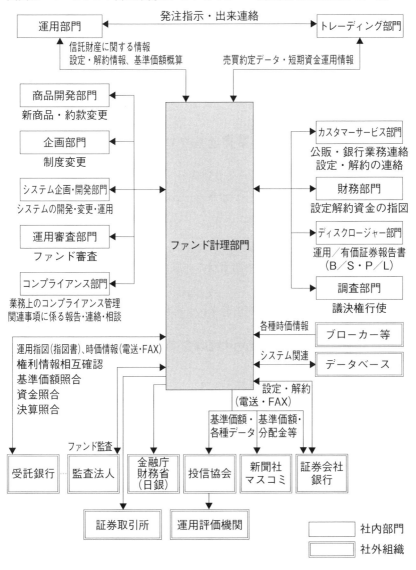

第1章 投資信託の計理 391

例示したものである。ファンド計理は毎営業日の完結作業であり、関係各部門との密接な連携が必要である。また、営業日ごとに委託会社外部への連絡も必須事項である。個別ファンドの設定・解約、基準価額等の情報は投資信託協会へ報告している。また基準価額情報は、販売を担当する証券会社、銀行等へ連絡するのはもちろんのこと、新聞社等のマスコミへの連絡も必要である。

2　主要な計理業務の業務運営フロー

「ファンド計理部門」における業務運営のフローは、大別して
(1)　基準価額算出と発表にかかわる業務フロー
(2)　信託財産の法定帳簿の作成
(3)　ファンドの決算処理
(4)　信託財産にかかわる外部報告資料の作成と報告
に分かれる。

これらを手順に沿って示すと、以下のようになる。

(1)　基準価額算出と発表にかかわる業務フロー

　ファンド、銘柄属性の確定
〔銘柄、ファンド属性の管理〕
　・個別ファンドの属性、組入証券や先物等の銘柄属性登録・変更
　　例）　ファンド名称、決算日、償還日、信託報酬等

　ファンドの元本の確定
〔設定、解約の処理〕
　・販売会社からの信託設定、一部解約における計理処理

　ファンドの保有資産の確定
〔有価証券等の約定処理〕
　・国内外の株式、債券、先物、オプション、為替、短期商品等の約定データ取込み
　・約定ごとの受渡精算金額及び売買損益等の計算

ファンドの保有資産評価の確定

〔保有有価証券等の時価評価〕
- 投信協会諸規則に基づく評価時価を証券取引所、証券会社、時価提供機関、情報ベンダーの端末等から取得

　ファンドの保有資産の権利等の確定

〔権利等に関する処理〕
- 保有有価証券の配当、利金、分割・併合等に関する計理処理

　ファンドの諸費用、分配金の確定

〔ファンドの経費、分配金の計上〕
- 信託報酬、監査費用、カストディーフィー等の計上、及び収益分配金のファンドへの計上

　ファンドの余裕資金の確定

〔資金管理〕
- 受託銀行別の余裕資金の算出、受託銀行との照合、運用資金の確定
- ファンドのコールローン、CD、CP等の利息の計上

　ファンドの基準価額、純資産総額の確定

〔受託銀行との照合〕
- 外国投資勘定評価損益及び為替評価損益の照合
- 基準価額、純資産総額の照合

　基準価額の発表

〔基準価額の発表〕
- 受託銀行との日々全ファンドの基準価額、純資産総額の照合後、基準価額の確定
- 投信協会、新聞社等のマスコミ、販売会社である証券会社、銀行等への発表

(2) 信託財産の法定帳簿の作成

〔投信法15条1項の規定による帳簿の作成〕
○信託財産運用指図書の作成及び議決権行使指図書の作成など

〈主要帳票〉
- ・信託勘定元帳
- ・分配収益明細簿
- ・信託財産明細簿
- ・受益権原簿
- ・受益証券基準価額帳
- ・信託財産運用指図書

(3) ファンドの決算処理

〔償還、分配金などの計理処理〕

(4) 信託財産にかかわる外部報告資料の作成と報告（一例）

〔外国為替及び外国貿易法に基づく報告書（日本銀行経由財務大臣へ）〕
○日銀日報
- ・証券の売買契約状況等報告書……外国為替の取引等の報告に関する省令（以下「報告省令」という）22条

○日銀月報
- ・デリバティブ取引に関する報告書……報告省令16条
- ・証券の条件付売買状況報告書……報告省令22条

○日銀年報
- ・外貨証券に対する投資残高に関する報告書……報告省令22条
- ・円建外債に対する投資残高に関する報告書……報告省令22条

〔投信協会定期報告〕
- ・定款・諸規則集に定められた、統計データの伝送及び報告書の提出

〔米国の内国歳入庁（IRS）への報告〕
- ・米国源泉税が適切に徴収されたことをQualified Intermediary（QI、適格仲介人）制度に基づきIRSへ書類報告……米国の内国歳入法

第4節 計理業務のアウトソーシング

　2001年の金融制度改革（日本版金融ビッグバン）における投信法改正において、投資信託委託会社が事務管理部門（基準価額の算出を含む計理業務等）を第三者に業務委託（アウトソーシング）することが可能となった。以後、投資信託委託会社が事務管理部門を第三者（アウトソース先）へ業務委託し、当該部門の自社要員を削減するケースが増加している。

　しかしながら、アウトソーシングにより投資信託委託会社における受益者に対する諸々の責任が軽減されたわけではなく、アウトソース先に起因する法令違反や事故等が発生した場合には、あくまで投資信託委託会社がその責任を負うことになる点は十分に留意する必要がある。したがって、アウトソース先に基準価額の算出を含む計理業務を業務委託する場合においても、投資信託委託会社におけるファンド管理は、従来と同様にその業務内容を十分に理解したうえで、受益者への基準価額の発表等における説明責任を果たさなければならない。

　なお、計理業務のアウトソーシングにおける主な導入プロセスは、図表Ⅶ－5のとおりである。

図表Ⅶ－5　アウトソーシングにおける主な導入プロセス

① アウトソーシング計画の立案（対象業務範囲の検討）
② アウトソース先の選定、費用対効果の検証
③ デューデリジェンス
④ 業務計画の策定、契約内容の検討（要件定義、業務規定書の作成）
⑤ 並行運用による業務検証
⑥ 本番移行後のPDCAサイクルに基づく継続的な評価（アセスメント）、業務モニタリング（KPIの設定）
⑦ アウトソース先との継続的な品質改善に向けた取組み

第2章

投資信託振替制度

第1節 投資信託振替制度とは

　従来、投資信託を購入した際には投資信託委託会社が受益証券を発行し、販売会社を通じて投資家に交付、または販売会社にて保護預りされていたが、現在は投資信託振替制度のもと、受益証券をペーパーレス化して、受益権の発生や消滅、移転をコンピュータシステム上の口座（振替口座簿）の記録により行われている。

　この投資信託振替制度は、2001年6月27日に「社債、株式等の振替に関する法律」の施行により導入され、2007年1月4日より開始された。

　なお、投資信託振替制度は投信法で規定される委託者指図型投資信託が取扱対象となる。

第2節 投資信託振替制度への参加者

投資信託振替制度への参加者は以下のとおり分類される。

1　口座管理機関

・証券会社、銀行、その他証券保管振替機構（以下「機構」）が認める金融機

関等は、業務規程の定めるところにより、口座管理機関として、他の者のために、振替投資信託受益権の振替を行うための口座を開設することができる。
・口座管理機関は、振替口座簿を備えなければならない。
・口座管理機関は、次に掲げる者に区分する（ただし、以下において、口座管理機関という場合は、両者を総称するものとする）。
　① 機構から振替投資信託受益権の振替を行うために口座の開設を受けた者（以下「直接口座管理機関」という）
　② 口座管理機関から振替投資信託受益権の振替を行うために口座の開設を受けた者（以下「間接口座管理機関」という）（社債、株式等の振替に関する法律（以下、社債等振替法）法2条4項）

2　加入者

・機構または口座管理機関から振替投資信託受益権の振替を行うための口座の開設を受けた者（社債等振替法2条3項）
・加入者は、振替法及び業務規程の定めるところにより振替投資信託受益権の権利を取得することができる。

3　機構加入者

・加入者のうち、機構から口座の開設を受けた者を機構加入者という。
・機構は、他の者から申出があったときは、業務規程の定めるところにより、振替投資信託受益権の振替を行うための口座を開設し、振替口座簿を備える。

4　販売会社

・振替投資信託受益権の募集・売出しの取扱い等の業務を行う法人を販売会社という。
・販売会社は、次に掲げる者に区分する（ただし、以下において、販売会社という場合は、両者を総称するものとする）。

- ① 発行者との契約に基づき、振替投資信託受益権の募集・売出しの取扱い等の業務を行う者（以下「指定販売会社」という）
- ② 指定販売会社との契約に基づき、振替投資信託受益権の募集・売出しの取扱い等の業務を行う者（以下「取次販売会社」という）
・販売会社は、口座管理機関と連携をとり、振替投資信託受益権の設定、解約及び償還に係る手続を行わなければならない。

5　発行者

・機構は、機構での振替投資信託受益権の取扱いに際し、振替投資信託受益権の発行者の同意を事前に得る（社債等振替法13条1項）。
・当初は委託者指図型投資信託を取扱対象とするため、発行者は投資信託委託会社を指す。

6　受託会社

・発行者と信託契約を締結した信託会社等を受託会社という。
・機構は、振替投資信託受益権の受託会社から申出があったときは、業務規程の定めるところにより、受託会社としての登録を行う。
・受託会社は、振替投資信託受益権について信託が設定された場合には、当該発行者のために、信託設定済みの通知（以下「信託設定済通知」という）を機構に対して行わなければならない。

7　資金決済会社

・資金決済会社は、加入者または発行者のために、振替投資信託受益権の設定、解約及び償還に伴う資金決済を行う金融機関等をいう。
・加入者のための資金決済会社は、当該加入者（顧客）に係る指定販売会社または指定販売会社が指定する金融機関が想定される。
・発行者のための資金決済会社は、通常、受託銀行である。

8　日銀ネット資金決済会社

・機構は、資金決済会社のうち、日本銀行の当座勘定取引先であり、かつ日本銀行金融ネットワークシステム（以下「日銀ネット」という）のオンライン取引先である金融機関等からの申出があったときは、業務規程の定めるところにより、日銀ネット資金決済会社としての登録を行う。日銀ネット資金決済会社は、加入者または発行者のために、振替投資信託受益権の設定及び解約においてDVP（Delivery Versus Payment）決済（証券の引渡しと代金の支払を相互に条件づけた決済）の指定がある場合の資金決済を、日銀ネットを利用して行う。

第3節　投資信託振替制度の仕組み

投資信託振替制度における日々の設定・解約等、主要な業務についての説明を行う。

1　銘柄情報登録

発行者は、新規設定を行う投資信託の銘柄情報について、当初設定日より前（公募投信は募集開始日の前々営業日、私募投信は当初設定日の前々営業日）までに、統合ウェブ端末により、機構に対して「銘柄情報登録」を行う。機構は、申請を受け付けた旨を「銘柄情報登録受付通知」として発行者に対して通知し、登録申請された銘柄について、証券コード協議会から付番されたISINコードを付して、「銘柄情報登録通知」を発行者、受託会社に通知する。

なお、「銘柄情報登録通知」は、公募銘柄の場合は機構加入者にも通知されるが、私募銘柄の場合には機構加入者には通知されないため、発行者は、ISINコード等、当該銘柄に係る業務処理に必要な情報を指定販売会社に対して通知する必要がある。

2　新規記録（設定）・非DVP

　発行者は、指定販売会社からの設定連絡に基づき、機構に対して「新規記録申請」を通知する。機構は発行口へ記録を行った旨を「発行口記録情報通知」として発行者に対して通知する。

　指定販売会社から受託会社へ設定代金の払込みが行われ、発行者の指図に基づき受託会社で信託設定が行われると、受託会社は機構へ「信託設定済通知」を通知する。当該通知を受けた後、機構は新規記録を行い、発行者に対して「新規記録済通知」を通知する。

3　新規記録（設定）・DVP

　発行者は、指定販売会社からの設定連絡に基づき、機構に対して「新規記録申請」を通知し、機構は申請を受け付けた旨を「新規記録申請受付通知」として発行者に対して通知する。直接口座管理機関から「照合通知（承認・新規記録）」を受けた機構は、発行口に記録し、発行者に対して「発行口記録情報通知・決済番号通知」を通知する。

　指定販売会社の指示に基づき、日銀ネット資金決済会社を通じ日銀ネットで設定代金の払込みに係る決済が行われると、機構は新規記録を行い、発行者に対して「新規記録済通知」を通知する。

4　抹消（解約）・非DVP

　発行者は、指定販売会社からの解約連絡に基づき、機構に対して「解約時抹消予定申請」を通知し、機構は申請を受け付けた旨を「解約口記録予定通知」として発行者に対して通知する。決済日当日、機構は解約口に記録し「解約口記録情報通知」を発行者に対して通知する。

　発行者からの指図に基づき受託会社から指定販売会社へ解約代金が払い込まれると、口座管理機関は直接機構へ「資金振替済通知（解約時抹消申請）」を通知する。当該通知を受けた後、機構は抹消記録を行い、発行者に対して「抹消済通知」を通知する。

5　抹消（解約）・DVP

　発行者は、指定販売会社からの解約連絡に基づき、機構に対して「解約時抹消予定申請」を通知する。機構は申請を受け付けた旨を「解約時抹消予定申請受付通知」として発行者に対して通知し、発行者はその内容を確認する。

　機構は、直接口座管理機関からの「照合通知（承認・解約）」を受けた後、「解約口記録予定通知」を発行者に対して通知し、決済日当日には解約口への記録後に「解約口記録情報・決済番号通知」を発行者に対して通知する。

　日銀ネットで解約代金に係る払込みが行われると、機構は抹消記録を行い、発行者に対して「抹消済通知」を通知する。

6　抹消（償還）・非DVP

　償還日の翌営業日に、機構から「償還口記録情報通知」が発行者に対して通知される。

　発行者からの指図に基づき受託会社から指定販売会社へ償還代金が払い込まれると、口座管理機関は直接機構へ「資金振替済通知（償還時抹消申請）」を通知する。当該通知を受けた後、機構は抹消記録を行い、「抹消済通知」を発行者に対して通知する。

第3章

ファンド監査

第1節　ファンド監査の法務

［法改正の概要］

　日本版金融ビッグバンに向けて1998年6月15日に公布された「金融システム改革のための関係法律の整備等に関する法律」により、「投資者以外の者が投資者の資金を主として有価証券に対する投資として集合して運用し、その成果を投資者に分配する仕組みとしての証券投資信託及び証券投資法人の各制度を確立し、投資者の保護を図ることにより、投資者による証券投資を容易にすることを目的」として、証券取引法（以下「証取法」）及び証券投資信託法が改正され、証券投資信託法は「証券投資信託及び証券投資法人に関する法律」に改められた。

　投資信託は、従来、証取法3条（企業内容等の開示規定不適用の有価証券）により例外的に同法による企業内容等の開示は必要とされていなかったが、同法の改正により同条の対象となる有価証券から除外されたため、本則に戻り企業内容等の開示及び財務諸表監査が必要となった。

　証券投資信託及び証券投資法人の財務諸表及び計算書類（以下、両者を総称して「財務諸表等」という）の監査制度は、証取法と証券投資信託法の改正により1998年12月1日から導入された。証券投資信託法は2000年5月に信託会社等による委託者非指図型投資信託の導入や投資対象を不動産等にまで拡

大するなどの改正が行われ、同年11月30日より「投資信託及び投資法人に関する法律」が施行された。

その後2005年7月26日に公布された会社法への対応のため、同日付で「投資信託及び投資法人に関する法律」が、2006年4月19日付で投信法施行令が改正された。この投信法等の改正にあわせて、2006年4月20日には、「投資信託財産の貸借対照表、損益及び剰余金計算書、附属明細表並びに運用報告書に関する規則」の一部が改正され「投資信託財産の計算に関する規則」（以下「投資信託財産計算規則」という）に規則名が改められるとともに、「投資法人の貸借対照表、損益計算書、資産運用報告書、金銭の分配に係る計算書及び附属明細書に関する規則」の全部が改正され「投資法人の計算に関する規則」（以下「投資法人計算規則」という）に規則名が改められた。

また、会社法及び関係省令への対応や企業会計基準委員会から新たな会計基準等が公表されたことを受けて、2006年4月25日付及び26日付で「財務諸表等の用語、様式及び作成方法に関する規則」（以下「財務諸表等規則」という）及び「中間財務諸表等の用語、様式及び作成方法に関する規則」（以下「中間財務諸表等規則」という）が改正されている。

第2節　ファンド監査の実務

ファンドの財務諸表等の監査に際して、ファンドの監査人が監査上留意すべき事項を実務指針として明らかにすることを目的として取りまとめられたものが、日本公認会計士協会による業種別委員会実務指針第14号「投資信託及び投資法人における監査上の取扱い」（最終改正2016年2月29日）であり、以下はその抜粋である。

《Ⅱ　財務報告の枠組みと監査契約の受嘱》
《1．投資信託及び投資法人における財務報告の枠組み》
《(1) 投資信託財産の財務諸表》
《① 投資信託財産の財務諸表》

12. 公募投資信託の場合、投資信託委託会社又は信託会社等が提出する投資信託財産に係る財務諸表（すなわち、貸借対照表、損益及び剰余金計算書、注記表並びに附属明細表）の用語、様式及び作成方法は、原則として、財務諸表等の用語、様式及び作成方法に関する規則（以下「財務諸表等規則」という。）並びに一般に公正妥当と認められる企業会計の基準に従うものとされているが、財務諸表等規則第2条の2の規定により、それらの記載方法等については、投資信託財産計算規則の定めによるものとされている。同様に、投資信託財産の中間財務諸表の作成方法についても原則として、中間財務諸表等の用語、様式及び作成方法に関する規則（以下「中間財務諸表等規則」という。）並びに一般に公正妥当と認められる企業会計の基準に従うものとされているが、中間財務諸表等規則第38条の3及び第57条の2の規定により、それらの記載方法等については、投資信託財産計算規則の定めによることができるものとされている。

　　　私募投資信託の財務諸表については、法令等で明示的な定めはないが、公募投資信託に準じて上述の規則の定めに従って作成されることが多い。

《② 公募投資信託における財務報告の枠組み》

13. 公募投資信託の財務諸表及び中間財務諸表は、金融商品取引法に基づき作成されることから、広範囲の利用者に共通する財務情報に対するニーズを満たすように策定された一般に公正妥当と認められる企業会計の基準等に基づいて作成されるため、当該枠組みは一般目的の財務報告の枠組みであり、適正表示の枠組みである。

　　　また、公募投資信託の財務諸表及び中間財務諸表に対しては、法令に基づく監査及び中間監査が行われる。

14. 信託約款の定めに従って満期償還や繰上償還が行われる際も財務諸表が作成されることがある。償還期においても継続企業の前提の下での会計処理が適用可能と考えられるため（第88項）、財務諸表等規則及び一般に公正妥当と認められる企業会計基準等に準拠して作成される償還期の財務諸表の財務報告の枠組みも、一般目的の財務報告の枠組みであり、適正表示の枠組みである。

　　　ただし、償還される旨が適切に注記されているか留意するとともに、監査基準委員会報告書706「独立監査人の監査報告書における強調事項区分とその他の事項区分」第5項における利用者が財務諸表を理解する基礎として重要であるため、強調して利用者の注意を喚起する必要があるか検討することになる。

　　　また、償還期の財務諸表に対する監査は、法令において監査証明を求められていないことから、任意の監査証明となる点に留意する。

《③ 私募投資信託における財務報告の枠組み》

15. 私募投資信託の財務諸表及び中間財務諸表が、公募投資信託に準じて、財

務諸表等規則（中間財務諸表の場合は中間財務諸表等規則）及び投資信託財産計算規則並びに一般に公正妥当と認められる企業会計の基準等に準拠して作成されている場合の財務報告の枠組みは、償還期の財務諸表も含めて、一般目的の財務報告の枠組みであり、適正表示の枠組みである。

16. 私募投資信託において、複数の計算期間を合算して財務諸表を作成される場合がある。財務諸表の作成対象となる期間は、上述の財務報告の枠組みの分類に影響を及ぼすものではないと考えられる。

17. 私募投資信託において、特定の利用者のニーズを満たすべく特別の利用目的に適合した会計の基準に準拠して財務諸表が作成されることがある。この場合には、特別目的かつ準拠性の枠組みとなる。
    具体的には、以下のようなケースが考えられる。
    ・ 財務諸表の注記の一部や附属明細表を省略する。
    ・ 比較情報を省略する。

18. 私募投資信託の財務諸表に対する監査は、法令において監査証明を求められていないことから、任意監査となる。

《④ 特別目的の財務諸表に対する監査上の留意点》

19. 特別目的の財務報告の枠組みの財務諸表に対する監査の契約を締結する場合には、当該財務報告の枠組みが受入可能なものかどうか判断する（監基報210第4項(1)、A4項からA7項及び監基報800第7項）。
    また、第17項に例示された開示の省略については、財務諸表等規則等で開示が要請されている趣旨を鑑みて、財務報告の枠組みの受入可能性について慎重な判断を行うことが重要である。

20. 財務報告の枠組みが受入可能と判断した場合、監査契約書に財務諸表の作成において適用される財務報告の枠組みを記載し、財務諸表の注記にもその旨が記載されることに留意する（監基報210第8項及び監基報800第11項）。
    また、監査報告書においても、適用される財務報告の枠組みについて財務諸表の注記への参照及び経営者の責任について一定の記載を行い、財務諸表が特別目的の財務報告の枠組みに準拠して作成されていることについての注意喚起の記載を行うことが求められる。さらに、注意喚起に加えて、監査報告書の配布又は利用の制限についても検討し、配布又は利用制限を付すことが適切であると判断する場合にはその旨を記載することが求められている（監基報800第12項から第14項）。

《(2) 投資法人の財務諸表》

《① 投資法人の財務諸表》

21. 投資法人の執行役員が作成する投資法人に係る財務諸表（すなわち、貸借対照表、損益計算書、投資主資本等変動計算書、金銭の分配に係る計算書、キャッシュ・フロー計算書、注記表及び附属明細表）の用語、様式及び作成方法は、原則として、財務諸表等規則又は一般に公正妥当と認められる企業

会計の基準に従うものとされているが、財務諸表等規則第2条の規定により、それらの記載方法等については、投信法「第三編 投資法人制度 第一章 投資法人 第七節 計算等」の定め（以下「計算規定」という。）及び投資法人計算規則の定めによるものとされている。同様に、投資法人の中間財務諸表の作成方法についても原則として、中間財務諸表等規則又は一般に公正妥当と認められる企業会計の基準に従うものとされているが、中間財務諸表等規則第38条及び第57条の規定により、それらの記載方法等については、投資法人計算規則の定めによることができるものとされている。

《② 投資法人の金融商品取引法監査における財務報告の枠組み》

22. 金融商品取引法に基づく財務諸表及び中間財務諸表は、広範囲の利用者に共通する財務情報に対するニーズを満たすように策定された一般に公正妥当と認められる企業会計の基準等に基づいて作成されるため、当該枠組みは一般目的の財務報告の枠組みであり、適正表示の枠組みである。

《(3) 投信法に基づく投資法人の計算書類等》
《① 投信法に基づく投資法人の計算書類等》

23. 投資法人の執行役員が作成する投資法人に係る計算書類等（すなわち、貸借対照表、損益計算書、投資主資本等変動計算書及び注記表、資産運用報告及び金銭の分配に係る計算書並びにこれらの附属明細書）については、原則として、投信法の計算規定によるものとされるが、その記載方法等については、投資法人計算規則の定めによるものとされ、投資法人計算規則の用語の解釈及び規定の適用に関しては、一般に公正妥当と認められる企業会計の基準その他の企業会計の慣行をしん酌しなければならないとされている（投資法人計算規則第3条）。

《② 投資法人の投信法監査における財務報告の枠組み》

24. 投信法に基づいて作成する計算書類は、広範囲の利用者に共通する財務情報に対するニーズを満たすように策定された一般に公正妥当と認められる企業会計の基準等に基づいて作成されるため、当該枠組みは一般目的の財務報告の枠組みであり、適正表示の枠組みである。

《2．監査契約の締結》

25. 監査契約の締結に当たっては、監基報220に従うこととするが、投資信託又は投資法人（以下「ファンド」という。）の監査の性質に鑑みて以下の点について留意する。
　(1) 経営者等の誠実性や専門性及び監査対象となるファンドのスキームの複雑さを踏まえた十分かつ適切な監査証拠の入手の可否
　(2) ファンド・オブ・ファンズでは、投資信託委託会社とは別の運用会社が組入ファンドの運用指図を行うことや組入ファンドが海外籍である等、本実務指針の第64項から第80項までの記載事項

《Ⅲ 監査上の留意事項》
《1．ファンドの運営・管理》
26．ファンドの運営・管理には、投資証券・受益証券（投資口及び投資法人債を含む。）の販売・解約・償還、資産の運用・管理・保管、記録の保持・報告及び利益の分配等がある。通常、これらの業務はファンドの種類に応じ以下の者によって遂行される。
　⑴　委託者指図型投資信託…投資信託委託会社、投資運用業者、受託業者（信託会社等）、保管業者、販売業者等
　⑵　委託者非指図型投資信託…信託会社等、保管業者、販売業者等
　⑶　投資法人…執行役員、資産運用会社（運用受託）、一般事務受託者、資産保管会社（信託銀行等）、信託受益権を発行している信託銀行等、不動産管理会社、販売業者等
27．一般的に、これらの業務全般の運営管理責任は、「⑴　委託者指図型投資信託」及び「⑵　委託者非指図型投資信託」（以下、両者を総称して「投資信託」という。）の受益者又は投資法人の投資主（以下、両者を総称して「投資者」という。）に対する適正な報告を行う責任者、すなわち、投資信託においては信託の設定者たる投資信託委託会社（委託者指図型投資信託）又は信託会社等（委託者非指図型投資信託）の経営者、投資法人においては当該法人の執行役員（以下、両者を総称して「経営者」という。）が負う。したがって、経営者確認書は、当該経営者から入手することになる。
　また、ファンドに係る内部統制は、ファンドの業務を遂行する前述の者における内部統制から構成されている。

《2．リスク・アプローチ》
《⑴　リスク評価手続》
28．リスク評価手続は、監基報315に従って行うが、ファンドの特殊性に鑑み、例えば、次の状況に留意する。
　⑴　投資信託は投資信託委託会社等が資産管理を信託会社等に委託しているほか、資産運用等一部の業務についても外部委託している場合が多く、業務の外部依存度が高い。また、投資法人は使用人を雇用することはできないため、執行役員は資産運用会社、一般事務受託者、資産保管会社、不動産管理会社に資産運用・管理、一般事務、資産保管業務を委託している。したがって、ファンドの監査人が委託業務に係る統制リスクの評価を行うに当たっては、監基報402等に従って行う。
　⑵　ファンドに関わる経済状況や市場環境等の外部環境は、特に短期間に著しい変化を生じる場合があり、ファンドの運用が、あらかじめ定められた投資目的及び方針に準拠して行われていない可能性がある。
　⑶　ファンドの事業活動は、法令等により様々な規制を受けており、さら

に、個々のファンドは、それぞれの信託約款又は規約において個別に詳細な制限事項を規定している。法令違反や制限事項の違反は事業活動に重大な影響を及ぼす危険性が高い。
(4) オープン・エンド型の投資信託の設定・解約等の取引は通常日々公表されている基準価額に基づいて行われる。したがって、もし誤った基準価額が算定・公表された場合は投資信託の資産・損益に影響を与えるのみならず多数の投資者に対しても影響を与える可能性がある。
(5) 投資信託委託会社等は、通常、一つの投資信託又は投資法人だけを設定、運用、管理するのではなく、投資者のニーズに合わせて多種多様な投資信託又は投資法人を同時並行して設定、運用、管理している。したがって、複数のファンドに共通の内部統制とは別に、個々のファンドに特有の内部統制が構築されている可能性がある。

《(2) 統治責任者とのコミュニケーション》

29. 監基報260では、監査人は、統治責任者とのコミュニケーションを行うことが求められている。契約型投資信託において統治責任者とは、契約型投資信託の戦略的方向性と説明責任を果たしているかどうかを監視する責任を有する者又は組織をいう。これにはプロセスの監視が含まれる。監査人は状況に応じて適切な統治責任者を判断し、コミュニケーションを行うことが重要である。

《(3) 情報システムに関するリスク評価手続》

30. 通常、ファンド、特に投資信託の業務は、情報システムを利用して遂行されている場合が多く、リスク評価手続を実施するに当たっては、「企業の内部統制には、手作業によるものがあるが、自動化されたものも多い。手作業による又は自動化された内部統制の特徴が監査人のリスク評価やリスク対応手続に影響を及ぼすこととなる」(監基報315) ことに留意する。ファンドの業務で利用される情報システムとしては、例えば、以下のようなものが考えられる。
(1) 株式・債券発注システム (信託財産を構成する有価証券の買付・売付等に関する業務)
(2) 基準価額算定システム (基準価額算出、受託銀行等との残高・基準価額の照合に関する業務)
(3) 販売管理システム (設定・解約等に関する業務)
(4) 運用監視システム (組入制限等約款遵守状況の監視に関する業務)

31. 不動産等の業務で利用される情報システムとしては、例えば、以下のようなものが考えられる。
(1) 契約管理システム (テナントとの貸室条件や新規、解約等の異動処理に関する管理業務)
(2) 請求管理システム (テナントとの賃料、共益費及び敷金に関する管理業

務）
32. これらの情報システムの業務処理統制における依存度が高い場合、アサーション・レベルの重要な虚偽表示リスクの評価は、IT委員会実務指針第6号「ITを利用した情報システムに関する重要な虚偽表示リスクの識別と評価及び評価したリスクに対応する監査人の手続について」等に従って行う。

なお、ファンド業務で利用されている情報システムの管理、運用を外部に委託しているファンドについては、監基報402等に従って当該外部委託先の情報システムに関しても重要な虚偽表示リスクを識別し評価した上で、識別したリスクに対応するリスク対応手続を立案し実施することが求められる。

《(4) 特別な検討を必要とするリスク》

33. 監査人は、「リスク評価の過程で、監査人の判断により、識別した重要な虚偽表示リスクが特別な検討を必要とするリスクであるかどうかを決定しなければならない」(監基報315)が、ファンド監査においては、例えば、判断に依存している以下のアサーションについての検討が重要である。
(1) 証券投資信託に組み入れられた有価証券のうち、売買停止状態が長期間継続している有価証券の評価
(2) 証券投資法人が保有する時価を把握することが極めて困難と認められる有価証券の評価
(3) 不動産投資法人が保有する固定資産の評価

《3．リスク対応手続》
【個別項目に対するリスク対応手続】
《(1) 時価を把握することが極めて困難と認められる有価証券以外の有価証券の監査》
《① 監査目的》
34. 時価を把握することが極めて困難と認められる有価証券以外の有価証券の監査の主要な目的は、次の事項を確かめることにある。
(1) 保有有価証券は信託会社等や資産保管会社の責任のもとに保管されていること。
(2) 信託会社等における保管有価証券の明細及び数量は、ファンドの記録と合致していること。
(3) 有価証券取引は、所定の権限を有する者によって承認され、適切な金額・勘定をもって適切な会計期間に記録されていること。
(4) 有価証券は適切に評価され、付随費用は適切に記録されていること。
(5) 受取利息・配当金及び売買損益は適切に会計処理されていること。
(6) 有価証券には先取特権、質権、その他権利行使に際しての制限的事項がないこと。もし、それらがある場合には適切に把握され、情報が開示されていること。

《② リスク対応手続》
35. 監査リスクを許容可能な低い水準に抑えるために、重要な虚偽表示リスクに対応してリスク対応手続を立案し実施する。有価証券取引や投資収益のリスク対応手続は原則として試査によって行われるが、その範囲は上記の重要な虚偽表示リスクの水準に応じ立案し実施する。

なお、第36項以下では、重要な監査手続に関して留意する事項を例示している。

（有価証券の実在性の検証手続）
36. ファンドの監査人は、通常、信託会社等に対して期末日現在においてファンドが保有する全ての有価証券残高の確認を行う。

なお、確認手続の対象には、次の取引の残高等を含める。
① 発行日取引
② 現先取引
③ 通貨、金利及び証券先物取引
④ 先渡取引及びスワップ取引
⑤ 信用売証券及び債券空売証券取引
⑥ 借入又は貸付有価証券
⑦ プット又はコールオプション取引
⑧ その他のデリバティブ取引
⑨ 担保取引、差入証拠金代用有価証券又は差入保証金代用有価証券

外国証券の実在性の検証に当たっては、信託会社等が外国の信託会社等と再委託契約を締結する場合が多い。したがって、ファンドの監査人は当該証券のファンドにおける重要性に応じて、再委託契約書の査閲又は再委託先に対する直接確認等の手続を追加的に実施する。

（有価証券の評価の検証手続）
37. 有価証券の評価の検証手続に関しては、次の事項に留意する。
（1） 期末日における時価の検証

運用資産の評価は基準価額に重要な影響を与え、かつ、固有リスクが高いため、ファンドの監査人は、通常、期末日にファンドが保有する全ての有価証券について、時価の妥当性に関する検証を行う。
（2） 市場価格が容易に入手できない有価証券

ファンドの保有する有価証券の市場価格について、信頼できる外部情報を容易に入手できない場合、経営者は、有価証券の合理的に算定された価額を見積もる必要がある。この場合の合理的に算定された価額に関しては、金融商品会計基準及び会計制度委員会報告第14号「金融商品会計に関する実務指針」（以下「金融商品会計実務指針」という。）に準拠しているかどうかを検討する。
（3） 外国証券の時価の検証

ア．期末に保有されている外国証券の外貨による時価情報の入手源泉、時価の決定方法及び貸借対照表価額の妥当性を検討する。外国証券の評価に当たっては、時価情報を適時に入手することが困難な場合があり、また入手情報の信頼性の程度を判断することにつき困難を伴う可能性が高い。したがって、ファンドの監査人は、投資信託委託会社が、時価情報の入手経路も含めて、外国証券の評価に関する手続が適切に確立されているかどうかを検討する。

イ．外貨建外国証券の評価に当たって適用された為替相場の妥当性を検討する。

38. 有価証券取引の検証手続について、有価証券の取得時においては承認の有無、記録の適時性及び正確性並びに受渡しまでの期間及び取得価格の合理性、売却時についてはこれらに加えて売却損益の妥当性が検証の中心となるが、ファンド固有の留意点としては以下の事項がある。

① 株式分割、新株予約権の付与、増資、清算配当等による有価証券残高の修正処理が適切に行われていることを確かめる。

なお、外国株式の非現金配当については適時な情報の入手が国内株式と比較して困難である場合があるため、外国株式の非現金配当の入手に関する統制リスクの評価結果に応じて検証範囲を決定する。

② ファンドの運用が、あらかじめ定められた投資目的及び方針に準拠して行われていることについて、投資信託委託会社が採用している手続を確かめ、その有効性を検証する。

39. 投資収益（受取利息及び配当金）の検証手続について、ファンドの監査人は、投資収益（受取利息及び配当金）の検証のため、実施可能な監査手続を選択する。実施可能な監査手続には、対象期間中の投資収益のサンプルの検証、分析的手続の適用及びこれらの組合せが考えられる。

ファンド固有の留意点としては以下の事項がある。

① 外国からの受取利息及び配当金については、送金制限等法制上の理由から発生ベースでの計上の可否の判断に困難を来すことが考えられるので、未収利息や未収配当金の計上についての内部統制手続が適切か否かを検討するとともに、その回収可能性を検討する。

② 受取配当に関する税務処理の妥当性を検証する。なお、外国証券に対する投資に関する受取利息及び配当金には、外国において源泉税その他の税金が課されていることがある。このような場合、外国源泉所得税の会計処理の妥当性を検討し、また、還付税未収金を計上している場合には、その回収可能性を検討する。

40. 利害関係人との有価証券取引について、ファンドの監査人は、ファンドとその利害関係人との取引に留意する。

投信法、投資信託財産計算規則及び投資法人計算規則はファンドについて

投資信託委託会社等の利害関係人等との取引について詳細な開示を求めている。また、金融商品取引法は、ファンドについて利害関係人との取引制限がある場合、有価証券報告書等においてその旨の開示を求めている。

このような利害関係人の存在を確かめるため、ファンドの監査人は監査の実施過程において利害関係人との取引の有無に留意するとともに、経営者に質問を行い、必要に応じて経営者確認書の中に利害関係の有無を記載する。また、ファンドの監査人は以下の項目を記載した投資信託委託会社等の経営者確認書を入手する。

「ファンドと当社との間には、貴監査法人に開示した事項以外に関係がないことを、次のとおり確認いたします。

ア．直接又は間接的に利害関係人のいかなる有価証券も所有しておりません。

イ．利害関係人との取引に係る損益の計上、利害関係人への出資・貸付又は利害関係人からの借入は行っておりません。

ウ．利害関係人への不正支出、利益供与又は損失補填は行っておりません。

エ．利害関係人からの不正支出、利益供与又は損失補填は受けておりません。

オ．その他利害関係人との間において違法な取引は行っておりません。」

利害関係人との関係で上記に該当する事項がある場合には、ファンドの監査人は、適法性等に関する意見書等を法律顧問から直接に又は経営者を経由して入手する。

ファンドに証券引受業者、投資運用業者のような利害関係人がいる場合には、投信法、投資信託財産計算規則及び投資法人計算規則により、受益証券の販売手数料や売買取引の委託手数料などファンドへのサービスに関連して当該利害関係人に支払った金額を開示することが求められているために、取引に係る確認状、基礎資料の査閲等を行うことが必要となる場合がある。

《(2) 時価を把握することが極めて困難と認められる有価証券の監査》
《① 監査目的》

41．時価を把握することが極めて困難と認められる有価証券の監査の主要な目的は、次の事項を確かめることにある。

(1) ファンドが直に保有する有価証券（以下「直接保有有価証券」という。）は適切に評価され、付随費用は適切に記録されていること。

(2) ファンドが投資事業有限責任組合等（以下「組合等」という。）を通じて間接的に保有する有価証券（以下「間接保有有価証券」という。）は適切に評価され、付随費用は適切に記録されていること、すなわち、金融商品会計実務指針第308項で述べられているとおり、組合等への出資については多様な実情があることから、資金運用を目的とした出資以外の出資については、契約内容の実態及び経営者の意図を考慮して、経済実態を適切

に反映する会計処理及び表示が選択されていること。
《②　リスク対応手続》
42.　監査リスクを許容可能な低い水準に抑えるために、重要な虚偽表示リスクに対応してリスク対応手続を立案し実施する。

　　有価証券取引や投資収益のリスク対応手続は原則として試査によって行われるが、その範囲は上記の重要な虚偽表示リスクの水準に応じ立案し実施する。

　　なお、重要な監査手続に関して留意する事項は以下のとおりであり、実在性等の他の検証手続は時価を把握することが極めて困難と認められる有価証券以外の有価証券の監査手続に準ずる。
(1)　有価証券取引の検証手続

　　　有価証券の取得に際しては議事録、売買契約書等を査閲し、保有目的を含む投資の意思決定が正規の手続を経て行われ、かつその購入価額が適正な承認を経て決定されていることを確かめる。
(2)　有価証券の評価の検証手続
　①　期末日における直接保有有価証券の評価の検証

　　　運用資産の評価は基準価額に重要な影響を与え、かつ、固有リスクが高いため、ファンドの監査人は、期末日にファンドにより保有する全ての有価証券について、評価の妥当性に関する検証を行う。特に、その評価を据え置く場合には、当該投資先の経営環境に関し、ファンドにより投資の意思決定がなされた時点とその環境の状態において著しい変化のないことを確かめる。
　②　期末日における間接保有有価証券の評価の検証

　　　間接保有有価証券の場合、組合等の監査人がファンドの監査人と同一の場合は、業種別委員会実務指針第38号「投資事業有限責任組合における会計上及び監査上の取扱い」に準じ、監査人が相違する場合は、監査基準委員会報告書600「グループ監査」に準じた監査を行う。なお、組合等が監査を受けていない場合は、ファンドの監査人は当該間接保有有価証券に対し、直接保有有価証券の評価の検証に準じた監査を行うことに留意する。
43.　削　除
《(3)　デリバティブ取引の監査》
44.　デリバティブ取引の監査手続は《(1) 時価を把握することが極めて困難と認められる有価証券以外の有価証券の監査》に準ずるが、具体的には銀行等監査特別委員会報告第3号「銀行等金融機関のデリバティブ取引の監査手続に関する実務指針」に従って実施する。
《(4)　不動産等の監査》
《①　不動産等の範囲》

45. ここで不動産等とは、ファンドの投資対象としての下記の資産をいう。
   (1) 不動産
   (2) 不動産の賃借権
   (3) 地上権
   (4) 不動産、土地の賃借権又は地上権を信託する信託の受益権
   (5) 不動産、不動産の賃借権又は地上権に対する投資として運用することを目的とする金銭の信託の受益権
   (6) 当事者の一方が相手方の行う(1)から(5)までに掲げる資産の運用のために出資を行い、相手方がその出資された財産を主として当該資産に対する投資として運用し、当該運用から生じる利益の分配を行うことを約する契約に係る出資の持分
   (7) 信託財産を主として(1)から(4)までに掲げる資産の運用のための匿名組合出資持分に対する投資として運用することを目的とする金銭の信託の受益権
   (8) 信託財産を主として(1)から(4)までに掲げる資産の運用のための投資事業有限責任組合出資持分に対する投資として運用することを目的とする金銭の信託の受益権

《② 監査目的》
46. 不動産等の監査の主要な目的は、次の事項を確かめることにある。
   (1) 不動産等は実在し、信託会社等の責任のもとに管理・保管されていること。
   (2) 信託会社等における不動産等の明細等は、ファンドの記録と合致していること。
   (3) 不動産等取引は、所定の権限を有する者によって承認され、適切な金額・勘定及び会計期間に記録されていること。
   (4) 不動産等は適切に評価され、会計処理されていること。
   (5) 投資収益・投資費用、処分損益等は適切に会計処理されていること。
   (6) 不動産等に抵当権等が設定されている等、権利行使に際しての制限事項がある場合にはそれらが適切に把握され、情報が開示されていること。

《③ 不動産等の取引におけるリスクの評価手続と対応手続》
47. 不動産等の監査におけるリスク評価手続の中で、特に重要な業務上のプロセスは次のとおりであり、アサーション・レベルの重要な虚偽表示リスクを評価するために留意する。
   (1) 不動産等投資の選定、承認、決定に関する業務
   (2) 不動産等の取得及び売却契約並びに現金の授受に関する業務
   (3) 不動産等の取得や売却等に係る時価の算定及び手続に関する業務
   (4) 不動産の資産保全に関する業務
   (5) 不動産の維持・修繕・改良に関わる業務

⑹　テナントの募集、信用調査、決定に関する業務
⑺　テナントとの契約締結、更新に関する業務
⑻　テナントへの賃料の請求、入金、未収金管理に関する業務
⑼　業務委託先からの請求、支払の管理に関する業務
⑽　資金調達に係る担保提供に関する業務

　なお、不動産等の保全・管理・運営に関し資産保管会社、資産運用会社、不動産管理会社、一般事務受託者に業務を委託している場合には、監基報402等に従って行う。

　また、不動産等の監査におけるリスク対応手続において、不動産の取得及び売却取引は取引ごとの個性が強く、固有リスクが高いため、通常、全ての重要な取引について実証手続による検証を行う。

《④　リスク対応手続》
48.　監査リスクを許容可能な低い水準に抑えるために、重要な虚偽表示リスクに対応してリスク対応手続を立案し実施する。

　投資収益・費用のリスク対応手続は原則として試査によって行われるが、その範囲は上記の重要な虚偽表示リスクの水準に応じ立案し実施する。

　監査手続において留意すべき重要な事項は次のとおりである。

⑴　不動産等の実在性の検証手続
　　不動産等の実在性を検証するための主要な手続は、次のとおりである。
　①　原則として、不動産等を取得した場合は、権利証、信託受益権証書、登記簿謄本等の閲覧を行う。
　②　必要に応じて、不動産等の視察、実査又は確認により実在性を検証する。

⑵　不動産等の取引の検証手続
　　不動産等の取引の主要な検証手続は、次のとおりである。
　①　不動産等の購入については所定の承認を得ていることを確かめるとともに、売買契約書、鑑定評価書、登記簿謄本等により取引の正当性、取引価格及び資産計上時期の妥当性を検証する。
　②　新規取得資産の取得諸経費として取得価額に算入されている付随費用については、資産計上の妥当性及びその処理の妥当性を確かめる。
　③　不動産の取得価額については、建物と土地への区分計上が合理的に行われているかを検討する。特に、取得価額と鑑定評価書の積算価格に大きな乖離がある場合は、その原因を調査し、当該乖離額の建物と土地への配分方法の妥当性を検討する。
　④　取得資産の耐用年数が経済的使用可能予測期間に見合ったものであるかをエンジニアリングレポート等により検討する。また、残存価格の算定方法の妥当性を検証する。なお、税法耐用年数等に基づく残存耐用年数が経済的使用可能予測期間に著しい相違がある等の不合理と認められ

る事情のない限り、当該残存耐用年数を経済的使用可能予測期間とみなすことができる。
　　⑤　資本的支出と修繕費の区分の判断や修繕費の計上時期の判断に当たっては、会計上の処理と税務上の処理が乖離する可能性があるので、その処理基準を把握し、その処理の継続性及び妥当性を確かめる。
　　⑥　不動産等の売却については所定の承認を得ていることを確かめるとともに、売買契約書、鑑定評価書等により取引価格の妥当性を検証する。
(3)　資産除去債務の検証手続
　　資産除去債務の計上の要否について、エンジニアリングレポートや関連する契約書を閲覧し、企業会計基準第18号「資産除去債務に関する会計基準」及び企業会計基準適用指針第21号「資産除去債務に関する会計基準の適用指針」に従って適切に処理されていることを検討する。
(4)　投資収益の検証手続
　　保有する不動産等の主たる収入等はテナントからの賃料収入等であるが、これらの業務処理は一般的に外部に委託しているため、新規契約や貸室条件の異動等がある場合には、業務処理の遅延等によりテナントへの賃料等の請求漏れ等の可能性に留意する。投資収益の検証に当たっては賃料の請求、入金管理を行っている資産運用会社等からの請求一覧表を賃料台帳、会計帳簿等と照合し、収益計上額の妥当性を検証する。
(5)　投資費用の検証手続
　　不動産等に係る主な投資費用は、信託銀行、資産運用会社、保守管理会社等への業務委託費用、不動産等に関して課せられる固定資産税等の公租公課、損害保険料、水道光熱費、修繕費等の諸経費であるが、これらの業務処理は一般的に外部に委託しているため、請求書や工事完了報告書等の遅延等によっては期間帰属の妥当性が保たれない可能性があることに留意する。投資費用の検証に当たっては、関係記録及び見積書、契約書、請求書、賦課決定通知書等の証拠資料と突合し、計上金額及び期間帰属の妥当性の検証を行う。
(6)　不動産等の評価の検証手続
　　ファンドの監査人は、ファンドに含まれる販売用不動産等については監査・保証実務委員会報告第69号「販売用不動産等の評価に関する監査上の取扱い」及び適用されている場合には企業会計基準第9号「棚卸資産の評価に関する会計基準」に従い、また、固定資産については「固定資産の減損に係る会計基準」及び企業会計基準適用指針第6号「固定資産の減損に係る会計基準の適用指針」に従って適切に処理されていることを検討する。
(7)　不動産等を組入資産とする組合等への出資の検証手続
　　不動産等を組入資産とする組合等への出資については、出資内容、出資

割合、組入資産の時価や特性、優先劣後等の権利関係等を踏まえてリスクを評価し、その結果及び金額の重要性に応じて、(1)から(6)までの手続を実施する。

なお、組合等への出資が、金融商品会計実務指針第308項に従って経済実態を適切に反映する会計処理及び表示が行われているか検討し、持分相当額を純額で取り込む方法が妥当でない場合があることに留意する。

《⑤　その他の留意事項》

49．削　除

《ア．利害関係人との不動産等取引》

50．不動産投資信託や投資法人では投信法で定める利害関係人等と不動産等に関する取引を行う可能性がある。ファンドの監査人は、ファンドとその利害関係人等との取引に留意する。

《イ．特殊な状況下においてファンドが不動産を取得した場合の留意事項》

51．ファンドが以下の例示のような特殊な状況下において不動産を取得する場合には、当該不動産売買取引に係る会計処理及び開示（注記事項を含む。）について十分に検討し、慎重に監査手続を実施する。その際、監査委員会報告第27号「関係会社間の取引に係る土地・設備等の売却益の計上についての監査上の取扱い」２．に記載されているような留意事項は、不動産を取得するファンド側の会計処理等を検討する上でも参考となる。

⑴　ファンドが売戻選択権付で不動産を取得している場合

⑵　譲渡人が買戻選択権付で不動産を売却している場合

⑶　ファンドに資金調達能力がない等の理由により、不動産の譲渡人（不動産の譲渡人の連結子会社及び持分法適用会社を含む。）が譲渡代金の全部又は一部として、ファンドが発行する投資証券、受益証券又は投資法人債を引受け（譲渡人の貸付及び債務保証を含む。）、その資金によってファンドが譲渡代金を支払う場合

⑷　取得した不動産に関して不動産の譲渡人による何らかの処分制限がある場合（不動産譲渡人が保有する権利の行使によりファンドが自らの意思に反して不動産保有を継続できなくなる場合を含む。）

《ウ．価格情報の記載》

52．投資信託財産計算規則又は投資法人計算規則により、運用報告書又は資産運用報告において、物件ごとに、当期末現在における価格（鑑定評価額、公示価格、路線価、販売公表価格その他これらに準じて公正と認められる価格をいう。）を表示することとされている（投資信託財産計算規則第58条第1項第8号ロ、投資法人計算規則第73条第1項第7号ロ）。

53．しかしながら、投資信託財産に係る運用報告書は監査の対象外であり、また投資法人の資産運用報告における当該価格情報は参考情報であり、会計に関する部分には該当しないため、同様に監査の対象となるものではない。

54. なお、「特定有価証券の内容等の開示に関する内閣府令」上でも当該価格情報は参考情報であり、監査の対象となるものではない。

《エ．投信法に基づく投資法人の計算書類等において2期開示を行っている場合の留意点》

55. 投信法に基づく投資法人の計算書類等において、参考情報として前期分の開示が行われている。過年度遡及修正が行われた場合には、当該計算書類等の前期分の開示と金融商品取引法に基づく投資法人の財務諸表の前期比較情報（注記を含む。）が異なる可能性があるため、開示内容の妥当性を検討する上で特に留意する。

《オ．買換特例圧縮積立金》

（買換特例圧縮積立金の積立て）

56. 投資法人計算規則第2条第2項第28号に定める買換特例圧縮積立金（以下「買換特例圧縮積立金」という。）は金銭の分配に係る計算書に基づき積み立てられる任意積立金であり投資法人に特有なものである。投資法人が積立てを行う際、積立てを行う各事業年度において、同号に規定されている金額を満たした場合にはその全額が買換特例圧縮積立金とされ、それ以外の場合にはその全額が該当せず、買換特例圧縮積立金以外のその他の任意積立金となることに留意する。

なお、正確な判定計算は投資法人計算規則第2条第2項第28号を参照されたい。

（買換特例圧縮積立金の取崩し）

57. 買換特例圧縮積立金は任意積立金ではあるものの、その取崩しについては、投資法人計算規則第18条の2において、認められる場合及び上限金額又は金額が定められているため留意する。買換特例圧縮積立金の目的取崩しについては損益計算書において、その他の任意積立金の取崩しとは区分して表示することが求められる。また、目的外取崩しについては金銭の分配に係る計算書において当該積立金取崩高を示す名称を付した項目をもって区分して表示することに留意する。なお、租税特別措置法施行規則第22条の19第9項において、買換特例圧縮積立金の取崩しについて、税務上の配当可能利益に加算すべき金額が定められている。

買換特例圧縮積立金の性質を踏まえると、税務上の益金算入に合わせた取崩しであっても当初からそれを企図して行う取崩しについては、一般に、目的に合致した取崩しとして考えられるが、導管性要件充足を目的とした投資法人計算規則第18条の2第1項第3号に掲げる取崩しは通常、当初は予期されておらず、また、多額となり得ることから、金銭の分配に係る計算書において目的外取崩しとして表示し、投資法人計算規則第79条に規定する分配金の額の算出方法の表示に含めてその経緯を説明することが通常と考えられる。

（買換特例圧縮積立金に関する開示）
58. 買換特例圧縮積立金は、投資法人計算規則第39条第5項、第54条第3項、第56条第5項並びに第76条第2項及び第3項により、貸借対照表、損益計算書、投資主資本等変動計算書及び金銭の分配に係る計算書において残高又は異動について区分掲記が求められている点に留意する。また、投資法人計算規則第70条を踏まえ、以下の事項が注記されていることが多いと考えられるため、その内容の妥当性に留意する。なお、付録2に一般的な注記の文例を示している。
 ・投資法人計算規則第2条第2項第28号に定める買換特例圧縮積立金である旨
 ・内訳
 ・対象資産、発生原因、金額及び残高
 ・取崩方針
 ・当期取崩しについての説明
 ・積立てを行った期についてはその金額
 ・取崩しを行った期についてはその金額及び損益計算書又は金銭の分配に係る計算書における取崩しの別

《(5) 投資法人の税会不一致項目及び法人税等の監査》
58-2. 投資法人における分配金額の算出は、投資法人規約に定めた分配方針に従うことになるが、現行の税務上、一定の要件を満たす場合には、その支払分配金を損金に算入することが認められている（租税特別措置法第67条の15）。このため、投資法人では、税務上の要件を満たすように会計処理を行う可能性があり、会計上と税務上の処理との間に相違が生じる可能性がある場合には十分に留意する。

58-3. 投資法人においても、企業会計上の資産又は負債の額と課税所得計算上の資産又は負債の額に相違がある場合においては、一般企業と同様に税効果会計を適用する必要がある。ただし、前項のとおり、一定の要件を満たす場合には支払分配金が損金算入されること、また、第58-4項に記載のとおりこれらの相違について投資法人が一定の対応を行うことで、課税所得が減少することがあることについて留意するものとする。

《(6) 投資法人の一時差異等調整引当額及び一時差異等調整積立金の監査》
（一時差異等調整引当額及び一時差異等調整積立金）
58-4. 平成27年度税制改正に伴い、一時差異等調整引当額及び一時差異等調整積立金に係る制度が設けられた。一時差異等調整引当額は、利益超過分配金額のうち所得超過税会不一致等の範囲内において利益処分に充当するものをいい、金銭の分配に係る計算書に基づき計上される出資総額又は出資剰余金からの控除科目である。他方、一時差異等調整積立金は、利益超過税会不一致の範囲内において、将来の利益処分への充当を目的として留保するため

に、金銭の分配に係る計算書に基づき積み立てられる任意積立金である。これらの制度は、会計上の会計処理と税務上の会計処理が異なる場合でも、投資法人の税負担について一定の配慮を行うため設けられたものである。

なお、税会不一致、一時差異等調整引当額、所得超過税会不一致、一時差異等調整積立金及び利益超過税会不一致等の用語の定義については、投資法人計算規則第2条第2項第29号、第30号及び第31号を参照されたい。また、一時差異等調整引当額及び一時差異等調整積立金の取扱いについては、投資法人計算規則に加え、投資信託協会の関連諸規則を参照されたい。

(一時差異等調整引当額の引当て)

58-5. 一時差異等調整引当額は利益超過分配金額であることから、利益（投信法に定めるものをいう。）が存在する状況においてはこれを計上することができない。例えば、一時差異等調整積立金が過年度において計上されている状況で、当期に所得超過税会不一致が存在する場合においては、まず一時差異等調整積立金を取り崩して利益処分に充当することになる。また、一時差異等調整引当額の引当時において、戻入れの方法を定める必要がある点についても併せて留意する。

(一時差異等調整引当額の戻入れ)

58-6. 一時差異等調整引当額の戻入れの時期については、その計上の原因となった税会不一致の解消時期や引当時に定めた戻入れの方法との整合性に留意する。

(一時差異等調整引当額に関する開示)

58-7. 一時差異等調整引当額は、投資法人計算規則第39条第3項及び第6項、第77条並びに第78条により、貸借対照表及び金銭の分配に係る計算書において残高又は異動について区分掲記が求められている点に留意する。また、投資法人計算規則第62条第13号において、貸借対照表に関する注記として、一時差異等調整引当額の戻入れの処理に関する事項の注記が求められていること、及び投資法人計算規則第70条を踏まえ、一時差異等調整引当額を計上する金銭の分配に関する計算書に係る営業期間のその他の注記においても、一時差異等調整引当額に係る以下の事項が注記されていることが多いと考えられることから、その内容の妥当性に留意する。

・引当て及び戻入れの発生事由、発生した資産等

・引当額及び戻入額

・戻入れの具体的な方法

(一時差異等調整積立金の積立て)

58-8. 一時差異等調整積立金の積立時において、取崩しの方法を定める必要がある点について留意する。なお、負ののれんや合併に伴う資産簿価差異に起因する一時差異等調整積立金に係る取崩しの方法については、投資信託協会が定める「不動産投資信託及び不動産投資法人に関する規則」において、50

年以内の想定する取崩し期間で毎期均等額以上の取崩しを行うものとする旨の規定がある点に併せて留意する。
（一時差異等調整積立金の取崩し）
58-9. 一時差異等調整積立金の取崩しの時期については、積立時に定めた取崩しの方法との整合性に留意する。また、一時差異等調整積立金の積立て及び取崩しは、配当金の加減算と密接に関係しているため、その取崩しについては、金銭の分配に係る計算書において、一時差異等調整積立金の取崩高として表示されることが通常と考えられる。
（一時差異等調整積立金に関する開示）
58-10. 一時差異等調整積立金は、投資法人計算規則第39条第5項、第56条第5項並びに第76条第2項及び第3項により、貸借対照表及び金銭の分配に係る計算書において残高又は異動について区分掲記が求められている点に留意する。また、投資法人計算規則第62条第13号において、貸借対照表に関する注記として、一時差異等調整積立金の取崩しの処理に関する事項の注記が求められていること、及び投資法人計算規則第70条を踏まえ、一時差異等調整積立金を計上する金銭の分配に関する計算書に係る営業期間のその他の注記においても、一時差異等調整積立金に係る以下の事項が注記されていることが多いと考えられることから、その内容の妥当性に留意する。
・積立て及び取崩しの発生事由等
・積立額及び取崩額
・取崩しの具体的な方法

《(7) 外貨建資産等の監査》
59. 外貨建資産等の会計処理は、「外貨建取引等会計処理基準」等に従い適切に行われていることを検討する。
　なお、投資信託の外貨建資産等の会計処理については、別途、投資信託財産計算規則第60条及び第61条において規定されている。
　したがって、外貨建資産等の会計処理について投資信託が上記処理を採用している場合には、投資信託協会が定めた規定等に基づいた合理的な方法に従って適切に行われていることを検討する。

【特殊な投資形態の取扱い】
《4．ファミリーファンドの取扱い》
60. ファミリーファンドの場合、監査対象となるのはベビーファンドの財務諸表であるが、ベビーファンドは主に親投資信託（マザーファンド）の受益証券を保有しており、ベビーファンドの監査においては親投資信託の基準価額の評価の妥当性を確かめる。
61. ここで、親投資信託の基準価額の評価の妥当性を確かめるためには、親投資信託が保有する有価証券やデリバティブ取引等に対して、ベビーファンド

の決算日での取引残高について本実務指針の取扱いを参考とし、監査手続を行うものとする。

《5．ファンド・オブ・ファンズ》
62. ファンド・オブ・ファンズとは、主に投資信託や投資法人（以下「組入ファンド」という。）に投資する投資信託である。ファミリーファンドでは、投資信託委託会社自らが投資対象である親投資信託の運用指図を行うが、ファンド・オブ・ファンズの場合は、基本的に投資信託委託会社とは別の運用会社が組入ファンドの運用指図を行う。また、その他の違いとして、ファミリーファンドでは親投資信託に信託報酬が発生しないが、ファンド・オブ・ファンズの場合、組入ファンドでも信託報酬等が発生する等が挙げられる。
63. ファンド・オブ・ファンズでは国内のファンドに投資するものと外国籍のものに投資する場合の双方がある。後者において投資対象となる外国籍投信のスキームでは、法形態としては、大きく分けて法人型、組合型及び信託型等が挙げられる。法人型とは、当該国の会社法等に基づいて設立された法人格を利用したファンドであり、日本における投資法人のようなものや投資会社がある。また、組合型では投資事業組合やリミテッド・パートナーシップ（以下「LPS」という。）のようなものがある。さらに信託型とは、信託会社が信託契約に基づき投資家の資産を受託して設定される形態である。

　外国籍投信の運営に関与する関係者（以下「組入ファンドの関係者」という。）はスキームごとに異なるが、例えば、以下が挙げられる。ただし、法形態によっては、該当がいないものや、2つ以上の役割を1者が兼任しているケースがある。
・インベストメントマネージャー（運用会社、運用業者）
　　ファンドの投資運用を委託された運用会社（以下「組入ファンドの運用会社」という。）であり、ファンドの投資運用・指図を行う。
・カストディアン（預託機関）
　　カストディー契約に基づき、ファンドの資産を管理・保管し、インベストメントマネージャー又はマネージメントカンパニーからの指図に基づき、資産の出入を記帳する責任を持つ。
・トラスティ
　　信託型のファンドにおける信託受託者であり、通常、信託会社や信託銀行が業務を行う。
・アドミニストレーター
　　ファンドのバックオフィス業務を提供する。一般に、アドミニストレーターは、ファンドの会計記帳、基準価額の計算、及び年度決算書、半期報告書の作成に責任を持つ。

・トランスファー・エージェント
　会社型のファンドにおける株主口座事務、配当及びキャピタルゲインの計算及び株主向け報告の作成と提出等を行う。
・マネージメントカンパニー（管理会社）
　ファンドの管理・運営会社。ここでの「管理・運営」には、運用の意思決定、分配、事務まで含まれる。ただし、実際には、マネージメントカンパニーは、ほとんど全ての機能を外部に委託し、それらの外部委託者を管理・監督する機能に特化していることも多い。また、必ずしもマネージメントカンパニーが別途設定されず、ファンド自体がマネージメントカンパニーそのものとなっている場合もある。

《(1)　ファンド・オブ・ファンズの監査契約の締結に関する留意事項》

64. ファンド・オブ・ファンズについては、そのスキーム、組入ファンドの運用資産、国籍、法形態が様々であるため、それらに応じたリスクを認識し、監査手続を立案する。そのため、ファンド・オブ・ファンズの監査契約の締結に当たっては、監査人は、認識したリスクに応じた十分かつ適切な監査証拠の入手が可能であるかを事前に検討する。

65. 十分かつ適切な監査証拠の入手可能性の検討において留意すべき事項としては、例えば、以下が挙げられる。
　(1)　ファンド・オブ・ファンズの財務諸表における組入ファンドの重要性
　(2)　組入ファンドの投資方針、スキームの複雑性、私募又は公募の別、組合やLPS、信託型又は法人型の別、オープン・エンド型又はクローズド・エンド型の別や投資先の性質、流動性、価格変動の大きさ
　(3)　組入ファンドの国籍と適用される規制、適用される財務報告の枠組みと投資先の評価方法及び会計監査人（以下、組入ファンドの財務諸表の監査人を「組入ファンドの会計監査人」という。）の有無とその信頼性及び適用されている監査基準。特に組入ファンドの会計監査人が選任されていない場合には、監査契約の締結の際に慎重な検討を要すると考えられる。
　(4)　組入ファンドの関係者の信頼性や関係性。特にこれらの者が同一グループにより構成されている場合は、相互の内部牽制が機能しているかに十分留意する。
　(5)　組入ファンドの関係者が米国公認会計士協会（AICPA）の策定したStatement on Standards for Attestation Engagements No.16（以下「SSAE16」という。）や監査・保証実務委員会実務指針第86号「受託業務に係る内部統制の保証報告書」（以下「監保実86号」という。）等に基づく受託業務に係る内部統制の保証業務を受けている場合には、それらの保証報告書の対象となっている業務及び期間と保証報告書の内容
　(6)　投資信託委託会社における組入ファンドの運用会社に対する選定時及び継続的なモニタリング体制の有無

66. 検討の結果、組入ファンドの実在性や評価の妥当性に関して十分かつ適切な監査証拠の入手が困難であると想定される場合には、当該ファンド・オブ・ファンズの監査契約の締結について慎重に判断すべきである。特に、固有リスクが高く、投資信託委託会社の内部統制にも依拠できない場合には、例えば、第79項で記述される実証手続及び当該手続の実施の可否について十分に考慮した上で、監査契約の締結が可能か否かを決定すべきである。

《(2) 内部統制を含む、ファンド及びファンドを取り巻く環境の理解》
《① ファンド及びファンドを取り巻く環境》

67. 監査人は、ファンド及びファンドを取り巻く環境を理解した上で、監査計画を策定する。ファンド及びファンドを取り巻く環境の理解において留意すべき事項は、第65項(1)から(6)までに掲げたとおりである。

68. アドミニストレーター等から通知される組入ファンドの基準価額の信頼性を評価するため、監査人は、投資信託委託会社が入手した組入ファンドの直近の監査済み財務諸表の監査報告書の意見及び財務諸表の内容について吟味する。また、当該財務諸表上の期末日の基準価額と同日のファンド・オブ・ファンズの組入ファンドの評価額に重要な差異がないか確認する。無限定適正意見以外の監査意見が表明されていたり、財務諸表上の基準価額とファンド・オブ・ファンズが採用した評価額とに重要な差異が発生している場合には、その理由について確認し、損益計算書に与える影響やファンド・オブ・ファンズの期末日現在において同様な事象が発生していないかどうかを検討する。

69. なお、組入ファンドに会計監査人が選任されておらず、監査が実施されていない場合には、一般に固有リスクは高いと判断されるため、内部統制評価やリスク対応手続において、より深度ある監査手続を実施することに留意する。また、第65項(3)についても考慮する。

70. 監査人は、監査リスクに応じて、組入ファンドから定期的に報告されている運用結果が異常なものとなっていないかどうか検討する。

《② 内部統制》

71. ファンド・オブ・ファンズの内部統制の理解に当たっては、投資信託委託会社における組入ファンドの運用会社に対する選定時及び投資後のモニタリング体制や投資信託委託会社における組入ファンドの基準価額の検証プロセスを理解する。またこれらを理解する際に、当該内部統制のデザインを評価し、これらが業務に適用されているかどうかについて、担当者への質問とその他の手続を実施して評価する。

《ア．選定時モニタリング体制》

72. 投資信託委託会社における組入ファンドの運用会社に対する選定時のモニタリングとして、組入ファンドの選定時点における組入ファンドに係るデューディリジェンスが投資信託委託会社において適切に実施されているか

どうかを理解する。組入ファンドの選定時点におけるデューディリジェンスとしては、例えば、以下が考えられる。
・組入ファンドの運用会社とのミーティングの実施
・組入ファンドの運用会社への訪問（バックオフィスに対するオペレーショナルデューディリジェンス及びミドルオフィスのモニタリング体制に関するデューディリジェンスの実施）
・組入ファンドの運用会社の投資戦略、手続、ポートフォリオの評価
・目論見書等の投資に関する書類のレビュー

《イ．継続モニタリング体制》
73. 投資信託委託会社における組入ファンドの運用会社に対する投資後のモニタリングとして、組入ファンドの継続的モニタリングが投資信託委託会社において適切に実施されているかどうかを理解する。組入ファンドの継続的モニタリングとしては、例えば、以下が考えられる。
・組入ファンドの運用会社との定期的なミーティングの実施
・特別な事象が発生した場合の臨時的デューディリジェンスの実施
・組入ファンドの運用会社、アドミニストレーター、カストディアン、会計監査人等に関する監督当局や証券取引所等による開示情報の把握と検討
・定期的な投資明細の入手及び検証
・組入ファンドの運用会社、アドミニストレーター、カストディアンのSSAE16や監保実86号等に基づく受託会社の内部統制の記述書及び受託会社監査人の保証報告書の定期的かつタイムリーな入手と内容の評価
・組入ファンドの運用会社における基準価額のモニタリング手法の理解
74. 投資信託委託会社において、組入ファンドの監査済み財務諸表の適時の入手と内容の吟味が適切に実施されているかどうかを理解する。

《ウ．基準価額モニタリング体制》
75. 組入ファンドの基準価額のモニタリングが投資信託委託会社において適切に実施されているかどうかを理解する。組入ファンドの基準価額のモニタリングとしては、例えば、以下が考えられる。
（組入ファンドが公募ファンドの場合）
　公表された市場価格又は基準価額と一致しているかどうかの検証
（組入ファンドが私募ファンドの場合）
　通知された基準価額に対する異常値等のモニタリング
　通知された基準価額のベンチマークとの比較通知された基準価額と監査済み財務諸表上の基準価額との比較

《(3) リスク評価手続》
76. ファンド・オブ・ファンズにおいても、監査人はリスク評価手続を実施し、財務諸表全体レベルの重要な虚偽表示リスクとアサーション・レベルの重要な虚偽表示リスクを識別し、評価を行う（《Ⅲ　監査上の留意事項》

《2．リスク・アプローチ》参照)。ファンド・オブ・ファンズの重要な虚偽表示リスクの識別と評価に当たっては、前述のとおり、組入ファンドの運用指図や運用資産の保管管理が基本的に投資信託委託会社とは別の運用会社や受託銀行とは別のカストディアン等によって行われる点に留意する。

このような特徴を踏まえて、ファンド・オブ・ファンズにおいては、例えば、第33項に例示されている特別な検討を必要とするリスクに加えて、以下のアサーションについて、検討を行う。

(1) 組入ファンドの実質的な運用資産の実在性
(2) 組入ファンドの基準価額の前提となる実質的な運用資産の評価

《(4) リスク対応手続》

77．監査人は監基報330に従い、評価したリスクに対応して運用評価手続及び実証手続を実施する。

《① 運用評価手続》

78．投資信託委託会社において適切なモニタリング体制が構築されている場合には、内部統制に依拠することを検討する。監査人は、関連する内部統制の運用状況の有効性に関して、十分かつ適切な監査証拠を入手する運用評価手続を立案し、実施する。

《② 実証手続》

79．ファンド・オブ・ファンズについて考えられる実証手続の例としては以下が考えられるが、リスク評価及び内部統制の整備運用状況の評価結果を勘案して、監査手続を取捨選択し、実施する。また、リスク評価の結果、監査リスクが高いと判断される場合には、実施すべき実証手続の十分性について慎重に判断すべきである。

(1) 組入ファンドの基準価額について分析的実証手続を実施する。
(2) ファンド・オブ・ファンズの決算日時点の組入ファンドの基準価額について、アドミニストレーター等に対する確認手続を行う。
(3) ファンド・オブ・ファンズの決算日時点の組入ファンドの運用資産についてカストディアン等に残高確認を行う。
(4) ファンド・オブ・ファンズの決算日時点の組入ファンドの試算表や投資明細を入手し、監査人自ら運用資産の時価の検証を行う。
(5) 組入ファンドの関係者に対して質問を行う。
(6) 組入ファンドの直近の監査済み財務諸表を組入ファンドの会計監査人から直接入手する。また、組入ファンドの会計監査人に対して質問を行う。

《③ 意見の形成に当たっての留意事項》

80．リスク評価の結果、監査リスクが高いと判断され、かつ上記に例示したような実証手続が実施できず十分かつ適切な監査証拠を入手できない場合又は上記実証手続でも十分かつ適切な監査証拠が得られない場合には、監査人は、監査基準委員会報告書705「独立監査人の監査報告書における除外事項

付意見」に基づき監査報告書において除外事項付意見を表明することを検討する。

【運用形態の違いに基づく取扱い】
《6．オープン・エンド型における純資産（出資勘定）の監査》
81．オープン・エンド型のファンドの純資産（出資勘定）は、一般企業の資本勘定とは異なり、追加設定又は一部解約等により通常日々変動し、収益の分配も頻繁に行われることを十分に留意した上で監査手続を実施する。

《(1)　監査目的》
82．オープン・エンド型の純資産又は出資勘定の主要な監査目的は、次の事項を確かめることにある。
 (1)　期末現在の発行済受益証券口数（投資口数）が適正に計上されていること。
 (2)　日々の一口当たり純資産価額の算定に当たって使用される発行済受益証券口数（投資口数）を把握する手続が適切なものであること。
 (3)　期末における一単位当たり（投資口一口当たり）の純資産の額が適切に計算されていること。
 (4)　未払解約金・償還金が適正に計上されていること。
 (5)　収益（金銭）の分配において元本（出資総額又は出資剰余金）からの払戻しに相当する部分がある場合には、当該金額が正しく算定され、元本（出資総額又は出資剰余金）から適切に控除されていること。
 (6)　収益分配金及びその再投資契約がある場合には、当該再投資金額が適正に計算され、会計処理されていること。
 (7)　純資産（出資勘定）の帳簿記録に係る維持及び管理のための手続が適切なものであること。

《(2)　リスク対応手続》
83．純資産の監査においても監査リスクを許容可能な低い水準に抑えるために、重要な虚偽表示リスクに対応してリスク対応手続を立案し実施する。
　ファンドの監査人が統制リスクの評価を行うに当たり、特に留意すべき業務は、次のとおりである。
 (1)　受益証券（投資証券）の販売に関する業務
 (2)　受益証券（投資証券）の解約・償還に関する業務
 (3)　受益証券（投資証券）の販売に係る資金の入金及び解約金・償還金の支払に関する業務
 (4)　収益（金銭）分配金の決定方法に関する業務
 (5)　収益（金銭）分配金の再投資に関する業務
 (6)　収益（金銭）分配金の支払に関する業務
 (7)　受益証券（投資証券）の物理的管理に関する業務

(8) 投資者に対する報告書等の送付に関する業務
84. なお、監査手続の実施において留意すべき重要な事項は以下のとおりである。
(1) 受益証券（投資証券）の販売及び解約並びにその決済に関する記録の妥当性の検証
① 投資者又は販売業者からの受益証券（投資証券）購入及び解約申込書等の証憑と実際に投資者又は販売業者に送付した計算書との突合を行う。
② 法令及び諸規則、目論見書、約款、規約等に定められた方法への準拠性のテストを行う。
③ 日々の受益証券（投資証券）の販売や解約取引と会計帳簿との突合及びその処理の妥当性を検討する。
④ 代金決済に係る銀行勘定照合表等の証憑書類と会計帳簿との突合を行う。
⑤ 未払解約金・償還金の金額の妥当性を確かめる。
⑥ 日々の発行済受益証券口数（投資口数）が日々の一口当たり純資産（出資勘定）価額の計算に用いられていることを確かめる。
(2) 発行済受益証券口数（投資口数）に関する記録の妥当性の検証
① ファンドが販売業者等から入手した報告書とファンドの帳簿との調整を期中において適切に実施していることを確かめる。
② 当該調整項目について、必要に応じて証憑書類と突合する。
③ 必要に応じて期末現在残高に関して販売業者や信託会社等へ確認する。
(3) 投資者への分配金及び再投資に関する記録の妥当性の検証
① 収益分配金の計算の妥当性を確かめる。
② 収益分配金算定の法令及び諸規則、規約等への準拠性を確かめる。
③ 収益分配金の決定方法の妥当性を確かめる。
④ 分配基準日現在の受益証券口数（投資口数）と販売業者等からの報告書との突合を行う。
⑤ 分配金支払に係る銀行勘定照合表等の証憑書類との突合を行う。
⑥ 分配金合計と販売業者等の分配金支払代理人からの配当通知との突合を行う。
⑦ 未払収益分配金が適切に計上され、純資産価額計算に適切に反映されていることを確かめる。
⑧ 元本（出資総額又は出資剰余金）からの払戻しに相当する金額が適切に計算されていることを確かめる。
⑨ 販売業者等の分配金支払代理人からの報告書に基づき再投資されるべき口数の計算の妥当性を確かめる。

⑩　分配金再投資に伴い純資産（出資勘定）に計上すべき口数及び金額と会計帳簿との突合を行う。
　⑪　日々分配が行われるファンドの場合における検証は、監査対象期間中の一定の日を選定して実施する。
(4)　その他
　①　収益調整金勘定及び分配準備積立金についてその計算の妥当性を確かめる。
　②　期末における一単位当たり（投資口一口当たり）純資産額の計算の妥当性を確かめる。
　③　投資者から寄せられた苦情に関する文書の査閲を行う。
　④　未払解約金・償還金について販売業者等へ確認する。
　⑤　受益証券（投資証券）取引が法令及び諸規則、目論見書、約款、規約等に準拠している旨、経営者による確認書に記載されていることを確かめる。

《(3)　オープン・エンド型投資法人における留意点》
85．オープン・エンド型投資法人において出資の払戻しが行われた場合には、関連する契約書等により基準価額を確認し、投資法人計算規則や一般に公正妥当と認められる企業会計の基準に従って、適切に処理されていることを検討する。

【ファンドの中間財務諸表の監査】
《7．ファンドの中間財務諸表の監査》
86．ファンドの中間財務諸表監査は、監基報910に従い、我が国において一般に公正妥当と認められる中間監査の基準に準拠して行う。
　ただし、ファンドの特殊性に鑑み、ファンドの中間監査における有価証券の実在性及び時価の検証は、年度末監査と同様に重要であることに留意する。

【継続企業の前提に関する監査人の検討】
《8．継続企業の前提に関する監査人の検討》
《(1)　原則的な取扱い》
87．通常の企業活動と異なり、投資信託及び投資法人は、投資信託約款又は規約に定めることにより、設定当初から存続期限を設けることやあらかじめ設定された条件を満たすことで繰上償還ができる有期限性を前提とする場合がある。そのため、存続期限が定められた以降は、継続企業の前提が成立していないのではないかという見解があり得る。しかし、投資信託及び投資法人の有期限性は、投資家及び財務諸表の利用者に周知されており、また、定められた存続期間内に投資家から預かった資金を投資信託約款又は規約に定め

られた投資方針に従って適切に運用し、存続期限末日までに資産の回収及び負債の返済を終え、残余財産を換金して投資家に分配することは、正常な事業活動の一環として認知されている。したがって、有期限性がある投資信託及び投資法人における継続企業の前提に重要な疑義を生じさせる事象又は状況とは、存続期限が定められていることではなく、正常な事業活動が阻害される場合、すなわち存続期限内に資産の回収及び負債の返済が完了されないおそれがある場合を想定して検討するのが適当である。

《(2) 運用資産が日々時価評価されている投資信託における取扱い》

88. 運用資産が日々時価評価されている投資信託の場合には、日々その清算価値に準じた価額が計算されているため、継続企業の前提に関する検討は実質的な意味を持たないことが多い。

また、投資信託は金銭信託であるため（投信法第8条、第52条）、法律に基づき償還金は全て金銭で支払われなければならず、清算期間の定めもないことから、償還期末日後極めて短期間に償還金が支払われる。償還期末日の貸借対照表に計上されるのは、現金及び現金同等物のほか、償還期末日後償還金支払いまでの数日以内に受払いがなされる少額の確定債権又は債務のみとなり、償還期においても、継続企業の前提の下での会計処理が適用可能と考えられる。

したがって、運用資産が日々時価評価されている投資信託については、継続企業の前提に関する検討は実質的な意味を持たない。

《(3) 投資法人に関する取扱い》

89. 投資法人における継続企業の前提とは、投資法人計算規則第60条において、「当該投資法人の営業期間の末日において、投資法人が将来（規約に存続期間の定めがあるときは、当該存続期間）にわたって営業活動を継続するとの前提」であると定義されている。そのため、有期限ではない投資法人では、原則どおり、監査基準委員会報告書570「継続企業」（以下「監基報570」という。）に従って、経営者が継続企業を前提として財務諸表を作成することの適切性を検討する。

存続期間の定めのある投資法人の継続企業の前提に関する検討は、監基報570に基づき行うが、存続期間内に資産の回収及び負債の返済を終え、残余財産を換金して投資家に分配するという正常な事業活動が阻害され、定められた存続期間の末日まで正常な事業の継続ができない状況にないかどうかを検討することに留意する。また、期末日の翌日から存続期限まで12か月に満たない投資法人の経営者の評価期間は、存続期限の末日までとなることに留意する。

存続期間の定めがある投資法人では、具体的には、通常、以下の状況が存在する場合には、継続企業の前提に重要な疑義を生じさせるような事象又は状況が存在する場合であって、当該事象又は状況を解消し、又は改善するた

めの対応をしてもなお継続企業の前提に関する重要な不確実性が認められる場合であると考えられる。
　ⅰ）存続期間の末日まで一年未満となっており、資産の処分方針の実行に重要な不確実性が存在する場合
　ⅱ）存続期間の末日まで一年未満となっているが資産の処分方針がなく、存続期限の延長を計画しているが、当該計画の実行に重要な不確実性が存在する場合
　これら場合には、「継続企業の前提に関する注記」に従い、以下の事項が適切に注記されているか留意する。
　① 予定された存続期間の末日に正常に事業活動を終了することについて、重要な疑義を生じさせるような事象又は状況が存在する旨及びその内容
　② 当該事象又は状況を解消し、又は改善するための対応策
　③ 当該重要な不確実性が認められる旨及びその理由
　④ 当該重要な不確実性の影響を財務諸表に反映しているか否かの別
90. 存続期間の末日まで1年を満たない状況においては、存続期間までに全ての資産の回収、負債の返済、残余財産の換金が行われることが事業活動の重要な目的であり前提となる。このため、会計上も、当該前提や活動の進捗状況を考慮した適切な見積り等が行われる必要があることに留意する。特に、運用資産の評価においては、早期換金化による流動性リスク等も加味した適切な評価が行われているかどうかに留意する。

《Ⅳ　適用》
91. 本報告は、平成15年3月1日以降に計算期間又は特定期間の終了する財務諸表等について適用する。
92. 「業種別監査委員会報告第14号「投資信託及び投資法人における当面の監査上の取扱い」の一部改正について」（平成15年9月2日）については、平成15年9月1日以後終了する計算期間又は特定期間に係る監査及び中間計算期間に係る中間監査から適用する。
93. 「業種別監査委員会報告第14号「投資信託及び投資法人における当面の監査上の取扱い」の改正について」（平成16年10月20日）については、平成16年4月1日以後開始する計算期間又は特定期間に係る監査及び同日以後開始する中間計算期間に係る中間監査から適用する。
94. 「業種別委員会報告第14号「投資信託及び投資法人における当面の監査上の取扱い」の改正について」（平成17年1月18日）については、平成16年12月1日以後に提出される投資法人の有価証券報告書等に含まれる財務諸表又は中間財務諸表の監査又は中間監査から適用する。
95. 「業種別委員会報告第14号「投資信託及び投資法人における当面の監査上の取扱い」の改正について」（平成17年12月19日）については、平成17年12

月31日以後終了する計算期間又は特定期間に係る監査及び同日以後終了する中間計算期間に係る中間監査から適用する。ただし、改正事項のうちリスク・アプローチに係る監査手続に関する事項については、平成17年10月28日に公表された「監査基準の改訂に関する意見書」及び「中間監査基準の改訂に関する意見書」並びに「監査に関する品質管理基準の設定に係る意見書」の実施に合わせて適用する。

96. 「業種別委員会報告第14号「投資信託及び投資法人における当面の監査上の取扱い」の改正について」（平成18年7月19日）については、平成18年5月1日以後終了する計算期間又は特定期間に係る監査及び同日以後終了する中間計算期間に係る中間監査から適用する。
97. 「業種別委員会報告第14号「投資信託及び投資法人における当面の監査上の取扱い」の改正について」（平成20年5月20日）については、平成20年4月1日以後開始する計算期間又は特定期間に係る監査及び同日以後開始する中間計算期間に係る中間監査から適用する。

　　ただし、改正後の「Ⅳ　監査報告書の文例」については、平成20年4月1日以後に発行する監査報告書及び中間監査報告書から適用する。

　　また、平成20年3月改正の金融商品会計基準の適用に伴う改正部分は、同基準を適用する計算期間又は特定期間に係る監査及び中間計算期間に係る中間監査から適用する。
98. 「業種別委員会報告第14号「投資信託及び投資法人における当面の監査上の取扱い」の改正について」（平成23年10月17日）については、平成23年10月17日以後に発行する監査報告書及び中間監査報告書から適用する。ただし、平成23年4月1日前に開始する計算期間又は特定期間に係る監査及び同日前に開始する中間計算期間に係る中間監査については、なお従前の例による。
99. 「業種別委員会実務指針第14号「投資信託及び投資法人における当面の監査上の取扱い」の改正について」（平成25年2月26日）については、平成25年4月1日以後開始する計算期間又は特定期間に係る監査及び同日以後開始する中間計算期間に係る中間監査から適用する。ただし、同日前に開始する計算期間又は特定期間に係る監査及び同日前に開始する中間計算期間に係る中間監査から適用することができる。
100. 「業種別委員会実務指針第14号「投資信託及び投資法人における監査上の取扱い」の改正について」（平成25年10月1日）については、平成25年10月1日から適用する。
101. 「業種別委員会実務指針第14号「投資信託及び投資法人における監査上の取扱い」の改正について」（平成27年3月31日）は、平成27年4月1日以後開始する営業期間又は計算期間に係る監査から適用する。ただし、平成27年3月31日以後に発行する監査報告書から適用することを妨げない。

102.「業種別委員会実務指針第14号「投資信託及び投資法人における監査上の取扱い」の改正について」(平成28年2月29日)は、平成28年2月29日以後終了する営業期間に係る監査から適用する。ただし、平成27年4月1日以後開始する営業期間に係る監査から適用することを妨げない。

第VIII編

投資信託の外部評価

第1章

ファンド評価の意義と発展

第1節　ファンド評価の概要

1　ファンド評価の必要性

(1)　投資家・販売会社としての必要性

　ファンド評価とは、評価機関によって、独自の基準・方法によって行われるファンドに対する評価・評点のことである。一般的に、評価機関は中立的な立場から、投資対象やリスク水準などに基づいてファンドを分類したうえで、客観的に評価し、その結果を星の数やA、B、Cなどで表示する格付を行っている。

　投資信託が盛んな米国では、ファンド評価は長い歴史を有する。わが国においても民間の評価機関が増えており、徐々に認知度が高まっている。投資信託の評価機関の分析結果については、月刊の経済誌や四半期ごとに発行される季刊誌で閲覧できるが、現在はインターネット等でも利用できるようになっている。

　数多くのファンドから個々の投資家のニーズに適したファンドを選択することは、投資家にとっても販売会社にとっても容易ではない。投資家は、ファンド評価を活用することで、自身が購入候補とするファンドや保有する

ファンドについて、同じカテゴリーのファンドユニバースのなかでの相対的な位置づけの把握が可能となり、購入、売却、他のファンドへの乗換えなどの投資判断の参考材料にすることができる。

　販売会社は、新規のファンド採用におけるデューデリジェンスに加えて、採用後の継続的なモニタリング、販売後の投資家へのアフターケアなどの理由で、取扱ファンドの運用状況を把握する必要がある。また、少額投資非課税制度の「NISA（ニーサ）」、個人型確定拠出年金の「iDeCo（イデコ）」といった非課税制度向けに、販売会社が採用ずみのファンドから絞り込み、推奨ファンド・リストを作成するケースがみられる。ラップ口座やファンドラップなどの投資一任サービスにおいても、特定のカテゴリー内において、ファンドの採用時や採用後の継続的なモニタリングが必要である。販売会社のこれらの業務において、ファンドの格付や分析結果といったファンド評価は、重要な判断材料の一つである。

　なお、販売会社の取扱ファンド数が増加し、社内関連部門の人員のみでは十分なデューデリジェンスやモニタリングの実施が困難な場合、外部の評価機関に同業務を委託するケースがある。また、ファンド採用における中立性維持のために、いわばセカンド・オピニオンとして外部の評価機関の意見を参考にするケースもある。その際、数ある外部の評価機関のうち、どの評価機関を採用するのかは重要な意思決定となるため、評価機関の選定において、デューデリジェンスの実施が必要である。

(2) 運用会社としての必要性

　海外のニッチな資産クラスに投資するファンドを組成する際等に、社内リソースの不足などから、投資判断や売買執行などを海外の運用会社に委託（以下「外部委託」という）することで、より高度かつ専門的な運用サービスを受益者に提供するケースが増えている。このような外部委託を伴う運用業務については、外部委託先から投資助言を受けて運用会社が最終的な意思決定を行うケース、ファンド・オブ・ファンズ形式に基づき外部委託先が運用するファンドへ投資するケース、外部委託先に対して運用権限の一部を委託

するケースなどさまざまな形態がある。

　投資信託委託会社は、ファンドの受益者に対し、優れた運用パフォーマンスに加えて、日々の設定解約に対応したキャッシュ管理、月次報告書の提供などさまざまなサービス提供が求められる。そのような総合的な運用サービスを提供するため、外部委託先の評価に際して、運用面に加えて、オペレーションやカスタマーサービスの質、正確性、迅速性などについても調査する必要がある。

　これらの外部委託先の評価において、ファンド評価を活用したり、外部の評価機関にデューデリジェンスやモニタリング業務を委託することがある。

2　外部機関によるファンド評価

(1)　絶対評価と相対評価

　ファンド評価において、絶対評価とは特定の基準に対して判定する手法であり、相対評価とは母集団（ユニバース）を特定し序列や比較評価を行う手法のことである。

　例えば、パフォーマンス評価の場合、絶対評価では目標リターンの達成度合いを評価するのに対して、相対評価ではベンチマークや競合ファンドと比較して優劣を評価することになる。また、ファンド・マネージャーを定性的に評価する場合は、絶対評価では経験年数や担当ファンドに割り振る時間など特定の基準を採点するのに対して、相対評価ではそれらの基準を競合他社のファンド・マネージャーと比較しながら相対的に判断することになる。

　絶対評価は、特定の基準や評価のマニュアルなどが整備されていれば採点が比較的容易になる一方、評価が平均値に集中してしまうデメリットがある。相対評価は、母集団内部の序列が明確化されるため評価結果が明瞭である一方、評価をするためには母集団内におけるほぼすべての比較対象について評価を実施する必要があり、評価を行う側の十分な知識及び経験が必要となる。

(2) 定量評価と定性評価

定量評価は、過去の運用成績に基づくものであり、目標リターンの達成度合い、ベンチマークや競合ファンドとの相対比較、リスク調整後のリターンなどで評価することが多い。特定のファンドが長期的に良好な運用パフォーマンスを確保し続けることは容易なことではない。そのため、そのようなファンドは優良であるとみなされることが多い。定量評価のメリットとしては、特定の分析方法に基づいてデータを取り扱うことになるため、より多くの情報量を効率的に分析することができる点が挙げられる。

過去の運用パフォーマンスに基づく定量評価において、評価期間が短い場合は偶然性が入り込む余地を否定できない。加えて、運用者や運用体制が変更となったり、運用手法が変化したりすることなどから、過去の運用パフォーマンスは必ずしも将来の運用成績を担保するものではない。将来も同じように同水準の運用パフォーマンスを再現できるかが重要であることから、その再現性を確認するため定性評価を実施することが有効である。

定性評価は、アンケートやインタビューなどを通じて、将来も良好な運用成績を継続できるのかを評価するものである。より具体的には、定量評価によって数値化できない要素、すなわち、運用会社の経営方針、運用調査体制、投資哲学、運用プロセス、管理体制などが評価の対象となる。個別要素の評定マニュアルが整備されていれば、比較的容易に採点できるが、総合評点、特に相対評価になると、評価担当者としての長年の豊富な経験が必要となる。

定量分析には一定の限界が存在することになるが、定性的な評価と定量的な分析を組み合わせることで、評価担当者は、評価するファンドのファンド・マネージャーと、より具体的に運用パフォーマンスや運用プロセス等の議論を行うことができる。また、定量分析の結果は、視覚に訴え直感的に理解しやすいため、フロント部門とミドル部門との対話に活用することもできる。そのため、定量評価のよさを取り入れながらも、定性評価によって総合的な判断を行うことが必要であろう。

第2章

ファンド評価方法

第1節 定量評価の方法

1 ベンチマークがない場合の定量評価

定量評価の基本は、リターン（投資収益率）の計測である。まず、ファンドのリターンは次のように計算することができる。

> 月次リターン＝(当月末の基準価額＋当月の分配金−前月末の基準価額)／前月末の基準価額

過去の運用実績からファンド評価を行う際は、ここで計測される月次リターンが評価のベースとなる。

以下では、ベンチマークがない場合の定量評価の方法を説明する。

(1) 評価頻度と評価期間

リターン測定の頻度について、比較的短い期間ごとに更新していくことが望ましいが、コスト等の兼ね合いもあり、通常1〜3カ月程度の期間ごとに行うのが一般的である。

評価期間については、適正な評価のために長い運用実績（トラックレコード）が必要とされる。短期間の評価では、仮に運用パフォーマンが良好であ

っても、偶然の結果である可能性が排除できないからである。評価機関の多くは、3年以上の実績データを評価対象としている。したがって、運用実績が3年に満たず、評価機関の調査対象になっていないファンドが多く存在しているため、データの更新時には新規のファンドが入ってくる余地があり、注意が必要である。

(2) 評価指標

各種ファンドの運用成果を評価する場合、測定したリターンの絶対値による比較だけでは適正な比較にはならない。どのような投資対象か、どの程度のリスク量を想定するかによって、期待リターンが変動するからである。期待リターンの増加とともにリスク量も増加するという資本市場の関係を考慮した場合、リスクを勘案したパフォーマンス評価指標が必要となる。ここでは、1990年にノーベル経済学賞を受賞したシャープ博士の提唱する指標であるシャープ・レシオを紹介する。

◆シャープ・レシオ

> シャープ・レシオ（S.R.）＝（ファンドのリターン（年率）－無リスク資産のリターン（年率））／ファンドのリターン（年率）の標準偏差

分母のリスクはファンドのリターンの標準偏差であり、分子には、無リスク資産のリターンに対するファンドの超過収益を用いる。数値が高いほど、ファンドのリスクに対してリターンがより高いことを示しており、一般的に「投資効率がよい」という表現を用いる。このシャープ・レシオが低い場合、手数料の高いアクティブ型のファンドではなく、手数料の割安なパッシブ型のファンドのほうがよい選択肢となる。

シャープ・レシオの分子は「無リスク資産に対する超過収益」であるため、当該ファンドの投資対象によって数値が大きく変わってくる。例えば、日本の株式市場が継続的に下落している場合、日本株ファンドのシャープ・レシオはほぼマイナスの値となる。そのため、ファンドを比較するために

シャープ・レシオを用いる場合、同じカテゴリー内のファンドに絞り込む必要がある。

シャープ・レシオは、リスク調整後リターンを示す代表的な指標であり、特にベンチマークがないファンドの定量評価に広く使われている。ベンチマークがあるファンドの評価に、「インフォメーション・レシオ（情報比）」がある。シャープ・レシオは無リスク資産に対する超過リターンを評価するのに対して、インフォメーション・レシオはベンチマークに対する超過リターンを評価するものである。

上記以外の方法として、ソルティノ・レシオが挙げられる。

シャープ・レシオでは、ファンドが上昇しても下落しても、リターンの振れ幅がリスクとなっていた。ソルティノ・レシオは、ファンドが下落したときのみのリスクに着目し、投資効率を計測するものである。

◆ソルティノ・レシオ

ソルティノ・レシオ＝（ファンドのリターン（年率）－無リスク資産のリターン（年率））／ファンドの下方リスク(注)

(注) 分子がマイナスであった月のリターンを2乗して合計し、計測期間で除した値の平方根。

2　ベンチマークがある場合の定量評価

(1)　ベンチマーク

ベンチマークとは、資産別や運用スタイル別に運用パフォーマンスを測定・評価する際の基準となる指標のことである。具体的には各市場インデックス（TOPIX、S&P 500など）や情報ベンダーが提供する指数（MSCI World、ラッセル1000バリューなど）が採用されることが多い。通常、ファンドの運用パフォーマンスはファンドリターンとベンチマークリターンとの差を超過収益として計算する。また、同一のベンチマークでの比較を行うことで、母集団内の相対的な優劣、序列を把握することができる。

(2) 母集団（ユニバース）

運用目標、運用制約、リスク許容度、バランス型・特化型、またファンドの規模、運用手法（アクティブ、パッシブ等）、ベンチマークなど、類似の運用を行うファンドをまとめた母集団をユニバースといい、そのユニバース内でリスク・リターンなどの比較分析を行う。

ユニバースを設定するうえで重要なことは、比較分析のために適切なファンドを選択することである。一方、比較には一定のサンプル数が求められるため、基準を細かく設け過ぎてユニバースの範囲を狭めないよう配慮が必要である。

(3) パフォーマンス評価

パフォーマンスの評価には多くの切り口があるが、リスクを勘案した分析が重要である。なぜならば、一般的に取得するリスクの高いファンドはリスクの小さなファンドよりも期待できるリターンが高くなると考えられるため、リターンのみで運用パフォーマンスを単純に比較しても意味がないからである。

◆インフォメーション・レシオ（I.R.）

> インフォメーション・レシオ＝（ファンドのリターン（年率）－ベンチマークのリターン（年率））／超過収益の標準偏差（実績トラッキング・エラー）

インフォメーション・レシオで使うリスクは、超過収益の標準偏差であり、アクティブ型ファンドのパフォーマンス分析を行う際に用いる。このインフォメーション・レシオが高いほど、アクティブ運用の投資効率がよいことを示しており、アクティブ運用能力の高さを示す数値と考えられている。

◆アクティブ・シェア

アクティブ・シェアとは、運用者が基準とするベンチマークからのファンドの時価ウェイトの乖離のことであり、2006年にイエール大学の研究者を中

心に提唱された概念であり、パフォーマンス評価においてリスクを勘案する手法の一つである。トラッキング・エラーが変化する際には、アクティブ・ウェイトの変化（ファンド・マネージャーの投資行動の結果）とボラティリティ（市場の価格変動性）の変化の2つの要因がある。つまり、トラッキング・エラーが低下したからといって、必ずしもファンド・マネージャーのアクティブ度合いが低下したことにはならないのである。一方、アクティブ・シェアは、ファンドに占めるベンチマーク以外の資産の割合であるため、市場のボラティリティとは関連がない。アクティブ・シェアが0％の場合、完全なパッシブ運用となる。他方、100％の場合はベンチマークとは完全に異なるファンドでありアクティブ性がきわめて強い、という解釈になる。一般論としては、アクティブ・シェアが60％未満である場合は「隠れパッシブ運用者」であり、60～80％はアクティブ度合いが相応に高く、80％を超える場合はアクティブ度合がきわめて高い、と評価される。ただし、この数値は目安であり、実際のファンド評価の際には、アクティブ・シェアの過去推移や同じカテゴリー内のファンドと相対比較することも重要である。

3　競合他社比較（ピア比較）

　ピア比較とは、定量評価の手法の一つであり、類似した投資目標と投資対象をもつファンドの母集団を特定し、調査対象となっているファンドと比較分析を行うことである。

　評価の尺度としては、ベンチマークがない場合は絶対リターン、標準偏差、シャープ・レシオ、ベンチマークがある場合は超過収益、トラッキング・エラー、インフォメーション・レシオなどが用いられる。評価期間に関しては、3年、5年、10年など複数の期間を用いることが多い。評価機関が短ければ母集団のファンド数は多くなるものの、パフォーマンスが偶然に左右される可能性が高くなる。評価期間が長くなれば、複数の市場サイクルを経るため、パフォーマンス比較の信頼性が向上する一方、母集団のファンド数が少なくなる。

　ピア比較を行う際には、フィー控除後もしくは控除前、分配金の有無、為

替ヘッジの有無、ベース通貨などファンドの諸条件を統一しておく必要がある。加えて、母集団の特定、つまりどのファンド分類を用いるかによって、分析結果が左右されるため、ファンド分類の定義は重要である。一般的には、投信協会が区分する「協会分類」を用いる場合と評価機関が独自の分類を採用する場合がある。協会分類を用いる際には、運用会社の自己申告制である点、為替ヘッジの有無などに対応していない点などを考慮する必要がある。

　ファンド分類に関しては、アセットクラス、投資対象、地域、サイズ、スタイル、業種などの違いに応じて、大分類、中分類、小分類といったように、細分化した母集団を用いることが多い。小分類を用いると、より類似したファンド群によるピア比較が可能になる一方、比較対象となるファンド数が減少してしまうデメリットもある。

第2節　定性評価

1　定性評価の意義

　定性評価とは、過去の運用成績などの数値による分析（定量評価）が困難な項目を評価する際に用いられる評価手法である。過去・現在の運用成績が将来にわたって継続するのか、もしくは変化するのかを推測するものであり、ファンドの潜在的な能力を評価することになる。具体的には、投資哲学、運用体制、リスク管理体制、ファンド・マネージャーの資質のほか、経営方針や人事制度、社風なども評価対象となる。

　定量評価においては、過去の運用成績が低位にあるファンドの場合、低い評価となってしまう。ただし、過去の運用成績が不振なファンドであっても、なんらかの理由によって変化が生まれ、将来の運用成績の改善が期待できる場合がある。逆に、過去の運用成績が優れていても、将来的に不振に陥る懸念が生じることもある。過去の運用実績は必ずしも将来の運用成績を予

測するものではなく、定性評価においては、過去の実績を将来においても再現できるかが重視される。また、運用会社の買収・合併、組織の変更、運用担当者の入替え及び運用プロセスの変更など、ファンドを取り巻く外部環境は常に変化する。したがって、定量評価は過去のデータ分析を重視するため、変化前のデータに基づく評価では不十分なことが多い。

さらに、定性評価の副次的な効果として、評価機関からのアンケートに対する回答やインタビュー、その後のフィードバックなどを通じて、運用会社自身が運用体制の強化、運用プロセスの透明化、投資家に対する説明能力の向上、リスク管理や執行能力の改善などに取り組むことが期待される。このような取組みは、運用チームレベルで改善できるものもあれば、運用会社の経営方針にかかわるものもある。したがって、評価機関と運用会社の運用部門との継続的な対話に加えて、運用会社内で経営層と評価のフィードバックを共有する取組みも必要である。

2　定性評価の項目（運用編）

(1)　運用機関・会社組織

運用機関を評価する際は、主に、安定性、経営資源、人材といった項目が基準として評価される。また、運用会社の経営基盤として、経営安定性、組織運営、実績など運用会社としての適格性が備わっているかも評価される。

評価項目の例	評価内容の例
安定性	・運用資産の規模、財務的な安定性 ・存続年数（設立から何年経っているか） ・組織変更や経営陣の交代の履歴 ・今後の安定性にとって脅威となる潜在的なリスク（買収統合の可能性など）
経営資源	・経営理念、企業風土、親会社からの独立性 ・成長の源泉 ・経営資源の活用力
人材	・優秀な人材の採用、育成、確保

	・報酬体系

(2) 運用調査体制

ここで評価されるのは、運用・リサーチ人材のスキルは十分か、また投資哲学の再現性、継続性が保たれているか、運用とリサーチが十分に機能しているか、などである。運用チーム、調査体制、運用インフラ、安定性の4つの項目が主な基準として評価される。

評価項目の例	評価内容の例
運用チーム	・量的充実度 ・質的充実度
調査体制	・リサーチ能力
運用インフラ	・トレーディング体制、インフラ設備
安定性	・主要メンバーが交代した場合の影響 　（キーマンリスク、バックアップ体制等） ・過去の人事異動 ・チーム体制変更への対応 ・運用体制変更に至る潜在的なリスク

(3) 運用プロセス

ここでは、投資哲学に沿った運用体制の整備、運営がなされているかを評価する。また、格付投資情報センター（R&I）によると、ファンドの運用プロセス評価について次のように示している（同社ウェブサイトより）。

① 運用プロセスとは、当該ファンドの投資哲学を実践するためのプロセス全般を指す。プロセス自体の完成度・独自性・継続性・責任体制・リスク管理体制等が評価の対象となるほか、情報の収集・分析力、運用担当者のスキル・安定性などもその要素に含んでいる。

② 運用プロセスの確立度とともに、そのプロセスが実際に十分機能しているか、あるいはファンドの運用方針・運用プロセスと運用実績との間に、

一貫性・整合性が保たれているかという点も重視している。

③　ディスクロージャーなど、運用プロセス以外の要素でも、ファンドのクオリティを判断するうえで必要な項目が評価に反映される場合がある。

評価項目の例	評価内容の例
整合性	・想定するアクティブ・リスクの水準をとった運用がなされているか ・運用プロセスと具体的な投資行動が一致しているか
継続性	・現在の運用チームのもとで、十分な運用実績があるか ・過去の投資環境の変化等への対応
合理性	・運用会社が十分なリソースを割り当てているか ・運用プロセスは投資家に向けて十分な説明ができるものか ・コスト控除後で、受益者にリターンが残るように、ファンドが設計されているか
有効性	・過去のトラックレコードが偶然でないと判断される材料
ポートフォリオ管理	・目標としているアクティブ・リスク水準の妥当性 ・ポートフォリオ全体のリスク管理方法と質 ・担当者が常時モニタリングしているリスク管理項目

(4) クライアント・サービス

　クライアント・サービスの項目では、主にディスクロージャー機能が十分であるかを評価する。ディスクロージャー機能とは大きく2つに分けられ、1つ目は定期的な情報開示、そして2つ目は不定期の情報開示である。まず、定期的な情報開示とは、ファンドのパフォーマンス、市場環境、今後の見通し及び投資戦略、ポートフォリオの各種データ（特性値、業種配分、保有上位銘柄など）などの提供が可能かどうかを評価基準としている。2つ目の不定期の情報開示については、大きなイベントが発生しマーケットが大きく変動した際、迅速にマーケットコメント、今後の見通し等が提供できるかどうかが評価される。一般的に、定期的な情報開示の可否については、多くの運用会社は可能と答えるが、不定期の情報提供については、運用会社によ

って対応はさまざまである。

このほかにも、国内の拠点があるかどうか、販売活動に対する積極的な貢献が可能かどうかも重要な評価基準となる。一般的に、運用会社の規模が大きく、国内の拠点でのビジネス実績がある運用会社は、この評価項目について高く評価される傾向にある。

3　定性評価の項目（オペレーション編）

オペレーションに関する評価項目については、運用面の評価に直接的に結びつかないため、しばしば軽視されがちであるが、きわめて重要である。

定性評価において、下記の2点について見極める必要がある。

① **受託者責任を果たすことができるレベルにあるか**

運用会社は受益者に対して忠実に、かつ善良な管理者の注意をもって信託財産の運用を行わなければならない（金商法41条〜43条）。これは、運用の外部委託先にも適用され、受益者に対する責任が発生する。そのため、運用を委託する側の運用会社は、外部委託先が受託者責任を全うする能力があるかどうかを評価する必要がある。

② **日次のオペレーション業務の障害となる事項はないか**

日本と海外では運用業界を取り巻く制度の違いから、オペレーションに対する考え方が異なる場合がある。オペレーション上のエラーやガイドライン違反等が発生した場合、委託する側の運用会社にも責任が生じる。これを未然に防ぐためにも、外部委託先候補の運用会社のオペレーション実務に関して、事前に状況を把握しておくことが重要である。

ただし、ピッチブック[1]やDDQ[2]（Due Diligence Questionnaires）などには詳細な内容が掲載されていない場合が多く、事前に把握することはむずかしいため、より踏み込んだ調査が必要になる。

1　ピッチブックとは、商品提案を行う際に用いる提案資料のことである。
2　DDQとは、ファンド評価を行う際に評価機関などが運用の外部委託先に対して回答を要求する質問状のことである。
　外部委託先は頻繁に尋ねられる質問をまとめて、あらかじめ想定問答集を準備していることが多い。

(1) コンプライアンス

　米国において、2003年に発生した投信スキャンダル[3]では、違反した運用会社の資金流出が続き、経営陣の交代、社会的な信用の失墜などを招く結果となった。運用機関が持続的に成長するには、ファンドのパフォーマンスが優れていることに加えて、バックオフィスやコンプライアンス体制の整備が不可欠である。

　評価のポイントとしては、①コンプライアンス部門が独立しておりCEOへのレポートラインが確保されていること、②役職員向けの法令順守プログラムなどが整備されていること、③コンプライアンス部門のヘッドならびに主要メンバーの経験年数やバックグラウンド、などである。

　ただし、表面的には体制が整備されているように見えても、実効性が伴わないこともある。以上のような観点から、法令違反、業界内部の諸規則違反、監督省庁からの業務改善命令などの指示などの過去の履歴を調べ、その後の改善策や経過を調べることも重要である。

(2) オペレーション

　ここでは主に、発注から約定、ブローカーとの照合や指図送信など、日次の計上作業にかかわる業務をオペレーションと定義する。オペレーションにおいて、「発注から決済までの期間を、人手を介さず電子的に行うことで、できる限り短縮させようとする動き」をSTP（ストレート・スルー・プロセシング）化という。STP化が進めば進むほどマニュアル作業が減るため、オペレーションリスクの低減という観点から評価が高くなる傾向にある。一方で、電子的な処理では十分にカバーできない例外的な業務への対応力の評価も重要である。例外的な業務への対応がどのように行われているかは、現地

---

[3] 2003年、米国において某ヘッジファンドが大手金融機関と共謀し、投資信託の短期売買や時間外取引を中心とする不正行為から利益を得ていたことが発覚した。本件を契機に、規制当局の捜査や金融機関の自主調査が行われた結果、大手の運用会社が訴追され、経営トップが引責辞任するなどの事件に発展した。

実査におけるインタビューなどのなかでヒアリングする必要がある。例えば、フェイル（証券決済の未了）が長期にわたって発生している場合にどのように対応しているのか、といった質問が挙げられる。

また、外部委託先の運用会社が、日本の法令、諸規則、その他のルールに精通しているか、把握しておくべきである。海外の運用会社では、一般的に約定内容を過去にまで遡及して修正する行為が行われるが、日本の国内籍投信において同種の対応は不可能である。

近年、中小規模のブティック型の運用会社がオペレーション機能を外部の金融機関へ委託するケースが増えている。このような場合、オペレーション業務の外部委託先についても調査が必要となる。

なお、運用面のデューデリジェンスで現地実査を行う際、自社のオペレーション担当チームのメンバーと面談を行い、事前に業務フローを打ち合わせておくと、設定後のオペレーションがよりスムーズになる。

第IX編

投資信託の販売

第1章

販売組織及び販売員

第1節 金商法における規定

1 投信販売行為

　投資信託は、1951年に証券投資信託法が整備されて以来、証券会社で販売され、1998年の証取法65条の改正によって、金融機関における証券業務の禁止適用除外行為として、投資信託または外国投資信託の受益証券及び投資法人の投資証券、投資法人債券、外国投資証券の取扱いが追加された。これに先立ち1997年12月から投資信託委託会社が、金融機関の店舗を借りて行う「間貸し」と呼ばれる販売方式がとられていたが、2018年12月の法改正によって、銀行等の金融機関本体による投資信託の「窓口販売業務」いわゆる「窓販」が認められた。

　証取法等を改正・統合して制定された金商法のもとでは、投資信託の受益証券及び投資法人の投資証券は、同法2条1項10号及び11号において「有価証券」として定められる。その販売行為は、同法が定める「金融商品取引業」（同法2条8項）のうち、「第一種金融商品取引業」に当たる。

　「第一種金融商品取引業」とは、有価証券の引受け、元引受け、売出し、売買、募集の取扱い、デリバティブ取引、有価証券管理業務などの行為を業として行うことをいう（金商法28条1項）。また金融商品取引業のほか、投資

信託委託会社の投資信託受益証券に係る収益金、償還金・解約金の支払に係る業務の代理、累積投資契約の締結（内閣府令で定めるものに限る）、有価証券に関連する情報の提供・助言（投資助言行為を除く）等の業務を行うことができる（同法35条）。

「金融商品取引業」は、内閣総理大臣の登録を受けた「金融商品取引業者」でなければ行うことができない（金商法29条）[1]。登録の申請がなされた場合、登録を拒否される場合を除くほかは、金融商品取引業者登録簿に、登録申請書の記載事項、登録年月日及び登録番号が登録され、金融商品取引業者登録簿は公衆の縦覧に供される（同法29条の3、29条の4）。

投資信託委託会社が直接販売する「直販」は、「第二種金融商品取引業[2]」に該当し、販売、勧誘行為について、証券会社や銀行等金融機関本体の「窓販」同様、金商法の行為規制の対象となる。

2　登録金融機関による窓販

証取法同様、金商法においても、33条により、銀行、協同組織金融機関等による有価証券関連業または投資運用業は禁止されている。ただし、同条2項の例外規定により、内閣総理大臣の登録を受けることによって、「登録金融機関」として、有価証券の種類に応じて一定の範囲で有価証券業を行うことができる（同法33条の2）。投信法に規定する投資信託または外国投資信託の受益証券、投資証券もしくは投資法人債券または外国投資証券については、次の行為が認められている。

---

[1] 登録を受けようとする者は、主に次に掲げる事項を記載した登録申請書を内閣総理大臣に提出しなければならない（金商法29条の2）。①商号、名称または氏名、②法人であるときは、資本金の額または出資の総額（第一種金融商品取引業を行おうとする外国法人にあっては、資本金の額または出資の総額及び持込資本金の額）、③法人であるときは、役員（外国法人にあっては、国内における代表者を含む）の氏名または名称、④政令で定める使用人があるときは、その者の氏名、⑤業務の種別、⑥本店その他の営業所または事務所の名称及び所在地、⑦他に事業を行っているときは、その事業の種類、⑧その他内閣府令で定める事項。

[2] 「第二種金融商品取引業」とは、投資信託その他ファンドの自己募集、抵当証券その他流動性の低い有価証券の募集などの行為を業として行うことをいう（金商法28条2項）。

① 有価証券の売買、市場デリバティブ取引、金融指標（当該金融商品の価格及びこれに基づいて算出した数値に限る）に係る市場デリバティブ取引、または外国市場デリバティブ取引（金商法2条8項1号）
② 有価証券の売買、市場デリバティブ取引または外国市場デリバティブ取引の媒介、取次または代理（同項2号）
③ 次の行為の委託の媒介……取引所金融商品市場における有価証券の売買または市場デリバティブ取引、外国金融市場における有価証券の売買または外国市場デリバティブ取引（同項3号）
④ 有価証券の募集もしくは売出しの取扱いまたは私募もしくは特定投資家向け売付勧誘の取扱い（同項9号）
⑤ 投資顧問契約または投資一任契約の締結の代理または媒介（同項13号）

3　金融商品仲介業制度

　2003年5月の証取法改正によって証券仲介業制度が創設され、2004年4月より実施された。これにより、金融機関以外の者が、個人、法人を問わず、登録を受けることによって証券仲介業を営むことが可能となった。ファイナンシャル・プランナーや税理士などが、証券会社などの委託を受けて、投資信託などの有価証券の売買の媒介や募集を行うことができるようになった。
　金商法施行とともに、「証券仲介業者」は「金融商品仲介業者」と名称が改められ、有価証券関連以外のものを含むデリバティブ取引の媒介及び投資顧問契約などの締結の媒介を業として行うことが新たに業として追加された（同法66条）。

第2章

販売行為

第1節 顧客本位の業務運営に関する原則

　2016年4月19日の金融審議会総会において、金融担当大臣より、「情報技術の進展その他の市場・取引所を取り巻く環境の変化を踏まえ、経済の持続的な成長及び国民の安定的な資産形成を支えるべく、日本の市場・取引所を巡る諸問題について、幅広く検討を行うこと」との諮問が行われた。この諮問を受けて、金融審議会に市場ワーキング・グループが設置され、国民の安定的な資産形成と顧客本位の業務運営（フィデューシャリー・デューティー）等について審議が行われた。市場ワーキング・グループでは、国民の安定的な資産形成を図るためには、金融商品の販売、助言、商品開発、資産管理、運用等を行うすべての金融機関等（以下「金融事業者」）が、インベストメント・チェーンにおけるそれぞれの役割を認識し、顧客本位の業務運営に努めることが重要との観点から審議が行われ、同年12月22日に報告書が公表された。そのなかで、以下のような内容が示された。

・これまで、金融商品のわかりやすさの向上や、利益相反管理体制の整備といった目的で法令改正等が行われ、投資者保護のための取組みが進められてきたが、一方で、これらが最低基準（ミニマム・スタンダード）となり、金融事業者による形式的・画一的な対応を助長してきた面も指摘できる。

・本来、金融事業者が自ら主体的に創意工夫を発揮し、ベスト・プラクティスを目指して顧客本位の良質な金融商品・サービスの提供を競い合い、より良い取組みを行う金融事業者が顧客から選択されていくメカニズムの実現が望ましい。
・そのためには、従来型のルールベースでの対応のみを重ねるのではなく、プリンシプルベースのアプローチを用いることが有効であると考えられる。具体的には、当局において、顧客本位の業務運営に関する原則を策定し、金融事業者に受け入れを呼びかけ、金融事業者が、原則を踏まえて何が顧客のためになるかを真剣に考え、横並びに陥ることなく、より良い金融商品・サービスの提供を競い合うよう促していくことが適当である。

また、報告書では、顧客本位の業務運営に関する原則に盛り込むべき事項についても提言がなされた。金融事業者は、本原則を外形的に遵守することに腐心するのではなく、その趣旨・精神を自ら咀嚼したうえで、それを実践していくためにはどのような行動をとるべきかを適切に判断していくことが求められる。

【顧客本位の業務運営に関する方針の策定・公表等】
金融事業者は、顧客本位の業務運営を実現するための明確な方針を策定・公表するとともに、当該方針に係る取組状況を定期的に公表すべきである。当該方針は、より良い業務運営を実現するため、定期的に見直されるべきである。
【顧客の最善の利益の追求】
金融事業者は、高度の専門性と職業倫理を保持し、顧客に対して誠実・公正に業務を行い、顧客の最善の利益を図るべきである。金融事業者は、こうした業務運営が企業文化として定着するよう努めるべきである。
【利益相反の適切な管理】
金融事業者は、取引における顧客との利益相反の可能性について正確に把握し、利益相反の可能性がある場合には、当該利益相反を適切に管理すべきである。金融事業者は、そのための具体的な対応方針をあらかじめ策定すべきである。
【手数料等の明確化】

金融事業者は、名目を問わず、顧客が負担する手数料その他の費用の詳細を、当該手数料等がどのようなサービスの対価に関するものかを含め、顧客が理解できるよう情報提供すべきである。

【重要な情報の分かりやすい提供】
金融事業者は、顧客との情報の非対称性があることを踏まえ、上記に示された事項のほか、金融商品・サービスの販売・推奨等に係る重要な情報を顧客が理解できるよう分かりやすく提供すべきである。

【顧客にふさわしいサービスの提供】
金融事業者は、顧客の資産状況、取引経験、知識及び取引目的・ニーズを把握し、当該顧客にふさわしい金融商品・サービスの組成、販売・推奨等を行うべきである。

【従業員に対する適切な動機づけの枠組み等】
金融事業者は、顧客の最善の利益を追求するための行動、顧客の公正な取扱い、利益相反の適切な管理等を促進するように設計された報酬・業績評価体系、従業員研修その他の適切な動機づけの枠組みや適切なガバナンス体制を整備すべきである。

（金融庁「顧客本位の業務運営に関する原則」2017年3月30日）

第2節　販売の法務──金商法上の行為規則

1　誠実公正義務

　1992年の証取法改正前は、顧客に対する誠実・公平についての直接的な規定はなく、業者の禁止行為を規定することで、顧客利益の保護を図るかたちとなっていた。改正によって「顧客に対して誠実かつ公正に、その業務を遂行しなければならない」（証取法33条）と、「顧客に対する誠実義務」が明記された。

　金商法36条では、「金融商品取引業者等並びにその役員及び使用人は、顧客に対して誠実かつ公正に、その業務を遂行しなければならない」と、「顧客に対する誠実義務」を定めている。

(1) 説明義務

この誠実公正義務からは、具体的義務として説明義務が生じる。説明義務とは、顧客に投資勧誘や販売を行うにあたり、十分な情報提供を行い、商品の内容等を明確に説明する義務である。

投資の判断は、最終的に投資家自身が下さなければならない。自己責任は金融商品取引における基本原則である。日本証券業協会規則においても「顧客に対し、投資は投資者自身の判断と責任において行うべきものであることを理解させるものとする」（日本証券業協会自主規制規則「協会員の投資勧誘、顧客管理等に関する規則」4条）と明示し、自己責任原則の徹底を求めている。しかしながら、投資家が自己の責任において判断を下すには、投資商品についての情報とその十分な理解が必要であり、換言すれば自己責任原則の確立には、商品内容について投資家の十分な理解を得るための情報提供が必要不可欠なのである。

(2) 預金誤認防止

説明義務についての具体的な規定としては、日本証券業協会の規則上において、特別会員（銀行等登録金融機関）について、預金等との誤認防止を図るために十分に説明することを定め、説明事項として次の6項目を掲げている（日本証券業協会自主規制規則「協会員の投資勧誘、顧客管理等に関する規則」10条2項）。

① 預金等でないこと
② 預金保険の対象ではないこと
③ 投資者保護基金の対象ではないこと
④ 元本保証がされていないこと
⑤ 契約の主体
⑥ その他預金等との誤認防止に関し参考となる事項

そして、営業所または事務所において、有価証券を取り扱う場合には、上記①〜④の事項を顧客の目につきやすいように窓口に掲示しなければならな

い。

　なお、銀行法上にも情報提供義務規定が明文化されており、同法施行規則13条の5において、銀行が預金以外の証券投資信託等を販売するにあたって、「業務の方法に応じ、顧客の知識、経験、財産の状況及び取引を行う目的を踏まえ、顧客に対し、書面の交付その他の適切な方法により、預金等との誤認を防止するための説明を行わなければならない」と定められ、顧客が元本保証の商品であると誤認することを防止するために、必要説明事項として次の事項が掲げられている（同法施行規則13条の5第2項）。

① 預金等ではないこと
② 預金保険の対象ではないこと
③ 元本保証がされていないこと
④ 契約の主体
⑤ その他預金等との誤認防止に関し参考となる事項

2　適合性の原則

　1992年の証取法改正前は、「適合性の原則」については、証券局長通達等に主旨が明らかにされていた。改正によって勧誘行為について、「顧客の知識」「経験」及び「財産の状況」に照らして不適当と認められる勧誘を行って投資者の保護に欠けることのないように業務を営まなければならないことが明記された。

　「適合性の原則」とは、広義には「業者が利用者の知識・経験、財産力、投資目的に適合した形で勧誘（あるいは販売）を行わなければならないというルール」、狭義には「ある特定の利用者に対してはどんなに説明を尽くしても一定の商品の販売・勧誘を行ってはならない」というルールである[3]。

　例えば、金融商品取引について高度な知識・経験を有しない顧客に対して複雑な商品を勧誘することや、顧客の資産状況に照らして過当な取引を勧誘することなど、個々の顧客の属性に見合わず、当該顧客の保護に支障を生ず

---

[3] 1999年7月の金融庁金融審議会第一部会「中間整理（第一次）」。

るおそれがあるような勧誘を行うことを禁止するものである。

　金商法においては40条に「適合性の原則」として義務が明確化され、適合性の判断基準として従来の「顧客の知識」「経験」「財産の状況」の3要素に加え、「金融商品取引契約を締結する目的」が追加され、4要素となった。

　そして、金融商品取引業等に関する内閣府令では、「禁止行為」として、契約締結前交付書面、上場有価証券等書面、目論見書及び契約変更書面の交付に関し、リスク情報等についてあらかじめ顧客の知識、経験、財産の状況及び契約締結の目的に照らして当該顧客に理解されるために必要な方法及び程度によって説明をすることなく契約を締結する行為が定められている（同令117条）。後述する金販法にも共通するが、契約締結前交付書面を交付する際には、顧客に適合した説明義務を果たさなければならないことが明記されたのである。

　金融庁の「金融商品取引業者等向けの総合的な監督指針」では、「金商法40条の規定に基づき、顧客の知識、経験、財産の状況、投資目的やリスク管理判断能力等に応じた取引内容や取引条件に留意し、顧客属性等に則した適正な投資勧誘の履行を確保する必要がある」とし、顧客の属性等及び取引実態を的確に把握しうる顧客管理態勢を確立することを求めている（特にインターネット取引については、その非対面性に鑑みて細心の注意を払うことを求めている）（金融商品取引業者等向けの総合的な監督指針Ⅲ-2-3-1）。

　「適合性の原則」遵守の具体的行為として、日本証券業協会の規則では、従来より、適切な勧誘行為について「協会員は、顧客の投資経験、投資目的、資力等を十分に把握し、顧客の意向と実情に適合した投資勧誘を行うよう努めなければならない」と定め（日本証券業協会自主規制規則「協会員の投資勧誘、顧客管理等に関する規則」3条2項）、顧客の実情を把握するための「顧客カード」の整備を義務づけている（同規則5条1項）。

(1) 顧客カード

　「顧客カード」の記載事項として次の10点を掲げ、顧客カード等によって知りえた秘密を他にもらしてはならないことを定めている（日本証券業協会

自主規制規則「協会員の投資勧誘、顧客管理等に関する規則」5条2項）。

①氏名または名称、②住所または所在地及び連絡先、③生年月日、④職業、⑤投資目的、⑥資産の状況、⑦投資経験の有無、⑧取引の種類、⑨顧客となった動機、⑩その他各協会員において必要と認める事項。

さらに、その顧客カード等により知りえた顧客の実情に照らして、過当な取引の勧誘を行うことを禁止している（日本証券業協会自主規制規則「協会員の従業員に関する規則」7条5項）。

(2) 乗換え勧誘時の説明義務

金商法40条2号に定められる、業務に関して取得した顧客に関する情報の適正な取扱いを確保するための措置を講じていないと認められる状況、その他業務の運営の状況が公益に反し、または投資者の保護に支障を生ずるおそれがあるものとして、乗換えの勧誘時に重要な事項について説明を行っていない状況が掲げられている（金商業等府令123条9号）。

乗換え勧誘とは、顧客が保有している投資信託の解約等と他の投資信託の取得等とをあわせて行うことを勧誘する行為をいう。

2001年8月に金融庁が取りまとめた「証券市場の構造改革プログラム」において、証券会社の営業姿勢の転換に向けた方策の一環として、「株式投資信託の乗換えの勧誘行為の改善に向けたルールの導入」が盛り込まれた。それを受けて2002年2月に、証券会社の行為規制等に関する内閣府令及び金融機関の証券業務に関する内閣府令が改正され、投資信託受益証券等の乗換えを勧誘するに際し、顧客に対して、当該乗換えに関する重要な事項について説明することを義務づけた。

その目的は、長期保有を基本とし商品性も多岐にわたる投資信託において、十分な説明もないままに乗換えが行われることを防止することにある。日本証券業協会では、「投資信託等の乗換え勧誘時の説明義務に関するガイドライン」を策定し、説明の内容及び説明義務の履行に係る社内管理体制の構築等について明示した。同ガイドラインの内容については、後述する。

3　目論見書・契約締結前の書面

(1)　金商法上の発行開示

　1998年の証取法改正前は、同法上の開示規定の適用除外証券は、国債・地方債証券・特別の法律により設立された法人の発行する出資証券・証券投資信託または貸付信託の受益証券等であった。投資信託の発行開示については、投信法において、投資信託委託会社に対し「受益証券説明書を作成し、当該受益証券を取得しようとする者の利用に供しなければならない」と定められていた。販売会社に対しては、投信協会の部会申し合わせによって、販売にあたり、受益証券説明書をもって商品内容を十分説明するとともに、当該受益証券説明書を、訪問による勧誘の場合や来社による申し込みの場合はその場で交付、電話または文書による勧誘の場合はすみやかに送付することが規定されていた。

　1998年の証取法の改正によって、投資信託の受益証券は適用除外証券から外され、それにより同法の開示義務が課せられた。

　金商法においては、5条1項の定めにより、投資信託受益証券の発行者である投資信託委託会社は、有価証券届出書を内閣総理大臣[4]に提出しなければならない。

(2)　目論見書の作成

　投資信託委託会社は、受益証券の発行者として、有価証券届出書の内容を記載した目論見書を作成しなければならない（金商法13条）。

　2004年12月の証取法の改正で、目論見書に関する規定が変更され、それまで1冊であった目論見書が、顧客に必ず交付する目論見書（金商法15条2項）と、顧客からの請求に応じて交付する目論見書（同条3項）に分かれること

---

[4]　金商法194条の7第1項により金融庁長官に、さらには、投資信託に関する金商法上の開示手続受理については、関東財務局長に委任されている（同法施行令39条、特定有価証券の内容等の開示に関する内閣府令「特定有証開示府令」33条）。

となった。前者は「交付目論見書」、後者は「請求目論見書」という。

記載にあたっては、投資家が容易に理解できるよう、有価証券届出書に記載された内容をわかりやすい表現または表記を使用して記載することが求められており、グラフ、図表等の使用や、有価証券届出書の記載項目の配列を変更して記載することが認められている（特定有価証券の内容等の開示に関する留意事項について、以下「特定有価留意事項」13－1）。

(3) 目論見書の交付

販売会社には、投資信託受益証券を募集または売出しにより取得させ、または売り付ける場合には、「交付目論見書」を「あらかじめ又は同時」に交付することが義務づけられている（金商法15条2項）。この規定に違反して、目論見書を「あらかじめ又は同時」に交付することなく、有価証券を取得させた者は、有価証券を取得した者に対して、交付義務違反によって生じた損害を賠償する責任がある（同法16条）。ただし、適格機関投資家に対して、有価証券を取得させ、売り付ける場合は交付する義務はない。

「請求目論見書」については、投資信託受益証券を募集または売出しにより取得させ、または売り付ける場合において、その取得させたり、または売り付ける時までに、顧客から交付の請求があったときには、直ちに交付しなければならない（金商法15条3項）。

(4) 契約締結前の書面の交付

金商法では、「適合性の原則」の強化とあわせて、顧客への説明義務が強化され、その一環として、金融商品取引契約を締結しようとするときは、あらかじめ顧客に対して書面を交付することが義務づけられた（同法37条の3）。その記載内容と記載方法は次のように定められている（同条1項）。

a 共通記載事項
① 金融商品取引業者等の商号、名称、住所
② 金融商品取引業者等である旨と登録番号
③ 金融商品取引契約の概要

④ 手数料、報酬その他の金融商品取引契約に関して顧客が支払うべき対価に関する事項であって金融商品取引業等に関する次の事項（金商業等府令81条）

・ 手数料、報酬、費用その他いかなる名称によるかを問わず、金融商品取引契約に関して顧客が支払うべき手数料等の種類ごとの金額もしくはその上限額またはこれらの計算方法及び当該金額の合計額もしくはその上限額またはこれらの計算方法（ただし、これらの記載をすることができない場合にあっては、その旨及びその理由）

⑤ 金融商品市場における相場その他の指標に係る変動により損失が生ずることとなるおそれがあるときはその旨

⑥ 金融商品取引業者等の内容に関する事項であって、顧客の判断に影響を及ぼすこととなる重要なものとして金融商品取引業等に関する次の事項（金商業等府令82条）

(i) 契約締結前の書面の内容を十分に読むべき旨

(ii) 金利、通貨の価格、金融商品市場における相場その他の指標に係る変動を直接の原因として損失が生じることとなるおそれがある場合にあっては、当該指標と当該指標に係る変動により損失が生ずるおそれがある理由

(iii) 上記の損失の額が顧客が預託すべき委託証拠金その他の保証金の額を上回ることとなるおそれ（元本超過損が生ずるおそれ）がある場合にあっては、上記の指標のうち元本超過損が生ずるおそれを生じさせる直接の原因となるものと、変動により元本超過損が生ずるおそれがある理由

(iv) 金融商品取引業者等その他の者の業務または財産の状況の変化を直接の原因として損失が生ずることとなるおそれがある場合にあっては、当該者と当該者の業務または財産の状況の変化により損失が生ずるおそれがある旨及びその理由

(v) 上記の損失の額が顧客が預託すべき委託証拠金その他の保証金の額を上回ることとなるおそれ（元本超過損が生ずるおそれ）がある場合に

あっては、上記の者のうち元本超過損が生ずるおそれを生じさせる直接の原因となるものと、業務または財産の状況の変化により元本超過損が生ずるおそれがある旨及びその理由
- (ⅵ) 金融商品取引契約に関する租税の概要
- (ⅶ) 金融商品取引契約の終了の事由がある場合にあっては、その内容
- (ⅷ) 金融商品取引契約への金商法37条の6の規定（クーリングオフ）の適用の有無
- (ⅸ) 金融商品取引業者等の概要
- (ⅹ) 金融商品取引業者等が行う金融商品取引業（登録金融機関にあっては、登録金融機関業務）の内容及び方法の概要
- (ⅺ) 顧客が金融商品取引業者等に連絡する方法
- (ⅻ) 金融商品取引業者等が加入している金融商品取引業協会及び対象事業者となっている認定投資者保護団体の有無（加入し、または対象となっている場合にあっては、その名称）

⑦ 有価証券の売買その他の取引に係る次の共通記載事項（金商業等府令83条1項）
- (ⅰ) 当該有価証券の譲渡に制限がある場合にあっては、その旨及び当該制限の内容
- (ⅱ) 当該有価証券が取扱有価証券である場合にあっては、当該有価証券の売買の機会に関し顧客の注意を喚起すべき事項

b 記載方法

① 契約締結前の書面の内容を十分に読むべき旨と、上記記載事項のうち、顧客の判断に影響を及ぼすこととなる特に重要なものを、12ポイント以上の大きさの文字及び数字を用いて契約締結前交付書面の最初に平易に記載する
② 次に、上記a共通記載事項の④⑤を12ポイント以上の大きさの文字及び数字を用いて明瞭かつ正確に記載する
③ 残りの事項については、8ポイント以上の大きさの文字及び数字を用いて、明瞭かつ正確に記載する（金商業等府令79条）

投資信託販売においては、目論見書をあらかじめまたは同時に交付する義務があり（金商法15条2項）、契約締結前交付書面の代替と認められる（金商業等府令80条1項3号）。ただし、要件として、契約締結前交付書面に記載すべき事項がすべて記載されていることが求められている。

また、目論見書の交付が免除される場合（金商法15条2項2号）についても、契約締結前交付書面は免除される（金商業等府令80条1項3号）。

(5) 約款の交付

投信法においては、金融商品取引業者は、受益証券を取得しようとする者に対して、投資信託約款の内容を記載した書面を交付することを義務づけている。ただし、届出目論見書に、投資信託約款の内容が記載されている場合は、交付義務はない（同法5条1項）。

また、受益証券の取得の申し込みの勧誘が適格機関投資家私募により行われる場合と、受益証券を取得しようとする者が、既に当該受益証券を所有している場合等にも交付しないことができる（投信法施行規則10条）。

4　契約締結時等の書面

金融商品取引が成立したとき、その他金商業等府令で定めるときは、遅滞なく、同府令で定めるところにより、書面を作成し、顧客に交付しなければならない（金商法37条の4）。

交付すべき場合と記載事項は次のとおり定められている。

(1) 交付すべき場合（金商法37条の4、金商業等府令98条1項1号・2号）

① 金融商品取引契約が成立したとき
② 投資信託契約または外国投資信託に係る信託契約の全部または一部の解約[5]があったとき

---

[5] 顧客が取得した投資信託を解約する行為は、金融商品取引契約の締結に該当しないことから、契約締結前交付書面の交付義務の対象にならない一方、契約締結時等の書面の交付義務の対象となるものと考えられる（金融庁パブリックコメント）。

③ 投資口の払戻しがあったとき

(2) 共通記載事項（金商業等府令99条）

① 金融商品取引業者等の商号、名称または氏名
② 金融商品取引業者等の営業所または事務所の名称
③ 金融商品取引契約、投資信託契約もしくは外国投資信託に係る信託契約の全部もしくは一部の解約または投資口の払戻しの概要
④ 金融商品取引契約の成立、投資信託契約もしくは外国投資信託に係る信託契約の全部もしくは一部の解約または投資口の払戻しの年月日
⑤ 金融商品取引契約、投資信託契約もしくは外国投資信託に係る信託契約の全部もしくは一部の解約または投資口の払戻しに係る手数料等に関する事項
⑥ 顧客の氏名または名称
⑦ 顧客が金融商品取引業者等に連絡する方法

(3) 有価証券の売買その他の取引またはデリバティブ取引等に係る共通記載事項（金商業等府令100条）

① 自己または委託の別ならびに委託の場合で市場外における取引の場合には、相手方の商号、名称または氏名及び住所または所在地
② 売付け等または買付け等の別
③ 銘柄
④ 約定数量
⑤ 単価、対価の額、約定数値その他取引1単位当りの金額または数値
⑥ 顧客が支払うこととなる金銭の額及び計算方法
⑦ 取引の種類
⑧ 取引の内容を的確に示すために必要な事項

(4) 交付が不要な主な場合（金商業等府令110条）

① 次の金融商品取引契約について、その取引の契約の内容を記載した書面

第2章　販売行為　469

を定期的に交付し、かつ、当該顧客からの個別の取引に関する照会に対して、すみやかに回答できる体制が整備されている場合

 (i) 累積投資契約による買付けまたは累積投資契約に基づき定期的にする売付け

 (ii) 投資信託の受益証券、集団投資スキーム持分から生ずる収益金をもって、当該受益証券、集団投資スキーム持分と同一の銘柄を取得させるもの

 (iii) 公社債投資信託の受益証券の売買または投資信託契約の解約

② 事故処理の場合

③ 既に成立している金融商品取引契約の一部の変更をすることを内容とする金融商品取引契約が成立した場合であって、変更に伴い既に成立している金融商品取引契約に係る契約締結時交付書面の記載事項に変更すべきものがないとき。当該変更に伴い既に成立している金融商品取引契約に係る契約締結時交付書面の記載事項に変更すべきものがある場合にあっては、当該顧客に対し当該変更すべき記載事項を記載した書面を交付しているとき

5　取引残高報告書の交付

　有価証券の売買その他の取引もしくはデリバティブ取引等に係る金融商品取引契約が成立し、または有価証券もしくは金銭の受渡しを行った場合にあっては、取引残高報告書を交付しなければならない。

(1)　交付すべき場合（金商業等府令98条1項3号）

① 顧客の請求による取引のつど……金融商品取引契約が成立し、または当該受渡しを行った場合には、そのつど。取引残高報告書の交付を受けることについて顧客から請求があったときは、そのつど

② 四半期ごと交付の方法……上記の顧客以外の場合と、報告書対象期間の末日における金銭及び有価証券の残高ならびに報告対象期間の末日における信用取引、発行日取引及びデリバティブ取引の未決済勘定明細及び

評価損益の記載を省略する場合は、1年を3月以下の期間ごとに区分した期間か、直近に取引残高報告書を作成した日から1年間当該金融商品取引契約が成立しておらず、または当該受渡しを行っていない場合で金銭または有価証券の残高があるときは、1年または1年を1年未満の期間ごとに区分した期間の末日ごと

上記をまとめると次のとおり。

		つど交付	四半期交付
成立または受渡しのつど、交付請求があった場合	報告書に省略なし	○	×
	報告書に一部省略あり	○	○
上記請求がない場合		×	○

(2) 記載事項（金商業等府令108条）

① 顧客の氏名または名称
② 金融商品取引契約の成立のつど取引残高報告書を交付すべき金融商品取引契約または報告対象期間において成立した金融商品取引契約に係る以下の事項
　(i) 約定年月日
　(ii) 有価証券の受渡しの年月日
　(iii) 売付け等または買付け等の別
　(iv) 有価証券の種類またはデリバティブ取引の種類
　(v) 銘柄（取引の対象となる金融商品、金融指標その他これに相当するものを含む）
　(vi) 約定数量（数量がない場合にあっては、件数または数量に準ずるもの）
　(vii) 単価、対価の額、約定数値その他取引1単位当りの金額または数値
　(viii) 支払金額（手数料を含む）
　(ix) 現金取引または信用取引の別
③ 報告対象期間において行った有価証券の受渡しの年月日ならびに当該有

価証券の種類及び株数もしくは口数または券面の総額
④ 報告対象期間において行った金銭の受渡しの年月日及びその金額
⑤ 報告対象期間の末日における金銭及び有価証券の残高

(3) 交付が不要な主な場合（金商業等府令111条）

① 顧客が外国政府、外国の政府機関、外国の地方公共団体、外国の中央銀行及び日本国が加盟している国際機関であって、当該顧客の権限ある者から書面または情報通信を利用する方法によりあらかじめ取引残高報告書の交付を要しない旨の承諾を得、かつ、当該顧客からの取引残高に関する照会に対してすみやかに回答できる体制が整備されている場合（顧客が適格機関投資家である場合を除く）

② 金融商品取引契約または受渡しが有価証券の募集もしくは売出しの取扱いまたは私募の取扱い（当該有価証券の募集もしくは売出しの取扱いまたは私募の取扱いに係る顧客が当該有価証券の発行者または所有者であるものに限る）に係るものである場合

6　運用報告書

　金商法42条の7において、金融商品取引業者等は、運用財産について、金商業等府令で定めるところにより、定期に運用報告書を作成し、当該運用財産に係る知れている権利者に交付しなければならないとしている。

　しかし、投資信託の場合は、投信法14条1項で「投資信託委託会社は、その運用の指図を行う投資信託財産について、原則、計算期間の末日ごとに、運用報告書を作成し、当該投資信託財産に係る知れている受益者に交付しなければならない」と定めているため、同条7項「金商法42条の7の規定は、投資信託委託会社がその運用の指図を行う投資信託財産については、適用しない」としている。

　法令改正に伴い、2014年12月以降に作成期日を迎えた運用報告書から、運用報告書（全体版）と交付運用報告書に分冊して作成している。投資信託委託会社は、原則として計算期間の末日ごとに運用報告書（全体版）及び交付

運用報告書を作成する。ただし、計算期間が半年未満の場合は、半年ごとに作成する。そして、作成のつど、販売会社を通じて知れている受益者に対して交付される。

なお、上場投資信託（ETF）やMRF等については、受益者の保護に欠けるおそれのないものとして運用報告書の交付は免除されている。

投資信託委託会社は、前述の運用報告書（全体版）の交付に代えて、投資信託約款において、運用報告書（全体版）に記載すべき事項を電磁的方法により提供する旨を定めている場合には、当該事項を電磁的方法により提供することで、運用報告書（全体版）を交付したとみなされる。ただし、受益者から運用報告書（全体版）の交付の請求があった場合には、これを交付しなければならない。

また、投資信託委託会社は、運用報告書（全体版）に記載すべき事項のうち重要なものとして内閣府令で定めるものを記載した書面である交付運用報告書を作成し、投資信託財産に係る知れている受益者に交付しなければならない。交付運用報告書では、基準価額の推移等の運用経過、費用明細、投資環境、分配金の状況や今後の運用方針等を図表を用い、簡潔にわかりやすく説明している。金融商品取引業者は、この交付運用報告書の交付に代えて、政令で定めるところにより、当該知れている受益者の承諾を得て、当該交付運用報告書に記載すべき事項を電子情報処理組織を使用する方法その他の情報通信の技術を利用する方法であって内閣府令で定めるものにより提供することができる。この場合において、当該金融商品取引業者は、当該交付運用報告書を交付したものとみなされる。

投資信託委託会社は、運用報告書（全体版）及び交付運用報告書を作成したときは、遅滞なく、これを金融庁長官に届け出なければいけない。

7　主な禁止行為

金融商品取引業者等またはその役員もしくは使用人は、次に掲げる行為をしてはならない（金商法38条）。

① 虚偽告知の禁止……金融商品取引契約の締結またはその勧誘に関して、

顧客に対し虚偽のことを告げる行為

② 断定的判断の提供の禁止……顧客に対し、不確実な事項について断定的判断を提供し、または確実であると誤解させるおそれのあることを告げて金融商品取引契約の締結の勧誘をする行為

③ 不招請勧誘の禁止……金融商品取引契約の締結の勧誘の要請をしていない顧客に対し、訪問しまたは電話をかけて、金融商品取引契約の締結の勧誘をする行為（店頭金融先物取引に限る（同法施行令16条の4第1項））

④ 勧誘を受ける意思の有無の未確認の禁止……金融商品取引契約の締結につき、その勧誘に先立って、顧客に対し、その勧誘を受ける意思の有無を確認することをしないで勧誘をする行為（金融先物取引対象に限る（同条2項））

⑤ 再勧誘の禁止……金融商品取引契約の締結の勧誘を受けた顧客が当該金融商品取引契約を締結しない旨の意思（当該勧誘を引き続き受けることを希望しない旨の意思を含む）を表示したにもかかわらず、当該勧誘を継続する行為（金融先物取引対象に限る（同項））

⑥ その他投資者の保護に欠け、もしくは取引の公正を害し、または金融商品取引業者の信用を失墜させるものとして定める以下のこと（金商業等府令117条）

　(i) 契約締結前書面等の交付に際しての適合性原則違反……契約締結前交付書面、上場有価証券等書面、目論見書、契約変更書面の交付に際し、顧客に対して、金融商品取引契約の概要、顧客が支払うべき対価（手数料）など、市場リスク、元本欠損のおそれその他の事項について顧客の知識、経験、財産の状況及び金融商品取引契約を締結する目的に照らして当該顧客に理解されるために必要な方法及び程度による説明をすることなく金融商品取引契約を締結する行為

　(ii) 虚偽表示の禁止……金融商品取引契約の締結またはその勧誘に関して、虚偽の表示をし、または重要な事項につき誤解を生ぜしめる表示をする行為

　(iii) 特別の利益の提供の禁止……金融商品取引契約につき、顧客もしく

はその指定した者に対し、特別の利益の提供を約し、または顧客もしくは第三者に対し特別の利益を提供する行為（第三者をして特別の利益の提供を約させ、またはこれを提供させる行為を含む）

(iv) 暴行脅迫の禁止……金融商品取引契約の締結または解約に関し、偽計を用い、または暴行もしくは脅迫をする行為

(v) 金融商品取引契約に基づく金融商品取引行為を行うことその他の当該金融商品取引契約に基づく債務の全部または一部の履行を拒否し、または不当に遅延させる行為

(vi) 金融商品取引契約に基づく顧客の計算に属する金銭、有価証券その他の財産または委託証拠金その他の保証金を虚偽の相場を利用することその他不正の手段により取得する行為

(vii) 金融商品取引契約の締結または解約に関し、顧客に迷惑を覚えさせるような時間に電話または訪問により勧誘する行為

(viii) あらかじめ顧客の同意を得ずに、当該顧客の計算により有価証券の売買その他の取引またはデリバティブ取引等をする行為

(ix) 個人である金融商品取引業者または金融商品取引業者等の役員（役員が法人であるときは、その職務を行うべき社員を含む）もしくは使用人が、自己の職務上の地位を利用して、顧客の有価証券の売買その他の取引等に係る注文の動向その他職務上知り得た特別の情報に基づいて、またはもっぱら投機的利益の追求を目的として有価証券の売買その他の取引等をする行為

(1) その他の禁止行為等

日本証券業協会は、協会員に対して、従業員が行ってはならない行為を掲げている。投資信託販売にかかわる主な禁止行為は、次のとおりである（日本証券業協会自主規制規則「協会員の従業員に関する規則」7条）。

① 過当取引勧誘……顧客カード等により知り得た投資資金の額その他の事項に照らし、過当な数量の投資信託受益証券等の取引等の勧誘を行うこと（同条5号）

② 顧客との損益の共有……投資信託受益証券等の取引等について、顧客と損益をともにすることを約束して勧誘しまたは実行すること（同条6号）
③ 名義貸し……顧客の投資信託受益証券等の取引等またはその名義書換えについて自己もしくはその親族その他自己と特別の関係のある者の名義または住所を使用させること（同条8号）
④ 仮名取引の受託……顧客から投資信託受益証券等の取引等の注文を受ける場合において、本人以外の名義を使用していることを知りながら注文を受けること（同条9号）
⑤ 名義借り……自己の投資信託受益証券等の取引等について顧客の名義または住所を使用すること（同条10号）
⑥ 金銭、有価証券の受渡しの遅延……顧客から、所属協会員に交付するために預託された金銭、投資信託受益証券等または、協会員から顧客に交付するために預託された金銭、投資信託受益証券等を、遅滞なく相手方に引き渡さないこと（同条12号）
⑦ 書類の受渡しの遅延……所属協会員から顧客に交付するために預託された業務に関する書類（特別会員にあっては、登録等証券業務に係るものに限る）を遅滞なく、顧客に交付しないこと（同条13号）
⑧ 金銭、有価証券等の貸借……有価証券の売買その他の取引等に関して顧客と金銭、有価証券の貸借を行うこと（同条14号）
⑨ 秘密漏洩……職務上知りえた秘密（特別会員にあっては、登録等証券業務に係るものに限る）を漏洩すること（同条15号）
⑩ 無審査の広告、景品類の提供……広告審査担当者の審査を受けずに、従業員限りで広告または景品類の提供を行うこと（同条17号）
⑪ 特別の便宜の提供による勧誘……顧客に対して、融資、保証等の特別の便宜を提供することを約束して登録等証券業務に係る取引を勧誘すること（同条18号）

(2) **不適切行為**

また、日本証券業協会規則では、協会員に対して、従業員が次の不適切行

為を行うことのないように指導、監督することを要求している（日本証券業協会自主規制規則「協会員の従業員に関する規則」8条）。

① 未確認受注……銘柄、価格、数量、指し値または成行きの区別等顧客の注文内容について確認を行わないまま注文を執行すること（同条1号）
② 誤認させる勧誘……投資信託受益証券等の性質または取引の条件について、顧客を誤認させるような勧誘をすること（同条2号）及び基準価額等の騰貴もしくは下落することについて、顧客を誤認させるような勧誘をすること（同条3号）
③ 事務処理の誤り……顧客の注文の執行において、過失により事務処理を誤ること（同条4号）

8　損失補填の禁止・証券事故

(1)　損失補填

「損失補填の禁止」は、証取法において、1991年に明文化された。それまでは事前の損失保証の禁止にとどまっていたが、損失が生じた後の補填についても明示的に禁止されたのである。金商法においても、以下の行為が禁止されている。

① 事前の損失補填、利益追加の申し込み、約束……有価証券の売買その他の取引につき顧客に損失が生ずることとなり、またはあらかじめ定めた額の利益が生じないこととなった場合に証券会社等がその全部または一部を補填し、または補足するためにその顧客に財産上の利益を提供する旨をその顧客に申し込みもしくは約束する行為（金商法39条1項1号）
② 事後の損失補填、利益追加の申し込み、約束……有価証券の売買その他の取引について生じた顧客の損失の全部もしくは一部を補填し、または利益に追加するため財産上の利益を提供する旨をその顧客に申し込みまたは約束をする行為（同項2号）
③ 事後の補填の実行、利益追加……有価証券の売買その他の取引について生じた顧客の損失の全部もしくは一部を補填し、またはこれらについて

生じた顧客の利益に追加するため、その顧客に財産上の利益を提供する行為（同項3号）

「損失補填」は、金融商品取引業者等だけではなく、顧客が要求することも禁止されている。顧客が金融商品取引業者等または第三者との間で、損失補填等を約束させることなどについて、禁止行為として定めている（金商法39条2項1号〜3号）。

(2) 証券事故

金融商品取引業者等の役職員が過失によって事務手続を誤った場合などは、違法または不当行為によって顧客が被った損害を賠償することになる。この場合の行為は、かたちのうえでは「損失補填」となるが、損害賠償責任による行為であり、禁止は除外される。ただしその場合、補填行為が「証券事故」に起因するものであることについて、あらかじめ内閣総理大臣の確認を受けなければならない（金商法39条3項・5項・7項）。

なお、いわゆるMRFの元本に生じた損失の全部又は一部を補填する場合にも、禁止は除外される（金商法39条4項・6項）。

9　プロ・アマによる行為規制

証取法に基づく行為規制は、投資家の属性に関係なく、一律に適用されていたため、機関投資家などを中心とする専門知識を有する顧客に対する販売について、過剰な規制となっていた。

金商法では、機関投資家などを中心とする特定投資家（「プロ」）と、個人投資家を中心とする一般投資家（「アマ」）に区分している。「プロ」へ投資商品を販売する場合についての規制緩和の推進を図るとともに、個人投資家を中心とする「アマ」に投資商品を販売する場合については、適正な投資家保護を確保しようとするものである。特定投資家と一般投資家の区別を設ける趣旨・目的は、次の3つが挙げられている。

① 特定投資家と一般投資家の区分により、適切な利用者保護とリスク・キャピタルの供給の円滑化を両立させる必要があること

② 特定投資家はその知識・経験・財産の状況などから、適合性原則のもとで保護が欠けることとならず、かつ当事者も必ずしも行政規制による保護を望んでいないと考えられること
③ 特定投資家については、行政規制ではなく市場規律に委ねることにより、過剰規制による取引コストを削減し、グローバルな競争環境に置かれているわが国金融・資本市場における取引の円滑を促進すること

特定投資家(「プロ」)と一般投資家(「アマ」)の区分は、次の4つである。

① **「一般投資家に移行できない特定投資家」**

適格機関投資家(金商法2条31項1号)、国(同項2号)、日本銀行(同項3号)

② **「選択により一般投資家に移行可能な特定投資家」**

一般投資家に移行したい特定投資家(投資者保護基金その他の内閣府令で定める法人[6])は、契約の種類ごとに、金融商品取引業者に、特定投資家以外の顧客として取り扱うように申し出る(金商法34条の2第1項)。

③ **「選択により特定投資家に移行可能な一般投資家」**

特定投資家に移行したい一般投資家が法人の場合、法人は、契約の種類ごとに金融商品取引業者に特定投資家として取り扱うよう申し出る(金商法34条の3第1項)。

個人の場合、移行の申出をすることができる個人は、商法535条に規定する匿名組合契約を締結した営業者である個人(金商業等府令で定めるもの[7]

---

[6] 特別の法律により特別の設立行為をもって設立された法人、投資者保護基金、預金保険機構、農水産業協同組合貯金保険機構、保険業法259条に規定する保険契約者保護機構、特定目的会社、金融商品取引所に上場されている株券の発行者である会社、取引の状況その他の事情から合理的に判断して資本金の額が5億円以上であると見込まれる株式会社、金融商品取引業者または金商法63条3項に規定する特例業務届出者である法人、外国法人(金商法2条に規定する定義に関する内閣府令23条)。

[7] 申出を行うことについてすべての匿名組合員の同意を得ていないか、その締結した匿名組合契約に基づく出資の合計額が3億円未満であることに該当するもの(金商法業等府令61条1項)。

[8] 組合契約を締結して組合の業務の執行を委任された組合員である個人及び有限責任事業組合契約を締結して組合の重要な業務の執行の決定に関与し、かつ、当該業務を自ら執行する組合員である個人(申出について他のすべての組合員の同意を得ており、組合契約に基づく出資の合計額が3億円以上であるものに限る)(金商業等府令61条2項)。

第2章 販売行為

を除く)、その他これに類するものとして同令で定める個人[8]、そのほか、その知識、経験及び財産の状況に照らして特定投資家に相当する者として同令に定める要件[9]に該当する個人と限定している(金商法34条の4第1項1号・2号)。手続は、契約の種類ごとに金融商品取引業者に特定投資家として取り扱うよう申し出て(同条1項)、金融商品取引業者は、申出を受けた場合、申し出た個人に対し、あらかじめ、規定された事項(同法34条の3第2項4号イ・ロ)を記載した書面により、申し出た個人が規定した条件に該当することを確認しなければならない(同法34条の4第2項)。

また、2011年4月より地方公共団体が選択により一般投資家に移行可能な特定投資家から、選択により特定投資家に移行可能な一般投資家となった。

④ 「特定投資家に移行できない一般投資家」

③において一定の要件のもとで自らの選択により特定投資家に移行する個人以外の個人投資家がこの区分に該当する。

上記を表にまとめると次のようになる。

特定投資家	① 一般投資家に移行できない特定投資家	適格機関投資家	常に特定投資家として取扱い
	② 選択により一般投資家に移行可能な特定投資家	内閣府令で定める法人(公開会社、一定規模以上の会社、預金保険機構等)	②③は選択により移行可能
一般投資家	③ 選択により特定投資家に移行可能な一般投資家	①以外の法人、地方公共団体内閣府令で定める一定の要件を満たす個人(富裕層等)	
	④ 特定投資家に移行できない一般投資家	個人(富裕層等以外)	常に一般投資家として取扱い

特定投資家(「プロ」)との間で取引を行う場合には、情報格差の是正を目的とする行為規制の適用を除外するということで、契約締結前の書面交付義務、契約締結時の書面交付義務等は不適用となる。ただし、損失補填の禁止

等、市場の公正確保を目的とする行為規制は、市場の公正確保を図ることから、適用除外しないこととしている（金商法45条）（公開会社等は、基本的にプロ扱いであるものの、保護がほしいという場合は一般投資家に移行することによって業者行為規制の適用を全面的に受けることができる）。

一方、一般投資家（「アマ」）との間で取引を行う場合には、投資者保護の観点から十分な行為規制が適用される。

表にまとめると次のようになる。

	行為規制	一般投資家向け	特定投資家向け
共通	・顧客に対する誠実義務	適用	適用
	・営業所または事務所ごとに標識を掲示する義務	適用	適用
販売・勧誘	・広告規制（利益の見込み等について著しく事実に相違する表示をすること、及び著しく人を誤認させるような表示をすることを禁止）	適用	不適用
	・書面交付義務（契約締結時の書面交付義務、契約成立時の書面交付義務等）	適用	不適用
	・虚偽の説明の禁止	適用	適用
	・損失補填の禁止	適用	適用
	・適合性の原則（顧客の知識、経験、財産の状況及び契約を締結する目的に照らして不適当と認められる勧誘を行ってはならない）	適用	不適用
	・不招請勧誘・再勧誘の禁止	適用	不適用

---

9 次の要件のすべてに該当すること。①取引の状況その他の事情から合理的に判断して、承諾日における申出者の資産の合計額から負債の合計額を控除した額が3億円以上になると見込まれること、②資産は、有価証券、デリバティブ取引に係る権利、信託受益権、特定預金等に限る、③最初に当該金融商品取引業者等との間で申出に係る契約の種類に属する金融商品取引契約を締結した日から起算して1年を経過していること（金商業等府令62条）。

運用・助言	・忠実義務、善管注意義務	適用	適用
	・利益相反行為の禁止	適用	適用
	・運用報告書の交付義務	適用	不適用
有価証券の保護預り	・分割管理等（自己の固有財産と分別して管理しなければならない）	適用	適用

　契約締結時等の書面の交付の免除については、顧客からの個別の取引に関する照会に対してすみやかに回答できる体制が整備されていない場合は、免除されない。また、運用報告書の交付についても、顧客からの運用報告書に記載すべき事項に関する照会に対してすみやかに回答できる体制が整備されていない場合は、免除されない。

第3節　販売の法務──金販法

1　金販法の目的

　従来金融商品の販売については、金融商品ごとの縦割り規制によっていた。しかし、金融システム改革や金融技術革新によって、多様な金融商品の提供が予測されるなか、業界横断的な金融サービスの利用者保護の環境整備が求められるようになった。

　金融庁金融審議会において、21世紀を展望した新しい金融のルールの枠組みについて、「金融取引を幅広く対象とし、縦割り規制から機能別規制に転換するとともに、ルール違反には行政上の規制に止まらず、民事上の責任も追及される仕組みの整備」（金融審議会第一部会「中間整理（第二次）」）を念頭に検討が進められていた。そして、販売・勧誘のルールについて、「日本版金融サービス法」の第一歩として法制化されたものが「金融商品の販売等に関する法律」いわゆる「金融商品販売法」（以下「金販法」という）である。

金販法は、次の事項を定めることにより、顧客の保護を図り、もって国民経済の健全な発展に資することを目的としている（同法1条）。

① 説明事項……金融商品販売業者等が金融商品の販売等に際し顧客に対して説明すべき事項
② 損害賠償責任……金融商品販売業者等が顧客に対して説明をしなかったことにより当該顧客に損害が生じた場合における金融商品販売業者等の損害賠償の責任
③ 勧誘の適正の確保……金融商品販売業者等が行う金融商品の販売等に係る勧誘の適正の確保のための措置

金販法の適用対象として、投資信託の販売については、「有価証券（金融商品取引法第2条第1項に規定する有価証券又は同条等2項の規定により有価証券とみなされる権利をいい、同項第1号及び第2号に掲げる権利を除く。）を取得させる行為」（金販法2条5号）に含まれる。

2 2006年改正点

2000年に制定された金販法は、業界横断的な、金融商品の販売に関する民法上の損害賠償の規定の特則であるが、2006年に金商法の制定とあわせて改正され、金融商品の販売にあたっての顧客への商品説明義務が強化された。(1)改正により拡充された点、(2)勧誘についての定め、(3)説明義務についての定めは、それぞれ次のとおりである。

(1) 改正により拡充された点

① 説明対象に、「当初元本を上回る損失が生ずるおそれ」が追加された（金販法3条1項）。
② 説明事項に、「取引の仕組みのうちの重要な部分」が追加された（同法3条1項）。
③ 断定的判断の提供等を禁止し、違反に対して損害賠償責任及び損害額の推定規定の対象となった（同法4条、5条）。
④ 顧客の知識、経験、財産の状況及び金融商品に係る契約締結の目的に照

らして、顧客に理解されるために必要な方法及び程度によるものでなければならないことが明記された（同法3条2項）。

(2) 勧誘についての定め

金販法では、金融商品販売業者は勧誘を行うに際し、その適正の確保に努めなければならないと謳われ（同法8条）、勧誘方針を策定することが規定されている（同法9条1項）。勧誘方針の策定にあたっては、次の内容を掲げることが定められ（同条2項）、「適合性の原則」が基本原則として位置づけられている。

① 勧誘対象となる顧客の知識、経験、財産の状況及び金融商品の販売に係る契約を締結する目的に照らし配慮すべき事項（「適合性の原則」に関する配慮）
② 勧誘の方法や時間帯について配慮する事項（顧客からの招請がない場合の訪問や電話による勧誘に関する配慮）
③ ①と②のほか、勧誘の適正の確保に関する事項

この策定された勧誘方針は公表することが義務づけられており（金販法9条3項）、または公表しなかった場合、その金融商品販売業者は、50万円以下の過料に処せられる（同法10条）。

(3) 説明義務についての定め

金融商品販売業者に対し、金融商品の販売が行われるまでの間に顧客に対して重要事項の説明を行うことを義務づけている（金販法3条1項）。

① マーケットリスク……当該金融商品の販売について金利、通貨の価格、金融商品市場における相場その他の指標に係る変動を直接の原因として元本欠損が生ずるおそれがあるときは、その旨、当該指標、及び当該指標に係る変動を直接の原因として元本欠損が生ずるおそれを生じさせる当該金融商品の販売に係る取引の仕組みのうちの重要な部分
② クレジットリスク……当該金融商品の販売について当該金融商品の販売を行う者その他の者の業務または財産の状況の変化を直接の原因として

元本欠損が生ずるおそれがあるときはその旨、当該者及び当該者の業務または財産の状況の変化を直接の原因として元本欠損が生ずるおそれを生じさせる当該金融商品の販売に係る取引の仕組みのうちの重要な部分
③　その他の元本欠損のリスク……前に掲げるもののほか、当該金融商品の販売について顧客の判断に影響を及ぼすこととなる重要なものとして政令で定める事由を直接の原因として元本欠損が生ずるおそれがあるときはその旨、当該事由、当該事由を直接の原因として元本欠損が生ずるおそれを生じさせる当該金融商品の販売に係る取引の仕組みのうちの重要な部分
④　権利行使の制限……当該金融商品の販売の対象である権利を行使することができる期間の制限または当該金融商品の販売に係る契約の解除をすることができる期間の制限があるときは、その旨

　さらに、上記①～③のリスクによって、当初元本を上回る損失が生じるおそれがある場合、説明義務を負う。

　そして、説明にあたっては、顧客の知識、経験、財産の状況及び当該金融商品の販売に係る契約を締結する目的に照らして、当該顧客に理解されるために必要な方法及び程度によるものでなければならない（金販法3条2項）。

　金融商品販売業者等は、金融商品の販売等を業として行おうとするときは、当該金融商品の販売等に係る金融商品の販売が行われるまでの間に、顧客に対し、当該金融商品の販売に係る事項について、不確実な事項について断定的判断を提供し、または確実であると誤認されるおそれのあることを告げる行為を行ってはならない（金販法4条）。

　ここで注意すべきは、断定的な判断を提供することによって、「確実であると誤認させるおそれのあることを告げる行為」が禁止されている点である。説明にあたっては、顧客に誤解させるおそれのないように行わなければならない。

　なお、顧客が、特定投資家である場合、及び重要事項について説明を要しない旨の顧客の意思の表明があった場合、説明義務の適用は除外される（金販法3条7項）。

3　損害賠償責任

　金販法では、金融商品販売業者等は、顧客に対し重要事項について説明をしなければならない場合において、説明をしなかったときは、これによって生じた顧客の損害を賠償しなければならないと定めており、その場合には元本欠損額が損害の額と推定される（同法5条、6条）。さらには、説明義務違反による損害賠償の責任について、民法を適用することを明記している（同法7条）。

　なお、重要事項について説明を要しない旨の顧客の意思の表明があった場合には、重要事項の説明義務が適用除外される（金販法3条7項2号）。

第4節　販売の実務

1　販売形態の変遷と販売業務

(1)　販売形態の変遷

　1951年、日本で投資信託業務が開始された当初は、証券会社が運用業務を兼業していた。1960年代、投資信託会社が関係証券会社から分離・独立した。また同時に委託会社が投資信託販売会社を設立し、投資信託販売は関係証券会社と投資信託販売会社で行われていた。

　1980年代に入ると、投信販売会社は他の証券会社と合併して総合証券会社となり、委託会社の系列販売会社ではなくなった。1980年代半ばには、中期国債ファンドの人気を背景に、ほとんどの証券会社が投資信託の販売を行うようになり、直系証券会社以外の複数の一般の証券会社に販売を公開する、公開販売が増加した。

　1992年4月に、証券投資信託委託業務の免許基準の弾力化措置が図られた際、投資信託委託業者の直接販売が認められ、1993年に銀行系委託会社が直

接販売を開始し、その後1995年に証券系委託会社が直接販売に乗り出した。

1997年6月、証券取引審議会が報告書のなかで、投資信託の販売チャネルの拡大として、①銀行等の金融機関自身による投資信託の販売、②銀行等金融機関の委託会社への店舗貸しによる委託会社の直接販売の2つが提言された。その後、1997年に銀行等での投信間貸し販売が開始し、1998年には銀行・保険会社等が本体で販売に参入した。

1990年代後半には、販売チャネルの拡大のほか、店舗をもたない通信取引のみの販売会社や、インターネットを利用した通信販売等、窓口販売以外の販路も拡大している。

さらに、2005年10月3日より、日本郵政公社（現ゆうちょ銀行）による販売も開始された。

(2) 販売会社の業務

投資信託の販売は、投資信託委託会社と契約した証券会社及び登録金融機関を通じて行われる。

投資信託委託会社は信託約款に基づき、投資信託の受益権の募集・売出しの取扱い等の業務を行わせる販売会社を指定し、契約に基づき次の業務を行う。

① 受益権の募集及び販売の取扱い
② 追加設定の申し込み事務
③ 受益者に対する収益分配金再投資事務
④ 受益者に対する一部解約事務
⑤ 受益者に対する受益権の買取り
⑥ 受益者に対する一部解約金、収益分配金及び償還金の支払
⑦ 受益権を振替受入簿に記載または記録を申請する事務
⑧ 口座管理機関としての業務
⑨ その他上記の業務に付随する業務

2　目論見書等販売に関連する資料

投資信託の販売に係る投資勧誘資料等としては、目論見書、販売用資料がある。

(1) 目論見書の交付義務

販売会社には、投資信託受益証券を募集または売出しにより取得させ、または売り付ける場合には、「交付目論見書」を「あらかじめ又は同時」に交付することが義務づけられており、また、取得させまたは売り付ける場合において、その取得させ、または売り付ける時までに、顧客から「請求目論見書」の交付の請求があったときには、直ちに交付しなければならない（金商法15条2項・3項）。

この場合において、販売会社は、顧客が「交付目論見書」の交付を受けていることの確認を行う必要はあるが、「請求目論見書」については、顧客に対し、そのつど「請求の有無」の確認を行う必要はない。

追加型投資信託の目論見書の場合は、次のような継続開示義務による手続に伴って、信託期間中に改訂され、目論見書を改訂等した場合は、改訂前、切替え前の目論見書を使用した販売は行えない。

① 信託計算期間が1年の場合における半期経過後3カ月以内の「半期報告書」の提出と、「有価証券届出書の訂正届出書」の提出
② 信託計算期間後3カ月以内の「有価証券報告書」の提出（計算期間が6カ月に満たないものは6カ月ごと）と、「有価証券届出書の訂正届出書」の提出
③ その他、決算以外の重要事象が生じた場合に「有価証券届出書の訂正届出書」が提出される。

また、追加型投資信託の場合、有価証券届出書及び目論見書の有効期限更新のための「有価証券届出書」の提出によって切り替わる。

(2) 目論見書交付義務の免除

次の場合は、目論見書を交付しないことができる（金商法15条2項2号）。
① 同一銘柄を所有する顧客が当該目論見書の交付を受けないことに同意したとき
　この場合の「同意」は、個別の銘柄ごとに投資家から取得する必要がある。
② 顧客の同居者が既に目論見書の交付を受け、または、確実に交付を受けると見込まれる場合で、顧客が目論見書の交付を受けないことに同意したとき
　ただし、この規定により目論見書を交付していない場合であっても、当該目論見書に係る有価証券の発行者が当該有価証券に係る新たに作成した目論見書の記載内容と当該交付しなかった目論見書の記載内容を比較し、重要な事項に変更があると判断したときは、あらためて、新たに作成した目論見書の交付を要することに留意する。「重要な事項の変更」には、例えば、投資判断に重要な影響を及ぼすような当該目論見書に記載された「投資方針」「投資リスク」「手数料等及び税金」「手続等」「管理及び運営」に関する事項の変更、投資資産の変更（投資資産の組換え、投資資産の銘柄等の入替え）があった場合が含まれることに留意する（金融庁「特定有価証券等の内容等に関する留意事項について」）。

(3) 販売用資料等広告等作成上の留意点

　勧誘に際して使用することができる販売用資料は、次のとおり「広告等」に該当する。広告等には、勧誘資料やインターネットのウェブサイト、郵便、信書便、ファックス、電子メール、ビラ、パンフレット等による多数の者に対する情報提供が含まれる。
　金融商品取引業者が行う広告等の表示は、投資者への投資勧誘の導入部分に当たり、明瞭かつ正確な表示による情報提供が、適正な投資勧誘の履行を確保する観点から最も重要であり、その徹底のために、次の点などにつき留

意する（金融商品取引業者等向けの総合的な監督指針Ⅲ－2－3－3）。
① 顧客が支払うべき手数料、報酬、その他の対価または費用が無料または実際のものよりも著しく低額であるかのように誤解されるような表示をしていないか。
② 元本欠損が生ずるおそれのある場合または当初元本を上回る損失が生ずるおそれがある場合には、その旨を明確に表示しているか。
③ 当該広告等に表示される他の事項に係る文字と比較して、使用する文字の大きさ、形状及び色彩において、不当に目立ちにくい表示を行っていないか。特に、金利や相場等の指標の変動を直接の原因として損失が生ずることとなるおそれのある場合の当該指標、損失が生ずるおそれがある旨・その理由、及び元本超過損が生ずるおそれがある場合の、その直接の原因、元本超過損が生ずるおそれがある旨・その理由は、広告上の文字または数字のなかで最も大きなものと著しく異ならない大きさで表示しているか。
④ 取引の長所に係る表示のみを強調し、短所に係る表示が目立ちにくい表示を行っていないか。
⑤ 当該広告等を画面上に表示して行う場合に、表示すべき事項のすべてを判読するために必要な表示時間が確保されているか。
⑥ 有価証券等の価格、数値、対価の額の動向を断定的に表現したり、確実に利益を得られるように誤解させて、投資意欲を不当に刺激するような表示をしていないか。
⑦ 利回りの保証もしくは損失の全部もしくは一部の負担を行う旨の表示またはこれを行っていると誤解させるような表示をしていないか。
⑧ 申し込みの期間、対象者数等が限定されていない場合に、これらが限定されていると誤解させるような表示を行っていないか。
⑨ 登録を行っていること等により、内閣総理大臣、金融庁長官、その他の公的機関が、金融商品取引業者を推薦し、またはその広告等の内容を保証しているかのように誤解させるような表示をしていないか。
⑩ 不当景品類及び不当表示防止法、屋外広告物法に基づく都道府県の条例

その他の法令に違反するまたは違反するおそれのある表示をしていないか。
⑪　社会的に過剰宣伝であるとの批判を浴びるような表示をしていないか。

(4) セミナー等の留意点

　顧客を集めての勧誘について、講演会、学習会、説明会等の名目のいかんを問わず、セミナー等を開催して、一般顧客等を集め、当該一般顧客等に対して金融商品取引契約の締結の勧誘（勧誘を目的とした具体的商品の説明を含む）を行う場合には、当該セミナー等に係る広告等及び送付する案内状等に、金融商品取引契約の締結を勧誘する目的があることをあらかじめ明示する。

　さらに、「金融商品取引契約の締結を勧誘する目的があることをあらかじめ明示」することには、セミナー等の名称が、金融商品取引に関連するものであることを明確に表していることのみでは足りず、勧誘する目的がある旨を明確に表示している必要がある（金融商品取引業者等向けの総合的な監督指針Ⅲ－2－3－3）。

3　重要事項の説明

　金販法において、金融商品販売業者に対し、金融商品の販売が行われるまでの間に顧客に対して、重要事項についての説明を行うことを義務づけている（同法3条1項）。

　そして、説明にあたっては、顧客の知識、経験、財産の状況及び当該金融商品の販売に係る契約を締結する目的に照らして、当該顧客に理解されるために必要な方法及び程度によるものでなければならない（同条2項）。

(1) 説明の内容

　投信協会では、「投資信託委託会社の「金融商品販売法に基づく説明義務に関するガイドライン」」にて、投資信託の販売における説明について、一般的な大多数の顧客にとって重要事項を理解できる程度の説明を行うものと

して、その具体的説明事例を、以下のとおりに示している。

[具体的な説明の参考事例]

【主な投資対象が国内株式であるもの】

・この投資信託は、主に国内株式を投資対象としています。組み入れた株式の値動き等により基準価額が上下しますので、これにより投資元本を割り込むことがあります。また、組み入れた株式の発行者の経営・財務状況の変化及びそれらに関する外部評価の変化等により、投資元本を割り込むことがあります。

・この投資信託は、主に国内株式を投資対象としています。組み入れた株式の株価の下落や、それらの株式の発行者の信用状況の悪化等の影響による基準価額の下落により、損失を被ることがあります。

【主な投資対象が円建公社債であり、かつ、外貨建資産または株式・出資等に投資しないもの】

・この投資信託は、主に円建の公社債を投資対象としています。この投資信託の基準価額は、金利の変動等による組入れ債券の値動きにより上下しますので、これにより投資元本を割り込むことがあります。また、組み入れた債券の発行者の経営・財務状況の変化及びそれらに関する外部評価の変化等により、投資元本を割り込むことがあります。

・この投資信託は、主に円建公社債を投資対象としています。組入れた債券の値下がりや、それらの債券の発行者の信用状況の悪化等の影響による基準価額の下落により、損失を被ることがあります。

【主な投資対象が株式・一般債にわたっており、かつ、円建・外貨建の両方にわたっているもの】

・この投資信託は、主に国内外の株式や債券を投資対象としています。この投資信託の基準価額は、組み入れた株式や債券の値動き、為替相場の変動等の影響により上下しますので、これにより投資元本を割り込むことがあります。また、組み入れた株式や債券の発行者の経営・財務状況の変化及びそれらに関する外部評価の変化等により、投資元本を割り込むことがあります。

・この投資信託は、主に国内外の株式や債券を投資対象としています。組み入れた株式や債券の値下がり（外貨建証券については、通貨価格の変動の影響も受けます。）、それらの発行者の信用状況の悪化等の影響による基準価額の下落により、損失を被ることがあります。

その他、以下の事項も示されている。

a 外貨建ての受益証券

　外貨建ての受益証券については、上記の事項に加え、基準価額が外貨建てで算出されることにより顧客の投資元本を割り込むことがあるため、為替変動リスクを説明すべきものと考えられる。

b 第三者の業務または信用の状況の変化を直接の原因として元本欠損が生ずるおそれがある受益証券

　上記以外の第三者の業務または信用の状況の変化を原因として元本欠損が生ずるおそれがある証券については、上記の事項に加え、当該第三者の信用リスクについて説明すべきものと考えられる。

【保証付き受益証券の具体的な説明の参考事例】
・この投資信託は、主に国内外の株式や債券を投資対象としています。この投資信託の基準価額は、組み入れた株式や債券の値動き、通貨の価格変動等の影響や、組み入れた株式や債券の発行者の信用状況の変化等により上下しますので、償還前に売却する場合には、投資元本を割り込むことがあります。また、本受益証券の発行者や保証会社の経営・財務状況の変化及びそれらに関する外部評価の変化等により、投資元本を割り込むことがあります。

c 権利行使期間または解約の時期に制限のある受益証券

　権利行使期間または解約の時期に制限のある受益証券については、上記の事項に加え、権利行使期間または解約の制限を説明すべきものと考えられる。

【主な投資対象が国内株式である投資信託のうちクローズド期間のあるものの具体的な説明の参考事例】
・この投資信託は、主に国内株式を投資対象としています。組み入れた株式の値動き等により基準価額が上下しますので、これにより投資元本を割り込むことがあります。また、組み入れた株式の発行者の経営・財務状況の変化及びそれらに関する外部評価の変化等により、投資元本を割り込むことがあります。なお、クローズド期間中は、換金することができませんので御留意く

> ださい。
> ・この投資信託は、主に国内株式を投資対象としています。組み入れた株式の株価の下落や、それらの株式の発行者の信用状況の悪化等の影響による基準価額の下落により、損失を被ることがあります。なお、クローズド期間中は、換金することができませんので御留意ください。

(2) 説明の時期等

説明の時期について、以下のように示している。

a 基本的な考え方

金販法3条においては、「金融商品の販売が行われるまでの間」に重要事項の説明を行うこととされているが、受益証券の募集等の場合、「金融商品の販売が行われるまでの間」とは、「約定までの間」と解することが適当である。したがって、販売会社は、受益証券の募集等にあたり、約定までに顧客に重要事項の説明を行うべきものと考えられる。なお、販売会社は、一般的な大多数の顧客にとって重要事項を理解できる程度の説明を行うことが求められていることに留意する必要がある。

b 具体的な留意事項

上記のとおり、販売会社は、受益証券の募集等にあたり、約定までに顧客に重要事項の説明を行うべきであるが、「一般的な大多数の顧客にとって重要事項を理解できる程度の説明を行う」という観点から、説明の時期については、次の事項に留意する必要がある。

① 顧客に対して重要事項の説明を行った後、当該顧客が当該説明に係る受益証券の募集等を継続して行い、重要事項の認識が持続していると考えられる場合には、必ずしも、当該同種の募集等が行われるつど、重要事項の説明を行う必要はないものと考えられる。ただし、当該顧客から要求があった場合には、当該顧客に重要事項の説明を行うべきものと考えられる。なお、「同種の募集等」とは、顧客に説明すべき重要事項の内容が同一である受益証券の募集等をいう。

② 周知度の低い、またはその仕組みが複雑・高度と思われる受益証券の募

集等については、慎重に取り扱うことが望ましいと考えられる。

(3) 説明の方法

説明の方法について、以下のように示している。

a　基本的な考え方

　金販法においては、重要事項の説明について、具体的な説明の方法は規定されていない。したがって、重要事項の説明は、口頭、書面またはその他の方法により行うことが可能である。ただし、販売会社は、説明の方法を問わず、一般的な大多数の顧客にとって重要事項を理解できる程度の説明を行うことが求められている[11]。

b　具体的な留意点

　「一般的な大多数の顧客にとって重要事項を理解できる程度の説明を行う」という点を考慮すると、販売会社が行う説明の方法については、以下の点に留意する必要がある。

① 周知度の低い、またはその仕組みが複雑・高度と思われる受益証券については、より丁寧な説明を行うなど、当該受益証券の商品性に応じた説明を行うように配慮すべきものと考えられる。

② 書面によって重要事項の説明を行う場合には、わかりにくい表現は避け、また、記載が目立ちにくくならないよう、配慮すべきものと考えられる。

(4) 説明義務の適用除外

　金販法では、説明義務について、次の場合は適用を除外することとしている（同法3条7項）。

① 顧客が、金融商品販売業者等である場合（同項1号及び同法施行令10条）

② 重要事項について説明を要しない旨の顧客の意思の表明があった場合

11　金販法においては、説明を行ったことに係る確認は求められていない。したがって、確認を行うか否か、または、確認を行う場合の方法等は、各社が自主的に判断するものとする。

（金販法3条7項2号）

説明不要な場合について、以下のように示している。

a　基本的な考え方

　金販法においては、顧客が専門的知識及び経験を有する者として政令で定める者（以下「特定顧客」という）である場合には、重要事項の説明は要しないこととされている。また、顧客が特定顧客以外の者であっても、当該顧客から重要事項について説明を要しない旨の意思の表明があった場合には、金販法に基づく重要事項の説明は要しないこととされている。

　なお、金販法においては、意思の表明の方法は規定されていないことから、顧客の意思表明は、口頭、書面またはその他の方法により行うことが可能である[12]。

b　具体的な留意事項

① 顧客が特定顧客である場合……顧客が特定顧客である場合には重要事項の説明を要しないこととされているが、この特定顧客の範囲は金販法施行令10条で「金融商品販売業者等又は金融商品取引法第2条第31項に規定する特定投資家」と定められている。

② 説明不要の意思表明……説明不要の意思表明の取扱いに係る留意事項は、以下のとおりである。

　（i） 顧客の意思表明は、当該顧客が当該受益証券のリスクを理解したうえで行うことが肝要と考えられる。したがって、これまで同種の受益証券について当該顧客に説明を行ったことがなく、当該顧客が当該種類の受益証券の取引の経験も有しないといった場合には、重要事項の説明を行う等の措置を講じることが望ましいと考えられる。

　（ii） 周知度の低いまたはその仕組みが複雑・高度と思われる受益証券に係る説明不要の意思表明は、慎重に取り扱うことが望ましいと考えられる。

12　金販法においては、顧客が説明不要の意思表明を行ったことに係る確認は求められていない。したがって、確認を行うか否か、または、確認を行う場合の方法等は、各社が自主的に判断するものとする。

(ⅲ) 意思表明の対象となる受益証券の範囲を明確にすべきものと考えられる。
　　(ⅳ) いったん、顧客から説明不要の意思表明が行われた後に、当該顧客から重要事項の説明を求められた場合は、必ずしも説明不要の意思が撤回されたものと解する必要はないが、重要事項の説明は行うべきものと考えられる。

(5) 取引形態ごとの留意事項

取引形態ごとに留意すべき事項について、以下のように示している。

a　非対面取引

インターネット取引、ATM取引、アンサー・システム取引等の非対面取引における重要事項の説明については、以下の事例を参考に、各々の取引形態に即した対応をとるよう留意する必要がある。
① インターネット取引……インターネット取引における説明方法としては、例えば、以下のようなものが考えられる。
　(ⅰ) 口座開設時に、口頭、書面またはその他の方法により重要事項の説明を行ったうえで取引を開始する。
　(ⅱ) ウェブサイトの画面上に重要事項の表示を行う。
② ATM取引……ATM取引における説明方法としては、例えば、以下のようなものが考えられる。
　・口座開設時等に、口頭、書面またはその他の方法により重要事項の説明を行ったうえで取引を開始する。
③ アンサー・システム取引……アンサー・システム取引における説明方法としては、例えば、以下のようなものが考えられる。
　(ⅰ) 口座開設時等に、口頭、書面またはその他の方法により重要事項の説明を行ったうえで取引を開始する。
　(ⅱ) 自動音声システムにより、重要事項の説明を行う。

上記に加え、顧客からの問合せ等に対応するため、問合せ窓口を設置し、口座開設時等に連絡先を通知するといった方法を併用することも考えられ

る。

b 法人顧客との取引

顧客が法人である場合には、重要事項の説明を代表取締役または権限を付与された代理人（財務担当部・課長等）に行うこととなると考えられる。また、説明不要である旨の意思の表明もこれらの者から受ける必要があると考えられる。

説明不要の意思表明が行われた場合、その意思表明は法人の行った意思表明として、代表取締役や権限を付与された代理人の交代の影響を受けるものではないと考えられる。

c 総合取引の契約に基づく取引

総合取引の契約については、当初の契約締結時に、以後の定時・定型の取引履行についても合意されているものと考えられる。したがって、当初の契約締結前に行う重要事項の説明のほかに、以後の定時・定型の買付けに際して重要事項の説明を行うことは不要であると考えられる。ただし、契約内容を変更する際には、説明を行う必要があると考えられる。

投信協会のガイドラインにおいては、金商法4条に定める断定的判断の提供の禁止については、以下のように示している。

金販法においては、金融商品販売業者等が、金融商品の販売等を業として行おうとするときは、当該金融商品の販売等に係る金融商品の販売が行われるまでの間に、顧客に対し、当該金融商品の販売に係る事項について、不確実な事項について断定的判断を提供し、または確実であると誤認させるおそれのあることを告げる行為（断定的判断の提供等）を行ってはならないこととされている。

また、他の法令・諸規則等との関係について、以下のように示している。

① 金商法等における説明義務との関係……金販法における説明義務にかかわらず、販売会社は、金商法、投信法、関係政省令及び投信協会の業務規程等諸規則に定められた義務を遵守する必要がある。

ただし、これらの法令及び投信協会の業務規程等諸規則の説明と同時に、金販法に基づく説明を行うことも可能である。例えば、各受益証券の

目論見書に、金販法により求められている重要事項が記載されている場合には、金販法に基づく説明を、当該目論見書を使用して行うこともできる。
② 適合性の原則等との関係……金販法における説明義務の遂行とは別に、販売会社は、顧客の知識、投資経験、投資目的、財産の状況及び当該金融商品の販売に係る契約を締結する目的に照らし、顧客の意向と実情に適合した投資勧誘を行うよう努める必要がある。
③ 民法の一般原則との関係……金販法は、重要事項について説明をしなかったこと、または断定的判断の提供等を行ったことにより顧客に損害が生じた場合における金融商品販売業者等の損害賠償の責任等について定めることにより、裁判における顧客の立証負担を軽減させるものであり、民法の一般原則に基づく損害賠償請求を排除するものではない。

したがって、販売会社は、受益証券の募集等に関して蓄積されてきた裁判例等に留意し、顧客の投資経験、投資目的及び資力等ならびに商品の性質、取引の形態等に照らし、顧客が取引に伴う危険性について正しい認識を形成できるよう配慮すべきものと考えられる。
＊説明上、投資信託委託会社を販売会社に変更して記載。

(6) 乗換え勧誘時の説明

2002年2月に、投資信託の乗換え時の勧誘にあたり、重要事項を説明することを義務づけることが政令に明文化され、日本証券業協会から「投資信託等の乗換え勧誘時の説明義務に関するガイドライン」が、投資信託協会から「受益証券等の乗換え勧誘時の説明義務に関するガイドライン」が示された。

同ガイドラインは、対象となる乗換えの勧誘行為、説明の内容、説明義務の履行に係る社内管理体制などについて示し、各金融機関における社内管理体制の整備を促している。それらの内容は、以下のとおり。

(7) 対象となる乗換えの勧誘等

a 対象となる乗換えの勧誘行為

　ルールに規定する乗換えの勧誘行為は、顧客が現在保有している投資信託等の解約もしくは投資口の払戻しまたは売付けもしくはその委託等（以下、単に「解約」という）を行い、あわせて他の投資信託等の取得または買付けもしくはその委託等（以下、単に「取得」という）を行うことを当該顧客に勧誘する行為を指している。したがって、「解約」と「取得」をセットで（乗換えの）勧誘をする行為が該当する。

　なお、実際の「解約」と「取得」の約定が同時に行われたかどうかによって判断されるものではない。

b 対象となる受益証券等

　ルールにおいて対象となる受益証券等は、金商業等府令65条2号イ～ハに掲げるもの（例：MRF等）を除く受益証券等である。

　「乗換え勧誘」に該当する事例としては、次のような場合が挙げられる。

① 当初は、新規の資金で投資信託の買付けを勧めていたが、顧客が買付資金を手当できないということなので、現在保有している投資信託を売却して買い付けることを勧めた場合

② 営業員が電話、訪問などで売り・買いをセットで勧誘し、実際の買付け及び売付けはインターネットで発注し、取引する場合

③ 売り・買いをセットで勧誘しているが、買い付ける投資信託の買付資金がいったんMRF等の規制対象外となっている投資信託を経由して充当される場合

④ 顧客から資金運用に関する相談をもちかけられ、相談に応じるなかで投資信託の売り・買いをセットで勧誘した場合

⑤ 売り・買いをセットで勧誘しているが、当該投資信託の買い代金は他の商品の売り代金（あるいは別途の資金）で充当している場合（あるいは、売り代金がいったん顧客に返金されて、買い代金として再度入金される場合）

　一方、「乗換え勧誘」に該当しない事例としては、次のような場合が挙げ

られる(以下の事例につき、投信協会では、実際の顧客への勧誘状況によっては乗換え勧誘に該当する場合もありうるので留意することを求めている)。
① 当初は、新規の資金で投資信託の買付けを勧め、その結果顧客が投資信託を買い付けて受渡しが終了した後、顧客より資金が必要であることを相談され、別の投資信託の売却を勧めた場合
② 新規の資金で投資信託の買付けを勧誘し、顧客がそれに応じて約定が成立した場合で、その受渡日(払込日)までの間に顧客の判断で(営業員からは売付けの勧誘をすることなしに)当該投資信託の買付代金に充当するために別の投資信託を売却した場合
③ 明らかに営業員からの勧誘がなく、顧客から銘柄指定により乗り換える旨の指示があった場合

(8) 乗換え勧誘時の説明の内容等

乗換えを勧誘するに際し、顧客に対して当該乗換えに係る「解約する受益証券等」と「募集する受益証券等」の商品性、顧客のニーズ等を勘案し、投資判断に影響を及ぼすと考えられるそれぞれの重要な事項について説明を行う必要がある。

なお、説明にあたっては、目論見書の記載をもとに行う等、客観的な説明を行うよう留意する。

【乗換えの勧誘に際して説明すべき重要な事項の例】
① ファンドの形態及び状況
 (i) ファンドの名称
 (ii) 建て通貨(外貨建ての場合のみ)
 (iii) ファンドの性格(投資の基本方針、投資対象、分配方針、クローズド期間、信託報酬、投資リスク)
② 解約する受益証券等の状況(直近の解約価額、個別元本、解約に係る費用・概算損益)
③ 乗換えに係る費用
 (i) 解約手数料又は募集手数料

(ⅱ) 解約する受益証券等にあっては、解約に係る課税関係
　(ⅲ) その他の費用
　(注) セレクトファンド等の受益証券等（同ファンド内の乗換えを行う場合に限る。）及びいわゆるブル・ベア型受益証券等（ブル型とベア型との間の乗換えの場合に限る。）にあっては、同一目論見書に複数の受益証券等の内容が記載されている場合で、解約する受益証券等の募集時に既に他の受益証券等の重要な事項について説明している場合などそれまでの説明の有無及び顧客の理解度を勘案し、乗換え時点の状況に応じて説明を行うものとする。
　（投資信託協会「受益証券等の乗換え勧誘時の説明義務に関するガイドライン」）

　乗換え勧誘時に説明する重要事項の程度については、具体例として図表Ⅸ－1のような説明内容が示されている。

図表Ⅸ－1　乗換え勧誘時における重要事項説明の例
① 内国投信間の乗換えの例

説明事項	解約する投信の説明内容	取得する投信の説明内容
ファンドの名称	国内公社債オープンファンドです。	国内株式オープンファンドです。
内国投信・外国投信の別	―	―
建て通貨	―	―
ファンドの性格	わが国の中期公社債を主要投資対象とし、安定した収益の確保を目標とします。毎決算時（年4回）に、基準価額水準、市況動向等を勘案して収益分配を行う方針です。	中長期的な観点から、わが国の株式市場全体（東証株価指数）の動きを上回る投資成果の獲得を目指します。わが国の証券取引所上場株式及び店頭登録株式を主要投資対象とします。毎決算時（年1回）に、基準価額水準、市況動向等を勘案して収益分配を行う方針です。
解約する投資信託等の状況	個別元本が○○○円、直近の解約価額が○○○円ですから、解約手数料と源泉徴	―

		収税を差し引くと概算で○円の収益が見込まれます。
解約手数料または取得手数料	（解約手数料がある場合）解約手数料が解約申込日の基準価額の○％かかります。	償還乗換えによる取得の場合ですから、取得手数料をいただきません。
解約に係る課税関係	個別元本と基準価額の差額に対して、20％の源泉徴収税が課税されます。	―
その他の費用	解約申込日の翌営業日の基準価額の○％が信託財産留保金としてかかります。	―

② 外国投信間の乗換えの例

説明事項	売り付ける投信の説明内容	取得する投信の説明内容
ファンドの名称	米国公社債オープンファンドです。	ヨーロッパ株式ファンドです。
内国投信・外国投信の別	―	―
建て通貨	米ドル建てです。	ユーロ建てです。
ファンドの性格	主に、米国の格付機関から高格付を取得している（S&P社からA格以上の格付を取得している等）米国債券に投資することにより、元本の維持及び安定した金利収益を得ることを目的とします。毎月、収益分配を行う方針です。	元本の長期的な増加を目標とします。主に、ヨーロッパの企業の株式またはヨーロッパの証券取引所に上場している株式に投資します。毎決算時（年1回）に、収益分配を行う方針です。当初2年間はクローズド期間となっていますので、原則として換金できません。
解約する投資信託等の状況	直近の買戻価格で計算すると、約○ドル（約○円）の利益となります	―

第2章 販売行為

解約手数料または取得手数料	売却の際に（買取り）手数料はかかりません。	取得代金が500万円までは、3％の手数料がかかります。
解約に係る課税関係	売却の際には課税されません。	―
その他の費用	―	―

(9) 説明義務の履行に係る社内管理体制

説明義務の履行を確保するため、各社の実情に応じた社内管理体制を構築する必要がある。

具体例としては、①乗換えに係る社内記録の作成・保存を行い、モニタリングを行う体制、あるいは②顧客から顧客の意思を確認するための書面（確認書）を受け入れ、モニタリングを行う体制等が考えられる。

【社内記録の作成・作成手段についての例】
① 記録する内容の例
　(i) 乗換えの勧誘、非勧誘の別（取引が成立したものについて、乗換え勧誘の有無が客観的に判別できるものとする）
　(ii) 乗換えの勧誘の際の説明の実績
　　取引が成立したものについて、次のような事項を記録する。
　　例）(ｱ) 乗換えの勧誘の際に説明した内容
　　　　(ｲ) 乗換えを勧誘した理由
　　　　(ｳ) 説明時の状況（顧客の反応、顧客から説明を要しない旨の意思表明があった場合にはその事実等）
② 記録の作成方法・手段の例
　記録の作成方法・手段として、次のようなものが考えられる。
　(i) 乗換えの勧誘、非勧誘の別について注文伝票等に記録する方法
　(ii) 書面により説明した場合には当該書面を記録とし、保存する方法
　(iii) 口頭で説明した場合には、その説明事項について書面に記述する、またはパソコン等に入力する、あるいは説明内容を録音することにより記録する方法

（投資信託協会「受益証券等の乗換え勧誘時の説明義務に関するガイドライン」）

⑽　その他

　社内管理体制の整備等については、以下のように示されている。
a　受益証券等に係る全般的な社内管理体制の整備
　受益証券等には長期保有を基本とする商品が多数存在することに鑑み、また、顧客本位の営業姿勢の徹底を図る意味から、投信協会ガイドラインにおける説明義務の社内管理にとどまらず、受益証券等の全般的な社内管理体制を整備することが望ましい。具体例としては、次のようなものが考えられる。

① 社内規則等の整備……投資の基本方針及び投資対象が類似する受益証券等の間の乗換え、あるいは、投資対象にかかわらず短期間での乗換えの反復については、特に、乗換えに係る経済合理性、顧客のニーズを十分ふまえた営業姿勢を徹底する旨を定めた社内規則等を整備する。
② モニタリングの実施……顧客の適性性、乗換えに係る経済合理性及び顧客のニーズを十分ふまえた営業姿勢の履行を確保するため、特に、類似ファンド間の乗換え、短期間での乗換えの反復などに関してのモニタリングを実施する。

b　他の法令、規則等との関係
① 目論見書による説明……一般的に、顧客に受益証券等の取得の勧誘を行う場合には、本ガイドラインに規定する「重要な事項」以外の事項についても目論見書の内容に基づき説明を行う必要がある。
② 適合性の原則との関係……本ガイドラインに規定する「重要な事項」の説明は、適合性原則をふまえたうえで行われるものであるとの観点から、顧客の投資経験、投資目的、資力等を十分に把握し、顧客の意向と実情に適合した投資勧誘を行う必要がある。
　また、社内において取引開始基準を定めている場合には、当該基準に適合していることを確認し、投資勧誘を行う必要がある。

図表Ⅸ-2　受益証券等の乗換え勧誘に係る記録（ひな型）（日本証券業協会ガイドライン2002年1月24日）

① 乗換え勧誘時の説明事項

説明事項	解約する投信の説明内容	取得する投信の説明内容
ファンドの名称		
内国投信・外国投信の別		
建て通貨		
ファンドの性格		
解約する投資信託等の状況		
解約手数料または取得手数料		
解約に係る課税関係		
その他の費用		

② 乗換えを勧誘した理由及び説明時の状況

③ 備　　考

［　　　　　　　　　　　　　　　　　　　　　　　　］

［チェック欄］

内管責任者	営業責任者	扱　　者	顧客名（顧客コード）	説明年月日

⑪ その他説明等における留意点

　金融商品取引のなかには、相当程度の専門知識が要求されるものがあるが、一般顧客は必ずしも専門知識や経験等が十分ではないと考えられることから、金融商品取引業者が判断材料となる情報を正確かつ公平に顧客等へ開示するなど、説明責任が履行される必要がある。したがって、顧客に対する説明等においては、以下の点に留意するものとする。

　なお、「説明等」には、セミナー等の開催により顧客を集め、実質的に勧誘を行うような場合の当該セミナー等における説明も含まれることに留意する必要がある（金融商品取引業者等向けの総合的な監督指針Ⅲ－2－3－4）。

① 適合性原則をふまえた説明態勢の整備……契約締結前交付書面の交付の際等において、顧客の知識、経験、財産の状況、及び取引の目的に照らして当該顧客に理解されるために必要な方法及び程度を適切に選択し、適合性原則をふまえた適切な説明がなされる態勢が整備されているか。

② 適切な商品・サービス説明等の実施
　(ⅰ) 取引を行うメリットのみを強調し、取引による損失の発生やリスク等のデメリットの説明が不足していないか。
　(ⅱ) セールストーク等に虚偽や断定的な判断の表示となるようなものはないか。
　(ⅲ) 商品や取引を説明する際の説明内容は客観的なものか、恣意的、主観的なものになっていないか。
　(ⅳ) 商品や取引の内容（基本的な商品性、及びリスクの内容、種類や変動要因等）を十分理解させるように説明しているか。特に、契約締結前交付書面に係る記載順に関する規定の趣旨等をふまえ、顧客判断に影響を及ぼす重要な事項を先に説明するなど、顧客が理解をする意欲を失わないよう努めているか。
　(ⅴ) 当該金融商品取引に関して誤解を与える説明をしていないか。特に、金融商品取引業者等によって元本が保証されているとの誤解を与えるおそれのある説明をしていないか。

(vi)　市場動向の急変や市場に重大なインパクトを与える事象の発生が、投資信託の基準価額に重大な影響を与えた場合において、顧客に対して適時適切な情報提供に努め、顧客の投資判断をきめ細かくサポートしているか。

　(vii)　第三者が作成した相場予測等を記載した資料（新聞記事、アナリストレポート等を含む）を用いて勧誘を行う場合において、当該相場予測等の内容が偏ったもののみを恣意的に利用していないか。

　(viii)　その他、顧客に不当な負担となる、あるいは経済合理性に欠ける商品や取引の勧誘、または投資判断の重要な事項の説明不足はないか。

③　約定内容等の説明……金融商品取引の約定後に、約定内容（約定日時、約定金額または約定数値等）について顧客から提示要請があった場合に、契約締結時の書面交付等により、当該情報を顧客に対して適切に提示しているか。

④　インターネットを通じた説明の方法……金商業等府令117条1項1号に規定する「当該顧客に理解されるために必要な方法及び程度による説明」について、金融商品取引をインターネットを通じて行う場合においては、顧客がその操作する電子計算機の画面上に表示される説明事項を読み、その内容を理解したうえで画面上のボタンをクリックする等の方法で、顧客が理解した旨を確認することにより、当該説明を行ったものと考えられる。

4　口座開設

(1)　顧客の本人確認

　2003年1月に、「金融機関等による顧客等の本人確認等に関する法律」が施行となり、口座開設時等の本人確認が行われることとなった。

　2008年3月以降は、「犯罪による収益の移転防止に関する法律」（以下「犯罪収益移転防止法」という）に基づいて行われる。顧客が本人確認に応じないときは、応ずるまでの間、金融機関は当該顧客との取引を拒むことができる

こととなっている（同法5条）。

(2) 本人確認書類

　金融機関は、本人確認書類により本人確認を行い、本人確認に関する記録を7年間保存しなければならない（犯罪収益移転防止法4条、6条）。

　主な本人確認書類は、以下のとおり（同法施行規則7条）。

a　顧客が個人の場合
① 運転免許証、在留カード、特別永住者証明書、個人番号カード、旅券等
② 上記のほか、官公庁から発行され、または発給された書類その他これに類するもので、氏名、住所、生年月日の記載があり、かつ、当該官公庁が写真を貼り付けたもの
③ 国民健康保険、健康保険、船員保険、後期高齢者医療もしくは介護保険の被保険者証等
④ 印鑑登録証明書、戸籍の謄本もしくは抄本等国民年金手帳、児童扶養手当証書等
⑤ その他、官公庁から発行され、または発給された書類で、氏名、住居及び生年月日の記載があるもの

b　顧客が法人の場合
① 登記事項証明書、印鑑登録証明書
② その他官公庁から発行され、または発給された書類その他これに類するもので、法人の名称及び本店等の所在地の記載があるもの

(3) 本人確認記録の記録事項

　金融機関は、本人確認を行った場合、「本人確認記録」を作成しなければならない（犯罪収益移転防止法7条）。「本人確認記録」の主な内容は、次の事項である（同法施行規則20条）。
① 本人確認記録の作成者、本人確認を行った者の氏名
② 本人確認書類もしくは補完書類またはそのコピーの提示または送付を受けた日付

図表Ⅸ-3　日本証券業協会の顧客カードの参考様式

顧　客　カ　ー　ド　（個人用）

年　　月　　日

顧客コード　No.　　　　　　　　検印　　　　　扱者

1 氏名	(1)男 (2)女	7 投資経験	(1) 株　式　（現金取引　有・無） 　　　　　　（信用取引　有・無） (2) 公社債　有・無 (3) 投　信　有・無 (4) その他（　　　　　）
2 生年月日	年　　月　　日	8 取引動機	(1) 紹　介　(2) 飛　込 (3) 引　継　(4) D　M (5) 来店、来電　(6) 親戚、知人 (7) その他（　　　　　）
3 住所	□□□-□□□□ TEL	9 取引の種類	(1) 現　金　(2) 信　用 (3) 発　行　日 (4) 累投（財形・一般） (5) その他（　　　　　）
4 連絡先	□□□-□□□□ TEL	10 投資目的	
5 職業	(1) 会社役員　(2) 会社員・公務員 (3) 自営・商工サービス業 (4) 自由業（医師を除く）(5) 医　師 (6) 農林・水産　(7) 主　婦 (8) その他（　　　　　）	11 その他特記事項	
6 資産の状況			

注　6.「資産の状況」欄は、当初記入することが困難な場合は、その後なるべく早期に記載すること。

顧 客 カ ー ド（法人用）

年　月　日

顧客コード　No.		検印		扱者	

1 名称		6 取引動機	(1) 紹　介　(2) 飛　込 (3) 引　継　(4) D　M (5) 来店、来電　(6) その他（　　　）
2 所在地	□□□−□□□□ TEL	7 取引の種類	(1) 現　金　(2) 信　用　(3) 発行日 (4) 累投（財形・一般） (5) その他（　　　　　）
3 連絡先	□□□−□□□□ TEL	8 投資目的	
4 資産の状況		9 その他特記事項	
5 投資経験	(1) 株　式（現金取引　有・無） 　　　　　（信用取引　有・無） (2) 公社債　有・無 (3) 投　信　有・無 (4) その他（　　　　　）		

注　4.「資産の状況」欄は、当初記入することが困難な場合は、その後なるべく早期に記載すること。

第 2 章　販売行為　511

③ 取引に係る文書を送付しまたは役職員が赴いた日付
④ 本人確認を行った取引の種類
⑤ 本人確認を行った方法
⑥ 本人確認書類の名称、記号番号その他の本人確認書類を特定するに足りる事項
⑦ 顧客の本人特定事項
⑧ 顧客が自己の氏名及び名称と異なる名義を用いるときはその理由
⑨ 口座番号その他の取引記録を検索するための事項

(4) 顧客カードの整備

　販売会社は、投資信託の取引を行う顧客について、一定の事項を記載した顧客カードを備え置かなければならない。また、顧客について顧客カード等により知りえた秘密を他にもらしてはならない（日本証券業協会自主規制規則「協会員の投資勧誘、顧客管理等に関する規則」5条1項・2項）。なお、顧客カードは、電磁的方法によって作成及び保存することができる（同条3項）。

(5) 口座開設時の契約等

　通常販売会社は、顧客と証券投資信託の取引を開始するにあたり総合取引申込書を受け入れる。一般的に総合取引申込書は、顧客カードに記載すべき項目が盛り込まれ、また、証券投資信託の取引に付随する累積投資契約などについて申し込む形式をとっているものが大半である。
　累積投資契約とは、「金融商品取引業者（有価証券等管理業務を行う者に限る。）が顧客から金銭を預かり、当該金銭を対価としてあらかじめ定めた期日において当該顧客に有価証券を継続的に売り付ける契約」（金商法35条1項7号）であり、次のすべての要件に該当する契約である（金商業等府令66条）。
① 有価証券の買付けの方法として、当該有価証券の種類及び買付けのための預り金の充当方法を定めていること
② 預り金の管理の方法として、顧客からの払込金及び顧客が寄託している

有価証券の果実ならびに償還金の受入れに基づいて発生した金融商品取引業者の預り金を累積投資預り金として他の預り金と区分して経理することを定めていること
③ 他の顧客または金融商品取引業者と共同で買い付ける場合には、顧客が買い付けた有価証券につき回記号及び番号が特定されたとき、当該顧客が単独で当該有価証券の所有権を有することが確定することを定めていること
④ 有価証券の管理の方法として、預託を受けた有価証券（金融商品取引業者と顧客が共有しているものに限る）が他の有価証券と分別して管理されるものであること
⑤ 顧客から申出があったときは解約するものであること
　　収益分配金自動再投資のほか、定期自動購入いわゆる「積立て」も累積投資契約に該当する。

(6) 勧誘開始基準

　顧客に対し、店頭デリバティブ取引に類する複雑な投資信託・レバレッジ型投資信託に係る販売の勧誘を行うにあたっては、勧誘開始基準を定め、基準適合した者でなければ、販売の勧誘を行ってはならない（日本証券業協会自主規制規則「協会員の投資勧誘、顧客管理等に関する規則」5条の2）。

(7) 高齢顧客に対する勧誘による販売

　高齢顧客に有価証券等の勧誘による販売を行う場合には、販売会社の業態、規模、顧客分布及び顧客属性ならびに社会情勢その他の条件を勘案し、高齢顧客の定義、販売対象となる有価証券等、説明方法、受注方法等に関する社内規則を定め、適正な投資勧誘に努めなければならない（日本証券業協会自主規制規則「協会員の投資勧誘、顧客管理等に関する規則」5条の3）。

(8) 注意喚起文章の交付等

　販売会社は、顧客と店頭デリバティブ取引に類する複雑な投資信託の販売

に係る契約を締結しようとするときは、あらかじめ、顧客に対し、注意喚起文章を交付しなければならない。

注意喚起文章には、以下の事項を表示しなければならない。
① 不招請勧誘規制の適用がある場合にあっては、その旨
② リスクに関する注意喚起
③ 紛争解決等業務を行う指定紛争解決機関による苦情処理及び紛争解決の枠組みの利用が可能である旨及びその連絡先

販売会社は、顧客と契約を締結しようとするときは、あらかじめ、顧客の知識、経験、財産の状況及び契約を締結する目的に照らして顧客に理解されるために必要な方法及び程度による上記事項の説明を行わなければならない（日本証券業協会自主規制規則「協会員の投資勧誘、顧客管理等に関する規則」6条の2）。

(9) 顧客からの確認書の徴求

販売会社は、顧客との店頭デリバティブ取引に類する複雑な投資信託の販売に係る契約を締結しようとするときは、顧客が以下の事項を理解し、顧客の判断と責任において当該販売に応じて買付けを行う旨の確認を得るため、顧客から当該販売に関する確認書を徴求するものとする。
① 重要な事項の内容
② 契約により想定される損失額をふまえ、顧客が許容できる損失額及び当該想定される損失額が顧客の経営または財務もしくは資産の状況に与える影響に照らして、顧客が取引できる契約内容であること
③ 勧誘した店頭デリバティブ取引に類する複雑な投資信託の販売に応じなくとも、そのことを理由に今後の融資取引になんらかの影響を与えるものでないこと（日本証券業協会自主規制規則「協会員の投資勧誘、顧客管理等に関する規則」8条3項）

(10) 預金等との誤認勧誘

銀行等登録金融機関は、顧客の知識、経験及び財産の状況をふまえ、顧客

に対し、書面の交付その他の適切な方法により、預金等との誤認を防止するための説明を行われなければならない。

上記を説明する場合には、次の事項を説明しなければならない。
① 預金等ではないこと
② 預金保険法に規定する保険金の支払対象とはならないこと
③ 投資家保護基金による一般顧客に対する支払の対象ではないこと
銀行等登録金融機関は、その営業所または事務所において、上記の事項を顧客の目につきやすいように窓口に掲示しなければならない（日本証券業協会自主規制規則「協会員の投資勧誘、顧客管理等に関する規則」10条2項・3項）。

(11) 取引の安全性の確保

新規顧客、大口取引顧客等からの注文の受託に際しては、あらかじめ顧客から買付代金または売付有価証券の全部または一部の預託を受ける等取引の安全性の確保に努めるものとする（日本証券業協会自主規制規則「協会員の投資勧誘、顧客管理等に関する規則」17条）。

5 約　　定

(1) 約定時の確認事項

約定時には次の事項につき、確認しなければならない。

a 本人確認
① 口座が本人名義であることを確認する。本人以外の名義を使用していることを知りながら注文を受けることは禁止されている（日本証券業協会自主規制規則「協会員の従業員に関する規則」7条9号、「協会員の投資勧誘、顧客管理等に関する規則」13条1項）。
犯罪収益移転防止法上、金融機関等と顧客等の間の断続的な取引関係の開始時のほか、一定金額以上の単発取引と本人特定事項の真偽に疑いがある顧客等との取引においても、本人確認の対象となる。

b 注文内容の確認

① 銘柄・価格・数量・指値または成行きの区別等顧客の注文について確認を行わないまま注文を執行することのないようにしなければならない（日本証券業協会自主規制規則「協会員の従業員に関する規則」8条1号）。

② 過失により事務処理を誤ることのないよう確認する（同条4号）。

c 買付注文の場合の制度・諸規則等に関する確認

① 目論見書を交付する（金商法15条2項）。

② 適合性の原則に違反していないかどうかを確認する（同法40条、日本証券業協会自主規制規則「協会員の従業員に関する規則」7条7号）。

③ ファンドの特性やリスクについての説明を行う（金販法3条、日本証券業協会自主規制規則「協会員の投資勧誘、顧客管理等に関する規則」3条、10条1項・2項）。

(2) 取引の適正な管理

　顧客の注文に係る伝票をすみやかに作成し、整理、保存するとともに、自己の計算による取引と区分するための番号等を端末機に入力する等顧客の注文に係る取引を適正に管理しなければならない。また、打刻機の適正な運用・管理、コンピュータの不適正な運用の排除等を定めた社内規則を整備しなければならない（日本証券業協会自主規制規則「協会員の投資勧誘、顧客管理等に関する規則」18条）。

(3) 顧客への報告

　取引が成立したときは、取引の明細を記載した報告書を作成して、遅滞なく顧客に送付する。報告書には、取引の種類（購入）・顧客名・約定年月日・銘柄・数量・単価・金額（約定金額、精算金額ともに）・手数料が記載される（金商法37条の4、金商業等府令98条）。

(4) トータルリターンの通知

　2014年12月以降は、顧客へ当該投資信託等に係る損益（トータルリターン）

を通知しなければならない（日本証券業協会自主規制規則「協会員の投資勧誘、顧客管理に関する規則」23条の2）。

6　収益分配金の取扱い（追加型投資信託について）

　収益の分配は、毎決算時にあらかじめ信託約款に定められた方針に基づいて、決算日の前営業日時点までに買付約定している受益者に対して行われる。

　分配された収益分配金（収益分配金再投資分を除く）は、投信協会「正会員の業務運営等に関する規則」により原則として決算日から起算して5営業日までに開始する（信託約款には「決算日から1カ月以内の委託会社の指定する日」とされている）[13]。

　また、収益分配金再投資の収益分配金については、収益分配金が決算日の翌営業日に委託会社の指図に基づき受託銀行から販売会社に支払われ、販売会社は受益者との自動継続再投資契約に基づいて、遅滞なく受益者にかわって（個別元本に応じた課税後の金額で）再投資を行う。その際は決算日の基準価額が適用され再投資される。MRF等は、日々の決算において収益分配金が計上され、1カ月（前月最終営業日から当月最終営業日の前日まで）分がまとめて当月最終営業日に委託会社から各販売会社に支払われ、各販売会社は自動継続投資契約に基づいて税引き後再投資する。1口当りの再投資の価額は、当月最終営業日の前日の基準価額である。

　契約型投資信託の収益分配金には、所得税及び住民税が課せられる。所得区分は公社債型投資信託は利子所得、株式型投資信託の収益分配金は配当所得である。ただし、受益者の個別元本に応じて普通分配金と特別分配金に区分され、特別分配金は非課税である。非課税扱いの特別分配金が支払われた場合は、元本の払戻しに相当するため、図表IX－4、IX－5に示したとおり個別元本が修正される。

---

[13] 支払開始日から5年間支払の請求がないと時効。

図表Ⅸ-4 契約型投資信託

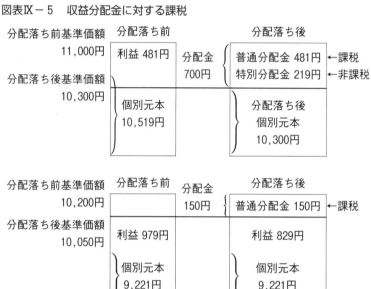

図表Ⅸ-5 収益分配金に対する課税

7 解約・買取り・償還

(1) 買取請求制度と解約請求制度

受益証券の換金には、買取請求による換金と解約請求による換金の2つの方法がある。

買取請求は、受益者が販売会社へ受益証券の買取りを請求し、そして買い取った販売会社が受益者となり委託会社へ信託契約の解約を請求する方法で

図表Ⅸ-6 買取りと解約の違い

買取り……受益者と販売会社との間の受益証券の売買をいう。

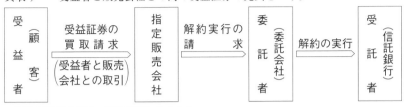

＊解約実行請求者は、指定販売会社である。
＊指定販売会社は、委託会社の指定販売会社として受益者から受益証券の買取りを行う。

解約……受益者の委託会社に対する投資信託契約の一部解約をいう。

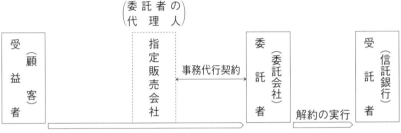

＊解約実行請求者は、受益者である。
＊指定販売会社は、委託会社の指定販売会社(代理人)として、解約請求受付事務を行う。

ある。一方、解約請求は、受益者が販売会社を通じて委託会社へ信託契約の解約の実行を請求する方法である(図表Ⅸ-6参照)。

一般受益者による解約請求制度が導入された1975年までは、投資信託の解約請求は、販売会社だけに限られていた。そのため、一般受益者は販売会社に換金を申し込み、販売会社が受益証券を買い取り、自らが受益者となって委託会社へ解約を請求していた。販売会社が受益証券を買い取る時点では課税は発生せず、買い取った販売会社が委託会社へ解約を申し込んだ段階で、元本超過額(値上り益)に対して所得税等が源泉徴収される。そこで販売会社は、あらかじめ基準価額から源泉徴収税相当額を特別控除額として差し引いた価額(買取価額)で受益証券を買い取る制度、買取請求制度がとられた。

ところが、販売会社の解約請求については常に課税されるため、受益者は非課税扱いで購入した受益証券であっても、源泉徴収税相当額の特別控除を差し引いた価額で買い取られることになり、非課税の恩典を享受することができない。

　そのような問題点の解決として、一般受益者による解約制度が導入された。受益者が販売会社を通じて委託会社へ解約の請求を行い、非課税扱いの受益証券の元本超過額は、非課税の取扱いが受けられるようになったのである。

　上記のように以前は課税方法が異なり、買取請求は譲渡所得、解約請求は配当所得だったが、2009年度の税制改正により買取請求・解約請求ともに譲渡所得となった。

(2) 償　　還

　単位型投資信託は有期限であり、信託期間の終了とともに償還される。追加型投資信託は無期限のものと有期限のものがあり、有期限のものは信託期間の終了とともに償還される（約款変更により信託期間を更新することがある）。ただし、単位型、追加型ともファンドの残存口数が信託約款で定めた水準を下回った場合は、信託期間の途中で償還（信託を終了）することができる。

　新信託法施行の2007年9月30日以降に設定されたファンドについては、受益者に書面決議により繰上償還の賛否を問い、賛成受益者が3分の2以上で償還することとなる。なお、2007年9月30日より前に設定されたファンドについては、異議申し立てを受け付け、賛成受益者が2分の1以上で償還となる。

　償還価額は、信託終了時の純資産総額を受益権総口数で除した金額で、支払は投信協会の定めによって原則として償還日から起算して5営業日目までに開始される。信託約款上は「信託終了日後から1カ月以内の委託会社の指定する日」とされているが、投信協会「正会員の業務運営等に関する規則」により、投資信託に係る償還金の顧客への支払を、原則としてファンドの決

算日（決算日が休日の場合は当該決算日の翌営業日）から起算して5営業日までに開始するものとするに従って償還金の支払が行われている。また、支払開始日から10年間支払の請求がない場合は時効となる。

(3) 償還乗換え優遇措置

償還乗換え優遇措置とは、証券投資信託の償還金をもって他のファンドを買い付ける（これを「償還乗換え」と呼ぶ）場合に、販売手数料を無料とする、あるいは割り引くサービスのことで、1991年に開始された。

当初、投信協会のルールとして単位型投資信託に導入され、その後追加型投資信託にも導入されたが、投資信託の手数料自由化の流れのなかで、1998年にこの規定は削除された。

かつては、顧客が償還代金または信託延長をしたファンドの解約代金・売却代金（買取請求による代金）の支払を受けた販売会社において、その信託終了日または解約請求日・買取請求日から一定の期間内に他のファンドの買付けの申し込みをする場合に、手取りの償還金等とその元本額のいずれか大きい額（ただし、追加型投資信託の場合はその償還金等の額）の範囲内で販売手数料を無料または割引とされていた（なお、口数指定で買い付ける追加型投資信託で、買付申し込み時に買付額が確定しない場合は、買付申し込み日の前営業日の基準価額等を適用した受渡金額により算出した口数の範囲で運用する）。

現在は、上記に限らず各販売会社が自由に決定している。

顧客への周知徹底のためには、償還金等の精算の際に、この優遇措置の適用があるファンドを買い付ける場合についての説明を行うことが必要である。

8　証券事故の処理

「証券事故」とは、次に掲げる場合などである（金商業等府令118条）。
① 顧客の注文内容について確認をしないで、当該顧客の計算により有価証券売買取引等を行うこと（同条1号イ）
② 次に掲げるものについて顧客を誤認させるような勧誘をすること（同号

ロ)
　　　(ⅰ)　有価証券の性質
　　　(ⅱ)　取引の条件
　　　(ⅲ)　有価証券の価格等の騰貴・下落等
③　顧客の注文の執行において、過失により事務処理を誤ること（同号ハ）
④　電子情報処理組織の異常により、顧客の注文の執行を誤ること（同号ニ）
⑤　その他法令に違反する行為を行うこと（同号ホ）

　日本証券業協会自主規制規則「事故の確認申請、調査及び確認等に関する規則」において、金商法39条3項に規定する事故により補填行為を行う場合の確認申請手続、委員会調査確認申請手続及び事故報告手続その他この手続を行う事項を定めている。

(1)　確認申請

　協会員は、協会員またはその従業員等の事故による損失の全部または一部につき補填を行う場合には、金商業等府令119条1項各号に掲げる場合に該当するときを除き、当該補填行為に係る損失が事故に起因するものであることにつき、あらかじめ、管轄財務局長等の確認を受けなければならない（日本証券業協会自主規制規則「事故の確認申請、調査及び確認等に関する規則」4条1項）。

　確認を受けようとする協会員は、金商業等府令120条に定めるところにより、金商業等府令121条各号に掲げる事項を記載した所定の様式による事故確認申請書を管轄財務局長等に提出しなければならない。

　確認申請書には、当該確認申請書が金商法39条1項2項の申し込みに係るものである場合を除き、金商業等府令122条1項に掲げる書類を添付しなければならない。

(2)　確認申請書の記載事項と添付書類

　確認申請書には次の事項を記載する（金商業等府令121条）。

① 金融商品取引業者等の商号及び所在地ならびに代表者の氏名
② 事故となる行為に関係した代表者等の氏名または部署の名称
③ 顧客の氏名及び住所
④ 事故の概要
⑤ 提供しようとする財産上の利益の額(損失補填額)
⑥ その他参考となるべき事項

　また、申請書に添付する書類は次の資料である(金商業等府令122条)。
・顧客が、確認申請書の記載事項の内容を確認したことを証明する書類

(3) 日本証券業協会による審査

　日本証券業協会は、確認申請書の提出があった場合には、当該確認申請書に記載された補填に係る損失が事故に起因するものであるかどうかを審査する(日本証券業協会自主規制規則「事故の確認申請、調査及び確認等に関する規則」5条1項)。

　日本証券業協会は、審査のため必要と認めるときは、確認申請書を提出した協会員に対し、その内容につき説明を求め、または証拠書類等の提出を求めることができる(同条2項)。

(4) 管轄財務局長等への確認申請書の提出

　日本証券業協会は、審査の結果、確認申請書に記載された補填に係る損失が事故に起因するものであると認めたときは、当該確認申請書を管轄財務局長等に提出する(日本証券業協会自主規制規則「事故の確認申請、調査及び確認等に関する規則」6条)。

(5) 協会員に対する確認結果の通知

　日本証券業協会は、協会員から提出された確認申請書に係る補填行為について管轄財務局長等の確認の結果の通知があった場合には、すみやかに、その旨を当該協会員に通知する(日本証券業協会自主規制規則「事故の確認申請、調査及び確認等に関する規則」7条)。

(6) 委員会調査確認申請

　協会員は、協会員またはその従業員等の事故（事故による損失について、協会員と顧客との間で顧客に対して支払をすることとなる額が定まっている場合であって、協会員が顧客に対して支払をすることとなる額が1,000万円を超えないものに限る。以下この章において同じ）による損失の全部または一部につき補填行為を行う場合には、確認申請を行うときまたは金商業等府令119条1項1号～8号、10号もしくは11号に掲げる場合に該当するときを除き、顧客に対する支払が事故による損失を補填するために行われるものであることにつき、あらかじめ、委員会の調査及び確認を受けなければならない（日本証券業協会自主規制規則「事故の確認申請、調査及び確認等に関する規則」8条1項）。前項の調査及び確認を受けようとする協会員は、金商業等府令121条各号に掲げる事項を記載した所定の様式による事故調査確認申請書（以下「調査確認申請書」という）を委員会に提出しなければならない（同条2項）。

　協会員は、前項の調査確認申請書には、顧客が調査確認申請書の内容を確認したこと及び協会員と顧客との間で顧客に対して支払をすることとなる額が定まっていることを証する書面その他参考資料を添付しなければならない（同条3項）。

　この規則は、金融商品仲介業者ならびにその役員及び従業員（「金融商品仲介業者に関する規則」2条4号及び5号に定める役員及び従業員をいい、当該役員または従業員であった者を含む）の事故であって、その所属金融商品取引業者等（金商法66条の2第1項4号に規定する所属金融商品取引業者等をいう）である協会員が行うこの規則に定める手続について準用する（日本証券業協会自主規制規則「事故の確認申請、調査及び確認等に関する規則」13条）。

(7) 事故の確認が不要の場合

　損失補填が「証券事故」に起因するものであることについて、次の場合は確認を要しないことが認められている（金商業等府令119条1項）。
① 裁判所の確定判決を得ている場合

② 裁判上の和解が成立している場合
③ 民事調停が成立している場合等
④ 認定投資者保護団体等によるあっせんによる和解が成立している場合等
⑤ 弁護士会の会則等に定める機関（仲裁センター）のあっせんによる和解が成立している場合
⑥ 地方公共団体または独立行政法人国民生活センターのあっせんによる和解が成立している場合
⑦ 認証紛争解決事業者が行う認証紛争解決手続による和解が成立している場合

ただし、以上の和解が成立している場合の要件として、次の3点が定められている。
① 和解の手続について弁護士または司法書士が顧客を代理していること
② 和解の成立により金融商品取引業者等が顧客に対して支払をすることとなる額が1,000万円を超えないこと
③ 支払が事故による損失補填であることを、弁護士または司法書士が調査、確認したことを証する書面を、金融商品取引業者等に交付されていること

(8) 確認不要の場合の取扱い

確認不要の場合について、日本証券業協会では次のように定めている（日本証券業協会自主規制規則「事故の確認申請、調査及び確認等に関する規則」12条）。

「管轄財務局長等の確認が不要とされる事故について、補填行為を行ったときは、当該補填行為を行った日の属する月の翌月末までに、金商業等府令第121条各号に掲げる事項を記載した所定の様式による報告書により、管轄財務局長等に報告しなければならない」また、報告書の提出については、日本証券業協会を経由して行わなければならない（同条2項）。

日本証券業協会は、必要と認めるときは、協会員に対し、その内容につき説明を求め、資料等の提出を求めることができる（同条3項）。

図表Ⅸ-7　投資信託販売の主なルール

	【金融商品取引法】	【金融商品取引法施行令】	【金融商品取引業等に関する内閣府令】	【金融商品取引業者等向けの総合的な監督指針】
〔目論見書〕	15条　届出の効力発生前の有価証券の取引禁止及び目論見書の交付 27条の30の9　電子情報処理組織を使用する方法等による目論見書記載事項の提供等 37条の3　契約締結前の書面の交付	3条の2　法第15条第3項に規定する政令で定める有価証券	79条　契約締結前交付書面の記載方法 80条　契約締結前交付書面の交付を要しない場合 81条　顧客が支払うべき対価に関する事項 82条　契約締結前交付書面の共通記載事項 83条　有価証券の売買その他の取引に係る契約締結前交付書面の共通記載事項 97条　契約締結前交付書面の届出を要しない場合	〔内部管理責任者〕 Ⅲ-2-3-2　営業員管理態勢
〔報告書〕	37条の4　契約締結時等の書面の交付		98条　その他書面を交付するとき等 110条　契約締結時交付書面の交付を要しない場合 111条　取引残高報告書の交付を要しない場合	
〔運用報告書〕	42条の7　運用報告書の交付		134条　運用報告書の交付	
〔広告〕	37条　広告等の規制	16条　顧客の判断に影響を及ぼす重要事項	72条　広告類似行為 73条　金融商品取引業の内容についての広告等の表示方法 74条　顧客が支払うべき対価に関する事項 76条　顧客の判断に影響を及ぼす重要事項 78条　誇大広告をしてはならない事項	Ⅲ-2-3-3　広告等の規制

日本証券業協会　自主規制規則				【その他の法律】
〈協会員の従業員に関する規則〉	〈協会員の内部管理責任者等に関する規則〉	〈協会員の投資勧誘、顧客管理等に関する規則〉	〈広告等の表示及び景品類の提供に関する規則〉	
	2条　内部管理統括責任者の登録 3条　内部管理統括責任者の資格要件 4条　内部管理統括責任者の責務 5条　内部管理統括責任者への指示 6条　内部管理統括補助責任者の資格要件、報告及責務 7条　内部管理部門の管理職者等の資格取得 8条　研修の受講 9条　内部管理統括責任者及び内部管理統括補助責任者への交代勧告 10条　営業責任者の配置 11条　営業責任者の資格要件 12条　営業責任者の責務 13条　内部管理責任者の配置 14条　内部管理責任者の資格要件 15条　内部管理責任者の責務 16条　営業責任者等の協会への報告 17条　営業責任者の配置禁止措置の決定 18条　内部管理責任者の配置禁止措置の決定 19条　協会員の内部管理統括補助責任者、営業責任者及び内部管理責任者等の配置に関する特例	27条　社内検査規則の整備等		
		3条　基本原則 4条　禁止行為 5条　協会員の内部審査等 6条　社内管理体制の整備 7条　違反に対する調査 8条　広告等に関する指針 9条　アナリスト・レポートの取扱い		【不当景品類及び不当表示防止法】 5条　不当な表示の禁止

第2章　販売行為　527

【金融商品取引法】	【金融商品取引法施行令】	【金融商品取引業等に関する内閣府令】	【金融商品取引業者等向けの総合的な監督指針】
〔禁止行為〕　38条　禁止行為 ・虚偽告知の禁止 ・断定的判断の提供による勧誘の禁止	16条の4　不招請勧誘等が禁止される契約	117条　禁止行為 ・契約締結前書面等の交付に際しての適合性原則違反 ・特別の利益の提供 ・暴行脅迫 ・債務履行の拒否、不当遅延 ・顧客の同意を得ない取引 ・迷惑を覚えさせる時間の勧誘行為 ・職務上知り得た情報による取引	

【金融商品取引法】	【金融商品取引法施行令】	【金融商品取引業等に関する内閣府令】	【金融商品取引業者等向けの総合的な監督指針】
〔損失補填等の禁止〕 〔証券事故〕　39条　損失補填等の禁止		118条　事故 119条　事故の確認を要しない場合 120条　事故の確認の申請 121条　確認申請書の記載事項 122条　確認申請書の添付書類	
〔適合性の原則〕　40条　適合性の原則等		123条　業務の運営の状況が公益に反し又は投資者の保護に支障を生ずるおそれがあるもの（乗換え勧誘の説明義務）	Ⅲ－2－3－1 適合性原則
〔説明義務〕 〔構成誠実義務〕　36条　顧客に対する誠実義務		123条　業務の運営の状況が公益に反し又は投資者の保護に支障を生ずるおそれがあるもの（乗換え勧誘の説明義務）	Ⅲ－2－3 勧誘・説明態勢 Ⅲ－2－4 顧客等に関する情報管理態勢 Ⅲ－2－5　苦情等への対応（金融ADR制度への対応も含む。） Ⅲ－2－6　取引時確認等の措置

	日本証券業協会　自主規制規則			【その他の法律】
〈協会員の従業員に関する規則〉	〈協会員の内部管理責任者等に関する規則〉	〈協会員の投資勧誘、顧客管理等に関する規則〉	〈広告等の表示及び景品類の提供に関する規則〉	
7条　禁止行為 ・過当取引勧誘 ・顧客との損益の共有 ・名義貸し ・仮名取引の受託 ・名義借り ・金銭、有価証券の受渡しの遅延 ・書類の受渡しの遅延 ・金銭、有価証券等の貸借 ・秘密漏えい ・無審査の広告、景品類の提供 ・特別の便宜の提供による勧誘 8条　不適切行為 ・未確認受注 ・誤認させる勧誘 ・事務処理の誤り		12条　過当勧誘の防止等 13条　仮名取引の受託及び名義貸しの禁止		

	日本証券業協会　自主規制規則			【その他の法律】
〈協会員の従業員に関する規則〉	〈協会員の外務員の資格、登録等に関する規則〉	〈協会員の投資勧誘、顧客管理等に関する規則〉	〈事故の確認申請、調査及び確認等に関する規則〉	
9条　事故連絡 10条　事故顛末報告 11条　審査 12条　不都合行為者の取扱い 13条　不都合行為名簿（同規則） 14条　解除の申請 15条　解除審査			4条　確認申請 5条　本協会による審査 6条　管轄財務局長等への確認申請書の提出 7条　協会員に対する確認結果の通知	
		5条　顧客カードの整備等		
		4条　自己責任原則の徹底 10条　預金等との誤認防止		【銀行法】 12条の2　預金者等に対する情報の提供等 【銀行法施行規則】 13条の5　金銭債権等と預金等との誤認防止 【金融商品の販売等に関する法律】 3条　金融商品販売業

第 2 章　販売行為

【金融商品取引法】	【金融商品取引法施行令】	【金融商品取引業等に関する内閣府令】	【金融商品取引業者等向けの総合的な監督指針】
〔外務員〕 64条　外務員の登録 64条の2　登録の拒否 64条の3　外務員の権限 64条の4　登録事項の変更等の届出 64条の5　外務員に対する監督上の処分 64条の6　登録の抹消 64条の7　登録事務の委任 64条の8　登録手数料 64条の9　登録事務についての審査請求	17条の15　登録手数料	247条　外務員登録原簿の記載事項 248条　外務員登録原簿を備える場所 249条　登録の申請 250条　登録申請書の記載事項 251条　登録申請書の添付書類 252条　登録事項の変更等の届出 253条　外務員が退職する際の届出 254条　協会の外務員登録事務 255条　財務局長等への届出 256条　登録手数料の額	Ⅳ-4-3　外務員登録
〔顧客管理体制〕			Ⅲ-2-4　顧客等に関する情報管理態勢 Ⅲ-2-5　苦情等への対処（金融ADR制度への対応も含む。）
			〔本人確認等〕 Ⅲ-2-6　取引時確認等の措置

日本証券業協会　自主規制規則				【その他の法律】
〈協会員の従業員に関する規則〉	〈協会員の外務員の資格、登録等に関する規則〉	〈協会員の投資勧誘、顧客管理等に関する規則〉	〈事故の確認申請、調査および確認等に関する規則〉	
	2条　定義 3条　外務員の登録義務 4条　外務員資格 5条　資格外の外務員の職務の禁止 6条　外務員資格の職務禁止措置 7条　外務員の登録申請 8条　登録及び登録済通知 9条　登録の拒否 10条　登録事項の変更等届出 11条　外務員についての処分 12条　外務員についての処分内容の公表 13条　外務員の職務禁止措置及び処分者に対する研修 14条　登録の抹消 15条　登録事務に関する届出 16条　登録手数料の納付 17条　細則への委任 18条　外務員資格更新研修の受講等 19条　社内研修の受講			者等の説明義務 4条　金融商品販売業者等の断定的判断の提供等の禁止 5条　金融商品販売業者等の損害賠償責任 6条　損害の額の推定 7条　民法の適用 8条　勧誘の適性の確保 9条　勧誘方針の策定等 10条　過料 【消費者契約法】 3条　事業者及び消費者の努力 4条　消費者契約の申込み又はその承諾の意思表示の取消し
		17条　取引の安全性の確保 18条　顧客の注文に係る取引の適正な管理 24条　顧客管理体制の整備		
		14条　犯罪による収益の移転防止等に係る内部管理体制の整備 28条　顧客からの苦情及び紛争処理体制の整備		【犯罪による収益の移転防止に関する法律】 4条　取引時確認等 5条　特定事業者の免責 6条　確認記録の作成義務等 7条　取引記録等の作成義務等 8条　疑わしい取引の届出等

第3章

セールス・プロモーション活動

第1節　セールス・プロモーション業務

1　販売会社向け

　投資信託委託会社は、販売会社に商品の販売を委託しているが、販売会社に対して、投資信託説明書（交付目論見書）及び販売用資料・投資環境資料など各種資料の提供や、販売会社で開催される勉強会・セミナーへの講師派遣などの支援を行っている。勉強会・セミナーの内容は、新規商品の勉強会やフォローアップ勉強会、投資環境や投資信託の仕組み等さまざまである。委託会社は、販売会社主催の勉強会・セミナーや、販売員からの問合せに対応し、支援体制を構築している。

2　受益者及び潜在的投資家向け

　委託会社は、受益者や潜在的投資家向けに、さまざまなマスメディアを活用してサービス・商品に関するプロモーションを行っている。マスメディアは、新聞・雑誌、テレビCMや、委託会社のウェブサイトなど多岐にわたる。各マスメディアの特徴や顧客属性、商品のターゲット層にあわせて、さまざまなプロモーションを展開する。投資信託に関する制度の情報を、委託会社として各マスメディアを利用して普及活動などを行う場合もある。

3　宣伝広告、ブランディング

　宣伝広告は、委託会社の商品やサービスを広く知ってもらい、商品の購入を促進する目的で、新聞、雑誌、放送などのマスメディアを通じて、需要を喚起する行為である。宣伝広告には、さまざまなマスメディアが存在するが、訴求したい内容やターゲット層によって使い分け、より効率的に行う必要がある。

　ブランディングは、商品やサービスなどに対し、だれに、何と思ってほしいかを設定することであり、その実現に対して取り組む活動のことである。そのなかの一つとして、企業のロゴやキャラクター、商品のブランドネームの制作などが挙げられる。

　金商法では、金融商品取引業者等が行う金融商品取引業の内容について広告等をする際の、表示事項、表示方法等についての規制が定められている（同法37条）。

　規制の対象となる「広告等」とは、「その行う金融商品取引業の内容について広告その他これに類似するものとして内閣府令で定める行為」であり、金融商品取引業の内容に関するものでない場合は、これに該当しないものと考えられる（金融庁パブリックコメントより）。

　広告等とは、広告または広告類似行為を指す。広告は、テレビCM、ラジオCM、ポスターを貼る方法、新聞に掲載する方法、雑誌に掲載する方法、インターネット・ウェブサイトに掲載する方法である（金商業等府令72条）。広告類似行為は、郵便、信書便、ファクシミリ装置を用いて送信する方法、電子メールを送信する方法、ビラまたはパンフレットを配布する方法、その他であり、多数の者に対して同様の内容で行う情報の提供である（同条）。

(1) 表示事項

　広告等（広告及び広告類似行為）には、次に掲げる事項を表示しなければならない（金商法37条1項、同法施行令16条、金商業等府令76条）。
① 金融商品取引業者等の商号、名称または氏名

② 金融商品取引業者等である旨及び金融商品取引業者等の登録番号
③ 金融商品取引業者等の行う金融商品取引業の内容に関する事項であって、顧客の判断に影響を及ぼすこととなる重要なもの
　(i) 金融商品取引契約に関して顧客が支払うべき手数料、報酬その他の対価に関する事項
　　・手数料、報酬、費用その他いかなる名称によるかを問わず、金融商品取引契約に関して顧客が支払うべき対価（有価証券の価格または保証金等の額を除く）の種類ごとの金額もしくはその上限額またはこれらの計算方法（金融商品取引契約に係る有価証券の価格、デリバティブ取引等の額もしくは運用財産の額に対する割合または金融商品取引行為を行うことにより生じた利益に対する割合を含む）の概要及び当該金額の合計額もしくはその上限額またはこれらの計算方法の概要ただし、これらの表示をすることができない場合にあっては、その旨及びその理由
　　・投資信託もしくは外国投資信託に表示されるべき権利もしくは組合契約もしくは外国組合契約に掲げる権利の取得に係るものであって、当該投資信託受益権等に係る財産が他の投資信託受益権等に対して出資され、または拠出されるものである場合には、手数料等には、出資対象投資信託受益権等に係る信託報酬その他の手数料等を含む、等
　(ii) 顧客が行う取引行為において、金利、通貨の価格、金融商品市場における相場その他の指標に係る変動を直接の原因として損失が生ずることとなるおそれがある場合にあっては次の事項（リスク文言）
　　・当該指標
　　・当該指標に係る変動により損失が生じるおそれがある旨及びその理由
　(iii) 金融商品取引契約に関する重要な事項について顧客の不利益となる事実
　(iv) 協会に加入している場合にあっては、その旨及び当該協会の名称

(2) 表示の方法

　金融商品取引業者等がその行う金融商品取引業の内容について広告等をするときは、次のように表示しなければならない（金商業等府令73条）。
・表示すべき事項については、明瞭かつ正確に表示する。
・リスク文言の文字・数字を、当該事項以外の事項の文字または数字のうち最も大きなものと著しく異ならない大きさで表示する。

(3) 誇大広告の禁止

　金融商品取引業者等がその行う金融商品取引業の内容について広告等をするときは、金融商品取引行為を行うことによる利益の見込み及び次の事項について、著しく事実に相違する表示をし、または著しく人を誤認させるような表示をしてはならない（金商法37条2項、金商業等府令78条）。

① 金融商品取引契約の解除に関する事項
② 金融商品取引契約に係る損失の全部もしくは一部の負担または利益の保証に関する事項
③ 金融商品取引契約に係る損害賠償額の予定（違約金を含む）に関する事項
④ 金融商品取引契約に係る取引市場または取引市場に類似する市場で外国に所在するものに関する事項
⑤ 金融商品取引業者等の資力または信用に関する事項
⑥ 金融商品取引業者等の業の実績に関する事項
⑦ 金融商品取引契約に関して顧客が支払うべき手数料等の額またはその計算方法、支払の方法及び時期ならびに支払先に関する事項

| 第2節 | 情報提供、問合せ対応 |

1　開示資料等

　委託会社は、一般投資家または販売会社に、金融商品取引法（以下「金商法」という）の法定開示資料である投資信託説明書（交付目論見書）以外にも、その他の開示資料として、販売用資料、販売促進資料、運用状況レポートなどを提供している。資料の形態や内容、また名称は委託会社によってさまざまである。

　金商法13条5項で、「目論見書以外の文書、図面、音声その他の資料（電磁的記録（電子的方式、磁気的方式その他人の知覚によつては認識することができない方式で作られる記録であつて、電子計算機による情報処理の用に供されるものをいう。）をもつて作成された場合においては、その電磁的記録に記録された情報の内容を表示したものを含む。）を使用する場合には、虚偽の表示又は誤解を生じさせる表示をしてはならない」と規定されている。また、金商法37条では広告等規制として、広告類似行為を行う場合の表示方法、禁止行為などを定めている。投信協会の「広告等に関するガイドライン」のなかにも記載事項などのルールが定められている。

2　ウェブサイトの運営・管理

　委託会社はウェブサイトを開設し、受益者、潜在的投資家、販売会社に向けて情報提供を行っている。ウェブサイトでの情報提供は金商法上の広告行為に該当するため、その表示事項については、金商法上の広告規制に従う。委託会社はウェブサイト上で基準価額や商品の概要など投資信託の情報や、マーケット情報、投資信託の基礎知識などさまざまなコンテンツを掲載している。委託会社はどのコンテンツが閲覧されたか等を分析し、より閲覧されやすいように日々改良を行っている。委託会社によっては、ユーザーや販売

会社ごとにパスワードを発行し特定の者しか閲覧できないコンテンツを掲載している。

3 問合せ対応

委託会社は、一般投資家または販売会社から投資信託に関する電話問合せを受け付ける窓口を設けている。委託会社によっては、フリーダイヤルで受電するコールセンターも設置している。問合せ先の電話番号は、交付目論見書や販売用資料、運用報告書、また委託会社のウェブサイト等に記載されている。

一般投資家または販売会社からの質問内容は、投資信託の制度や仕組み、商品の運用状況、販売会社の販売員を対象に受益者からの電話問合せの回答に対する説明、また苦情等の広範囲にわたる。問合せ内容によっては、運用部などをはじめとする関係部署と連携して対応する。苦情等で対応がきわめてむずかしい内容については、コンプライアンス部署と連携し協議し今後の対応を検討する。なお、具体的なアドバイスや投資判断について求められた場合は、投資勧誘に類する発言をしないよう、細心の注意を払う必要がある。

サービスの向上及びリレーションシップ強化の手段として、CRM（Customer Relationship Management）システムを活用している。CRMに蓄積された受電記録を活用し、関連部署に連携することにより、一般投資家または販売会社からの質問内容やニーズ、不満などを委託会社の今後のマーケティング活動に有益に活用することができる。

第3節　販売会社・委託会社間の事務

本節では、投資信託の販売にあたっての販売会社と投資信託委託会社の間の事務連絡について説明する。事務連絡は非常に多岐にわたるため、はじめに大まかな流れを説明する。

投資信託の販売を取り扱う販売会社（指定証券会社、登録金融機関等）と、投資信託を運用する投資信託委託会社（運用会社）との間でファンドの取扱開始が合意されたら、最初に行われることは業務委託契約の締結である。基本契約書や覚書の作成・締結、別表や事務取扱要項（投資信託受益証券の取扱いに関する事務手続）の交付等が行われる。
　これと並行して、ファンドの取扱開始に必要な書類の作成や準備、手続の確認、販売員向けの商品勉強会等の準備が行われる。法定書類としてファンドの目論見書の提供、販売サポート資料として販売用資料等の提供、ファンド属性（ISINコード等のファンド関連コード、申込不可日カレンダー、外貨建て資産割合及び非株式割合、基準価額配信開始日等）の連絡、資金決済用口座の受入れ・確認、販売会社向けの商品勉強会や投資家向けのセミナーの準備とスケジュール管理等を、販売開始日に向けて行う。
　ファンドの取扱開始とともに、ファンドの設定・解約の申し込みデータの連絡、設定・解約の資金決済、収益分配金・償還金の連絡と支払、代行手数料の計算・連絡と支払処理等が始まる。
　ここでは、業務委託契約の締結、設定・解約データの連絡及び資金決済、代行手数料の支払、基準価額の計算・配信、残高移管、申込不可日カレンダーの提供、法定書類（目論見書と運用報告書）の提供、営業サポート資料（販売用資料や投資環境資料等）の提供等を中心に説明する。
　また、こうしたバックオフィス業務は近年BPO（ビジネス・プロセス・アウトソーシング）の活用が増加しており、野村アセットマネジメント株式会社（以下「当社」という）においても積極的に活用しているのでBPOについても触れる。投資信託の事務は正確性とスピードを求められる業務である一方で、コスト削減も求められている。

1　業務委託契約の締結

　販売会社と委託会社との間で作成・締結する業務委託契約は、当社の場合、下記の4つの書類が基本になる。はじめにそれぞれの役割を簡潔に説明する。

① 基本契約書……「募集・販売等に関する契約書」
② 覚書……「手数料の支払に関する覚書」
③ 別表……「別表1」及び「別表2」
④ 「事務取扱要項」（投資信託受益権の取扱いに関する事務手続）

まず、基本契約書となる「募集・販売等に関する契約書」を作成・締結し、投資信託の販売にあたり必要な業務内容を相互に確認する。

次に、基本契約書をもとに覚書を作成・締結する。基本契約書の11条（手数料の支払）に関する「手数料の支払に関する覚書」である。

この覚書で当社が信託報酬のなかから販売会社に代行手数料（販売会社が受益者に対して分配金や償還金の支払や運用報告書の交付等の代行事務を行う対価）を支払うことを明記し、販売を取り扱うファンドごとに具体的な信託報酬率と配分を明記した別表（「別表1」は単位型投資信託、「別表2」は追加型投資信託）を作成して代行手数料を明確にしている。

そして、「事務取扱要項」（投資信託受益証券の取扱いに関する事務手続）を作成して販売会社に交付するが、これは基本契約書の13条（事務処理）に、本契約に関する事務処理については事務取扱要項に従って行うものと明記されているためである。

(1) 基本契約書（「募集・販売等に関する契約書」）

当社の基本契約書「募集・販売等に関する契約書」のひな形（2017年7月現在のもの）を紹介しながら主なポイントを説明する。ただし、実際の契約書は販売会社と当社の間で相互に確認して作成するため、あくまでも一例として紹介する。

なお、契約書は2通作成し、捺印のうえ、販売会社と当社で各々1通を保有する。

1条（証券会社または登録金融機関の指定とその業務）で具体的な業務を規定している。

当社が販売会社に対して業務委託する主な内容として、受益権の募集・販売、追加設定・一部解約・買取り、収益分配金再投資、一部解約金・収益分

配金・償還金の支払、運用報告書の交付等を定めている。

以下は、1条の全文の記載である。

第1条 甲（野村アセットマネジメント株式会社）は、その発行する受益権の信託約款に規定する販売会社として乙を指定する。
2．甲は乙に対し、前項の受益権について次の業務を委託し、乙はこれを引き受けるものとする。
(1) 受益権の募集（私募を含む。）・販売の取扱い
(2) 追加設定の申込事務
(3) 受益者に対する収益分配金再投資事務
(4) 受益者に対する一部解約事務
(5) 受益者に対する受益権の買取り
(6) 受益者に対する一部解約金、収益分配金及び償還金の支払
(7) 受益者に対する運用報告書の交付
(8) 2007年1月4日以前に発行された受益権に係る受益証券を保有する受益者からの請求に基づき、当該受益証券に係る受益権を振替受入簿に記載または記録を申請する事務
(9) 「社債、株式等の振替に関する法律」及び振替機関の業務規程に定める「口座管理機関」としての業務
(10) その他上記の業務に付随する業務

2条以下は、以下、項目のみ紹介する。

第2条（広告・宣伝等）、第3条（法令等の遵守）、第4条（申込金の払込み）、第5条（受益権の発行）、第6条（支払委託金の委託）、第7条（一部解約事務の委託）、第8条（受益権の買取り）、第9条（買取り受益権の一部解約の実行）、第10条（支払委託金の返還）、第11条（手数料の支払）、第12条（情報の交換）、第13条（事務処理）、第14条（守秘義務）、第15条（契約期間）、第16条（反社会勢力との取引排除）、第17条（契約の解除）、第18条（損害賠償）、第19条（譲渡禁止）、第20条（契約期間終了後の受益者に対する措置）、第21条（合意管轄）、第22条（その他）。

(2) 覚書(「手数料の支払に関する覚書」)

「手数料の支払に関する覚書」(2017年7月現在のもの)の内容は、「募集・販売等に関する契約書」11条(手数料の支払)に基づき、当社が販売会社に支払う代行手数料を確約するものである。

なお、覚書は2通作成し、捺印のうえ、販売会社と当社で各々1通を保有する。

代行手数料の計算方法が単位型ファンド(別表1)と追加型ファンド(別表2)によって異なること、ファンドごとに作成される別表の内容に変更が生じたときは別表の追加または差替えを行うことを明記している。

以下、「手数料の支払に関する覚書」の記載内容を紹介する。

- 別表1の単位型証券投資信託に係る手数料は、信託約款に基づき、毎半期末、一部解約および信託終了時における乙の取扱いにかかる元本に対し、元本10,000円につき別表1に定める金額又は信託約款に定める計算期間を通じて、毎日、乙の取扱いにかかる信託財産の元本又は純資産総額に対し別表1に定める率を乗じて得た金額とする。
- 別表2の追加型証券投資信託に係る手数料は、信託約款に定める計算期間を通じて、毎日、乙の取扱いにかかる信託財産の元本又は純資産総額に対し別表2に定める率を乗じて得た金額とする。
- 別表の内容に変更が生じたときは、別表を追加又は差替えるものとする。

(3) 別表(「別表1」及び「別表2」)

「別表1」及び「別表2」は、「手数料の支払に関する覚書」を受けて、取扱ファンドごとに信託報酬率とその配分(販売会社、当社)を具体的な数字で明記したものである。

代行手数料の計算方法が異なるので、単位型ファンドを「別表1」、追加型ファンドを「別表2」と区別し、各々ファンドごとに交付目論見書の記載内容をベースに作成する。

ファンドの信託報酬率とその配分など内容に変更が生じた場合は別表の差

替えを行い、取扱ファンドが増加した場合はそのファンドの別表を追加することで販売会社が信託報酬から受け取る代行手数料を明確にする。

(4)　「事務取扱要項」（投資信託受益権の取扱いに関する事務手続）

「事務取扱要項」は、「募集・販売等に関する契約書」（13条）に基づき、販売会社と当社での間の主な事務手続を具体的に明記したものである。

この「事務取扱要項」が実務的な事務処理のベースとなるルールブックであり、約定処理、基準価額の配信、資金決済、収益分配金・償還金、代行手数料、販売会社間の口座振替（残高移管）等の事務連絡についての詳細を記載している。

なお、ファンドのタイプ（例えば、ブル・ベア型、MRF、ETF等）により事務取扱いの内容が異なる場合があるので、当社では数種類のファンドタイプ別「事務取扱要項」を作成している。

2　ファンドの約定処理（設定・解約データの連絡）

(1)　投資家からの申込み受付の締切時間

投資家からの申込み受付の締切時間は、ファンドごとに目論見書に基づいて販売会社が決めるものである。目論見書での申込み受付の締切時間を15：00とするファンドが多いが、一部ファンドによっては異なる場合がある。例えば、当社のブル・ベア型ファンドは目論見書での申込み受付の締切時間は14：00である。

(2)　設定・解約データの連絡方法

販売会社は申込み受付を終了したらすみやかにファンドごとに設定・解約の口数または金額を集計し、当社に設定・解約データを送信する。

設定・解約データの連絡方法は、システムを使用した電子的なデータ送信（野村総合研究所のFundWeb Transfer、大和総研ビジネス・イノベーションのWEBEXCHANGE、日興システムソリューションズのBP-NET等）が中心であ

る。今はFAXでのデータ送信はない。

また、システム障害等で概算連絡の電子的なデータ送信ができないときに、代替手段としてFAXを利用することがある。

販売会社が当社へ連絡する設定・解約データには、概算連絡（投資家からの申し込み当日の概算口数・金額）と確定連絡（投資家の約定日の正確な申し込み口数）の2種類があるが、まず概算連絡について説明する。

(3) 概算連絡

販売会社は当社に対し、投資家の申込み日の翌営業日または翌々営業日が約定日となるファンド（主に外国資産に投資するファンドに多い）は申込み日当日の17：00までに概算連絡（ファンドごとの設定・解約の口数または金額）を送信する。

なお、投資家の申込み日が約定日と同日となるファンド（主に国内資産に投資するファンドに多い）の概算連絡は販売会社の任意としている。

なお、1日1件1億円を超える申込みについては、「大口申込み」として上記の概算連絡とは別に、できる限り早い時間に電話等で当社への連絡を販売会社に要請している。

当社では各販売会社から受信した概算連絡をファンドごとに集計し、当日の18：00頃までにファンドの運用部署等に連携する。一部のファンドはこの概算連絡を受けて当日に売買を行うこともあるので、正確な内容と時間厳守を販売会社に要請している。

販売会社からの概算連絡が遅延したり、データに修正が発生した場合、当社ではすみやかに、販売会社と連携して正確な概算連絡の集計に努めている。

(4) 確定連絡

販売会社は当社に対し、すべてのファンドに対しファンドの約定日の翌営業日の9：00までに確定連絡を送信する。ファンドごとの設定・解約の口数（確定連絡は金額ではなく口数のみ）とともに、決済に必要な機構加入者コー

ド、口座区分、及びDVP区分データ等もあわせて送信する。

　ファンドのタイプによって投資家からの申込み日から約定日までの期間が異なり概算連絡や確定連絡のタイミングが異なるため、ここであらためて整理しておく。

　販売会社は、投資家からの申込み日が約定日と同日となるファンドは、約定日の翌営業日の９：００までに当社に確定連絡（ファンドごとの設定・解約の確定口数）を送信する。

　販売会社は、投資家からの申込み日の翌営業日または翌々営業日が約定日となるファンドは、申込み日当日に概算連絡を送信し、別途、約定日の翌営業日の９：００までに当社に確定連絡（ファンドごとの設定・解約の確定口数）を送信する。

　いうまでもなく確定連絡は重要であり、概算連絡にもまして正確な内容と時間厳守が求められる。その理由は運用面と事務処理面の２点にある。

　まず運用面では、ファンドの運用担当者は確定連絡を受けて有価証券への売買発注や為替取引等を行う一方で、先に連絡を受けていた概算連絡との差分もチェックして売買対応を行うためである。

　また、事務処理の面では、後続の一連のタイトなスケジュール（設定・解約代金の連絡や資金決済、基準価額の算出等）による時間の制約があるためである。

　販売会社も当社も確定連絡には細心の注意を払っていることはいうまでもない。当社では、販売会社からの確定連絡の受信状況を毎朝確認し、時間までに受信が確認できていない販売会社があればすみやかに確認連絡をとるなどの対応を行っている。

　また、システム障害等で確定連絡の電子的なデータ送信ができない場合に備えて、FAXでの確定連絡（所定の様式の「設定連絡表兼解約請求書」を使用）にも対応できる体制をとっている。

　まれにではあるが、販売会社からの確定連絡が遅延したり、いったん受信したデータに修正が発生することがある。こうした場合、当社ではファンド運用と後続の事務処理への影響を見極めながら、可能な範囲で柔軟な対応に

努めているが、どうしても前述の時間的な制約がネックとなり、確定連絡（修正を含む）を受付できない場合もある。

なお、ファンドの分配金の再投資分については、決算日の翌営業日の9：00までに販売会社は当社に確定連絡（分配金の再投資分にかかるファンドごとの設定口数）として送信する。

3　ファンドの資金決済（設定・解約代金の決済）

(1)　ファンドの設定代金の決済

ファンドの設定代金は、設定日（約定日の翌営業日）に販売会社が当社の指定口座に振り込む。指定口座は、「事務取扱要項」に記載されているファンドの受託銀行ごとの設定用口座になる。

設定日（約定日の翌営業日）の11：30頃に当社より販売会社にFundWeb Transfer等で「追加設定・一部解約計算書」を送信する。これをもとに販売会社は、約定口数、金額等を確認する。

販売会社は、非DVP分（銀行間決済）は、13：00までに各ファンドの受託銀行（または再信託受託銀行）の「設定用口座」へ当店券（ネット資金）で振り込む。DVP分（日銀決済分）は、日銀ネットを利用して資金を日本銀行の口座間振替により決済する。

なお、ファンドの分配金の再投資分についても上記と同様である。

資金決済は決められた時刻までに過不足なく正確に完了しなければならない。そのために、当社では販売会社からの入金状況を適宜確認し、未入金、金額不一致、受託銀行相違等があれば、直ちに販売会社へ連絡し確認する。

金額が不足している場合は追加送金をお願いし、金額が過入金の場合は差額の返金はできないので過入金の取消しと正しい金額の入金を依頼する。未入金が発生すると、当社での一時的な資金立替等も発生（金利負担が発生）しうるので、販売会社や受託銀行と適切に連携することで正確な資金決済を行うべく努めている。

(2) ファンドの解約代金の決済

　ファンドの解約代金は、解約日（約定日の翌営業日）に当社が販売会社の指定口座に振り込む。当社は「事務取扱要項」に記載されているファンドの受託銀行ごとの「交付用口座」から、販売会社の指定口座（販売会社が取扱開始時に指定した口座）に同一受託銀行のファンド分を一括して振り込む。

　解約日の11：30頃に当社から販売会社に宛てて「追加設定・一部解約計算書」を送信する。これをもとに販売会社は約定口数と金額等を確認することになる。

　当社は、非DVP分については、販売会社の指定する口座へ、ファンドの受託銀行単位で各受託銀行の「交付用口座」から同一受託銀行ファンド分を一括して振り込む。DVP（日銀決済）分は、日銀ネットを利用して資金を日本銀行の口座間振替により決済する。

　なお、受益者にかかる税金については、販売会社において受益者より源泉徴収処理を行う。

4　収益分配金・償還金の支払

　当社は販売会社に分配金単価、償還金単価、及び金額明細をファンドの決算日・償還日に送信し、翌営業日に当社は販売会社の指定口座に分配金、償還金を振り込む。

　ファンドの決算日・償還日の夕方（18：00〜19：00）をメドに、当社から販売会社へFundWeb Transfer等を通じて「支払分配金明細書」または「支払償還金明細書」を送信し、分配金単価、償還金単価、及び金額明細を連絡する。

　当社から販売会社への分配金・償還金支払日は、原則として決算日・償還日の翌営業日となり、「支払委託金連絡表」（支払開始日基準）を当社販売会社に送信する。

　出庫分を含む販売会社の取扱残高に係る収益分配金及び償還金を販売会社の指定口座へファンドの受託銀行単位で、各受託銀行の「交付用口座」から

同一受託銀行のファンド分を一括して振り込む。

　なお、決算日が当社休業日に当たる場合は原則として翌営業日が決算日になり、決算日の翌営業日が当社から販売会社への分配金の支払日になる。

　償還日が当社休業日に当たる場合でも原則として償還日は変わらないが、償還日の翌営業日に償還処理を行うため、当社から販売会社への償還金の支払日は翌々営業日になる。

　販売会社から受益者への分配金及び償還金の支払日は、分配金は原則として決算日から起算して5営業日までに、償還金は原則として償還日（償還日が当社休業日の場合は翌営業日）から起算して5営業日までに開始する。

5　代行手数料の支払

　代行手数料は販売会社が受益者に対して分配金や償還金の支払や運用報告書の交付等の代行事務の対価としてファンドの信託報酬のなかから受け取る収益である。

　当社から販売会社への代行手数料の支払日は、原則としてファンドの決算日及び仮決算日（年1回決算ファンドは半期ごとに仮決算を行う）の翌営業日であり、毎日ではない。ファンドからは信託報酬（代行手数料の源泉）が毎日控除されて基準価額が計算されるが、決算日及び仮決算日までは会計上の未払信託報酬として扱われ、信託報酬が実際にファンドから支払われるのは決算日及び仮決算日の翌営業日となるためである。

　なお、支払日までの期間は、原則として毎月未払の代行手数料を計算して販売会社へ連絡する。

　追加型ファンドと単位型ファンドでは計算方法が若干異なる。

　追加型ファンドは決算日及び仮決算日の翌営業日に残存口数分と期中の解約分をまとめて支払う。

　単位型ファンドは決算日及び仮決算日の翌営業日に残存口数分を支払うが、解約口数分については解約代金受渡しのつど支払う。

　なお当社は、販売会社の指定口座へファンドの受託銀行別にまとめて代行手数料を振り込む。

支払代行手数料の明細は、追加型ファンドは、決算日及び仮決算日に「支払代行手数料計算書（追加型）」を作成して当社から販売会社へ連絡する。

　単位型ファンドは、決算日及び仮決算日に「支払代行手数料計算書（新単位型）」を作成し、解約時に「証券投資信託一部解約明細」を作成して当社から販売会社へ連絡する。

　当社では実際の代行手数料支払日までは販売会社の未収となる代行手数料を毎月計算して連絡している。追加型ファンドは「未払代行手数料計算書（追加型）」を、単位型ファンドは「未払代行手数料計算書（新単位型）」を、毎月、第１営業日に販売会社に送信する。

6　基準価額の計算・配信

　当社は毎日基準価額を計算し、販売会社や新聞社や投信協会等へ配信し、ウェブサイトに掲載する。

　当社では基準価額の配信は18：00〜19：00をメドに極力早い時間に行うようにしており、システムを利用した電子的なデータ送信等（FundWeb Transfer、WEBEXCHANGE、BP-NET等）を通じて当日の基準価額を販売会社や新聞社や投信協会等に配信する。

　また、当日の基準価額は当社のBtoCウェブサイト（一般向けサイト）とBtoBウェブサイト（販売会社向けサイト）にそれぞれ掲載する。

　なお、上記は配信時間のメドであり、有価証券売買の約定訂正や信託銀行との照合が一致しない場合等は基準価額の配信が上記の時間を過ぎる場合もある。基準価額の配信時間が通常よりも大幅に遅れる場合等は、販売会社への状況説明等の連携が必要となる。

7　販売会社間の口座振替（残高移管）

　販売会社間の口座振替（残高移管）は、投資家からの要請で保有ファンドの受益証券保有口座を他の販売会社の口座に変更（移管）するとき、販売会社の合併に伴って取扱ファンドの残高を移管するときなどに発生する。

　当社は販売会社ごとに各ファンドの残高を管理し、このデータに基づき代

行手数料や収益分配金や償還金を計算して販売会社に支払うため、販売会社間の口座振替（残高移管）は正確な対応が必要である。

そのため、渡方販売会社（移管元）、受方販売会社（移管先）、当社（当該受益証券の発行者）の３社で移管内容（受益証券名及び口数、移管の可否や移管日等）をしっかり確認する必要がある。

販売会社間で口座振替（残高移管）を行う場合は、販売会社は証券保管振替機構（以下「振替機構」という）への口座振替の申請手続と同時に、当社に信託財産の残高移管の手続（口数調整依頼）を行う。

振替機構の投信振替システムを利用する場合は、同システム上の移管済連絡通知の配信をもって当社への残高調整依頼とされているが、投信振替システムを利用しない例外的な移管（日々決算ファンド、販売会社の合併時など）を行う場合、販売会社は発行者である当社に事前に連絡のうえ「販売会社間の信託残高口数調整依頼書」を振替機構での移管日（口座振替日）基準で作成し、当社へ提出する。

なお、本券（受益証券）による残高移管（他の販売会社分の受益証券を受け入れた場合の移管手続）は、原則として当初の販売会社が振替機関へ個別移管申請を行って振替受益権に移行してから口座振替の手続を行う。

また、必ず本券（受益証券）発行の委託会社（当社）に事故照合等を行う必要がある。

8 申込不可日カレンダーの作成・提供

外国系ファンドの一部には、販売会社の営業日であっても投資先の海外金融市場の休場等によって設定・解約の申し込みができない申込不可日がファンドごとに設定されている。

申込不可日の決め方は交付目論見書に記載されているが、主に投資先海外金融市場の休場日等によって決まる。

当社では、ファンドごとに年間の申込不可日カレンダーを前年末に作成して提供するほか、月間の申込不可日カレンダーも毎月作成して提供する。海外金融市場は、各国・地域等の事情により急に変更になる場合もあるので、

適切なタイミングでの申込不可日カレンダーの作成・更新、提供が求められる。

申込不可日カレンダーは、販売会社に対してはFundWeb Transfer等による電子的な伝送やBtoCウェブサイト（一般向けサイト）、BtoBウェブサイト（販売会社向けサイト）にも掲載する。

9　法定書類（目論見書、運用報告書）の作成・提供と印刷部数ヒアリング

(1)　販売会社への法定書類の印刷部数ヒアリングと配送

当社はファンドの目論見書や運用報告書等の法定書類を印刷物やPDFで作成して販売会社に提供する。販売会社は受益者に対して運用報告書を交付し、ファンドの勧誘・販売先に目論見書を交付する。

法定書類（目論見書、運用報告書）はファンドごとに作成スケジュールがある。当社は、このスケジュールに基づき、印刷物を作成・提供する交付目論見書と交付運用報告書（請求目論見書と運用報告書全体版は印刷物を作成せずPDF作成のみ）に関して、印刷物の必要部数や納品先指定住所及び納品時の留意事項等のヒアリングを販売会社に対して行う。

当社はヒアリングした内容に従って納品するように、印刷業者と配送業者に指示を出す。

ファンド数も販売会社数も多いなかで、こうした一連のスケジュール管理、販売会社へのヒアリング、印刷発注及び配送指示を効率的に行うために、当社ではBtoBウェブサイト（販売会社向けサイト、販売会社ごとに個別のIDとパスワードを付与）を利用している。

目論見書や運用報告書の印刷物の必要部数や納品先指定住所等のヒアリングは、当社より販売会社にBtoBウェブサイトに回答してほしい案件が掲載されたことをお知らせするメールを一斉配信することから始まる。これを受けて販売会社はBtoBウェブサイトを通じて回答（印刷部数、納品先指定住所、納品時の留意事項等）を入力する。

当社では販売会社からの回答を集計し、必要な在庫部数等も加味して最終的な印刷部数を決定する。印刷物発注管理システムを通じて印刷業者への印刷発注を行い、また同システムを通じて販売会社からヒアリングした納品時における留意事項等を配送業者に連携し、販売会社ごとに異なる納品方法に沿って対処する。さらに同システムは当社の財務会計管理システムに連動しており印刷費用や配送費用の経費処理まで行える。

　このように、印刷部数のヒアリング、印刷指示・配送指示、経費処理をシステム化することで一気通貫処理を実現し業務の効率化を図っている。

　適切なスケジュール管理をしていても、印刷物の納品には物流のリスクもある。悪天候や交通機関の乱れ等で物流ルートが混乱し、当社からスケジュールどおりに出荷しても販売会社への納品に遅延が生じる場合もある。こうした場合、当社では配送会社及び販売会社と密接に連携し、最善をつくす。

(2) 販売会社からの追加納品依頼への対応

　新規設定や目論見書の定時改訂のようにスケジュールがあらかじめ決まっているケースは前記のように当社からヒアリングを行って対応するが、時には販売会社から急な追加納品依頼への対応もある。ファンドの販売件数増加等で交付目論見書が不足するケース等が発生する。

　ファンドの販売機会損失を極力避けるため、販売会社の希望する部数を希望する日時に納品するために当社でもさまざまな工夫を行っている。

　工夫のポイントは印刷物の在庫管理である。当社として印刷物の在庫をどの程度保管するかを初回の印刷時に当社の営業担当者と相談して決める。販売会社にとっての販売機会損失は当社としても極力回避したいので、売れ筋と思われるファンドの印刷物の在庫は厚めにする。次回の改訂までに不足しそうであれば販売会社の追加納品依頼を待たずに追加印刷を行い在庫を積み増すこともある。ただし、投資環境の変化等で残念ながら見込みどおりにならないこともある。印刷物が最後まで残れば廃棄処分となり、印刷費用や在庫の保管費用等のロスが発生する。

もう一つの工夫のポイントは、スピードの速い印刷業者や印刷手法、配送業者の選択である。最適な組合せを考えて、1日でも早く販売会社に納品できるように対応する。

(3) 目論見書PDFの提供

　目論見書には使用開始日が明確に決められているので、使用開始日当日から販売会社が使用できるように販売会社へは使用開始日よりも前に提供する（印刷物も同様である）。使用開始日前には一般公開できないため、BtoBウェブサイト（販売会社向けサイト）と販売会社の指定するWEB媒体（FundWeb Library等）に目論見書PDF（交付目論見書と請求目論見書）を掲載することで販売会社に提供する。

　当社は投資家のためにBtoCウェブサイト（一般向けサイト）にも目論見書PDF（交付目論見書と請求目論見書）を掲載するが、こちらは目論見書の使用開始日に公開する。

　また、投信協会のウェブサイトにも交付目論見書のPDFを掲載する。

(4) 運用報告書PDFの提供

　運用報告書PDF（交付運用報告書と運用報告書（全体版））は使用開始日から使用するという制約がないため、BtoBウェブサイト（販売会社向けサイト）は使用しない。

　BtoCウェブサイト（一般向けサイト）に運用報告書PDF（交付運用報告書と運用報告書（全体版）、償還交付運用報告書と償還運用報告書（全体版））を掲載することで提供する。

　また、販売会社が指定するWEB媒体（FundWeb Library等）には交付運用報告書と償還交付運用報告書を掲載する。

　投信協会のウェブサイトにも交付運用報告書と償還交付運用報告書のPDFを掲載する。

10　営業サポート資料の提供（販社セミナーや商品勉強会資料）

　ファンドの販売促進や受益者のアフターフォローに必要な、いわゆる営業サポート資料も法定資料とは別に作成して販売会社に提供する。

　営業サポート資料は、ファンドに関する資料、投資環境に関する資料、投資啓蒙資料等さまざまなタイプがある。

　例えば、新規に販売を開始するファンドは、ファンドの商品性をより深く理解してもらうために販売会社の販売員向けや投資家向けに販売用資料を提供するのが一般的で、その後も目論見書の改訂に伴うタイミングにて定期的に内容をアップデートして提供を継続する。こうした営業サポート資料も、前記の法定書類とほぼ同様の業務フローで印刷物を販売会社に提供する。

　投資環境の急変時や基準価額が大きく変動したときはスポットレポート（緊急レポート）を提供し、投資家のフォローに役立てる。投資初心者向けの投資啓蒙資料やNISA等の制度を解説する資料なども営業サポート資料としてセミナーや勉強会を通じて提供する。

11　ウェブサイトの運営

　当社では、BtoCウェブサイト（一般向けサイト）とBtoBウェブサイト（販売会社向けサイト）の2つのウェブサイトを提供している。

　BtoCウェブサイト（一般向けサイト）はだれでも利用可能で、個人投資家や販売会社まで幅広く利用されている。投資信託情報（基準価額、目論見書、運用報告書、月次レポート、分配金、申込不可日カレンダー等）、マーケット情報（市況データ、投資環境レポート等）、投資信託の基礎知識等の幅広いコンテンツを掲載している。

　一方、BtoBウェブサイト（販売会社向けサイト）は販売会社向けに限定したサイト（利用にはIDとパスワードが必要）で、販売会社との事務連絡の効率化のために運営している。

　これまでに説明してきた目論見書や運用報告書等の印刷物のヒアリング機能を中心に以下のコンテンツを用意している。

改訂目論見書（交付目論見書と請求目論見書）のPDF（使用開始日前に掲載）、申込不可日カレンダー（年間と月間）、ETF（上場投資信託）の指定証券会社向け設定交換情報等、基準価額一覧、「事務取扱要項（投資信託受益証券の取扱いに関する事務手続）」「設定連絡表兼解約請求書（FAXでの確定連絡送信用）」「投資信託の一部解約金・償還金等振込口座確認書」等。

12　事務効率化のための外部委託（BPO）の活用

　欧米に続き、日本の資産運用業界でもバックオフィス業務を中心に自社での業務運営からBPOに移行するケースが増加している。

　「野村総合研究所のエアソリューションフロンティア（06/2014）」によると、日本の資産運用業界では、外資系及び銀行系の新規参入を機に、各種バックオフィスサービスの提供が1990年頃に始まったとされる。当時のバックオフィス業務の一つの受益証券管理業務（現在は投信振替制度の導入で縮小）をビジネス代行会社が受託し始めたのがBPOの始まりと考えられる。その後、投資信託の基準価額算出を受託銀行が事務代行サービスとして提供され始め、複雑な基準価額算出業務をBPOすることで外資系を中心とする資産運用会社の新規参入を後押しする要因の一つとなった。

　現在ではBPOの対象業務は、データプロセッシング（約定や時価及び銘柄属性情報を管理）、投信ディスクロージャー（運用報告書や目論見書の作成）、設定・解約管理（投資信託の設定・解約の概算連絡や確定連絡対応）等に拡大している。

　投資信託の事務作業は複雑で多様化しており、業務量も増加している。そうしたなかで、投資家保護の観点から事務上のミスが許されず、BPOの活用が効率的だという考え方が広まってきたことが拡大の背景にあると考えられる。

　当社でも事務効率化のためにBPOを活用している。投資信託の基準価額算出・配信業務、運用報告書や月次レポート作成業務、設定・解約関連業務、ETFの設定・交換対応業務及び計算書配信業務、申込不可日カレンダーの作成及び配信業務、投資顧問料計算等の顧問バックオフィス業務等を

外部委託している。

　BPOによりコスト削減や事務リスクの軽減等の効果が表れており、基準価額算出・配信業務などは従来よりもスピードアップされるなどの効果が表れている。

　投資信託の事務作業のBPOは今後も大きな流れとして継続するとみられるが、当社ではBPOによる外部委託先に対して、業務モニタリングを毎日確実に行うとともに定期的なオンサイト・デューデリジェンスも行うことで管理し、販売会社及び投資家への良質のサービス提供に努めている。

第X編

確定拠出年金

第1章

わが国における確定拠出年金の制度の概略

第1節　日本の年金制度の全体像

　年金制度は、老後の所得保障を主たる目的としている。

　日本の年金制度は、国が全国民を対象として運営する「公的年金」と、国以外が運営主体となる「私的年金」に分けることができる。

図表X－1　公的年金と私的年金

- 公的年金
  - 国民年金
  - 厚生年金保険
- 私的年金
  - 職場単位
    - 確定給付企業年金
    - 厚生年金基金
    - 企業型確定拠出年金
  - 個人単位
    - 国民年金基金
    - 個人型確定拠出年金

1　公的年金

「公的年金」は、日本国内に住む20〜60歳のすべての人が加入する「国民年金」と、会社員や公務員が国民年金に上乗せして加入する「厚生年金保険」の２種類がある。

2　私的年金

「私的年金」は、公的年金に上乗せして職場単位や個人単位で加入することができる年金制度であるが、企業がその従業員を対象として提供する「企業年金」と、個人が任意で加入する「個人年金」がある。

職場単位の制度である企業年金は、加入した期間や給与などに基づいてあらかじめ給付の額やその算定式が定められている確定給付型の年金制度と、拠出する掛金の額や算定式があらかじめ決められている確定拠出型の年金制度がある。確定給付型の年金の代表である「確定給付企業年金」は、加入者が老後の生活設計を立てやすい半面、運用の低迷などで必要な積立水準に比べ資金が不足した場合には、企業が追加拠出をしなければならない仕組みである。一方、「企業型確定拠出年金」は、自分の個人勘定資産の運用指図を加入者自身が行うため、企業が事後的に追加拠出をする必要はないが、運用結果によって加入者の給付額が変動する仕組みである。事業主は加入者に対して十分な説明と投資教育を実施することを求められている。

個人単位の制度では、「国民年金基金」と「個人型確定拠出年金」等がある。国民年金基金とは、自営業者など国民年金の第１号被保険者が、国民年金に上乗せして老後の所得保障を拡充するためのものであり、任意で加入することができる。「個人型確定拠出年金」については、2016年に法律が改正され、2017年１月以降は20歳以上60歳未満の人であればほぼすべての個人が利用できる制度となった。

第2節　確定拠出年金の導入

　わが国では少子高齢化が進んでおり、経済が構造的に低成長にあるなか、国民の老後への不安が急速に高まっている。これに対する有力な対応策の一つとして、企業型確定拠出年金（以下「企業型」という）が2001年10月から、個人型確定拠出年金（以下「個人型」という）が2002年1月からそれぞれスタートした。確定拠出年金は、運用の指図を加入者自身が行う自助努力タイプの年金である。これにより老後資産の形成における新たな選択肢となった。これ以前にも個人年金など私的年金の分野で、政府が税制上のバックアップを行う制度はあったが、さらに税制優遇が大きい確定拠出年金を導入したことには大きな意義があった。今後も確定拠出年金の重要性はいっそう増していくと考えられる。

第3節　確定拠出年金の概要

　確定拠出年金は、拠出された掛金が個人ごとに明確に区分され、掛金とその運用収益との合計額をもとに年金給付額が決定される年金制度であり、企業型と個人型（愛称「iDeCo」）の2種類がある。

　企業型は、勤務先の退職金や年金制度等として提供されており、運営主体は事業主（企業）である。労使合意による年金規約に基づき、事業主が従業員のために掛金を拠出し、口座管理等の費用も一般的には事業主（企業）が負担する。なお、拠出限度額の枠内かつ事業主掛金を超えない範囲で事業主掛金に上乗せするかたちで、加入者（従業員）が拠出を行うことができる制度を「マッチング拠出」といい、2012年から利用可能となった。

　一方で個人型は、個人の老後資産形成を目的とした制度であり、運営主体は国民年金基金連合会である。加入者が任意で運営管理機関を選び、加入者

本人が掛金を拠出し、口座管理等の費用を負担する。拠出限度額の範囲内であれば、5,000円以上1,000円単位で加入者が拠出額を自由に決めることができる。

確定拠出年金の最大の特徴は税制優遇である。拠出時は事業主掛金が全額損金算入される一方で、加入者に対する給与としてみなされず、また加入者掛金は全額所得控除の対象となり、年末調整等を行うことで還付を受けることができる。また運用時は運用益に対して課税されず、給付時には退職所得控除ないしは公的年金等控除などの適用を受けることができる。なお、本来年金資産残高に対して約1％の特別法人税が課税されることとなっているが、2017年度税制改正大綱で課税停止措置の適用停止が2020年まで延長されている。

加入者数については、2019年に企業型が690万人、個人型が118万人に達した。特に個人型は、2017年1月以降、公務員や専業主婦を含む20歳以上60歳未満のほぼすべての個人が加入対象となったため、急速に加入者数が増加、2018年8月には100万人を超えた。図表X－2を参照。

図表X－2　企業型と個人型の加入者数の推移

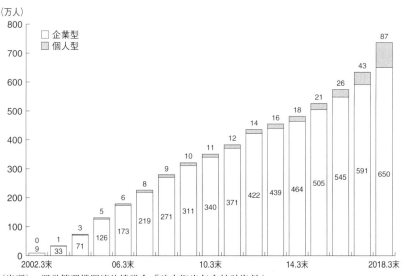

（出所）　運営管理機関連絡協議会「確定拠出年金統計資料」

第1章　わが国における確定拠出年金の制度の概略　561

図表Ⅹ－3　企業型と個人型の資産額の推移

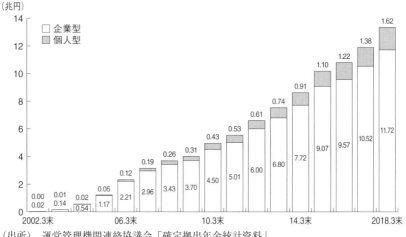

（出所）　運営管理機関連絡協議会「確定拠出年金統計資料」

　資産額についても、2002年に企業型がスタートして以降、着実に残高を積み上げており、2018年に企業型が11.7兆円、個人型が1.6兆円となっている。
　なお、確定拠出年金の資産は原則として60歳になるまで引き出すことができないことや、通算加入者等期間が10年に満たない場合には受給開始可能年齢が60歳よりも後になる場合があることには注意が必要である。図表Ⅹ－3を参照。

第4節　確定拠出年金の法改正

　わが国の確定拠出年金は、2001年の「確定拠出年金法」制定以降、拠出限度額の引上げや、2011年の「年金確保支援法」によるマッチング拠出の導入など、数度にわたり改正されてきた。しかし2016年5月に成立した「確定拠出年金法等の一部を改正する法律」は、過去の改正内容を上回る本格的な制度改革といえる。今般の確定拠出年金法改正は、働き方の多様化等に対応し、私的年金の普及・拡大を図るとともに、老後に向けた個人の継続的な自

助努力を支援するための措置が講じられた。

　本改正法では、簡易型確定拠出年金制度の創設や企業年金制度等の間でのポータビリティの拡充、拠出限度額の年単位化等、制度の使い勝手の改善も行われ改正内容は順次施行されている。改正事項のなかでも個人型の加入対象者拡大、確定拠出年金の運用の改善については注目すべきポイントである。

　個人型の加入対象者拡大については2017年1月より施行され、公務員、企業年金加入者、専業主婦（主夫）も個人型に加入できるようになり、20歳以上60歳未満のほぼすべての個人が活用できる制度となった。個人型加入対象者数は日本の人口の約半数である6,500万人を超え、私的年金等を通じた自助努力の備えの重要性が高まっていることを反映している。

　また、確定拠出年金の運用の改善については、加入者が運用商品の選択をしやすくするために、運用商品提供数の上限を定めるとともに、指定運用方法の規定（加入者が自ら投資先を選択しなかった場合に、あらかじめ設定された商品の買付けを自動的に行う）が整備された。運用商品提供数についてはさまざまな議論がなされたが、2018年5月1日から企業型、個人型ともに35本の上限が設けられている。

第2章

確定拠出年金にかかわる機関

第1節 業務の流れ

1 企業型確定拠出年金

企業型における業務の流れは、以下のとおりである。
① 企業型は、企業（事業主）が労使合意のもと「企業型年金規約」を定め、その規約について厚生労働大臣の承認を受ける。
② 運用関連運営管理機関は、企業（事業主）との運営管理契約に基づき、運用商品の選定、提示、運用商品の情報提供等を従業員（加入者）に対して行う。
③ 記録関連運営管理機関は、運営管理機関が行う業務のうち、加入者の個人別管理資産残高の記録・管理・通知、加入者からの運用指図の取りまとめ、加入者からの給付申請の受付、受給権の裁定などの業務を行う。
④ 資産管理機関は、事業主との資産管理契約に基づき、年金資産の信託業務（年金資産を管理し、加入者等の運用指図に基づいて運用）を行う。
⑤ 商品提供機関は、資産管理機関との間の運用契約に基づき、運用商品を提供する。

図表Ⅹ-4 企業型確定拠出年金の仕組み

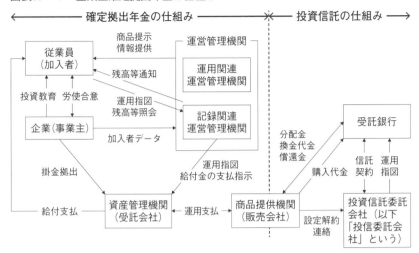

2 個人型確定拠出年金

個人型における業務の流れは、以下のとおりである。
① 個人型の実施主体である国民年金基金連合会は、「個人型年金規約」を定め、その規約について厚生労働大臣の承認を受ける。
② 国民年金基金連合会は、個人型年金加入者の加入資格審査等の業務を行う。運営管理業務に関しては、運営管理機関に委託しなければならない。
③ 委託を受けた運営管理機関は、運用関連運営管理業務、記録関連運用管理業務、受付業務、投資教育に関する業務を行う。
④ 個人型への加入希望者は、国民年金基金連合会から受付業務を委託されている受付金融機関（運営管理機関）を通して加入の申し込みを行い、掛金を支払う。
⑤ 商品提供機関は、国民年金基金連合会との間の運用契約に基づき、運用商品を提供する。

図表Ⅹ－5　個人型確定拠出年金の仕組み

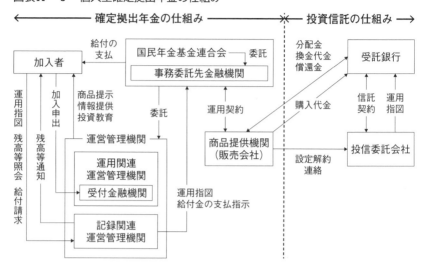

第2節　各機関の役割

1　運営管理機関

　運用管理機関は、確定拠出年金において、加入者の立場に立って制度の運営管理を行う専門機関である。運営管理業務は主務大臣の登録を受けた法人でなければ、営んではならない（確定拠出年金法88条）。また運営管理機関は加入者等のため忠実にその業務を遂行することが義務づけられている（同法99条）。

　企業型では通常、銀行、信託銀行、証券会社、保険会社といった金融機関や、専業会社に業務を委託するケースが多いが、企業自身が運営管理機関を兼ねることもできる。

　一方、個人型では国民年金基金連合会は運営管理業務を運営管理機関に委託しなければならない。運営管理機関登録業者は2019年には221社にのぼる。

運営管理機関の業務は、「運用関連業務」と「記録関連業務」の２業務に分けられる。

　「運用関連業務」を担う「運用関連運営管理機関」は、「確定拠出年金法」に基づき、確定拠出年金の加入者が運用方法を選択するうえで必要となる各種情報の提供を行う。具体的には、事業主からの委託を受けて専門的な知見に基づき運用商品の選定と加入者に対する提示を行うとともに、コールセンターやウェブサイト等を通じて加入者へ運用商品の情報提供を行う。

　一方、「記録関連業務」を担う「記録関連運営管理機関」は、レコードキーパーとも呼ばれ、確定拠出年金制度を支える他の各関係機関を結ぶ、情報の仲介役の役割を担っている。主な業務は加入者の氏名、住所、個人別管理資産額、その他の加入者等に関する事項の記録、保存及び通知、加入者等の運用指図の取りまとめ、給付を受ける権利の裁定を行う。記録関連業務については相当規模のシステムなども必要とされるため、外部に委託されることが多く、JIS&T（日本インベスター・ソリューション・アンド・テクノロジー）、NRK（日本レコード・キーピング・ネットワーク）、損保ジャパン日本興亜DC証券、SBIベネフィット・システムズの４社が外部委託を受けている。

2　商品提供機関（販売会社）

　商品提供機関は、確定拠出年金において、拠出した掛金を運用する金融商品を提供する金融機関である。

　投資信託の商品提供機関は、投信委託会社との契約に基づき、一般公募ファンドにおける販売会社と同様に投資信託受益権の募集・売出しの取扱い、解約・買取請求の取扱い及び収益分配金や償還金の支払等の業務を行う。

　なお、確定拠出年金では受益者が資産管理機関（受託会社）であるため、加入者に対する直接的な勧誘行為は行われない点が一般公募ファンドにおける販売会社の役割と大きく異なる。

3　資産管理機関（受託会社）

　資産管理機関は、確定拠出年金において、加入者等の年金資産の管理・保全等を行う機関であり、事業主との資産管理信託契約に基づき、事業主からの掛金の受入れ、年金資産の保管をする。また記録関連運営管理機関（レコードキーパー）からの情報を元に、加入者の運用指図に基づく運用商品の売買、給付の実行を行う。個人型では国民年金基金連合会が資産管理機関の役割を果たすが、実際の資産管理業務は事務委託先金融機関に委託される。

4　国民年金基金連合会

　国民年金基金連合会は、個人型確定拠出年金の実施主体であり、「個人型年金規約」を定め、その規約について厚生労働大臣の承認を受ける。

　国民年金基金連合会の主な業務は、規約の作成、加入者の資格の確認、掛金の限度額の管理、掛金の収納等であるが、確定拠出年金法60条の規定により、連合会は運営管理業務を確定拠出年金運営管理機関に委託しなければならない。

　具体的には、運用商品の選定・提示及び情報提供は運用関連運営管理機関へ委託し、記録の保存・通知、運用指図の取りまとめ及び給付の裁定は記録関連運営管理機関へ委託をしている。また、加入者からの掛金の受入れ、年金資産の管理、運用商品の売買及び給付の実行は事務委託先金融機関へ委託をしている。

5　運用会社（投信委託会社）

　投資信託の運用会社は、商品提供機関を通じて投資信託を提供している。
　運用業務においては窓販の場合と特段大きな違いはない。一方、情報提供業務においては、確定拠出年金では直接的な受益者が資産管理機関である信託銀行等の機関投資家に限定されていることにより、その内容、方法が異なる。

　販売会社（商品提供機関）に対しては、一般公募ファンド同様に「募集・

販売等に関する契約書」に基づき、受益証券の募集の取扱い、受益者に対する一部解約金、収益分配金及び償還金の支払、運用報告書の交付等を行う。しかし運用報告書及び目論見書の交付に関しては、交付対象が機関投資家であるためPDFによる提供が多く、印刷物での提供の場合も部数は少数にとどまることが多い。

　加入者等が運用の指図を行うために必要な情報提供は、運営管理機関が担う（確定拠出年金法24条）。運用会社は運用関連運営管理機関に対して、投資信託の月次リターン実績レポートや運用実績レポート、投資信託の商品説明資料などを提供する。

第3章

確定拠出年金の運用商品

第1節 確定拠出年金の運用

　確定拠出年金の運用においては、提示された運用商品のなかから加入者自らが商品を選択し、運用の指図を行う。これは他の年金とは大きく異なる点である。また、原則として毎月定期的に積立を行い、老後の資産形成のため長期運用が前提となる。

　これに伴い、確定拠出年金の運用を行うにあたってはいくつか留意すべき事項がある。

　まず、確定拠出年金は原則60歳以降に年金や一時金として受け取る制度であり、原則として途中で引出しができないため、長期的な視点に立ち運用を行うことが求められる。

　また老後の大切な資金を運用することから、加入者がリスク・リターンを正しく理解し、自身のリスク許容度にあわせて運用商品を組み合わせていくことが重要である。一般的に、リスクの異なる運用商品を組み合わせて長期運用すると価格変動リスクが低減されると想定できることから、適切な分散投資が望ましい。

第2節　運用商品の選定

　加入者が選択する運用商品に関しては、確定拠出年金法23条及び関係法令に基づき、リスク・リターン特性の異なる3つ以上（上限は35）の運用商品を選定し、提示することが義務づけられている。一般的には事業会社から委託を受けた運営管理機関が中立的な立場かつ専門的知見に基づいて選定・提示を行うが、その際に当該運用商品を選定した理由を加入者等に示す必要がある。

　対象となる運用商品については、確定拠出年金法施行令15条に規定されているが、実務的には①預金・保険等の元本確保型商品、②投資信託及び信託商品のなかから選定されている。企業年金連合会のデータによると、2017年の企業型の平均商品提供数は18.7本である。

第3節　運用商品（投資信託）の変遷

　確定拠出年金で提示されている投資信託の変遷をみると、大きく3つの時期に分類される。

　まず制度開始当初は国内や先進国の株式、債券とそれらを組み合わせた固定バランス型商品等のシンプルな投資信託が主流であった。

　その後、投資対象資産の拡大を図るべく、新興国の株式、債券やREIT（不動産投資信託）などを投資対象とする投資信託の採用が相次いだ。

　現在は市場環境によって資産配分を変更する「アロケーションファンド」や、年齢に応じて資産配分を変更する「ターゲットイヤーファンド」など、運用会社に資産配分を任せた投資信託が注目を集めている。

第4節　窓販商品（投資信託）との違い

　確定拠出年金制度で提供されている投資信託（ファンド）は、ほとんどが確定拠出年金向けに設定された商品である。確定拠出年金向け商品と窓販商品との大きな違いは、①投資信託の種類、②ファンドの費用、③信託期間が挙げられる。

1　投資信託の種類

　投資信託の種類としては、確定拠出年金向け商品は代表的な指数との連動を目指す「パッシブファンド」や特定の資産クラスで市場を上回るリターンを目指す「アクティブファンド」などシンプルな仕組みのものが多い。これは確定拠出年金の加入者には初めて投資に触れる人も多いため、なるべくわかりやすい商品が求められるからである。また長期の運用であるため、特定のテーマに特化した商品や短期的な市場の値動きをとりにいく商品は確定拠出年金向けとしてなじみにくいことも背景として挙げられる。

　制度スタート当初、確定拠出年金専用の投資信託は150本程度であったが、投資対象資産の拡大や、投資初心者向け商品の拡充がなされ、2019年は440本程度となっている。ただ、商品カテゴリーの出尽くしから近年の商品本数は微増で推移している。

2　ファンドの費用

　ファンドの費用については、確定拠出年金専用商品では購入時手数料がなく、信託報酬も窓販商品と比べ比較的低めに設定されている。これは、最終投資家である加入者に向けたプロモーション活動が少なく、目論見書や運用報告書等を印刷物として提供する必要が少ないなど、役務が軽いことなどが背景にある。

3　信託期間

　信託期間に関しては、確定拠出年金向け商品は老後の資産形成を主たる目的としているため、長期にわたって安定的に商品を提供し、また運用の質を保つことが求められており、それを反映して信託期間の期限を定めない無期限の商品が主流である。

　最近では同様に最終投資家向けの対面での募集活動や印刷物の提供が少ないネット系証券会社を中心に、確定拠出年金向け商品を窓販にも提供したり、逆に窓販向けの低コスト商品を確定拠出年金に提供したりするなど、窓販と確定拠出年金の垣根を越えた商品採用も広がっている。

第5節　加入者の商品選択状況

　日本における確定拠出年金の商品選択の最大の特徴は、5割超の資産が預貯金や保険といった、いわゆる元本確保型商品で運用されている点である。20代や30代といった運用できる期間が長く、本来一定のリスクを許容できると考えられる層であっても、元本確保型商品を選択する割合が著しく高い。また、多くの加入者は当初選んだ商品をそのまま保有し続けており、ほとんど選択した商品の入替え（スイッチング）をしていないのが現状である。

　投資信託の選択状況をみてみると、なじみのある国内株式や、1つの商品で資産が分散されているバランス型商品の選択率が高い。またパッシブファンドとアクティブファンドの選択比率においては、パッシブファンドを選択する加入者が多い。元本確保型商品のみに投資している加入者が多いことや、投資信託のなかでもなじみのある商品やわかりやすい商品に投資する傾向が高いことは、運用に関する知識や経験がいまだ十分には浸透していないことをうかがわせる。

図表Ⅹ-6 元本確保型商品と投資信託の比率

（出所） 運営管理機関連絡協議会「確定拠出年金統計資料」より野村アセットマネジメント作成

図表Ⅹ-7 パッシブファンドとアクティブファンドの比率

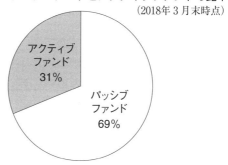

（出所） 運営管理機関連絡協議会「確定拠出年金統計資料」より野村アセットマネジメント作成

第4章

今後の展望

第1節 先行事例としての米国

　米国のミューチュアルファンドは1980年以降に急速に拡大した。残高は1980年の1,348億ドルから、2017年の17兆ドルまで37年間でおよそ126倍にまで拡大した。この残高拡大の原動力となったのが、401(k)とIRA（Individual Retirement Account）である。401(k)プランは日本の企業型確定拠出年金に、IRAは日本の個人型確定拠出年金に類似している。

　1974年の従業員退職所得保障法の制定に伴いIRAが発足し、1981年に401(k)プランが発足した。また同じく1981年にはIRAの加入対象者拡大、拠出限度額の引上げがあり、これらをきっかけに同制度が拡大し、資産内容も現金・預金、保険などの元本確保型の商品から投資信託や有価証券へと大きくシフトした。401(k)プランについても、2006年の年金保護法の成立に伴い適格デフォルト商品が整備されたことにより、その後ターゲットイヤーファンドが主力商品として急速に残高を拡大している。

　その結果、両制度を利用して購入された投信残高はいまや投信市場の46％を占めている。また、家計の金融資産（2018年で約89.8兆ドル）における有価証券や投資信託等の割合は50％を超えている。

第2節　日本の確定拠出年金における展望

　日本は先進国のなかでも、家計の金融資産2018年で約1,860兆円に占める現金・預貯金、保険といった元本確保型の資産の割合がきわめて高く、投資信託や有価証券の割合は16％と低い状況にある。

　確定拠出年金制度の発足が米国に比べてかなり遅れたこともあり、投資信託市場に占める確定拠出年金経由の投資信託（確定拠出年金専用商品）の割合はまだ4.5％と小さい。しかしながら、図表Ⅹ－8に示されるようにそのシェアは着実に上がっており、確定拠出年金の存在感は高まっている。

　2017年1月から加入対象者が拡大した個人型確定拠出年金は、「iDeCo」という愛称で新たなスタートを切った。各金融機関が本格的に取り組み始めたこともあり、加入者数は2018年8月には100万人を突破し、今後も大幅な増加が見込まれる。一方、企業型確定拠出年金の加入者数も2018年には690万人へと着実に増加し、確定給付企業年金から企業型確定拠出年金への資産移換も増えつつある。こうした状況を考えると、今後は従来以上のペースで

図表Ⅹ－8　投信残高に占める確定拠出年金のシェア

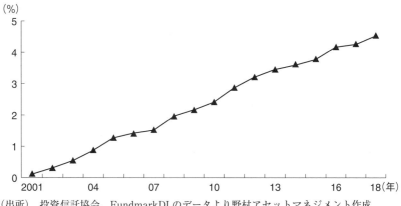

（出所）　投資信託協会、FundmarkDLのデータより野村アセットマネジメント作成

確定拠出年金を通じた投資信託の残高が拡大する可能性が高い。

　確定拠出年金には非常に手厚い税制優遇があり、投資の基本である「長期投資」、「積立投資」が制度に内包されている。さらに投資信託の購入手数料が不要で信託報酬も低いなど、窓販商品に比べてメリットも多い。そのため、資産形成手段としては非常に有効な制度といえる。

　確定拠出年金を通じて、投資信託に初めて触れるという投資未経験者も多く、投資家の裾野拡大にも大きく貢献している。今後は米国同様、日本においても確定拠出年金が投信市場の重要な担い手になることが期待される。

第XI編

国際的な金融規制改革の動向

第 1 章

世界的な金融規制フレームワークの流れと金融危機

第1節　金融危機前の国際的な金融規制の枠組み

　第二次大戦後の世界は、自由貿易主義と保護貿易主義との軋轢が結果的に未曽有の戦争を招いた反省から、自由貿易の重要性を再認識し、その原則を維持するためのルールの整備に努めてきた。そのなかで貿易については「関税及び貿易に関する一般協定」（General Agreement on Tariffs and Trade、以下「GATT」という）を経てWTO協定へと至り、国際通貨の安定を担うための組織として国際通貨基金（International Monetary Fund、以下「IMF」という）や国際復興開発銀行（International Bank for Reconstruction and Development、以下「IBRD」という）などが設立された。また、為替については金本位制による固定相場制を原則とするブレトン・ウッズ協定からニクソン・ショックを経て変動相場制を中心とする体制へと移行してきた。

　一方、経済のグローバル化とともに、それを支える金融サービスも拡大し続けた。1997～1998年に起きたアジア通貨危機では一国の問題がグローバルな経済危機を招いたことから、国際金融システムの安定化のための仕組みが求められることとなった。これを受けて、1999年2月にドイツのボンで開催された日本、米国、英国、ドイツ、フランス、イタリア、カナダからなる7カ国財務大臣・中央銀行総裁会議（G7）では、①金融の安定に責任を有する各国の財務省、中銀、金融監督当局及び国際機関、国際金融監督機関の間の

情報交換を促進し、②金融市場の監督・サーベイランスに関する国際協力を強化することによって国際金融をさらに安定させることを目的として、金融安定フォーラム（Financial Stability Forum、以下「FSF」という）が設立された。

第2節　世界的な金融危機の発生

　こうした取組みにもかかわらず、米国のサブプライム問題に端を発する2007～2008年の金融危機において、金融システムは再び根幹から揺らぐこととなった。

　この危機の背景には、2001年以降、米国において低所得者を対象としたサブプライムローンと呼ばれる高金利の住宅ローン商品の融資基準が緩和され、比較的信用の低い個人でもローンを組める環境が醸成されたことがある。各金融機関は、このサブプライムローンを証券化した商品を組成し、その金利の高さから投資家の購入が過熱化し、一種のバブルの様相を呈していた。この状況において、順調に推移していた米国の不動産価格が下落に転じたことでローンの焦げ付きが多く発生するようになり、サブプライム商品を保有している金融機関において多額の損失を計上する事態となったのである。

　2008年には、サブプライム商品のビジネスに積極的に携わり、多数のクレジット・デフォルト・スワップ（以下「CDS」という）の組成を手掛けていた米国証券会社大手のリーマン・ブラザーズが米国連邦破産法11条（Chapter 11）の適用を申請して破産した。同様に多額のCDSを取り扱っていた保険大手のAIGが連鎖倒産の危機に直面するなど、世界経済は大きな混乱に見舞われた。

　サブプライム商品は米国だけでなく、大手金融機関を中心に世界中の投資家に保有されていた。正確な損失リスクの規模が明確ではなかったこともあって、世界的に大規模な信用収縮をもたらした結果、金融システムそのもの

が揺らぐ事態となった。この点で、米国のサブプライム問題に端を発する2007〜2008年の金融危機は、大規模なバブル経済の崩壊という点では共通するものの、世界経済への影響が比較的軽微にとどまった1990年代初頭の日本におけるバブル崩壊とは状況を異にするといえよう。

　日本の金融機関はサブプライム商品の保有が少なかったため、当初は日本経済への危機の影響は軽微であると唱える意見が多く存在した。しかし、金融危機により、海外の需要が落ち込んだことや、国内への円の還流が強まったことを受けて1ドル70円台半ばまで円高が進行したことから、輸出産業を中心に日本企業の業績が急速に悪化し、2008年10月末には日経平均株価が7,000円を下回る水準にまで下落するに至った。

　一時は世界恐慌となる可能性も取り沙汰されるほど状況は混沌としたが、米国政府による7,000億ドルを超える公的資金投入のための緊急経済安定化法の制定をはじめ、各国が相次いで金融緩和や財政出動などの対策を打ち出したことによって、金融システムは徐々に落ち着きを取り戻していった。

第3節　金融危機後のフレームワークの再整備

　金融危機の発生を受け、G7メンバー国に欧州連合（EU）、中国、インド、ロシアなどを加えた20カ国財務大臣・中央銀行総裁会議（G20）において、FSFを改組してその機能を拡大することが決定された。その決定を受けて、金融システムの脆弱性への対応やシステムの安定を担う当局間の協調の促進に向けた活動などを行うべく、2009年4月に金融安定理事会（Financial Stability Board、以下「FSB」という）が設立された。

　FSBは、スイス法に基づく非営利法人であり、同国のジュネーブに本部を構えている。G20などの財務省・中央銀行・監督当局及び国際機関等をメンバーとし、国際的な金融安定上の課題を議論する場として位置づけられており、そこでの議論をふまえて出された方針に基づき個別の論点については、より専門的な国際機関において検討がなされる。例えば、バーゼルⅢなど、

銀行に関する原則・指針等の国際的なルールについては、バーゼル銀行監督委員会（Basel Committee on Banking Supervision、以下「BCBS」という）が、証券監督に関する原則・指針等の国際的なルールについては、証券監督者国際機構（International Organization of Securities Commissions、以下「IOSCO」という）が、さらに保険監督に関するルールについては、保険監督者国際機構（International Association of Insurance Supervisors）が、会計基準の見直しについては、国際会計基準審議会（International Accounting Standards Board）が、それぞれ担うこととなる。

第2章

金融危機後の規制動向

第1節 マクロ・プルーデンス重視の流れ

　前述のとおり、金融危機後のグローバルな金融規制については、G20主導で検討が行われ、それをふまえてBCBSなどの各種機関においてルール化が図られることとなった。

　2007～2008年の金融危機では、デリバティブに代表される金融商品の高度化・複雑化に伴って、特定の金融機関における損失リスクが市場流動性の枯渇を招いた。金融システムそのものを揺るがすシステミック・リスクをもたらす可能性が過去と比べて大きく高まっており、個々の金融機関の健全性だけをみていたのでは十分な監督ができなくなっているという状況が明らかとなった。そこで、G20においては、金融システム全体のリスクの状況の分析・評価と、それに基づく制度設計・政策対応を通じて、金融システム全体の安定を確保するという考え方が重視されている。従来型の個別の金融機関の健全性を重視する考え方がミクロ・プルーデンスと呼ばれるのに対し、金融システム全体の健全性を重視する考え方はマクロ・プルーデンスと呼ばれている。

　マクロ・プルーデンスにおいては、ミクロ・プルーデンスの流れを引き継ぎ銀行に代表される伝統的なマネーの担い手が規制対象として想定されており、実際にBCBSにおいて自己資本規制などの議論が活発に行われてきた。

一方で、投資信託をはじめとする資産運用業の比重も飛躍的に増大しており、それらの規制についても重大な関心事となっている。そこで、第2節では資産運用業に関する規制フレームワークを中心に俯瞰することとする。

第2節　資産運用業に対する新たな規制の枠組み

1　ヘッジファンド規制の枠組み

(1)　米国のヘッジファンド規制

米国では、2010年7月に当時のオバマ政権により、金融危機の再発防止のための政策対応として、ドッド・フランク・ウォール・ストリート改革及び消費者保護法（Dodd-Frank Wall Street Reform and Consumer Protection Act、以下「ドッド・フランク法」という）が制定された。同法は個別の消費者（投資家）の保護を重視するミクロ・プルーデンス政策に加え、金融システム全体の健全性を促進するためマクロ・プルーデンス政策に重点を置き、システミック・リスクが生じた場合の政策対応として、秩序ある破綻処理を行うための枠組みを導入した。

ドッド・フランク法では、システミック・リスクの把握と対処を行うためのレギュレーターとして、金融安定監督評議会（Financial Stability Oversight Council、以下「FSOC」という）を設置した。FSOCは財務長官を議長として、連邦準備制度理事会（Federal Reserve Board、以下「FRB」という）、通貨監督庁（Office of the Comptroller of the Currency）、証券取引委員会（Securities and Exchange Commission、以下「SEC」という）、連邦預金保険公社（Federal Deposit Insurance Corporation）などの監督当局の代表と保険業界の専門家で構成され、金融システムの安定化を確保するためシステミック・リスクを一元的に管理する監督機関として重要な役割を担っている。また、FSOCをサポートする組織として財務省に設置された金融調査庁（Office of

Financial Research）が、システミック・リスクを評価するための情報の収集・分析を行っている。

　金融危機の教訓をふまえ、ドッド・フランク法は、前述の金融システムの安定化に加え、大規模な金融機関の破産を防ぐため厳格なプルーデンス規制を導入した。具体的には、システム上重要な金融機関（Systemically Important Financial Institutions、略称「SIFIs」）について、規模が大き過ぎて潰すことができない（「Too big to fail」）という問題を解決するために、当該金融機関が破綻した場合の処理計画の枠組みが導入された。

　それ以外にも、ドッド・フランク法には、ボルカー・ルールや店頭デリバティブ規制などのさまざまな個別の規制が含まれている。このうちボルカー・ルールは、銀行などの大規模金融機関がToo big to fail（大き過ぎて潰せない）問題に陥らないよう業務範囲を制限し、投機的投資を防ぐことを目的としている。同ルールは、「バンキング・エンティティ」と定義される銀行等に対し、規制対象ファンド（主にヘッジファンド及びプライベートエクイティ・ファンド）の取得・保有や規制対象ファンドのスポンサーとなること等を制限している。

　運用会社への影響として注意すべき点としては、親会社が米国の銀行などの規制対象に該当する場合に、その子会社である運用会社にもボルカー・ルールの規制が適用され、規制対象ファンドの持分取得やスポンサー行為が原則として禁止されるほか、米国の銀行以外であっても米国内に支店や代理店を設けている場合にはその子会社である運用会社に対し一定の範囲で規制が及ぶこととなることなどが挙げられる。もっとも、ボルカー・ルールには「SOTUS要件（solely outside of the United States）」という除外規定が設けられており、米国外で行われ、かつ投資家に米国居住者が含まれていないファンド投資については規制が及ばないこととされている。

　なお、ボルカー・ルールについては、銀行業界を中心に国内外からルールの内容が複雑で、かつ目的に照らして適用範囲が広範に過ぎるという批判が展開されている。このため一部の規制については見直しを念頭に執行されていない状況が続いている。

(2) 欧州のヘッジファンド規制

EUでは、ヘッジファンド規制のフレームワークとして、新たにAIFMD（Alternative Investment Fund Managers Directive）を制定した。既にEUでは、第3章第2節で説明するUCITSと呼ばれるファンドパスポート制度が存在していたが、ヘッジファンドなどはその対象外となっており、実質的に規制が及ばないファンドが数多く存在していた。AIFMDは、そのようなファンドについても幅広く規制し、透明性を高めるとともに、リスク管理の強化を図るべく導入されたものである。

この指令は、AIF（Alternative Investment Fund）と呼ばれる不特定多数の投資家から資金を集めて当該投資家のために運用を行うファンドのマネージャー（Alternative Investment Fund Manager、以下「AIFM」という）に対し、所定のルールを遵守することを義務づけるかわりに、いずれかの加盟国で認可を受けたAIFについては、他の加盟国においても別途認可を受けなくともプロ投資家に対して販売することができるというファンドパスポートを付与している。

遵守すべきルールは、自己資本規制、アニュアルレポートの作成、投資家向け報告、当局向け報告、リスクや流動性の管理、報酬規制など多岐にわたる。また、EU籍のAIFMだけでなく、非EU籍のAIFMであっても、EU籍のAIFを運用する者やEU域内においてAIFを販売する者はAIFMDの対象となる点に留意が必要である。ただし、EU籍か否かなどAIFMの属性によって適用されるルールの範囲が細かく分けられているほか、前述のファンドパスポートについても非EU籍AIFMや非EU籍AIFへの付与は検討中の段階にある。

2 店頭デリバティブ取引規制

金融危機が発生した際の店頭デリバティブ取引の問題点として、いずれかの市場参加者が破綻した場合に取引相手を通じてその影響が伝播するという市場の脆弱性が明らかとなり、規制の必要性が認識された。2009年9月の

G20ピッツバーグ・サミットでは、店頭デリバティブ取引規制についての基本的な方針について合意がなされ、その後FSBやIOSCOが報告書を取りまとめて規制の方向性を提示している。

具体的には、店頭デリバティブ取引の標準化と中央清算機関（Central Counterparty、以下「CCP」という）を通じた決済、取引情報集積機関（Trading Repository、以下「TR」という）への取引情報の集約、CCPで決済を行わない取引への資本コストの付加などが示されており、報告書の内容をふまえて各国において規制整備が図られることとなった。

(1) 米国における店頭デリバティブ取引規制

米国では、前述のドッド・フランク法において、店頭デリバティブ取引に係る各種規制が設けられている。規制対象となる取引は、商品先物取引委員会（Commodity Futures Trading Commission、以下「CFTC」という）が規制するスワップとSECが規制するセキュリティベースド・スワップであり、対象者は大量のスワップ取引を行うスワップ・ディーラー（Swap Dealer、以下「SD」という）や大量のスワップ取引に係るポジションを保有する主要スワップ参加者（Major Swap Participant、以下「MSP」という）である。なお、スワップという用語が用いられているが、いわゆるスワップ取引だけでなく、それ以外の広範な非清算デリバティブ取引を含めた定義語となっている点に留意する必要がある。

各当局において具体的な規制整備が図られているが、規制の種類によって適用の状況や時期はまちまちである。店頭デリバティブ取引に対する規制項目には、標準化された店頭デリバティブ取引の決済をCCPで行うことを求める清算集中義務、CCPを利用しない店頭デリバティブ取引については取引参加者が証拠金（担保）を授受する証拠金規制、規制当局への取引報告義務などがある。規制対象となる取引を行う投資信託の運用会社においては、規制内容をふまえた取引契約の締結が求められるほか、証拠金の計算や授受について大きな事務負担が発生することとなる。なお、デリバティブ契約における取引契約は、国際スワップ・デリバティブ協会（International Swaps and Derivatives Association、以下「ISDA」という）が作成するひな型であるISDAマスター契約を利用して締結するのが一般的であり、個々の取引特有の条件についてはScheduleと呼ばれる付属文書に定めることとなる。また、担保の授受を伴う場合には、その条件を定めたCSA（Credit Support Annex）と呼ばれる付属文書を取り交わすこととなる。

(2) 欧州における店頭デリバティブ取引規制

　欧州における店頭デリバティブ取引規制は、欧州市場インフラストラクチャー規制（European Market Infrastructure Regulation、以下「EMIR」という）などにおいて規定されている。EMIRでは、店頭デリバティブ取引における清算及びリスク管理に係る要件、取引に係る報告要件、CCP決済やTRへの情報集約及び取引情報の保存に係る要件等が定められており、対象者はFC（Financial Counterparty）と呼ばれる金融機関及びNFC（Non-Financial Counterparty）と呼ばれる非金融機関のうち一定の閾値以上のポジションを保有する者（NFC+）である。細部は異なるものの、規制の主たる項目は、ドッド・フランク法と同じく清算集中義務、証拠金規制、取引報告義務などからなっている。なお、適用される義務の内容や適用開始時期は対象者の属性や取引の内容によって異なっている。

3　MMF改革

　MMF改革は、金融危機の再発防止を目的としたシャドーバンキングシステム（銀行システム以外で行う信用仲介のシステム）の規制及び監督の強化の一環として、グローバルな議論を経た後、米国や欧州で新規則が導入されたものである。2011年11月のカンヌ・サミットにおいてMMFに関連するシステミック・リスクを削減するための政策措置が提言され、MMFの変動NAV（Net Asset Value）への移行や、安定NAVを採用するMMFに新たに流動性規制を課すことが検討された。これを受けて、欧米では2016年にMMFに関する規則の改正や導入が実施され、MMFによるシステミック・リスクの顕在化を防止する枠組みが整備された。

(1) 米国における動向

　2014年7月、SECは金融システムの安定化を目的とする米国MMFの最終規則を公表し、それに基づく新たな規制は2016年10月に施行された。その背景には、金融危機時に一部のMMFが元本割れを起こし、他のMMFにおいて同様の懸念が高まったことによって急激な解約請求が生じたが、当該請求に対応しきれなかった一部の運用会社が組入資産を投げ売りしたことによって流動性リスクが顕在化したことがある。結果として、コマーシャルペーパー（CP）等の短期金融市場が機能不全に陥り、さらにはCPなどで資金調達をしていた発行体が資金繰りに窮して保有資産を処分することで連鎖的に資産価格の急落につながり、システミック・リスクが生じた。

　このような金融システムの不安定化を防止するため、新たなMMF規制では、ポートフォリオの99.5％以上を現金、国債、担保付レポ取引等に投資するガバメントMMFと、それ以外のプライムMMFという2つのカテゴリーに分け、そのうち、後者に対して厳格な規制を適用している。これは、金融危機においてシステミック・リスクが顕在化する要因となったのが、プライムMMFのなかでも機関投資家向けプライムMMFであったためである。新規制においても機関投資家向けプライムMMFのNAVの算出方法を、従来の固定NAVから日次の変動NAVへと変更し、運用資産の時価をタイムリーに反映させるようにしている。加えて、個人投資家向けプライムMMFを含むプライムMMFについて、流動性の低下を防止するために、手数料やゲート条項と呼ばれる解約制限を課した。

　これらの新たな規制の導入により、統廃合でプライムMMFのファンド数が大きく減少したり、プライムMMFから規制対象外のガバメントMMFに資金シフトが拡大したりした結果、短期金融市場において構造変化が生じるなどの影響が出ている。

(2) 欧州における動向

　2016年10月、EUにおいても新たなMMF規則の導入が承認された。金融

危機時の教訓から、MMFの安全性を強化することが目的である。本規則により、ファンドに組み入れられた資産を時価評価し基準価額が変動するVNAV（Variable NAVの略で、変動NAVの意）型MMFと、基準価額が安定的でかつポートフォリオの99.5％を公社債等に投資するCNAV（Constant NAVの略で、固定NAVの意）型MMFに加え、低ボラティリティ基準価額（Low volatility NAV）型のMMFが導入された。当初、欧州MMFの約半分を占めるCNAV型MMFについて、基準価額を一定に保つことが認められることと引き換えにMMF純資産の3％をバッファーとして積み立てることが求められていたが、最終的には撤廃され、新たな区分として低ボラティリティ基準価額型のMMFが導入された。

この低ボラティリティ基準価額型MMFの特徴として、ファンドの運用資産の時価が、CNAV型MMFの基準価額から20ベーシス・ポイント（bp）以上乖離した場合にCNAVでの基準価額算出ができない点を除き、CNAV型のMMFとおおむね要件が同じである点が挙げられる。これにより、実質的にはCNAV型のMMFが維持されるため、欧州MMF市場への影響は軽微にとどまると考えられている。

4　資産運用業の構造的脆弱性

2007〜2008年の金融危機後の金融市場においては、全体の総資産に占める投資ファンドに代表される資産運用業の割合が急速に拡大してきている。なかでも、世界の資産運用市場の過半を占めている米国では、資産運用業の活動から生じる構造的な脆弱性が金融システムの安定に潜在的な影響を与えかねない。特に債券ファンドに資金が流入する一方で、金融規制の影響によって債券市場の流動性が低下したことから、実際に大量の解約請求を受けたファンドが十分な流動性を確保できずに清算に追い込まれるような事例も発生している。

これを受けて、SECはポートフォリオのリスク監視強化を目的として、フォームN-PORTやフォームN-CENといった報告フォーマットを新たに導入したほか、MMF以外の登録オープンエンド・ファンドに流動性リスクプ

ログラムの導入を義務づけるとともに、MMFとETFを除く登録オープンエンド・ファンドについてスイングプライス(解約の申し込みがあった際に、他の受益者が不利益とならないよう、解約者のNAVを調整することで売買コストの公平化を図るための仕組)の導入を任意で求めるべく規制を整備している。

　一方、グローバルでは、2016年6月に、FSBが「資産運用業の活動に伴う構造的脆弱性に関する政策提言案」という市中協議文書を公表した。これは、資産運用業の構造的な脆弱性に起因する金融システムの潜在的なリスクについて、分野を特定し分析の必要性を述べたものであり、そのなかでもファンドにおける投資と解約の流動性ミスマッチやファンドに係るレバレッジについてさまざまな提言が行われている。

第3章

法域ごとのファンド規制と受託者責任の潮流

第1節　米国のファンド規制

1　ミューチュアルファンド

　投資信託は英国で生まれ米国で発展した。米国のミューチュアルファンド市場は世界最大の市場であるだけでなく、投資信託の新しい商品や方式が世界の先頭を切って開発されてきたことや、年金制度との密接な関係を築きあげて国家の社会保障制度を大きく変革させる原動力になってきたなどの特徴がある。

　ミューチュアルファンドとは、会社型（ビジネス・トラスト、リミテッド・パートナーシップを含む）の形態をとり、投資家はいつでもその持分権（share）を購入し、また売却することができるオープンエンド・ファンドである。オープンエンドの最初のファンドは1924年設立のThe Massachusetts Investors Trustであり、これが米国のミューチュアルファンドの草分けといわれる。歴史的な経緯もあり、多くはマサチューセッツ州籍会社、メリーランド州籍会社またはデラウェア州籍信託のいずれかの形態をとっている。運用対象は株式、公社債であり、わが国の投資法人に類似している。ただし、日本の投信法ではいわゆる不動産ファンドを認めているが、米国の1940年投資会社法では不動産に直接投資するファンドは運用できない。REITと呼ば

れる不動産ファンドも、1940年投資会社法（The Investment Company Act of 1940）ではなく、税法に準拠している。

ミューチュアルファンドは、その組成が1940年投資会社法に準拠し、SECの監督・規制を受ける。SECの規制によれば、すべてのファンドは投資家に対して目論見書による完全な開示が必要とされ、さらに、分配金や運用の経過等に関する年次報告書も必要とされる。

また、ミューチュアルファンドは投資家保護の観点から3つの連邦法によって規制されている。1940年投資会社法によってすべてのファンドはSECへの登録を求められ、運用の基準も決められている。1933年証券法（Securities Act of 1933）では、特定のディスクロージャーが求められ、1934年証券取引所法（Securities Exchange Act of 1934）ではファンドの売買における不正行為の防止を定めている。米国ではこのように、大恐慌後の1930年代半ば〜1940年に今日のミューチュアルファンドに関する法規制体系ができあがった。

2 ファンドガバナンスの潮流

米国では、今日に至るまで数次にわたってファンドガバナンスの見直しが行われてきた。黎明期の1920〜1930年代には、折からの大恐慌の影響もあって、ミューチュアルファンドの取締役による利益相反行為が横行したことが問題視された。そこで、そのような事態を防止するために、1940年に制定された投資会社法において、全体の40％以上を独立取締役とするといった規定が設けられ、利益相反の抑制に一定の成果をあげたと評価されている。

その後、第二次大戦を経て、米国のミューチュアルファンドは成長を続けるが、それに伴うゆがみもみられたことから、議会の求めに応じてSECが問題点を報告書として取りまとめ、それをふまえて1970年に投資会社法の改正が行われた。この改正では、独立取締役の定義が厳格化され、ミューチュアルファンドの取締役に対して投資アドバイザーとの契約の評価が求められるようになったほか、高騰するマネジメントフィーへの対応としてSECに差止め権限が付与されることとなった。

1970年代以降は、オープンエンドのミューチュアルファンドを中心に飛躍的に残高が拡大したが、それによって新たな問題がクローズアップされてきた。特に、2000年代に入ってトレードを悪用したスキャンダルによって複数の投資アドバイザーが処分を受ける事態となり、SECは2003年に新たにコンプライアンス・プログラム・ルールを導入した。主な項目は、法令遵守義務の明確化とチーフ・コンプライアンス・オフィサーの設置などによるコンプライアンス体制の強化である。さらに、SECは、ミューチュアルファンドの取締役会（board of directors）の75％以上を独立取締役とすることや、取締役会の議長を独立取締役とすることなどを盛り込んだガバナンス基準を導入しようとしたが、これについては根強い反対意見があり、最終的に訴訟において無効と判断されることとなった。しかしながら、これを契機に独立取締役の比率を高める流れが定着し、今日では多くのミューチュアルファンドにおいて75％を独立取締役が占める状況となっている。

　これらの数次にわたる改革を経て、現在では、ミューチュアルファンドの取締役会は大きな役割を果たすようになっており、主なものだけでも、ファンドのパフォーマンス評価、投資アドバイザーなどとの契約の承認、12b-1フィーと呼ばれる販売報酬をはじめとする各種フィーの承認、ファンドの運用やコンプライアンスイシューの監督など多岐にわたっている。このため、法定要件ではないものの、取締役会の下に、ファンドのレポーティングや内部統制を監督する監査委員会（audit committee）や独立取締役に関する問題を取り扱うコーポレートガバナンス委員会（corporate governance committee）などの各種委員会を設けて、取締役会の役割の多様化・複雑化に対応するといったことも一般的に行われている。

3　ERISA法をはじめとする退職年金制度

　1974年、企業の退職給付制度を包括的に規制する従業員退職所得保障法（エリサ法（ERISA：Employee Retirement Income Security Act、以下「ERISA法」という））が制定され、個人退職貯蓄勘定制度である個人退職金口座（Individual Retirement Account、以下「IRA」という）が創設された。当初は企

業年金がない人々に税制優遇措置による貯蓄奨励を図る目的で導入されたが、1981年以降は企業年金加入者も利用できるように拡大されている。

非課税口座の制度設計においては、拠出時、運用時、給付時のそれぞれの段階において課税されるか否かがポイントとなる。当初のIRAは、拠出時と運用時は非課税で、給付時には課税されることとなっており、現在は「トラディショナルIRA」と呼ばれている。この制度の利点は、拠出時が非課税であるため投資元本を毀損させずに退職時の受領額をより大きくできるということのほか、一般的に就業している拠出時よりも退職後の給付時のほうが適用される税率が低いことが多いため、トータルの税額を低く抑えることができるといったことが挙げられる。一方、拠出時に課税されるかわりに、運用時と給付時には非課税となる制度として1997年に新たに設けられたのがロスIRAである。これ以外にも、IRAにはいくつかのタイプが存在するが、それぞれに利用可能者や拠出限度額等の条件が異なっている点に留意が必要である。

年金制度においては、1978年の歳入法（the Revenue Act of 1978）の成立で内国歳入法（Internal Revenue Code）の401条に(k)項が追加され、細部の制度設計が完了した1981年から確定拠出年金（DC）型の401(k)プランがスタートした。これにより、従業員は一部給与を税制優遇付口座へ拠出できることに加え、企業がそれにマッチング拠出（上乗せして拠出）することができる。

米国の退職資金の資産はさまざまな税制優遇のプランで保有されており、IRA、401(k)プランとも、柔軟な税制優遇措置が普及の原動力であった。1990年代は企業年金では401(k)プラン、個人年金ではIRAといった制度が拡大期にあり、その運用商品として使い勝手がよく透明性の高いミューチュアルファンドが好まれた。

2000年以降は、2001年のブッシュ政権の減税プランや2006年の年金保護法（the Protection Act of 2006）の成立により確定拠出年金への拠出額の増加や加入者の拡大が図られ、リタイアメント（老後、あるいは退職後資金）セービングが重要なマーケットとして認識されるようになった。年金保護法は、企

業年金制度を大きく改革するものであり、404(k)プランについては、選択した従業員だけが確定拠出年金に加入するというオプトイン方式から拒否しない限り自動的にすべての従業員が確定拠出年金に加入するというオプトアウト方式への変更や、自動拠出率の段階的引上げの仕組みが設けられた。また従来、年金スポンサーは、損失が出た場合に加入者から責任を問われることをおそれて、加入者が運用商品を選択しない場合のデフォルト商品にMMFなどの安定商品を選定する傾向にあった。しかし、それでは長期的な資産形成を促進するという年金本来の趣旨にそぐわないとして、新たに適格デフォルト商品に関する規則が設けられ、ターゲットイヤーファンド、バランスファンド、SMA（Separately Managed Account）の3つの類型が、適格デフォルト商品（加入者が運用指図を行わない場合の投資先として、あらかじめ指定されている）として示されることとなった。これを受けて、現在に至るまでDCの運用資産における当該類型に属する商品の割合が高まっている。

第2節　EUのファンド規制

1　EUにおける規制体系

EUの証券規制の特徴として、まずレベル1と呼ばれる欧州指令で規制の大枠を定め、次にレベル2と呼ばれる実施細則によって細目が定められる。さらに個別具体的な内容などについては、欧州証券市場監督局（European Securities and Markets Authority、以下「ESMA」という）が発出する各種ガイドラインやQ&Aなどによって示されることとなる。そのうえで、これらをふまえて、各加盟国がそれぞれ法制化を行うこととなっている。

2　UCITS

UCITSとは、譲渡可能証券の集合投資事業（Undertakings for Collective Investment in Transferable Securities）の略称で、欧州委員会が定める一定の基

準を満たすファンドのことをいう。UCITSが導入されたのは、1985年のことで、ある加盟国でUCITSとして認可を受けたファンドについては、他の加盟国であらためて認可を受けずに販売が可能となるという、いわゆるパスポート制度が導入された。

　その後、UCITSは、5度にわたって大きな改正が行われている。第2次改正（UCITS Ⅱ）では、リスク管理の強化が図られたほか、デリバティブへの投資制限やカウンターパーティー・リスクに係る制限が新たに設けられ、続く第3次改正（UCITS Ⅲ）では、デリバティブの利用範囲が拡大され、リスク軽減にのみ可能であったものが、レバレッジ目的のためにも利用することが認められた。2011年に施行された第4次改正（UCITS Ⅳ）では、ファンドの管理会社におけるリスク管理態勢の強化が図られるとともに、ファンドの国籍を問わず合併を可能とする制度改善が行われている。また、あわせて、KIID（Key Investor Information Document）と呼ばれる、投資家に対してファンドに係る重要な情報を開示するための文書が導入されたのもこの時である。2016年には第5次改正（UCITS V）が施行されており、ファンド・マネージャーなどの報酬規制やファンドの預託機関の役割及び責任の明確化が図られている。

　UCITSはリテール投資家に適合するよう設計されており、少数の資産に集中投資することによるパフォーマンスの脆弱化を低減するめに、組入資産について分散ルールが設けられている。よく知られているものとしては、いわゆる5/10/40ルールがあり、これはファンドの純資産総額（total net assets）の10％以上を一の発行体が発行する有価証券に投資してはならず、5％以上を投資している発行体への投資は合計でポートフォリオ全体の40％を超えてはならないとするものである。ただし、このルールにはいくつかの例外があり、例えば、UCITSが株式市場やその他の指数を複製するものである場合、一発行体当りの上限は20％（または例外的に35％）となる。このほかにも、UCITS指令は、ファンドの投資制限について、投資家保護のためにさまざまな規定を設けており、ファンドの認可を受ける加盟国によって実際に適用されるルールは異なることから、その運用に従事する場合には慎重な確認が

求められる。

3　第2次金融商品市場指令（MiFID Ⅱ）

2007年10月に施行された金融商品市場指令（Markets in Financial Instruments Directive、以下「MiFID」という）は、EUにおける金融・資本市場を包括的に規制する法令である。MiFIDは、投資家保護、市場間競争の促進、透明性の確保などを目的として制定されたものであり、その施行により一定の効果はあったものの、その後の金融危機などを経て投資家保護や透明性の確保がいまだ不十分であることが明確となった。またその間、金融商品の複雑化が進み規制が追い付かなくなるような状況も生じてきたことから、MiFIDの改正が求められるようになり、これを受けて、2014年5月に第2次金融商品市場指令（MiFID Ⅱ）及び金融商品市場規則（Market in Financial Instruments Regulation、以下「MiFIR」という）が欧州連合理事会において可決された。これを受けて、各加盟国において国内法制化が進められており、当初の予定からは遅れたものの2018年1月以降順次施行されている。

MiFID Ⅱにおける規制項目は多岐に及ぶが、資産運用業に大きな影響を与える可能性があるものとして、ここでは、プロダクト・ガバナンス規制、誘因報酬規制及びコミッション・アンバンドリングについて、それらの概略を紹介する。

(1)　プロダクト・ガバナンス規制

プロダクト・ガバナンス規制は金融商品の組成者と販売者のそれぞれに対して一定の義務を課すものである。商品組成者は、商品組成時にあらかじめ想定する対象市場を特定し、商品が当該対象市場に存在する顧客のニーズにあうように設計されていることを確認するための商品承認プロセスを設けることが求められ、特定した対象市場を販売者に周知することとされている。一方、販売者は、その販売戦略が、商品組成者が特定した対象市場に対して金融商品を適切に販売できるような内容になっているかを確認したうえで、実際にどのような顧客層に対して販売が行われたかを商品組成者に連携する

ことが求められている。そのうえで、適切な販売が行われているか、また想定された対象市場は適当であったかどうかについて、商品組成者と販売者のそれぞれにおいて、定期的かつ継続的に検証を行う必要がある。

この規制においては、対象市場をどの程度詳細に特定するかということが重要となるが、この点についてESMAは2017年6月にガイドラインを公表している。そこでは、①商品が対象とする顧客のタイプ、②顧客が有する知識と経験、③顧客の財務状況、④顧客リスク耐性等、⑤顧客の目的とニーズの5つのカテゴリーを用いて対象市場を特定することとされている。

(2) 誘因報酬規制

誘因報酬規制とは、投資会社が独立のアドバイスを提供する場合に、一定の除外事由を除き、当該アドバイスに関連して第三者から名目のいかんを問わず金銭的・非金銭的な便益を受けてはならないというものである。投資会社が運用会社から得られる手数料を目当てにその運用会社の金融商品を顧客に推奨するといった利益相反行為を抑制するとともに、コストの透明化を向上させることにもつながる。

(3) コミッション・アンバンドリング

誘因報酬規制に関連して、MiFID Ⅱの実施細則には、コミッション・アンバンドリングと呼ばれる規制が導入されている。従来、ファンドの運用を行う投資会社は、セルサイドのブローカーに対して売買の発注を行うのみならず、ブローカーからリサーチ情報の提供を受けることが一般的に行われており、執行対価とリサーチ対価は明確に区別されていなかった。しかしながら、誘因報酬規制によって第三者から非金銭的な便益を受けることが制約されることで、対価を伴わないリサーチ情報の受領は当該規制に抵触することとなった。規制違反を回避するためには、投資会社は自らリサーチ対価を支払うか、顧客とあらかじめ予算について合意したうえで開設するリサーチ支払口座から支払うかのいずれかを迫られることとなる。

第3節　アジア・オセアニア

　近年、アジア・オセアニアでは、後述のアジア地域ファンドパスポート（Asia Region Funds Passport、以下「ARFP」という）と呼ばれる域内における投資ファンドの販売パスポート制度整備の動きが進展しているが、それ以外にも各国ごとに特徴のある投資ファンドが存在している。そこで、以下ではこの地域の各国における代表的な投資ファンドについて簡単に触れたうえで、アジア地域ファンドパスポートについて解説する。

1　アジア・オセアニアの投資ファンド

(1)　中　　国

　中国の投資ファンドは投資基金と呼ばれるが、最初の投資基金が設定されたのは、1993年であるとされている。当時は、投資基金を規制する法令が存在しておらず、もっぱら行政法規によって管理されていたが、2003年に制定された証券投資基金法によって法令上の位置づけが明確となった。

　その後、2013年には規制改革の一環として新たな証券投資基金法が制定され、私募ファンドの一部が規制対象となっている。この改革では、残高や投資家数などの基準を満たす私募ファンドについて新たに登録や情報開示を義務づける一方で、それまで信託会社を用いて設定することとされていたヘッジファンドについて運用会社自身や証券会社などを用いて設定することを可能とするなど、規制強化と緩和が同時に行われた点が特徴的である。

(2)　韓　　国

　韓国の投資ファンドの歴史は古く、1960年代後半には早くも投資信託制度が導入されている。もっとも、当時は専業制が採用されていたため販売会社と運用会社が分離されておらず、また商品も資産のほとんどを公社債によっ

て運用するものが中心であった。

その後、2003年に間接投資資産運用業法が制定され、さらに2007年に制定された資本市場統合法において、販売と運用の分業制が採用されたことにより、販売会社と運用会社が分離されたほか、投資可能資産の多様化が進められている。

(3) マレーシア

マレーシアの代表的な投資ファンドは、ユニット・トラストである。これはファンドの運用管理を担う管理会社と受託者であるトラスティとの間の信託契約に基づいて設定される契約型投資信託であり、原則としてオープンエンド型であるが、クローズドエンド型として組成することも可能となっている。ユニット・トラストは、リテール投資家向けのユニット・トラストとホールセール・ファンド、イスラム・ファンドと非イスラム（コンベンショナル）・ファンド、ブミプトラ・ファンドと非ブミプトラ・ファンドといった分類がなされている。

ユニット・トラストのうちイスラム・ファンドについては、シャリア・アドバイザーを指名することが必要である。シャリア・アドバイザーの主な役割は、ファンドがイスラム教の教義（シャリア）に従って運用するために必要な助言を行うことや、実際の運用がシャリアを遵守していたことを確認するレポートを発出することなどである。

(4) タ　イ

タイの代表的な投資ファンドは、ミューチュアルファンドであるが、それ以外にプライベート・ファンド（私募ファンド）やプロビデント・ファンドなどが存在する。

ミューチュアルファンドについては、スーパーバイザリー制度が導入されており、ファンドの運用会社は、独立した第三者をミューチュアルファンド・スーパーバイザーとして指定しなければならない。スーパーバイザーは、商業銀行等の金融機関であることが求められており、運用会社から独立

した存在である必要がある。その役割は、ファンドの資産の保護預りを行うほか、法令違反があった場合に当局に報告することなどであり、ファンドの適切な運営・管理に寄与することが求められている。

(5) シンガポール

オフショア市場としての性格が強いシンガポールでは、国内籍の認可スキーム（authorized scheme）と国外籍の承認スキーム（recognized scheme）というように国籍ごとに集団投資スキームが分類されている。

ファンドの運用を行うためには、証券先物法（Securities and Futures Act）に基づき、認可ファンド運用会社（Licensed Fund Management Company）となるか、登録ファンド運用会社（Registered Fund Management Company）となる必要がある。オフショア市場であることから、外資系の運用会社が主要なプレイヤーとなっていることがこの国の特徴である。

(6) フィリピン

フィリピンでは、運用会社が管理する会社型のミューチュアルファンドと銀行の信託部門やその他の金融機関が管理する信託型のトラスト・ファンドがある。

ミューチュアルファンドにはオープンエンド型とクローズドエンド型のものがあるが、一般にミューチュアルファンドという場合には前者を指す。ファンドの取締役は、フィリピン人でなければならないとされており、取締役会の過半数は独立性を有する者であることが求められている。

(7) インドネシア

インドネシアでは、会社型と契約型のミューチュアルファンドが存在しており、リテール向けのものはそのほとんどがオープンエンド型となっている。

ファンドの運営管理は、規制当局からビジネスライセンスを取得した運用会社のみ可とされており、取締役がインドネシアの居住者であることといっ

た要件が設けられている。また、ファンドの資産についてはカストディーにおける分別管理が義務づけられているが、そのカストディは運用会社と独立の地位にある者でなければならないとされている。

(8) オーストラリア

オーストラリアの投資ファンドは、オープンエンド型またはクローズドエンド型のユニット・トラストとして組成されるのが一般的であり、会社法上のManaged investment schemeとして取り扱われる。

ユニット・トラストには、Responsible entityと呼ばれる管理会社を置くこととされており、その取締役の過半数が外部取締役であるか、過半数が外部委員であるコンプライアンス委員会を設置するかのいずれかが求められる。管理会社、ファンドの運用をインベストメント・マネージャーに委託することが認められている。

2 アジア地域ファンドパスポート（ARFP）

アジアでは、2010年以降、APECが主導して欧州のUCITSと同様に特定の域内におけるファンドパスポート制度の導入が検討されてきた。ここでいうファンドパスポートとは、所定の要件を満たして域内のある国で登録を受けたファンドについては、他の域内国において一定の手続にのっとって販売することができるようになるというものである。

ARFP（Asia Regiom Funds Passport）については、2013年のAPEC財務大臣会合においてオーストラリア、韓国、ニュージーランド、シンガポールの4カ国が参加意思表明文書に署名したが、日本はこの段階ではルールが不明確であったことから、投資家保護等を考慮して署名は行わず、参加検討国としてルール協議に参加する立場であった。その後、関係国間でルールの策定が進展したことから、2015年の同会合で取りまとめられた参加表明文書には、日本を含む6カ国（他にオーストラリア、韓国、ニュージーランド、フィリピン、タイ）が署名し、さらに2016年にはフィリピンを除く5カ国によって運用ルールを定めた協力覚書（Memorandum of Cooperation）が締結され発効

に至っている。

　ARFPでは投資家保護が重視されており、適格ファンドとなるためには、組成国における規制を遵守していることに加えて、当該国がARFP参加国となるための必須要件を備えていること、ファンドがARFP所定のルールを遵守していること、開示規制や販売規制といった受入国のファンド規制を遵守していること、などの複数の要件を満たすことが求められる。このうち、ファンドのルールについては、与信集中規制、デリバティブ規制をはじめとする厳格な投資対象制限が設けられており、資産も株式や債券等に限定されていることから、基本的にはプレーンな商品のみが対象となる。また、信託銀行またはファンド運営から独立した外部の監査役等による年次評価が求められており、これによってルールの実効性を担保することとされている。これ以外にも、投資家保護を図るための複数のルールが設けられている。

　以上のように要件は厳しいものの、これらを満たしてARFPファンドとして認められれば、他の参加国に輸出しようとした場合に当該国の当局は原則として21日以内に持込みの可否を判断することとされており、現行の審査期間が大幅に短縮されることが期待できる。また、ファンドを販売する国ごとに登録を行う必要がなくなることから、優れたパフォーマンスを有するファンドについては複数国での販売が容易となることが想定されており、ARFPが軌道に乗った暁にはアジアを中心とする大規模な投資信託マーケットが出現することが期待されている。

　なお、アジア圏では、中国・香港間におけるファンド相互承認制度やシンガポール、マレーシア、タイが推進するASEAN CISフレームワーク（Collective Investment Scheme）といった類似のファンドパスポート制度がARFPに先行するかたちで既に始動している。制度の経済効果を高めるためには、より多くの国が参加することが必要となることから、今後はこれら複数の制度をどのように整理・統合していくかが課題となろう。

第4節　受託者責任強化の流れ

　金融危機の契機となったいわゆるサブプライム問題は、個人に対して過大な貸付けが行われたことに端を発しており、危機後の規制改革の議論では、あらためて投資家保護の重要性が認識されることとなった。その一環として、受託者責任（fiduciary duty）強化の流れが各国において生じており、以下ではそれらについて俯瞰することとする。

　まず、受託者責任は、英米法に由来する概念であり、元をたどれば中世の英国に帰着する。当時、各地の領主（委託者）は、出征に際して先祖伝来の土地の裁量権を友人などの第三者（受託者）に付与し管理を委託していたが、コモン・ローでは十分な権利保護が図られなかったため、契約責任を補完する概念として受託者が委託者に対し負う責任として誕生したといわれている。やがて、信託法制が整備されるに伴って、受託者責任は、他者から信任を得て所定の行為を行うことを任せられた者が負うべき義務であると考えられるようになった。このため、資産運用会社のみならず、医師や弁護士、さらには株式会社の取締役に至るまで、他者から信任されて一定の職責を担う地位にある者はすべからく受託者責任を負っているといえよう。

　それでは、受託者責任の本質とは何であろうか。一般的に当該責任を構成する主たる要素は、忠実義務と注意義務の2つであると考えられている。前者は、受益者のために忠実に業務を遂行しなければならないという義務であり、自己または第三者の利益を受益者の利益に優先させてはならないという利益相反行為の禁止などが含まれる。後者は、一般にその地位にある者に期待される注意を払って業務を遂行しなければならないという義務である。

　米国では、受託者責任に相当する概念としてプルーデント・マン・ルールが存在する。このルールは、19世紀前半のハーバード大学事件判決を嚆矢とし、1935年の信託法第1次リステイトメント、1957年の信託法第2次リステイトメントを経て、注意義務や忠実義務のほか、それらから派生した各種の

義務を包含するものとなっており、2006年の信託法第3次リステイトメントにおいてもプルーデント・インベスター・ルールとして継承されている。

　また、1974年に制定された企業年金制度を規制する従業員退職所得保障法（ERISA法）においても、企業年金の受給者を保護するために主に信任責任（fiduciary responsibility）としてプルーデント・マン・ルールの概念が取り入れられている。もっとも、フィデューシャリーとしてこのERISA法の信任責任の対象となる者の範囲は限定されており、例えばIRAのロールオーバーについて1回限りでアドバイスを行う投資アドバイス提供者が除外されるなどの問題があった。そこで、金融危機後、ERISA法を所管する労働省（Department of Labor、DOL）によってフィデューシャリー・デューティー規則（以下「DOLルール」という）が制定され、フィデューシャリーの範囲が拡大されることとなった。実際にフィデューシャリーに該当する場合には、信任責任を負うのみならず、厳格な利益相反禁止義務が課されることとなり、投資アドバイスの提供や報酬の受取りが制限されることとなることから、当初案の段階からこの規則をめぐっては根強い批判が存在した。こうした批判には、2012年末に英国で導入された個人向け金融商品販売制度改革（RDR）によって、独立金融アドバイザー（IFA）によるコミッションの受領を制限した結果、小口の投資家へのサービス提供が著しく減衰したことをふまえて、過度の受託者責任の強化はサービスの低下をもたらしかねないという警鐘が含まれる。なお、DOLルールは当初は2017年6月から順次施行される予定であったが、ルールの内容が労働者の権限を越えているという理由で連邦裁判所が無効判決を下したことで、結局施行には至らなかった。

　一方、投資顧問会社についての監督を担うSECにおいてもフィデューシャリーとしての行為基準をめぐる議論が行われており、2018年4月には顧客の最善の利益規則（Regulation Best Interest）などの規制改正案が示されている。

　EUの受託者責任に関する法令のうち代表的なものは、2003年の職域年金指令であり、IORPs（Institution for Occupational Retirement Provision）と呼ばれる職域退職制度のための機関に対し、慎重な受託者の原則に基づいて運

用を行うことを求めるものである。その他、運用機関の受託者責任を規定するEU指令は数多く存在するが、今後大きな影響が予想されるものとしては前述のMiFID Ⅱのプロダクト・ガバナンス規制を挙げることができよう。

第XII編

日本の投資信託の発展史

第1章

投資信託の勃興期から「40年証券不況」低迷期まで
（1951〜1968年）

第1節　好調なスタートから償還延長の試練へ
（1951〜1955年）

戦後の投資信託は証券投資信託法に基づき構築され、戦前の投資信託に比べ大幅に運用の裁量度が高まった。当時の投資信託のスキームは以下のとおりであった。

1　商　品

商品は認可制で、当初認められた投資信託は単位型（ユニット型）株式投資信託であった。設定すると追加募集は行われず、毎月新しい「ユニット」が募集される「定時定型」型で、信託期間は2年とされた。

2　運用対象証券

運用対象は国内株式が中心であった。運用対象銘柄は当局が承認するものであり、約款にあらかじめ特定された。1953年には余裕資金のコール運用が可能になり、その後公社債投信が発足した際に国内債の組入れが可能となった。

3　運用・販売会社

証券会社が運用・販売双方の機能を担当して事業が開始された。運用会社

は登録制であったが、1953年には免許制となった（その後1998年からは認可制に、2007年には登録制へと変更）。なお、1959年からは委託会社が証券会社から分離・独立され、同時に、投資信託販売会社も設立された。

　1951年の証券投資信託法施行後、財閥解体による株式放出や、経済復興のために資金調達を行う必要から、個人による株式保有を促す「証券民主化運動」のもと、野村、日興、山一、大和の4証券会社が証券投資信託委託者登録を行い、各社それぞれ第1回単位型株式投信の募集を開始した。その後新たに3社が募集を開始した。朝鮮動乱景気による株式市場の好調から運用資産増も大きく、満期2年で元本が2倍になるファンドが続出した。このような運用の好成績に加えて、無記名式の採用と証券会社の活発な営業展開が、当初の投資信託の好調さを支えた。1952年に追加型（オープンエンド型）投資信託が大和証券から売り出された。しかしスタートして3年後の「昭和29年不況」による株式市況の低迷により、1954年秋には元本割れ償還が懸念されるに至った。業界（証券投資信託委託者会）は1年の償還延長を要望し、実施された。

第2節　投資信託ブーム（1955〜1962年）

1　株式投信の急成長

(1)　投資信託ブーム

　1955年から景気は反転し上昇局面に入った。その後、神武景気、岩戸景気と続く経済成長と株価の高騰に支えられ、投信純資産総額は1962年まで増加を続け、株式投信残高は1961年末には1兆円台に達した。1958年には新たに7証券会社が委託会社免許を受け、委託会社は14社となった。委託会社の増加はいっそうの投資信託ブームをもたらした。

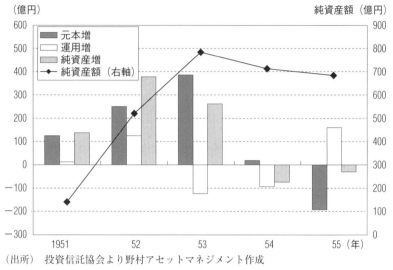

図表Ⅻ-1 株式投資信託の資産増加額推移(1951年〜55年)

(出所) 投資信託協会より野村アセットマネジメント作成

(2) 追加型株式投信の増加

単位型株式投信が元本割れ及び償還延期という事態となり印象を悪くした一方、追加型株式投信は人気となった。その理由として、株式市況の活況が続いたことに加え、1957年に山一と日興が追加型株式投信に参入し販売に加わったことが考えられる。

(3) 「池の中の鯨」論

1958年頃から投資信託が資金を集めて大きくなり過ぎたという批判(「池の中の鯨」論)が出始めた。それは個人金融資産残高における投資信託の比率が1955年の1.0%から1960年には3.8%へと上昇するなか、投資信託の短期間での急増ぶりが問題視されたといえよう。

2　投資信託委託会社の独立

投資信託への批判は、証券投資信託業務を兼業する証券会社にも向かった。受益者（投信保有者）に対する運用委託責任と、株式ブローカーとしての営業との混同を懸念するものである。もともと投信再開にあたってGHQがこの問題を強く懸念していたことから、いずれ投資信託委託会社が独立することが再開の前提とされていた。国会での論議などを受け、1959年、大手証券4社が委託会社を分離・独立させ、翌年から業務を開始、中堅証券10社は1961年に分離・独立させた。大手証券4社は同時期、投資信託販売会社を新設した。

3　公社債投信の開始

大蔵省（当時）は、投信の膨張による株式市場への悪影響を懸念して、1960年度下期から運用可能資金の増加額のうち、株式組入額を投資信託委託会社1社当り180億円以内に制限した。この制限を超えた資金の受け皿となったのが、公社債投信であった。1956年に公社債市場が再開されたが、1961年に事業債の個人消化策として公社債投信が設定された。

⑴　当初の公社債投信の仕組み

当初の公社債投信は、追加型で信託期間が無期限の「長期公社債投資信託」（長期公社投）であった。組入債券の評価において、非上場債については時価評価を行わない理論価格方式であった。この理論価格方式では、非上場債について取得価額と償還価額との差額（償還差損益）のうち、取得日から償還日までの期間に対応する金額を経過差益として日割り計上される。つまり、時価の変動とは関係なく一定収益が計上される仕組みであった。長期金利が短期金利より高い順イールドカーブの場合、解約が限定的であれば、償還までの期間が長く最終利回りが高い債券を時価変動による影響を気にせず組み入れることが可能であった。解約による換金の際に売却損を出さざるをえない状態に至らなければ、安定した収益分配が可能な仕組みで、スタート

以来38年間、実際の分配率が予想分配率を下回ったことはなかった。その後1999年より、公社債投信も時価評価方式（長期社投、中期国債ファンドなどは2001年から実施）となった。

(2) 好調なスタートが半年後には苦境に

公社債投信は「元本はほぼ確実、配当が預金利子より高い」という評判で、当初の募集はきわめて好調であった。しかし、1961年の金融引締めを境に法人からの解約増により純資産総額が減少するなか、公社債流通市場が未発達のため混乱状態に陥った。その後、個人中心の貯蓄性資金を吸収するための制度改善が図られ、有利で便利な商品イメージが確立し、純資産総額は1963年以降1984年まで増加を続けた。一方、株式市場は、1961年7月を天井に以後約7年間低迷することとなった。

第3節 「40年証券不況」下の深刻な低迷 (1963〜1968年)

1 不振が続く株式投信

1963年7月のケネディ・ショック、つまり米国の第二次ドル防衛策である金利平衡税新設を契機に、株式市場は暴落に転じた。この期間の投資信託の純資産総額は、公社債投信が増加する一方、株式投信は大きな減少となった。株式市場が不振を続けるなかで「元本割れ」のファンドが急増し、1965〜1967年にかけて償還延長するファンドが続出した。償還延長は1954年に続くものだったが、今回は1年の延長だけでは回復せず、さらに1年再延長するファンドも出た。

2 「日本共同証券」「日本証券保有組合」の発足

株式市場では、投資信託などが売り方に回り、買い手不在となったため、日銀資金を裏付けとする株式買入機関「日本共同証券」が1964年に発足し

た。同証券の買入れにもかかわらず株価が回復しないことから、証券業界独自の構想として、投資信託の組入株を吸収する株式買入機関「日本証券保有組合」が1965年1月に発足した。発足後に同組合が株式投信から肩代わりした金額は2,328億円に及び、その額は1964年末の投資信託組入株式時価総額7,845億円の29％強に当たった。その資金の90％以上は日本証券金融を経由した日本銀行の資金であった。

3　（昭和）40年証券不況

株式市況の長期低迷により、上記の株式買入機関発足などにもかかわらず、影響は証券会社や委託会社の経営基盤の存立に及ぶに至った。最も象徴的であったのが、1965（昭和40）年の山一證券の日銀特融による経営再建策であった。委託会社の経営も厳しい状況に置かれ、大蔵省（当時）は、中堅委託会社の再編成を強力に推進し、1964年には計7社の中堅委託会社が2社に再編成された。

1965年11月、証券投資信託協会理事会において、株式組入限度制限など（株式組入れを70％未満とし、収益分配後の基準価額が元本を上回る額の60％を株価変動準備金に積み立て、株式以外の安定資産で運用する。信託報酬は元本に対して年0.355％、平均純資産に対して年0.33％として、信託報酬に運用の巧拙を反映する。早期解約防止のため、設定後1年未満の解約には1口につき100円の早期買取控除額を徴収する）が決定され、1967年1月設定分ユニットより適用された。以後、単位型投資信託全体が安定運用指向となり、低い株式組入比率が維持された。

4　1967年の投信法の一部改定

「（昭和）40年証券不況」により投資信託は極度の不振に陥り、受益者も大きな痛手を被ったが、これに対して資本市場研究会（高橋亀吉委員長）の報告書「投資信託のあり方」が、改善の方向を示した。これを受け、投信業界も「投資信託制度の改善に関する要綱」をまとめた。これらの趣旨を汲んで、1967年「証券投資信託法の一部を改正する法律」が成立した。あわせて

図表XII-2 株式投信の資産増加額推移（1951年〜68年）

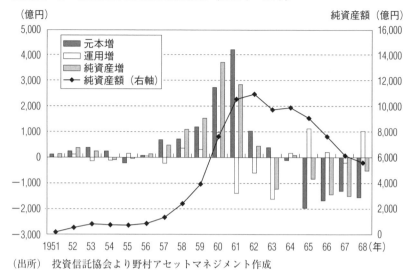

（出所） 投資信託協会より野村アセットマネジメント作成

大蔵省（当時）は、「証券投資信託施行規則の一部を改定する省令」と「証券投資信託の委託会社の行為準則に関する省令」を交付・施行した。その主な項目は次のとおり。

① 委託会社の受益者に対する忠実義務
② 委託会社の行為準則……特定関係者との取引禁止
③ 委託会社の議決権等の指図行為義務
④ 証券投資信託とみなす信託……ファミリー・ファンド方式の採用
⑤ 証券投資信託協会等に関する規定……証券投資信託協会を自主規制機関としての法定化
⑥ 信託財産相互間の取引の規制……いわゆる「コロガシ」行為の禁止
⑦ 受益証券説明書、信託運用報告書の記載事項を規定……投資家保護
⑧ 同一法人の発行する同一種類の有価証券の組入限度を規定

第2章

投資信託の躍進期
(1969～1989年)

第1節 商品多様化の進展

　1969～1989年まで、投資信託全体の純資産総額は一貫して増加した。1967年末の9,004億円から、1983年には10兆円台に乗り、1989年末には58兆6,493億円と、22年間で65倍となった。特に株価が高騰した1980年代後半の株式投信の増加は驚異的であった。公社債投信残高も、1980年より中期国債ファンドが加わり、ほぼ増加基調を続けた。

　この時期の特徴は、商品が運用対象及び投資信託スキームの両面で多様化したことである。

1　運用対象面の多様化

① 　国内株式では、対象市場が拡大した。1969年に市場第1部株式全部に、1972年に銘柄特定制度が廃止され対象市場特定制となり市場第2部株式全部に、1986年には店頭株式に拡大された。
② 　1970年に外国証券投資が始まり、1978年には為替ヘッジ予約、1984年には海外CD、CP取引が可能となった。
③ 　先物取引開始に伴い、1985年に国内債券先物取引、1988年に国内株式先物取引が可能となった。

2 投資信託スキーム面の多様化

① 1970年よりファミリー・ファンド方式が開始された。
② 1971年の海外投資ファンド設定に際し、「スポット型」投信（従来の「定時定型」単位型投信に対して、一度限りの単位型投信）スキームが登場した。1980年代の株式投信でこのタイプが隆盛となった。
③ 1972年、外国籍投信の国内販売が自由化された。
④ 1980年、初の短期マネー型ファンドとして中期国債ファンドが発足した。
⑤ 1983年、手数料なしでファンド間のスイッチングを可能とする選択ファンドが発足した。
⑥ 1985年、初の株式インデックス・ファンドが登場した。法人向け短期マネー型ファンドFFF（フリー・ファイナンシャル・ファンド）が発足した。
⑦ 1986年、上場国債・債券を投資対象とし時価評価する（実勢公社債投信）長期国債ファンド（愛称〝トップ〟）が発足した。

この時期の投資信託の拡大は、特に1980年代後半のように市況の好調さに支えられた面は大きいが、以上のような商品多様化による需要喚起も大きい一方、商品タイプの消長があった。

第2節 投資信託を取り巻く変化と発展

1 外国証券投資の開放

海外では、1961年に日本株で専用に運用する投資信託がスタートした。日本の経済成長への期待から、その後日本株投信が続々と設立された。対して、わが国の投資信託に外国証券投資が認められたのは1970年であった。

1964年、わが国がOECDに加入する際、資本取引の自由化への移行が条件づけられた。日本政府は資本自由化には慎重で、外国資本のわが国への参入

を段階的に進展させた。同時にわが国からの外国証券投資も規制が次第に緩和されていった。1970年、投資信託の外国証券買付けが1億ドルの範囲で認められ、1974年以降から本格化した。

当初の外国証券運用の制限は、以下のように厳しいものであった。
① 外国証券の運用資産は信託財産の30％以内（1971年4月以降は50％以内）
② ニューヨーク、ロンドン、パリ、フランクフルト、アムステルダム、シドニー、チューリヒ、トロントの8証券取引所の上場証券（その後取引可能取引所は拡大）
③ 株式投資の場合、その会社の純資産または自己資本の額が50億円以上、税引き前利益が最近1年間で10億円以上

2 スポット型投信の登場

1970年に外国証券投資が認められたのを受け、1971年に国際投資ファンドが発足した。その際、「スポット型」投信という新しいタイプの単位型投信の形態が創設された。

それまでの単位型が「定時定型」のファンド、すなわち同一の投資方針・満期のファンドを毎月募集するのに対して、スポット型は異なる投資方針・満期のファンドを不定期に募集できるというものである。1973年からスポット型のCBファンド、公社債ファンド、株式ファンドが登場した。1980年代後半の株価高騰・株式投信急拡大時には、スポット型が株式投信の大宗を占めるに至った。

3 ファミリー・ファンドの新設

1970年、単位型投資信託の改善策としてファミリー・ファンドが新設された。これは、単位型投資信託には、①償還期限中に追加設定がないため解約によってファンド運用規模が小さくなっていくこと、②毎月「定時定型」発行であるため、5年満期なら60本とファンド数が多くなり管理・運用面で負担が大きかったこと、という短所があったことから、その改善を図るものであった。1967年証券投資信託法改正で「みなす信託」条項が加えられたが、

1970年にようやくファミリー・ファンドが実現した。

4 「列島改造」ブーム

1972年、田中内閣の「列島改造論」に伴う株式市況の活況により、投資信託は久方ぶりの活況を呈した。外国株への投資も拡大し、株式投信全体の外国株組入比率は、1972年末には5.5%程度に上昇した。

同様に国内市場二部株の組入れが、①信託財産の10%未満、②同一銘柄への投資は信託財産の5%未満、との条件で1972年12月より認められた。他の投資対象の条件緩和として、本邦法人の発行する外貨債や外貨建ての非上場株式・公社債についても、一定の条件を満たすものは組入可能となった。

5 石油ショックの影響

1970年代には1973年、1979年と2度にわたる石油ショックが起きたが、これらは投資信託の盛衰に大きな影響を与えた。

(1) 第一次石油ショック

1973年の石油ショックは、物価急騰を招き、企業業績悪化やGDPのマイナス成長など、石油依存度の高いわが国の経済に打撃を与えた。日経平均株価は最大40%近い下落となったが、単位型投資信託の基準価額の下落は、株式組入比率が27〜29%にとどまっていたため比較的小さかった。この間公社債投信は、順調な伸びを示した。

石油ショックは、公社債投信のその後の成長に大きな意味をもった。すなわち、石油ショックによる経済停滞からくる税収不足を補うべく、政府・地方自治体は国債など公共債の大量発行による資金調達を活発化した。金融機関が発行公共債の大宗を引き受け、満期まで保有するという従来の構図が公共債大量発行によって崩れ、金融機関がもちこたえられなくなった債券を売却するための公社債流通市場が急速に拡大した。東京店頭市場における公社債の取引高は、1971年の10.8兆円から1977年には113.2兆円に大きく拡大した。なかでも公社債投資信託が流通市場の買い手と期待され、投資対象の拡

大と同時に、各種投資スキームによる新商品を提供していくことになる。

(2) 第二次石油ショック

1979年に再び大規模な原油価格引上げが行われ、第二次石油ショックが発生した。株式投資信託は1980年、1981年と連続して元本減となり、純資産総額がマイナスとなる打撃を受けた。この元本減となったのは、1965年の「(昭和)40年証券不況」以来であった。

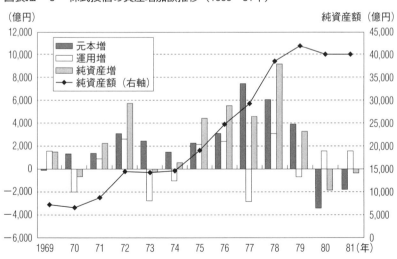

図表XII-3　株式投信の資産増加額推移（1969～81年）

（出所）　投資信託協会より野村アセットマネジメント作成

6　公社債投資信託の拡大と多様化

(1)　多様化の背景

　公社債投資信託の多様化は、株式投資信託に比べ遅れていたが、1980年から一気に進展した。その背景としては、まず国債大量発行による時代的要請がある。公社債流通市場の買い手として公社債投資信託の大きな役割が期待され、行政当局は商品多様化に寛容であった。次に金利環境にも恵まれた。1980年以降高金利期が続き、さらに1982年の米国の歴史的な金利高騰を受け、わが国の金利も高騰した。その後、長期にわたる金利低下基調が続いた結果、高利回りで有利な商品が提供された。

(2)　中期国債ファンドの誕生

　1980年、中期国債ファンドが誕生した。それまで発行されていた10年国債に加え、国債大量発行に伴う消化促進策として、1978年に満期2～4年の中期利付国債が発行されるようになった。中期国債ファンドは、その受け皿として設計された。

　中期国債ファンドは、投資信託としては初の日々決算型の短期マネー型ファンドである。預入れ後1カ月の据置期間後はいつでも手数料なしに自由に引出し可能で、かつ市場利回りを反映した好利回りであった。当時の預金金利規制時代における初の自由金利商品の意味をもつ画期的な商品であったといえよう。一般個人に有利な貯蓄的手段として、また法人の短期資金運用手段として受け入れられ、新たな顧客層を開拓する役割を果たした。

　中期国債ファンドで初めて投資信託を取り扱うこととなった証券会社も多く、投資信託販売の裾野拡大にも寄与した。資産の残高は1984年に5兆円を超え、短期間で公社債投信と同じ規模にまで達した。大量の資金出入データの処理が必要になったが、コンピュータによる処理能力の飛躍的な向上などが支えとなった。

(3) 高金利時の公社債投信の発展

中期国債ファンドが登場した翌1981年から公社債関係の投信は急成長基調に入った。その背景として、当時金利が高騰しその後なだらかな低下傾向に入ったこと、金利自由化・規制緩和が進展したこと、等が挙げられる。

中期国債ファンドのほか、次のような新商品が登場した。

① 新国債ファンド

1981年春に米国の公定歩合が14％へ、プライム・レートが20％へ上昇したことを受け、わが国金利も上昇し「ロクイチ国債（1978～1979年に大量発行された6.1％利付国債）暴落」といった事態が起こった。当時の国債で利率6.1％は最低であり、期間収益が低いことから金融機関から敬遠され、割安（高利回り）に放置されていた。この高利回り国債を組み入れ、償還差益を平準化し日々の基準価額に反映（アキュムレーション）することで、高分配（高直利）の商品に仕立てたのが「新国債ファンド」（完全クローズドエンド型）である。期間利回りを重視する金融機関等の機関投資家の人気を得て、その年の公社債投信の元本増加額を上回る8,680億円が設定された。

② ジャンボ

1987年、金融界の高利回り商品「ワイド」「ビッグ」に対抗して「ジャンボ」が誕生した。既発国債を組み入れ、期限5年間は無分配のクローズドエンド型少額貯蓄非課税制度（マル優）適格商品である。

③ 長期国債ファンド（愛称〝トップ〟）

1986年、わが国の長期国債を中心に内外の公社債を組み入れる長期国債ファンドがスタートした。実績分配型でマル優専用、手数料はなく、1口1万円から購入できた。

(4) 好調な長期公社債投信、中期国債ファンド

公定歩合は1980年3月の9％をピークに、1987年2月の2.5％まで10回にわたって引き下げられた。この長期間にわたる金利低下過程で、預貯金や貸付信託などの利率低下度合いに比べ、長期公社債投信の予定利率の低下度合

いが小さかったため、1981年から高い残高増加が続いた。中期国債ファンドも長期公社債投信の残高水準近くまで増加した。しかし、資金の不安定さを減らすため法人資金比率の引下げを図る販売政策転換をしたこと、また競合商品である法人向け預金（市場金利連動型預金）が銀行から1985年3月に登場したことなどから、その後資産残高は減少した。

(5) FFF（フリー・ファイナンシャル・ファンド）の登場

銀行のMMCなどに対抗して、法人向けに大口資金を対象とした「FFF（フリー・ファイナンシャル・ファンド）」が1985年8月に誕生した。しかし予想配当率がMMC並みにとどまったため、資金拡大には至らなかった。このファンドの主な特徴は、①販売最低単位は5,000万円、超過分は100万円単位、②販売手数料はゼロ、③運用は、国債などを中心とする公社債等の有価証券に信託財産の60％以上を投資、である。

7　飛躍期に入る株式投信と多様化の進展

(1)　背　　景

1986年から、株式市場の活況を受けて投資信託残高は加速度的に増加した。

株式市場では、円高・金利低下・原油安という、いわゆるトリプル・メリットを囃し立て、内需関連株を中心に株価が急上昇した。その背景には、1980年代前半のわが国の輸出主導による貿易摩擦問題から、1984年の日米円・ドル委員会などを経て、1986年の「前川レポート」において、わが国が輸入拡大・内需主導の経済運営への転換を目指したことがあった。

市況面のよさに加え、構造的な「金余り」が拍車をかけた。主役は機関投資家、とりわけ金融機関であった。経済成長の鈍化、貸出需要の低迷から金融機関が資金運用難となり、有力な運用先として好リターンが期待される株式投資に資金が向かった。事業法人等も同様の傾向で、保有有価証券とは別会計処理が可能なファンド・トラストや特定金銭信託経由で株式投資が活発

化した。さらに個人も、低金利が継続しマル優廃止が議論されるなかで、株式投資信託への選好を高めた。

(2) 法人向け大口投信の設定

投資信託の残高増加要因として、個人投資家の拡大のほか、地方銀行、相互銀行、信用金庫、農林系金融機関及び中堅企業など法人向けに大口投信が大量に設定されたことがある。その背景に、金融機関の貸出需要低迷による「金余り現象」が根底にあるが、投資信託設定の規制緩和がなされ、投資信託というスキームを利用して本体の財務諸表から分離したかたちで収益を追求しようとする資産運用ニーズが高まっていたこともある。

(3) 1986年の規制緩和

下記の規制緩和も投資信託の残高増加に影響を与えた。

① スポット型株式投信の設定総枠規制の撤廃

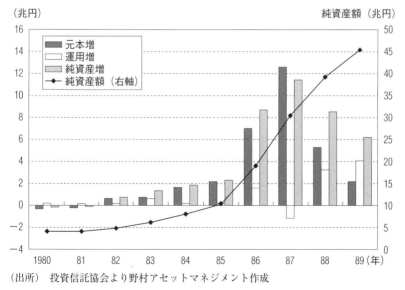

図表XII-4 国内株式投信の資産増加額推移（1980～89年）

(出所) 投資信託協会より野村アセットマネジメント作成

② 運用資産の多様化……国内CD、短期国債、店頭登録株式、ワラント、ユーロ円債、店頭株式及び上場予定株式
③ 公開販売制度の拡充……中堅証券会社による単独販売専用ファンドの設定認可

このような規制緩和を進める一方で、委託会社間の競争を促すため、運用成績のディスクロージャー制度も改革された。それまで各年度の決算期と償還期にのみ公表されていた運用成績を、全ファンドについて3カ月ごとに、同種ファンド別に分類してパフォーマンスの高い順に公表することになった。

(4) 米国のブラック・マンデー

1987年10月19日の月曜日、米国株価の大暴落（ブラック・マンデー）を受け、わが国株価も暴落し、投資信託純資産総額は前年比純減となったが、12月には持ち直した。1987年は、商品の多様化がいっそう進展した。ポートフォリオ・インシュアランス理論を応用したファンド、本邦企業の外貨建てワラントを中心に運用するファンド、「ミリオン（従業員積立投資プラン）」などである。

(5) クオンツ型運用の登場

① インデックス・ファンドの開始

1985年には、わが国初の株式インデックス・ファンドが登場した。1987年のミリオンや1989年の法人向け大口専用オープン型株式投信の設定も、その運用はインデックス型であった。

② システム運用

アナリストによるリサーチ情報をベースにファンド・マネージャーの判断でリターンを追求する伝統的アクティブ運用に対して、各種データ分析・ノウハウや投資理論をベースにした数理分析モデルによる各種システム運用も活発化した。

(6) スポット型投信の拡大

1988年までにスポット型株式投信の比率が急速に高まった。流入する大口資金に対して、そのつどの投資テーマに沿ったスポット型株式投信の新設が相次いだ結果である。

(7) 投信制度面で具体的進展

① 投資信託委託業務への新規参入

1989年、大蔵省（当時）から免許認可基準が発表され、設立母体の資格要件として投資信託業務（設定・運用または販売）を3年以上継続していることを挙げたが、外資系の参入に道を開くべく、日本国内の販売実績がなくとも本国の営業活動が考慮され、欧州系の資産運用会社3社が翌1990年に営業開始した。米国系は規制緩和を求め進出を見送った。

② ディスクロージャー制度等の改革

1990年、証券投資信託協会は、募集手数料弾力化とディスクロージャー制

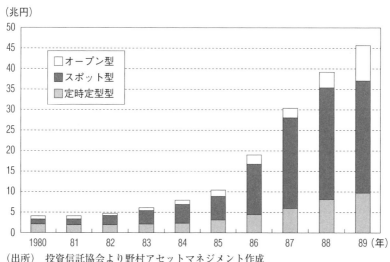

図表XII-5 株式投資信託の種類別残高推移（1980～89年）

（出所） 投資信託協会より野村アセットマネジメント作成

度などの改革を進めた。募集手数料については、信託期間や商品特性に応じた見直しを行い、信託報酬も純資産に一定率を乗じた方式にして運用の難易度や運用資産の規模などに応じた見直しを行うものとした。さらに信託財産留保金制度や乗換え優遇制度の導入を行った。ディスクロージャー制度については、投資信託の分類を商品性格に応じて増やす、受益証券説明書や運用報告書の記載方法を統一する、同じ性格のファンド同士を運用成績順に発表する、等の改革を行った。

第3章 バブルの崩壊と投信ビッグバン期
（1990～2000年）

第1節 バブル崩壊で激減した株式投信

1 株式投信純資産総額は7年連続減少、ピークの約5分の1へ

　1989年の大納会の日経平均株価3万8,915円をピークに、株式市況は暴落を続け、1990年10月1日には2万221円（48％の下落）まで下げた。「バブル経済」の崩壊である。

　バブル崩壊過程で株価が長期にわたり下落し続けたことを背景に、国内株式投信の純資産総額は1989年末の45.5兆円から減少を続け、1997年末には10兆円とピーク時の5分の1近くまで落ち込んだ。1992年には証券会社の「損失補填」不祥事が発覚し、これによる証券会社への不信感も投資家の株式投信離れに響いた。

2 償還延長と乗換え手数料割引

　1991年には、株式投信の元本割れ償還を回避する償還延長が検討・認可され、1992年から3年間の償還延長が適用された。1954～1955年の株価下落時と1965年（（昭和）40年証券不況）以来、3度目の償還延長である。同時に、解約集中を防止するため、乗換え手数料割引など償還乗換え優遇策が決定さ

れた。

しかしその後1995年にも再び元本割れの事態に至った。再延長の是非が議論されたが、投資信託は本来元本保証商品ではないという基本認識から再延長は見送られた。投資信託委託会社はファンド乗換え手数料を無料化した。また、株価下落に対応すべく、運用規制緩和（先物・オプション取引の利用をヘッジ目的に限定しない）を反映したベア・ファンド（株価指数が下落すれば基準価額が上昇する投資信託）などの商品提供を進めた。

3　オープン型にシフトする国内株式投信

1990年代は追加型株式投信の比率が高まった。1980年代後半に設定されたスポット型単位型株式投信が解約され償還する過程で、追加型株式投信主体の設定となり純資産総額も増加した。もう一つの特徴は、1990年代後半に各社が代表的ファンドへの資金導入を進めた「旗艦ファンド」化の動きである。

株式投信が追加型にシフトするようになったのは、5年満期の「定時定型」単位型株式投信が時代にそぐわなくなったことである。5年も保有すれば高いリターンがほぼ期待できた「右肩上がり」の高度成長時代が終わり、予想しにくい相場変動の時代においては投資家が自由に売買タイミングを図れる追加型が適しているとの判断がある。米国など先進国でもオープン型が一般的であり、長期の過去の運用実績（トラック・レコード）を示すことで投資家へファンド選択の際の参考情報を示せる利点がある。

追加型投信が次々と新設されファンド本数が増加した後、増え過ぎた反省としてファンドを集約する動きが出た。追加型投信はいつでも購入できるため、購入時期が限定されている単位型のように同種ファンドが複数ある必要はない。結果として各社が旗艦ファンドを標榜するようになり、ファンドは大規模化傾向となった。

第2節　MMFの誕生と公社債投信の多様化

1　MMFの誕生、コア商品に

　1992年に、実績分配の短期追加型公社債投信MMF（マネー・マネージメント・ファンド）が開発・販売された。これは、1971年に米国で登場したMMF（マネー・マーケット・ファンド）に相当する商品である。個人では投資困難な短期マネー・マーケット市場の金融商品で運用する実績分配型ファンドであり、中期国債ファンドの仕組みを生かして創設された。

　当初は最低預入額が100万円、翌日換金という条件で開始され、高利回りの運用実績で資金を集めた。1992年末までに5.4兆円の残高に達し、短期間のうちにコア商品となった。1993年に、MMFの最低預入額は50万円に引き下げられ、中期国債ファンドとともにキャッシング（即時換金。証券会社が立て替えるもの）が実施された。これらの措置により、MMF及び中期国債ファンドの利便性は向上した。

　その後の金利低下傾向のなか、他の競合商品の利回りが引き下げられたため、MMFの相対的魅力度が高まった。1993年末にはMMFの純資産総額は11.1兆円となり、個人の金融資産における重要な選択肢となった。また、法人の短期資金運用においても利用され、1994年のMMFの法人比率は約6割であった。

2　好調な国内公社債投信

　1992～1993年は、国内公社債投信が株式投信の落ち込みをカバーした。MMFの急成長に加え、3カ月や6カ月ごとに決算される短期決算型公社債投信が高い実績分配を背景に、純資産総額を増やした。短期公社債投信は1991年末の0.7兆円から1993年には5.6兆円と残高を大きく伸ばした。また長期国債ファンド（トップ）も増加した。その結果、公社債投信の純資産総額

図表XII-6　投信純資産の種類別推移（1985〜2000年）

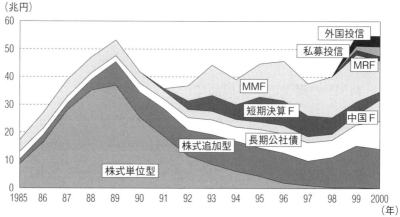

（出所）　投資信託協会、日本証券業協会より野村アセットマネジメント作成

は、1993年に31.2兆円となった。

3　MRFの誕生

1997年の大蔵省（当時）の規制緩和策により、MMF、中期国債ファンドの入金単位、解約規制は撤廃された。また同緩和策に基づき証券会社に証券総合口座が導入され、その決済口座のための中核商品としてMRF（マネー・リザーブ・ファンド）が発足した。これは決済性の高い資金の運用に当たるため、MMFと同様の運用対象ながら、より安全性の高い運用が行われた。

4　非上場債券の時価評価へ

1999年より、償還までの期間が１年以上の非上場債券の評価方法が、理論価格（取得価格に、償還価格と発行価格との差額を取得日から償還日までの期間日数により日割り計算した額を加算した価格）評価から時価評価へ移行した。

第3節　投信ビッグバン──進む制度改革

1990年代は大きな制度改革が相次いだ。

1　1992年の投資信託委託業務への参入促進

1992年、投資信託委託業務の免許基準が改正され、以下が認められた。

(1)　投資顧問業者を母体とする投資信託委託会社の設立

これにより、金融機関による投資信託委託業参入への道が開かれた。しかし米国系投資顧問会社は投資顧問（投資一任）と投資信託委託業務の併営を求め参入には至らなかった。

(2)　投資信託委託会社による投資信託受益証券の直販

投資信託委託会社の直接販売を認めるものである。

2　1994年の投信改革

バブル崩壊後の出口が見えず、投資家の投資信託離れが深刻化しているなか、以下の改革が実行された。これらのうち、①、⑦、⑧は1998年の法改正を待つことになるが、残り7項目は1994年12月に実施された。

① 信託約款の個別承認から届出制への移行
② ディスクロージャーの充実……受益証券説明書に運用方針、経費内訳などの詳細記載。運用報告書における運用経過説明の充実（投信協会自主ルール）
③ 公正取引ルールの拡充……特定の受益者の利益を図るためのファンド間取引の禁止や、親会社などが引き受ける有価証券の募集または売出しに際して、作為的な相場形成を目的とした指図の禁止などの6項目が新たな忠実義務違反行為として追加され省令で禁止された。

④　資産運用・収益分配等についての規制緩和（投信協会自主ルール）……先物・オプション取引をヘッジ手段としてだけでなく、積極運用手段として認める。私募債・証券化商品も一定限度組入れを可能とする。
⑤　投資信託の設定・運用及び販売についての規制緩和（投信協会自主ルール）
⑥　パフォーマンス評価の確立（投信協会自主ルール）……投信協会による各ファンドの運用成果公表とデータ提供による民間ファンド評価機関の活動促進
⑦　会社型投資信託の導入
⑧　私募投信の導入
⑨　外国投資信託の国内販売規準の明確化
⑩　投資信託委託業務と投資顧問（一任勘定）業務の併営

3　金融ビッグバンと証券取引審議会報告

　1996年に、橋本首相の日本版「金融ビッグバン」開始宣言により、わが国金融システム全般の改革が進むなか、投資信託分野も矢継ぎ早の改革が行われた。

　1997年には、証券取引審議会が「証券市場の総合改革」と題する報告書を発表し、金融ビッグバンへ向けての具体的方策を示した。投資信託に関しては、次の8項目の提案からなる。

①　証券総合口座の導入（MRFを新設）
②　銀行等の投信窓販の導入
③　私募投資信託の導入
④　会社型投資信託の導入
⑤　運用指図の外部委託の解禁
⑥　未上場・未登録株式の組入れ解禁
⑦　ラップ・アカウントの導入
⑧　投資信託委託業務の認可制の検討

　この提言に基づいて、具体的な実施スケジュールが策定された。MMF及

び中期国債ファンドの最低購入単位が1円となるとともに、決済機能を備えた証券総合口座が実現し、その受け皿として前述したMRFが新設された。MRFは最低購入単位が1円で、解約手数料や信託財産留保金はなく、即日引出（キャッシング）機能をもつこととなった。一方、金融機関自身の窓口販売には法改正が必要なため、店舗貸し方式での販売からスタートした。

4 1998年改正投信法

1998年に金融ビッグバンの具体的方策を網羅した「金融システム改革のための関係法律の整備等に関する法律（いわゆる金融システム改革法）」が成立した。このなかに、投信法の改正も含まれており、1951年以来の「証券投資信託法」は、「証券投資信託及び証券投資法人に関する法律」（以下「1998年改正投信法」という）と改められた。

改正の主な内容は、以下のとおりである。
① 投資信託委託業務参入を免許制から認可制へ変更……運用会社間の競争の促進を目指す。認可にあたっては、とりわけ運用能力が重要であり、逆に設立母体の資格や実績要件は不要なことから廃止され、資本金等の財産的基礎や人的要件を満たすものが参入できることとした。
② 投資信託委託会社、投資顧問業者、証券会社間の相互乗入れ承認と利益相反行為等の弊害防止策の制定（証取法及び投資顧問業法の改正も含む）……有価証券ビジネスについて広く兼業を認める観点から、投資信託委託会社、投資顧問業者、投資一任業者、証券会社との間で相互乗入れによる兼業が可能になった。投資信託委託会社からみると、性格が類似する証券投資法人の資産運用業、投資顧問業、投資一任業は届出制により行うことができるようになり、証券業については認可制で行えることとなった。
③ ファンドの設定における個別約款承認制を廃止し届出制に変更……これにより、自由な商品設計、タイムリーな設定が可能となった。
④ 私募投資信託、会社型投資信託の導入……特定または少数の者に受益権を取得させることを目的とする私募投信の設定が可能となった。また会社型投資信託を証券投資法人と名づけて制度化した。

⑤　投信法上の受益証券説明書と運用報告書を中心とした開示制度を、証券取引法上の開示制度へ変更（証取法改正も含む）……投資家への情報開示を強化すべく、有価証券届出書、有価証券報告書、目論見書等による証券取引法上の開示制度に変更された。
⑥　会計監査制度の導入……証取法による開示規定が適用されることにより、ディスクロージャーのいっそうの透明性を確保する観点から、ファンドは公認会計士による監査を受けることとなった。
⑦　店頭オプション取引等の認可による運用規制の緩和（証取法改正含む）
⑧　運用の外部委託の認可
⑨　外国投信に係る規制体系の一元化と円建外国投信、外貨建国内投信の認可（証取法改正を含む）

5　2000年改正投信法

1998年より、統一金融審議会で「日本版金融サービス法」への議論がなされ、資産流動型スキームとして「特定目的会社による特定資産の流動化に関する法律（SPC法）」の改正を、資産運用型スキームとして1998年改正投信法の改正を行うこととなった。

2000年5月に、「特定目的会社による特定資産の流動化に関する法律等の一部を改正する法律」と同時に「証券取引法及び金融先物取引法の一部を改正する法律」「金融商品の販売に関する法律」のいわゆる金融インフラ3法が成立した。

1998年改正投信法は、不動産など有価証券以外への資産拡大をふまえて「証券」の2文字が法律名から削除され、「投資信託及び投資法人に関する法律」となった。関連政省令の整備とともに2000年11月から施行された。

2000年投信法の改正点は、大きく次の3点に集約される。
①　投資対象資産を、不動産を含む幅広い資産に拡大
②　受託者責任の規定を網羅
③　契約型投資信託にも受益者によるガバナンス規定を制定

6　投資対象資産の拡大

　従来の「主として有価証券」から「主として有価証券、不動産その他の資産で投資を容易にすることが必要であるものとして政令で定めるもの（特定資産）」として、投資対象資産の範囲が不動産及びその関連資産等を含んだものに拡大された。

　投資対象の拡大に伴い、以下の5点が改正された。

①　委託者非指図型投資信託の導入

　「委託者非指図型投資信託」は、委託者が受益者・投資家であり、受託者が信託会社等となる新しい形態の投資信託である。これは「主として有価証券に対する投資として運用するものであってはならない」とされているため、信託銀行による有価証券以外（不動産等）を対象とする投資信託といえる。

②　投資信託委託業者の資格、条件の整備

　不動産投資信託の運用を行う投資信託委託業者は、宅地建物取引業者の免許及び一任取引を行うための建設大臣（現国土交通大臣）の認可の取得が義務づけられた。

③　投資信託委託業者の兼業規定

　従来の業務に加え、一定の要件を満たす不動産の管理業務、不動産特定共同事業、及び個別認可による宅地建物取引業等を営むことができるようになった。

④　資産の適正評価義務

　投資信託委託業者は特定資産のうち有価証券を除く資産の取得または譲渡等が行われたときは、第三者である専門家に取引があった特定資産の価格等を調査させなければならない。この場合の専門家とは弁護士、公認会計士、不動産に関しては不動産鑑定士である。

⑤　投資法人債の募集

　クローズドエンドの投資法人に限って、一定の要件で借入れや投資法人債の募集が可能になった。

7　受託者責任の明確化

　1967年に投信法で忠実義務の規定が導入され、証券投資信託や証券投資法人の運営にあたって忠実義務が規定されていたが、1998年にこれに加えて新たに善管注意義務も課せられた。投資信託委託業者は「受益者に対し、善良な管理者の注意をもって投資信託財産の運用の指図その他の業務を遂行しなければならない」とされたのである。この善管注意義務は、委託業者以外にも、受託者、投資法人の設立企画人、資産保管会社、一般事務受託者等に幅広く課せられることになる。

　さらに投資信託委託業者がその任務を怠ったことによって受益者に損害が生じたときには、損害賠償の責めを負うことが新たに盛り込まれた。投資法人の資産運用業者としての投資信託委託業者についても同様である。そしてこの場合、投資法人の執行役員、監督役員、一般事務委託者、会計監査人もその責めを負うべき場合は連帯債務者となる。

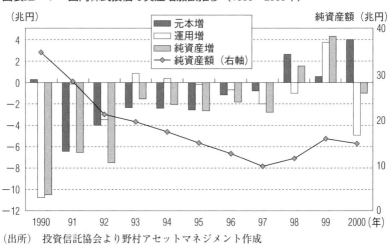

図表XII-7　国内株式投信の資産増加額推移（1990〜2000年）

（出所）　投資信託協会より野村アセットマネジメント作成

8　契約型投資信託にも受益者ガバナンス規定

　会社型である投資法人は、投資者である投資主のガバナンス機能を備えていたが、契約型投資信託についても受益者ガバナンス規定が設けられることとなった。すなわち、約款の重大な変更を行う場合には、委託業者はその内容を公告、受益者に書面を交付し、受益者の過半数が異議を述べた場合には変更できないとの規定が設けられた。同時に、異議のある受益者は自己の保有する受益証券の買取りを請求することができることにもなった。

第4節　投資信託委託会社と販売チャネルの拡大

　投資信託制度改革に伴う大きな変化の一つは、投資信託委託会社の拡大及び銀行窓販など販売チャネルの多様化である。

1　投資信託委託会社の拡大

(1)　外資系の参入

　1989年の免許許可基準の改定によって、本国で投資信託の営業活動を行っていれば投資信託委託業務への参入が認められるようになり、1990年に欧州系3社が参入した。米国系は投信業務と投資顧問業務の併営が認められた1995年から参入が始まった。

(2)　国内金融機関系の参入

　1992年の証券取引審議会報告を受けた同年の投資信託委託会社の免許運用基準改正、そして省令・規則改正を経て、1993年秋から国内金融機関の投資信託委託業務の進出が始まった。

(3) 参入の自由化

1998年改正投信法において、投資信託委託会社の設立については、従来の設立資格のある会社つまり「設立母体」という考えは廃止され、免許制から認可制へ移行した。つまり、次の認可基準を満足すれば、だれでも参入できるようになったわけである。

① 資本金1億円以上
② 業務開始の翌営業年度から3年間の純資産総額1億円以上の維持の見込み
③ 業務開始の翌営業年度から3年間のうちに期間損益黒字の見込み
④ 有価証券の運用等に関する知識、経験を有する者が十分にいること

2 証券会社、銀行の投信販売のオープン化

投資信託委託会社の多様化に伴って、1990年代半ばから証券会社は、従来の系列の委託会社の商品のみを扱うのではなく、多くの委託会社の商品を取り扱うようになった。1998年からの銀行窓販開始に際しても、銀行など金融機関は独自の選択基準で委託会社及び取扱商品を選択することとなった。これらから、販売会社の委託会社及び商品選択のオープン（アーキテクチャー）化が進んだ。

3 銀行窓販など販売チャネルの多様化

(1) 直接販売

1992年の免許運用基準改正で、投資信託委託会社は投信の直接販売を認められたが、1993年に国内金融機関系が投資信託委託業務に参入すると同時に直販機能をもつことになった。その後、証券系委託会社も直販に参入した。

(2) 銀行の店舗貸し方式と窓口販売

銀行など金融機関による投信販売には、1997年からスタートした店舗貸し

方式に続き、1998年から本体が直接販売する窓口販売が証取法65条の改正で解禁された。

(3) ネット取引と目論見書等の電子交付化

2000年の証取法改正によって、インターネット上での目論見書の電子交付が認められ、同年のIT書面一括法「書面の交付等に関する情報通信の技術の利用のための関係法律の整備に関する法律」により2001年から施行された。その際、目論見書に加えて、取引報告書や投資信託の運用報告書などの電子交付も可能となった。販売会社側は閲覧に供した記載事項を5年間保存することが求められた。

第5節　拡大する金融ビークルとしての投資信託の役割

1990年代の制度改革を通じて、わが国の投資信託は欧米と比較しても遜色ない商品提供基盤を得たことになる。つまり、1951年発足時の個人投資家の小口資金を証券市場へ誘導する集団投資スキームから、私募投信のように特定プロフェッショナル投資家の投資ビークルへ、投資信託の金融ビークルとしての役割は拡大した。

1994年以降の投資信託改革・金融ビッグバンなどを契機に誕生した新商品や運用スキームは以下のとおり。

1　先物・オプション等の非ヘッジ目的での利用

1994年の投信改革において先物・オプション取引をヘッジ手段だけでなく積極運用手段として活用することや、私募債、証券化商品の一定限度組入れを可能とすることなどの運用規制の大幅緩和が行われた。

これを受け、各種のブル・ベアファンド、ヘッジ・ファンド的運用ファンドなどが登場した。

2　証券総合口座（MRF利用）

1997年の大蔵省（当時）の規制緩和策に基づき、証券会社に総合証券口座が導入され、その決済口座としての中核商品「MRF（マネー・リザーブ・ファンド）」が発足した。

3　私募投信

1998年の投信法改正により、適格機関投資家（有価証券に対する投資について専門的知識及び経験を有する者）または50人未満の一般投資家を対象とする私募投信が制度化された。私募投信の第1号は、受益者を厚生年金基金や税制適格年金等の非課税投資者に限定した少人数私募投信で、1999年1月に設定された。

4　ファンド・オブ・ファンズ（FOFs）

1998年改正投信法において、委託会社のファンド運用指図の外部委託が認められた。これによって、1つのファンドを複数運用機関に分割する「マルチ・マネージャー・ファンド」が可能になったが、その延長上に、1つのファンドが複数のファンドを組み入れて運用する「ファンド・オブ・ファンズ（FOFs：Fund of Funds）」がある。

投信協会は1999年に、「FOFsとは、投資信託証券への投資を目的とするファンドをいう」と定義し、「原則として複数のファンドに投資し、かつ、1ファンドへの投資は最大、FOFsの純資産総額の50％を超えない」「FOFsと投資されるファンドの両方の信託報酬率、募集手数料率等、主たる支払費用をそれぞれファンドごとに開示する」「ファンド間の相互及び循環保有は行わない」などの要件を満たすものに限り設定できることとなった。最初のFOFsは2000年9月に設定された。

5　SRIファンド（社会的責任投資ファンド）

1920年代に、キリスト教会の運営資金の投資先として酒・煙草・賭博等が

宗教倫理に反するとして除外したのが、社会的責任投資の始まりである。欧米ではCSR（Corporate Social Responsibility：企業の社会的責任）への取組度合いによって投資銘柄を選ぶ手法が確立されているが、わが国においては1999年初に設定されたエコ・ファンド4本が初めての「SRI（Socially Responsible Investment：社会的責任投資）ファンド」といえる。

第4章

投資への新たな流れ
（2001年以降（21世紀））

第1節　大きく変化する公募投資信託の純資産総額

1　数次の変動を乗り越え市場は緩やかな増加基調へ

　2000年からの内外の情報通信株暴落に始まった株価の下落とともに、国内公募投資信託の純資産総額は2000年央の60兆円をピークに減少していった。MMFは、2000〜2001年に米国のエネルギー会社大手エンロンの不正会計事件の影響を受け、数社で元本割れが発生したことから残高を大きく減らした。

　その後、国内公募投資信託残高は、2003年4月の34.3兆円を底に徐々に増加に転じ、2005年以降は世界的好景気を映した海外投資を中心とした投信拡大期を迎え2007年には80兆円に達した。

　しかし、翌2008年のリーマンショックによる株価下落や円高等から日本経済は大きな打撃を受け、純資産総額は2009年1月には50兆円割れまで大きく減少した。

　その後、ゆっくりだが増加基調をたどり、2009〜2012年に60兆円台、2013年に80兆円台、2014年にはリーマンショック前のピーク水準を超えて90兆円台、2017年5月には102兆円に拡大した。また、投信ビッグバンにより設定が可能となった私募投信や外国投信、投資法人を含めた全投資信託純資産総

額をみると、2006年に100兆円を突破、2018年末に206兆円に達した。

2　海外投資が開花。債券投資が主導し、資産が拡大

　海外への投資は為替リスクの影響が大きい。1980年代後半には円ドルが250円台から120円台へ、1990年代前半に150円台から80円までの大幅な円高の進展局面があり、海外への投資は為替差損による打撃を受けた。ところが2000年代は2008年のリーマンショックまで円ドルはボックス圏での動きとなり、円ユーロは購買力平価レベルを超える円安局面が続いた。この機会をとらえ、海外債券型及びバランス型投資信託が人気を博した。組入債券の地域や種類は多様化し、さらに株式やハイブリッド証券への分散投資が進み、分配回数が多い毎月分配商品などが人気を博した。リーマンショック後には久しぶりの円高局面を迎えたが、クレジット商品が高利回り化したため、その後も人気は続いた。

　数値でみると、国内の株式・債券・ハイブリッドファンドの合計資産は2000年の10兆円程度が2016年にようやく17兆円になったが、海外の株式・債券・ハイブリッドファンドの資産は同時期に2兆円から42兆円へと飛躍的に拡大した（ETFを除くベース）。投資地域は先進国以外の世界中に広がり、投資通貨が多様化した。投資対象も不動産投信（リート）やオルタナティブ等伝統的資産以外に広く分散した。これらの拡大は、投資信託ならではの特性が生かされたといえるだろう。

　なお、主として債券に投資する場合でも、公社債投資信託は当初元本が割れると追加設定できない仕組みであるため、約款上株式投資を可能にして追加型株式投資信託として設定する例が多い。

　追加型株式投資信託のうち、国内株式型投信は、2001年以降のIT株中心の株価下落や2008年以降のリーマンショック後の株価下落時に大きく残高を減らした。また2001年以降はETFの設定によりインデックス型の純資産も増加したが、ETFの2013年以降の資産残高は日本銀行の買入れで急激に拡大した。

3　保有資産の分散

　2018年末での契約型投資信託105兆円のうち、大宗を占める追加型株式投信93兆円の保有資産をみると、株式50兆円、公社債12兆円、投資信託受益証券（ファンド・オブ・ファンズ）16兆円、投資証券（リート）11兆円、余資（外国貸付債権信託受益証券・住宅ローン債権信託受益証券）7兆円と株式の比率が高い。国内海外別（通貨別）にみると、外貨建て資産は26兆円で、その内訳は海外株が10兆円と最も多く外国債が8兆円、海外REITが6兆円となっている。

4　公社債投信、MMFの減少

　公社債投信（除くMMF）は、わが国の長期的な金利低下、低金利による運用難から、残高を減らした。証券総合口座での株式売買等の決済用に利用

図表XII-8　投資信託の純資産総額の推移

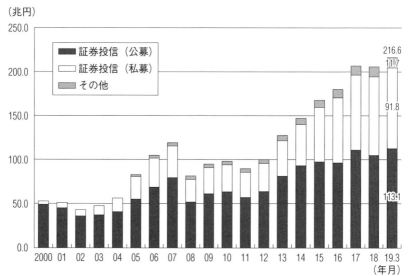

（注）　2019年以外　各年12月末
（出所）　投資信託協会より野村アセットマネジメント作成

されるMRFは、1997年に設定以降、順調に純資産総額を増やした。1999年にゼロ金利政策が始まって以降、低金利政策が長期化し公社債投信の期待リターンは低下し、2003年に追加型株式投信の純資産が初めて公社債投信の純資産を上回り、その後両者の差は開く一方となった。

MMFは2000年、2001年に保有銘柄の信用リスクから額面割れを起こしたファンドが出たが、その後2013年からの異次元金融緩和政策のもとで運用難が加速、さらに2016年からのマイナス金利導入で運用困難となり、運用会社11社が順次償還を決定し25年間の幕を閉じた。

5　信用リスクの拡大

日本では物価の下落、低金利の長期化とその後の異次元の超低金利策がとられたことで、内外金利差が恒常的に大きいため、投資家の海外債券への投資意欲は常に非常に大きい。そこで生じる為替リスクをマネージするために、信用リスクを乗せてより高い利回りをとったり、為替ヘッジを組み込んだり、多様な通貨に分散したり、さまざまな商品が生まれてきた。そうしたなかで信用リスクも増大し、サブプライムローン市場問題に端を発したリーマンショック時に、投資家はさまざまなクレジット資産クラスで信用リスクによる打撃を受けた。クレジット資産のクレジットスプレッドは短期間に急激に拡大し、損失が大きくなった。しかし各政策当局の懸命の対応と、グローバルな高齢化の進展により世界の投資家によるインカムストリーム（定期収入）を生む年金補完的な債券代替となる商品へのニーズは根強く、信用リスクの回復につれてクレジット資産市場は拡大している。

6　分配頻度の高い投資信託の隆盛

2003年頃から、毎月分配型など分配頻度の高い投資信託への資金流入が目立ち始めた。団塊世代の大量退職などによる定期的な分配金受取ニーズの増加、銀行で投資信託を初めて購入する新たな投資家層の分配金志向、国内の金利水準が低いため相対的に高金利である海外債券の収益を分配金として受け取りたいという投資家の意向、などがその理由として考えられる。

毎月分配型ファンドの残高は2014年まで増加を続け、株式投信でのシェアは6割を上回り残高は40兆円を超えた。為替相場が1990年代のような大幅な円高局面に向かわず、むしろ円安局面となったことや、海外金利の低下基調が続いたことなど投資環境が比較的よかったことで、資金流入が継続した。

　高齢者を中心に毎月定期的に収入をもたらす道筋をつけたことは、投資家ニーズを掘り起こした例といえよう。海外でも退職期を迎えた投資家（ベビーブーマーなど）を中心にインカム商品への需要は長期化している。一方、日本では、長期的な資産形成を目指すべき若手投資家にまで毎月分配商品が人気化したが、再投資における税や資金の効率の悪さやファンド体力を超える分配に批判も出たこともあり、2015年からは高分配ファンドへの資金の集中は薄れた。

　ファンドからの分配金額は2010年から投信協会の資産増減状況で発表されている。収益分配額は、2015年の6.4兆円から2018年の3.9兆円まで減少している。

第2節　投信ビッグバンにより新たに設定された投資信託・制度が成長

　1998年、2000年の改正投信法等により新たに設定が可能となった不動産投資信託や、私募投信、ファンド・オブ・ファンズ等が純資産総額を大きく増やし始めた。販売チャネルについても、銀行窓販による投資信託の販売高が大きく伸びた。

1　不動産投資信託（J-REIT）

　投信法の改正により2001年から新しく不動産投信（リート）の設立が可能になった。不動産投資法人（会社型投信）はその株式（投資証券）を取引所に上場することにより換金性、流動性を高め投資家の便宜を図るようにインフラ整備が行われた。また2003年には投資信託の運用ルールの一部変更が行われ、不動産投信を組み入れたファンド・オブ・ファンズによる商品組成が可

能になった。これを受けて内外のリートに投資するファンドが急速に拡大した。

不動産への投資は伝統的な資産クラスと異なるビジネスサイクルとリスク／リターン特性をもつために、分散効果を高めることができる。また税制上、ファンドの利益の90％超を分配しなければならないことから相対的に好利回りとなるため、投資家に好まれるようになった。

投資信託を通した不動産投信への投資額をみると（2018年末）、投信協会の公募投信の信託財産状況のなかの「投資証券」が内外のリートファンドへの投資で約11兆円である。さらにバランスファンドのなかの資産クラスとして不動産が組み入れられる場合が多く、その場合に外貨建ての不動産ファンドなどが活用される。投資されているファンドは「投資信託受益証券」に含まれ（そのほかにマザーファンドなどが含まれる）、同時期に約16兆円の純資産があるが、そのうち不動産ファンドの額は不明である。

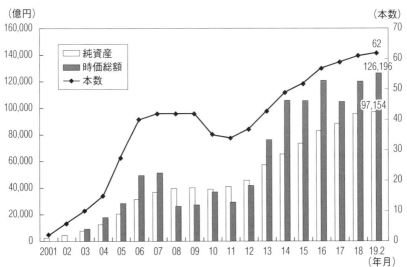

図表Ⅻ－9　上場リートの純資産総額と本数の推移（2001～2019年）

（注）　2019年以外　各年12月末
（出所）　投資信託協会より野村アセットマネジメント作成

なお、不動産そのものへの投資は、新たな資産クラスとして実物投資への道を開いたものである。実物資産投資（リアルアセット）はその後、商品（原油やMLPなど）やインフラなどに拡大された。

2　私募投信

私募投信（投資法人を除く）は、1999年に第1号ファンドが設定されて以来、ファンド数、純資産総額ともに順調に増えている。私募投信の増加の理由は、制度面では公募投信に比較して運用の制限や開示のルールなどが緩やかであることがある。投資家にとっては、個別のニーズにあわせてオーダーメイド的な商品組成が可能になるメリットがある。また少額の特金や年金資金をまとめてコストを抑えた効率的な運用ができる。

一方で私募投信は、変額年金やファンド・オブ・ファンズの運用対象として活用されるケースも多い。変額年金用私募投信では、変額年金として払い込まれた保険料が、特別勘定の形態を通して、私募投信に投資される。これ

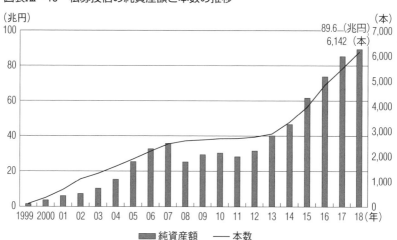

図表Ⅻ-10　私募投信の純資産額と本数の推移

（注）　各年12月末
（出所）　投資信託協会より野村アセットマネジメント作成

らの私募投信では、運用資金が年金という性格から長期運用が可能である。一般の投信よりも保険関係費用、運用関係費用などを含めた総コストは高いが、提供されるサービスが評価され変額年金が増加しその結果私募投信の残高が増えている。また、ファンド・オブ・ファンズの投資対象先ファンドや、金融機関などのヘッジ付外債、内外債券のラダー型運用などに活用されている。

　私募投信の2018年末の純資産総額は89.6兆円にのぼり、公募投信の105.2兆円に比較してかなりの規模になっている。

3　ファンド・オブ・ファンズ（FOFs）

　FOFsは、2000年に日本株式ファンドを対象に第1号が設定された。それ以降、自社で運用するファンドの組入れに加えて、他社が運用するファンドを組み入れてさまざまなファンドが組成されるとともに、外部委託や業務提携も含め、増加している。FOFsの純資産残高は22.9兆円（2018年末「投資信託受益証券」）で、株式投信に占める比率24.5％にのぼっている。

　また2003年には投資対象に不動産投信が加えられたことを受け、東証REIT指数に連動するFOFsが設定され、さらに米国や世界各国のリートに分散投資するFOFsも設定された。これらは投資信託の信託財産状況のうち、「投資証券」（国内及び外貨建て純資産）に分類されており、国内リート5兆円、海外リート6兆円の資産残高である（2018年）。

4　ETF（上場投資信託）

　2001年の緊急経済対策で、米国と同様に現物（株式）拠出型のETF（Exchange Traded Fund）が導入された。同年に5ファンドが新設され、東京・大阪の取引所に上場された。上場投信としては、1995年に「日経300株価指数連動型上場投資信託」が全国の取引所に上場されたが、設定が現金拠出に限られていたことや、その後の株価低迷もあり残高拡大には至らなかった。

　ETFは取引所において上場株式と同じように市場価格で売買できるのが特徴であり、税制も上場株式と同様の制度が適用される。また、通常の委託

図表XII-11 ETFの純資産総額と本数

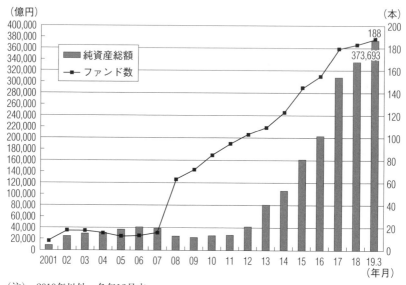

(注) 2019年以外 各年12月末
(出所) 投資信託協会より野村アセットマネジメント作成

者指図型投資信託は、原則として金銭信託（金銭で設定し、金銭で返還される）であるが、ETFは金銭以外での設定・交換が認められている。

2001年に新たに設定されたETFは、下記条件（投信法施行令12条2号）を満たす証券投資信託である。

① 1口当りの純資産額の変動率を株価指数の変動率に一致させることを目的として、当該株価指数に採用されている銘柄の株式に対する投資として運用する。

② 募集に応じる者は、運用対象とする各銘柄の株式の数の構成比率に相当する比率により構成される各銘柄の株式によって受益証券を取得する。

③ 受益証券と株式との交換は内閣府令の規定に従って行われる。また受益証券は取引所に上場または店頭売買有価証券登録原簿に登録される。

現物出資型のETFが連動の対象とする指数は、金融庁告示により限定列

挙され、種類が少なかった。しかし2007年に政府、金融庁の競争力強化プランでETFの多様化が始まり、投信法の改正により上場される外国籍ETFも自由に売買できるようになった。2008年からは金融庁長官が指定する株価指数は12から34に増加、その後金融庁長官の指定は廃止された。さらに商品（コモディティ）現物や先物に投資するETFも導入された。ETFの純資産総額は2018年末に33.6兆円に増加した。

海外ではリーマンショック以降インデックス・ファンドが人気化しているが、その動きはミューチュアルファンドよりもETFが主導している。低コストでインデックスリターンが得られ、税効率がよく流動性も高いことが好まれている。

なお、日本銀行は2010年10月の追加緩和策から、資産の買入れを始め、そのなかで国債やCPにETFとJ-REITなどが新たに加わった。その後、度重なる金融緩和策の強化と長期化により日本銀行の大量保有が進んでいる。日本銀行が保有するETFの額（簿価ベース）は24.8兆円にのぼり（「営業毎旬報告」2019年3月末）、全ETFの資産総額37.4兆円（時価ベース）に比してかなり大きく、これに対して副作用への懸念の声もある。

同時に始まったJ-REITの買入れ総額は5,029億円程度（同月）になっている。

5　確定拠出年金制度の発足

直接的には投資信託に関する制度ではないが、2001年に成立した確定拠出年金法が投資信託ビジネスに与える影響は大きい。確定拠出年金では運営管理機関が選定する複数資産のなかから年金加入者が自ら運用資産構成を選択する。日本の確定拠出年金の先行モデルで1981年から制度が稼働し始めた米国の例をみると、確定拠出年金401kの発展とともに主要運用投資対象の投資信託も歩調をあわせ増加しており、2016年末でDCプラン7兆ドルの資金の55％が投資信託で運用されている。さらに退職を控えた高齢者以外はほとんど長期投信で運用している。日本でも企業型確定拠出年金の48％の5.6兆円もの資金が投資信託で運用されている（2018年3月）（出所：運営管理機関

図表XII-12 確定拠出年金（DC）向けファンドの市場規模（推計）

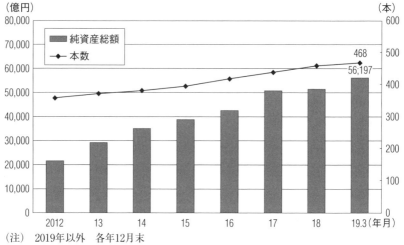

（注）　2019年以外　各年12月末
（出所）　投資信託協会より野村アセットマネジメント作成

連絡協議会、確定拠出年金統計資料）。

　さらに2012年には従業員拠出（マッチング拠出）が導入、2017年には個人型確定拠出年金加入者の大幅な拡大が図られ、制度が発展している。また日本では元本確保型商品での運用比率が高いこともあり、投資信託の伸びる余地は大きい。

第3節　銀行窓販とペイオフ解禁

1　投信残高増加の牽引役となった銀行窓販

　1998年にスタートした銀行窓販は、2003年にはその公募投信資産残高を10兆円の大台に乗せ、その後も順調に残高を伸ばし、2007年には34兆円のピークを記録、2006～2009年にはシェアも4割を超えた。しかしリーマンショック以降、資産の運用減に見舞われ、資金獲得においても証券会社が新商品等を使って積極的にリスク資産に取り組んだこともあり、銀行の投信残高、シェアは低下し、2018年末には26兆円、シェアは25％強になった。

　また、日本郵政公社は、2005年に登録金融機関に登録され、郵便局で投資

図表Ⅻ-13　公募株式投信の販売態別純資産残高とシェア

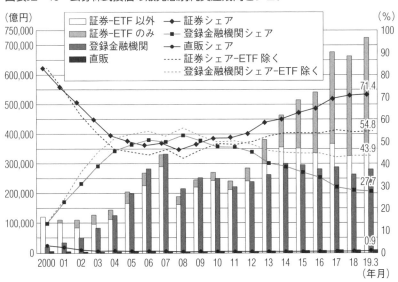

（注）　2019年以外　各年12月末
（出所）　投資信託協会より野村アセットマネジメント作成

信託の販売を開始した。2007年には日本郵政公社が民営化・分社化され、投資信託の取扱いはゆうちょ銀行に引き継がれた。郵便局は金融商品仲介業者となり、ゆうちょ銀行からの委託により投信の取扱いを行う形態となっている。

2　ペイオフ解禁と超低金利政策の影響

2005年４月からペイオフ解禁が完全実施（預金を全額保護する特例措置の終了）された。2002年４月からの要求払預金を例外としたペイオフ部分実施の際には、それ以前にMMFや短期公社債投信の元本割れがあったこともあり投資信託への資金移動はほとんどみられなかったが、2005年の完全解禁以降は、これも一要因として預金から投資性商品に資金移動する動きがみられた。家計が保有する現金預金は2004年度末の790兆円が2005〜2006年には780

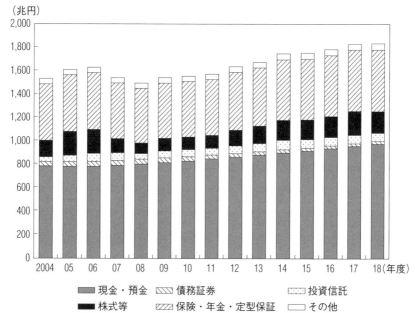

図表XII−14　家計の金融資産

（出所）　日本銀行「資金循環」より野村アセットマネジメント作成

兆円台に推移し、家計金融資産に対する比率も48〜49％台に低下した。しかしこれは一時的な動きであり、現金預金はその後も継続して増加して2015年には900兆円台に乗せるなど、家計金融資産では常に5割を超える保有比率を続けている（2018年3月末時点で961兆円、52.5％）。さながら現金預金は岩盤のようになっており、「貯蓄から投資へ」の流れはほとんどみられていない。しかしながらリスク資産にシフトしうる待機資金が非常に大きく、潜在的な資産運用ビジネス拡大の可能性があることは変わりない。

第4節 2004年証取法改正により投資信託のディスクロージャーが進展

2004年の証取法改正の概要は以下である。投資信託に関係するものでは、目論見書や販売用資料の改善が図られた。

1　銀行等による株式等の売買の証券会社への仲介業務を解禁

証券会社と顧客との間に入り、証券取引を仲介する証券仲介業制度（現在は金融商品仲介業制度）が施行された。

2　市場監視機能、体制の強化

有価証券届出書の虚偽記載や証券取引における風説の流布、インサイダー取引などの不公正取引に対する課徴金が新設された。また証券取引等監視委員会が行う検査範囲が拡大された。さらに、金融機関の業務範囲拡大、発行開示の合理化、PTS（Proprietary Trading System、私設取引システム）化の推進等規制緩和がなされ、同時に民事責任の追加、監視体制の強化が伴った。

3　組合型ファンドへの投資家保護範囲の拡大

ベンチャーキャピタルの一つの形式である組合型ファンド（投資事業有限責任組合等）が証取法上の有価証券と定義され、同法の適用の対象となった。

4　証券会社に対し最良執行義務を導入

これまでの証取法における、顧客の指示がない限り取引所外における執行の禁止と、いわゆる向い呑みの禁止を廃止し、また顧客にとって不利な方法での注文執行を防止するため証券会社に対し最良執行義務を課す条項が設けられた。

5　ディスクロージャーの合理化

これまでの目論見書への課題に対して、2002年に特定有価証券開示府令が改正され、投資家にとって重要な記載事項の充実と、運用や投資判断に直接関係のない事項の整理が行われた。また特定有価証券開示ガイドラインの改正で有価証券届出書の内容の改善が推奨された。それでも残った課題に対し2004年の証取法改正で、投資信託ディスクロージャーの合理化が行われた。

① 交付目論見書と請求目論見書に二段階化

目論見書のボリューム削減を目的に、投資家に交付する「交付目論見書」と、投資家からの請求があったときに交付すればよい「請求目論見書」に分けられた。

② 合理的な交付が可能に

交付目論見書の交付については、当該有価証券と同一の銘柄を所有する投資家や、交付を受けないことに同意した投資家には、交付義務が免除されることとなった。

③ 弾力的な販売用資料

要約目論見書、墓石広告が削除された。また販売用資料の記載事項についても弾力的な扱いとなり、作成主体の創意や工夫が生かされることになった。

第5節 金融庁「投信・投資顧問検査マニュアル」による検査

　金融庁は2002年に、「投資信託委託業者・投資法人・投資顧問業者に係る検査マニュアル（現金融商品取引業者等検査マニュアル）を発表し、当該マニュアルに基づく検査を開始した。これは法令遵守の状況、態勢とリスク管理態勢の把握を目的とした検査官の検査の手引書ではあるが、各業者が自己責任原則のもとにこのマニュアルをふまえ自主的に活用して、運用と業務の適正性及び健全性を確保し投資者の保護を図ることが期待された（2005年より証券取引等監視委員会に委任）。その後金融行政は環境や課題が変わるにつれ、2007年にはルールとプリンシパルを組み合わせることや金融機関の自主的な改善に向けたベター・レギュレーションを目指し、2013年頃からはガバナンスやビジネスモデルを含めた根本原因への着目、またオンサイト・オフサイト一体の継続的モニタリングなどを目指した。2017年には金融行政の基本的な考え方が示されるとともに、検査・監督の方向として、将来にわたる健全性をみる動的な監督や対話の取入れなどを目指す方針となった。

　この方針のなかで、金融機関の多様で主体的な創意工夫を可能とするため、検査マニュアルの廃止も示された。

第6節 資産形成のための投資を後押しする制度の進展

　2001年に日本に導入された確定拠出年金は、2012年の企業型におけるマッチング拠出や2017年の個人型における加入資格拡充等で拡大している。

　日本のDCの資産額は企業型が11.72兆円で、うち投資信託での運用額が5.6兆円と48％にのぼり、個人型は資産1.62兆円、うち投信資産は0.64兆円、39.5％になっている（2018年3月末、出所：運営管理機関連絡協議会、確定拠出年金統計資料）。

2014年1月には個人投資家のための税制優遇制度である少額投資非課税制度（NISA）がスタートした。また、2016年1月からは、未成年者を対象としたジュニアNISAが、2018年1月にはつみたてNISAがスタートした。

日本のNISAの累計買付総額は15.04兆円、うち8.81兆円を投資信託（除くETF・リート）が占めている（2018年9月、出所：金融庁）。

第7節　ファンドラップの興隆

投資信託の担い手として2014年頃からファンドラップが急速に立ち上がった。銀行や証券会社が提供する投資一任サービスのラップ口座は、金融の専門家が投資家の希望に沿った資産運用を行うものだが、そのうち、投資信託で運用するのがファンドラップである（類似商品として、少額資金で購入できるラップ型ファンドもある）。ラップ業務で契約される資産は8.3兆円超（2018年12月、出所：日本投資顧問業協会）であるが、この資金の運用の多くは投資信託で行われており、資産配分戦略を中心に長期的な顧客リターンの向上を目指している。

この動きは米国で先行してみられた。米国ではリーマンショック以降に運用手法に変化が生じた。それは、資金が①アクティブ運用からパッシブ運用（ETF含む）へ、②国内運用から海外運用へ流れたことである。①は、運用コストを削減したり、個別有力ファンドの選別ではなく資産配分を重視したりすることで、資産のトータルリターンを追求するよう変化したことを映している。②は米国株リターンやドル相場と逆行する流れであり、資産の分散化と逆張り的なリバランスの表れとみられる。そして、こうしたアセットアロケーション戦略を推進したのが、フィーベースのアドバイザー（RIA）、ターゲットデートファンド（リバランス）、Collective Investment Trusts（CIT）などの増加である。

図表XII-15　NISA口座、ジュニアNISA口座の利用状況

【NISA】

(単位：万口座、億円)

	口座数	買付額
2014	825	29,770
2015	988	64,445
2016	1,061	94,096
2017	1,099	125,325
2018	1,254	157,274
	(104)	(932)

【ジュニアNISA】

(単位：万口座、億円)

	口座数	買付額
2016	19	288
2017	26	666
2018	31	1,164

(注)　1. 各年12月末
　　　2. NISAのカッコ内はつみたてNISA分
(出所)　金融庁「NISA・ジュニアNISA利用状況調査」より野村アセットマネジメント作成

図表XII-16　ラップ向けファンドの市場規模（推計）

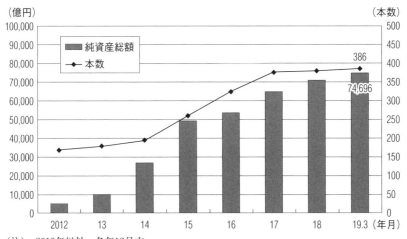

(注)　2019年以外　各年12月末
(出所)　投資信託協会より野村アセットマネジメント作成

第8節　投資信託の振替制度の開始

　証券決済制度改革の一つである証券ペーパーレス化の一環として、証券保管振替機構による投資信託振替制度が2007年から開始された。以降、投資信託の受益証券の券面が発行されることはなくなった。これにより投資信託受益権の発生や消滅、移転は、コンピュータシステム上の口座（振替口座簿）により管理されることとなり、受益証券の盗難や紛失のリスクがなくなった。上場投資信託（ETF）の振替制度への移行（無券面化）は2008年から実施された。

第9節　金商法の施行

　2007年9月に証取法を抜本的に改正した金商法が施行された。金商法では、利用者保護の観点から、主に投資性の強い金融商品について規制の横断化を目指している。このために、従来の業者を横断的に「金融商品取引業者」とする。そして以下の4種に分類された。
① 　第一種金融商品取引業（28条1項、従来の証券業）
② 　投資運用業（28条2項、投資一任契約、投資法人の資産運用契約による運用、投資信託の運用、集団投資スキーム等の運用）
③ 　第二種金融商品取引業（28条2項、流通性の低い組合持分等の販売勧誘他）
④ 　投資助言・代理業（28条3項、投資顧問契約に基づき助言する行為、投資顧問契約または投資一任契約の締結の代理または媒介を業として行う）
　金融商品取引業を行う業者はすべて「登録制」に統一された。
　また規制の柔軟化として、特例業務届出者を創設し、プロ・アマの区分（特定投資家と一般投資家）を設けた。

第10節　その後に続いた制度、投信法の改正

1　2006年改正投信法（施行は2007年）

　金商法の制定に伴い、投信法も大幅な改正が行われた。金商法が投資信託や投資顧問その他の投資運用業務を横断的に規制することになったため、投信法の投資信託の認可及びその運用業務に関する規定が金商法に移行した。改正前までの投信法では投資信託または投資法人の運用を行うのは投資信託委託業者であったが、金商法下では投資運用業者である。従来は認可を受けなければならなかったが、金商法の許可を受けるだけでよい。忠実義務・善管注意義務、また投資信託委託業に係る行為準則（利益相反禁止規定等）は金商法での規定に移行した。

　また、投資信託の併合が解禁された。これまでの投信制度のもと、ファンド数は増加する一方、規模が小さくなったファンドも増加した。小さいファンドも独立して運用しなければならないため、運用の効率性や運営収支が悪化する。また運用会社の合併時などの運用効率化のためもあり、業界が要望してきた投資信託併合が解禁された。併合にあたっては、同時に導入された約款変更等に対する受益者への書面決議制度を使い、受益者の賛同を得ることになった。2013年には一定の条件にある併合には書面決議は不要となるなど制度は変更された。

　しかしながらまだ課題は残り、その後ファンドの併合は進展しておらず、ファンドの整理には償還が利用されている。

2　2007年金商法、投信法の一部改正

　2007年には特定投資家私募投信が導入された。金商法の改正でプロ向け市場の創設、プロ向け銘柄の発行解禁を受けて、私募投信にこれまでの一般投資家向け、適格機関投資家（有価証券10億円以上保有する個人投資家を含む）

向けに加えて、特定投資家（個人投資家で有価証券3億円以上保有）向け私募投信が導入された。

3　2009〜2012年の制度改正

目論見書の改善、金融ADRの施行、投資勧誘に関する自主規制の強化、毎月分配型・通貨選択型の商品説明の充実、分配金の内容説明の充実、高齢者への勧誘による販売のルールなどが図られた。

4　2013〜2014年の改正投信法に基づく制度改正

運用報告書の二段階化（目論見書と同様の形式）、投資リスク及びファンドの手数料・費用に関する情報提供の充実、トータルリターン把握のための通知制度の導入、信用リスクの集中回避のための投資制限の導入（分散投資規制）、デリバティブ取引等に係るリスク量規制、MRFについて損失補填の禁止行為の適用除外等が図られた。

【参考文献】
- 投資信託協会「統計データ」webサイト（2019年7月閲覧）
- 投資信託協会編「証券投資信託50年史」2002年
- 垂水公正著『日経産業シリーズ　投資信託』日本経済新聞社、1989年
- 田村　威著『改訂　投資信託　基礎と実務』経済法例研究会、2018年
- 証券投資信託協会編『証券投資信託35年史』1987年
- 野村證券投資信託委託編『三十年史』1990年

図表XII-17　わが国投資信託の歴史

1951	投信法施行　単位型株式投信発足　証券会社が投信を運用・販売
1952	追加型株式投信発足
1953	投信法一部改正、委託会社の登録制を免許制に　余裕資金のコール運用開始
1960	投資信託委託会社が証券会社から分離・独立　投資信託販売会社を設立　指定証券会社制度
1961	公社債投信発足　国内債組入れ本格化
1965	（昭和）40年証券不況、日本証券保有組合による投信株式肩代わり　ユニット償還延長
1967	投信法改正、「委託会社の受益者への忠実義務、特定関係人との取引禁止、ファミリー・ファンド制度、信託財産間の取引規制、委託会社による議決権等の指図行使義務などを規定」　自主規制機関として証券投資信託協会を法定化　ユニット投信が安定運用へ移行（株式組入比率を70％以下に制限、株価変動準備金制度の導入など）
1968	累積投資オープン発足
1969	投資対象を市場一部すべてに拡大
1970	外国証券組入れ開始　ファミリー・ファンド（マザーファンドを活用した運用方式）発足　オープン投信の販売価額をブラインド方式へ
1972	外国投信の国内販売自由化　二部株組入れ開始
1973	スポット型CB（転換社債）投信
1974	スポット型公社債投信
1975	スポット型株式投信
1978	為替予約可能となる
1980	中期国債ファンド発足
1981	オープンの整理・統合
1983	選択型オープン　国債型ユニット
1984	公開販売専用ファンド発足（複数指定証券会社方式）委託会社が投資顧問業務に進出　海外CD、CP組入れ開始
1985	株式インデックス・ファンド発足　フリー・ファイナンシャル・ファンド発足　債券先物取引開始　プラザ合意

1986	ディスクロージャー制度強化　長期国債ファンド（トップ）発足　スポット型投信の隆盛　公開販売専用ファンド（単一指定証券会社方式）発足　店頭株組入れ開始
1987	株式先物取引開始　ブラック・マンデー
1988	株式先物取引の利用開始
1990	外資系が投信委託業務に進出
1992	MMF（マネー・マネジメント・ファンド）発足　ユニット償還延長
1993	銀行系が投信委託業務に進出　銀行系委託会社が直接販売開始　金利・通貨スワップ解禁
1994	投資信託改革決定（1995年より実施）　証券系委託会社も直接販売を開始
1995	運用規制の大幅な緩和（デリバティブのヘッジ目的以外への利用、私募債、証券化商品など）　生保系が投信委託業務に進出　ブル・ベアファンド発足　日経300上場投信発足　投信委託業務と投資一任業務の併営開始　円相場、初めて80円突破
1997	証券市場の総合改革と投資信託の整備　MRF（マネー・リザーブ・ファンド）発足　証券総合口座開始　銀行等の投資信託間貸し販売開始　未登録、未上場債の組入れ
1998	金融システム改革法施行　銀行、保険等が本体による投信販売開始　証券取引法改正によるファンド監査の開始　運用の外部委託が解禁　会社型投信の導入　委託会社の認可制への移行
1999	非上場債の時価評価開始　私募投信発足　円建外国投信発足　SRI型ファンド（エコ・ファンド）設定
2000	投信法改正「集団投資スキーム」整備の一環　運用対象を不動産、コモディティを含めた幅広い資産に拡大　組入債券のディスクロージャー充実　追加型株式投信は平均信託金方式から個別元本方式へ　投信委託業者の受託者責任を明確化　第1号FOFs（ファンド・オブ・ファンズ）設定
2001	確定拠出年金法、金融商品販売法、証券税制改正法が施行　確定拠出年金開始　上場投資信託（ETF）発足　不動産投資信託（リート）発足　証券投資法人（会社型投信）発足　予想分配型社投が実績分配へ　公社債投信時価評価へ移行　IT書面一括法施行　目論見書等の電子開示化　株価17年ぶりに1万円割れ　MMFが額面割れで大量解約
2002	追加型社投、個別元本方式へ　金融庁「検査マニュアル」公表　投信協会「国民に信頼される投資信託に向けての取り組みについて」を発表　本人

	確認法公布　銀証共同店舗解禁
2003	上場投信に優遇税制適用　委託者非指図型投信、非有価証券投信発足　REIT組入ファンド発足　外国ETF導入　議決権行使規程制度化
2004	税制改正、公募株投が損益通算及び特定口座の対象に　コモディティファンド設定証券仲介業スタート　ラップ口座導入　目論見書合理化
2005	ペイオフ全面解禁　SMA用ファンド設定　個人情報保護法の全面施行　日本郵政公社による投信販売開始
2006	投信法改正　委託会社は登録制へ　ファンド併合の解禁　投資信託振替制度の導入　証取法を改正した金商法　日銀、2001年から3年続いたゼロ金利政策解除
2007	金商法、投信法の一部改正　ETF多様化　商品（コモディティ）が運用対象化　特定投資家私募投信導入
2008	リーマンショック　日経平均株価、一時7,000円割れ
2009	日経平均株価終値、バブル後最安値の7,054円98銭
2010	金融ADR施行
2011	日銀、ETF、リートの買入れ開始　円が最高値更新75円32銭
2012	DCで従業員拠出（マッチング拠出）開始
2013	金商法、投信法一部改正（運用報告書の二段階化、投資信託の併合、約款変更に係る書面決議の見直し、MRFに係る損失補填禁止の適用除外、信用リスクの集中回避のための投資制限の導入、トータルリターン通知制度の導入、デリバティブ取引の量的規制、インサイダー規制の導入、投資法人に係るライツオファリングの導入）
2014	NISA（少額投資非課税制度）開始　金融庁「金融モニタリング基本方針」（フィデューシャリー・デューティーの実践）
2015	コーポレート・ガバナンス・コード、スチュワードシップ・コード策定　東証、インフラファンド市場を開設　公募投資信託純資産残高が初の100兆円乗せ
2016	ジュニアNISA（未成年者少額投資非課税制度）開始
2017	iDeCo（個人型確定拠出年金）の加入者範囲を主婦、企業年金加入者、公務員まで拡大　金融庁「顧客本位の業務運営に関する原則」

図表XII-18 投資信託の全体像（2019年3月末）

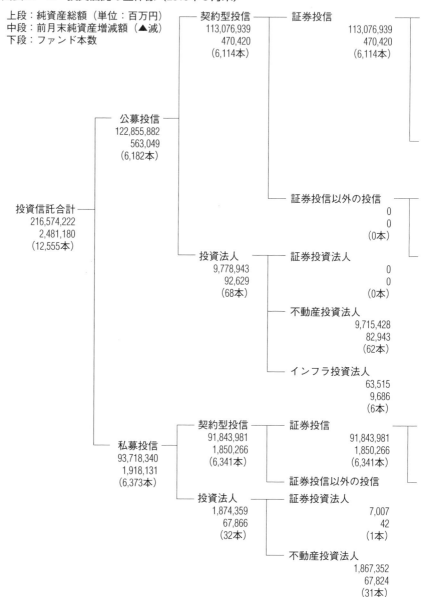

（出所）　投資信託協会より野村アセットマネジメント作成

668　第XII編　日本の投資信託の発展史

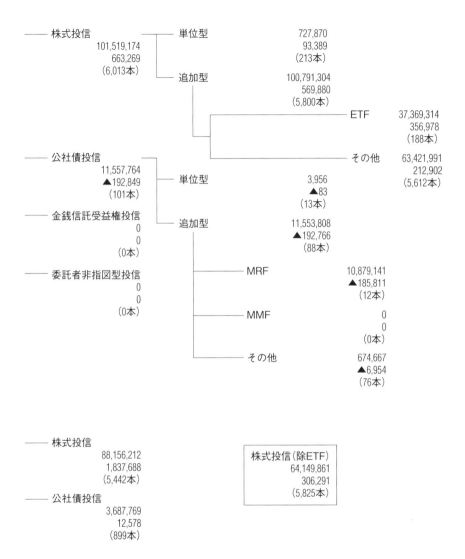

事項索引

【数字】

1933年証券法（Securities Act of 1933） ················ 594
1934年証券取引所法（Securities Exchange Act of 1934） ·········· 594
1940年投資会社法················ 9, 594
3つのディフェンスライン（The Three Lines of Defense） ······· 271
3つの防衛線························54
401(k)プラン····················· 596
4つのP····························· 360
5/10/40ルール ···················· 598
5つのP····························· 360
7つの原則····················· 46, 47

【英字】

AIFMD（Alternative Investment Fund Manageres Directive）····· 587
APT······························· 352
ARFP（Asia Region Funds Passport）··························· 604
BCP（Business Continuity Plan） ································ 299
BIA（Business Impact Analysis） ································ 300
BIS（Bank for International Settlement）························· 232
BIS規制··························· 167
BPO（Business Process Outsourcing）··························50
CAPM ···························· 348
CCP（Central Counterparty＝中央清算機関）···················· 222
CNAV（Constant NAV）型MMF ································ 591
COSOレポート ················· 275
CRM（Customer Relationship Management）システム ········· 537
CSA（Credit Support Annex）···· 589
DVP（Delivery Versus Payment） ································ 399
ECN ······························ 221
EDINET ···················· 128, 150
EMS（Execution Management System） ························· 229
ES································· 314
ESG ························ 204, 248
ETF ·························· 26, 72
ETF（上場投資信託）············ 651
FC（Financial Counterparty）···· 589
FFF（フリー・ファイナンシャル・ファンド）···················· 20, 624
FLASH BOYS···················· 229
FOFs························· 642, 651
FundWeb Library ················ 552
GIPS（グローバル投資パフォーマンス基準）····················· 347
HFT（高頻度取引）·············· 229
High Ferquency Trading············ 229
Iceberg ··························· 227
Implicit Cost ····················· 222
Internal Control-Integrated Framework······························ 275
IRA ······························· 595
IS ································· 227
IS法 ······························ 222
JIS&T（日本インベスター・ソリューション・アンド・テクノロジー）························ 567

670　事項索引

J-REIT ……………………………25
KRI（Key Risk Indicator）………281
MDP（Multi Dealer Platform）……231
MiFIDⅡ（The Markets in Financial Instruments Directive Ⅱ：欧州第2次金融商品市場指令）……222
MMF（マネー・マネジメント・ファンド）………………21, 646
MMF改革…………………………589
MRF …………………23, 71, 632
NFC（Non-Financial Counterparty）………………………589
NFC+ ……………………………589
NISA ………………………………32
NRK（日本レコード・キーピング・ネットワーク）…………567
OMS（Order Management System）…………………………245
OTCデリバティブ…………………321
Pegging……………………………227
POV ………………………………227
PTS（Proprietary Trading System）……………………………225
PTS（Proprietary Trading System：私設取引システム）…………657
RCSA（Risk and Control Self-Assessment）………………274, 277
REIT ………………………………73
RIA ………………………………660
SBIベネフィット・システムズ……567
SDP（Single Dealer Platform）……231
Smart Order Routing……………221
SOR ………………………………221
SOTUS要件（solely outside of the United States）…………………586
Stealth ……………………………227
STP…………………………………222
STP（ストレート・スルー・プロセシング）……………………450
Straight Through Processing ……221
TOPIX・ETF ……………………22
TR …………………………………589
TWAP ……………………………227
TWAP（時間分散）………………233
UCITS ……………………………597
UCITSⅡ …………………………598
UCITSⅢ …………………………598
UCITSⅣ …………………………598
UCITSⅤ …………………………598
VaR ………………………………306
VaR方式……………………………96
VNAV（Variable NAV）型MMF…591
VWAP ……………………………227
XBRL形式 ………………………151

【ア行】

アームズ・レングス・ルール…43, 189
相対取引……………………………231
アウトソーシング…………………182
アクティブ・シェア………………443
アクティブ運用……………………64
アジア地域ファンドパスポート（Asia Region Funds Passport：ARFP）………………601, 604
アドバイザリー・ボード……………10
アノマリー…………………………352
アルゴリズム取引……………221, 227
安定NAV …………………………589
委員会調査確認申請………………524
異議申立……………………………117
イスラム・ファンド………………602
委託者………………………………34
委託者指図型投資信託……………25
委託者指図型投資信託の仕組み……35
委託者非指図型投資信託…………638
一般向けサイト……………………552

事項索引　671

イベントリスク……………… 270, 294
イベントリスク管理……………… 297
インサイダー取引規制…………… 197
インターバンク市場……………… 232
インデックス・ファンド………… 627
インフォメーション・レシオ
　……………………………… 356, 443
インフォメーション・レシオ（I.R.）
　……………………………………… 351
インフラ資産………………………… 88
インフラ投信等……………………… 99
インフラファンド…………………… 32
インプリメンテーション・ショート
　フォール法……………………… 222
インベストメント・チェーン…… 457
ウェブサイトの運営・管理……… 536
運営管理機関……………………… 566
運用会社のリサーチ……………… 203
運用関連業務……………………… 567
運用サービスに係るコスト……… 66
運用財産相互間取引……………… 214
運用財産相互間の取引…………… 52
運用実績…………………………… 61
運用成果の分解例………………… 345
運用の外部委託…………………… 44
運用のモニタリング……………… 244
運用パフォーマンスチェックのサイ
　クル……………………………… 195
運用品質の維持管理……………… 334
運用部門へのフィードバック…… 362
運用プロセス………………… 195, 447
運用報告書…………………… 126, 472
運用報告書（全体版）……… 154, 552
運用報告書（全体版）の電磁的方法
　による交付……………………… 162
運用報告書PDF…………………… 552
運用報告書の２段階化…………… 32
運用報告書の記載事項…………… 155

運用方針…………………………… 335
運用目標…………… 65, 335, 340, 345
運用リスク管理部門……………… 304
役務の内容………………………… 104
エクイティアナリスト…………… 205
エコノミスト……………………… 204
エリサ法（ERISA）……………… 253
エンゲージメント…………… 254, 260
欧州市場インフラストラクチャー規
　制（European Market Infra-
　structure Regulation: EMIR）… 589
欧州証券市場監督局（European
　Securities and Market Authority:
　ESMA）………………………… 597
オークション方式………………… 225
オープン（アーキテクチャー）… 640
オープンエンド型………………… 72
オプトアウト方式………………… 597
オプトイン方式…………………… 597
オペレーショナル・デューデリジェ
　ンス（ODD）…………………… 239
オペレーショナルリスク…… 212, 273
主な禁止行為……………………… 473

【カ行】

外国為替市場……………………… 232
外国投資信託……………………… 50
概算連絡…………………………… 543
開示資料…………………………… 536
会社型…………………………… 9, 10
ガイドライン………………… 44, 244
ガイドラインチェック…………… 244
買取請求…………………………… 41
買取請求制度……………………… 518
外部委託先の選定………………… 236
外部委託先のモニタリング……… 241
外部格付…………………………… 320
解約請求制度……………………… 518

672　事項索引

カウンターパーティー・リスク	319	強制償還条項	122
価格等の調査	89	共通記載事項	469
確定拠出年金（DC）型	560, 596	協同組織金融機関	38
確定拠出年金制度	27, 653	業務委託契約の締結	538
確定拠出年金の運用	570	業務継続計画（Business Continuity Plan）	299
確定連絡	543	業務処理統制（アプリケーションコントロール）	289
確認申請	522		
加入者	397	記録関連業務	567
ガバナンス	51	銀行窓販	655
ガバメントMMF	590	禁止行為	189, 214
株式等（株券・REIT・ETF）の取引	225	金商法	663
		金商法42条	214
株式への投資制限	92	金商法上の発行開示	464
株主価値	250	金販法（金融商品販売法）	482
為替取引	232	金融安定監督評議会（Financial Stability Oversight Council: FSOC）	585
為替取引金額シェア	232		
監査	36		
監査報告書	36	金融安定理事会（Financial Stability Board: FSB）	582
簡便法	96		
機会費用	223	金融システム改革法	635
旗艦ファンド	630	金融商品市場規則（Market in Financial Instruments Regulation: MiFIR）	599
企業型確定拠出年金	564		
企業価値	249		
企業年金	559		
企業の社会的責任（CSR: Corporate Social Responsibility）	252	金融商品市場指令（Markets in Finacial Instruments Directive: MiFID）	599
議決権行使	204, 262		
議決権行使基準	262	金融商品仲介業者	39, 456
機構加入者	397	金融商品仲介制度	456
基準価額	25	金融商品取引業者等検査マニュアル	659
基準価額算出	392		
基準価額の計算・配信	548	金融商品取引業者等向け監督指針	200
基準価額の配信	548		
基本契約書（「募集・販売等に関する契約書」）	539	金融所得課税一体化	33
		金融審議会	31
キャッシュ化に要する時間	324	金融庁告示に基づく開示	170
旧法信託	108	金融ビッグバン	634
競合他社比較（ピア比較）	444	クオンツアナリスト	206

事項索引 673

組合型……………………………11	顧客本位の業務運営……………46
組合型ファンド………………657	顧客本位の業務運営に関する原則
繰上償還………………33, 120, 121	………………………………457
クレジットアナリスト……………206	顧客本位の業務運営に向けた態勢整
クレジットリスク………………484	備………………………………51
クローズドエンド型………………25	国連責任投資原則（国連PRI）
グロスリターン…………………347	……………………………253, 256
継続開示…………………………144	個人型（愛称「iDeCo」）………560
契約締結時等の書面……………468	個人型確定拠出年金……………565
契約締結前の書面の交付………465	個人退職金口座…………………595
計理業務…………………………390	個人年金…………………………559
計理業務のアウトソーシング……395	誇大広告の禁止……………180, 535
決済リスクの低減………………226	個別元本…………………………24
顕在化可能性……………………314	コミッション・アンバンドリング
現物拠出設定型…………………26	………………………………600
権利行使の制限…………………485	コンプライ・オア・エクスプレイン
行為準則…………………………44	………………………………255
効果測定…………………………195	コンプライアンスリスク………270
広告………………………………176	コンポーネントVaR……………312
広告等に関するガイドライン……179	

【サ行】

考査………………………………334	
口座開設…………………………508	債券取引…………………………231
口座管理機関……………………396	債券取引の電子化………………231
考査における定性評価…………360	再々委託…………………………29
公社債投資信託…………………18	最良執行…………………………220
公社債投信………………………613	最良執行方針……………………217
公衆縦覧…………………………150	サブプライム問題………………581
公的年金…………………………559	ジェンセンのアルファ…………343
交付運用報告書……………154, 552	時価評価…………………………393
交付運用報告書の記載事項……159	時間加重収益率（TWRR、日次厳密
交付運用報告書の電磁的方法による	法）……………………………347
交付……………………………164	資金決済会社……………………398
交付目論見書………………27, 129	自己執行義務………………42, 44
公募証券投資法人…………………98	事後チェック……………………245
効力発生時期……………………128	事故の確認が不要の場合………524
コーポレート・ガバナンス・コード	資産運用の目的…………………59
……………………………51, 204	資産管理機関（受託会社）……567, 568
顧客カードの整備………………512	資産クラス………………………62

資産クラス間の相関	63	fo 1974: ERISA法)	595
資産選択	210	集合投資事業(Undertakings for Collective Investment in Transferable Securities)	597
資産の適正評価義務	638		
資産配分方針	63		
市場リスク	270, 304	重大な約款変更	108, 110
市場リスク管理	305	集団投資スキーム	2, 8
市場ワーキング・グループ	226	集中清算機関(CCP)	322
システマティックリスク	234, 348	重要事項の説明	491
システム上重要な金融機関(Systemically Important Financial Institutions: SIFIs)	586	重要情報	202
		受益権取得	35
		受益権振替制度	30
システムリスク	270, 283	受益者書面決議手続	31
システムリスクの例	292	受託会社	398
事前チェック	245	受託者	34, 37
事前フロントチェック	212	受託者責任	41, 188
執行コスト計測手法	224	受託者責任(fiduciary duty)	606
執行コストの最小化	220	取得勧誘	35
実績執行コスト	223	少額投資非課税制度	32
実績分配型	26	償還	120, 520
指定資産	382	償還運用報告書(全体版)	552
私的年金	559	償還延長	629
私募証券投資信託	97	償還交付運用報告書	552
私募証券投資法人	98	償還乗換え優遇措置	521
私募投信	650	証券化商品への投資制限	95
事務取扱要項	542	証券監督者国際機構(International Organization of Securities Commissions: IOSCO)	583
事務リスク	270, 273		
事務リスクの例	283		
シャープ・レシオ($S.R.$)	349, 441	証券事故	478
社会的責任投資	252	証券事故の処理	521
社会的責任投資(SRI: Socially Responsible Investment)	252	証券総合口座	23
		証券投資信託及び証券投資法人に関する法律	635
社債等振替法	30, 397	証券投資信託法	635
シャドーバンキングシステム	589	証拠金規制	320, 588
収益調整金	17	上場投資信託	26, 72
収益分配金・償還金の支払	546	商品企画	78
収益分配金の取扱い	517	商品先物取引委員会(Commodity Futures Trading Commission:	
従業員退職所得保障法(Employee Retirement Income Security Act			

事項索引 675

CFTC)……………………588	潜在コスト……………………222
商品提供機関（販売会社）………567	センシティビティ・ストレステスト
書面決議……………………112	……………………327
信託型……………………9, 10	全般統制（ゼネラルコントロール）
信託財産留保額………………105	……………………289
信託報酬………………103, 105	全部・一部の再々委託…………45
信託法整備法…………………108	全部再委託……………………29
信託約款………………………126	全部の再委託…………………44
信託約款の記載事項……………81	増資インサイダー事件…………198
新法信託………………………108	相対水準目標…………………336
信用VaR………………………320	相対評価………………………438
信用リスク……………91, 270, 319	その他資産、取引に関する投資制限
信用リスク・アセット管理………171	……………………95
信用リスク規制…………………32	その他の元本欠損のリスク………485
信用リスクに関する投資制限……96	その他の禁止行為等……………475
信用リスクの分散………………321	その他の費用・手数料…………106
スイングプライス………………592	ソルティノ・レシオ……………442
スウィング・プライシング………325	損害賠償責任…………… 45, 486
スカルピング………………43, 189	損失補填の禁止…………………477
スタイル分析…………………240	損保ジャパン日本興亜DC証券……567
スチュワードシップ・コード……204	**【タ行】**
ストレステスト…………………326	ダークプール……………………228
スポット型投信…………………619	ターゲット・デート・ファンド……63
スポット取引…………………233	ターゲットイヤーファンド……63, 75
スマートベータ…………………65	第2次金融商品市場指令（MiFID
スワップ取引…………………233	Ⅱ）……………………599
請求目論見書……………27, 129	第一項有価証券…………………29
清算集中義務…………………588	第一種金融商品取引業…………38
誠実公正義務……………43, 459	代行手数料の支払……………547
責任投資……………………248, 252	対当売買………………………214
責任投資の方針………………258	第二項有価証券…………………29
絶対水準目標…………………336	第二種金融商品取引業…………38
絶対評価………………………438	タイミング・コスト……………223
設定・解約データの連絡方法……542	立会外取引……………………225
説明義務………………460, 484	単位型投資信託…………………17
説明義務の適用除外……………495	注意義務………………………606
セミナー等の留意点……………491	中期国債ファンド…………19, 622
善管注意義務……26, 42, 43, 188, 638	

忠実義務……… 19, 42, 43, 188, 606, 638	投資啓発資料…………………………177
忠実義務違反……………………………45	投資顧問業務……………………………49
超過収益率……………………………350	投資事業有限責任組合等……………657
帳簿書類………………………………377	投資者保護……………………………178
直接販売（直販）………………………21	投資信託委託会社………………………49
追加型株式投資信託…………………645	投資信託委託業者……………………664
追加型投資信託…………………………17	投資信託及び投資法人における監査
定時償還………………………………121	上の取扱い………………………403
定性評価……………………… 237, 445	投信協会による商品分類方法………67
定性評価項目…………………………363	投資信託財産の評価及び計理等に関
定性評価の意義………………………445	する規則…………………………329
定性評価の項目……………362, 446, 449	投資信託の計理………………………376
定性評価の項目（運用編）…………238	投資信託振替制度……………………396
定性評価の項目（オペレーション	投資信託への投資制限………………93
編）………………………………239	投資制限…………………………………89
低ボラティリティ基準価額（Low	投資戦略の策定………………………209
volatility NAV）型MMF………591	投資比率の決定………………………211
定量評価…………………240, 344, 439	投資方針…………………………………59
適格機関投資家………………… 479, 643	投資目的…………………………………62
適格デフォルト商品…………………597	投資ユニバース………………………210
適合性の原則…………………………461	投資リスク………………………………61
適時開示………………………………173	投信及びETFの流動性リスク管理
手続・手数料等…………………………61	の規制案…………………………325
デューデリジェンス………… 183, 239	投信協会規則における投資制限……91
デラウェア州籍信託…………………593	投信販売行為…………………………454
デリバティブ取引に関する投資制限	トータルリターン……………………347
……………………………………90	トータルリターンの通知……………516
デリバティブ取引の制限………………96	特性値…………………………………339
電子取引………………………………233	特定株式投資信託………………………27
電子取引ネットワーク………………221	特定資産……………………………87, 88
店頭デリバティブ取引規制…………587	特定投資家……………………………479
倒産隔離…………………………………45	特定投資家私募投信…………………663
投資運用業者…………………………664	特定資産の価格等の調査……………382
投資ガイドライン……………………195	特化型運用………………………………97
投資家が負担する費用………………104	特記事項………………………………129
投資可能発行体リスト………………210	ドッド・フランク・ウォール・スト
投資家の保護……………………………14	リート改革及び消費者保護法……585
投資環境レポート……………………177	ドッド・フランク法…………………585

事項索引　677

トップダウン戦略……………209
届出及び信託契約締結の手続………84
トラッキング・エラー（$T.E.$）
　………………………342, 351
トラッキング・エラー・ボラティリティ（TEV）………………351
取引残高報告書の交付……………470
取引所外取引………………………225
トレーディング……………………194

【ナ行】

内部格付………………………………320
内部管理方式（VaR方式）………306
内部統制………………………………53
日銀ネット資金決済会社…………399
日経225ETF…………………………22
日本証券クリアリング機構（JSCC）
　……………………………………226
日本版金融ビッグバン………………23
日本版スチュワードシップ・コード
　……………………………………254
日本版フェア・ディスクロージャー・ルール………………202
任意開示……………………………175
任意開示投資信託…………………175
認知バイアス………………………361
ネットリターン……………………347
乗換え勧誘時の説明………………499
乗換え勧誘時の説明義務…………463
ノンパラメトリック法……………309

【ハ行】

バーゼル2.5…………………………168
バーゼルⅠ…………………………167
バーゼルⅡ…………………………168
バーゼルⅢ…………………………169
バーゼル規制………………………167
バーゼル銀行監督委員会（Basel Committee on Banking Supervision: BCBS）………………583
バイサイドトレーダー……………224
配当差異……………………………348
売買回転率（$T.O.$）……………357
売買基準価額…………………………25
売買停止措置………………………330
パススルー課税………………………12
バックテスト………………………316
発行開示……………………………127
発行者………………………………398
発行体リスク………………………319
パッシブ運用…………………………64
パッシブブリーチ…………………245
パフォーマンス評価………………443
パフォーマンスを計測する目的…346
半期報告書…………………………147
犯罪収益移転防止法………………508
反対受益者…………………………113
販売会社……………………………397
販売会社間の口座振替……………548
販売会社向けサイト………………552
販売手数料…………………………103
販売用資料…………………………175
販売用資料等広告等作成上の留意点
　……………………………………489
販売用資料の法的な位置づけ……176
販売用パンフレット………………177
ピア比較……………………………444
ビジネスインパクト分析…………300
ヒストリカル・シミュレーション法
　……………………………………309
ヒストリカル・ストレステスト…327
費用の開示…………………………102
評価時価差異………………………348
標準的手法…………………………305
標準的方式……………………………96
ピラミッディング（pyramiding）…24

非流動性資産………………… 326	プロダクト・ガバナンス規制…… 599
ファミリー・ファンド………… 619	分散型………………………… 321
ファンド・オブ・ファンズ	分散共分散法………………… 307
……………………… 24, 74, 642, 651	分散投資規制……………… 32, 91
ファンドガバナンス…………… 594	分別管理……………………… 37
ファンド監査…………………… 402	分別管理義務……………… 42, 45
ファンド監査の実務…………… 403	平均信託金…………………… 24
ファンドの解約代金の決済…… 546	併合…………………………… 29
ファンドの決算処理…………… 394	ベストエグゼキューション…… 220
ファンドの資金決済…………… 545	ヘッジファンド規制…………… 585
ファンドの法形態………………… 12	ベンチマークへの連動………… 64
ファンドの目的・特色………… 61	変動NAV……………………… 589
ファンドの約定処理…………… 542	変動証拠金…………………… 322
ファンド評価…………………… 436	ボイス取引…………………… 233
ファンドラップ………………… 660	法人関係情報…………… 199, 200
ファンドレポート……………… 177	ポートフォリオ構築…… 194, 209
フィデューシャリー・デューティー	母集団（ユニバース）………… 443
………………………………… 41	保守主義の原則……………… 331
フェア・ディスクロージャー・ルー	ボトムアップ戦略……………… 209
ル……………………………… 202	ボルカー・ルール……………… 586
フォワード・ルッキング・ストレス	
テスト………………………… 327	**【マ行】**
不適切行為…………………… 476	マーケット・インパクト…… 220, 223
不動産投資信託（J-REIT）…… 648	マーケットリスク……………… 484
不動産投資法人………………… 25	毎月分配型ファンド…………… 75
不動産投信等…………………… 99	マイナス金利政策……………… 33
プライムMMF………………… 590	毎日決算……………………… 71
フラッシュクラッシュ………… 230	毎日分配……………………… 71
プリンシパル・エージェント問題	マクロ・プルーデンス………… 584
……………………………… 364	マクロ経済リサーチ…………… 204
プリンシパル取引……………… 221	マサチューセッツ州籍会社…… 593
プリンシプル・ベース………… 43	マッチング拠出………………… 560
プリンシプル・ベース・アプローチ	マネー・マネジメント・ファンド… 21
…………………………… 255, 458	マネー・リザーブ・ファンド… 23, 71
プルーデント・インベスター・ルー	ミクロ・プルーデンス………… 584
ル………………………… 43, 607	ミューチュアルファンド……… 593
プロ・アマによる行為規制…… 478	メイカー・テイカー・モデル…… 228
ブローカーの選定……………… 221	銘柄情報登録………………… 399

事項索引　679

銘柄情報登録受付通知……………399
銘柄情報登録通知…………………399
銘柄選択……………………………210
メリーランド州籍会社……………593
申込不可日カレンダー……………549
目論見書……………………103, 129
目論見書PDF ………………………552
目論見書交付義務の免除…………489
目論見書の記載内容………………133
目論見書の交付……………………465
目論見書の交付義務………………488
目論見書の作成……………………464
目論見書の電子交付………………143
モンテカルロ・シミュレーション法
　…………………………………311

【ヤ行】

約款の交付…………………………468
約款の届出……………………………81
約款変更………………………26, 107
誘因報酬規制………………………600
有価証券届出書……………………128
有価証券発行時の開示……………126
要因分解……………………………353
預金誤認防止………………………460
予想分配型……………………………26

【ラ行】

ライフサイクル………………………76
リート…………………………………73
利益相反取引………………………189
利益相反の管理……………………258
利益相反の適切な管理…………47, 52
利益相反防止義務……………………42
利害関係人との取引………………217
リサーチ……………………194, 203
リスク管理態勢……………………268
リスク管理体制……………………271
リスク管理に係る規則（ルール）体
　系…………………………………272
リスク管理のフレームワーク……272
リスクとコントロールの自己評価
　（RCSA）…………………………274
リスクの識別………………………274
リスクの評価………………………274
リスクの評価方法…………………278
リスクファクター…………………306
リスクファクター間の相関係数…328
リバース・ストレステスト………327
流動性ミスマッチ……………324, 592
流動性リスク…………………270, 324
流動性リスク管理プログラム……325
流動性リスク計測…………………169
理論価格方式………………………613
臨時報告書…………………………148
ルール・ベース………………………43
ルールベースの運用手法……………64
ルック・スルー……………………171
レジデュアル………………………348
レジデュアル・リターン…………351
レピュレーションリスク…………270
ロータッチトレーディング………221

■執筆者一覧

はしがき　　　　増田　和昭　　商品本部 副本部長

[第Ⅰ編　わが国の投資信託の法的概念]
第1章～第3章　田畑　邦一　　投資信託協会 出向
第4章　　　　　石橋亜朱紗　　リーガル・コンプライアンス部 リーガルマネージャー
　　　　　　　　内田　恵美　　　　　〃　　　　　　シニア・リーガルマネージャー
　　　　　　　　大庭梨恵子　　　　　〃　　　　　　リーガルマネージャー
　　　　　　　　田代　千夏　　　　　〃　　　　　　　〃
　　　　　　　　出水　里香　　＊リーガル・コンプライアンス部 シニア・マネージャー
　　　　　　　　鵜飼友里恵　　＊総合企画部 マネージャー
　　　　　　　　戸田　安紀　　総合企画部 シニア・マネージャー
　　　　　　　　大島みずえ　　インターナル・オーディット部 シニア・マネージャー

[第Ⅱ編　投資信託の種類]
第1章　　　　　司波　健　　　人事部 ジェネラル・マネージャー
第2章～第3章　磯村　文太　　プロダクト・マネジメント部 シニア・プロダクト・マネージャー
　　　　　　　　五月女季孝　　　　　〃　　　　　　シニア・ストラテジスト
　　　　　　　　山本　祐希　　＊プロダクト・マネジメント部 アシスタント・ストラテジスト

[第Ⅲ編　投資信託の組成・変更・償還]
第1章～第5章　小田島広明　　＊商品企画部 アシスタント・マネージャー
　　　　　　　　櫻井　絵美　　商品企画部 チームリーダー
　　　　　　　　花畑　智久　　　　　〃　　　　　　　〃

[第Ⅳ編　投資信託のディスクロージャー]
第1章～第5章　飯田　珠江　　プロダクト・ドキュメント部 チームリーダー
　　　　　　　　井関　哲也　　　　　〃　　　　　　シニア・プロダクト・デザイナー
　　　　　　　　上野　彰　　　　　　〃　　　　　　チームリーダー
　　　　　　　　大塚真一郎　　　　　〃　　　　　　部長
　　　　　　　　國枝　雅大　　＊プロダクト・ドキュメント部 シニア・マネージャー
　　　　　　　　蔵元まり子　　プロダクト・ドキュメント部 プロダクト・デザイナー
　　　　　　　　西面　隆弘　　＊プロダクト・ドキュメント部 シニア・マネージャー
　　　　　　　　三田　恭嗣　　プロダクト・ドキュメント部 チームリーダー
　　　　　　　　永田　淑子　　　　　〃　　　　　　プロダクト・デザイナー
　　　　　　　　西澤　美雪　　　　　〃　　　　　　チームリーダー
　　　　　　　　原田　晃吉　　＊プロダクト・ドキュメント部 シニア・プロダクト・デザイナー

	松井　秀人	プロダクト・ドキュメント部　　　　　　〃
	諸戸　幹人	＊プロダクト・ドキュメント部　シニア・マネージャー
	山﨑　涼子	プロダクト・ドキュメント部　プロダクト・デザイナー
	山邊真由美	＊プロダクト・ドキュメント部　　　　　〃

［第Ⅴ編　投資信託の運用］

第1章～第2章	司波　　健	人事部　ジェネラル・マネージャー
第3章	赤星　真一	＊経済調査部　部長
	髙本　英明	企業調査部　シニア・エクイティアナリスト
第4章	司波　　健	人事部　ジェネラル・マネージャー
第5章	小野　訓久	トレーディング部　部長
	内藤　文博	〃　　　　　アシスタント・トレーダー
	山脇　祥平	〃　　　　　トレーダー
	于　　　樵	〃　　　　　〃
第6章	久保　成策	＊アドバイザリー運用部　シニア・プロダクト・マネージャー
	張　　雅琦	〃　　　　　アシスタント・ポートフォリオマネージャー
	潘　　　詩	アドバイザリー運用部　アシスタント・ポートフォリオマネージャー
	松井　諒史	＊アドバイザリー運用部　ポートフォリオマネージャー
	松川　和伸	アドバイザリー運用部　シニア・プロダクト・マネージャー
	屋野　明美	〃　　　　　ポートフォリオマネージャー
	山崎愛里彩	〃　　　　　〃
	横山　　恵理	＊アドバイザリー運用部　ポートフォリオマネージャー
第7章	石橋亜朱紗	リーガル・コンプライアンス部　リーガルマネージャー
	内田　恵美	〃　　　　　シニア・リーガルマネージャー
	大庭梨恵子	〃　　　　　リーガルマネージャー
	田代　千夏	〃　　　　　〃
	出水　里香	＊リーガル・コンプライアンス部　シニア・マネージャー
第8章	岩田　直樹	責任投資調査部　シニア・ESGスペシャリスト

［第Ⅵ編　投資信託のリスク管理］

第1章～第3章	川瀬　隆史	＊リスク管理部　ジェネラル・マネージャー
	越澤　　一	〃　　　　　シニア・マネージャー
	小嶋　　樹	リスク管理部　シニア・リスクマネージャー
	小林　昌彦	〃　　　　　〃
	齊藤　大介	＊リスク管理部　シニア・マネージャー
	山﨑　高史	リスク管理部　チーフ・リスクマネージャー

［第Ⅶ編　投資信託の管理］
第 1 章～第 3 章　中曽根隆博　　業務プロセス・マネジメント部 部長
　　　　　　　　　橋口　達也　　　　　　〃　　　シニア・ファンドアドミニストレーションアナリスト

［第Ⅷ編　投資信託の外部評価］
第 1 章～第 2 章　久保　成策　　＊アドバイザリー運用部　シニア・プロダクト・デザイナー
　　　　　　　　　張　　雅琦　　　　　　〃　　　アシスタント・ポートフォリオマネージャー
　　　　　　　　　潘　　詩　　　アドバイザリー運用部　アシスタント・ポートフォリオマネージャー
　　　　　　　　　松井　諒史　　＊アドバイザリー運用部　ポートフォリオマネージャー
　　　　　　　　　松川　和伸　　アドバイザリー運用部　シニア・プロダクト・マネージャー
　　　　　　　　　屋野　明美　　　　　　〃　　　ポートフォリオマネージャー
　　　　　　　　　山崎愛里彩　　　　　　〃　　　　　　〃
　　　　　　　　　横山　恵理　　＊アドバイザリー運用部　ポートフォリオマネージャー

［第Ⅸ編　投資信託の販売］
第 1 章～第 3 章　安藤　祐介　　投資信託営業企画部　グループリーダー
　　　　　　　　　玉田　光正　　　　　　〃　　　チームリーダー
　　　　　　　　　中芝　宏典　　　　　　〃
　　　　　　　　　新津　万茂　　　　　　〃　　　マーケティング・マネージャー
　　　　　　　　　二木　康裕　　＊投資信託営業企画部　シニア・マネージャー
　　　　　　　　　本木　篤　　　投資信託営業企画部　マーケティング・マネージャー
　　　　　　　　　原田　晃吉　　＊プロダクト・ドキュメント部　シニア・プロダクト・マネージャー

［第Ⅹ編　確定拠出年金］
第 1 章～第 4 章　秋元　亮太　　＊DC業務部　シニア・マネージャー
　　　　　　　　　石川　伸男　　投資信託営業部　キャリア・アドバイザー
　　　　　　　　　酒道　亜希　　　　　　〃　　　マーケティング・マネージャー

［第Ⅺ編　ファンドに係る課税の考え方］
第 1 章～第 3 章　戸田　安紀　　総合企画部　シニア・マネージャー

［第Ⅻ編　日本の投資信託の発展史］
第 1 章～第 4 章　荒木　充衛　　＊プロダクト・マネジメント部　キャリア・アドバイザー
　　　　　　　　　司波　健　　　人事部　ジェネラル・マネージャー

おわりに　　　　　司波　健　　　人事部　ジェネラル・マネージャー
　　　　　　　　　　　　（2019年 5 月末現在、ただし＊は執筆時在籍部署・役職）

執筆者一覧　683

第5版おわりに

　第5版の改訂にあたり、投資信託の実務に重点を置いた包括的な内容を目指すとともに、出版を通じて次世代に知見や経験が伝承されるよう、それぞれの担当部署がチームとして執筆編集に取り組む体制とした。その結果、第5版の執筆者数は、第4版の15名から67名へと大幅に増え、16部署にまたがる20代から60代までの幅広い年齢層の社員が本書の制作に貢献した。

　第5版では、第4版から10年あまりが経過するなか、諸法令、規則の改正を反映させるとともに、構成について全体を見直し再編した。

　「第Ⅰ編　わが国の投資信託の法的概念」では、投資信託の概念、現在の投資信託制度に至るまでの経緯、受託者責任、顧客本位の業務運営など、投資信託に携わる者にとって、重要な基本事項を記載した。

　「第Ⅳ編　投資信託のディスクロージャー」や「第Ⅸ編　投資信託の販売」は、第4版から継続し充実させる一方、「第Ⅲ編　投資信託の組成」「第Ⅵ編　投資信託のリスク管理」「第Ⅹ編　確定拠出年金」「第Ⅺ編　国際的な金融規制改革の動向」については、より詳しく解説するために新たな編として独立させた。特にリスク管理においては、運用リスクに関する内容について高度化に対応し充実させるとともに、運用リスク以外のリスク管理態勢ならびに運用状況の考査について新たに加えた。

　また、「第Ⅴ編　投資信託の運用」では、幅広い資産クラスや運用スタイルに共通する運用の業務フローについて、リサーチから運用のモニタリングや責任投資活動まで、それぞれの実務を中心に内容を充実させた。

　大幅な構成の変更と大きく変化した諸法令、規則の確認のため、執筆は大変な作業となったが、本書が資産用業界ならびに投資信託の発展に役立ち、少しでも投資家の方々や受益者の皆様に貢献できることを願う次第である。なお、諸法令、規則については、2019年6月現在までの改正を反映させている。

　最後に、本書の企画から出版に至るまで、長期間にわたり我慢強く丁寧にご対応してくださった株式会社きんざいの谷川治生取締役出版部長に、心よ

り感謝の意を表したい。

2019年7月

編著者を代表して
野村アセットマネジメント株式会社
人事部ジェネラル・マネージャー

司波　健

投資信託の法務と実務【第5版】

2019年10月22日　第1刷発行

　　　編　著　者　野村アセットマネジメント株式会社
　　　発　行　者　加藤　一浩

　〒160-8520　東京都新宿区南元町19
　発　行　所　一般社団法人 金融財政事情研究会
　企画・制作・販売　株式会社きんざい
　　　出　版　部　TEL 03(3355)2251　FAX 03(3357)7416
　　　販　売　受　付　TEL 03(3358)2891　FAX 03(3358)0037
　　　　　　　　URL https://www.kinzai.jp/

校正：株式会社友人社／印刷：株式会社太平印刷社

・本書の内容の一部あるいは全部を無断で複写・複製・転訳載すること、および磁気または光記録媒体、コンピュータネットワーク上等へ入力することは、法律で認められた場合を除き、著作者および出版社の権利の侵害となります。
・落丁・乱丁本はお取替えいたします。定価はカバーに表示してあります。

ISBN978-4-322-13453-7